經學研究叢書・經學史研究叢刊

尚書周誥十三篇義證

程元敏 著

序例

尚書者，經學之書也。孔子設科教學，尚書爲必授之典籍。夫洙泗之門傳學，分爲四科，文學其一也。文學即經學，子游子夏習經業，其徒眾中之卓著者也。尚書者，亦哲學之書也，舉孝悌忠信、修齊治平、天道人事，莫不備於篇卷也。尚書者，又史學之書也，書紀唐虞夏商周政，爲吾邦今存最古最重要之書本文獻，西人或譯尚書爲史書（Book of History），復以傳本尚書中富著作時代最早之多篇，爲當時口語公文，於是直譯全書爲檔案書（Book of Documents）矣。考諸今存漢伏生傳本二十九篇，合以新近出土之楚簡多出三篇（咸有一德、說命、保訓）凡三十二篇，其中周書——由大誥至顧命、康王之誥一十三篇，悉爲周天子朝廷檔案，史官紀武王周公召公成王康王之語言行事，最具經史價值。顧其文字古奧難曉，甚於其它諸篇。近世大儒王國維講授尚書，歎己「於（尚）書所不能解者，殆十之五」，則深感今昔人尚書說未洽經本義者猶多；而晚近學者若楊筠如撰尚書覈詁，猶於序言坦承「自信可通者，尚不過十之四五」，或非苟謙之詞也。余恐王楊二先生之尤不能自信其解說者，厥爲其中極爲古奧周初著成之周誥十三篇也。此余「尚書周誥十三篇義證」不得不試爲著作者也。

本書之作也，漢宋古今說兼采。漢晉人尚書學專著遺文，至唐猶有殘存，其見於匯集南北朝尚書學文獻——唐孔穎達尚書正義爲大宗，故本書多所采摭。益資清人著書，若江聲尚書集注音疏、王鳴盛尚書後案、孫星衍尚書今古文注疏、段玉裁古文尚書撰異暨皮錫瑞今文尚書攷證等，均主漢人說，重訓詁字義，稍輕經書義理。幸有宋元人前於聲讀字義之外，較多闡發微言大義，具論於章句疏誼之內，有若蘇軾東坡書傳、林之奇尚書全解、呂祖謙呂氏家塾讀書記、朱熹尚書解、蔡沈書集傳、金履祥書經注、吳澄書纂言等，茲亦多所采擇。民國肇造以來，古文字、古器物大量出土，學者據以考訂尚書譌文誤字，正定音義，闡明篇旨，傑作紛出。又或求墜簡於海內外，會集尚書古本於一所，用證說經誼，于省吾、王國維、陳夢家、顧頡剛諸君子是也。而以山東魚臺屈萬里翼鵬先生，審考漢晉古注，參酌清人傳疏，徵廣金甲文字，折衷群言，斷以己意，著成尚書釋義、尚書今註今譯、尚書集釋（此遺作，由門人整理出版）暨漢石經尚書殘字集證四籍，最是善本。

余曩從屈先生受業，恭讀先生之書，粗識治尚書門徑。嘗裒集漢唐古注舊疏、宋元清儒傳說、近人論著，不拘今古，無間漢宋，博觀約取，而反求本經，惟善是從，益以己見，成尚書周誥十三篇義證，部分付期刊發表，部分藏在篋笥，未曾示人，今均詳加釐正，補入新近出土材料，並將近年所撰專題論文五篇，依其性質併附各篇義證之次，合爲此集，交付剞劂，博雅君子幸以教我。

謹據十三經注疏本，全錄今本二十九篇經文，分篇畫段逐句註釋。每段大率以小圈間爲兩部分：圈上爲「義」，圈下爲「證」。「義」即是案斷，故辭尚精約；初學或非專攻斯學者，照對經、注，經義庶可通了。「證」所涵括較廣：一則考辨諸家異同，言所以去取；再則明訓詁，疏通字義辭理；或援據別本異文，以與今本讎校；亦或審訂名物度數，考索繁細、探討微旨奧義，鉤深致遠。至錯簡佚文，闕義存疑，間亦附著於其間焉。凡引舊說，皆署出處。每篇前著題解，言是篇之所以作；全編之末，錄主要引用參考書要目，用便考按。

卷內所附拙作專題論文凡五篇，文字長大，尚不便分入注釋內，因依其性質附入各篇義證後，獨立成篇：計（一）「尚書莽誥大誥比辭證義」，王莽倣尚書大誥作「莽誥」，幾字字句句依傍，今全存於漢書卷八四，可謂今存最古板本——西漢本大誥。取兩誥照對，字解句詮，多證舊解錯誤。（二）「周公旦未曾稱王考（上）（下）」，針對漢代至今論周公攝政有否稱王，詳加辨正，若文題所示。（三）「尚書寧王寧武寧考前寧人寧人前文人解之衍成及其史的觀察（上）（下）」，周家自文王武王皆及身受天命稱王，此誼未明，後人因多所解誤，今就尚書周誥中多篇所記「寧王、寧考、寧武、前文人……」，益資相關書本文獻，斟酌新舊出土器物材料，正解其義，試澄清千古疑惑。（四）今傳本尚書君奭篇著「在昔上帝，割申勸寧王之德？其集大命于厥躬。」余據最近出土之楚簡引「緇衣」本文，證確此三句原作「在昔上帝，戩紳觀文王悳，其集大于氒身。」周文王姬昌已膺受天命代殷稱王，「周雖舊邦，其命維新」（大雅文王篇），詩人詠之，詩、書相證，不我欺也，而漢清儒或錯讀周誥，今證其舛誤於此。（五）多方篇之成著也，當周公成王營作洛邑之前，書小序將此篇敘置營洛時誥書多士篇之後，宋人已予指出，余撰專文「尚書多方篇著成於多士篇之前辨」，附多方篇義證之下，不僅匡正篇次，又得據篇中記「周公曰：『王若曰』」，明周公以王命誥眾國君臣，則周公旦攝政未曾稱王，增一重要佐證。

義證合專論，解字析義，疏通證說，既以注經，又以述史，積累都三十餘萬言。「周公之誥煩而悉」，載筆之士稱之，其義愚頑嘗竊取以爲文飾拙著辭繁之過，唯若便摭秦恭之單說堯典曰若稽古云云五字至三萬字況之，則亦不免有失公允，大雅君子之或不爲也。

安徽嘉山程元敏

序於臺灣臺北興隆路寄寓

歲值丁酉四月上日，公元二〇一七年

目次

一　大誥義證　附文三篇

一、大誥義證

題解

武王第十一年一月甲子戰殷紂於商郊牧野，遂克之。第十三年訪箕子，作洪範。同年有疾，周公禱於三王，疾暫瘳；疑當年或次年卒。史記封禪書：「武王克殷二年，天下未寧而崩。」據書序，金縢後，不復有武王之書。武王卒，羣叔流言，謂周公（時方攝政）將不利於孺子（成王），周公避（辟）流言居東，武庚及管叔鮮、蔡叔度與淮夷、奄人叛。周公於成王元年（即武王崩之次年，亦即周公攝政元年。）以王命東征管、蔡、武庚，遂伐淮夷，踐奄。

書序曰：「武王崩，三監及淮夷叛；周公相成王，將黜殷，作大誥。」尚書大傳曰：武王死，成王幼，奄君、薄姑鼓動武庚作亂，周公以成王命伐之（引文見多方篇義證）。史記殷本紀曰：「周武王崩，武庚與管叔、蔡叔作亂，成王命周公誅之。」周本紀曰：「武王……崩，太子誦代立，是爲成王。成王少，……周公乃攝行政當國。管叔、蔡叔羣弟疑周公，與武庚作亂畔周，周公奉成王命，伐誅武庚、管叔，放蔡叔。」魯周公世家曰：「武王既崩，成王少，在強葆之中，……周公乃踐阼，代成王攝行政當國。……管、蔡、武庚等果率淮夷而反，周公乃奉成王命，興師東伐，作大誥。」管蔡世家曰：「武王既崩，成王少，周公旦專王室。管叔、蔡叔疑周公之爲不利於成王，乃挾武庚以作亂，周公旦承成王命，伐誅武庚，殺管叔而放蔡叔。」衛康叔世家曰：「武王已克殷紂，復以殷餘民封紂子武庚祿父，比諸侯。……恐其有賊心，武王乃令其弟管叔、蔡叔傅相武庚祿父，以和其民。武王既崩，成王少，周公旦代成王治當國，管叔、蔡叔疑周公，乃與武庚祿父作亂，欲攻成周。周公旦以成王命興師伐殷，殺武庚祿父、管叔，放蔡叔。」案：書序以周公相成王黜殷，尚書大傳謂周公以成王命殺祿父。故史記或曰周公攝行政當國，或云代成王治當國，與「相成王」義同；而或曰「成王命周公」，或曰「周公奉成王命」，或曰「周公旦承成王命」，或曰「周公旦以成王命」以伐，與大傳說同，驗之呂氏春秋古樂篇：「成王立，殷民反，王命周公踐伐之」，亦無不合。

僞孔傳據史記（史記實不數霍叔）以釋書序曰：「三監（管、蔡、商）、淮夷、徐奄之屬皆叛周。……相謂攝政。」書疏亦謂時「周公相成王，攝王政，將欲東征……，以誅叛之義大誥天下，史敘其事，作大誥。」且亦以三監爲武庚與管、蔡，曰：「知三監是管、蔡、商者，以序上下相顧爲文：此（案：指大誥書序。）言三監及淮夷叛，總舉諸叛之人也。下云成王既黜殷命，殺武庚，命微子啓代殷後；又言成王既伐管叔、蔡叔，以殷餘民封康叔（案：見康誥序）。此序言『三監叛，將征之』，下篇之序，歷言伐得三人，足知下文管叔、蔡叔、武庚即此三監之謂。」書疏又引漢書地理志云：「周既滅殷，分其畿內爲三國，詩風邶、鄘、衛國是也。邶以封紂子武庚，鄘管叔尹之，衛蔡叔尹之。以監殷民，謂之三監。」茲從之，而去霍叔不列。

三監，詩豳風東山疏引鄭玄注書序云：「三監，管叔、蔡叔、霍叔三人，爲武庚（原誤作夷）監於殷國者也。」以三監爲管、蔡、霍，鄭蓋本逸周書，作雒篇曰：「武王克殷，乃立王子祿父，俾守商祀，建管叔于東，建蔡叔、霍叔于殷，俾監殷臣。」（王引之以爲晉孔晁所見本逸周書此篇應無「建蔡叔」三字，商君書刑賞篇曰：「昔者周公旦殺管叔，流霍叔，曰犯禁者也。」皆有管、霍而無蔡。）又惑於大傳之誤文，尚書大傳曰：「武王殺紂，而繼公子祿父，使管叔、蔡叔監祿父，……管叔疑周公，流言于國，……然後祿父及三監叛也，周公以成王之命殺祿父。」（尚書大傳輯校卷二頁十八）案：王引之謂三監當作二監，二監謂管叔及蔡叔，而不得增入霍叔。其經義述聞（皇清經解卷一一八二頁四一—四二）論謂：叛者必包括武庚與管叔，而蔡、霍不得竝有；然據尚書大傳、書序及史記（已見上引，另宋微子世家亦不數霍叔。），不當有霍。愚案：武庚受封爲諸侯，史記衛康叔世家有明文（已詳上引）；管、蔡傅相武庚，亦明見史記管蔡世家。監，諸侯也，諸侯謂監國者。二叔及武庚皆得名監，以監殷民（作雒篇謂建三叔以監殷臣，失之。）梓材篇：「王啓監」，王立諸侯也；多方篇：「今爾奔走臣我監五祀」，謂殷民臣服我所立之諸侯五年也。皆其證也。大誥所誅討者必有武庚，本經曰：「殷小腆，誕敢紀其敘，……曰：『予復。』反鄙我周邦。」罪殷小國君主——武庚叛也。亦必有王室同姓之人，本經曰：「艱大，民不靜，亦惟在王宮、邦君室。」王宮，隱指周同姓諸侯與叛也。霍叔未嘗與管、蔡同謀，故書無從紀其罪實（詩邶鄘衛譜正義引鄭玄書序注曰：不言伐霍叔者，蓋赦之也。僞古文尚書蔡仲之命謂降霍叔爲庶人。逸周書作雒篇謂囚霍叔于郭淩——參王引之說。皆非事實。商君書謂霍叔犯禁，亦未坐實何罪。）左傳亦謂「管、蔡啓商，惎間王室，王於是殺管叔而蔡蔡叔。」（定公四年）蓋史記、書序諸說之所本。管叔鮮始封於管，故城在今河南省鄭縣；蔡叔度始封於蔡，故城在今河南省上蔡縣；而霍叔處始封在今山西省霍縣（均參陳槃春秋大事表列國爵姓及存滅表譔異）。霍之封去朝歌較遠，且有大山（太行山脈）阻隔，疑非置以傳相武庚者。

周公攝政當國，諸家幾無異辭（註），鄭玄亦從舊說，承認周公攝政；惟以大誥之「王曰」、「王若曰」之「王」爲周公旦（書疏引，其說誤。）；又以周公東征爲攝政二年事，有云：「此以居攝二年之時繫之武王崩者，其惡（謂武庚叛）之初自崩始也。」（詩經豳風東山疏引鄭書序注）案：尚書大傳（尚書大傳輯校卷二頁二七—二八）曰：「周公攝政：一年救亂，二年克殷，三年踐奄，四年建侯衛，五年營成周，六年制禮作樂，七年致政成王。」是大傳以爲三監及淮、奄叛在周公攝政元年（即武王崩之次年）。公即發兵征誅，故云「一年救亂」；次年（二年）克三監（即封于殷墟及其鄰近之武庚與管、蔡。詩邶鄘衛譜疏引大傳「二年克殷」鄭注云：誅管、蔡及祿父等也。），故曰「二年克殷」；三年，益東進，誅奄人。前後三年，故詩經豳風東山曰：「自我不見，于今三年」：金縢篇謂「周公居東二年」，史記周本紀謂誅殺武庚、管叔，放蔡叔，「二年而畢定」，謂費時兩年也。是詩、書、史、書序、大傳悉同。鄭說失之。

篇首有「大誥爾多邦」，因取「大誥」名篇。僞孔傳曰：「陳大道以誥天下，遂以名篇。」正義不從，云：「此陳伐叛之義，以大誥天下。」林之奇尚書全解（卷二七頁一）則發僞傳致誤之故曰：「孔氏徒見篇首有『猷大誥爾多邦』之言，以猷訓道，故以大爲陳大道也。使猷之一字果如孔氏之訓以爲道，然經先言猷而後曰大誥爾多邦，又安以大爲陳大道乎？又況猷之一字實非訓道也。」所言甚當。大，廣；誥，告也。書纂言謂「大誥，猶言普徧以告也」（卷四頁三十）。是也。

結論：此篇，武王崩之次年，即周公攝政元年（亦成王元年），將討武庚、管叔鮮、蔡叔度之叛亂，成王大誥天下。篇中既著「王若曰」、「王曰」，是亦史氏記錄之書。

註 周公攝政、踐阼，但未攝位，更無稱王之事。誣周公稱王，始於王莽，鄭玄稍稍信之；至清，皮錫瑞輩乃大倡周公稱王說，近人不察，頗爲之誤。余撰「周公旦未曾稱王考」，載孔孟學報二八、二九兩期，見〔附〕文，辨之甚悉。此不煩言。

王若曰（註一）：「猷！大誥爾多邦，（註二）越爾御事（註三）。弗弔（註四）！天降割于我家（註五），不少延（註六）。洪惟我幼沖人（註七），嗣無疆大歷服（註八）。弗造哲（註九），廸民康（註一〇），矧曰其有能格知天命（註一一）？已！予惟小子（註一二），若涉淵水（註一三），予惟往求朕攸濟（註一四）。敷賁敷前人受命（註一五），茲不忘大功（註一六），予不敢閉于天降威（註一七）。

釋文

一　王，謂周成王誦也。若曰，如此說；史臣記王之言如此也。〇王莽謂周公稱王（漢書莽本傳）、鄭玄謂周公命大事則權稱王，清儒皮錫瑞等用其說，皆非是，詳拙作周公旦未曾稱王考。朱子語類（卷七九頁二四）云：「王若曰、周公若曰，若字只是一似如此說底意思，如漢書中『帝意若曰』之類。」其說得之。

二　猷，發語辭。多邦，謂眾諸侯也。〇猷，僞孔傳訓道，連上下文曰：「順大道以誥天下」，經文似「大」在「猷」上（應劭漢書翟方進傳注：「言㠯大道告於諸侯㠯下也。」亦以「大」在「猷」上。），不然則彼訓「猷」爲大道。疑不能明矣。馬融（經典釋文引）猷作繇，且與鄭玄、王肅本（竝書疏引）同在「誥」下，王莽擬作大誥（下簡稱莽誥，詳附文「莽誥大誥比辭證義」。）曰：「大誥道諸侯」（猷亦訓道），明亦以「猷」在「誥」下。案：猷是句首語辭，在「大誥」上，尙書全解（卷二七頁四）曰：「此篇『猷！大誥爾多邦』，……多士曰：『猷！誥爾多士』，多方曰：『王若曰：猷！誥爾四國多方』。……竊意：所謂『猷』者皆發語之辭也。堯典曰：「咨！汝羲暨和」，……甘誓曰：『嗟！六事之人』。……曰咨、曰嗟，皆發語之辭……猷字正與咨、嗟同。」其論確當。

三　越，及也（東坡書傳卷十一頁七）。御，治也。御事，治事之臣也；指周之官吏言（與上「多邦」對舉，故知之。）。○越，莽誥作「于」，傳疏從之，皆誤。周誥越訓及，其義習見。

四　弗弔，不爲天所恤也；猶言不幸。○弔，莊述祖尙書今古文攷證（卷三頁九）謂乃叔之訛。王國維謂古弔與淑同字，不弔即不淑；謂遭際不善也。引禮記雜記「如何不淑」、曲禮注引「皇天降災，予遭罹之，如何不淑」、左莊十年傳「若之何不弔」、襄十四年傳「若之何不弔」等爲證（見觀堂集林卷二頁一與友人論詩書中成語書）。羅振玉、郭沫若竝以古金文伯叔與淑善字祇作[illegible]，唐蘭則以爲[illegible]字不應釋作弔，弔後世讀爲叔，故借用叔字，金文固另有𠦑（叔）。李陸琦師用唐氏說，且謂容庚金文編廿七年重訂本已收𠦑（作叔）入三卷，[illegible]（作弔）入八卷（均詳甲骨文字集釋卷八）。案：弔、淑（叔）古異字；竝訓善，經典例證甚多。然本經下云「天降割」，則此弗弔宜從尙書全解（卷二七頁五，東坡書傳先有說。），其說曰：「弗弔者，當作相弔之弔讀，言爲天之所恤。此篇曰『弗弔！天降割于我家』，多士曰『弗弔！旻天大降喪于殷』，君奭曰「弗弔，天降喪于殷」，……節南山之詩曰：『弗弔昊天，亂靡有定』。……案：春秋左傳成七年吳伐郯，季文子曰：『中國不振旅，蠻夷入伐，而莫之或恤；

無弔者也。』引詩『弗弔昊天』以爲證，則弔之訓恤，其亦尚矣。……周公之誥多方以謂我不爲天之弔恤者，以天降凶害于周家；蓋武王遽喪而不少延其命也。」莽誥顏師古注：「不弔，言不爲天所弔閔。」朱子語類（卷七九頁二五）曰：「書中弗吊字……義正如詩中所謂『不吊昊天』耳，言不見憫吊於上帝也。」元金履祥書經注（卷八頁七）謂弗弔猶云不幸。後三說尤簡明允當。

五　割，害也（僞孔傳）；馬融本（經典釋文引）作害。我家，謂我周家也。全句，指武王喪言。

六　少，稍也。延，緩也。不少延，意謂武王早喪也。○馬融（經典釋文引）、鄭玄、王肅本皆以「不少延」爲句，鄭、王釋害不少乃延長之（書疏引）。僞孔傳謂凶害不少，即據鄭、王爲說，謂「不少」是指淮夷及三監並作難；惟以延字屬下讀異耳。皆失之。王安石從馬等以延屬上讀，林氏謂此及上句指武王遽喪而不少延其命（竝見尚書全解卷二七頁六），近是。

七　洪惟，發語詞。沖，稚也。幼、沖，同義複詞。我幼沖人，成王自謙之辭也。○王肅惟訓念，向下爲義，云「大念我幼童子」（書疏引）。是以洪惟爲大念，顏注莽誥因之，皆蔡傳之所本。尚書今古文注疏（卷十四頁三三）謂洪聲近鴻，鴻爾雅訓代。洪惟我幼沖人，周公言代我沖人。尚書故（卷二頁七九）曰：「洪惟者，降及也。洪讀爲降，古同聲字也。王引之釋詞：惟猶及也。」王肅、吳汝綸釋字雖皆有據，然非此經義。尚書集注音疏（經解卷三九五頁十四）曰：「洪惟，詞也。……止是發語之詞，不爲誼也。多方云『洪惟圖天之命』，語與此同，足相參證矣。」江說甚諦。于省吾雙劍誃尚書新證（卷二頁三）引彝器文字支持其說，曰：「凡尚書洪字金文皆弘，毛公鼎『弘唯乃智，弘其唯王智』，二弘字與此洪字用法同，皆

八　語詞。」案：孫以王爲周公，故釋此句如此，固謬。王說以多方及金文語例參校，亦失經意。嗣，繼承也。無疆，無窮也。歷，數也。歷服，氣數所規定。（並僞孔傳）服，事也（東坡書傳卷十一頁八）。大歷服，猶論語堯曰篇「天之歷數」，謂王位也。○歷，爾雅釋詁：數也。郭注：「厤，厤數也。」金文有「大服」，雙劍誃尚書新證（卷二頁三）曰：「班彝：『登于大服』，番生毁：能『勵于大服』，省『歷』字，句法略同。」亦謂君位。

九　造，至也（東坡書傳卷十一頁八）。弗造哲，成王謙謂己不能達到明哲也。○莽誥造訓遭，顏注：「言不遭遇明智之人。」清儒頗以其爲今文尚書說，故紛紛是之。其實非也。下文「矧曰其又能格知天命」，緊承此句，而「格知天命」，王謙謂己之明哲尤不足以知天命，細味上下文皆與「遇人不哲」無關。屈師翼鵬尚書釋義（頁七一）造訓爲（或成爲），云己非智者，（不能導民康寧也），比清儒說爲優。

一〇　迪，導也（尚書集注音疏，經解卷三九五頁十四）。康，安也（僞孔傳）。

一一　矧，況也。有，又；格，度量也（尚書集注音疏，經解卷三九五頁十四）。

一二　已，發端歎辭也（僞孔傳）。下同。惟，句中語辭。予小子，成王自謙稱。○已，康誥「已！汝惟小子」（二見）、洛誥「已！汝惟沖子」，與此句型同，已皆語辭，東坡書傳（卷十一頁八）訓已矣，蔡傳則知爲語辭，然以爲「有不能已之意」，失之。惟，莽誥訓念。案：尚書惟多作語詞，此「予惟小子」，縱勉從莽誥曲釋爲「我念孺子」，但康誥「汝惟小子」斷不得說爲汝思念小子，再參以洛誥及全書「惟」字用法，確知莽誥誤。

一三　淵水，深水也。

一四　攸，所也。濟，渡訖曰濟（元陳櫟書蔡傳纂疏卷四頁三九引陳大猷說）。

一五　上「敷」字，廣也；賁，大也。敷賁，同義複詞。下「敷」字疑衍文。（竝元金履祥書經注卷八頁七）王樹枏尙書商誼（卷一頁十一）略同金說。敷賁前人受命，言光大先王所受於天之命（國運）也。○莽誥無上「敷」，下「敷」作傅近，賁作奔，曰：「奔走㠯傳近……」。清儒頗據以說，尙書集注音疏（經解卷三九五頁十五）曰：「疏附奔走之臣，與之共濟，以傳近前人之所受命，」案：江氏用詩大雅緜卒章毛傳「率下親上䟽附」義，第考此數句乃成王自求濟渡深水，並非與臣共之；且詩謂奔走之臣相率上附文王，今乃謂成王下附臣屬，於詩、書義竝失之矣。且傳近前人所受命，成何義耶！孫星衍（尙書今古文注疏卷十四頁三三）、段玉裁（古文尙書撰異，經解卷五八二頁三）則直據莽誥，疑今本上「敷」字衍，餘解亦大致從之，皆不可通。蔡傳用蘇軾說，曰：「敷，布；賁，飾也。敷賁者，修明其典章法度。敷前人受命者，增益開大前王之基業。」案：是以賁飾引申爲修飾，又曲說爲修明，增文（典章法度）以就其意。其誤明甚。唯下敷訓「增益開大」近是。案：敷、溥古音近，皆有普義；賁，僞孔傳已訓大（段玉裁曰：「則是讀（賁）爲墳，釋詁曰：墳，大也。方言曰：墳，地大也。」）。能敷賁前人受命，故大功（前人受天命而有者）不亡失。金氏去下「敷」字以釋此句，得之。

一六　茲，猶斯也（尙書故卷二頁八十）；今語「這就」。忘，讀爲亡；謂喪失也。大功，謂國運也。○全句，經義述聞（經解卷一一八二頁四三）曰：「忘與亡同，……言不失前人之大功也。」酒誥『茲亦惟天若元德，永不忘在王家』，言天順其元德而佑之，則能保其祿位，永不

一七

失在王家也。傳皆以忘爲遺忘之忘，失之。」

閉，拒也（元董鼎書蔡傳輯錄纂註卷四頁四六引王安石說）。威，罰也。全句，謂天既下授我以誅罰叛逆之權，我不敢拒不受也。〇尚書釋義（頁七一）曰：「閉，……疑當是『閈』字之譌。毛公鼎：『率懷不廷方，罔不閈於文武耿光。』句法與此相似。閈，義當同扞；拒也。」案：閉自有拒意，說文：「閉，闔（一作閉）門也，……所以歫門也。」歫通拒，可證。尚書全解（卷二七頁九）、尚書集注音疏（經解卷三九五頁十五）竝訓閉爲拒。天降威，僞孔傳謂誅惡（連下「用」爲句），尚書全解謂指武王之喪，如上文「天降割」。案：尚書言天降威者不一，西伯戡黎「天曷不降威」、酒誥「天降威，我民用大亂喪德」、多士「天降明威」，天降威皆謂天降罪罰。此當指誅罰武庚之叛，與君奭「（惟茲四人）後暨武王誕將天威咸劉厥敵」，皆謂將執行天罰。下「天降威，知我國有疵」，方謂武王之喪，與上「天降割于我家」義略同。王安石以用字屬下讀，云：「天降威，成王不敢拒，故用寧王遺我大寶龜，紹天之明，以斷吉凶。」（書蔡傳輯錄纂註卷四頁四六引）案：王說近理；即或不爾，亦不當作動詞連於上句末，而當讀用爲庸，訓功；威用，言誅罰之事也。朱駿聲尚書古注便讀（卷四上頁十八）謂威用猶作威，如其說，則經文應爲「天降用威」，說失之。

用寧王遺我大寶龜紹天明（註一八）**；即命**（註一九）**，曰：『有大艱于西土**（註二一

○），西土人亦不靜（註二一），越茲蠢（註二二）。』殷小腆（註二三），誕敢紀其敘（註二四）。天降威（註二五），知我國有疵、民不康（註二六）。曰：『予復（註二七）。』反鄙我周邦（註二八）。

釋文

一八　寧，「文」字形近之訛。寧王當作文王，姬昌也。「寧王」，下凡五見，君奭亦二見，皆「文王」之訛。說詳附文「尚書寧王寧武寧考前寧人寧人前文人解之衍成及其史的觀察」（上）（下），以及君奭篇附文「尚書君奭篇『在昔上帝割申勸寧王之德其集大命于厥躬』新證」。紹，卲之借字，說文：卲，卜問也（尚書故卷二頁八一）。天明，天命也（蔡傳）。「用」字連下爲句，莽誥「天降威明，用寧商室，遺我居攝寶龜」，釋擬大誥斷句，是。○寧王，鄭玄或以爲文王（君奭「惟寧王德延」注），或以爲武王（洛誥「乃命寧予」注），一名而二王兼之（參尚書後案，經解卷四一七頁四）。僞孔傳謂是文王，宋儒則多謂是武王，因本篇之辭，指成王爲王，如寧王爲文王，則下文寧考亦不得不訓文王，而成王不得呼文王爲考（尚書全解卷二七頁十）。案：寧考猶謂先父，林說非是。清吳大澂字說（頁二九「文字說」）謂寧爲文之誤。孫詒讓（尚書駢枝頁六）說同。吳說，尚書故（卷二頁八一）略引，似未以爲然。高本漢書經注釋（頁五六七）謂文、寧金文形雖頗近，但尚難造成互譌。案：字說義較勝，茲從之。寧王遺我大寶龜者，尚書全解（卷二七頁十）曰：「蓋古者將欲決嫌疑定猶豫，以通幽明之情，使其應如響，無有毫釐杪忽之差者，而必有藉於靈龜，故其得之也，則珍而藏之，以爲國之寶，俟有事而用之，世世以是傳而不失也。楚語曰：『龜足以憲臧否，則寶之。』公羊傳曰：『寶者何？龜青純。』……左傳吳王之弟蹶由曰：『國之守龜，其何事不卜？』謂之守龜，蓋世之所守以爲寶故也。」紹，舊說皆爲繼承，委曲難通；從吳說義勝。天明即天命，尚書釋義（頁七一）曰：「易賁卦釋文云：『明，蜀才本作命。』」是明、命通用之證。

一九　即命，就大寶龜而聽受天命也。○即命，僞孔傳曰：「就其命而行之。」添「而行之」，於經義無所施。薛氏曰：「即命與『即命于元龜』同意。」（元陳櫟書蔡傳纂疏卷四頁三九引）書經注（卷八頁八）亦謂與金縢即命于元龜同義。是。

二〇　曰，龜言曰也（「有大艱」至「越茲蠢」皆卜辭所云也）。艱，災難也。大艱，謂三監作亂也。西土，謂周國也；周建國於西，故云。○曰，僞孔傳謂「語更端也」，不以「有大艱」四句爲卜辭，失之。書纂言（卷四頁三一）曰：「曰者，龜兆之占如此云也。」尚書全解（卷二七頁十一）「曰：有大艱于西土，西土人亦不靜，此則龜所告之辭也。」其說甚確。書經注（卷八頁八）謂自「曰有大艱」至「我有大事休」，皆命龜之辭，出成王之口，而非龜所告人之辭。其徒許謙從之（見讀書叢說卷六頁二十）。金氏見下文四出我、予字，以爲連此四句均即龜祝之之詞。夫命龜或命卜，句當如洪範「乃命卜筮」，此謂就龜而聽命，故句作「即命」；區別甚顯。金說失之。西土，僞孔傳謂京師，疏謂是東京師。案：西土非指京師。疏見三監發難於東土，遂斷京師為東京師，尤其無稽。書經注云西土即指周邦。是也。

二一　西土人，周國人也。（參註二〇）亦，語詞；無承上之義。靜，安寧也。◯西土人，書經注（卷八頁八）謂指管蔡，云：二叔雖本為西土之人者，亦且自不靜，為此蠢動。案：金氏蓋誤以「亦」有承上之義，故謂不唯武庚蠢動，即管蔡亦不靜。鄭玄亦誤謂此「亦」為承上辭句，因釋此句曰：「周民亦不定其心，騷動；言以兵應之。」（書疏引）大害經義。

二二　越，于也。茲，此也；謂此時也。蠢，動也（偽孔傳）。

二三　腆，王肅曰：「主也；殷小主，謂祿父也。」（書疏引）◯腆，王訓主，古文尚書撰異（經解卷五八二頁四）曰：「說文：敟，主也。王謂腆為敟之假借也。敟，經書多作典。」案：王肅蓋讀腆為典，戰國策楚策「我典主東地」，典、主連文，知典義是主。馬融腆訓至（經典釋文引），至當為主字之譌（段玉裁說）。書經注（卷八頁八）曰：「小腆，猶云蕞爾國。」尤為明確。武王克殷，封紂子武庚於故殷畿內，為諸侯國，故稱之曰殷小國君主也。諸家腆訓小（書疏引鄭玄曰：「腆，小國也。」亦訓小。）皆失之。

二四　誕，語詞。紀，理也。敍，緒也。紀其緒，謂理故殷之王業也。◯誕在句首，多作語詞，偽孔傳此訓大；曰「大敢」，不辭。敍，蔡傳訓緒，意指緒業（蔡於下文云「我將復殷業」，足證。）；紀，尚書集注音疏（經解卷三九五頁十六）訓理（據詩大雅棫樸鄭箋，白虎通三綱六紀篇亦曰：「紀者，理也。」），較諸家義為勝。

二五　天降威，謂武王之喪。（參註二六）

二六 疵，瑕也（經典釋文引馬融說）。國有疵，謂羣叔流言於國也。康，安也。民不安，猶上「西土人（亦）不靜」也。全句，謂武庚偵知我周國有內憂、民心不安也。○天降威，書疏謂下威欲誅三叔。案：武王於天下未寧而崩（天降威），成王幼弱，周公攝政，而羣叔不服，民心不安（皆周國之疵，誥書未便斥言。），故祿父乘機欲復墜殷之緒（參註二七大傳說）。疏說失之。

二七 復，（武庚言將）恢復殷家天下也。（參註二八）○武王初崩，天下擾攘，尚書大傳曰：「周公居位，聽天下爲政，管叔疑周公，流言于國曰：『公將不利于王。』奄君、薄姑謂祿父曰：『武王既死矣，今王尚幼矣，周公見疑矣。』」

二八 鄙，義當爲「圖謀」之圖。全句，謂武庚反而欲謀傾覆我周國也。○莽誥「予復反鄙我周邦」作一句，擬爲「是天反復右我漢國也。」謂「予」爲我（周國），周人自稱；反、復爲同義複詞，而鄙爲右義。清莊述祖尚書今古文攷證（卷三頁十一）曰：「今文鄙作啚，……一切經音義引詔定古文官書圖、啚二形同達胡反，（啚）即古文圖字。言天反復圖謀我周邦。」反復圖謀我周邦，猶云反復（一再地）右（助）我周邦，則莊說與莽誥同旨。俞樾羣經平議（卷五頁五）服從莽誥說，且謂：「說文亩部：啚，嗇也；嗇部：嗇，愛濇也。啚爲嗇，即爲愛。莽誥作右，右之言助也。愛之斯助之矣，是其義通也。啚聲、右聲據段氏說文同在古音第一部，是其音亦近也。」（莊述祖、孫星衍先有說，然不如俞說之詳。）案：「曰」蒙上「殷小腆（武庚）」言，非周人自言曰。鄙通啚又通嗇，嗇具愛義，愛而助之，是此鄙有右助義，說甚迂曲。尚書釋義（頁七二）曰：「金文鄙、圖同字，均但作啚。此鄙讀爲圖；圖，謀也。」比莊說明白。左傳燭之武退秦師曰「越國以鄙遠」，鄙遠，圖遠也。周富美尚書假借字集證（大陸雜誌三十六卷六、七期合刊）定鄙、圖假借。是。（參多方註九）

今蠢（註二九），今翼日（註三〇），民獻有十夫予翼（註三一），以于敉寧武圖功（註三二）。我有大事休（註三三），朕卜并吉（註三四）。肆予告我友邦君（註三五），越尹氏、庶士、御事（註三六），曰：『予得吉卜，予惟以爾庶邦，于伐殷逋播臣（註三七）。』

釋　文

二九　今蠢，承上文越茲蠢言，謂武庚等現已倡亂。○正義申傳意，曰：「武庚既叛，聞者皆驚，故今天下蠢動，謂聞叛之日也。」於下民獻十夫之于敉寧武圖功，義不銜接。其說非是。尚書故（卷二頁八三）謂今，急辭也（據詩周南摽有梅「迨其今兮」毛傳），亦通。

三〇　今，即也。翼，內野本、書古文訓本竝作翌；翌日，次日也。○今翼日，僞孔傳訓「今之明日」，尚書集注音疏（經解卷三九五頁十六）謂聞武庚叛之日及明日（今日、明日二日之

三一

間），皆於義不可通。清許鴻磐尚書札記（經解卷一四一〇頁二五）以爲敬（以訓翼）卜之日，尤怪異。羣經平議（卷五頁五）疑今蠢、今翌（衛包改作翼）兩義相對。蠢，蟲動；翌即翊之變體，飛貌，以喻鳥，言眾多。上文越茲蠢，專以武庚言；此則言淮夷從武庚也。日字屬下句爲義。案：俞說鑿甚。誠如其說，蠢、翊皆喻眾動，何以上喻武庚獨蠢，而下則喻淮夷等羣翊乎？尚書故（卷二頁八三）今訓即，取爾雅郭注。經傳釋詞舉召誥「其不能諴于小民，今休」、「王厥有成命，治民今休」至史記項羽本紀「吾屬今爲之虜矣」，項羽俘周苛，欲苛爲上將軍，苛罵曰：「若不趣降漢，漢今虜若。」今，即也。證今亦可訓即。獻，賢也。夫，男子之總名。翼，輔助也。予翼，語倒，翼予也。民獻，未仕之賢者也（書纂言卷四頁三二）。○民獻，同皐陶謨黎獻，洛誥作獻民，皆謂民眾之賢者也。尚書釋義（頁七二）謂民當作人；謂官吏也。案：尚書大傳（尚書大傳輯校卷二頁十七）引作「民儀有十夫」、莽誥擬作「民獻儀九萬夫」，竝作民，疑此經非誤字。十夫，史不著其名，論語泰伯篇「武王曰：予有亂臣十人」，馬融注（集解引）曰：治官者十人，謂周公旦、召公奭、太公望、畢公、榮公、太顚、閎夭、散宜生、南宮适，其一人謂文母（疏：文王之后太姒也。），或據以說此十夫，書蔡傳纂疏（卷四頁四十）曰：「十夫，……以爲十亂，非也。十亂周公在中，不應自言；又有婦人焉，亦不得稱十夫。」朱芹尚書札記（見清儒書經彙解卷七九頁三）曰：「淮南子泰族訓：知過萬人者謂之英，千人者謂之俊，百人者謂之豪，十人者謂之傑，此十夫即所云知過十人者也。猶曰百夫之特也云爾。不必限定十人，亦不必限定知過十人也。」案：如其說，則經曰俊、豪（如皐陶謨「俊乂在官」、洪範「俊民用章」）足矣，何必作「獻有十夫」？且獻民義可涵括俊民，其下既綴十夫，明其爲夫十。何必橫生疑義？許鴻磐尚書札記（經解卷一四一〇頁二五）謂十夫是虛擬之詞，周公惟望庶邦尹氏中有如武王之亂臣者爾。案：此說害經，不可信。莽誥翼作敬，翼固有敬訓，然於此未適。予翼者，輔予也（臯陶謨「予欲左右有民汝翼」可證），尚書常有倒文，而不必如後世文章，必以否定或疑問句爲常（如僖二十八年左傳「莫余毒也已」，昭十三年左傳「是區區者不余畀」等例）。

三二　以，有「帶領」義（參註九七）；或曰與也（參經傳釋詞）。于，往也（東坡書傳卷十一頁九）。敉，撫定也（參僞孔傳）。寧，文之誤。文武，謂周文王、周武王也（參註一八）。圖功，所圖謀之事功也（尚書全解卷二七頁十三）。○于可訓往，見詩周南桃夭、小雅雨無正。敉，尚書故（卷二頁八三）曰：「莽誥此敉作謀；下敉作撫，本訓爲撫，引申之爲謀也。撫从無聲，古讀若謨。詩傳莫訓無，又訓謀，此撫可訓謀之證。……以往謀武王所謀之事也。」案：撫定有終竟其事之義，故下文曰「不可不成乃寧考圖功」、「予不敢不極卒寧王圖功」、「予曷敢不于前寧人攸受休畢」、「肆予曷敢不越卬敉寧王大命」，皆謂當終竟先王功業，「武王克殷，成王定天下」，成王果完成周家大業。敉、終、竟、畢、卒，完成也。吳說不確。尚書全解（卷二七頁十）謂寧武者，武王去殘賊以安天下之民也。書蔡傳纂疏（卷四頁四十）曰：「單以武字稱武王未見其例。」已疑林氏之說。

三三　大事，兵戎之事也。休，美也。（參註三四）○書疏曰：「成十三年左傳云：『國之大事，在祀與戎。』今論伐叛，知大事戎事也。」

三四　并吉，皆吉也；卜不止一次，故云。此謂卜伐武庚，與上亂事起初即元龜聽命非一事。○并吉云者，鄭玄曰：「謂三龜皆從也。」（書疏引）鄭據金縢爲說，然彼請命於三王，故卜三龜；此卜則未必爲三。又何以言美？王肅曰：「以三龜一習吉，……證其休也。」僞孔傳則曰：「人謀既從，卜又并吉，所以爲美。」王與僞孔異，而說本尙書大傳：「周公先謀於同姓，同姓從；謀於朋友，朋友從；然後謀於天下，天下從；然後加之蓍龜。是以君子、聖人謀義，不謀不義，故謀必成；卜義，不卜不義，故卜必吉。」（尙書大傳輯校卷二頁十七）皆從天人合一思想論占卜吉凶，如洪範第七疇稽疑。然由下文「越予小子考翼，不可征，王害不違卜」等語推之，謀於人，非皆從，大傳、僞孔傳竝失經義。吳闓生尙書大義（卷一頁四二）曰：「金縢『乃并是吉』，論衡（卜筮篇）引『并』作『逢』，此『并』字亦當作「逢」。」吳氏以爲此并義當爲洪範「子孫其逢」之逢，言盛大也。并吉即大吉。案：洪範「逢」連上讀，謂子孫將昌盛，非謂卜辭大吉。陳櫟謂此并吉指龜與占書，如金縢乃并是吉（書蔡傳輯錄纂註卷四頁四七引）。其說近理，錄於此以備參酌。此朕卜并吉，與上用大寶龜紹天命，非一事而重言之者，尙書全解（卷二七頁十三—十四）辨此甚明，曰：「若此二者只一事而再言之，則其卜兆之辭但曰『有大艱于西土，西土人亦不靜』。成王何從而知其吉乎？若其始卜之其兆體之辭如此，而其再卜則吉，則無乃瀆乎？春秋左傳曰：『晉趙鞅率師伐齊，大夫請卜之，趙孟曰：「吾卜於此起兵事，不再令卜；不襲吉，信也。」』瀆龜之卜，趙鞅尙不肯爲，而謂周公爲之乎？」因謂此爲卜伐武庚，茲從之。周人亦以龜卜，大陸近年出土甲骨文，命曰周原甲骨文。

三五　肆，故也（僞孔傳）。友，借爲有。友邦君，有國之諸侯也。〇友，舊解敵友之友。案：時周已有天下數年，所誥諸侯皆周人所封建，且頗多宗姓，不應區分敵友，疑此友邦當如臯陶謨「亮采有邦」與「無教逸欲有邦」之有邦，謂有國者；下但稱庶邦，不言庶友邦，亦可證。尚書故（卷二頁八四）曰：「友邦，有邦也。牧誓『友邦』，史記作『有邦』。」

三六　越，及也。尹氏，內史長也。庶士，即下文多士；眾士也。其官職不詳。御事，治事之臣（僞孔傳）。〇尹氏以下，指周王朝官。以其與邦君對舉，故知。僞孔傳曰「正官尹氏」，是以正訓尹；正即首長。以官正解臯陶謨、酒誥「庶尹」及顧命「百尹」之「尹」，於義皆適。惟尹氏連稱，非尋常正長，王國維曰：「內史之官，雖在卿下，然其職之機要，除冢宰外，實爲他卿所不及。自詩、書、彝器觀之，內史實執政之一人，其職與後漢以後之尚書令、唐宋之中書舍人翰林學士、明之大學士相當，蓋樞要之任也。此官，周初謂之作冊，其長謂之尹氏。……其職在書王命與制祿命官，與大師同秉國政，故詩小雅曰：『赫赫師尹，民具爾瞻。』……又曰：『尹氏大師，維周之氐，秉國之鈞。』詩人不欲斥王，故呼二執政者而告之。師與尹乃二官。」（觀堂集林卷六頁五—六釋史）茲取其說。庶士，尚書釋義（頁七二）疑指眾武官。案：康王之誥曰：「則亦有熊羆之士，不二心之臣」，彼士的指武官。然酒誥曰：「厥誥毖庶邦庶士越少正、御事」、「庶士、有正越庶伯君子」，與此庶士，是否皆謂爲眾武官，尚待考實。

三七　于，往也（見註三二）。逋，逃亡也（僞孔傳）。播，散也（尚書集注音疏，經解卷三九五頁十七，云據魏李登聲類）。逋播臣，蔡傳曰：「武庚及其羣臣。」〇謂武庚等逋播臣者，說者紛紛，以尚書釋義（頁七二）近理，曰：「凡犯罪者每逃亡；逋播臣，猶言犯罪之臣也。」牧誓、費誓皆「逋逃」連詞，此傳逋訓逃亡，得之。

爾庶邦君越庶士、御事（註三八），罔不反曰（註三九）：『艱大（註四〇），民不靜，亦惟在王宮、邦君室（註四一）。越予小子（註四二），考翼，不可征（註四三）；王害不違卜（註四四）？』

釋文

三八 ○本篇首曰；「大誥爾多邦，越爾御事」（a），次曰：「肆予告我友邦君越尹氏、庶士、御事」（b），此句之後曰：「義爾邦君，越爾多士、尹氏、御事」（c），末段曰：「爾庶邦君，越爾御事」（d），首、末及此句，皆無尹氏，又或缺庶士（多士即庶士）者，書疏曰：「二者（b、c）詳其文，餘略之，從可知也。」其說當理。（參註五二）

三九 反，復也。復曰，以言回復也。○反，鄭玄曰：「汝國君及下羣臣不與我同志者，無不反我之意云……。」（書疏引）案：此反曰及西伯戡黎「祖伊反曰」之反曰同，皆「以言復曰」（參尚書全解卷二七頁二五）之義，鄭說誤；書疏申鄭義曰：「……無不反我之意相與言曰……」相與言，固非經義；竝鄭旨亦失之矣。

四〇　艱、大義近，爲複語，言艱鉅也。

四一　亦，且也。王宮即王室；邦君室，謂諸侯國君長之室也。管叔、蔡叔既皆王室之人，又竝爲諸侯國君長，故云「在王宮、邦君室」也。〇僞孔傳謂四國不靜，「在天子、諸侯教化之過」，以爲是天子自責之辭（參正義）。甚害經義。蔡傳謂王宮、邦君室，指三叔不睦，其說近是，尚書集注音疏（經解卷三九五頁十七）從之。尚書釋義（頁七二）曰：「管、蔡皆王室之人，武庚爲邦君，故云在王宮邦君室。」案：上文嚴斥武庚曰：「殷小腆，誕敢紀其敍」，又曰：「予惟以爾庶邦，于伐殷逋播臣」。此時邦君等似不應即言武庚不可征，且考翼固不施於「逋播臣」也。

四二　越，猶惟也（經傳釋詞），語詞。下「越予沖人」之越義同。小子，上庶邦君、庶士、御事之謙稱也。

四三　考，通孝。翼，敬也。上及此二句，謂以孝敬之道言之，我等不應往征之也。〇考翼，不可征，僞孔傳曰：「（於我小子）先卜敬成周道，若謂今四國不可征，……。」書疏申其「卜」義曰：「先考疑而卜之」，謂是即位時卜。誖謬至極。蔡傳考翼訓父老敬事者。章炳麟直謂考翼爲父老，曰：「父爲考，翼即革，……方言：『……耇、革，老也。』」（古文尚書拾遺卷一頁九）書經稗疏（卷四頁二四）曰：「考，父也；翼，猶輔也。謂父之輔翼舊人也。……成王斥指武王之舊臣而言也。」案：周公舉邦君及周之官員不欲征，則此數語實不欲征者自道；自道不可征之故，不應旁舉父老或舊臣意見。且若謂是父老意見，與上文亂

「在王宮，邦君室」亦不連屬。諸家蓋爲莽誥所誤。莽誥曰：「於小子族父，敬不可征。」劉信爲孺子嬰族父，故云；未必是擬此「考翼」作「族父」者。雙劍誃尚書新證（卷二頁二）曰：「金文考、孝通用。（自注：臽鼎「作朕文孝」，穽伯鼒牛鼎叚孝爲考。……）」又（卷二頁三—四）謂翼本應作習（古文友字），譌作翌，衛包改作翼，孝習即孝友，曆鼎「考習隹井」，即「孝習（友）隹刑。」案：考通孝，誠當依于說；唯孝敬義即孝友，則不依其說爲訛字亦通。

四四 害，曷也；何也。違，背也；不聽從也。○此害，僞傳疏訓利害義，絕不可通。東坡書傳（卷十一頁十）始釋曷，引詩周南葛覃「害澣害否」爲證。尚書全解（卷二七頁十五）曰：「王何不違卜而必欲從之乎？」古文尚書撰異（經解卷五八二頁六）曰：「此篇言『曷』者五，而此獨作『害』，古經不當如是，然蔡氏此注云：『舉邦君御事不欲征欲王違卜之言也』，最爲得解。須知天寶已前尚書本無『曷』字，皆假『害』爲之。此篇中『曷』字皆作『害』（篇首『害』字乃假割），衛包盡改『害』爲『曷』，獨此『害』字以孔傳不訓『曷』僅存。」案：僞孔本尚書（五十八篇）「何曷」之「曷」，作「曷」者二十字，借作「害」者僅此一字；而「害」字七見，除此「害不違卜」外，餘皆利害義。段云衛包改字，確鑿不可移也。

肆予沖人永思艱（註四五），曰，嗚呼（註四六）！允蠢鰥寡（註四七），哀哉！予造天役（註四八），遺大投艱于朕身（註四九）；越予沖人（註五〇），不卬自恤（註五一）。義爾邦君越爾多士、尹氏、御事綏予曰（註五二）：『無毖于恤（註五三），不可不成乃寧考圖功（註五四）！』

釋文

四五 肆，語詞。沖，幼（稚）也。沖人，成王自稱。永，長也；永思，深長思也（參書纂言卷四頁三四）。◯沖人，僞孔傳訓童人，不如訓幼（稚）爲安，上文「洪惟我幼沖人」，幼、沖連詞同義，可證。肆無承上之意，諸家絕多依常義訓「故」，惟吳澄以爲語詞而不釋。案：吳說是，下「越予沖人」與此句型同，越亦語詞，與肆同。

四六 曰，更端之詞。嗚呼，嘆詞。◯史氏記成王所言，自上「猷！大誥爾多邦」至下「弼我丕丕基」，以一「王若曰」（在篇首第一句）蒙冒其上（「丕丕基」之後，史氏再三以「王曰」或「王若曰」開端。），其間不當又雜夾王之曰說，此記事常體，而僞孔傳誤釋「曰，嗚呼」爲「成王嘆曰」，且如其意，依語序當釋爲「成王曰：嗚呼」。

四七 允，誠然也。蠢，擾動也（尚書釋義頁七三）。◯僞孔傳允訓信，信即誠然。此就上文邦君等「艱大，民不靜」之言而答曰「誠然蠢動民眾（鰥寡）」，惟「予造天役，……」不得不

四八　征。若如經傳釋詞說爲「用」，則文氣鬆散。茲不之從。

造，遭也；受也。役，支使也。〇造天役，僞孔傳訓「爲天下役事」，句無動詞；若作片語，連下「遺大投艱于朕身」爲一全句，又須別以「天」（或周先王）爲「遺大投艱」之主詞，則置上「予」字於何地位？橫豎皆不可通。尚書集注音疏（經解卷三九五頁十八）曰：「我遭天之役使。」案：尚書全解（卷二七頁十六）已知「役」當釋役使，而江訓造爲遭，則本其師惠棟，九經古義（經解卷三六二頁五）曰：「予造天役，王莽作大誥云『予遭天役』，史記甫刑云『兩遭具備』，今尚書作造。文侯之命云『嗣造天丕愆』，孔傳亦訓爲遭。」又案：經典釋文引馬融說造訓遭，王鳴盛、孫星衍竝疑「遺」爲「遭」之誤字，則漢人固以遭訓造矣。

四九　遺，義同詩經邶風北門「政事一埤遺我」之遺，加也（毛傳）。大、艱，皆謂重大之任務。〇尚書全解（卷二七頁十六）論此句甚正大，曰：「天之所遺我者大，所投我者艱。謂其眇然以幼沖之資，而負祖宗之託，以嬛嬛在疚之初，而當變故之興，我當赫然發憤，討平僭叛，以繫固周家之業。」

五〇　越，語詞（參註四五）。

五一　卬，我也（經典釋文）。恤，憐憫也。〇卬，傳疏訓惟，東坡書傳（卷十一頁十）從釋文，宋人多是之。朱子曰：「卬即我字，沈存中以爲秦語平音，故謂之卬。」（書蔡傳輯錄纂註卷四頁四七引）爾雅釋詁曰：「卬，我也。」詩邶匏有苦葉「招招舟子，人涉卬否，卬須我友」毛傳同。僞孔傳蓋以爲「自」有「我」義，不應重疊，故不用舊說，致失經義。（參註

八七）

五二　義，宜也（清朱彬經傳攷證，經解卷一三六二頁十）。多士，即上庶士（參註三八，多、庶，眾也。）。綏，猶告也。「義」字當移「綏」上作其修飾語，謂爾邦君等宜（應當）告我：「……。」原句語倒。◯義，內野本、書古文訓竝作誼。雙劍誃尚書新證（卷二頁五）曰：「義，足利學古本作誼，即宜。」東坡書傳（卷十一頁十）已以「當」訓「義」，且作「綏」修飾語，云：「爾眾人義當以言安我曰：『……。』」惟尚不知訓綏爲告，致經旨未達。綏，尚書故（卷二頁八六）訓告，引盤庚「綏乃祖乃父」爲證。案：盤庚「我先后綏乃祖乃父」，同段下文「乃祖乃父丕乃告我高后曰」，綏、告互文。吳說得之。尚書釋義（頁七三）以多士爲眾官員，指下「尹氏、御事」言。而不謂多士即庶士者，蓋以尹氏位高，不應反置庶士之下故也。愚案：洪範「王省惟歲，卿士惟月，師尹惟日」，依職位而省察有歲月日之異，尊卑秩然不亂。此則史氏偶倒其第，恐不足據以議官位之崇卑也。僞孔傳曰「欲施義於汝眾國」、江聲義訓度、王鳴盛訓善，竝失其詁。

五三　無，勿也。毖，告也。無毖恤，謂勿訴告艱難困苦也。◯上舉邦君等言「艱大，民不靜」，此句相對而言，謂汝等理應勉我勿訴苦，（不應反以艱難戒我勿征也）。僞孔傳毖訓勞（曰勞于憂），東坡書傳（卷十一頁十）訓畏（曰畏于憂事），竝失經旨。毖，尚書釋義（頁七三）釋告，據廣雅。案：酒誥「厥誥毖庶邦庶士」、「汝劼（誥）毖殷獻臣」，誥、毖同義連詞。又曰：「汝典聽朕毖」，毖之爲誥義尤顯也。

五四　寧考，當作文考；亡父也，此謂周武王發。（參尚書釋義頁七三，詳註一八）圖功，已見註三二一。

已！予惟小子，不敢替上帝命（註五五），天休于寧王（註五六），興我小邦周（註五七）；寧王惟卜用，克綏受茲命（註五八）。今天其相民（註五九），矧亦惟卜用（註六〇）。嗚呼！天明畏（註六一），弼我丕丕基（註六二）。」

釋文

五五 替，廢也（僞孔傳）。替上帝命，書疏曰：「卜吉不征，是廢天命。」義同湯誓「予畏上帝，不敢不正（征）」。○替，魏正始石經作暜，莽誥作僭（「予不敢僭上帝命」），段玉裁以爲今文尚書作暜，讀爲僭，舉本篇末「天命不僭，卜陳惟若茲」爲證（古文尚書撰異，經解卷五八二頁七）。案：康誥「勿替敬典」、洛誥「公勿替刑」，替皆訓廢，與此同。此若爲僭，訓「差錯」（不當如莽誥顏注訓信），亦可通。

五六 休，嘉美也。天休于寧王，謂天降福於文王也。

五七 小邦，小國也。成王謂己周由百里邦而興，遂有天下也。（參多士註一二）

五八 克，能也。綏，安也（僞孔傳）。全句，言文王安受此天命也。○文王受命興周滅殷，康誥曰：「天乃大命文王，殪戎殷，誕受厥命」、無逸曰：「文王受命惟中身」、君奭曰：「在昔上帝，割申勸寧（文）王之德，其集大命于厥躬」及本篇，又詩大雅文王、大明二篇及逸周書祭公篇亦記天命文王之事。

五九　其，將然之辭。相，助也（僞孔傳）。（參註六〇）○僞孔傳釋「天其相民」曰：「人（古本作民）獻十夫，是天助民。」疏曰：「十夫佐周，是天助也。」又曰：「天之助民，乃是常道，而云『民獻十夫，是天助民』者，下云『亦惟十人迪知上帝命』，故以民獻十夫爲天助民也。」案：如其說，是天所以助民者，惟十夫而已；然於下句「亦惟卜用」何施？且下段「天亦惟用勤毖我民」，所以然者，豈亦由十夫知天命之故乎？附會說經，其誤顯然。

六〇　矧，語詞（尚書故卷二頁八六）。亦惟卜用，承上寧王惟卜用句，竝因邦君等勸其「違卜」，言（天將助民，）亦當照卜行事也，○矧，莽誥作況，後人絕多從其誤。

六一　明，顯也；謂顯善。畏，莽誥作威，經典釋文曰：徐音威，謂罰惡。○明畏，僞孔傳謂明德可畏，詁二字皆失。東萊書說（卷十九頁七）謂天明示其威畏，詁畏字得之。書蔡傳纂疏（卷四頁四一）曰：「天明畏與皐陶謨同。」案：皐陶謨曰：「天明畏自我民明畏。」蔡傳：「明者，顯其善；畏者，威其惡。」陳櫟謂兩篇明畏同義，皆如蔡傳，得之。多士：「將天明威」，又曰：「惟天明畏」，足證畏、威通用，且爲揚善誅惡之義尤顯。

六二　弼，輔也。丕，大也。丕丕基，王天下之大基業也。（參立政註六六）○丕丕，爾雅釋訓曰：大也，僞孔傳訓大大。金文有「不杯」，不與杯同義，見屈先生尚書集釋頁一三九。

王曰（註六三）：「爾惟舊人（註六四），爾丕克遠省（註六五），爾知寧王若勤哉（註六六）！天閟毖我成功所（註六七），予不敢不極卒寧王圖事（註六八），肆予大化誘我友邦君（註六九）；天棐忱辭（註七〇），其考我民（註七一），予曷其不于前寧人圖功攸終（註七二）？天亦惟用勤毖我民（註七三），若有疾（註七四），予曷敢不于前寧人攸受休畢（註七五）？」

釋文

六三 王曰，史官記成王另一番話語，以「王曰」蒙冒其上也。◯尚書全解（卷二七頁二一）曰：「凡言『王曰』者，皆語之更端也。」案：曰作更端之詞，如洪範「曰，皇極之敷言」及本篇上文「曰，嗚呼」之曰，林氏更端語之界說，非是。

六四 惟，猶爲也。舊人，義如盤庚「舊有位人」，謂老臣也。◯僞孔傳以舊人爲久老之人，知文王故事者，適合經旨。正義謂老人目所親見，必知文王故事。是諸臣皆嘗逮事文王，亦太拘矣。

六五 丕，語詞。省，記憶也。遠省，記得久遠之往事也。◯省，僞孔傳釋省識古事，識同志。得之。丕，僞孔傳槩釋大，往往佶屈難通，今皆改正。莽誥擬曰：「爾不克遠省，豈知太皇太后若此勤哉！」丕作「弗不」之不（非語詞「丕」之異文）。案：下「爾知寧王若勤哉」，是謂諸臣莫不知文王勤勞國事，莽誥易丕為不，訓弗，大剌經義。江艮庭、王鳳喈竟皆從之誤。康誥武王戒康叔曰「汝丕遠惟商耇成人」，意與此句同，丕亦作語詞。

六六　若勤，如彼之勤勉國事也（參偽孔傳）。○文王勤勞若彼無逸篇曰：「文王卑服，即康功田功。徽柔懿恭，懷保小民，惠鮮鰥寡。自朝至于日中昃，不遑暇食，用咸和萬民。文王不敢盤于遊田，以庶邦惟正之供。」書疏變「若彼」為「若此」，於下文無所繫連，失之，而林之奇、蔡沈從之誤。尚書正讀（卷四頁一五二—一五三）謂若勤，「如何勤勞也」，且引左傳「棄甲則那」，那訓奈何，明「若」亦可釋若何。案：說雖有據，然細玩經文，不如從古注為安。文王勤勞政事，以有天下大業，周人受之，詩周頌賚「文王既勤止，我應受之」。

六七　閟，祕也。毖，告也。所，句末語詞。全句，謂天密以討武庚將獲成功之事告我也。○閟、祕古通：說文：祕，神也。詩魯頌閟宮箋：閟，神也。是閟與祕通。二字古音同（廣韻至韻同音字），故經典釋文此閟音祕。偽孔傳閟訓慎（據爾雅釋詁），曰：「慎勞我周家成功所在」，不成詞義。書纂言（卷四頁三五）最早確詁閟為祕（曰：「閟者，隱匿不顯之意。」王樹枏尚書商誼卷一頁十二從之。）。至於閟毖，當訓祕（密）告，清儒始言之，經傳攷證（經解卷一三六二頁十）曰：「天閟毖我成功所，天密戒我之成功也。」（戒，告也。）戴鈞衡曰：「廣韻：毖，告也。閟毖者，密告也。」（尚書故卷二頁八七引）簡朝亮、楊筠如、曾運乾說亦同。案：毖訓告，已詳註五三。雙劍誃尚書新證（卷二頁六）且引晉姜鼎「宣邲（即毖）我猷」，謂即「宣告我猷」之義，以證。所為語詞，參無逸註一及君奭註三八。尚書覈詁（卷三頁六三）疑所當讀爲攸訓道，尚書商誼謂「所」爲「所以」之簡省，連下爲句，竝失之。段玉裁謂經文固祗有毖而無閟字（因毖、閟同義），錢大昕謂毖乃勞之訛（尚書校勘記引），皆考之未精。

六八　極，讀爲亟；亟，疾也。（爾雅釋詁下：亟，疾也；亟，速也。）○極舊訓盡，尚書集注音疏（經解卷三九五頁十九）始異其解，曰：「極讀曰亟，……荀子賦篇云：『出入甚極。』楊倞注云：『極讀爲亟。』又易說卦『坎爲亟心』，荀爽本作『極心』，則極與亟通。」經義述聞（經解卷一一八二頁四三）復舉墨子雜守篇、莊子盜跖篇、淮南子精神篇之文或注，證亟、極古字通。

六九　肆，故也。化，訛之省文，爾雅釋詁：訛，言也。誘，康王之誥馬融注（經典釋文引）羑，道也；誘爲羑重文，道亦言。是化、誘皆訓言，故莽誥作「告」（尚書故卷二頁八七說）。○蔡傳曰：「化者，化其固滯；誘者，誘其順從。」案：如其說，則成王呼邦君等而告之，曰汝固滯矣，汝不順矣，今我誘之，化之。此時此地，固不宜作此言。蔡傳謬甚！尚書釋義化訓教（用尚書古注便讀說），誘釋道（導）（據爾雅）。案：成王語諸臣曰故我教導汝，似戒殷頑民語氣，恐非所宜。不如從吳汝綸說爲穩。

七〇　棐，匪之借字；非也。忱，信也。辭，句末語詞。全句，言天不可信賴也。○舊棐訓輔，忱訓誠，辭訓言辭，僞孔傳曰：「言我周家有大化誠辭爲天所輔。」斷非經義。漢書地理志引尚書禹貢「厥篚」之篚概作棐，顏師古於「厥棐織文」下注曰：「棐與篚同。」篚或作匪。漢書孔光傳光對日蝕引尚書本篇曰：「天棐諶辭。」諶通忱。朱子據此，變更尚書舊注云：

「後讀漢書顏師古注云：匪、棐通用。如書中有棐字，止合作匪字義，如『率乂于棐彝』（呂刑），乃是率治于民非常之事。」（朱子語類卷七九頁二六）又曰：「忱、諶字只訓信；天棐忱，如云天不可信。」（同上卷七九頁二五）又曰：「棐本木名，而借爲匪字。」（朱子大全集卷七一頁十六）案：棐與匪、諶與忱古音同。匪訓非、諶訓信，均見爾雅。是朱子說甚確。又案：下文「越天棐忱」、康誥「天畏棐忱」、君奭「若天棐忱」，皆謂不可但信天命；君奭「（天命不易，）天難諶」，亦此意。證之詩亦然，大雅蕩曰：「其命匪諶」、大明「天難忱斯」（說文引忱作諶，足見其通用。），可證。辭，上三引朱子說皆不之釋，蓋已作語詞，與「天難忱斯」之斯同，尚書駢枝（頁七）亦說爲語詞。是也。諸家以屬下讀，失之。

七一

其，將然之詞，考，稽考也（明郝敬尚書辨解卷五頁九）。全句，意謂天決定授命於某國，將自庶民稽考，以爲依據也。○考，僞孔傳訓成，莽誥訓累（顏注：累，託也。）。案：彼釋「天棐忱辭」既誤，此不得不遷就上句，亦誤。其考我民，猶皐陶謨「天聰明，自我民聰明；天明威，自我民明威」，皆謂天「惟考之民心」（書經注卷八頁十一）也。

七二

曷其，曷敢之誤；反問疑詞。前寧人，前文人之誤，謂祖先。（參註一八）攸，語詞。終，謂完成也。○曷其，莽誥作害敢，今文尚書攷證（卷十二頁七）曰：「予害敢，古文作予曷其，與前後皆作『敢』不合。莽誥用今文作敢，其義爲優。」案：本段下文曰：「予曷敢不于前寧人攸受休畢？」次段又云：「肆予曷敢不越卬敉寧王大命？」再次段又云：「予曷敢不終朕畝？」「曷敢」下皆有「不」字，爲反問疑詞，且經旨相同，當從皮氏說，「其」爲

「敢」之誤字。至孟子盡心下篇「以至仁伐至不仁，而何（同曷）其血之流杵也？」及本篇下文「予曷其極卜？」與召誥「嗚呼！曷其奈何弗敬？」句型不同，不足據以證此非訛字。攸，舊訓所，「所終」不詞。尚書釋義（頁七四）訓以，視舊說為長。案：作語詞亦通，下文「予曷敢不于前寧人攸受休畢」，畢、終同義，皆謂完成；畢上無攸字，因攸為語詞，故雖簡省而意義完足。尚書正讀（卷四頁一五三）謂：「圖功攸終，語倒，猶云終所圖功也。」此臆說也。

七三 勤，愛惜也。毖，勞也。（參註七四）○勤毖我民，莽誥作勞我民，似以勤、毖為複詞，皆訓勞，尚書故（卷二頁八八）曰：「毖為勞，勤亦為勞。詩傳：勞，勞來也；爾雅（釋詁）：勞、來，勤也。詩序出車『以勞還』，杕杜『以勤歸』，下（康誥）『周公咸勤』。……」亦通。尚書釋義（頁七四）曰：「勤，愛惜也；義見（詩）鴟鴞正義引王肅說。毖，勞來（慰勞）也。」茲從之。

七四 上及此句，謂天愛惜慰勞我民周備，如愛護病人一般。○若有疾，即文王視民如傷（孟子離婁下）之義（參江聲說）。

七五 攸，所也。畢，終竟也。攸受休，終竟（祖先）所受（於天）之休美。○書疏謂「卒（寧王圖事）」、「（圖功攸）終」及此「（攸受休）畢」三者文辭略同，義不甚異。案：上「敉（寧武圖功）」（詳註三二），下文「敉（寧王大命）」，亦皆終竟之義。足證成疏說。

王曰：「若昔，朕其逝（註七六）。朕言艱日思（註七七）。若考作室（註七八），既底法（註七九），厥子乃弗肯堂（註八〇），矧肯構（註八一）？厥父菑（註八二），厥子乃弗肯播（註八三），矧肯穫（註八四）？厥考翼其肯曰（註八五）：『予有後，弗棄基（註八六）？』肆予曷敢不越卬敉寧王大命（註八七）？若兄考（註八八），乃有友伐厥子民養其勸弗救（註八九）？」

釋文

七六　其，將也。逝，往，往伐武庚也。若昔，朕其逝，尚書集注述疏（卷十四頁二十）曰：「言寧王昔日往伐殷（紂），今若昔日，我其往伐殷逋播臣。」○僞孔傳知逝指東征武庚，惟仍以若訓順，故曰「順古道，我其往東征」，不如簡氏所言明確。

七七　言，于也（裴學海古書虛字集釋）。言艱日思，語倒，謂日思于艱也。○諸家絕多釋言爲語言，雖增多詞語釋此句，仍不達經義。尚書釋義（頁七四）作語詞，有詩經言字可證。尚書正讀（卷四頁一五三）作倒語，則艱日思，謂日思艱，正應上庶邦君艱大之質。茲取裴氏，以就曾氏說，庶幾得經本義。

七八　考，父也（非亡父）。○考非專指亡父，下文「若兄考，乃有友伐厥子，民養其勸弗救」、康誥「大傷厥考心」、酒誥「奔走事厥考厥長」，皆足證考乃指生父。禮記曲禮下：「生曰父曰母，……死曰考曰妣」，乃後起之義，不得上證故書。

七九　厎，致也。厎法，謂定法度，猶今作藍圖也。

八〇　厥，其也。堂，尚書釋義（頁七四）曰：「封土爲臺曰堂。」〇尚書商誼（卷一頁十三）厥訓若，其理由：「厥、其同訓，王引之謂：其，若也。其得訓若，厥亦得訓若。無逸『此厥不聽』，厥字亦當若字解。」案：北堂書鈔（卷十八）「若考作室」，若作厥。厥、若通用，可證。可備一說。肯，後漢書肅宗紀元和三年詔曰：「不克堂構」（據集解本）、三國志亦用「克構」字，是漢魏傳本有作克者，今文尚書攷證（卷十二頁八）據蔡邕祖德頌、司空文烈侯楊公碑、陳留太守胡公碑，謂伯喈據今文尚書作克。案：克堂構，肯堂構，竝可。堂，僞孔傳不釋字義，但云「堂基」。堂，封土爲之，形四方而高，羣經平議（卷五頁六）辨之甚詳。

八一　矧，況也（僞孔傳）。構，建屋宇架設材木也。〇顏之推定本「矧肯構，矧肯穫」，「矧」下「肯」上竝有「弗」字，古文尚書撰異（經解卷五八二頁十一）曰：「矧弗肎構，矧弗肎穫，猶言益弗肎構，益弗肎穫也。矧，況也；況，益也。」案：後漢書肅宗紀注引無弗字，孔疏不言馬融本有弗字，而於鄭、王本則曰：「鄭、王本於『矧肯構』下亦有此一經」，明言鄭玄王肅本無弗字，是漢魏本尚書皆無弗字（肅宗紀「不克堂構」，乃約本篇「弗克堂，矧肯構」，不足以確證經文。）。且此二句，意謂其子「不爲其易，則難者可知」（僞孔傳），段氏曲說強通，失之。構，古作冓，說文：冓，交積材也。甲骨文作[illegible]，象屋宇之樑棟椽杜縱橫交錯。說文構訓蓋，非其初義。內野本作搆，乃誤改。「矧肯構」後，鄭王本皆有「厥考翼其肯曰予有後弗棄基」十二字，如下「矧肯穫」之後一般。書疏曰：「取喻既同，不應重出。蓋先儒見下有而上無，謂其脫而妄增之。」尚書後案（經解卷四一七頁十一）謂此十二字晉人刪之，尚書集注音疏（經解卷三九五頁二十）則添十二字入經文。今文尚書經說攷（卷十五頁十八）曰：「莽擬大誥於此節皆約舉其詞，取其易曉，故文有詳略耳。觀師古注云：『作室、農人猶不棄其本業。』即申釋『弗棄基』之語。師古多襲用舊注，知今文尚書亦必有此一節也。」尚書故（卷二頁九十）亦從其說，謂此十二字重疊言之。案：師古此注署於「厥父菑，厥子播而穫之」下，是總括書經「若考作室」及「厥父菑」二節，取經文「厥考翼其肯曰」十二字大意，而爲言之如上。經尚簡質，不煩重沓。且其所用果爲今文尚書本，「矧肯構」下本亦無此一節。陳氏又據詩大雅文王有聲鄭玄箋有此十二字，且引其書注。案：此至多能證明鄭本多一節（然尚難確定），如上孔疏所言，不足以證明鄭用今文本；蓋王肅本亦有，豈肅亦用今文乎？尚書集注述疏（卷十四頁二一）曰：「今本無重文，總而承之，於文自適也。……馬、鄭本時或異同，今疏於此不言馬本重文，……安知今本不與馬本同乎？」其論先得我心。

八二 菑，新墾田地也。○菑，諸家多據爾雅釋地及詩小雅采芑毛傳釋爲「田一歲」。案：此經「厥父菑」與「厥子乃弗肯播」，所言時距似甚短近，若謂父既墾田一歲，子乃不肯播，語勢甚緩；書疏有見於此，故曰：菑言其始殺草也。又曰：菑耕其田殺其草，已堪下種矣。顏注莽誥曰：反土爲菑。爾雅郭璞注曰：今江東呼初耕地反草爲菑。邢疏引孫炎云：菑，始災殺其草木也。用語雖異，莫不以菑爲新墾田地，協合經義，茲從之。書疏謂此上當如「若考作室，既厎法」有「若父爲農，既耕田」，從上省文耳。案：上如無「若考作室」，則其下「既厎法」不知是何法，故不可無；而此菑即農事，上若亦冒以「若父爲農」，是蛇足也。疏說失之。

八三 播，布種也。○厥，尙書商誼訓若。肯，或作克。詳註八○。

八四 穫，收割也，謂自播種以至收割，種種田事。

八五 翼，疑爲衍文。其，豈也。○舊解翼爲敬，說此經義有窒。經義述聞（經解卷一一八二頁四三）曰：「『厥考翼』與『其肯曰』文不相屬，竊疑『翼』字因上文『越予小子考翼』而衍。……上言『若考作室，厥父菑』，此言『厥考其肯曰：予有後，弗棄基』，文義相承，不得闌入『翼』字。」周富美，用楊筠如說，以翼爲抑之借字（尙書假借字集證）。案：抑用作疑詞，或詞之轉，不惟尙書，他書亦從無置於疑詞「其」之上者。楊氏故與古人立異，不可從也。

八六 基，基業也。○此上三句十二字，總承上「若考作室」、「厥父菑」兩喻。參註八○。

八七 肆，故也。越，及也。越卬，及身也。大命，國運也。○越，僞孔傳訓「於（今日）」，後人絕多從之。案：上以父作室、菑田，子不能繼成其所創制爲譬，此緊承上喻，成王自我勗勉必完成文王所受天命，不然則棄先人基業，不配爲人子矣。舊說不切經義。卬，僞孔傳訓「我」，與其上「不卬自恤」訓「惟」異，其疎失有緣故（詳註五一），「顧（彪）氏以上『不卬自恤』傳云『不惟自憂』，遂皆以『卬』爲『惟』，但卬之爲惟，非是正訓，觀孔意

亦不以（原作以不，从校改）爲惟義也。」（書疏）

八八 兄，借爲皇；皇，偉大也。兄考，即皇考。○兄考，諸家絕多釋兄爲兄弟義，釋父爲父子義，極穿鑿附會之能事，顧無一可通者。雙劍誃尚書新證（卷二頁七）曰：「父兄而稱兄考，二字斷無如此連用之理，徵之周代其他傳記，亦無兄考之例語。金文凡稱父兄，逕曰父兄，無作兄考者，如郘王子栶鐘『及台父兄』、王孫鐘『用樂嘉賓父兄』，是也。（此）兄應讀作皇，無逸：『無皇曰今日耽樂』、『則皇自敬德』，漢石經皇均作兄，是古文作皇，今文作兄也。秦誓：『我皇多有之』，皇公羊作況；況、兄古通。然則兄考即皇考，虢叔鐘：『不顯皇考惠叔』、師望鼎：『用作朕皇考宄公尊鼎』，皇考二字，金文習見。」案：干說精確，皇（兄）在考上，是形容詞。皇考，猶康誥「顯考」、酒誥「穆考」、洛誥「光烈考」，顯、穆、光烈，亦皆修飾語。（參註八九）

八九 乃，寧也（參經傳釋詞）。友，交也（交相之義）。民，尚書釋義（頁七四）曰：「讀爲敃，勉也。」養，長也（莽誥顏注）。其，將然之辭。勸，疑觀之訛字。此及上句，略言難道有他人交相打擊其子，而爲父者坐視不救，反而勉勵之、助長之乎？責管蔡助武庚叛亂。○僞孔傳釋友爲朋友，云：「若兄弟父子之家，乃有朋友來伐其子，民養其勸不救者，以子惡故。」尚書全解（卷二七頁二四）責其解悖乎人情，曰：「夫古人之取譬，雖假設言，亦必近於人情，……未有父子兄弟之家，至於朋友伐其子而不之救者。夫兄弟鬩于牆，外禦其侮。同室之人鬭，被髮纓冠而往救可也。蓋其情之所在，有不期然而然者，豈以不救爲是乎？孔氏之說爲不近人情。」宋人於此及上句，多從疑闕（如王安石、張氏）。古文尚書撰異（經解卷五八七頁十三）據莽誥「效湯武伐厥子」，曰：「友，莽何以作效湯武？蓋叐、爻二字音與形俱相似，今文尚書叐蓋作爻說。今文家必云爻者效也。」今文尚書經說攷（卷十五頁十九）疑此友是交之誤，尚書斠證曰：「友當作交，漢書翟方進傳作效，交、效古通。交，隸書作友，與友形近，往往相亂。韓詩外傳一：『比周而友。』（莊子讓王篇同）新序節士篇友作交，史記范雎列傳：『願與君爲布衣之友。』藝文類聚三三引友作交，並其比。」（尚書覈詁謂經本作爻（漢書讀爲效），爻（ㄨㄨ）友（叐）形近而訛，故今本誤作友。）書經注釋（頁五九九）亦謂交、友漢隸形近，其誤當在漢世。案：說文𠬛，曰：「同志爲友，从二又相交。」是友本有交義；爻，說文：交也。是交、爻、友義通，故史籍交、友互見，非誤字。莽誥讀爻爲效，故曲解經義，以遂其私意，清儒多爲所欺。下文「胥伐于厥室」，義與此句近，胥亦訓交相，可證。尚書正讀（卷四頁一五四）友作羑文，失考。養，尚書集注音疏（經解卷三九五頁二一）訓長，引大戴禮夏小正傳爲證。惜其以民養爲民眾之長，失經義。雙劍誃尚書新證（卷二頁七—八）謂勸是觀之訛字。案：民、養皆有勸助義，同句不宜三著勸義，于說得之。

王曰：「嗚呼！肆哉（註九〇）！爾庶邦君越爾御事。爽邦由哲（註九一），亦惟十人迪知上帝命（註九二）。越天棐忱（註九三），爾時罔敢易法（註九四），矧今天降戾于周邦（註九五）？惟大艱人（註九六），誕鄰胥伐于厥室（註九七）；爾亦不知天命不易（註九八）。予永念曰（註九九）：天惟喪殷；若穡夫（註一〇〇），予曷敢不終朕畝（註一〇一）？天亦惟休于前寧人，予曷其極卜（註一〇二）？敢弗于從（註一〇三）、率寧人有指疆土（註一〇四）？矧今卜并吉（註一〇五）？肆朕誕以爾東征（註一〇六）；天命不僭（註一〇七），卜陳惟若茲（註一〇八）。」

釋文

九〇　肆，力也；鼓勵邦君等效力也。〇肆，僞孔傳仍訓故，不知變通，大失經義。尚書全解（卷二七頁二五）用莽誥顏注「肆，陳也；勸令陳力」，案：爾雅釋言：「肆，力也。」肆亦訓陳（詩大雅行葦傳），故師古云然。書經注（卷八頁十二）謂：「肆哉，作其氣也。」作氣，猶今語「努力啊」，勉人力作也。它說雖多，皆不可從。

九一　爽，書疏曰：「明也。」哲，明智之人也。全句，謂光明之邦國由于明智之人造成。〇尚書集注音疏（經解卷三九五頁二一）謂：爽之言貳，貳則副貳，有輔佐之誼。案：詩衛氓「女也不爽，士貳其行」，爽、貳皆謂差失，江氏通轉爲輔誼，實太牽強。雙劍誃尚書新證（卷二頁八）謂此爽與康誥二「爽惟」之爽，皆爽之訛，語詞也。案：此篇爽如作語詞，則「邦由哲」不成文義，且與下文義不相接；至爽惟誠當如于說，第未必是誤字，說詳彼篇。僞孔傳由訓用（詩小雅小弁箋：由，用也。），「用明智之人」，於上下文均不協；且內野本、書古文訓由皆作繇，繇見于古書皆作從自義。此由亦當訓從自，傳誤。

九二　十人，即上文之十獻（詳註三二）。迪，語詞。知上帝命，謂（惟此十人）知天命將佑周也。〇迪，僞孔傳訓蹈，曰：「蹈知天命」。案：言知天命可矣，添蹈字文義反晦澀（書疏曰：「蹈天者，識天命而履行之。」拘泥傳義，尤不可通。）。經傳釋詞迪訓用，曰：「大誥曰：『亦惟十人，迪知上帝命』，言惟此十人用知上帝命也。」且引王肅「（以）民十夫用知天命（故也）」爲證。案：用有「因以」訓，王氏蓋取此義。然細玩其所舉諸例，以「迪」引起之下文。多無承上之義。尙書故（卷二頁二）曰：「立政迪知與忱恂對文。方言：由、迪，正也。鄭論語注：正，魯讀爲誠。迪知者，誠知也。」案：吳氏欲成就「迪」有「誠」義，費盡力氣，終非經義。立政「迪知忱恂于九德之行」，謂知誠信于九德之行，「誠知」、「誠信」文不相對。且迪知果訓誠知，則上文謂武庚「知我國有疵」、謂諸臣「爾惟舊人，爾丕克遠省，爾知寧王若勤哉」，「知」上皆應有「迪」字，語氣始益強。惟其迪爲語詞，故可有可無。尙書「知」上皆無副詞，其上迪字皆語詞。

九三　越，語詞。天棐忱，天命不可信賴也（詳註七〇）。〇僞孔傳越仍訓於。案：上文「天棐忱辭」、君奭「天難諶」與此句同義，而其上皆無「越」字，足證越爲語詞，無義，故可簡省。傳誤。

九四　爾，謂邦君等也。時，謂常時也（書蔡傳纂疏卷四頁四三）。易，輕慢也（尙書覈詁卷三頁六四）。○爾時，東坡書傳（卷十一頁十三）訓彼「天之方輔誠助我」之時，既釋「越天棐忱」誤，「爾時」亦因而失正訓。常時即平時，度下「今天降戾」爲非常之時，知陳氏說得之。易，舊說變易，亦通。法義參註九五。

九五　矧，況也。戾，尚書古注便讀（卷四上頁二一）曰：「拂逆也。」謂不順之事，指武王崩，王室不安，主幼國疑也。○上句「法」及此「定」，莽誥皆作定，尚書集注音疏（經解卷三九五頁二一—二二）以爲：說文灋之重文又作⿱亼正（古文），此法字，隸古本原作⿱亼正，唐衛包改爲法，即今本所見。然隸古定本作⿱亼正乃⿹勹正形近之譌，是此「法」當作定。且引詩大雅桑柔「民之未戾」（王鳴盛又增引小雅雨無正「靡所止戾」）毛傳，謂戾訓定。是「易定」爲「易定命」、「降戾」爲「降定命」。案：內野本及其它日本古鈔本（皆唐天寶三載以前，日人攜回之古尚書本，據以抄錄者。）如岩崎、九條、足利、神宮、清原諸本，法皆不作⿱亼正（惟書古文訓作⿱亼正，然其本不甚足據，說詳四庫提要經部書類存目一），江氏謂古本原作⿱亼正，失之。戾固可訓定，然施于此則須增字以解之，而仍不可通。王莽亂經，其說不可遽信。

九六　大艱人，造作大災難之人；謂管叔、蔡叔也（書疏引王肅說）。（參註九七）

九七　誕，尚書覈詁（卷三頁六四）：「讀爲延。」鄰，謂武庚也。胥，相也。厥室，其王室也。全句，謂管、蔡招請鄰邦（武庚）攻擊己之周王家也。○尚書假借字集證曰：「誕、延古音極近，漢書古今人表『赦王延』，史記索隱作誕。即其例。」大艱人，據下「誕鄰胥伐于厥室」，乃指管、蔡而言。二叔爲成王叔父，誥辭未便斥言；前責武庚，曰「殷小腆，誕敢紀其敍」，則未加隱諱。胥伐厥室云云，與上「若兄考，友伐厥子」所指略同。上爲比喻，此則直指事情。鄰，雙劍誃尚書新證（卷二頁八）曰：「古寫隸古定尚書鄰作厶，與汗簡所引古尚書合。按：厶乃以之譌，漢隸以作厶，形相似也。『誕以』乃古人語例，下文『肆朕誕以爾東征』可證。」案：內野本、書古文訓鄰竝作厶，于氏判爲「以」之誤字，極合理（近人劉節亦有說，見吳美乃尚書二十八篇集校。），惟用下「誕以爾東征」之「誕以」爲證則非。考下「以」字義爲「率領」（或訓與，亦勉可通。），「以」下「爾，汝」等字，如盤庚「今予將試以汝遷」、「盤庚作，惟涉河以民遷」、上文「予惟以爾庶邦于伐殷逋播臣」皆可證，此「以」下無「爾、汝」字，則用其語例解說此句便不可。

九八　不，尚書釋義（頁七五）讀爲丕，語詞。易，改變也。○天命不易，尚書今註今譯（頁九五）謂（得）天命（國運）不容易。案：上文十哲知上帝命佑周，下云「天惟喪殷」、又云「天命不僭」，意皆天決將興周亡殷，故不易當訓不可改易，如莽誥顏注。疑段中無得國不易之義。

九九　永念，義同上「永思」，深長思慮也。

一〇〇　穡夫，農夫也。

一〇一　終朕畝，謂終竟田畝之事（農事）也。

一〇二　曷其，與孟子「而何其血之流杵也」之何其義同（參註七二）。極，讀爲亟，屢次也。○極卜，舊說爲究極之卜。卜法無所謂究極。尚書古注便讀（卷四上頁二一）曰：「極，亟也。……我何嘗不卜其當征不當征乎？」似訓極爲當。尚書故（卷二頁九三）曰：「極卜，亟卜也。王引之云：『莊子盜跖篇，釋文亟本作極；荀子賦篇注極讀爲亟。』古字極與亟通。前卜大艱，後卜東征，是亟卜也，鄭少儀注：亟，數也。」尙書釋義（頁七五）舉孟子萬章下篇「亟問，亟餽鼎肉」之亟，證此極義當同彼亟，屢也。尤明確。

一〇三 于，疑「卜」之訛。敢弗卜從，否定句，止詞提於動詞之上，即敢弗從卜也。〇于，舊作介係詞，然「于從」，尙書固無此語例，羣經亦未見。書疏訓「於是從」，病其添字。尙書正讀（卷四頁一五六）曰：「『敢弗于從』之于，當爲『卜』字之譌也，莽擬此句作『曷敢不卜從』可證。」（尙書覈詁卷三頁六四說同）案：汲古閣本、王先謙集解本漢書莽誥作「害敢不卜從」，段玉裁以爲汲古本作『卜』非（古文尙書撰異，經解卷五八二頁十六），蓋從莽誥顏注論斷。考顏注「曷敢不卜從」曰：「敢不往從」，以往訓于。今文尙書攷證（卷十二頁九）謂師古用僞孔傳以「往從」訓「卜從」。皮氏說非是，僞孔傳『于』不訓『往』。雖然，自文法、經義衡之，于從當作卜從，漢書或本卜作于，殆則小顏所據本也。

一〇四 率，循也（僞孔傳）。指，莽誥、王肅本、書疏所據本皆作旨，尙書釋義（頁七五）曰：「旨，只通；是也（義見詩南山有臺鄭箋）。」是即此。全句，（敢不從卜）以遵循祖先之所經營之疆土而續保有之乎？〇指，舊釋指（旨）意，增飾許多字依然不可通解。尙書故（卷二頁九三）謂指、旨皆借爲耆，耆訓定；「有指疆土」，謂「武王有定之疆土」。尙書覈詁（卷三頁六四）用吳說，又見「有」如字解則不可通；而謂遵從前人以定此疆土，不知所遵者爲何？是亦委曲難通。鄭玄南山有臺「樂只君子」箋：只之言是也。案：

一〇五　襄二十四年左傳引武詩只作旨，則只、旨通，訓是。西伯戡黎「指乃功」，是乃功也。卜并吉，見註三四。〇宋人謂大誥以討叛告天下，應責武庚不義，但卻一切委之卜筮，聖如周公，經國制事，而肯出是言乎？朱子（朱子語類卷七九頁二五）、王柏（書疑卷六頁四）皆疑之。而著文爲經書辨解者亦多，竊以蔡傳之論最得其情，其言曰：「卜而不吉，固將伐之，況今卜而并吉乎？……案：此篇專主卜言，然其上原天命，下述得人，往推寧王、寧人不可不成之功，近指成王邦君、御事不可不終之責，諄諄乎民生之休戚、家國之興喪，懇惻切至，不能自已，而反復終始乎卜之一說，以通天下之志，以斷天下之疑，以定天下之業，非聰明睿知、神武而不殺者，孰能與於此哉！」

一〇六　肆，故也（僞孔傳）。誕，語詞。以，詳註三二、九七。

一〇七　僣，差也（僞孔傳）。

一〇八　陳，列也（僞孔傳）。

〔附一a〕莽誥、大誥比辭證義

漢哀帝（劉欣）元壽二年六月崩，平帝（劉衎）年九歲繼位，太皇太后王氏（政君）臨朝稱制，委政於其內姪王莽，莽遂專威福。明年（平帝元始元年）正月，群臣希旨，盛陳莽功德，謂有定國安漢之大功，太后乃詔莽號曰安漢公，以媲美周公之於周。元始五年，先是泉陵侯劉慶上書，言宜令安漢公居攝，行天子事，如周公攝成王政故事。十二月，平帝崩，年才十四，無子，莽徵宣帝玄孫廣戚侯之子劉嬰年二歲，立爲孺子。同月，謝囂、孟通虛造符應——告「安漢公莽爲皇帝」。王舜等並脅太后下詔「令安漢公居攝踐祚，如周公故事」。次年，改元居攝。

居攝元年（公元六年）四月，安眾侯劉崇與張紹見莽專政，必危漢室，乃舉兵誅莽。旋敗死。於是群臣白太后，宜尊重莽之權位以鎭海內。五月，太后詔莽，朝見稱假皇帝。莽欲篡漢，至此已昭然若揭。翟義者，前宰相翟方進之子也。見莽攝天子位，欲絕漢室，次年九月，乃立嚴鄉侯劉信爲天子，興師討莽，移檄郡國，共行天罰，比至山陽，眾十餘萬。（上文據漢書卷十一哀帝紀、卷十二平帝紀、卷九八元后傳、卷九九王莽傳及卷八四翟方進傳附翟義傳。）

莽聞之，大恐，惶懼不能食。乃遣其親黨將兵擊義，分屯關塞。而已則「日抱孺子謂群臣而稱曰：『昔成王幼，周公攝政，而管蔡挾祿父㠯畔，今翟義亦挾劉信而作亂。自古大聖猶懼此，況臣莽之斗筲！』群臣皆曰：『不遭此變，不章聖德。』莽於是依周書作大誥。……遣大夫桓譚等班行，諭告當反位孺子之意。」（引文出翟傳）莽傳亦記作誥事，云：「莽……晝夜抱孺子告禱郊廟，放大誥作策，遣諫大夫桓譚等班於天下，諭以攝位當反政孺子之意。」

王莽倣作之誥，載漢書卷八四頁十二—十七翟方進傳附翟義傳。後之引此文者，或作「漢書曰」（孫疏、尚書今古文集解、觀堂授書記、覈詁。），或作「翟義傳曰」（後案），或稱「倣大誥」（覈詁又），或稱「擬大誥」（古文尚書拾遺定本），或稱「王莽擬誥」（音疏），又稱「王莽大誥」（撰異、平議、述疏、劉向歆父子年譜。），又省作「莽大誥」（今文經說攷、尚書大義、古文尚書拾遺定本又。），及「王莽誥」（音疏又）；而以稱「莽誥」者最多（音疏又、尚書今古文集解又、參正、今文攷證、尚書故、尚書大義又、大誥解、尚書通論。），茲從最眾。

翟、劉居攝二年九月舉義，莽誥首揭發誥年月日「惟居攝二年（公元七年）十月甲子（十五日）」，是當時著成。至莽誥撰者，宋林之奇（尚書全解）、清惠棟（九經古義）、段玉裁（撰異）、陳喬樅（今文經說攷）、俞樾（平議）、高本漢（書經注釋）、嚴可均（全漢文卷五九收莽誥，作者題王莽。）皆謂王莽作。孫疏謂「是劉歆等所爲」，趙翼廿二史箚記（卷十五頁二〇五）謂「此蓋劉歆等爲之弄筆也。」新學僞經考：「王莽傳『於是……劉歆典文章』。按歆傳，莽素重歆，故莽一朝典禮皆歆學也。故偏錄出，與歆之僞經徵驗相應也。……放大誥作策，遣諫大夫桓譚等班於天下。」是康氏以莽誥爲歆學。孫、趙、康所論近是。莽大夫揚雄承詔誄太皇太后曰「太陰之精，沙鹿之靈，作合於漢，配元生成」，擬莽誥文，故文相似，非雄嘗作莽誥。

魏晉以來經師，多據史記所述尚書，以校讀經文，考證經義。良以馬遷初習今文，又從孔安國問故，親見古本，接聞古義，引書解詁，多得其正故也。夫史記但以虞夏商周四代之古書爲史料，引經以意取舍，詁字又非率由舊章，若本其書校經證義，有時不免枘鑿。若夫莽誥之作則不然，盡倣尚書大誥篇，遵彼節目，按彼句字，咸秩無紊。矧其時今文學盛行，壁書未亡，故無論其錄經舊字，或同訓相代，近古逼眞，殆無疑問。惜清以前經師，治周誥者，多未加重視。唐孔氏書疏，僅引一條云：「漢書：王莽攝位，東郡太守翟義叛莽，莽依此作大誥，其書亦『道』在『誥』下。」，宋王應麟困學紀聞引一條；而此代尚書專著，唯林之奇尚書全解三引之，它則未見引用。清人校書重古本，又刻意表章西漢今文學，資莽誥以校經證義者遂蔚爲風尚，尚書家中，江聲、孫星衍、段玉裁、陳喬樅、王先謙、皮錫瑞等其顯者也。江氏重視莽誥，有云：

> ……必據莽誥而不从隸古定者，蓋隸古定書起于東晉，其書輒有改竄增損，多不可信。王莽雖篡漢之賊，其所擬者，乃西漢時之尚書、伏孔二家之舊文也，故寧从之焉。（音疏）

諸家動以莽誥證經者，江氏意見可爲代表也。段氏撰異、趙氏廿二史劄記（卷十五總頁二〇四—二〇六）且備錄莽誥全文。民國以來，王國維、章太炎、楊筠如、劉節、陳夢家等，承清儒遺風，於此亦頗有發明。

抑先儒以兩誥相勘，概以經誥爲主，而援史誥以證之；片斷零散，不及全文，論據復多疎略。今更以史誥爲主，援經誥以證之；經字史文，備舉咸列。比較異同，別白疑似。事有未明，引徵史傳以疏通之；舊說凡直接攸關者，則盡量採取。大誥用世界書局縮印張氏晒忍堂刻本（凡六六四九字，不含篇題兩字。），莽誥則用清王先謙漢書補注本（凡一一三七字，併校補九字則爲一一四六字。補注本「以汲古本爲主」（詳其序例），字數相同，先謙僅將汲古本「誶」、「卹」校正爲「靜」、「卹」，餘悉同。），並以重刊淳化本、景祐本、殿本等參校，作「莽誥、大誥比辭證義」，如下：

惟居攝二年十月甲子，攝皇帝若曰（註一）：「大誥道諸侯王、三公、列侯于汝卿、大夫、元士、御事（註二）。不弔，天降喪于趙、傅、丁、董（註三）。洪惟我幼沖孺子，當承繼嗣無疆大歷服事（註四）。予未遭其明悊，能道民於安，況其能往知天命（註五）？熙！我念孺子，若涉淵水，予惟往求朕所濟度，奔走已傅近奉承高皇帝所受命，予豈敢自比於前人乎（註六）？天降威明，用寧帝室，遺我居攝寶龜（註七）。太皇太后㠯丹石之符，迺紹天明意，詔予即命居攝踐祚如周公故事（註八）。

附註

一　居攝，居位攝政也，莽傳群臣奏言：「……由是言之，周公始攝則居天子之位，非乃六年而踐祚也。」敏案：周武王克殷，天下未集而崩，成王以幼沖嗣位，周公旦攝政。莽誥立「居攝」名，緣此事。先是平帝元始五年（西元五年）泉陵侯劉慶上書言：「周成王幼少，稱孺子，周公居攝。今帝富於春秋，宜令安漢公行天子事如周公。」群臣皆曰：「宜如慶言。」（莽傳、劉向歆父子年譜）是平帝未崩時已有人爲莽勸進。同年十二月，平帝崩，太保王舜等共令太后下詔曰：「其令安漢公居攝踐祚，如周公故事。」（莽傳）明年（西元六年）丙寅，改元曰「居攝」（莽傳）。居攝二年（西元七年）十月朔庚戌，甲子則十五日也。　攝皇帝若曰，尚書大誥篇（下簡稱「大誥」）作「王若曰」，「王」謂周成王誦（下皆同），周公旦未曾稱王，莽欲遂其篡漢私志，誣衊周公稱王、謂大誥「王」是周公（關於周公未曾稱王，參看拙著周公旦未曾稱王考，孔孟學報二十八、九兩期；尚書多方篇著成於多士篇之前辨，國立臺灣大學文史哲學報二十三期；尚書金縢篇義證及尚書周誥義證多篇，下倣此。），故擬彼「王若曰」爲「攝皇帝若曰」。攝皇帝之稱，元后傳：「公卿奏請立嬰爲孺子，令宰衡安漢公莽踐祚居攝如周公傳成王故事。太后不㠯爲可，力不能禁，於是莽遂爲攝皇帝，改元稱制焉。」莽

㠯

傳：「民臣謂之『攝皇帝』，自稱曰『予』。平決朝事，常㠯皇帝之詔稱制。」居攝元年五月甲辰，太皇太后詔莽朝見稱「假皇帝」（莽傳、劉向歆父子年譜）。且先於去年歲末僞造經文，托言周公稱王，以爲稱「假皇帝」之藉口，莽傳群臣奏言：「（尚）書逸嘉禾篇曰：『周公奉鬯，立于阼階，延登。贊曰：「假王莅政，勤和天下。」』此周公攝政，贊者所稱。……臣請安漢公居攝踐祚，服天子韍冕，背斧依于戶牖之間，南面朝群臣，聽政事。車服出入警蹕，民臣稱臣妾，皆如天子之制。郊祀天地，宗祀明堂，共祀宗廟，享祭群神，贊曰『假皇帝』。」敏案：所謂逸嘉禾文甚可疑：其文不類尚書，淺露不似西周文字，記事去書序（尚書嘉禾序曰：「周公既得命禾，旅天子之命作嘉禾。」）及尚書大傳（見陳壽祺輯本）遠甚，必劉歆等僞製，託亡書言瑞應之篇（嘉禾及歸禾兩篇；歸禾書序曰：「唐叔得禾，異畝同穎，獻諸天子，王命唐叔歸周公于東，作歸禾。」）以出者（關於嘉禾佚文，論者甚多，似皆未諦，限於篇幅及體例，本文不便具引，將別撰一文討論之。），故歆，莽以前絕未見引。「假王」之稱，先見於史記淮陰侯傳（「願爲假王便」）及陳涉世家（乃以吳叔爲假王）」；至尸子（藝文類聚卷六引）、韓非子難二同謂「周公旦假爲天子七年」，謂代天子行政，非自稱「假天子」也。

二 此句倣大誥「猷大誥爾多邦越爾御事」。莽誥以「道」訓「猷」（方言：「猷，道也。」）；在「誥」下者，所據今文尚書本如此也。尚書馬融本作「大誥繇」（見釋文）、鄭玄王肅本（竝見書疏）皆作「大誥猷」。諸家或從莽誥改大誥經文（如音疏、撰異、古文尚書拾遺定本、覈詁），而以僞孔本誤倒。敏案：漢書注應劭曰：「言㠯大道告於諸侯㠯下也。」應氏以「猷」在「誥」上，所據尚書本如此。後案謂漢時本皆「猷」在「誥」下，失之。撰異及今文攷證謂應氏注誤，考「猷」作句首語辭，書多士、多方篇亦有類例，宋林之奇全解有說（關於大誥義，參看拙著尚書大誥義證，載國立編譯館館刊；下倣此。），且據金文彔伯𢦏毀「王若曰：彔伯彔，繇，自乃祖考又有捪勳于周邦。」「繇」同「繇」，歎詞（積微居讀書記），是段、皮二家說亦失之。諸侯王，以改易大誥「多邦」。列侯，莽添增。于，莽誥所據尚書本原作「粤」，參正：「釋詁：粤，于也。故莽誥易『粤』為『于』。」敏案：內野本尚書「越」正作「粤」。越訓及，尚書義習見。于亦訓及，述聞（皇清經解一一八二）：「（尚書康誥）告女德之說于罰之行，引之謹案：于猶越也，與也，連及之詞原註：夏小正傳曰：「越，于也。」……大誥曰：「……越爾御事」，王莽倣大誥作「……于女卿大夫、元士、御事」。是連及之詞曰越亦曰于也。。」汝卿大夫、元士，倣大誥後文「尹氏、庶士」、御事，用大誥原文，但承上省略「汝」，且以「汝」詁「爾」，小爾雅廣詁：「爾，汝也。」

三　不弔，倣大誥「弗弔」，以「不」詁「弗」也。廣雅釋詁：「弗，不也。」內野本尚書、書古文訓竝作「弗」。（參看註六二）天降喪于趙傅丁董，倣大誥「天降割于我家」，而省經文「不少延」；介詞「于」：莽誥「於」、「于」雜作，其中擬大誥「于」字者十，重刊淳化本、景祐本、殿本竝六作「于」、四作「於」，汲古本則作「于」者三，作「於」者七。謹案：尚書介詞「于」，概不作「於」（今本作「於」悉誤），莽誥擬「于」原不作「於」，今作「於」者，盡後人改字。以「降喪」詁「降割」。大誥「天降割于我家，不少延」，謂周武王值天下未寧而崩，是天速禍周室也。此擬為「天降喪于趙傅丁董」（漢書注應劭曰：「趙飛燕、傅太后、丁太后、董賢也。」），四人為禍於漢而天滅其身已非一日（詳註二八），故不得著「不少延」；趙傅丁董為禍於國而曰天降喪於四人，又以擬武王崩乃天禍邦家，既失經意，又病擬於不倫。

四　洪惟我幼沖孺子，倣大誥「洪惟我幼沖人」：以「孺子」代經文「人」，沖、孺皆訓幼稚，尙書但有沖人、沖子、孺子、幼沖人，莽誥作「幼沖孺子」，不詞。又此句，漢書注師古曰：「洪，大也、惟，思也、沖，稚也；大思幼稚孺子（當承繼漢家無盡之歷服，行政事。）」考大誥「洪惟」，語詞，毛公鼎「弘唯（用洪同惟）乃智」、尙書多方「洪惟圖天之命」（參看積微居讀書記、劉節大誥解，尙書通論及拙著尙書大誥義證。）。顏注雖無當於經義，然切合莽誥之義。周公未曾稱王，大誥「我幼沖人」乃成王自我謙稱。莽誣周公稱王，故擬曰「我幼沖孺子」，我，即今語「我的」；幼沖孺子，謂劉嬰（漢書元后傳：「平帝崩，無子，莽徵宣帝玄孫選最少者廣戚侯子劉嬰年二歲，託吕卜相爲最吉。乃風公卿奏請立嬰爲孺子，……。」莽傳：「時元帝世絕，而宣帝曾孫有見王五人、列侯廣戚侯（顯）等四十八人。莽惡其長大，曰：『兄弟不得相爲後。』廼選玄孫中最幼廣戚侯子嬰年二歲，託吕爲卜相最吉。……明年……三月己丑立宣帝玄孫嬰爲皇太子，號曰『孺子』。」）；句謂我大思劉嬰當嗣君位。當承繼嗣無疆大歷服事，倣大誥「嗣無疆大歷服」：增「當」字，又添「承」字，「當承」連讀，語勢爲順。加「繼」「嗣」上以釋「嗣」（釋詁：「嗣，繼也。」）。綴「事」「服」下以詁「服」（詩周頌噫嘻箋：「服，事也」）。今古文攷證：「漢書割作喪，……大歷服作大歷服事，是并訓詁入文內也。」是也。

五　予未遭其明悊，倣大誥「弗造哲」：大誥無「予（成王）」，承上省文；此增「予（莽）」，文不省也。以「未」代「弗」者，儀禮鄉射禮注：未，猶不也；不、弗通字。大誥「弗造哲」，成王甚謙己身不克到達明哲也，故用「弗」；莽作「未遭遇明智之人吕自輔」（參漢書顏注），則語氣少緩。改「造」曰「遭」者，音疏：「呂刑『兩造具備』，史記作『兩遭具備』，史記以詁訓代經文也。……王莽擬誥云『予未遭其明哲』，則『造』之誼爲『遭』

也。」述疏：「王莽大誥云『予未遭其明悊』，蓋以『遭』訓『造』也。」江、簡說是，尚書文侯之命「造天丕愆」，僞孔傳訓遭。唯撰異曰：「造，莽大誥作『遭』，蓋今文尚書作『遭』，非以故訓字代之也。下文『予造天役』亦作『予遭天役』，馬云：造，遺也（見釋文），『遺』字正『遭』字之誤，用今文注古文也。」敏案：漢世傳本尚書未見作「遭」者，馬融本亦作「造」訓「遭」，今文本果作「遭」訓「遇」，則殊乖經義，段說非也。莽誥加「其」，用指他人。悊，莽誥所據本原作从心之悊，說文口部「哲」下：「知也，从口折聲；悊，或从心。」能道民於安，譯大誥「迪民康」也：「能……於」二字添增。道（師古讀曰導）以訓迪、安以訓康，竝見釋詁。 況其能往知天命，倣大誥「矧曰其有能格知天命」：「矧」作「況」，詁訓字（見釋言）。大誥「曰」字近語氣詞，莽誥因而省文。大誥「有」（讀「又」），義近「況」，莽誥遂省文。以「往」訓「格」，孫疏：「……格，至也；格爲至，故可爲來，亦爲往，漢書作『往也』，言不能前知天命。」平議：「王莽大誥……以『格』爲『往』，乃古訓也。爾雅釋言『格，來也』，訓『格』爲『往』如『亂』爲『治』、『故』爲『今』之例。蓋物之既來謂之格，物未來而我往逆之，亦謂之格，僖十五左傳『輅秦伯』，宣二年傳『狂狡輅鄭人』，杜注竝曰：輅，迎也。『輅』即『格』字，……即『格來』之義所引申也。莊子人閒世篇釋文引崔云『逆擊曰輅』，此蓋合『格挌』二字之義爲說。『逆』者『格』之訓、『擊』者『挌』之訓，『輅』與『格挌』竝從『各』聲，其義得通，故『輅』訓『逆擊』也。『格知天命』猶曰『逆知天命』，莽用雅訓以易經文；當用『來知天命』，乃不曰『來』而曰『往』者，欲人易曉也。」敏案：格，借爲𢓜（𢓜），其訓「來、至」亦從「𢓜」生，孫、俞引申為「（先）前」、「逆」，謂以訓詁字入文，良是也。

六

熙，師古注：「嘆辭。」代大誥「已」：僞孔傳：「發端歎辭」，此義尚書習見，疑西漢末此義不甚行，故莽易為「熙」也。孫疏：「『已』為『熙』，聲相近。」參正：「已者，噫也；熙者，嘻也。」已、噫、嘻聲皆擬歎嗟，是音近相通也。　我念孺子，倣大誥「予惟小子」：予，我也（釋詁）。是以「我」詁「予」。「惟」具「思念」義，經典習見（上文「洪惟」，書疏引王肅以「惟」為「念」。），故莽取以詁之。「孺子」、「小子」，二語尚書習見，義近故莽取以代。孺子謂劉嬰，已詳（註四）。敏案：尚書「予惟」惟，語詞，全句成王自謙稱，易「惟」作「念」，則句義變為「莽思念孺子嬰」云云，改詁以飾姦也。　若涉淵水，全襲大誥文。重刊淳化本「若」誤作「君」，形近故。　予惟往來求所濟度，讀書雜志（四之十三）：「……當以『予惟往求朕所濟度』為句，此效經文之『予惟往求朕攸濟』也。」所，詁「攸」；攸，所也（釋言）。度，詁「濟」；濟，渡（通度）也（釋言）。　奔走㠯傳近奉承高皇帝所受命，讀書雜志又曰：「師古以『奔走』屬上讀，念孫案：奔走二字與涉水義不相屬，當以……『奔走以傳近奉承高皇帝所受命』為句。……此效經文之『敷賁敷前人受命』也。」茲從高郵王氏斷句。王氏又曰：「奔與賁、傳與敷古字通用。……疑今文無上『敷』字，但作『奔傳前人受命』，而莽以奔為奔走、傳為傳近，亦用今文說也。」據莽誥疑今文尚書無第一「敷」字者，尚有孫疏、撰異、今文攷證、大誥解，而謂莽誥以「奔走」訓「賁」，尚有孫疏、尚書故、大誥解、音疏（云：「應劭風俗通云：『虎賁，言猛怒如虎之奔赴。』是賁與奔通也。」），至謂莽以「傳」代「敷」，撰異申王氏說曰：「今文尚書『敷』多作『傳』，如『傳納』『傳士』皆是。此『敷』字今文尚書必作『傳』，故莽云『傳近』，今文家說也。」敏案：疑今文尚書原作「賁傳前人受命」：莽以「奔」詁「賁」。添「近」「傳」下，傳近猶附近意即親近之（洪範：「以近天子之光」，與此「傳近」義似。）。「奉承」，莽誥增加，孫疏：「又以為『奉承』者，漢誥求其通俗，重疊訓釋之。」文王受命，詩書經見，大誥「前人」謂周文王，莽以漢高帝相擬，作「高皇帝所受命」，「所」字後增，以暢辭旨。　撰異：「莽曰『予豈敢自比於前人乎』，此即經之『茲不忘大功，予不敢閉』也。」茲從之。大誥「閉」，莽作「比」：撰異：「『閉』字疑今文尚書作『比』」；今古文攷證謂「閉」今文尚書原作「毖」，訓比（廣雅：毖，比也。），尚書故謂「閉」尚書古經當作「閟」（詩傳：閟，閉也。），與「毖」通，「毖」又訓「毖」，是莊、吳二家謂莽誥「比」乃今文尚書「毖」或「閟」字之訓詁字，說頗曲繞，段說為切直，茲從之。大誥「于」，今古文攷證：「漢書『乎』字，恐亦向下讀，或借『于』作『於』而讀『乎』也。或傳寫之誤——于、越古通，越又作粵。」敏案：尚書介詞「于」概不作「於」（據古本），「於」（讀烏）止作嘆辭，僅用於句首及句中，兩字功能迥異，兼周誥絕不用「乎」字作句末語氣詞，莊說「于」因借而讀「乎」以求合莽誥此句末字「乎」，失之。莊氏又論「于」（借為「越」或「粵」）」為下句發語辭，平議議其不可，云：「『于』字莽誥所無，孫氏星衍讀『于天降威』四字為句，引釋詁『粵，于也』為解（孫說見尚書今古文注疏卷十四）。然下文『天降威，知我國有疵，民不康』，無『于』字；酒誥『天降威，我民用大亂喪德』，亦無『于』字。」俞說得之。前人，師古注：「謂周公。」補注：「莽言不敢自比高皇帝，猶周公不敢比文王。顏說非。」是王氏以「前人」謂漢高帝，今文攷證說同：「莽云『予豈敢自比於前人乎』，承上『傳近奉承高皇帝所受命』而言，『前人』當即謂高皇帝；莽自謂不敢比高皇帝也。」敏案：今文尚書大誥上句「前人受命」，莽易爲「高皇帝所受命」；莽誥此句「前人」即倣大誥上句之「前人」，亦指漢高帝。王、皮兩家說得之。意者：今文尚書原作「茲不忘大功，予豈敢比？」莽誥合其大意作一句：「予豈敢自比於……乎」應下句，「自、比、乎」乃譯增之字以便讀；「前人」，意即前人受命創業之功，應上句「茲不忘大功」。蓋當時今文三家書具在，天下共讀之，其經字異乎今本（今本固伏生傳本，唯已非伏本之舊。）有限，莽誥既擬今文本，傳檄庶邦，亦必力求切合書義，則緣「擬誥」以溯今文「大誥」，雖不中不遠矣！

七

天降威明，於大誥「天降威」僅增一「明」字：審莽誥下文「迺詔天明意」，知此「明」亦當訓「昭顯」，師古注：「威明，猶言明威也。」得之。（大誥下文「紹天明」之「明」即「命」，與此「明」義不同。）用寧帝室，倣大誥「用寧王」：「寧王」之「寧」爲「文」之誤（大誥「寧武」、「寧考」、「前寧人」之「寧」，皆「文」之誤。），「寧王」即「文王」，吳大澂字說、駢枝、觀堂授書記、釋義竝有說。莽誥解「寧」爲「安」，因誤「王」爲「王室」，故易「寧王」爲「寧帝室」，不直倣大誥曰「寧王室」者，周之天子稱「王」，漢家天子稱「帝」故也。惟或以「用」字屬上讀（如僞孔傳），莽誥向下讀合古義，今古文攷證：「漢書作『天降威明，用寧帝室』，則『于天降威用』五字，不屬上爲句，明矣。」遺我居攝寶龜，妄改大誥「遺我大寶龜」之「大」爲「居攝」，以假天意居攝踐祚（參下文），甚乖經義！

八　太皇太后以丹石之符，此句莽所增，事實亦其僞造欺世，莽傳：「（元始五年）十二月丙子十六日平帝崩。……是月，前煇光謝囂奏武功長孟通浚井得白石，上圓下方，有丹書著石，文曰『告安漢公莽爲皇帝』。符命之起，自此始矣。莽使群公㠯白太后，太后曰：『此誣罔天下，不可施行！』太保舜謂太后：『事已如此，無可奈何，沮之力不能止。又莽非敢有它，但欲稱攝㠯重其權，塡服天下耳。』太后聽許。」太皇太后（即此文所稱之太后，元后傳亦稱太后，漢宣帝本始三年，公元前七一生—新莽始建國五年，公元十三卒），姓王名政君，王禁次女，王鳳同母妹，與王莽父王曼同父異母，漢元帝皇后也（元后傳）。丹石，所謂白石書丹、符，即符命也。

迺紹天明意，倣大誥「紹天明」：大誥讀曰「卲天命」，蒙上文「用大寶龜」，謂卜問天意。莽誥蒙上文「太皇太后㠯丹石之符」，謂迺承上天明白之意願。迺，莽加入，以便理解。紹師古注：「承也。」、明，莽竝違經意者，或用今文書說，或欲成就私志，故爲曲說。　詔予即命居攝踐祚如周公故事，「即命」襲大誥原文；餘悉莽增加，以明時事者也：即命，就而聽受天命也，立意同大誥積微居讀書記、覈詁、大誥解皆訓「即」爲「則」：待考。。所謂太皇太后詔其居攝踐祚，莽傳見載：「……君年幼稚，必有寄託而居攝焉，然後能奉天施而成地化，群生茂育。書不云乎：『天工人其代之』。朕以孝平皇帝幼年，且統國政，幾加元服，委政而屬之。今短命而崩，嗚呼哀哉！已使有司徵孝宣皇帝玄孫二十三人，差度宜者，㠯嗣孝平皇帝之後。玄孫年在繈褓，不得至德君子，孰能安之？安漢公莽輔政三世，比遭際會，安光漢室，遂同殊風，至于制作，與周公異世同符。今前煇光囂、武功長通上言丹石之符，朕深思厥意，云『爲皇帝』者，乃攝行皇帝之事也。……其令安漢公居攝踐祚，如周公故事。」「太皇」之「太」，重刊淳化本、景祐本竝作

「大」，說詳（註二四）。

反虜故東郡太守翟義擅興師動衆，曰『有大難于西土，西土人亦不靖』（註九），於是動嚴鄉侯信，誕敢犯祖亂宗之序（註一〇）。天降威，遺我寶龜，固知我國有呰災，使民不安，是天反復右我漢國也（註一一）。

附註

九　反虜至動衆，此漢事，大誥無有：莽及其鷹犬數以「反虜」稱翟義、劉信（參看註六〇）：居攝三年，莽上奏曰：「反虜流言東郡」，於是號翟義爲「虜」、居攝二年十二月，陳崇上書曰：「反虜畢斬」（皆莽傳）。翟義傳：莽下詔曰：「迺者反虜劉信、翟義。……」。翟義等舉義誅漢賊，元后傳：「……俄而……東郡太守翟義等惡之，更舉兵欲誅莽。」莽傳：「（居攝二年）九月，東郡太守翟義都試，勒車騎，因發犇命，立嚴鄉侯劉信爲天子，移檄郡國，言莽『毒殺平帝，攝天子位，欲絕漢室，今共行天罰誅莽』，郡國疑惑，衆十餘萬。」翟義傳：「（翟方進之）少子曰義，義字文仲。……徙爲東郡太守。數歲，平帝崩，王莽居攝，義心惡之，迺謂姊子上蔡陳豐曰：『新都侯攝天子位，號令天下，故擇宗室幼稚者㠯爲孺子，依託周公輔成王之義，且㠯觀望，必代漢家，其漸可見。吾……義當爲國討賊，㠯安社稷。欲舉兵西誅不當攝者，選宗室子孫輔而立之。……今欲發之，乃肯從我乎？』豐年十八，勇狀，許諾。義遂與東郡都尉劉宇、嚴鄉侯劉信、信弟武平侯劉璜謀結。及東郡王孫慶素有勇略，㠯明兵法，徵在京師，義乃詐移書㠯重罪傳逮慶。於是㠯九月都試日斬觀令，因勒其車騎材官士，募郡中勇敢，部署將帥。嚴鄉侯信者，東平王雲子也。雲誅死，信兄開明嗣爲王，薨，無子，而信子匡復立爲王，故義舉兵并東平，立信爲天子。義自號大司馬柱天大將軍，以東平王傅蘇隆爲丞相，中尉皐丹爲御史大夫，移檄郡國，言莽鴆殺孝平皇帝，矯攝尊號，今天子已立，共行天罰。郡國皆震，比至山陽，眾十餘萬。」　曰有大難至亦不靖，倣大誥「曰有大艱于西土，西土人亦不靜」：莽所據今文尚書蓋原作「難」（觀莽誥下文「惟大囏人」之「囏」不作「難」可知。），或係以「難」詁代「艱」釋詁：「艱，難也。」；「靜」作「靖」，則所據今文尚書也靖、靜義通，說文：「竫，亭安也。」竫借爲靜。靖，說文：「立竫也。」是靖。竫義通；三字義亦相通。。唯大誥承上文「大寶龜」云云，是「曰」爲「龜言曰」、「有大艱至亦不靜」乃龜所告之辭也。莽於「曰」上加入翟義動眾云云，則其「曰」爲翟義曰，而「有大難至亦不靜」亦非卜辭矣。師古注「『曰』者，述翟義之言云爾也。西土，謂西京也；言在東郡之西也。」得莽意；莽蓋謂翟義所言猶管蔡流言「公將不利於孺子」（見尚書金縢）之類（音疏、今文攷證、參正竝有說），唯推擬誥以證彼經，斷今文大誥此二句亦當如莽說，則於斯人竄亂經籍以售其欺尚未及注意也。

一〇　於是動嚴鄉侯（劉）信，擬大誥「越茲蠢殷小腆」：「越茲蠢」（謂即將蠢），在大誥卜辭，屬上爲義；在莽誥易爲「於是動」，則與下「嚴鄉侯信」連讀。今文攷證、尚書通論竝據莽改尚書句讀，第考大誥下文有「今蠢」（現已發動），根上「越茲蠢」而來，是讀「越茲蠢殷小腆」爲句，失古義。越，孫疏：「同粵，釋詁云：於也。」茲，此也、是也。蠢，動也（釋詁）：以「於是動」詁「越茲蠢」。嚴鄉侯信，則以比殷小腆——武庚。　誕敢犯祖亂宗之序，擬大誥「誕敢紀其敍」：「之」通「其」、「序」通「緒」，上字竝以擬下字。犯，孫疏謂是今文，形近「紀」，未斷孰爲正，尚書通論竟據莽誥判「今本『紀』是『犯』字之誤。」（漢書補注同）敏案：此句莽責劉、翟之辭，「改『紀』爲『犯』，非經字也」（尚書故）；言犯祖亂宗，亦非經旨；文理不甚通，讀書雜志（四之十三）載王引之曰：「當作『誕敢犯亂祖宗之序』」，所言並無實據，又何必爲擬誥飾非？

二

天降威、遺我寶龜，倣大誥「天降威」而多「遺我寶龜」四字：補注引洪頤煊曰：「以今大誥證之，『遺我寶龜』四字當涉上文而衍，唐本已誤。」敏案：依經校史，其法甚善，唯莽誥說經異常，又往往增字申義，洪氏計未及此，此說未諦。平議：「周公……又以『天降威』發之，猶曰『天降威，用甯王遺我大寶龜紹天明』也；因其詞緐，故省之耳。莽誥『天降威』下更有『遺我寶龜』四字，此可證矣。」尚書故：「降威者，降之于寶龜也，故莽以『遺我寶龜』申其義。」俞、吳兩家說得之，莽誥下文「固知我國有呰災，使民不安」，言「天所㠯降威遺寶龜者，知國有災病，義、信當反，天下不安之故也」（師古注）。莽意：天知我國家不安，故遺我寶龜從卜吉凶也。　固知我國有呰災，擬大誥「知我國有疵」：增「固」字以強語勢；呰，說文：「苛也。」借爲疵病字（今古文攷證、說文通訓定聲）。內野本尚書、書古文訓、尚書隸古定本皆作「呰」，當是古今文本原竝作「呰」，今本作

「疵」者，別一古文本也（當是鄭或王本，書疏引鄭玄、王肅竝云：「知我國有疵病之瑕。」可證。）今文經說攷：「莽誥兼以訓詁申說，取其明暢易於曉人，故云有『呰灾（災）』也。」是也。災，重刊淳化本、景祐本竝作灾。案：灾、災竝是裁之重文（見說文十上火部）。使民不安，倣大誥「民不康」：使，莽增；安，代「康」釋詁：「康，安也。」：亦取其易曉，故增改經字。是天反復右我漢國也，擬大誥「曰予復反鄙我周邦」：平議合擬誥與大誥解之：「……據此則『予復反鄙我周邦』七字當作一句，蓋今文家讀如此，於義殊勝，當從之。『曰』與上文『即命曰』同，乃天叚寶龜以告也敏案：吳氏尚書故有類似之說。。『復反』猶『反復』也，語有倒順耳敏案：說亦略見孫疏、尚書故。。……『鄙』當作「啚」，……說文㐭部：『啚，嗇也。』嗇部：『嗇，愛濇也。』啚爲嗇，即爲愛濇，故莽誥作右，右之言助也，愛之斯助之矣敏案：今古文攷證先有類似之說，尚書故言古右、鄙同聲，故莽誥作右同佑。孫疏：「古文啚爲鄙，與圖字形近，釋詁云：猷，圖也。或今文作猷，聲近祐，故漢書作祐。」，是其義通也。……『予』者，設爲天之言敏案：尚書故：「『予』者，天自謂也；『曰』者，託爲天之言也。」……。『予復反啚我周邦』者，蓋愛之甚則必反復之。詩蓼莪篇『顧我復我』，鄭箋曰：『復，反覆也。』即可以說此經矣。疑此句與上文『有大艱』云云相屬，……皆卜詞也。」據俞氏說，則莽誥「是天」大旨擬大誥「曰予」，「反復」顚倒大誥之「復反」，「右」詁大誥「鄙」，「我漢國」擬「我周邦」（莽以「邦」代「國」，詳下註一五。）。敏案：俞說甚迂曲穿鑿，於今古文說竝違，尚書大傳（輯校卷二）：「武王死，成王幼，……周公身居位，聽天下爲政。管叔疑周公，流言于國曰：公將不利于王。奄君、薄姑謂祿父曰：武王既死矣，今王尚幼矣，周公見疑矣，此世之將亂也，請舉事鄭玄注：「言周弱且不和，欲伐之而復政也。」，然後祿父及三監叛也。」今文經說攷：「尚書大傳云云，即此經所言『知我國有呰，曰予復』之謂也。」是今文（大傳）、古文（鄭玄）竝謂「予復」云云是武庚等謀規復殷國也。又莽以翟義比周宗室管蔡，宗室劉信竟以比亡國之君武庚翟傳：事初起，「莽日抱孺子，謂群臣而稱曰：『昔成王幼，周公攝政，而管蔡挾祿父㠯畔，今翟義亦挾劉信而作亂。自古大聖猶懼此，況臣莽之斗筲！』」，是儼然以勝朝天子自任，目中不復有劉氏，此時已篡漢矣，雖曰遺親近「班行諭告當反位孺子之意」參翟傳，謂遣大夫桓譚班諭。，不過欲綏撫群情，皆自欺欺人也。尚書全書無「也」字，而擬誥有，斷爲莽所增。

粵其聞日，宗室之儁有四百人，民獻儀九萬夫，予敬㠯終於此謀繼嗣圖功（註一二）。我有大事休，予卜并吉，故我出大將告郡太守、諸侯、相、令、長曰（註一三）：『予得吉卜，予惟㠯汝于伐東郡、嚴鄉逋播臣（註一四）。』

附註

一二　粵其聞日，擬大誥「今蠢，今翼日」：師古注：「粵，發語辭也。」粵其聞日，漢書注孟康曰：「翟義反書上聞日也」；音疏：「翟義起承事聞之日也。比況此經，則『今翼日』，謂武庚叛之日也。」案：江說半是。「其」擬「今蠢」，謂翟義起事，以「聞日」擬「今翼日」而意義不相侔，此莽竄改經文又一明證，非關今古文同異也。莽誥擬前文「越茲蠢」訓

「蠢」爲「鼓動」，雖失解（已詳註一〇），唯彼經下文有「殷小腆」，莽擬爲「嚴鄉侯」，連言作「於是動嚴鄉侯」，義猶勉強可通。而此經「今蠢」，若仍上詁爲「鼓動」，因則於經下文無所施，勢必削去，故擬文闕如也。 宗室之儁有四百人，謂劉慶、劉歆輩，因經下文「民獻有十夫」、誇言宗室才俊漢書注孟康曰：「諸劉見在者。」多人擁戴王氏居攝，遂生此義，於大誥固無所倣句。民獻儀九萬夫，謂孫建、王邑、竇兄、甄邯、桓譚之徒也，倣大誥「民獻有十夫」：尚書大傳：「大誥曰：『民儀有十夫。』」（困學紀聞）卷二引」王應麟原注：「王莽作大誥『民獻儀九萬夫』，蓋本於此。」是以「獻儀」代「獻」據今文尚書，「獻」今文作「儀」。讀書雜志（四之十三）：「引之曰：『（漢書）正文本作「民儀九萬夫」，今本（漢書）「儀」上有「獻」字者，後人據古文大誥加之也。下文師古注曰：「我用此宗室之儁及獻儀者，共謀圖國事。」則師古所見本已有「獻」字。然考孟注及下文皆言「民之表儀」而不言「民獻」原注：「下文曰：亦惟宗室之俊民表儀。」，則此句內本無「獻」字明矣。』案：古文大誥『民獻有十夫』，傳訓『獻』爲『賢』；大傳作『民儀有十夫』，孟康曰：『民之表儀謂賢者』，廣雅亦曰：『儀，賢也。』蓋皆用今文尚書說也。古聲『儀』與『獻』通。……然則今文之『民儀』即古文之『民獻』，王莽本用今文，故曰『民儀九萬夫』，今據古文加入『獻』字——『民獻儀九萬夫』，斯爲不詞矣。」」撰異亦謂莽誥用今文本無「獻」字，後人用古文增字爲「儀獻」。敏案：孟康蓋據莽誥下文「表儀」注此「獻儀」，「表」與「獻」皆莽增字說經（儀字）以暢辭義，儀（*ŋgia）、獻（*xian）古音近觀堂授書記：獻、儀，陰陽對轉字也。，莽以此詁彼。無「獻」字單詞，「于義已足」（後案）；增「獻」字複詞，義尤通暢，孰曰

「不詞」？今古文攷證謂「獻」字或是詁訓，尚書故：「莽作『獻儀』者，猶上言『服事』、『呰災』、『濟度』，皆于本字下以訓詁字增益之，非後增也。」比較全語文例，然後知吳氏說視段、王優也。「九萬夫」，擬大誥「十夫」，誇大其詞。　予敬㠯終於此謀繼嗣圖功，擬大誥「予翼以于敉寧武圖功」：「予敬」代「予翼」，撰異云今文家說（下「考翼」之「翼」，莽亦作「敬」。）翼，敬也（釋詁）。敏案：翼，書古文訓作「翊」，翊訓輔佐而無「敬」義，尚書故：「皐陶謨『汝翼』，史作『女輔』，予翼者，輔予也。莽作『敬』者，經師失其詁也。」蓋經本作「翼」或「翊」，莽誤詁以「敬」。㠯終於此，擬大誥「以于」而多「終……此」二字：莽加「此」字以暢文意，至於「終」字，今文攷證：「據莽誥則今文尚書疑多一『終』字。」（漢書補注同）案：陳說未是，今文若多「終」字，則費解，疑「終」字爲漢書衍文。古文尚書拾遺定本謂大誥兩「敉」字皆當訓「終」誠是，唯又謂莽誥以「終」字易此「敉」字，失之（詳下）。謀繼嗣圖功，擬「敉寧武圖功」：以「謀」代「敉」，乃訓詁字，尚書故：「說文『敉』讀若『弭』，『弭』、『敏』聲近，鄭禮注：敏或爲謀。此『敉』可訓『謀』之證。」繼嗣圖功，當大誥「武圖功」；武，繼也（釋文），莽作「繼嗣」，亦求通俗而作。莽擬大誥「寧」字，慣詁作「安」下經文「天休于寧王」擬作「天休於安帝室」、「極卒寧王圖事」倣作「極卒安皇帝所圖之事」、「于前寧人圖功攸終」擬作「於祖宗安人圖功所終」，皆是。，此句遺「寧」字未詁入。

一三

我有大事休，全用大誥文。　予卜并吉，倣大誥「朕卜并吉」，以「予」代「朕」，詁訓字（詳下）。　故我出大將告郡太守諸侯相令長曰，擬大誥「肆予告我友邦君越尹氏庶士御事曰」：故我，代「肆予」者，今文經說攷：「『朕卜』莽作『予卜』、『肆予』莽作『故我』，皆以訓詁字代經文也。爾雅釋詁：『予、朕，我也。肆，故也；肆、故，今也。』是其訓誼明矣。」出大將告，疑今文尚書大誥原作「誕告」參正：「據莽誥『大將誥』云云，今文『告』上疑多《誕》字。」敏案：尚書盤庚：「誕告用亶。」王氏卓見。，「誕」舊頗有訓「大」者，故莽誥取以訓代（參看註六〇、六三）。「出……將……」二字，則莽增加。意者：本衹增加「出」字（宣出之意），但「出大誥」三字不便口誦，乃再加「將」字義如周誥「將天明威」、「誕將天威」之「將」。，而此「大將」兼與莽謀簒有關，非盡基於倣經。初，甘忠可造言，謂漢家當再受命。其徒夏賀良上言哀帝，謂漢曆中衰，當更受命。宜改元易號。帝乃以建平二年爲太初元將元年，更號曰陳聖劉太平皇帝（事詳平帝紀及李尋傳）。及居攝三年，莽奏太后曰：「……前孝哀皇帝建平二年六月甲子下詔書，更爲太初元將元年。……臣莽以爲元將元年者，大將居攝改元元年也，於今信矣。」陳，舜後，莽，陳之後。陳聖劉太平皇帝，謬語以明莽當簒立而不知（如淳注）。則元將元年即莽實行簒位之元年，亦即居攝改元之年——初始元年也。我，莽誥省略。郡太守諸侯相令長，皆漢官職，擬大誥「友邦君尹氏庶士御事」而略去難解之字——越字。友邦君，莽誥作「諸侯」。予得吉卜，全自大誥來。

一四

予惟以汝于伐東郡嚴鄉逋播臣，倣大誥「予惟以爾庶邦于伐殷逋播臣」：予惟以……于伐，全用大誥文。汝，代「爾庶邦」：汝，詁訓字，參看註二。大誥「庶邦」蒙上呼「友邦君尹氏庶士御事」而有，但其意義僅能涵括「庶邦」，是屬辭未密。莽誥以一「汝」字蒙上呼「郡太守諸侯相令長」，視經書行文爲勝。東郡、嚴鄉逋播臣，比況大誥「殷逋播臣」，漢室忠臣及劉氏宗屬況之以亡國罪民，公然載諸朝報，則王氏此時已爲眞皇帝、非攝劉氏政矣。

尒國君，或者無不反曰（註一五）：『難大，民亦不靜，亦惟在帝宮，諸侯宗室，於小子族父，敬不可征（註一六）。』帝不違卜（註一七）。故予為沖人長思厥難，曰（註一八）：烏虖！義、信所犯，誠動鰥寡，哀哉（註一九）！予遭天役，遺大解難於予身（註二〇）：不身自卹（註二一）。予義彼國君泉陵侯上書曰（註二二）：『成王幼弱，周公踐天子位㠯治天下，六年，朝諸侯於明堂，制禮樂，班度量，而天下大服（註二三）。太皇太后承順天心，成居攝之義（註二四）。皇太子為孝平皇帝子，年在繈褓（註二五），宜且為子，知為人子道，令皇太后得加慈母恩，畜養成就，加元服，然後復予明辟（註二六）。』

附註

一五　尒國君，倣大誥「爾庶邦君」：漢石經尚書各篇殘字（據漢石經尚書殘字集證）爾汝之「爾」概不作「尒」，此今文本也；內野本、書古文訓大誥十四「爾」則概作「尒」（內野本僅一作「爾」，當是鈔誤，當正作「尒」。），此古文本也。莽誥爾汝之「爾」凡六見皆擬大誥，一作「尒」即此，重刊淳化本、景祐本竝同，殿本則作「爾」；餘四竝作「爾」，各本悉同。甲骨文無「尒」與「爾」（據甲骨文字集釋）、金文有「爾」無「尒」（據金文詁林）。說文「尒」：「詞之必然也」，又爲「爾」所从之聲；大誥「庶」，莽省略。以「國君」代「邦君」，說文：「邦，國也。」大誥「邦」字、「國」字互見，莽誥「國」字七見，而絕不用「邦」字（各本竝同）；其中倣大誥「邦」字凡六次，一概作「國」字者，蓋避漢高帝諱，疑非詁訓字，今文經說攷乃依莽誥盡改大誥「邦」爲「國」，失之。大誥下更有「越庶士御事」，此皆省略，無有擬詞。　或者無不反日，擬大誥「無不反日」；上增設「或者」，語氣因而卑弱，可見其情虛。今本尚書「有無」之「無」習作「罔」，莽用今文，本作「無」。

一六　難大，倣大誥「艱大」：以「難」代「艱」（已詳註九），蓋所據今文尚書原作「難」，或「艱難」爲同義複詞相詁，無逸三見、顧命一見。　民亦不靜：靜，汲古本誤作「諍」。今本大誥作「民不靜」少「亦」字，莽據今文應原有「亦」字，內野本尚書正作「民亦不靜」，且以上文「西土人亦不靜」例之，「亦」字當有。靜，參正：「以上文（大誥）『西土人亦不靜』例之，此『靜』字今文亦當爲『靖』。」敏案：此論但以上文律下文，若以下文律上文，吾人亦得曰：「以莽誥此『民亦不靜』例之，則彼『西土人亦不靖』亦當爲『靜』，推原今文尚書如此也。」別無旁證，王說非定論。　亦惟在帝宮、諸侯宗室，擬大誥「亦惟在王宮、邦君室」：莽易「王宮」爲「帝宮」，周稱王於漢稱帝故也（已詳註七）。又易「邦君室」爲「諸侯宗室」，周代「邦君」即「諸侯」，漢家封同姓爲王，故

「室」爲「宗室」。　於小子族父、敬不可征，倣大誥「越予小子，考翼不可征」：撰異：「莽大誥曰……然則今文家『越予小子考』句絕。」是也。莽誥「越」爲「於」（越，於也：書盤庚僞孔傳。）、去「予」不擬、詁「考」爲「族父」，蒙上謂「帝宮、諸侯宗室」於小子（劉嬰）爲族父，（基於禮敬，故不可征也。）。敬不可征，應大誥「翼不可征」；「翼」訓代「敬」字（釋詁：翼，敬也。）。漢書顏注：「言……劉信，國之宗室，於孺子爲諸父（敏案：據漢書諸侯王表二、王子侯表三下、宣元六王傳，宣帝詢生東平思王宇，宇生煬王雲，雲生嚴鄉侯信，信於宣帝爲曾孫，於孺子爲族父。），當加禮敬，不可征討。」上況周史，則管叔及群弟皆成王之諸父，故不可征。敏案：親屬「考」字，尚書周誥習見，皆爲父，絕不爲諸父，「謂二叔爲考，於義難通。」（今古文攷證）是謂「考」爲族父，其謬顯然（考翼，駢枝謂父兄、古文尚書拾遺定本謂父老，固失經義，亦不合莽誥意。）！考翼，訓孝敬；新證、大誥解竝訓孝友，亦通（參看拙著尚書大誥義證）。

一七

帝不違卜，倣大誥「王害不違卜」：莽誥改「王」爲「帝」，今文攷證：「莽誥於尚書『王宮、寧王』等字（敏案：已見註七、一六。），皆易『王』爲『帝』字，蓋以周稱王而漢稱帝。此文易『王』爲『帝』，其例當同。師古以『帝』爲『天帝』，非是。」敏案：莽誥擬大誥六「王」字：二作「帝」、一作「皇帝」，皆指漢帝；一作「太皇太后」，太后嘗聽政，亦得謂之指漢帝；一作「攝皇帝」及此作「帝」，則竝莽僭號自稱。皮說未盡。又考師古漢書注（卜既得吉，天命不違。）但言卜辭爲天命、不可違，未嘗謂此「帝」爲「天帝」，皮氏誤解。莽誥無「害」字，撰異：「似今文尚書無『害』字。」（今文攷證說同）尚書故、覆詁均謂莽誥脫字。考大誥自「艱大」至「害不違卜」皆成王設爲臣下詰難之辭，「王害不違卜」乃質疑口氣，莽刪去

「害」借爲曷，書湯誓「時日曷喪」，孟子引作「時日害喪」可證。，句轉爲直敘語氣，云「帝（即攝皇帝）不違背卜辭」。皮、吳、楊三家兩說皆失。參正云今文「雖無『害』字，文意則同」，「言帝將不違卜而往征乎？欲帝之違卜也。」王氏信莽誥悉如今文經文，故不惜曲爲之說。

一八　故予爲沖人長思厥難曰，倣大誥「肆予沖人永思艱曰」：故，詁代「肆」（肆訓故，見釋詁。），唯大誥此「肆」無承上意，莽欲就己說，故意誤解。大誥成王自謙稱「予沖人」，莽作「予爲讀去聲沖人」，則「予王莽自稱爲了沖人劉嬰而……」，「爲」字莽誥「妄增之字」（尚書故）。今文攷證據莽誥疑今文尚書「肆予」下多一「爲」字，失察。長思厥難，倣大誥「永思艱」：永，長也（釋詁），訓詁字。難，代「艱」，或今文尚書本作「難」；「厥難」之「厥」，莽增以暢旨者也。

一九　烏虖，莽誥四見，其中三擬大誥「嗚呼」：烏虖，漢石經尚書殘字概作「於戲」（漢石經尚書殘字集證）、書古文訓作「[illegible]（古文烏像形）虖」、內野本尚書作「烏虖」，金文絕多作「烏虖」（僅余義鐘作「於嘑」一見，據金文詁林卷四），魏石經尚書殘字作「烏虖」（據邱德修魏石經古文釋形考述），莽所據本尚書爲今文本，當作「於戲」，作「烏虖」者後人據古文本改，而今本尚書概作「嗚呼」，則後人依通俗字改也。（翟）義、（劉）信所犯，莽誥增加，以爲下文之主語。　誠動鰥寡、哀哉，擬大誥「允蠢鰥寡哀哉」：誠，訓詁字，代「允」（釋詁：允，誠也。）；動，亦訓詁字，代「蠢」，義已詳註一〇。餘字全襲經文。

二〇　予遭天役，倣大誥「予造天役」：重刊淳化本「役」作「伇」；「伇」乃「役」之重文（古文），疑爲後人據古文尚書本改。以「遭」詁「造」，說已詳註五。遺大解難於予身，倣大誥「遺大投艱于朕身」：「艱」作「難」，前已數見。「於」代「于」，尚書介詞無作「於」者，莽誥失擬，或後人改史字。「朕」變作「予」（已詳註一三）。解，詁代「投」字，呂氏春秋古樂篇：「萬物散解，果實不成。」高誘注：「解，落也。」此「遺」、「投」或爲「解」之互文，皆承上謂天降付重任與人也。漢書師古注：「言天㠯漢家役事遺我，而令身解其難，故我征伐。」句讀及字訓竝誤。孫疏疑今本尚書「投」原作「挩（古脫）」字，說文：「解，挩也。」字訓誤，同顏注。尚書故「解難」訓「急難」，輾轉通假，仍失經史之意。

二二

㠯爲孺子，倣「越予沖人」：今本大誥「越」、今文尚書當作「惟」（越、惟在此皆語詞），「惟」亦有「爲」義，尚書習見（兼參經傳釋詞），故莽更作「㠯爲（讀去聲）」。又刪大誥「予」、並以「孺子（劉嬰）」代「沖人（成王）」，致眞假兩誥意趣大殊。漢書師古注：「（故我征伐，）㠯爲孺子除亂。」參正：「越予沖人，猶言『惟予沖人』，莽誥『以爲（原注：去聲。）孺子』，文相似而意不同。」敏案：大誥成王自稱「予沖人」，全篇皆成王自語，莽誥全篇皆王莽語，「（予）以爲孺子」，是「王莽爲了劉嬰」，其「妄改以成己說」（尚書故），後世不察經旨，復輕據擬誥，謂此乃周公稱王之證，難辭鹵莽之譏。 不身自卹，倣大誥「不卬自恤」：以「身」代「卬」，詁訓字也。釋詁：「卬、身，我也。」又：「余，身也。」郭璞注：「今人亦自呼爲身。」詩邶風匏有苦葉毛傳：「卬，我也。」是卬，身同具「我」義。卹，大誥作「恤」，尚書「恤」字十八見（其中周誥占十七），無一作「卹」，魏石經作卹、說文「毖」下引大誥「無毖于卹」、書古文訓作邮（卹之誤，說文有卹無邮，各本莽誥皆誤作邮，此補註本正作卹。）、金文有「卹」而無「恤」（據詁林）、汗簡亦有「卹」無「恤」，卹、恤說文皆云「憂也」，是尚書今古文本竝作「卹」，即莽所據，作「恤」後改。

一二二　予義彼國君泉陵侯上書曰，倣大誥「義爾邦君越爾多士尹氏御事綏予曰」：予，莽誥嗜用「予」字，多所增加，此亦莽所增，不如大誥省淨。彼（泉陵侯），代「爾」（邦君等），莽妄改。國，代「邦」，係諱改（已詳註一五）。以泉陵侯上書勸莽攝政，妄擬周邦君等理應戒王云云。大誥「義爾邦君至綏予曰」，成王告邦君等理應義（義，足利本、內野本、書古文訓竝作「誼」即「宜」。）勉我（勿訴苦……），莽誥作「予以彼國君某上書云云爲義」，竄亂經義，誣陷姬公，用逞私志，乃皮錫瑞曰：「莽用泉陵侯上書令其行天子事以擬經文，則今文尚書必以此爲周公設爲國君慰己之言，謂……。」（今文攷證）莽之擬辭悉依尚書乎？皮氏過崇今文，不知反以誣今文也。　考泉陵侯上書，漢書注應劭曰：「泉陵侯，劉慶也。上書令莽行天子事。」補注齊召南曰：「案：泉陵，王子侯表作眾陵，據地理志，泉陵，侯國，屬零陵郡，則此文是，表誤也。」檢漢書景十三王傳、王子侯表三上，景帝啓生長沙定王發，發生泉陵節侯賢，賢薨，戴侯眞定嗣，眞定薨，頃侯慶於黃龍元年嗣。劉慶前曾上書載莽傳請太后令莽居攝（已見註一），此再次上書言莽將還政（書見註二三至二六）。

一二三　成王幼弱至而天下大治，於大誥無所倣句：逸周書明堂篇：「武王崩，成王嗣，幼弱未能踐天子之位，周公攝政，君天下，弭亂，六年而天下大治，乃會方國諸侯于宗周，大朝諸侯明堂之位。」禮記明堂位篇：「昔者周公朝諸侯于明堂之位，……」（莽傳群臣釋禮記明堂位此文曰：「謂周公踐天子位，六年朝諸侯，制禮作樂而天下大服也。」）尙書大傳：「周公攝政……六年制禮作樂。」史記燕召公世家：「成王既幼，周公攝政，當國踐祚。」泉陵上書謂六年周公制禮樂，大抵本於上說。又左傳文公十八年大史克論事君之禮，云：「先君周公制周禮，曰則以觀德。」哀公十一年左傳仲尼論田賦，云：「且子季孫欲行而法，則周公之典在。……」皆周公旦制禮之證。

二四

太皇太后承順天心、成居攝之義，於大誥句亦無所擬：太皇太后（五見）與皇太后（一見）之「太」，殿本竝同，重刊淳化本及景祐本除各一作「太」外，餘悉作「大」。大，義通太，說文段注：「後世凡言大而以爲形容未盡則作太。」或作「大」爲誤字，亦未可知。「居攝」名義，已略見註一。元壽二年六月，「哀帝崩，無子。太皇太后㠯莽爲大司馬，與共徵立中山王奉哀帝後，是爲平帝。帝年九歲，常年被疾，太后臨朝，委政於莽。」（元后傳，莽傳同。）所謂成居攝之義，蓋前此太后，當平帝朝親政，莽白太后曰：「今漢家衰，比世無嗣，太后獨代幼主統政，誠可畏懼。」（莽傳）可證，實可謂攝政，下文言此義尤顯，莽令太后下詔曰：「母后之義，思不出乎門閾。國不蒙佑，皇帝（平帝）年在繈褓，未任親政。戰戰兢兢，懼於宗廟之不安。國家之大綱，微朕孰當統之？是㠯孔子見南子、周公居攝，蓋權時也。……比皇帝加元服，委政而授焉。」（莽傳）泉陵此次上書，時平帝已崩，在上述太后詔之後，則謂太皇太后令莽居攝踐祚，如周公故事，所謂承順天心，天心謂白石丹書（已見註八）。

一二五　皇太子爲孝平皇帝子，年在繈褓，亦於大誥經文無所擬：太，景祐本作大，蓋誤字（參註二四）。漢書顏注：「皇太子即謂孺子。」敏案：孝平皇帝九歲嗣位，在位五年年十四而崩，無子，太后「使有司徵孝宣皇帝玄孫二十三人，差度宜者，已嗣孝平皇帝之後（莽傳）。莽乃擇廣戚侯顯之子嬰奉平帝後（平帝爲孺子之諸父輩），故師古注言此。時嬰年二歲，至莽發此誥之日，不過四歲，故云「年在繈褓」。

一二六　宜且爲子至復予明辟，亦於大誥文無所擬：宜且爲子：子，禮記曾子問篇：「孔子曰：遂既封而歸，不俟子。」鄭注：「子，嗣君也。」呂氏春秋愼行篇：「王曰：已爲我子矣，又尚奚求？」高注：「子，太子也。」尚書顧命篇：「逆子釗於南門之外。」王國維周書顧命考（觀堂集林卷一）：「上言『子釗』，此變言『王』者，上紀成王崩日事，繫於成王，故曰『子』，……」是「子」謂太子，尚未即位之嗣君也。平帝崩之次年，改曰居攝元年，其三月己丑立宣帝玄孫嬰爲皇太子，號曰孺子（莽傳）。是孺子劉嬰但爲太子，絕未即位，漢書補注引何焯曰：「（莽）先爲攝皇帝而後立嬰，不復令有君臣之分也。又止立爲皇太子，不正其君之名，則予奪惟莽也。」可與此「宜且爲子」印證。　令皇太后得加慈母恩，一書之中「太皇太后」與「皇太后」竝見，明是二人。皇太后者，王莽之女平帝皇后也。　元服，儀禮士冠禮：「始加，祝曰：『令月吉日，始加元服。』」鄭注：「元，首也。」加元服，謂成年加冠服也。加元服，上已兩引莽傳（詳註二四），又平帝崩，有司議曰：「皇帝年十有四歲，宜以禮斂，加元服。」（漢書平帝紀）又莽傳群臣奏亦曰：「成王加元服，周公則致政。」　復予明辟：予，重刊淳化本、景祐本、殿本皆作「子」，是。汲古本形誤，當正。王莽及漢姦臣說爲「還政」，莽傳：「書曰：『朕復子明辟。』周公常稱王命，專行不報，故言『我復子明君』也。」莽既篡漢，新朝始建國元年封孺子爲定安公，曰：「昔周公攝位，終得復子明辟，今予獨迫皇天威命，不得如意。」敏案：尚書洛誥篇周公曰：「朕復子明辟」，周公報告成王也。後世不識，爲莽所欺，誤釋爲周公還政，遂附和周公稱王之說（參看拙著洛誥義證，國立編譯館館刊四卷二期。）。

熙！為我孺子之故（註二七），予惟趙、傅、丁、董之亂，遏絕繼嗣，變剝適庶，危亂漢朝，㠯成三阸，隊極厥命（註二八）。烏虖！害其可不旅力同心戒之哉（註二九）！予不敢僭上帝命（註三〇）。天休於安帝室，興我漢國（註三一）；惟卜用，克綏受茲命（註三二）。今天其相民，況亦惟卜用（註三三）。

附註

二七　熙、爲讀去聲我孺子之故，倣大誥「已、予惟小子」：熙，代「已」（詳註六）。大誥「已！予惟小子」兩見，上莽作「熙！我念孺子」（詳註六），而此則倣作「爲我孺子之故」，代「惟」以「爲」「惟」有「爲」義，已詳註二一。，「之故」，莽增加。是莽以己見釋經，任意擬作，用遂私志。

二八　予惟趙傅丁董之亂至隊極厥命，皆述漢事，竝於大誥經句無所依傍：予惟，參看其上下文，莽誥訓「我念」。趙傅丁董（已略見註三）至危亂漢朝：趙飛燕，初入宮，與女弟俱爲成帝倢伃，譖許皇后。許后廢，飛燕獲立爲皇后。姊妹顓寵十餘年，卒皆無子。許美人及中宮史曹宮御幸成帝，產子，悉爲趙皇后殺害。哀帝既立，尊趙皇后爲皇太后。司隸解光奏帝云：「趙昭儀（飛燕妹，下同。）傾亂聖朝，親滅繼嗣。」帝崩，王莽白太后詔有司曰：「前皇太后與昭儀俱侍帷幄，姊弟專寵錮寢，執賊亂之謀，殘滅繼嗣以危宗廟，誖天犯祖，無爲天下母之義。」（均見漢書卷九七下外戚傳）莽此誥「遏絕繼嗣」，謂趙飛燕姊妹罪行。漢書哀帝紀：「孝哀皇帝（欣），元帝庶孫，定陶恭王（康）子也，母曰丁姬，年三歲嗣立爲王。……（成帝）元延四年入朝，……時王祖母傅太后隨王來朝，私賂遺上所幸趙昭儀及帝舅票騎將軍曲陽侯王根；昭儀及根見上亡子，亦欲豫自結爲長久計，皆更稱定陶王（欣），勸帝以爲嗣。成帝亦自美其材，爲加元服而遣之，時年十七矣。明年，使執金吾任宏守大鴻臚，持節徵定陶王，立爲皇太子。……綏和二年三月，成帝崩。四月丙午，太子（欣）即皇帝位。」漢書卷九七下外戚傳：「孝元（帝）傅昭儀（後爲傅太后），哀帝（欣）祖母也。……產一男一女，……男爲定陶恭王（康）。……元帝崩，傅昭儀隨王歸國。……恭王薨，子（欣）代爲王，王母曰丁姬（後爲丁太后）。……元延四年，……定陶王……入朝，傅太后多以珍寶賂遺趙昭儀及帝舅票騎將軍王根，陰爲王求漢嗣。……」據紀、傳，哀帝庶出，而傅太后賄立之，故莽此誥責其「變剝適庶」。又丁、傅兩家貴盛專權，「危亂漢朝」，莽白太后亦曰：「前哀帝立，背恩義，自貴外家丁、傅，撓亂國家，幾危社稷。」董賢，漢書卷九三佞幸傳：字聖訓，雲陽人也。美姿容，便辟善媚。以是得哀帝寵尊，官至大司馬衛將軍，權侔人主，富堪敵國。父子兄弟妻族並寵，受上厚賜。是董氏「危亂漢朝」，比丁、傅爲甚！　以成三戹：戹，漢書注晉灼曰：「古厄字。」又服虔曰：「厄，會也。」謂三七二百一十歲。」案：漢書卷九九上莽傳：莽於初始元年（即居攝三年）十一月甲子奏太后曰：「陛下至聖，遭家不造，遇漢十二世三七之阸，承天威命，詔臣莽居攝，受孺子之託。」十二世，謂自漢高祖，歷惠帝、文帝、景帝、武帝、昭帝、昌邑王賀、宣帝、元帝、成帝、哀帝，至平帝；二百一十歲，自高祖元年（西元前二〇六），至平帝元始五年（西元五年）平帝崩（當年莽居攝，不計。），恰二百一十年。　隊極厥命：隊（通作「墜」），隕、極，盡也（均師古注）。厥，其也。構句立意倣尚書周誥，如酒誥「今惟殷墜厥命」、召誥「今時既墜厥命」，墜厥命謂夏、殷亡國；此隊極厥命，謂趙傅丁董盡失其家也。其事略如下——成帝崩，趙昭儀自殺。哀帝立，未幾，免趙皇太后弟新成侯趙欽、欽兄子成陽侯訢皆爲庶人，將家屬徙遼西郡。哀帝崩，王莽專政，貶趙皇太后爲孝成皇后，徙居北宮，後又廢爲庶人。趙自殺。莽又使有司舉奏丁、傅罪惡，皆免官爵，丁氏徙歸故郡，後貶傅太后號爲定陶共王母、丁太后號曰丁姬，既而伐兩后冢，破棺槨（並外戚傳）。莽亦使謁者以王太后詔收董賢大司馬印綬，罷歸第，賢與其妻皆自殺，賢父恭、賢弟寬信與家屬徙合浦，母別歸故郡鉅鹿，家財入官（佞幸傳）。上文云「天降喪于趙傅丁董」（已詳註三），此言四家「隊極厥命」，可以互證。

二九　烏虖至戒之哉，於大誥句無所倣：烏虖，今本大誥概作「嗚呼」，已詳註一九。害其可不……，蓋變異大誥下文「曷敢不……」成句。大誥疑問詞「曷」，莽誥皆作「害」，所據今文尚書如此也。

三〇　予不敢僭上帝命，擬大誥「不敢替上帝命」：莽作「僭」，撰異：「『朁』字三體——一『普』、一『暜』、一『暜』，此皆曰部之『暜』字，從曰兟聲，非從竝白聲之字。隸續（載三體石經）版本，下體雖不從『曰』，恐轉摹失誤。……翟義傳『予不敢僭上帝命』，師古曰『僭，不信也；言順天命而征討。』小顏之注，多採前人音義，彼豈不見尚書作『暜』，因漢說書者舊訓如此而仍之。於是知今文尚書作『朁』讀爲『僭』，故漢書作『僭』，魏三體石經蓋用今文尚書也；古文尚書則作『普』，僞孔云：『廢也。』……（大誥）篇末云『天命不僭，卜陳惟若茲』，則此亦當作『僭』爲長。天命不僭，謂天命無不信也；不敢僭上帝命，謂不敢不信天命也。」段說，人多謂信。考說文竝部云：「普廢、一偏下也，从竝白聲。暜或从曰，朁或从兟从曰。」徐鉉曰：「今俗作替，非是。」是今「替」字下體或从「白」或从「曰」，又或作「朁」。疑今文尚書作「朁」，當讀他計切之「替」，而今文經師誤讀爲「朁」（後起字爲「僭」訓「假」）；古文尚書作「普」或「朁」，皆爲古「替」字，而古文經師正讀爲他計切，不訛。尚書康誥「勿替敬」，洛誥「公勿替刑」、立政「不敢替厥義德」及此「不敢替上帝命」，「替」皆當訓「廢」，爲動詞；訓「不信」、「假」或「僭」（孫疏），於經義皆迂曲難通。不敢替上帝命，應上邦君告王「違卜勿征」之語，故傳曰：「不敢廢天命；言卜吉當必征之。」疏曰：「卜吉不征，是廢天命。」亦即不敢違天，此義尚書習見。而大誥末「天命不僭」（僞古文尚書湯誥篇擬作「天命弗僭」。），「僭」是形容詞，訓差錯，謂天命不差，知者，「卜陳惟若茲」也。段說經、史皆誤。

三一　天休於安帝室、興我漢國，倣大誥「天休于寧王，興我小邦周」：重刊淳化本、景祐本、殿本「於」竝作「于」，是；作「於」，失尚書字例（已詳註三）。易大誥「寧王」作「安帝室」，已見註七、一六。莽以「漢國」代「小邦周」，參看註一五。

三二　惟卜用，克綏受茲命，襲大誥「寧王惟卜用，克綏受茲命」，省「寧王」二字不擬者，依莽誥文例，當擬作「安帝室」，「安帝室惟卜用」失句，故莽寧承上省文而不擬字。孫疏：「……寧王惟卜用，（漢書）無『寧王』二字，注師古曰：『……故我惟用吉卜（敏案：師古原作「卜吉」，孫氏誤倒。），……。』是今文『寧王惟卜用』，止作『惟卜用』。」孫說失之。大抵清儒資莽誥校經，不可盡信。

三三　今天其相民、況亦惟卜用，襲大誥「今天其相民，矧亦惟卜用」，僅以詁訓字「況」代「矧」（釋言：矧，況也。），尚書故：「矧，語詞，莽作『況』者，經師失其詁也。」敏案：矧（弞）說文：「況也，詞也。」「詞」謂「語詞」，大誥此「矧」無意義，莽誥失詁，吳說得之。

太皇太后肇有元城沙鹿之右，陰精女主聖明之祥，配元生成，㠯興我天下之符，遂獲西王母之應，神靈之徵，㠯祐我帝室，㠯安我大宗，㠯紹我後嗣，㠯繼我漢功（註三四）。厥害適統不宗元緒者，辟不違親，辜不避戚（註三五）；夫豈不愛？亦惟帝室（註三六）。是㠯廣立王侯，並建曾玄，俾屏我京師，綏撫宇內（註三七）；博徵儒生，講道於廷，論序乖繆（註三八），制禮作樂，同律度量，混壹風俗（註三九）；正天地之位，昭郊宗之禮，定五時廟祧，咸秩亡文（註四〇）；建靈臺，立明堂，設辟雍，張太學（註四一）。尊中宗、高宗之號（註四二）。昔我高宗崇德建武，克綏西域，㠯受白虎威勝之瑞（註四三）。天地判合，乾坤序德（註四四）。太皇太后臨政，有龜龍麟鳳之應，五德嘉符，相因而備（註四五）。河圖雒書遠自昆侖，出於重壄。古讖著言，肆今享實。此迺皇天上帝所㠯安我帝室，俾我成就洪烈也（註四六）。烏虖！天用威，輔漢始而大大矣（註四七）。

附註

三四　太皇太后至召繼我漢功，所言皆漢事，悉於大誥無所擬：兩「太」，重刊淳化本、景祐本皆作「大」，說詳註二四。太皇太后至配元生成——元后傳：「（王）賀字翁孺（太皇太后之祖父）……徙魏郡元城，……元城建公曰：『昔春秋沙麓崩，晉史卜之，曰：「陰爲陽雄，土火相乘，故有沙麓崩。後六百四十五年，宜有聖女興。」其齊田乎！今王翁孺徙，正直其地，日月當之。元城郭東有五鹿之虛，即沙鹿地也。後八十年，當有貴女興天下云。』」注李奇曰：「陰，元后也；陽，漢也；王氏，舜後、土也；漢，火也。故曰『土火相乘』，陰盛而沙鹿崩。」又注張晏曰：「春秋僖十四年沙鹿崩，歲在乙亥，至哀帝崩、元后始攝政，歲在庚申，沙麓崩後六百四十五歲。」揚雄承莽詔誄太皇太后曰：「太陰之精，沙鹿之靈，作合於漢，配元生成。」（元后傳）又莽誥注李奇曰：「李親懷元后，夢月入懷——陰精女主之祥。」凡此，莽誥皆以爲太皇太后之祥。　召興我天下之符至神靈之徵：西王母，古仙人，居崑崙山，穆天子傳卷三：「吉日甲子，（穆）天子賓于西王母。……乙丑，天子觴西王母于瑤池之上。」晉郭璞注：「西王母，如人，虎齒，蓬髮戴勝，善嘯。紀年：『穆王十七年西征昆侖丘，見西王母。』」遂獲西王母之應，注孟康曰：「民傳祀西王母之應也。」元后傳：「於是冠軍張永獻符命銅璧，文言『太皇太后當爲新室文母太皇太后』。莽乃下詔曰：『……予伏念皇天……命太皇太后爲「新室文母太皇太后」。……哀帝之代，世傳行詔籌，爲西王母共具之祥，當爲歷代母，昭然著明。』事具哀帝紀及五行志，漢書哀帝紀：「建平四年春，大旱。關東民傳行西王母籌，經歷郡國，西入關，至京師，民又會聚祠西王母。」（顏師古注：「行籌，又言執國家籌策行於天下。」王先謙補注：「天子將出，一人前行清道，呼曰『傳籌』，……譌言（西）王母將至，爲之傳行詔籌。」）漢書五行志下之上：「哀帝建平四年正月，民驚走，持稾或棷一枚，傳相付與，曰『行詔籌』，道中相過逢，多至千數，……以置驛傳行，經歷郡國二十六，至京師。其夏，京師郡國民聚會里巷阡陌，設祭張博具，歌舞祠西王母。……一曰……此異乃王太后、莽之應云。」

三五　厥害適統至辜不避戚，於大誥無事可擬：師古注曰：「其有害國之正統，不尊大緒者，當速加刑辟，不避親戚。適，讀曰『嫡』。」敏案：「害適統」謂害孺子劉嬰，莽另詔曰：「今翟義、劉信……欲以篡位，賊害我孺子。」可見。先是莽居攝元年四月，安眾侯劉崇與相張紹謀誅莽，從者百餘人，攻宛，不得入而敗。此漢宗室起義討莽之最先者也。嚴鄉侯信、武平侯璜繼之，徐鄉侯快、陵鄉侯曾、扶恩侯貴又繼之（莽傳及其補注）。蓋舉兵誅賊以復漢室，義無反顧也。

三六　夫豈不愛，亦惟帝室，於大誥亦無所倣：二句師古注：「非不愛此人，但爲帝室，不得止。」補注王文彬曰：「左昭元年傳：『周公殺管叔而蔡蔡叔；夫豈不愛，王室故也。』此襲用其文。」敏案：「亦惟」，尚書習用語，即大誥已五見。「夫豈不愛」固襲左傳；「亦惟王室」，則大誥上文「亦惟在王宮邦君室」之縮句（參看註一六）；莽誥常讀「惟」曰「爲去聲」。

三七 是以廣立王侯至綏撫宇內，謂太皇太后臨朝，即莽專權之時封建漢先帝子孫也，於大誥無可擬：平帝紀：「元始元年……立故東平王雲太子開明爲王，故桃鄉頃侯子成都爲中山王，封宣帝耳孫信等三十六人皆爲列侯。……又令諸侯王、公、列侯、關內侯亡子而有孫若子同產子者，皆得以爲嗣。公、列侯嗣子有罪，耐以上先請。宗室屬未盡而以罪絕者，復其屬。」莽傳：「元始五年正月，祫祭明堂，諸侯王二十八人、列侯百二十人、宗室子九百餘人，徵助祭。禮畢，封孝宣曾孫信等三十六人爲列侯，餘皆益戶賜爵，金帛之賞各有數。」（據王子侯表、漢紀，封信等三十六人，皆元年二月丙辰，莽傳誤；參補注。）莽大事封建爵賞，用收人望，以「綏撫宇內」；至謂「屏藩京師」，則非其意也。

三八 博徵儒生至論序乖繆，此亦漢事，無關大誥經文：元始四年，「徵天下通一藝教授十一人以上，及有逸禮、古書、毛詩、周官、爾雅、天文、圖讖、鍾律、月令、兵法、史篇文字，通知其意者，皆詣公車。網羅天下異能之士，至者前後千數，皆令記說廷中，將令正乖繆，壹異說云。」（莽傳，參看漢紀。）

三九 制禮作樂、同律度量、混壹風俗，竝皆莽擅政時施行，以誇示天下，於大誥無可倣：元始五年五月，太皇太后加莽九命之錫，策曰：「（公）輔朕五年，……制禮作樂，有綏靖宗廟社稷之大勳。」居攝三年九月，劉歆等曰：「太皇太后……詔安漢公居攝踐祚。……攝皇帝遂開祕府，會群儒，制禮作樂，卒定庶官。」（竝莽傳）制禮作樂，莽倣周公制作，參看註二三。　同律度量（律，重刊淳化本誤作「律」）：倣堯典「同律度量衡」，平帝紀：「元始三年夏，安漢公奏車服制度，吏民養生、送終、嫁娶、奴婢、田宅、器械之品。」　混壹風俗（已具上引平帝紀文），平帝紀：「元始五年，太僕王惲等八人，使行風俗，宣明德化，萬國齊同。」

四〇 正天地之位至咸秩亡文，莽言當政期間祀典，「咸秩亡文」襲尚書洛誥「咸秩無文」，餘文皆無所依傍：元始五年太皇太后策莽又曰：「（公）昭章先帝之元功，明著祖宗之令德，推顯嚴父配天之義，修立郊禘宗祀之禮，以光大孝。」　定五畤廟祧，漢書郊祀志：平帝元始五年，大司馬王莽奏言：「……高皇帝受命，因雍四畤起北畤，而備五帝，未共天地之祀。……建始元年，徙甘泉泰畤、河東后土於長安南北郊。……臣謹與太師孔光……等六十七人議，皆曰宜如建始時丞相衡等議，復長安南北郊如故。」郊祀志又載莽後又奏：「……臣前奏徙甘泉泰畤、汾陰后土皆復於南北郊。謹案周官『兆五帝於四郊』，山川各因其方。今五帝兆居在雍五畤，不合於古。……謹與太師光……等八十九人議，皆曰天子父事天，母事墬，今稱天神曰皇天上帝泰一，兆曰泰畤，而稱地祇曰后土，……宜令地祇稱皇墬后祇，兆曰廣畤。……分羣神以類相從爲五部，兆天墬之別神：中央帝黃靈后土畤及日廟、北辰、北斗、塡星、中宿中宮於長安城之未墬兆；東方帝太昊青靈勾芒畤及靁公、風伯廟、歲星、東宿東宮於東郊兆；南方炎帝赤靈祝融畤及熒惑星、南宿南宮於南郊兆；西方帝少皞白靈蓐收畤及太白星、西宿西宮於西郊兆；北方帝顓頊黑靈玄冥畤及月廟、雨師廟、辰星、北宿北宮於北郊兆。」奏可。

四一 建靈臺至張太學，雖當時度制，頗倣經典，第於大誥無所取：平帝紀：「元始三年夏，……立官稷及學官。郡國曰學，縣道邑侯曰校。校、學置經師一人。鄉曰庠，聚曰序。序、庠置孝經師一人。」又云：「四年夏，安漢公奏立明堂、辟廱。」莽傳：「是歲（元始四年），莽奏起明堂、辟廱、靈臺，爲學者築舍萬區。……立樂經，益博士員，經各五人。」平帝紀：「（元始五年）羲和劉歆等四人，使治明堂、辟廱，令漢與文王靈臺、周公作洛同符。」

四二 尊中宗、高宗之號，師古注：「服虔曰：宣帝、元帝也。」自與大誥無涉：平帝紀：「元始四年，安漢公……尊孝宣廟爲中宗，孝元廟爲高宗，天子世世獻祭。」此莽欲諂太后故也，漢書陳湯甘延壽傳又云：「王莽爲安漢公秉政，既內德（陳）湯舊恩，又欲諂皇太后，以討郅支功尊元帝廟稱高宗。」漢紀：「莽欲悅太后意，乃以致（郅）支功尊孝元廟爲高宗。」劉向歆父子年譜：「補注王先謙曰：『莽尊孝元，以悅太后意。』按：漢帝重儒者，則古昔，皆自孝元始。莽政亦承孝元遺風。其尊爲高宗，不得盡以悅太后爲說。」敏案：元后傳：「初，莽爲安漢公時，又諂太后，奏尊元帝廟爲高宗，太后晏駕後當吕禮配食云。及莽改太后爲新室文母，絕之於漢，不令得體元帝，墮毀孝元廟。」尊之立廟，尋加廢毀，立之誠以悅太后，非關孝元崇儒，班固、荀悅、王先謙說是也。

四三 昔我高宗至白虎威勝之瑞，非倣大誥：注應劭曰：「元帝誅滅郅支單于，懷輯西域，時有獻白虎者，所吕威遠勝猛也。」敏案：郅支單于既殺漢使谷吉，又數困辱漢使求谷吉等死者，元帝建昭三年秋，使護西域騎都尉甘延壽、副校尉陳湯撟發戊己校尉屯田吏士及西域胡兵，冬斬其首，傳詣京師（詳元帝紀、漢書匈奴傳及甘陳本傳）。獻白虎事，見議郎耿育上書：「延壽、湯爲聖漢揚鉤深致遠之威，雪國家累年之恥，討絕域不羈之君，係萬里難制之

虜。……應是，南郡獻白虎，邊陲無警備。」（陳甘本傳）

四四 天地判合、乾坤序德，均非倣大誥：師古注：「言元帝既有威德，太后又兆符應，則是天地乾坤、夫妻之義相配合也。判之言片也。」

四五 太皇太后臨政至相因而備，皆非倣大誥：兩「太」字，重刊淳化本、景祐本竝作「大」，詳註二四。元后臨政，當平帝即位期間（哀帝元壽二年九月辛酉至平帝元始五年十二月丙午），時天下所見符瑞，略記如下：（一）平帝紀：「元始元年春正月，越裳氏重譯獻白雉一、黑雉二，詔使三公以薦宗廟。」莽傳：「（莽）風益州令塞外蠻夷獻白雉。……太后乃下詔曰：『大司馬新都侯莽三世爲三公，……遠人慕義，越裳氏重譯獻白雉。……以莽爲太傅，幹四輔之事，號曰安漢公。』」（二）莽帥群臣奏：「今幸賴陛下德澤，間者風雨時，甘露降，神芝生，蓂莢、朱草、嘉禾，休徵同時竝至。」（莽傳）（三）元后加莽九錫之命策曰：「（公）輔政五年，……光耀顯章，天符仍臻，元氣大同。麟鳳龜龍，眾祥之瑞，七百有餘。……。」（莽傳）（四）中郎將平憲等奏言：「安漢公至仁，天下太平，五穀成孰，或禾長丈餘，或一粟三米，或不種自生，或繭不蠶自成，甘露從天下，醴泉自地出，鳳皇來儀，神爵集降。」（莽傳）（五）元始五年十二月丙午謝囂奏孟通得白石丹書「告安漢公莽爲皇帝」（已詳註八）：大抵王莽君臣僞爲，誣罔神靈，欺蒙天下，無一可信。

四六 河圖雒書至洪烈也，均非倣大誥：河圖、雒書：舊謂黃河出「圖」，雒（洛）水出「書」，圖書竝天生之神物，周易繫辭上傳：「……是故天生神物，聖人則之；……河出『圖』、洛（雒）出書，聖人則之。」河圖、洛書，漢人以爲讖緯類之書籍（參看陳槃先生讖緯命名及相關之諸問題，幼獅學報一卷一期。），故下文云：「古讖著言，肆令享實。」王莽託之以欺天下，漢書卷九九中莽傳：天鳳三年五月戊辰，「長平館西岸崩，邕涇水不流，毀而北行。……群臣上壽，以爲河圖所謂『以土塡水』，匈奴滅亡之祥也。」又圖、書出於昆侖重墜，師古注：「昆侖，（黃）河所出；重墜，洛（水）所出，皆有圖書，故本言之。」

四七　烏虖、天用威、輔漢始而大大矣，倣大誥「嗚呼！天明畏，弼我丕丕基」：烏虖，莽所據本尚書作「於戲」，今本作「嗚呼」，後人改（已詳註一九）。　天用威：用，補注朱一新曰：「北監本『用』作『明』。」案：重刊淳化本、景祐本、殿本皆作「明」，合大誥，作「用」形誤。威、畏，古音近，廣雅釋言：「畏，威也。」莽以訓詁字代經本字。　輔漢始而大大矣，倣「弼我丕丕基」：輔，詁代「弼」，說文：「弼，輔也。」取「漢」代「我」。始，訓代「基」。且移置句中。而，莽所增介詞。矣，語詞，莽所增。句，顏注：「言因此難更㠯強大」，近是。唯撰異曰：「丕丕基，莽作『大大矣』：以『大大』訓『丕丕』，孔傳亦同也（敏案：釋詁：丕，大也。）。以『矣』訓『基』，蓋今文尚書作『丕丕其』也；『其』讀如『姬』，語詞，故莽以『矣』字代之。立政篇『桼其』，見隸釋。故知此亦當同也。」今文攷證：「……段云……莽誥以『矣』字訓『基』，則非也。莽誥曰『始而大大矣』，明是以『始』訓『基』——基，始也，見爾雅釋詁。蓋今文作『其』而仍讀爲『基』，非讀如『姬』而以爲語詞也。」（高本漢書經注釋說略同皮氏）敏案：漢石經用小夏侯本「基」作「其」，未必莽誥所據之本，且「其」字作語詞讀如「姬」，在句末絕多爲問詞，尚書微子篇：「顛隮若之何其？」全解（卷二一）：「其，語助也；齊魯（原誤作聲）之間聲讀如『姬』，禮記曰：『何居？』義與此同。」（經典例證甚多，見經傳釋詞。）未有以「其」代語已詞「矣」者。段說失之。

爾有惟舊人，泉陵侯之言，爾不克遠省，爾豈知太皇太后若此勤哉（註四八）！天毖勞我成功所，予不敢不極卒安皇帝之所圖事（註四九）。肆予告我諸侯王、公、列侯、卿、大夫、元士、御事：天輔誠辭，天其累我㠯民，予害敢不於祖宗安人圖功所終（註五〇）？天亦惟勞我民，若有疾，予害敢不於祖宗所受休輔（註五一）？

附註

四八　爾有惟舊人、泉陵侯之言：爾有惟舊人，襲大誥「爾惟舊人」，僅臆增一「有」字；有，參正讀「又」，姑從之。惟，莽當是訓「爲平聲」，言汝等均是舊臣也。顏注訓「思」，云：「言爾當思久舊之人，……」，失之。莽於其下加「泉陵侯之言」以成己說，今文攷證：「舊人蓋指文武舊臣，與（周）公同心者，故莽以與己同之泉陵侯當之。」度莽意得之。

爾丕克遠省、爾知太皇太后若此勤哉，倣大誥「爾丕克遠省，爾知寧王若勤哉」：兩「太」字，重刊淳化本、景祐本皆作「大」，說詳註二四。大誥「丕」，莽作「不」，音疏：「丕，讀曰『不』者，古字『不』、『丕』通。」撰異以爲莽所據今文原作「不」，非通假字，云：「莽大誥……上文『丕丕』作『大大』，此不云『大克遠省』，而云『不克』，知今文尚書作『不克』也。」「太皇太后」代大誥「寧王」，今文攷證：「『寧王』字，莽誥多訓爲『安王室』，其義迂曲。……於此文以『太皇太后』代『寧王』，則亦與以『寧王』爲『文王』者略同，是今文說亦不盡以『寧王』爲『安王室』也。」王莽臆改經文，各本尚書皆不作安王室。「此」，字爲莽加，用暢文意。敏案：內野本尚書、隸古定尚書，書古文訓大誥皆作「丕克」與今本同，「丕」，語詞，「爾丕克遠省」二句，成王謂邦君等「能省記久遠之往事，知悉周文王如彼勤勉」。康誥「汝丕遠惟商耇成人」，句型立意竝與此「爾丕克遠省」云云同（遠惟＝遠省），可證。若依莽誥「丕」作「不」，則其二句當如顏注：「爾不克遠省識古事，豈知太后之勤乎？」是責人失記、竟不知太后臨朝之勤。莽恣意竄改，大乖經義！江氏云「不」是通假、段氏云今文原作「不」，今文攷證云「今文作『不』於義爲優」，竝失考。

四九

天毖勞我成功所，倣大誥「天閟毖我成功所」，僅「毖勞」與「閟毖」小異：音疏謂莽誥以「勞」儗「閟」非儗「毖」（江氏云：閟通祕，廣雅云：「祕，勞也。」故閟亦訓勞。），故曰「毖勞」。敏案：依此說，則經原作「毖閟」。後案似欲補苴江氏，謂莽以「勞」代「閟」又倒其文，故經原作「閟毖」，莽誥則以「毖閟」字序擬之。敏案：莽何故顛倒經字次序，王氏無說。錢大昕謂大誥借「閟」

爲「毖」訓「愼」釋詁：毖，愼也。，下不當重出「毖」字，因據莽誥「毖勞」斷大誥「閟毖」之「毖」乃「勞」之形譌。敏案：錢氏泥於孟康見漢書注、僞孔「毖」訓「愼」，故判經以「閟」爲「毖」，遂據莽誥，意經「毖」爲「勞」之誤字。撰異謂尙書今本當有「毖」而無「閟」，「毖」兼有「愼、勞」二義，故僞孔傳訓「愼勞」，而莽所據今文本尙書則比尙書今本多一「勞」字，故莽作「毖勞」——孟康訓「愼勞」。敏案：段氏一「毖」兼具兩異義之說，最失經、史之意。竊謂：莽所據今文原亦作「閟毖」，莽以二字同音同義猶後世聯緜字皆訓「勞」，於是減省「閟」但存「毖」，復以訓詁字「勞」加於本字之下作「毖勞」，猶上言「服事」、「濟度」之例（已詳註一二）。下文「天亦惟『勞』我民」，倣大誥「天亦用惟『勤毖』我民」，以「勞」訓「毖」而省「勤」字。　予不敢不極卒安皇帝之所圖事，倣大誥「予不敢不極卒寧王圖事」：取「安皇帝」代「寧王」（已詳註七、一六、一七）。之所，莽增字，以便俗讀。

五〇　肆予告我諸侯王公列侯卿大夫元士御事，擬大誥「肆予大化誘我友邦君」：大，副詞，字之有無皆無關要義，故莽誥省減。莽用「告」詁代「化誘」者：化，「訛」之省文，爾雅釋詁：訛，言也。康王之誥馬融注（釋文引）：羑，道也；『誘』爲『羑』重文（亦見說文），『道』亦言。是化、誘皆訓『言』，莽誥合爲一「告」字（參尙書故）。莽以「諸侯至御事」代「友邦君」，參看註二。　天輔誠辭，倣「天棐忱辭」：棐，輔也；忱，誠也（竝見說文）。漢書（卷八一）孔光傳光日蝕對問，曰：「（尙）書……又曰『天棐諶辭』，言有誠道，天輔之也。」（忱、諶古通用，撰異：「詩『其命匪諶』，說文作『天命匪忱』。」）僞孔亦傳「棐忱」爲「輔誠」，蓋據莽誥。咸失經義。　天其累我吕民，倣大誥「其考我民」：天、吕，大誥所無，今文攷證：「莽誥多增字，使人易曉：『天』字、『以』字，疑莽以意增之。」敏案：大誥承上（天棐忱辭）省「天」，而莽不省。皮氏說得之。累，莽以代「考」者：音疏：「淮南氾論訓曰『夫夏后氏之璜，不能无考』，又說林訓曰『白璧有考，不得爲寶』，是則『考』有『疵纍』之誼。」尚書故申之云：「爾雅『諈諉，累也』，玉篇『諈，託也』，……是『累』爲『託』也。」度莽意得之。顏注：「累，託也；言天以百姓託我。」諸家或取師古注釋經、或謂今文作「累」異乎古文作「考」，甚害經義。　予害敢不於祖宗安人圖功所終，倣大誥「予曷其不于前寧人圖功攸終」：害，莽誥疑詞「曷」概作「害」（二字音近古通），所據今文尚書本如此。予害敢，今文攷證：「……古文作『予曷其』，與前後皆作『敢』不合，莽誥用今文作『敢』，其義爲優。」（參正亦用皮氏說）敏案：「曷其」之下若連「不」，則語意不通；大誥下文「曷敢不」三見，而三句句構與立意一致，此「曷其不」之「其」亦當爲「敢」。尚書初本，無論今古文，皆應作「敢」。莽以「於」詁「于」、又以「祖宗」代「前（人）」、「安人」代「寧人」（皆已數見前註）。攸，釋言：「所也。」故莽以「所」詁「攸」。

五一

天亦惟勞我民、若有疾，改大誥「天亦惟用勤毖我民，若有疾」而成：用，莽誥省略。勤毖……，撰異：「蓋今文尚書無『毖』字，『勞』非釋『毖』也。」段氏蓋謂今文經作「……勤我民」，莽此「勞」正詁「勤」。敏案：「勤」字淺易，毋煩詁代（上經文「寧王若勤哉」，莽誥作「太皇太后若此勤哉」，「勤」字不以「勞」代。），此是以「勞」代「毖」而省「勤」字（參註四九）。　予害敢不於祖宗所受休輔，倣大誥「予曷敢不于前寧人攸受休畢」：作「害」不作「曷」，已詳註二九、五〇。於，當作「于」，已詳註三。祖宗：莽於上「前寧人」析作「前人」與「寧人」，分別代以「祖宗」與「安人」，此則省略「寧人」不擬，但以「祖宗」擬「前人」，爲例不一。所，代「攸」，已見註五〇。輔：撰異：「休畢，……莽作……『休輔』。按：上文『弼』作『輔』、『棐』亦作『輔』，而『弼』與『畢』音近。今文尚書蓋作……『休弼』，故與『弼我丕丕其』同以『輔』字代之也。」段氏論莽誥之所以作「輔」甚諦，唯「畢」、「弼」在此句孰爲本字、孰爲借字則未言。愚案：大誥上文「……圖功攸終」、下文「敉寧王大命」、「不終朕畝」之「終、敉、終」，與此「畢」字義同爲「完成」，則今文「弼」當爲「畢」之借字。莽依此借字之本義、而不知依所借義擬訓詁字，故昧沒經義，顏注史曰「輔助」，尚書故釋經曰「輔成之」，皆踵莽誥之譌。

予聞孝子善繼人之意，忠臣善成人之事（註五二）。予思（註五三）：若考作室，厥子堂而構之；厥父菑，厥子播而穫之（註五四）。予害敢不於身撫祖宗之所受大命（註五五）？若祖宗，迺有效湯武伐厥子，民長其勸弗救（註五六）？

附註

五二　予聞孝子至成人之事：王先謙作尚書孔傳參正，以莽誥爲今文，與僞孔本相校，循句記其異同，曰「今文作某」、曰「今文與古文同」多矣，顧於大誥「若昔，朕其逝，朕言艱日思」則曰：「今文無徵。」以莽誥「予聞孝子」二句非擬經也。陳夢家尚書通論大誥講義亦多據莽誥校經，謂莽誥此二句與大誥（「若昔」云云）全異，云：「此（大誥）句不解。」敏案：莽誥「予聞孝子」二句，正自經「若昔，朕其逝」來，而經「朕言艱日思」，莽則更爲「予思」，效經意而非字字句句摹仿，諸家不察，以爲莽誥竟無所本也。茲更爲論證如下：若昔、朕其逝，音疏：「若，順、逝，往……也。言順昔前王之事，則我其當往征。」王莽行事，貌擬周公，其釋此二句，當略如江氏，謂「周公承順昔日武王伐殷故事，將往征紂子武庚」，則予（王莽）亦將法周公，往討「嚴鄉逋播臣」。周公當日親率庶士東征，王莽但令其爪牙孫建等引兵擊義、劉歆等屯據關塞，而己則日抱孺子，謂群臣而稱曰：「周公攝政，而管蔡挾祿父已畔，今翟義亦挾劉信而作亂。自古大聖猶懼此，況臣莽之斗筲！」其怯懦至此！尙何顏直倣經文「若昔，朕其逝」？故撮取經文大意——忠臣孝子當繼志述事，且以啓下文孝子堂構播穫云云，其佞又如此！

五三　予思，倣大誥「朕言艱日思」大意而造句：改「朕」爲「予」（已詳註一三）。刪大誥「言艱日」不擬。

五四　若考作室、厥子堂而構之；厥父菑，厥子播而穫之：此四句莽隱括經「若考作室，既底法，厥子乃弗肯堂，矧肯構？厥父菑，厥子乃弗肯播，矧肯穫」而成（「若考作室、厥父菑」七字，尚全襲大誥原文。）。唯經以反意、疑詞說之，故隨後必有「厥考翼其肯曰：『予有後，弗弃基？』」用喻爲人子當光大父業（此喻周誥習見）；而莽誥但「依經意正說之」，逕示人子當爲父築室稼穡，故其下不必有「厥考翼其肯曰」云云。大誥峻厲懇到，擬誥卑弱浮泛，贗鼎所以不足寶也。　又或校讀兩誥，並參看古本，謂大誥「矧肯構」之後原亦有「厥考翼其肯曰予有後弗弃基」十二字（與「矧肯穫」之後之「厥考翼其肯曰予有後弗弃基」十二字全同，而上下並列），茲爲討論如下：孔穎達於「厥考翼其肯曰予有後弗弃基」下署疏曰：「鄭（玄）、王（肅）本於『矧肯構』下亦有此一經。」音疏「从鄭」添此十二字入經。今文經說攷亦添此一節入經，云：「莽擬大誥於此節皆約舉其詞，取其易曉，故文有詳略耳。觀師古注云『作室、農人猶不弃其本業』。即申釋『弗棄基』之語；師古多襲用舊注，知今文尚書亦必有此一節也。詩大雅文王有聲（詒厥孫謀以燕翼子）鄭箋云：書曰『厥考翼其肎曰我有後弗棄基』。詩疏引鄭書注云『其父敬職之人，其肎曰：我有後子孫，不廢棄我基業乎？』按：鄭君箋詩所引書，多據今文尚書，倘今文無此一節，鄭君必別白言之，明偁古文尚書矣。」敏案：陳氏知莽誥此節約舉其詞無從考今古文本異同，良是。唯師古注署於此節之末，所申釋之「弗棄基」，宜爲「矧肯穫」下之「弗棄基」，故總上「作室堂構」與「耕菑播穫」二義云皆「不可弃其本業」。是師古注決不能證今文尚書亦必有此一節也。至詩箋所引尚書，詩疏：「引『書曰』者，大誥文，彼上文以『堂屋、耕播』爲喻，言父爲之於前，子不循於後，其父則嫌責之。」是鄭君所引所注書，皆屬「矧肯穫」下之十二字。吳汝綸，詞章經學兼善者也，從句構斷今本短十二字，尚書故：「莽誥檃括此文云『若考作室，厥子堂而構之；厥父菑，厥子播而穫之』，下更無『厥考翼』之文，明此經爲偶儷、非單文也。下『肆予』句乃用單文結束耳。重疊言之者，氣所驅也；所謂辭之重焉、言之復焉者也。」敏案：莽誥既爲檃括成章，則必有損益，摯甫據其下無「厥考翼」，遂決此經偶儷，已自陷於矛盾。況以余考之，大誥「若考至肯構」與「厥父至肯穫」正相偶儷，莽亦以相偶儷四句擬之；而大誥下更有一單文（「厥考翼」云云）結束之（書疏：「治田、作室，爲喻既同，故以此經結上二事。」是也。）。莽誥因已變反問爲正說，故不需此句（余此意已見上述）。「結束句」之後，再用承筆——肆，故也——，以總結必終竟文王事業，莽誥亦擬爲「予曷敢不於身撫祖宗之所受大命」。書疏謂：「取喻既同，不應重出。蓋先儒（敏案：謂鄭、王以後之經師。）見下有而上無，謂其脫而妄增之。」其說確切不易，述疏申之最爲中肯，云：「書疏云……鄭、王本於『矧肯構』下亦有此經，蓋疏言其重文也。今本無重文，總而承之，於文自適也。或疑乎妄刪者（敏案：後案：「疏云鄭增之。非鄭增之，晉人刪之耳。翟義傳亦無此一節，則晉人所據也。」），非也。馬、鄭本時或異同，今疏於此不言馬本重文（敏案：馬融本多見經典釋文引，釋文則固亦未言馬本重文。），安知馬本必重文乎？安知今本不與馬本同乎？」

五五　予害敢不於身撫祖宗之所受大命，擬大誥「肆予曷敢不越卬敉寧王大命」：大誥「肆」（訓「故」），此從略者，句構不同於彼經故也（參註五四）。害，莽據今文本如此，前已數見。於，詁代「越」，書盤庚傳：「越，於也。」身，以詁代「卬」，已詳註二一。撫，

「敉」之詁訓字：說文攴部：「攺，撫也。」又：「敉，撫也。」是二字同義。尚書「敉」字四見（大誥二、洛誥及立政各一。），皆當訓「終」，故莽誥此「撫」必有「終」義。古文尚書拾遺定本曰：「說文：敉，讀若弭。弭字古亦作彌，此敉乃借為彌，如春官小祝『彌災兵』，鄭讀彌曰敉矣。釋言：彌，終也。……莽大誥冄一敉字易為終，後一敉字易為撫，得失尚參見。偽孔以下，但知訓撫而已。然本篇固云『不可不成乃寧考圖功』、『予不敢不極卒寧王圖事』、『予曷其不于其前寧人圖功攸終』，即此三語亦未契勘，何其疏歟！」覈詁敉亦讀為彌，釋終。莽誥擬大誥「寧王」有四次，其中一作「安帝室」、一作「安皇帝」、一次作「寧帝室」、一次作「太皇太后」，而絕不作「祖宗」；其擬「前寧人」三次，一作「祖宗安人」、兩作「祖宗」。此「寧王」當依內野本作「寧人」，因莽誥擬作「祖宗」，視與「前寧人」同義；則莽所據今文尚書亦作「寧人」，從可知矣。「之所受」，字皆莽增，取便理會也。

五六

若祖宗，以擬經「若兄考」者，莽用今文家說讀「兄」為「皇」，「皇考」，莽釋為「偉大的亡父」；則亡父莽意為祖宗矣。雙劍誃尚書新證：「……『兄』應讀作『皇』，無逸『無皇曰今日耽樂』、『則皇自敬德』，漢石經『皇』均作『兄』，是古文作『皇』，今文作『兄』也。秦誓『我皇多有之』，『皇』公羊作『況』；況、兄古通。然則『兄考』即『皇考』。」　迺有效湯武伐厥子，倣大誥「乃有友伐厥子」：內野本、書古文訓大誥「乃」作「迺」，莽誥同；莽誥所據原為今文本當作「乃」，作「迺」後改。大誥「友」，莽作「效」，撰異：「友，莽何以作『效』？……蓋𠬪（即「友」，从二「又」。）、乂乂二字音與形俱相佀。今文尚書『㕛』蓋作『㸚』說，今文家必云『爻者效也，效湯武也』，故莽用其說。」段氏謂今文尚書亦作「友」，經師改作「爻」以釋之，「爻」訓「效」，即莽所本。尚書商誼申之：「友，當爲『爻』，『㕛』與『爻』形近致譌。廣雅：爻，效也。故莽誥以『效』字代之。」今文經說攷：「古文尚書『友』字疑是『交』字之譌，『交』从『爻』，『友』从兩手相交，是『友』亦得訓『交』。……『爻』又有『效』誼，故今文家釋『爻』爲『效』耳。」尚書斠證結論與陳氏同，云：「案：友當作交，漢書翟方進傳作效；交、效古通。交，隸書作友，與友形近，往往相亂。韓詩外傳一：『比周而友。』（莊子讓王篇同。）新序節士篇友作交。史記范睢列傳：『願與君爲布衣之友。』藝文類聚三三引友作交。並其比。」敏案：友，說文作「[illegible]」，從兩手相交；「友」本有「交」義，今本尚書不誤，下文「胥伐于厥室」，即「交伐于厥室」，且尚書周誥有「友」無「交」，均可證。漢石經殘字有「友」（康誥篇），不作「㕛」，知王樹枏之說不確。眾說紛紜，唯段說最諦。湯武：尚書周誥稱「湯」概爲「成湯」，稱「武」爲「武王」、或竝稱「寧武」、「文武」；湯武弔民伐罪之義，晚乃形成，大誥無有。則二字莽誥臆增，顏注：「……言湯武疾惡，其（指王莽）心亦然。今所征討，不得避親，當卬公義。」迹王氏心術，其然乎？　民長其勸弗救，外「長」字餘文全襲大誥。以「長」替「養」，顏注：「……而長養彼心，……」師古訓「養」曰「長」，音疏證成之：「夏小正曰『執養宮事』，傳曰『養，長也』。茲據王莽擬誥云『民長其勸弗救』，則『養』之誼當爲『長』。」民長，莽謂「民之官長」（開篇告「諸侯王三公列侯卿大夫元士御事」，此句下莽遂呼「諸侯王公列侯卿大夫元士御事」，竝可證。）。

若祖宗至弗救，（承上三「祖宗」）謂漢家祖宗神明在上，寧有義信效湯武伐罪、伐其（漢家）子孫（指劉嬰），而諸侯王三公列侯卿大夫元士御事將勸助之（義信）而不救援（劉嬰）乎？顏注固謬，而諸家校經求莽意者多矣，亦不能無失。

烏虖！肆哉！諸侯王、公、列侯、卿、大夫、元士、御事，其勉助國道明（註五七）！亦惟宗室之俊、民之表儀，迪知上帝命（註五八）。粵天輔誠，爾不得易定，況今天降定于漢國（註五九）？惟大囏人翟義、劉信大逆，欲相伐於厥室，豈亦知命之不易乎（註六〇）？予永念曰：天惟喪翟義、劉信；若嗇夫，予害敢不終予晦（註六一）？天亦惟休於祖宗，予害其極卜？害敢不卜從、率寧人有旨疆土？況今卜并吉（註六二）？故予大曰爾東征；命不僭差，卜陳惟若此（註六三）。」

五七 烏虖，莽誥用今文當作「於戲」；今本大誥作「嗚呼」，後人所改（已詳註一九）。肆哉，全襲大誥文。唯撰異曰：「肆哉，山井鼎說足利古本作『肆告我』。」（阮元尚書校勘記、吳錄觀堂授書記說同）阮元曰：「『哉』字與漢書翟方進傳合，古本分爲『（告）我』二字，殆非也。」敏案：「哉」誤爲「我」，漢書元后傳、杜欽傳引尚書洛誥「公無困哉」皆誤哉作我，是其比也。「告」字則涉上文衍。阮說是。內野本「肆哉」作「肆告哉」，「告」字亦衍文。　諸侯至御事，倣大誥「爾庶邦君越爾御事」：莽省略兩「爾」字，又省略「越」字（如不省略，依上「諸侯王三公列侯于汝卿大夫元士御事」之例，莽誥當倣作「于」。），而於大誥「庶邦君御事」則增爲「諸侯王公列侯卿大夫元士御事」（參看註二、一五及五〇）。　其勉助國道明，倣大誥「爽邦由哲」：其，大誥此句所無，莽誥當作希冀之詞。「勉」代「爽」者，孫疏：「爽者，方言及廣雅釋詁皆云『猛也』，『猛』與『孟』聲相近。釋詁：孟，勉也。說文云：爽，明也。明都即孟諸，明、孟通字，是『明』亦『勉』也。」敏案：疑莽所據今文尚書「爽」原作「明」，莽訓「勉」，亦取義於尚書；周誥「明」作「黽勉」義者甚多（如康誥「明乃服命」、洛誥「茲予其明農哉」、君奭「汝明勖偶王」。），皆可證。助，莽增，以暢文義。用「國」代「邦」，莽誥凡六見，且通篇不用「邦」字（已詳註一五）。道、明，分別爲「由」、「哲」之詁訓字——道，由也（禮記禮器注）；由，以也（見經傳釋詞）。哲、晢通字，晢，明也。其勉助國道明，冀諸侯王等以明智勉力國事也。

五八　亦惟宗室之俊，民之表儀，增飾大誥「亦惟十人」而成：大誥此「十人」即其前文之「民獻十夫」。莽於前文擬曰「民獻儀九萬夫」，擬此文曰「民之表儀」，而所增「宗室之俊」則因前文「宗室之儁」而生，「民之表儀」即彼「民獻儀」，而人數則從略（參看註一二）。

迪知上帝命，全襲大誥語。

五九　粵天輔誠、爾不得易定，補注錢大昭曰：「此下（敏案：謂「迪知上帝命」之下。）脫正文『粵天輔誠，爾不得易定』九字，又脫注文『師古曰：粵，詞也。天道輔誠，爾不得改易天之定命』十九字。南監本、閩本皆有，惟汲古本脫。」又朱一新曰：「北監本不脫。」又王先謙曰：「官本不脫。」敏案：檢重刊淳化本、景祐本、殿本咸有此九字，且以經句校史文，莽誥「迪知上帝命」之下、「況今天降定于漢國」之上，確有闕文。漢書善本「粵天輔誠、爾不得易定」二句，正當大誥「越天棐忱，爾時罔敢易法」：粵，發語詞（已見註一一），通「越」（見經傳釋詞）；今本大誥作「越」，內野本尚書作「粵」，莽誥所據本同。天輔誠，倣大誥「天棐忱」（已詳註五〇）。大誥「爾時」時，與下「矧今」今反，平時也。「莽無『時』字者，以……不知為述前事也。」（尚書故）大誥「罔敢」，言畏天命；莽變作「不得」，言天意定不可改。莽誥辭迫意淺，不如周誥之宏深也。易定：大誥作「易法」，讀書雜志（四之十三）：「（漢書）爾不得易定，師古曰『……不得改易天之定命』。念孫案：不言『易天之定命』，而言『易定』，則文義不明。余謂『定』當為『㝎』，『㝎』古文『法（灋）』字（敏案：見說文十上廌部灋。），形與『定』相似（敏案：說文七下宀部定篆文作「㝎」）而誤，大誥作『爾時罔敢易法』，是其證。」後案、覈詁竝如王氏說。此一說也。音疏：「故書江聲自疏：隸古定本。『定』作『佱』，『佱』乃古『法』字，變古者遂改作『法』矣，此誤也，當爲『定』。江氏又自疏云：「唐開元時衞包奉敕改隸古爲時俗字，遂改『佱』爲『法』矣。……隸古定之『佱』及後改之『法』皆誤也，據王莽誥云『……爾不得易定』，則此當爲『定』也。」」參正申之：「隸古定本作『佱』，古『法』字，『佱』與『定』相似，疑經文亦本是『定』字，傳寫者誤爲『佱』也。」王先謙又據莽誥下文「天降定于漢國」，證漢書上「定命」之「定」不必改爲「法」，以譏高郵王氏；而經下文「降戾於周邦」之「戾」則當屈從史傳改爲「定」，王氏漢書補注曰：「下文『降戾』作『降定』，則此作『不得易定』，義自貫注，似不必改『定』爲『法』。疑古文『法』字亦當爲『定』，轉因形近而誤也。」其尚書孔傳參正曰：「莽誥云『況今天降定于漢國』，知經文作『矧今天降定于周國』，與上文義貫注，益知上文作『定』不作『法』也。」此又一說也。敏案：經「易法」，書古文訓作「易佱」；尚書漢世傳本原皆作「易佱」，莽誤作「[illegible]」字讀，故倣誥作成「易定」。「易定」不詞，師古爲之曲說，雖度得莽意，但決非經義。江氏誤以莽所據乃故書，致奉誤爲正。矧考尚書凡言天降某事，絕多爲降災與降命如盤庚「殷降大虐」、微子「天毒降災」酒誥「天降威」、多方「天降時喪」，此降災也；金縢「天之降寶命」、酒誥「惟天降命」，此降命也。，絕不見「天降定」。此經「天降戾于周邦」義同前「天降割于我家」，意謂武王崩，群叔流言，周室不寧。「戾、割」皆訓「災禍」便讀：「戾，拂逆也。」，莽誤取「戾」之別一義音疏：「桑柔詩云『民之未戾』，毛傳云：『戾，定也。』」孫疏：「戾、定，釋詁皆訓爲『止』。」，故改「戾」爲「定」。王先謙認失詁之字爲經本字，據以勘正經史，一無可取。唯王念孫之說得之。

況今天降定于漢國，代大誥「矧今天降戾于周邦」：「況」代「矧」，以詁訓字入文也（已詳註五）。定，詁訓字也，以代經字「戾」（已詳本註上文）。以「漢國」代

「周邦」（前已數見，參看註一五、五七。）。

六〇　惟大囏人翟義劉信大逆，倣大誥「惟大艱人誕鄰」，而於「囏人」下增翟劉以坐實之：大誥前文四「艱」字，莽誥皆作「難」，或是所據本原作「難」（分見註九、一六、一八、二〇）；此「艱」作「囏」，殆所本如此也。說文十三下堇部：艱，从堇艮聲；囏，籀文艱从喜。金文艱亦多从喜。大誥「誕」三見，莽誥一襲原文（已見註一〇）；兩誥作「大」，此及下文大以爾東征是也。釋詁：「誕，大也。」說文繫傳：「誕，……又妄為大言也，又大也。」擬「鄰」為「逆」，去經義甚遠，「誕鄰」為「大逆」，不詳所據，孫疏以為是今文義，今文經師必不荒謬至此。尚書故曰：「莽以『誕鄰』為『大逆』者，師失其讀，莽因竄以己意也。」徵之史傳，吳說信然！諸將初破翟軍，斬劉璜，莽復下詔云：「今翟義劉信等謀反大逆。……後雲竟坐大逆誅死。……義始發兵，上書言宇、信等與東平相輔謀反，……先自相被以反逆大惡。」既戮翟走信賞有功，莽云：「……反虜逆賊不得旋踵，應時殄滅。」（竝翟傳）與莽此誥責翟劉為「反虜」、「大逆」，如出一口，故意淆亂經義，用成私志。　欲相伐於厥室，倣大誥「胥伐于厥室」：大誥「誕鄰」宜屬此句首，莽臆改為「大逆」則連上句末矣。欲，莽誥臆增，於經字無所當高本漢書經注釋：「……不過他句中的『欲』字，卻與尚書此句中的任何一字都不相當。」，矧上文責其「擅興師動眾」叛國，此又謂之「意欲」伐帝室，何其刺繆哉！相，詁代「胥」字，釋詁：「胥，相也。」於，重刊淳化本、景祐本竝作「于」，說詳註三。豈亦知命之不易乎，倣大誥「爾亦不知天命不易」：大誥此「爾」，承上「肆哉庶邦君」云云之「爾」以申命之，前後「爾」所指均同。莽誥擬上「爾庶邦君」云云作「諸侯王公」云云，省略

「爾」，宏旨無變；倣製此句刪去「爾」，遂承上以「翟義劉信」爲主語，則句意大殊（參看下文）。豈……乎，莽欲更直述語爲疑問語，不得不增，大誥無有也。命之，代「天命」，非今古文有別，又非欲務淺退深，何若仍舊？豈亦知命之不易乎，顏注：「言義信不知天命不可改易。」大誥「爾亦不知天命不易」，上「不」字，尚書釋義：「不知之『不』，讀爲丕，語詞。」敏案：內野本尚書、書古文訓此「不」竝作「弗」，而「丕」無作「弗」者，復參酌莽誥，則勿庸改讀、變經義，但倣顏注云「邦君等不知天命之不可易」，亦得通也。

六一

予永念曰，全用經句。　天惟喪，全同大誥。以「翟義劉信」代「殷」。此句構詞立意與莽誥前文「天降喪于趙傅丁董」同，亦即莽另詔數翟劉之罪云：「今積惡二家，迷惑相得，此時命當殄，天所滅也。」　若嗇夫，以校大誥「若穡夫」，經作「穡」而史作「嗇」：撰異：「穡，莽作『嗇』，古通用；無逸『稼穡』，漢石經作『嗇』。」孫疏：「穡作嗇者，說文云：『嗇，愛濇也，从來从㐭。來者㐭而藏之，故田夫謂之嗇夫。』又解『穡』云：『穀可收曰穡。』二字假借通用。」莽所據今文本作「嗇」，內野本尚書亦作嗇，今本尚書「穡」，後人改作也。　予害敢不終予晦，倣大誥「予曷敢不終朕畝」：莽誥作「害」不作「曷」，所據今文本如此也（上已數見）。「予」代「朕」，詁訓字，已詳註一三。莽誥於大誥七「朕」字，一仍舊、一闕擬，餘均擬作「予」。其中三「朕」字在主位，而尚書「予」亦多用於主位，莽擬作「予」，固當；另兩「朕」字朕身、朕畝。在領位，而亦以「予」代之，則可商。尚書「予」字用法，金文零釋「明保予沖子辨」曰：「『予』字在今文商書周書中出現了一四〇次，……而用於領位者（即當作「我的」「我們的」講）僅二次。」原註：「堯典中有『疇咨若予采』、『疇若予工』等，『予』字用於領位；但堯典經近人攷證，成書較晚，當是列國時代的作品。在今文商周書中，『予』用作領位者：康王之誥『今予一二伯父尚胥暨顧』、又多士『非予罪，時惟天命』——但多士上文即有『非我一人奉德不康寧，時惟天命』——、盤庚『非予自荒茲德，惟女含德，不惕予一人』、太誓『予克紂，非予武，惟朕文考無罪；紂克予，非朕文考有罪，惟予小子無良』（禮記緇衣引）：都是『非加予加謂語』，和下句『惟』相呼應的例子。那麼『非予罪』的『罪』字可能用爲謂語，和『非予武』的『武』字一樣。」據此，西周著成之書篇「予」字用於領位者僅「今予一二伯父」，蓋當時習用語。漢時稱代詞義改變，莽因不分主、領，概擬作「予」，殊失古義。擬誥所據尚書本亦皆作「朕」；吾人斷不應從莽所誤擬，推原古本尚書亦若是也。晦，內野本尚書作與莽誥同，今本尚書作「畝」，後改。金文有「晦」無「畝」。說文：「晦，……从田每聲。畝，或从田十久。」

六二　天亦惟休於祖宗，倣大誥「天亦惟休于寧王」：經與史「天亦惟休」字同。於，重刊淳化本、景祐本、殿本竝作「于」，說詳註三。祖宗，代「前寧人」：大誥「寧王」、「寧人」、「前寧人」，漢儒不知「寧」字形譌，未有達解，致莽誥擬辭，多不畫一（參看註七、五五），原不必深病，第皮錫瑞錯認莽誥即今文說，又固執今說優於古說，不惜曲加迴護，其今文攷證既曰：「鄭注以受命曰寧王、指文王言，於尚書全經爲合。莽誥於此文以『太皇太后』代『寧王』，則亦與以『寧王』爲『文王』者略同，是今文說亦不盡以『寧王』爲『安王室』也。」又曰：「莽誥今文之義，亦不盡然。下文『前寧人』，莽誥作「祖宗」、不云『安人』，其義爲勝。」又曰：「莽誥以『祖宗』代『寧王』（敏案：此寧王當作寧人，皮氏失考。），字與鄭君訓『寧王』爲『文王』義合。此莽誥用今文說之不誤者。」又曰：「莽以『祖宗』代『前寧人』，則今文家亦以『寧王』爲『文王』、『前寧人』爲『文王所用之人』，其有以爲『安王室』、『安人』者，莽誤解耳。」　予害其極卜，如大誥「予曷其極卜」，其「害」與「曷」異者，今古文異，非涉訓詁：前已數言之矣。　害敢不卜從，倣大誥「敢弗于從」：害，大誥此句無（曷），吳摯甫定莽誥此害字衍（尙書故）。敏案：蓋涉上句「害其」而衍。師古注此及上句曰：「我何其極卜法，敢不往從？」「敢」上亦無「何」字。是小顏所見本無此字。不，尙書作「弗」，莽此以詁訓字代之（已詳註三）。大誥「弗」字七，莽仍用本字或譯爲它字者四——弗弔作不弔、弗救仍作弗救（非避昭帝名諱，有此條可證。）、弗敢作不敢、弗造作未遭，所據本原作「弗」，作「不」、「未」皆詁訓字（參看註三）。卜從，大誥作「于從」：僞孔傳：「敢不於從，言必從也。」據孔解，「敢不從」斯可矣，橫入「于」字，經義反晦。簡朝亮有鑑於此，試爲減弱「于」字功能，云：「敢弗于從、率寧人有指疆土，以一句讀也。其曰『于從』者，可微讀之爾。僞傳讀曰『敢弗于從』，則下文言『矧』者，義不貫也。」（述疏）微讀即輕讀，謂含渾帶過也。此說無稽。學者或據莽誥，直改經文爲「卜從」（音疏、今文經說攷。），音疏曰：「……予曷爲究極之于卜哉？以爾眾心不安；故今既卜矣，曷敢不惟卜是從乎？」今文經說攷、今文攷證竝依其說。覈詁因之，謂「卜」形近「于」致誤。敏案：江氏說得之，宜作敢不卜從，此疑問句，例將賓語

（卜）提升動詞（從）之上。唯師古所見史本自作「敢不于從」，故注曰「敢不往從」；而段玉裁云「于，汲古本作『卜』，非。」（撰異）似它本皆不作「卜」，檢重刊淳化本、景祐本、殿本果皆作「于」。陳喬樅、皮錫瑞竝斥師古用僞孔傳以「往從」訓「卜從」。考師古訓「于」爲「往」，尚合古義（于訓往，見說文通訓定聲。），僞傳但易「于」爲「於」，如同未解，師古非襲僞傳明矣。　率寧人有旨疆土，倣大誥「率寧人有指疆土」：寧人，仍大誥文未改，今文攷證：「莽誥於『寧人』或代以『祖宗』，或代以『安人』，此直云『寧人』，未知其義如何。師古云『祖宗』、又云『安人』，其意重複，失之。」敏案：大誥前文「用寧王」，莽誥於「寧」字仍舊未改，此直云「寧人」，例同彼文。檢上文，莽誥「寧」曰「安」已三見，且二字通義，吏民周知，故此照錄經文，不復詁代也。師古注：「言循祖宗之業，務在安人而美疆土。」「祖宗（之業）」，小顏增益以暢文意，實以「安人」釋「寧人」，皮氏譏其重複，失之。旨，大誥作「指」；旨、指通字。今古文本原竝作「旨」，手傍後人增益。後案：「王肅曰：順文王安人之道有旨意，……解固與莽異，然亦作『旨』。蓋古『旨』與『指』通，傳用王義，遂改作「指」，則古義沒不見矣。宜以顏注爲正也。」敏案：鳳喈此論甚疎！今本尚書盤庚篇「不匿厥指」，肅說無可考，豈傳亦用王義而改致？唯撰異說得之：「今經、傳『旨』作『指』，而正義中三云『旨意』皆作『旨』，知經、傳爲衛包所改，正義則其所未改者也。莽大誥正作『有旨疆土』，……蓋今文尚書與古文尚書同也。」況今卜并吉，莽以「況」詁替「矧」（已見註五、三三、五九），餘全用大誥文。

六三　故予大㠯爾東征，倣大誥「肆朕誕以爾東征」：故，詁代「肆」，莽誥前已二出（看註一

三、一八）。予，詁代「朕」，前已數出，大，詁代「誕」（參看註一三、六〇）。餘字悉同大誥。　命不僭差，倣大誥「天命不僭」：僭差，以詁代「僭」，哀五年左傳注：「僭，差也。」（莽誥上文「予不僭上帝命」，義不與此「僭」同，已詳註三〇。）西漢末文律，日趨整齊，一篇之中，四字句漸多，風氣所及，雖擬誥固亦不免。莽此句既必以「差」連「僭」下以詁「僭」，如不刪減句中它字，則成五字句——五字句失整，故削去經句首字「天」字不擬；良以尚書單言「命」，亦常有「天命」之義，著「天」字與否，於原義固無所增損也。　卜陳惟若此，倣大誥「卜陳惟若茲」：漢書顏注：「卜兆陳列惟如此。」王先謙補注：「官本作『兆』，陳引宋祁曰：邵本『兆』作『卜』。」孫疏：「漢書……『卜』作『兆』。」尚書故：「孫所見本與今本異。『卜陳惟若茲』者，兆示有如此也。」案：檢重刊淳化本、景祐本、汲古本皆作「卜」，唯殿本作「兆」，莽誥倣大誥，當依以作「卜」，作「兆」涉注而誤。復考尚書僅有一「兆」字，呂刑：「一人有慶，兆民賴之」；而凡言占卜事，決無曰『兆』如此如彼者，則無論今古尚書此句皆爲「卜」字。卜言灼龜稽疑，說文卜部：「卜，灼剝龜也。」此，詁代「茲」，釋詁：「茲，此也。」

莽誥、大誥比辭證義引用書擇舉（略以本文引用先後爲次序）

書名	簡稱	著者	板本	引用範圍
漢書	補注本	漢班固	臺北藝文印書館影印王先謙補注本	
	重刊淳化本		二十五史編刊館影南宋福唐郡庠重刊北宋淳化監本。（在仁壽本二十五史）。	
	景祐本		臺灣商務印書館影北宋景祐刊本。（在百衲本二十四史）。	
	汲古本		明崇禎十五年毛氏汲古閣刊本	
	殿本		清乾隆四年武英殿刊本	
尚書今古文注疏	孫疏	清孫星衍	臺北廣文書局影印本	卷十四
尚書今古文集解		清劉逢祿	皇清經解續編本	卷十四
觀堂授書記		民國王國維	臺灣大通書局影印本	頁二二
尚書覈詁	覈詁	民國楊筠如	北強學社鉛排本	卷三總頁六十～六四

書名	簡稱	著者	板本	引用範圍
尚書後案	後案	清王鳴盛	皇清經解本	皇清經解卷四一七
古文尚書拾遺定本		民國章炳麟	制言半月刊第廿五期	
尚書集注音疏	音疏	清江聲	皇清經解本	皇清經解卷三九五頁十三～二三
古文尚書撰異	撰異	清段玉裁	皇清經解本	皇清經解卷五八二
群經平議	平議	清俞樾	世界書局影印本	卷五
尚書集注述疏	述疏	清簡朝亮	臺北鼎文書局影印本	卷十四
劉向歆父子年譜		民國錢穆	臺北三民書局鉛排本，兩漢經學今古文平議之一。	總頁六〇～一一二
今文尚書經説攷	今文經説攷	清陳喬樅	皇清經解續編本	卷十五
尚書孔傳參正	參正	清王先謙	清光緒三十年虚受堂刊本	卷十八
今文尚書攷證	今文攷證	清皮錫瑞	臺北藝文印書館影印本	卷十二

書名	簡稱	著者	板本	引用範圍
尚書故		清吳汝綸	臺北藝文印書館影印桐城吳先生全書本	經說二之二頁七八～九四
大誥解		民國劉節	燕京大學文學年報第二期	
尚書通論		民國陳夢家	商務印書館鉛排本	總頁二〇七～二二三
尚書全解	全解	宋林之奇	通志堂經解本	卷二七頁一～三十
九經古義		清惠棟	皇清經解本	皇清經解卷三六二頁五
書經注釋（中譯本）		瑞典高本漢（民國陳舜政譯）	中華叢書編審委員會鉛排本	總頁五五三～六〇八
廿二史箚記		清趙翼	臺北樂天出版社影印本	
新學僞經考		民國康有爲	世界書局影印本	總頁一四三～一五九

書名	簡稱	著者	板本	引用範圍
尚書注疏		僞孔安國、孔穎達	臺北藝文印書館影印本	卷十三頁十四～二四
困學紀聞		宋王應麟	臺灣商務印書館國學基本叢書本	
唐石十三經			臺北世界書局縮影張氏皕忍堂刻本	總頁七七～七八
尚書大傳輯校		清陳壽祺	皇清經解續編本	卷二頁十七～二十
積微居讀書記		民國楊樹達	臺灣大通書局影印本	頁十九～二二
尚書內野本			東方文化研究所影印日本東京內野氏藏鈔本	卷七大誥篇
經義述聞	述聞	清王引之	皇清經解本	
讀書雜志		清王念孫	臺北樂天出版社影印本	
尚書今古文攷證	今古文攷證	清莊述祖	清光緒二十二年刊本	卷三頁九～十二
書古文訓		宋薛季宣	通志堂經解本	卷八頁二三～二九

書名	簡稱	著者	板本	引用範圍
尚書隸古定本釋文		清李遇孫	清嘉慶九年刊本	卷六頁六
尚書駢枝		清孫詒讓	鉛印本	頁五～七
雙劍誃尚書新證	新證	民國于省吾	臺北藝文印書館影印本	卷二頁三～九
漢石經尚書殘字集證		民國屈萬里先生	中央研究院歷史語言研究所專刊之四十九	
漢紀		漢荀悅	臺北鼎文書局影印本	
尚書商誼		民國王樹枏	陶廬叢刻本	卷一頁十一～十四
尚書斠證		民國王叔岷先生	中央研究院歷史語言研究所集刊三十六本	
金文零釋		民國周法高	中央研究院歷史語言研究所油印本	
周公旦未曾稱王考		程元敏	孔孟學報廿八、廿九期	
尚書大誥義證		程元敏	國立編譯館館刊四卷一期	

書名	簡稱	著者	板本	引用範圍
尚書洛誥義證		程元敏	國立編譯館館刊四卷二期	
尚書多方篇著成於多士篇之前辨		程元敏	國立臺灣大學文史哲學報廿三期	

原載國立編譯館館刊第十一卷第二期，民國七十一年十二月

〔附一6上〕周公旦未曾稱王考（上）

周公旦相少主，攝行政事，古今無異辭；惟曾否稱王，則頗有爭議。大槩先秦及西漢學者，於此未甚注意。第自王莽居攝，自比周公之輔成王，卒篡漢位，且昌言周公稱王，此一問題，始漸受重視。宋人多嚴詞斥責王莽毀經誣聖；而若干清儒則蒐檢舊籍，指證周公踐阼稱王，詆駁宋儒。近人既取經（尚書、左傳、禮記等）、子書，復援彝器銘文，或助宋人罪王莽、劉歆，或支持清儒咎宋道學家拘泥君臣大義，罔知變通；各執一詞，詰難不休。邇來時賢又頗撰文討論，反覆辯質。其中若干問題，幸有定論，茲不繁贅。其或聚議未決，或猶待澄清，或資料未足者，則本文試爲證補。若其是非曲直，灼然可見，毋煩申說者，則置而不言。時賢論文易得，故茲徵引或參考其說，槩不詳其出處。

若干清儒誤據舊說謂武王崩，成王幼，周公旦攝王位，稱王，江聲（尚書集注音疏）、王鳴盛（尚書後案）、孫星衍（尚書今古文注疏）等家皆是，而以皮錫瑞持論最爲肯定，其於尚書大誥篇「王若曰」下注曰：

王莽依周書作大誥，曰：「惟居攝二年十月甲子，攝皇帝若曰：……」錫瑞謹案：王莽大誥皆用今文尚書說也。（尚書）大傳曰：「周公身居位，聽天下爲政，……。」居位即居攝也。史公說以周公作大誥在踐阼攝政之後，故可稱王。鄭注云：「王謂攝也；周公居攝，命大事則權代王也。」鄭……以王爲周公攝王，則與今文義同。……然則史公云周公奉成王命興師東伐作大誥，亦史臣推原周公本意而言；周公當時既權代王，不必言「奉成王命」也。周公攝王，見於逸周書明堂解、禮記明堂位、荀卿子書，兩漢今、古文家皆無異義。（今文尚書攷證卷十二頁一，藝文印書館影印本。）

案：皮氏之說絕多失其正，近人誤信其說，又從而申之；既淆亂史實，又不免厚誣古人，故不容不辨。茲略據周、秦、兩漢文獻及後人論著，不揣譾陋，於此一史實，蠡測其眞象，釐爲十六節說之如後。

一　周公輔相成王

周武王克殷，天下未集而崩，當時周成王誦幼少，周公旦輔相成王，以治理天下，此爲不爭之事實：周、秦、兩漢之書均有載記。茲就所知，引舉有關資料如下（每條資料之下，有時分別綴以阿拉伯數字號碼；後文如須複引，但舉號碼而不再稱述原文，以免煩累。）：

其屬於周、秦典籍者四條：

尚書洛誥篇：「汝受命篤弼。」①（尚書注疏，藝文印書館影印清嘉慶二十年南昌府學刊本。案：汝，謂周公；周公受武王顧命輔弼成王，故云。）

管子小問篇：「（桓）公曰：昔者大王賢，王季賢，文王賢，武王賢。武王伐殷克之，七年而崩，周公旦輔成王而治天下。」②（世界書局新編諸子集成本）

禮記文王世子篇：「成王幼，不能涖阼；周公相，踐阼而治。」③（禮記注疏，板本同①下注；後凡言十三經注疏，板本悉同。）

呂氏春秋開春篇：「故……周之刑也，戮管、蔡而相周公。」④（板本同②（漢高誘注：「……周公相成王而尹天下也。」）

其屬於兩漢典籍者八條：

尚書小序（通稱書序）：「武王崩，三監及淮夷叛；周公相成王，將黜殷，作大誥。」⑤（百篇書小序均分載尚書注疏本各篇尚書經文之前。案：書小序疑爲秦末漢初作成。）

尚書大傳：「周公輔幼主不矜功，則蓂莢生；」⑥（見清陳壽祺尚書大傳輯校卷三頁三，皇清經解續編本。下凡引尚書大傳之文見於陳氏所輯者，簡稱「輯校」。）

淮南子泰族篇：「周公股肱周室，輔翼成王。……」⑦（板本同②）

淮南子要略篇：「武王立三年而崩，成王在褓襁之中，未能用事，管叔、蔡叔輔公子祿

父而欲爲亂，周公繼文王之業，持天子之政，以股肱周室，輔翼成王。」⑧（板本亦同②）

春秋繁露三代改制質文篇：「周公輔成王，受命作宮于洛陽，成文、武之制。」⑨（清凌曙春秋繁露注本，皇清經解續編卷八五六頁五。）

史記婁（劉）敬傳：「（婁敬曰：）成王即位，周公之屬傅相焉；迺營成周洛邑。」⑩（史記會注考證本，藝文印書館影印，下凡引史記，板本悉同。）

漢書元后傳：「平帝崩，無子。（王）莽徵宣帝玄孫、選最少者廣戚侯子劉嬰二歲，託以卜相爲最吉，迺風公卿奏請立嬰爲孺子，令宰衡安漢公莽踐祚居攝，如周公傅成王故事。」⑪（藝文印書館影印清王先謙補注本，下凡引漢書，板本皆同。案：漢書元后傳及王莽傳載羣臣奏章，其有關王莽陰謀篡位議論，雖有時非直接出諸莽口，然或係莽授意，或爲莽黨所言，今皆視爲莽說。）

漢書王莽傳：「莽奏言：（王）宇爲呂寬等所詿誤，流言惑眾，惡與管、蔡同罪。甄邯等白太后下詔曰：『公（謂安漢公王莽）居周公之位，輔成王之主，而行管、蔡之誅，不以親親害尊尊。』」⑫（案：是王莽以爲周公輔成王，下例倣此。）

周、秦典籍，尚有逸周書作雒篇「武王……崩，……周公立，相天子。」⑬（世界書局影印清朱右曾集訓校釋本，下同。）及左傳定公四年謂周公相王室以尹天下（詳資料⑬）；魏晉南北朝信周公輔相成王者，范曄後漢書（板本同⑪）桓郁傳曰：「昔成王幼小，越在襁保，周公在前，史佚在後，太公在左，召公在右，中立聽朝，四聖維之。……」⑭陳壽三國志吳書孫權傳魏文帝策命權曰：「勞大者祿厚，德盛者禮豐，故叔旦有夾輔之勳，太公有鷹揚之功。」⑮（藝文印書館影印盧弼集解本）類此固不暇枚舉。唐孔穎達尚書正義據僞孔傳，宋儒復承先儒之說，亦謂周公相成王，茲亦不及一一列舉。

曰「弼」，曰「輔」，曰「傅」，義同；複其詞則曰「輔相」、「傅相」、「輔翼」、「夾輔」，義亦竝同。成王與周公構成君、臣關係，故謂周公輔相成王。成王既已即王位（惟因幼少尚未親政，說詳下。），未嘗一日不爲王；周公始終在臣位（惟因主持國政，須入居王位處理公務，說詳下。），故無從稱王。周公暫代成王主持國政，故謂之攝政。

二 周公攝政

周公攝政，周、秦、兩漢典籍中，有關記載甚多，據余所知，錄列如下：

其載於周、秦典籍者三條：

尚書洛誥篇：「（成）王若曰：『……惟公德明，光于上下，勤施于四方，旁作穆穆，迓衡不迷文、武勤教。』」⑯（案：迓，當作御。衡，平也。御衡，言操執天下之平，義爲執政。）

逸周書明堂篇：「武王崩，成王嗣，幼弱未能踐天子之位，周公攝政，君天下，弭亂，六年而天下大治，乃會方國諸侯于宗周，大朝諸侯明堂之位。」⑰

禮記文王世子篇：「仲尼曰：昔者周公攝政，踐阼而治，抗世子法於伯禽，所以善成王也。聞之曰：爲人臣者殺其身有益於君則爲之，況于其身以善其君乎？周公優爲之。」⑱

其載於兩漢典籍者十六條：

尚書大傳：「周公攝政：一年救亂，二年克殷，三年踐奄，四年建侯衛，五年營成周，六年制禮作樂，七年致政成王。」⑲（輯校卷二頁二七）

淮南子要略篇：周公持天子之政（見資料⑧）。

史記周本紀：「太子誦代立，是爲成王。成王少，周初定天下，周公恐諸侯畔，周公乃攝行政當國。管叔、蔡叔羣弟疑周公，與武庚作亂畔周，周公奉成王命伐誅武庚、管叔，放蔡叔。」⑳

史記魯周公世家：「成王少，在強葆之中，……周公恐天下聞武王崩而畔，周公乃踐阼，代成王攝行政當國。」㉑

史記衛康叔世家：「武王既崩，成王少，周公旦代成王治當國。管叔、蔡叔疑周公，乃與武庚祿父作亂，欲攻成周。周公旦以成王命興師伐殷，殺武庚祿父、管叔，放蔡叔。」㉒

史記燕召公世家：「成王既幼，周公攝政，當國踐阼。」㉓

劉歆三統歷（漢書律歷志引）曰：「凡武王即位十一年，周公攝政五年……。」㉔

漢書王莽傳既引所謂逸尚書嘉禾篇，乃曰：「此周公攝政，贊者所稱。」㉕

漢書翟方進傳：「故（翟）義舉兵并東平，立信爲天子，……莽日抱孺子謂羣臣而稱曰：『昔成王幼，周公攝政而管、蔡挾祿父𠯑畔。』」㉖

尚書洛誥篇「惟七年」下經典釋文（通志堂經解本，下同。）引馬融曰：「（周公）攝政七年，天下太平。」㉗

史記燕召公世家「君奭不悅周公」下裴駰集解引馬融曰：「召公以周公既攝政致太平，功配文、武，不宜復列在臣位，故不說。」㉘

鄭玄尚書君奭篇序注曰：周公既攝王政，不宜復列於臣職，故不說。㉙（君奭篇序正義引）

鄭玄尚書成王政篇序注曰：「此伐淮夷與踐奄，是攝政三年伐管、蔡時事。」㉚（成王政序正義引）

王肅尚書君奭序注同鄭玄說㉛（見㉙）。

王肅尚書金縢篇注云：「周公攝政，遭流言。」㉜（詩經豳風譜疏引）

列子楊朱篇：「武王既終，成王幼弱，周公攝天子之政。」㉝（板本同②。案：今本列子是僞書；漢以後人撰，故後於此。）

攝政，太史公或作攝行政當國（見⑳、㉑），用詁訓字發明舊詞義；即謂臣下攝天子之政，如列子所言（見㉝）。攝，代也；故史記又謂「（周公旦）代成王治當國」（見㉒）。成王謂周公「迓衡不迷文、武勤教」，言公代執國政能盡職責，詩經小雅節南山篇家父刺大師及尹氏曰：「尹氏、大師，維周之氐；秉國之均，四方是維。天子是毗，俾民不迷。……」又曰：「式月斯生，俾民不寧；憂心如酲，誰秉國成？」迓衡，敦煌唐寫本尚書（伯二七四八）作卸（御）衡，義即秉均、秉成。是大臣佐輔天子可稱迓衡；詩、書相校，以言周公攝政，甚宜。

逸周書明言周公攝政（見⑰），漢今文尚書學家開山祖伏生明言周公攝政（見⑲），漢古文尚書學巨匠劉歆亦明言周公攝政（見㉔）（此攝政與攝位之義有別，詳下。），皮氏蓋誤讀古籍，謂周公攝王（位）（案：皮氏今文尚書攷證卷十二頁三大誥「不敢閉于」注曰：「此蓋公自明攝位，不敢即眞之意。」可證。），逸周書、兩漢今、古文家皆無異義，此顯然紕繆。至荀子、禮記明堂位有否謂周公攝位，辨見下第五、六節。

三　周公歸政成王

周公既爲暫攝國政，終必歸政與成王；周、秦及漢代典籍，亦頗有載錄者，余檢得九條，合記之如下：

逸周書作雒篇：「（周公）及將致政，乃作大邑成周于土中。」㉞（參⑬）

尚書大傳：「周公致政封魯，老于周。」㉟（輯校卷二頁八）

尚書大傳謂周公致政成王。㊱（見⑲）

韓詩外傳：「武王崩，成王幼，周公承文武之業，履天子之位，聽天子之政，……誅管蔡之罪，抱成王而朝諸侯。誅賞制斷，無所顧問。……成王壯，周公致政，北面事之。」㊲（卷七，四部叢刊本。）

敏案：致，歸也（國語魯語下「子治歸，致祿而不出」韋昭注。）；致政即歸政，亦曰反（返）政，其例如下：

尚書中候擿雒戒：「周公旦欽惟皇天順踐阼，即攝七年，周公歸政於成王。」㊳（見皮錫瑞尚書中候疏證頁三八，清光緒二十五年刊本。案：書緯蓋西漢末人作。）

史記周本紀：「周公行政七年，成王長；周公反政成王，北面就羣臣之位。」㊴

又案：致政，韓非子作授政。授、致義皆爲與，授政亦謂歸政；原爲攝代，七年還與之。

難二曰：

「周公旦假爲天子七年，成王壯，授之以政。」㊶（板本同②）

尚書正義援據周、秦、兩漢文獻，申僞孔傳之意，謂「周公攝政之時，成王未親王事」（立政篇「告嗣天子王矣」下）；既已歸政於成王，始即政事，其說合周朝史實，不應以人廢言。至荀子儒效篇謂周公履天子籍，迨成王冠成人，乃反籍，亦就攝政、反政而言，辨見下第六節。

四　周公居攝

周公攝行政事，據淺陋所見，周、秦典籍，無謂之居攝者。尚書大傳始言「周公居攝六年，制禮作樂，天下和平，越裳（國）以三象重譯而獻白雉，曰：『道路悠遠，山川阻深，音使不通，故重譯而朝成王，以歸周公。』」㊷（輯校卷二頁二十）大傳所謂居攝，義謂攝政（資料⑲謂周公攝政：六年制禮作樂。可證。）。且此詞語僅見一用。至王莽始習用之，莽且賦以特殊解釋，以陰助其簒漢。

漢書元后傳：令安漢公莽踐祚居攝。㊸（見⑪）

漢書王莽傳：「莽又令太后下詔曰：『……周公居攝，蓋權時也。』」㊹

又：「劉慶上書，言：『成王幼少，稱孺子，周公居攝。』」㊺

又：「太后聽許，舜等即共令太后下詔曰：『……君年幼稚，必有寄託而居攝焉，然後能奉天施而成地化。……令安漢公居攝踐祚。』」㊻（參見⑪）

又：「於是羣臣奏言：『太后……令安漢公居攝。臣聞：周公權而居攝，則周道成、王室安；不居攝，則恐周隊（墜）失天命。』」㊼

又：「劉歆與博士諸儒七十八人皆曰：『……周武王既沒，周道未成，成王幼少；周公屏成王而居攝，以成周道。』」㊽

敏案：踐祚（阼）已見於周、秦及西漢文獻（詳下第五節），惟取與「居攝」連稱，則自王莽始（見㊸、㊻）；莽又事事以周公自比，不過欲藉詞語意義之不甚明確與故事渺遠不易考實，以混淆視聽，遂其私志。鄭玄不察，亦嘗沿用居攝詞語：鄭玄注書序曰：「（周公）居攝七年，天下太平。」㊾（公羊傳宣公十六年疏引）鄭玄注洛誥「惟七年」曰：「文王、武王受命及周公居攝皆七年。」㊿（經典釋文引）

五　周公踐阼（祚）

踐，履也，踩踏也。阼，謂阼階。堂有阼階、賓階。賓階即西階，賓客由之升登；阼階即東階，主人由之升登。就字義言，履踏阼階升堂，謂之踐阼。周公代成王行政，君天下，其接見賓客，自必以主人身分履阼階升堂；既升堂而就主人之位，故周、秦、兩漢文獻，謂周公踐阼；謂周公踐天子之位，或謂之居位。茲先舉部分資料：

禮記文王世子篇：周公相，踐阼而治。(51)（見③）

又：周公攝政，踐阼而治。(52)（見⑱）

尚書大傳：「帝命周公踐阼，朱草暢生。」(53)（輯校卷三頁三）

又：「武王死，成王幼，周公盛養成王，使召公奭爲傅，周公身居位，聽天下爲政。」(54)（輯校卷二頁十八）

韓詩外傳：周公履天子之位。……(55)（見㊲）

又：「周公踐天子之位七年。」(56)（卷三）

史記魯周公世家：周公踐阼代成王攝行政。(57)（見㉑）

史記燕召公世家：周公攝政，當國踐阼。(58)（見㉓）

說苑君道篇：「周公踐天子之位，布德施惠。」（四部備要本）

研究右列資料九條：禮記文王世子、史記魯、燕二世家皆以攝政與踐阼連舉，有明文；尚書大傳二條，皆殘文，意其言「踐阼（或「居位」）」上下或本有「攝政」類字，即或不爾，由資料⑲、㊱已足能斷定伏生持周公攝政踐阼看法。韓詩外傳此條，其後文有「周公致政」云云，足證韓嬰亦以周公攝政踐阼。即王莽有時亦坦承周公是攝政踐阼，漢書莽傳有曰：

由是言之，周公始攝則居天子之位，非乃六年而踐阼也。逸書嘉禾篇曰：「……。」此周公攝政，贊者所稱。(59)

上述資料皆明確可據，取以證周公攝政事：公以輔相身分，自東階升堂，進居天子之位，南面朝諸侯，主國政，不稱王。應無爭議。然而竟不免爭議者，起於禮記明堂位。明堂位起篇曰：

> 昔者周公朝諸侯于明堂之位（鄭玄注：周公攝王位以明堂之禮儀朝諸侯也；不於宗廟，辟王也。），天子負斧依南鄉而立（鄭玄注：天子，周公也；負之言背也。斧依爲斧文屛風，於戶牖之間；周公於前立焉。），三公中階之前，北面東上，（敏案：下言諸國之位，從省。）此周公明堂之位也。[60]

此段記周公攝政時朝諸侯於明堂，所陳列之位置，故取之名篇曰「明堂位」。其記「天子」與其臣屬——三公、諸侯伯子男及夷蠻之國——所立之方位甚明確。時周公雖攝政居天子之位，君臨天下，然非眞爲天子。鄭玄「周公，天子也」注，失之。然則禮經何不易「天子負斧依南鄉而立」爲「周公負斧依南鄉而立」？曰：如是則不符此段言明堂禮儀之主旨，失行文之體矣。

此「天子」非指周公，更由下文可以認定。其言曰：

> （此周公明堂之位也）。明堂也者，明諸侯之尊卑也。……武王崩，成王幼弱，周公踐天子之位以治天下，六年朝諸侯於明堂，制禮作樂，頒度量而天下大服，七年致政於成王。……[61]

上詳記諸國所立之方位，即所以「明諸侯之尊卑」，亦即此篇撰作之主旨。據後「七年致政於成王」，是周公朝諸侯時職分爲攝政（理由見第三節），故雖「踐天子之位」以治天下，而已則非天子。同書文王世子篇一曰周公相（成王），踐阼而治（見③），再則曰周公攝政，踐阼而治（見⑱），既爲「相」，既止「攝政」，其非爲天子審矣！（參看第二節攝政與踐阼連用例證）

逸周書明堂篇與禮記明堂位篇（上引二條）敘事略同，而有大不同處。其言曰：

……武王崩，成王嗣，幼弱，未能踐天子之位，周公攝政，君天下，弭亂，六年而天下大治，乃會方國諸侯于宗周，大朝諸侯明堂之位。天子之位：負斧扆南面而立，羣公卿士侍于左右；三公之位：中階之前，北面東上；（敏案：下亦言諸國之位，從略。）此宗周明堂之位也。明堂者，明諸侯之尊卑也；故周公建焉，而朝諸侯於明堂之位。制禮作樂，頒度量而天下大服，萬國各致其方賄，七年致政於成王。[62]

案：此多「故周公建焉」，著一篇要旨爲在言明堂禮儀，比禮記明堂位所言明確。彼經曰「天子」，此書曰「天子之位」，前者尚疑其就人而言，後者純著眼於明堂制度（下三公之位、諸侯之位、諸伯之位……同。）甚顯。學者不察古人撰作旨意，生出許多誤解，甚無謂也。

余常疑周公居位理政，朝覲諸侯，成王亦在座觀習，呂氏春秋愼大篇曰：

周公旦……所朝於窮巷之中、甕牖之下者七十人。文王造之而未遂，武王遂之而未成，周公旦抱少主而成之，故曰成王。[63]

抱，高誘注：奉也。奉即捧。周公懷抱（或捧持）成王雖未可信，然公與少主共朝諸侯恐有其事。秦將蒙恬語二世曰：

……昔周成王初立，未離襁緥，周公旦負王以朝，卒定天下。64

事又見韓詩外傳，云周公「抱成王而朝諸侯」（見㊲）。即王莽亦不敢否認「周公奉繼體之君，居上公之尊」（漢書王莽傳），而當翟義擁劉信舉兵，則倣周公抱成王「日抱孺子謂羣臣而稱曰……」（參㉖）（漢書翟方進傳）。如上說，則後之人雖欲附會周公爲天子亦不可得矣。

六　周公不攝（王）位

禮記文王世子篇謂「成王幼不能涖阼」（見③）。「幼不能涖阼」，即逸周書明堂篇所謂「幼弱未能踐天子之位」（見⑰），而淮南子要略篇謂之「在襁褓之中，未能用事」（見⑧）；未能用事，即未能親政（故由周公代行政事）。至於即（王）位爲王，則不因幼少而不行（婁敬明言成王在營洛之前已即位（見⑩），史書記幼君即位，例證甚多。），史記周本紀「太子誦代立」（見⑳）、蒙恬傳「成王初立」（見64）云云，皆謂成王幼即位；王既已即位，則周公無位可攝。古今謂周公攝（王）位者，皆考之未精。

荀子儒效篇：「武王崩，成王幼，周公屏（楊倞注：屏，蔽也。漢書王莽傳顏師古注：屏，擁也。）成王而及（楊倞注：及，繼也。）武王，以屬（王念孫曰：屬，繫也。）天下。惡天下之倍周也，履天子之籍（王念孫曰：籍者位也。），聽天下之斷，……教誨開導成王，使諭於道。……周公歸周，反籍於成王，而天下不輟事周。然而周公北面而朝之；天子也者，不可以少當也，不可以假攝爲也。……成王冠成人，周公歸周反籍焉，明不滅主之義也。周公無天下矣，鄉（向）有天下，今無天下，非擅（同禪）也；成王鄉無天下，今有天下，非奪也，變埶（勢）次序節然（王先謙曰：節然，猶適然也。）也。故以枝代主而非越也。……君臣易位而非不順也。」[65]（世界書局新編諸子集成本，下同。）

案：「周公屛成王」，謂周公擁立幼主，即前言周公輔相成王也（參見第一節資料）；「履天子之籍」，謂公居天子之位（註一）（參見第五節資料）；「聽天下之斷」，謂公攝政（見第二節資料），而皆由於「天下之倍周也」（謂武庚等亂，國不安寧。）。前言歸政（見第三節資料），此謂之「反籍」。周公攝政時南面而朝諸侯，歸政後「北面而朝成王」，故曰「君臣易位」。周公既擁成王繫天下，則成王始終有天下，周公始終無天下。謂周公向有今無、成王向無今有，皆就周公攝政歸政、成王昔未親政與今親政而言。故自有易爲無，非周公禪（位）；從無變成有，非成王奪取。「明不滅主」，是成王日日爲天下主；以枝（周公）代主（成王），所代者政事也。是荀子未嘗以爲周公攝位。惟「天子也者，不可以假攝爲也」，假攝，謂攝政（假、攝複語，左隱元年傳杜注：「假攝君政」。）。其弟子韓非雖變文爲「周公旦假爲天子七年」（註二），然尚知周公爲攝政，故下文曰：「成王壯，授之以政，……爲其職也。」（難二。參第三節。）

至漢，劉安（淮南子齊俗篇）雖但執「假攝、假爲」云云之言，謂「周公攝天子之位，負扆而朝諸侯（敏案：禮記明堂篇謂「周公踐天子之位，朝諸侯。」（見⑥①）「攝」、「踐」異字。），然亦不得不承認周公「七年致政成王」（敏案：等於承認周公爲攝政。）。說苑尊賢篇「周公攝天子位七年」，蓋本韓詩外傳而改「踐」爲「攝」（註三）。及王莽篡位，始昌言「周公攝位」。新莽始建國元年己巳（西元九年）正月，莽廢宣帝玄孫孺子嬰爲定安公，讀策畢，「眞皇帝莽」執孺子手「流涕歔欷」曰：

> 昔周公攝位，終得復子明辟，今予獨迫皇天威命，不得如意。……⑥⑥（註四）

鄭玄注禮記明堂位言「周公攝王位」，似與王莽說同；其實不然。鄭注下文又曰：「不於宗廟，辟（避）王也。」（鄭注均見⑥⓪）則以明堂之位，非眞爲王位。惟語猶欠明確。故又於箴膏肓曰：

> 周公歸政就臣位乃死，何得記崩？⑥⑦（禮記明堂位篇疏引）

不言「周公歸位」，是以爲公未嘗攝位矣。鄭玄發墨守又曰：

> （魯）隱（公）爲攝位，周公爲攝政；雖俱相幼君，攝政與攝位異也。⑥⑧（禮記明堂位疏引）

區別攝政與攝位甚嚴。清儒不及深考，謂鄭君說周公攝位，且引葛洪抱朴子爲證，大乖鄭君之意。（註五）

七　王莽首先誣衊周公稱王

周公代幼主治天下，內疑外叛，不得不專權，此在先秦、兩漢典籍並不諱言，茲撮舉三例，以見一斑：

荀子儒效篇：周公「履天子之籍，聽天下之斷，偃然如固有之，……殺管叔，虛殷國，……立七十一國，姬姓獨居五十三人，……。」[69]

韓詩外傳（卷七）：周公輔成王聽政，「誅賞制斷，無所顧問，威動天地，振恐海內。」[70]（参㊲）

史記管蔡世家：「武王既崩，成王少，周公旦專王室。」[71]

然事事皆以成王命出之，未嘗自稱爲王。謂周公稱王，王莽難辭始俑之罪：

漢平帝元始五年（西元五年）十二月，王舜等共令太后下詔，令安漢公莽踐祚居攝，於是羣臣奏言太后曰：「書（敏案：謂尚書君奭篇）曰：『我嗣事子孫，大不克共上下，遏失前人光在家，不知命不易，天應棐諶，乃亡隊命。』說曰：『周公服天子之冕，南面而朝羣臣，發號施令，常稱王命。召公賢人，不知聖人之意，故不說也。』……成王加元服，周公則致政，書（敏案：謂尚書洛誥篇）曰：『朕復子明辟，』常稱王命，專行不報，故言我『復子明君』也。」[72]（漢書王莽傳）

案：史記燕召公世家曰：「成王既幼，周公攝政，當國踐祚，召公疑之，作君奭。君奭不說周公，周公乃稱：……。」王莽改史記文，竄入「常稱王命」，謂周公號令天下，常自稱王也。（莽依尚書周書大誥篇撰大誥，作「攝皇帝若曰」而不作「王若曰」）然尚祗謂周公「常稱王命」，迨其

居攝三年（即所謂初始元年，西元八年）冬，王莽傳又曰：「臣莽㠯爲元將元年者，大將居攝改元之文也，於今信矣。尚書康誥：『王若曰：孟侯，朕其弟，小子封。』此周公居攝稱王之文也。」(73)

曲解尚書經文，誣周公稱王（當年莽即改居攝三年爲初始元年，明年正月廢孺子嬰，自立爲新皇帝。），王莽欺世，罪證確鑿。鄭玄輩竟甘願爲莽賊僞證：

禮記明堂位鄭注：天子，周公也。（余已辨其非是，見(60)。）

尚書大誥篇「王若曰」鄭注：「王，周公也；周公居攝命大事則權稱王。」(74)（尚書注疏卷十三頁十六引。禮記注疏（卷三一頁三）曰：「大誥云『王若曰』，鄭（玄）云：『王，謂周公；居攝命大事則權稱王也。』」(75)

「權稱王命」類莽所謂「常稱王命」。康成習而未察，僞孔傳、王肅、宋儒已駁辨之，見諸載籍。少數清儒，泥守今、古學派師承（謂莽說本於今文尚書），拘滯漢、宋門戶之見，竟

爲莽、鄭推波助瀾，其故意曲解經籍，古離舛誤，不可勝言。近人不溯本原，又從而爲之辭說，重誣先聖於三千載之下。故不容不更爲詳辨。

八　周公以成王命行事

明言周公以王命行事者，文獻多有之：

詩經魯頌閟宮篇：「王曰：叔父，建爾元子，俾侯于魯，大啓爾宇，爲周室輔。」(76)

案：閟宮爲頌魯僖公之詩，言魯之祖先受封，得其實。故毛傳曰：「王，成王也。」鄭箋曰：「叔父，周公也。成王告周公曰：叔父，我立女首子使爲君於魯。」成王封伯禽于魯，在周公攝政期間。由下引左傳可知。

左定公四年傳：子魚言成王封建，封伯禽於魯，又封康叔，「王於是乎殺管叔而放蔡叔」(77)（見(113)）可見分封、誅罪皆成王。周公旦承王命行事，故子魚又言「周公相王室以尹天下」(78)也。

韓詩外傳（卷三）：「周公踐天子之位七年，……成王封伯禽於魯，誡之曰：往矣：子無以魯國驕士。……」(79)

案：謂伯禽爲成王所封，與經史合。

呂氏春秋古樂篇：「成王立，殷民反，王命周公踐伐之。」(80)

尚書大傳：「……然後祿父及三監叛也，周公以成王之命踐伐之。」㉛（輯校卷二頁十八）

案：周公既用成王之命伐叛，則大誥「王若曰」之王非周公自稱，再錄史記四條：

史記殷本紀：「武王崩，武庚與管叔、蔡叔作亂，成王命周公誅之。」㉜

又周本紀：周公奉成王命伐誅武庚、管叔，放蔡叔。（見⑳）

又魯周公世家：「管、蔡、武庚等果率淮夷而反，周公乃奉成王命，興師東伐。」㉝（見㉑）

又衛康叔世家：周公旦以成王命興師伐殷，殺武庚……。（見㉒）

上述封建、征誅皆大事，而周公皆未「權稱王」，故尚書周書凡屬周公攝政時期諸篇，言「王若曰」、或「王曰」皆非周公，而係成王。篇中「朕」、「我」等第一人稱詞，皆成王自謂。

九　周公攝政期間，成王稱王，周公稱公

周公攝政期間，成王已即位稱王，周公仍稱公。不惟尚書金縢篇記武王崩至作鴟鴞詩（在周公攝政前三年內），分別「周公」「（成）王」清楚可見，逸周書、荀子、尚書大傳、說苑記成王前七年事，亦皆分別周公、成王：

逸周書成開篇：「成王元年，大開告用。周公曰：余夙夜之勤，今商孽競時逋播以輔。余何循？何循？何慎？王其敬天命，無易天不虞。……王拜曰：允哉！……余小子思繼厥常，以昭文祖之守，定武考之烈。」[84]朱右曾謂此武王崩之明年事，周公大開告成王，引孔注商孽爲武庚。

案：尚書大誥：「于伐殷逋播臣」，與此言「商孽」「逋播」同指武庚及商罪民。此篇記將伐武庚，當周公攝政之初，分稱「周公」、「成王」（或王）明成王已即位爲王。

荀子堯問篇：「伯禽將歸於魯楊倞注：成王封爲魯侯。將歸，謂初之國也。周公謂伯禽之傅曰：『……。』周公曰：『我……成王之爲叔父，』」[85]

案：據此，伯禽在周公攝政時封于魯（見76至79），周公稱少主爲成王。

尚書大傳：「伯禽封於魯，周公曰：……吾……今王之爲叔父也。」[86]（輯校卷二頁二四）

又：「伯禽與康叔朝於成王，見乎周公，三見而三笞之。……」[87]（輯校卷二頁二四）

案：與上條略同，「成王」作「今王」，已不稱王奚疑？

案：此蓋伯禽初封時事。據「朝於成王」、「見乎周公」，知周公必不稱王。事又見說苑建本篇。

又：「管叔疑周公，……奄君、薄姑曰：『武王既死矣，今王尚幼矣，周公見疑矣。』」

⑧⑧（輯校卷二頁十八）下言周公，則今王自非成王莫屬。

又：越裳國於周公攝政六年有獻，「朝成王以歸周公」。（見④②）

案：據此，雖異邦人亦知成王在位。

十　以舜、伊尹攝政事證周公不稱王

古代大臣受顧命輔幼主，乃常有之事。漢武帝老，欲以霍光輔少主嗣有天下，使畫者畫周公負成王朝諸侯圖賜光。及疾篤，光問誰當嗣位？帝曰：「君未諭前畫意邪？立少子，君行周公之事。」於是受遺詔輔少主。少主弗陵立八歲，政事壹決於光。至宣帝本始元年，光請歸政，帝猶謙讓委任焉。（見漢書）夫霍光之輔昭帝，事猶周公之輔成王。惟文獻不言霍光攝政、踐阼，故後人無從附會其稱王，如附會周公然。踐阼，譯今語爲「在王位辦公」；攝政，猶今語「代理職務」，踐攝皆不必稱王，上文已詳辨。茲再以周以前之事徵之。

尙書堯典篇：「二十有八載，帝乃徂落。」據史記五帝本紀及參堯典本文，二十八載包括堯試舜三年、舜相堯十七年，攝政八年。而孟子（萬章上篇）謂舜相堯二十八年。孟子以爲攝政實質即輔相，故概括言之。

堯典又曰：「正月上日，（舜）受終于文祖。」孟子謂堯老而舜攝，史記謂堯令舜攝行天子之政，即就此經而爲說。舜既受攝，乃齊七政，祭天，巡守四方，一若天子所行。其朝諸侯，必于廟堂，是踐阼居位。其聽諸侯述職，錫以車服，又頒刑典，罪四凶，亦皆行天子之事。

然堯崩之前，舜不稱帝（王）。迨堯崩舜告受位于祖廟，始改稱帝。（註六）是舜攝事時不稱帝。周公相成王，攝政事，居天子之位，行爵賞誅罰，一如舜之相堯。舜既可不稱帝，周公亦應不稱王。堯與成王未嘗一日不在位，舜與周公亦未嘗一日攝位；政令皆承王命以出，於理當然。堯典雖爲晚作，然非僞作，且與孟子、史記多合，其記載可信。

師獸段：「隹（維）王元年正月初吉丁亥，伯龢父若曰：師獸，……」郭氏、楊樹達皆以爲「伯龢父」即共伯和，楊氏且以此王元年即史記之共和元年。或據此，謂此「王元年」之王指攝王，即共伯和。此「王」不能指周厲王，因厲王已出奔；如指厲王，亦不能稱「王元年」。此王又不能指周宣王，因彼時厲王未死，宣王尚未即位。敏案：姑置史記周、召二公共和行政之說不論。史記周本紀索隱引汲冢紀年曰：「共伯和干王位。」莊子讓王篇釋文引汲冢紀年作「共伯和即于王位。」干，史記索隱訓篡。無論篡位或即位，是爲眞王；「王」上本無「攝」字，非關加否。又此以「王」與「伯龢父」對舉，明伯龢非王（理由見第九節）。且伯和果爲王，或爲攝王，而攝王又不須加「攝」字于「王」上，則應直書「王若曰」。今既不然，知伯和爲攝政，稱王命行事。厲王雖出奔，年號雖已更改，此王仍得指厲王（註七）。謂周厲王出奔，此不能指厲王，請以商初史事證其說之難信。

孟子盡心上篇記公孫丑言伊尹放太甲於桐，萬章上篇記伊尹放太甲於桐三年，太甲悔過，復歸于亳。史記殷本紀謂太甲放時，伊尹攝行政當國，以朝諸侯。太甲雖見放，而伊尹不稱帝，太甲亦不失帝。彼時苟有銅器銘文曰：「隹帝某年某月，伊尹若曰：」則帝是太甲，非伊尹明矣。

部分清儒既持周公稱王之見，則當時成王之稱謂為何？皮錫瑞曰：

> 此「王若曰」（敏案：見康誥篇）實屬居攝稱王。土無二王，（周）公稱王，則成王止可稱世子。……文王世子曰：「抗世子法於伯禽。」此周公奉成王為世子之塙證。[89]
>
> （今文尚書攷證卷十四頁三）

案：禮記文王世子謂周公輔相成王，「抗世子法於伯禽，欲令成王之知父子君臣長幼之道也。成王有過，則撻伯禽，所以示成王世子之道也。」抗，鄭注：「猶舉也。謂舉以世子之法使與成王居而學之。」是周公教育成王以世子之法，與成王之稱謂何涉？且此及同篇下文（見⑱），皆以輔相或攝政時之周公與成王對舉，又以君比成王，臣比周公。時成王絕不稱世子，周公絕不稱王。皮氏不重證據，徒逞臆說，甚可異也。

十一　大誥「寧考」當作「文考」，指周武王而言

周公既承成王命伐武庚，作大誥，則大誥之「王若曰」及「王曰」之王，自非成王莫屬。

篇中設爲邦君等宜戒王之辭「無毖于恤，不可不成乃寧考圖功」之「寧考」則不得不謂之指武王而言。大誥「寧」字凡十二見，皆與周人祖先有關，畢舉於次：

寧王遺我大寶龜。

天休于寧王。

寧王惟卜用。

爾知寧王若勤哉。

予不敢不極卒寧王圖事。

肆予曷敢不越卬敉寧王大命。（以上寧王六見）

以于敉寧武圖功。（寧武一見）

不可不成乃寧考圖功。（寧考一見）

予曷其不于前寧人圖功攸終。

予曷其不于前寧人攸受休畢。

天亦惟休于前寧人。（以上前寧人三見）

率寧人有指疆土。（寧人一見）

尚書寧王，鄭玄或以爲文王（君奭篇「惟寧王德延」注），或謂之武王（洛誥篇「乃命寧予」注）。宋儒多謂之武王。僞孔傳謂是文王，皆從「寧」字字義敷衍其說，謂「寧武」是

「安撫武事」，「前寧人」是「前文王安人之道」：皆訓寧爲安。「寧人」訓「文王」，則同于「寧王」。案：寧王及寧人，無論說爲文王抑武王，前寧人、寧武如何支離其說義，皆與「王若曰」、「王曰」之王爲伊誰關係不甚大。惟獨「寧考」上有「乃」字，乃，語譯爲「你的」。「寧考」爲文王，則「王若曰」之王指周公；「寧考」爲武王，則「王若曰」之王爲成王。關係周公稱王與否，不容不辨。

清吳大澂（字說）始就字形探討，謂大誥寧字皆文之誤字，且舉金文，以證文、寧形近。孫詒讓（尙書駢枝）、曾運乾（尙書正讀）皆以爲然。寧爲文之誤，文考得爲亡父，「乃文考」爲「你的死去的父親」——邦君等自可謂成王曰「乃亡父」。則「王若曰」之王，的指成王矣。唯吳氏字誤之說，吳汝綸（尙書故卷二頁八一，藝文印書館影印本，下引板本同。）祇略及其說，似不甚以爲然。章炳麟（古文尙書拾遺卷二頁一—二，章氏叢書本。）亦言「寧」非「文」之誤。章氏主要理由：尙書言文王者甚多，何故大誥、君奭二篇獨誤爲寧；蘇望所摹石經文侯之命「追孝于前文人」、「無荒寧」，古文「文」、「寧」二字具在，何故不誤？愚案：古書傳抄傳刻，幾歷三千年，同章甚至同句之內，尙有同一字此誤而彼不誤之例，章氏徒爭意氣，非所以論學也。

此「寧」爲「文」之誤，不獨上述證據；亦不僅尙書君奭篇「割申勸寧王之德」禮記緇衣引作「周田觀文王之德」、「寧」正作「文」可證。尙有另一確證：

尚書大誥篇：「王曰：『爾惟舊人，爾丕克遠省，爾知寧王若勤哉！』」[90]

案：此成王謂諸臣莫不知文王如彼之勤勞國事。文王勤國事，尚書無逸篇有明文，曰：

周公曰：「嗚呼！厥亦惟我周太王、王季，克自抑畏。文王卑服即康功田功。徽柔懿恭，懷保小民，惠鮮鰥寡。自朝至于日中昃，不遑暇食，用咸和萬民。文王不敢盤于遊田，以庶邦惟正之供。」[91]

其勤勞國政，可謂至矣。大誥言若彼勤之「寧王」即無逸如此勤之「文王」，然則「寧」爲「文」誤何疑！其它寧字以形近爲文之誤又何疑？

大誥「寧考」已因「寧」爲「文」之誤論定，知當作「文考」。文考爲亡父，金文中習見。「文」在「祖、考、母、姑」等之上釋作「已亡故的」，爲修飾語。或疑成王稱其亡父皆曰「武考」，且舉逸周書等爲證。余不以爲然，茲略爲辨之如下：

考，禮記曲禮下：「生曰父曰母曰妻，死曰考曰妣曰嬪。」此後起之義，周初不盡然。尚書「考」字亦謂存世之父。康誥篇「大傷厥考心」、大誥篇「若考作室，既厎法」、「若兄考」，考皆指存世之父；非亡父。據此，「考」等於「父」。「文考」即「文父」（金文既習見「文考」，旂鼎、君夫毁又有「文父」，可證。）。「考」既可爲「（活）父」，上加「文」（亡故的）則義爲亡父，若上加其它修飾語，亦自成義。茲舉詩、書之例：

詩經周頌載見篇：「率見昭考」。（案：昭考，成王稱武王（此出于諸臣之口），說詳傳箋疏，此不煩辭，下倣此。）

又閔予小子篇：「於乎皇考」。（案：皇考，成王稱其父。）

又訪落篇：「率時昭考」。（案：昭考，成王稱武王。）

尚書洛誥篇：「乃光烈考武王」。（案：周公語成王稱及成王之父。）

又康誥篇：「惟乃丕顯考文王」。（案：武王語康叔封稱及康叔之父。）

又酒誥篇：「乃穆考文王」。（案：成王語康叔稱及康叔之父。）

「昭」，顯也；皇，偉大也；光、烈，皆明也；顯，亦明也；穆，敬也，肅也：皆形容詞，作「考」上修飾語。

由上引載見、閔予小子、訪落篇文，知爲成王稱武王，或他人語成王而及武王，不止用「武考」顯然。逸周書大戒篇：「周公曰：『於敢稱乃武考之言曰：……』」本典篇：「（成）王在東宮告周公曰：『烏呼！朕聞武考，……』」兩「考」上「武」字，當亦作修飾語，形容武王發之「武」（逸周書謚法篇：「……威彊叡德曰武，克定禍亂曰武。」）。

「考」上既可加修飾語，成王稱其父又不限于「武考」，而「寧考」又確知當爲「文考」，釋作亡父，且有書本文獻及鍾鼎彝器證明，則大誥「寧考」指武王復何疑？

十一　由尚書多方、多士二篇著成時代證周公不稱王

清江聲考尚書大誥篇「王若曰」非周公述王命以誥，其尚書集注音疏（皇清經解卷三九五頁十三）曰：

> 周公既踐天子之位，則稱王自然有之。此（大誥）篇是周公之誥，則所云「王若曰」自是謂周公爲王矣。若謂是周公述王命以誥，則當如多方言「周公曰：王若曰」，或如多士先言「周公告」，乃後言「王若曰」；今此文不然，則王是謂周公矣。(92)

案：清儒不察是非，附和江氏之說者甚多。江氏注多方篇，用鄭玄說，謂爲周公居攝時事（尚書集注音疏，皇清經解卷三九七頁二三。）。居攝時誥命，史官先言「周公曰」，後言「王若曰」，足證周公述王命以告。周公既於多方篇以王命，何獨於大誥不然。若據鄭玄「命大事則權稱王」之說，則大誥告伐叛是大事，多方告天下之國（「四國多方」）其事尤大。發大誥周公權稱王，告多方則否，周朝史官必不疎失如此。

清簡朝亮，於大誥「王若曰」前，不蒙冒「周公曰」或「周公告」，有所解釋，其尚書集注述疏」（卷十四頁三，清刊本。）曰：

> 多方云：「周公曰：王若曰。」多士云：「王若曰」而以「周公用告」先之。今皆不然，何也？大誥者，王命周公東征而大告於天下也。征殷，實征管叔也。周公，弟也；

管叔，兄也。（敏案：一說管叔是周公弟。）不可以「周公」立文也。[93]

案：簡氏說頗近情理，然用以解釋尙書周書各篇「王若曰」、「周公若曰」及「王曰」，便窒礙難通。考周誥大誥至顧命、康王之誥諸篇，大致爲西周初年檔案，非成於一時，亦未必出於一手，故其稱述王言，體例固難一致。即眞出於一手，筆之於書，隨時宜便，或弁「周公若曰」，或直書「王若曰」、「王曰」。苟據此以稽討推論周公是否以王命行事，恐不免緣木求魚之譏。

且多方篇與多士篇，記事相連屬，語脈相承接，內容大致相同。多方自尙書大傳謂爲周公攝政三年伐武庚、管、蔡、踐奄之事，鄭玄繼謂多方編次當在多士之先，宋儒頗以爲是。而多士爲成王七年三月營洛時告庶殷之書，召誥、多士兩篇經文明確可考。多士作時，成王尙未親政，多方更在多士前，則兩篇皆周公攝政時作，而周公皆承王命告，從而推論大誥、酒誥等有關諸篇誥命，莫非奉王命以出者矣。凡此，余將別爲文說之。

十二　由召誥、洛誥二篇記事證周公不稱王

（甲）周公歸政之前作洛邑

周公攝政之第七年十二月戊辰日之前，與召公共相成王營洛（雒）邑；洛邑既成，周公乃於同年十二月戊辰日，歸政成王。史官記營洛經過，召公告成王之語，周公與成王問答，及成

王在洛命周公留洛等事，作召誥、洛誥。逸周書作雒篇曰：

> 周公……相天子，及將致政，乃作大邑成周于土中。(94)（參㉞）

史記婁敬傳謂周公等輔成王迺營成周洛邑（見⑩），春秋繁露三代改制質文篇謂周公輔成王，受命作宮於洛陽（見⑨），尚書大傳謂周公攝政五年營成周（註八），七年致政成王（見⑲），鄭玄從伏生說（周禮地官大司徒「制其畿方千里而封樹之」疏引），史記魯周公世家述成王七年營成周雒邑畢，繼云：「成王長，能聽政，於是周公乃還政於成王。」話語雖不盡同，要之，以營洛在致政之前，與逸周書「周公及將致政作邑」相合則一。且洛誥篇周公曰：「予乃胤保，大相東土。」謂周公輔成王，進行營洛，時當成王七年三月之前，固亦「將致政」之時也。

諸家多言周公還政在其攝政七年，於還政之月則略而不著。惟三統歷曰：

> 周公攝政五年，……後二歲，得周公七年，復子明辟之歲，……是歲十二月戊辰晦，周公㠯反政，故洛誥篇曰：「戊辰，王在新邑，烝，祭歲，命作策，惟周公誕保文武受命七年。」(95)（漢書律歷志引）

召誥篇有月日而無年，蓋因雒誥篇末而省略，昔賢已有說。洛誥篇末曰：「王命作冊逸祝冊，惟告周公其後。……王命周公後，作冊逸誥，在十有二月，惟周公誕保文武受命，惟七年。」又記王在新邑祭祀。此即記敘周公攝政至此爲止，命公留洛（洛誥篇前文成王曰：「公！……

迪將其後，監我士、師、工，……。」），而已則往宗周理政（洛誥篇前文成王又曰：「予小子其退即辟于周。」即辟于周，猶謂往周爲君王也。）。「誕保文武受命，惟七年」，即上文「誕保文武受民」：周公保護文王武王所受於天之民（上文周公曰：「王命予來承保乃文祖受命民。」義同。），謂輔政至此凡七年也。劉歆據洛誥末文，定還政在當年十二月，不爲無據。故僞孔傳亦於洛誥「惟七年」下曰：「言周公攝政盡此十二月。」而書疏「至于洛師」下亦云：「下文摠結周公攝政之事，云在十有二月，是致政在冬也。」

（乙）由召誥篇經文涵義知周公攝政七年十二月前成王尚未親政

召誥記召公告戒成王，究其意義，頗有足證說話當時成王猶未即政者，茲舉述且略加疏證如下：

召誥篇召公曰：「今沖子嗣，則無遺壽考。」今，現在。沖子，謂成王。嗣，繼承。謂成王即將親政，召公戒王爲政勿遺壽考。非謂成王已經親政。尚書立政篇周公告成王曰：「告嗣天子王矣。」「孺子王矣。」（共三見）此時成王已即政，故用語與召誥迥異。「孺子王矣」，語譯：「你這年青人當了君王了。」（參看下「知今我初服」條）

又曰：「今王嗣受厥命，我亦惟茲二國命，嗣若功。」戒成王今當思夏殷二國之所以墜命云云，固亦親政前師保叮囑之言。

又曰：「王乃初服。」乃，於是也；猶口語「這就」。初，始、服，職事也。下文「知今我初服，（今）宅新邑。」時尚未居新邑，而云然者，「今」，謂「即將」。謂成王即將親政也。

案：「今」有「即將」意，除上舉四例外，別有一鐵證：多士篇「今朕作大邑于茲洛」，此成王七年三月廿一日，尚未作洛邑，乃即將作洛邑時，告殷民之書。周公「既（以書）命庶殷」，「庶殷丕作」。

其，王引之經傳釋詞（卷五）：「猶尚也；庶幾也。」其有「將要」、「應……」義。召公戒王今後應黽勉於政德，召誥篇帶「其」字句中可見：

召誥篇召公曰：「王其疾敬德。」

又曰：「肆惟王其疾敬德。」

又曰：「其惟王勿以小民淫用非彝。」（下文：「欲王以小民受天永命。」「欲」等於「其惟」。）

又曰：「其惟王位在德元。」

召公又戒成王曰：「惟王受命，無疆惟休，亦無疆惟恤。嗚呼！曷其奈何弗敬？」時賢以爲此召公於成王即將即位（即位當指親政）而加以警惕之口氣。深得吾心之同然。

（丙）由成王未親政時稱王、周公未還政時稱公證周公未嘗稱王

史官記周公、召公及成王之語於召、洛兩誥，皆當周公未歸政之時，既如前述。如周公稱

王，則此時召公與成王不應呼周公爲「公」或「周公」，而史官亦不得記「周公曰」、「公曰」；使周公果稱王，準土無二王之大義，史官固不得記「王」、「王曰」，以成王當之，而周、召二公亦不應呼太子誦爲「王」。今二誥中有召公呼成王爲王、周公爲公者矣：

曰「旅王若公」、曰「惟王受命」、曰「王其疾敬德」、曰「有王雖小，元子哉」、曰「王不敢後」、曰「王來紹上帝」、曰「王厥有成命」、「王先服殷御事」、曰「王敬作所」、曰「今王嗣受厥命」、曰「王乃初服」、曰「肆惟王其疾敬德」、曰「王其德之用」、曰「其惟王勿以小民淫用非彝」、曰「其惟王位在德元」、曰「越王顯」……（註九）

有周公呼成王爲王者矣：

曰「王如弗敢及天基命定命」，曰「王肇稱殷禮」、曰「伻從王予周」、曰「今王即命曰」、曰「王命予來」、曰「惟王有成績」及「王伻殷乃承敘」。

有史官書成王爲王者矣：

曰「王朝步自周」、曰「王拜手稽首」、曰「王若曰」及「王曰」（三見）。

有成王稱周公爲公者矣：

曰「公！不敢不敬天之休」、曰「公既定宅」、曰「公其以予萬億年」、曰「公！明保予沖子」、曰「公稱丕顯德」、曰「惟公德明」、曰「公功棐迪篤」、曰「公！予小子其退即辟于周，命公後」、曰「未克敉公功」、曰「公定」曰「公功肅」、曰「公無困哉」及「公勿替刑」。

更有史官書周公爲公或周公者矣：

曰「太保先周公相宅」、曰「周公朝至于洛」、曰「周公乃朝用書命庶殷」、曰「錫周公曰」、曰「周公拜手稽首曰」（二見）、曰「周公曰」及「公曰」。

召、洛二誥皆史官所書（由洛誥篇末「王命……作冊逸誥」可知），爲當時實錄，非事後追記。其所記召公、周公語（如周公戒王曰：「孺子其朋！孺子其朋！」）及成王語（如成王語周公曰：「公定，予往已！」），皆當時口氣。君、臣所言，悉國家大事，故錄以爲朝廷詔令頒布天下，非對內私言。所載成王與周公、召公與周公、成王對話時之稱謂，皆指各人當時身分；而史官紀事亦直稱周公爲公、成王爲王，益徵斯二誥非對內私言審矣！

召誥首簡曰：「惟二月既望（十六日），越六日乙未（二十一日），王朝步自周，則至于豐。」下緊接以「惟太保先周公相宅。越若來三月，……太保乃以庶邦冢君，出取幣，乃復入，錫周公。」[96]史官何以先記成王由鎬京至豐？馬融曰：

豐，文王廟所在。……將即土中，易都大事，故告文王、武王廟。（史記魯周公世家「自周至豐」下裴駰集解引）

是謂將營洛邑告於先廟也。下言「太保先周公相宅」，周公後至，王亦隨後至洛（由召公在洛邑「旅（陳告也）王若公」知之）；周、召皆奉命而往（史記魯周公世家曰：「成王七年二月乙未，王朝步自周至豐，使太保召公先之雒相土。」即據召誥。）。或者前引召誥「惟二月既望至則至于豐」文，後云：成王即位親政應係此年二月間之事。蓋因其年二月成王至豐（告廟），成王爲王經有明文，故斷自此月，並非另有確據也。

附註

一　荀子儒效篇後文曰：「武王崩，成王幼，周公屏成王而及武王；履天子之籍，負扆而坐，諸侯趨走堂下。」可見履籍指就坐君位之上。

二　尸子（卷下）：「昔者武王崩，成王少，周公旦踐東宮，履乘石，假爲天子七年。」（孫星衍集，四部備要本。）案：東宮，太子居之，若攝天子位，似不必言踐東宮，語意不可曉。同書又有「周公反政」云云，似此「假爲天子」，亦指攝行天子之事而言。

三　韓詩外傳（卷三）曰：「周公踐天子之位七年，布衣之士，所贄而師者十人，所友見者十二人，窮巷白屋先見者四十九人，時進善百人，教士千人，宮朝者萬人。」說苑言周公見士等與之略同，惟易「踐」爲「攝」（尊賢篇），第君道篇仍作「踐」。

四　莽自謂居攝，其實時人則謂之攝位，漢書翟方進傳：「平帝崩，王莽居攝，（翟）義心惡之，迺謂姊子上蔡陳豐曰：『新都侯攝天子位，號令天下，故擇宗室幼稚者㠯爲孺子，依託周公輔成王之義，且㠯觀望，必代漢家，其漸可見。』」此居攝二年丁卯（西元七年）事。莽欲假位不歸，路人皆知之，況朝臣乎？

五　王鳴盛尚書後案（皇清經解卷四一七頁一）曰：「鄭以王爲攝也者，……抱朴子外篇良規篇：『周公之攝王位，舍道用權，以安社稷』，是也。」

六　堯典記舜即位以後事，第一次仍用「舜曰」，表示其後皆帝舜之言，其下皆用「帝曰」。

七　周公攝政七年，共伯和攝政十四年，均僅表示在此期間爲攝政年歲，並無其它特殊意義。成王於周公行政七年十二月親政，次年改元，亦祇表示此後爲其親政歲月。厲王如能復政，次年改元，亦表示此後爲復政歲月，有何不可？

八　皮錫瑞今文尚書攷證（卷十七頁一）曰：「大傳之說，亦自不誤。大傳云：『四年建侯衛，五年營成周。』封康叔在四年，而康誥篇首已云『周公初基作新大邑于東國雒』者，蓋三監既平，遷邶鄘之民於洛邑，以殷餘民封康叔於衛，皆一時之事，故建侯衛營成周於四、五年連言之。基，謀也；營，亦謀也。公於四、五年定其謀，七年乃成其事，而作召誥、洛誥。……伏生云五年營成周，不云五年作召誥、洛誥。」案：康誥首四十八字爲他篇錯簡，伏生誤據，故謂營成周爲五年。皮氏從爲之說，皆不足據。

九　于省吾雙劍誃尚書新證（卷三頁一—二）以爲：召誥「乃復入，錫周公，曰：『旅王若公』……」，周公二字當疊。則召誥「拜手稽首，旅王若公」以下，悉爲周公之言。「若公」之「公」指「召公」言。案：于氏有嗜異之癖，此說謬甚！尚書惟金縢篇兩見「二公曰」，且與「周公」並舉，二公謂太公望、召公奭。其餘或稱召公奭曰「大保」，或稱之曰「保奭」，或稱之曰「君奭」，或省曰「君」，或曰「太保奭」，未有單稱召公爲「公」者。尚書中單稱

「公」而不著名號者，除費誓一見「公曰」，公指魯僖公；秦誓一見「公曰」，公指「秦穆公」外，餘皆指周公。矧召誥召公呼成王曰「王」，絕不以「汝」、「爾」稱之；而洛誥周公則有時呼成王爲「王」，有時以「汝」稱之。二篇明非出於一人之口。

原載孔孟學報第二十八期，民國六十三年九月

〔附一6下〕周公旦未曾稱王考（下）

十三　尚書康誥篇六問題之澄清

（甲）康誥非成王、周公之誥書，篇首四十八字爲它篇之錯簡

今傳本（如唐石經本、十三經注疏本等）尚書周書中有康誥篇（謹案：司馬遷史記卷四周本紀：「……作顧命，……作康誥〔「康誥」，古鈔本、南本作「康王誥」〕。」彼康誥，爲周康王釗之誥書。），書序曰：

> 成王既伐管叔、蔡叔，以殷餘民封康叔，作康誥、酒誥、梓材。[96]（見尚書注疏卷十四頁一康誥篇首）

書序以其爲成王誥康叔之書，在誅管叔、蔡叔、武庚之後。史記衛康叔世家曰：

> 周公旦以成王命……以武庚殷餘民封康叔爲衛君，居河、淇間，故商墟。周公旦懼康叔齒少，乃申告康叔曰：必求殷之賢人君子長者，問其先殷所以興所以亡，而務愛民；告以紂所以亡者，以淫於酒，酒之失，婦人是用，故紂之亂自此始；爲梓材示君子可法

則。故謂之康誥、酒誥、梓材以命之。(97)

史記顯然據書序立說，且參看康誥篇經文，添加「必求殷之賢人君子長者」至「而務愛民」一節，用作一篇之旨要。漢書（卷二八下二頁五三）地理志曰：

河內本殷之舊都，周既滅殷，分其畿內爲三國，詩風邶、庸（鄘）、衛國是也。鄁（邶）以封紂子武庚，庸管叔尹之，衛蔡叔尹之，以監殷民，謂之三監。故「書序」曰：「武王崩，三監畔，周公誅之，盡以其地封弟康叔，號曰孟侯，以夾輔周室，遷邶庸之民于雒邑。」故邶、庸、衛三國之詩相與同風。(98)

班固亦以康誥爲平武庚亂後封康叔於衛之書。惟引所謂「書序」，作「周公誅之」而不作「成王誅之」；不作「封康叔」，而作「封弟康叔」。案：今書康誥序，早已傳世，故太史公得用其說。班氏蓋據王莽說，信周公稱王，故篡改書序。觀其所謂「書序」，冗長瑣細（今傳毛詩小序亦冗煩，固亦有後人增益。），非序之常體，便知其僞迹。惟此不暇詳辨。

今本康誥篇首有「惟三月，哉生魄，周公初基作新大邑于東國洛；四方民大和會，侯甸男邦采衛，百工播民，和見士于周。周公咸勤，乃洪大誥治。」鄭玄不以此四十八字爲它篇錯簡，釋之曰：

此時未作新邑，基謂謀也。岐鎬之域，處五岳之外，周公謂其于政不均，故東行于洛邑，合諸侯謀作天子之居。四方民聞之，同心來會，樂即工作，效其力焉，是時周公居攝四年，隆平已至。99（見王鳴盛尚書後案，皇清經解卷四一八頁三）鄭玄注「洪大誥治」又曰：洪，代也；言周公代成王誥（書疏引）。據此，鄭君進而以此篇爲周公攝政四年（蓋據尚書大傳「攝政四年建侯衛」一語定）作。其後，僞孔傳、書疏皆用書序、史記之說。茲統謂之「舊說」——舊說以此篇爲周公攝政時（即成王時）書，而皆不以之爲武王命康叔封之書。

今本康誥緊承「乃洪大誥治」之後，即爲「王若曰：『孟侯，朕其弟，小子封。……乃寡兄勗。』」其，之也。乃，今語「你的」。封，據周易晉卦卦辭、史記衛康叔世家、管蔡世家及金文，知爲周武王發及周公旦之九弟。

「舊說」如承認康誥爲成王之書，必須肯定周公稱王，指「王若曰」（下「王曰」同）之「王」爲周公，因此時武王已卒，成王又不得呼康叔爲弟，而稱「乃寡兄」於其叔父之前。然指「王」爲周公，則必須承認首四十八字非本篇之文，否則全篇稱周公爲「王」達十二次之多，而「公」獨首簡一稱之，史官不應悖繆至此！反之，若不欲排斥此四十八字於康誥之外，則必須承認周公爲公、王爲王；且此王應爲武王，必非康叔封之姪——成王。然武王在世時，尚無會四方民作洛之事，則四十八字仍不能見容。（註一〇）「舊說」不以四十八字爲它篇錯簡，故雖施曲解，而經義不可通。

（乙）康誥爲武王命康叔之辭，康叔始封當武王之世謂康誥首四十八字爲它篇錯簡者，淺陋所知，最先爲蘇軾（東坡書傳卷十二頁一，學津討原本。），人多從之；然猶用舊解，說爲成王之書。至胡宏始決然以爲武王命書，皇王大紀（卷二十頁二，四庫珍本二集本。）曰：

康叔者，成王之叔父也，不應稱之曰「朕其弟」；成王者，康叔之猶子也，不應稱曰「乃寡兄」。其曰兄曰弟者，蓋武王命康叔之辭也。(100)

且繫康誥篇於武王十一年下。然猶以爲封康叔於衛時誥辭，人頗從之。

康叔因天子初封之於康，而有康叔之名，故書本文獻稱之曰康叔，器物資料有出土之康侯鼎、斧、刀等，且康國地望亦經考得，本篇既名「康誥」，其爲武王之書（參看前述論證）何疑？然而史記管蔡世家曰：

及文王崩，而發立，是爲武王；伯邑考既已前卒矣。武王已克殷紂平天下，封功臣昆弟，於是封叔鮮於管，封叔度於蔡，……封叔旦於魯而相周公，封叔振鐸於曹，封叔武於成，封叔處於霍。康叔封、冄季載皆少，未得封。(101)

少未得封之說，據余所知，胡宏最先不以爲然（註一一），蔡沈書集傳申之曰：

或又謂康叔在武王時尚幼，故不得封。然康叔，武王同母弟。武王分封之時，年已九十，安有九十之兄，同母弟尚幼不可封乎？又按：汲冢周書克殷篇言（武）王即位於社南，羣臣畢從，毛叔鄭奉明水，衛叔封傳（當作傅）禮，召公奭贊采，師尚父牽牲。史記亦言衛康叔封布茲，與汲冢書大同小異。康叔在武王時非幼，明矣。[102]（世界書局影印本，下同。）

案：武王克殷時年齡，尚待論定。且九十之兄，依常情固不得有少弟，但不可斷定絕無僅有，故胡氏之說，尚難作爲力證。逸周書及史記周本紀與齊世家皆記康叔相禮事甚明，布茲即布籍席（集解引徐廣說）。能布茲相禮，應非幼少，蔡氏補證甚可信。金履祥復舉後漢書，證武庚等作亂之前康叔已受武王命封于康，其尚書表注（卷下頁十三，通志堂經解本。）曰：

> 武王母弟，自周公外，惟康叔爲賢。武王克殷，分其故地朝歌以東封康叔，其西北爲武庚地，及武庚叛，成王、周公征之，遷其民以其故地遺民益封康叔爲衛君，蓋地相比近，漢書言「周公善康叔不從管、蔡之亂」，是也。[103]

案：康地距管、蔡封地不遠，意二叔誘康叔夥叛，康叔不從。金氏引文見後漢書列傳第二十上蘇竟傳，謂：漢時鄧仲況擁兵爲寇，劉龔（劉歆兄子）爲其謀主，蘇竟與龔書曉之曰：「……夫周公之善康叔，㠯不從管、蔡之亂也。」[104]不惟不從逆叛，且助朝廷靖難，史記三王世家（蓋褚少孫補）載廷臣奏議曰：「康叔後扞祿父之難。」[105]既謂不從亂，則時已有封地；既能扞武庚之難（晉文侯助平王立國，平王嘉之曰：「汝多修，扞我于艱。」見尚書文侯之命篇，可證。），則具有武備。其非幼少不得封信矣。

余嘗疑史記管蔡世家記已受封之六叔（見[101]），在武王滅紂後不久，或當時康叔、冄季載未及封（案：非關幼少）。武王克殷後約二年才卒，康叔之封，當在封六叔之後二年內，故史記周本紀記封周旦、召奭、管、蔡等既畢，曰：「餘各以次受封。」而金履祥通鑑前編（卷六頁十，金仁山遺書本，板本下同。）繫封康叔于武王之世，小變周本紀文作「諸弟以次受封」，且當作一目，引康誥經文「不含首四十八字」於其下。

（丙）康號得之始封于康地，康非康叔謚號

持康叔始封于衛之論者，必於康叔之得「康」號有合理解釋，否則不能成立。鄭玄以康為「叔封」之謚號（尚書康誥序疏引），譙周古史考因之（史記衛康叔世家司馬貞索隱引），清梁履繩左通補釋（卷二九頁十一）曰：

孔氏書傳雖晚出，卻以康誥之康為圻內國名，遠勝鄭康成作謚號解者……。嘗證以二事：一左傳命以康誥而封於殷虛，當既有誥文輒有篇名，豈待身後之謚取以冠其篇乎？一史記衛世家，康叔卒，子康伯代立，父謚康，子亦謚康，將兩代同一，易名之典乎？

(106)（皇清經解續編本）

日人竹添光鴻左傳會箋（卷二七頁二五，古亭書屋影印本。）全襲其說。

案：父子同謚，雖非典常，然亦理勢所許；誥文為當時君王命辭，史官所撰，不須輒有篇名。篇名乃後人所加（說詳第十四節（丙）小節）。梁氏說雖未盡是，然已予吾人若干啓示。

其一、死而後謚之；云生亦有謚，則未聞，至少非周初禮。既非周初禮，康叔不得生謚康。職是之故，謂「康誥」篇名因其謚而命，失之。且謚法不得早於周共王、周懿王（註一一），若文、武、成（王）皆美號，當其生年已有之。其二、康叔初封，時於國家尚無重大貢獻，不致便有美號。其三、康侯鼎銘文曰：「康侯丰，作寶障。」彝器爲康侯封當時鑄成，無稱其謚之理。然則康號得之初封地，與叔鮮封于管、叔度封於蔡、叔處封於霍，而有管叔、蔡叔、霍叔之稱同理。夫康號之由來，既止有始封得之爲合理，則康叔初封于衛之論，不攻自破矣。

（丁）古人沿用舊封號舉例

康叔初封地曰康，故以其封國爲康國。稱康侯，如上述康侯鼎，及周易晉卦卦辭「康侯用錫馬蕃庶」。然改封於衛時何不改稱衛侯，又何以康叔封衛後，從無稱之爲衛叔、衛侯之例？或者疑之。

應之曰：尚書顧命篇：「乃同召太保奭、芮伯、彤伯、畢公、衛侯、毛公」，衛侯即康叔封，諸家書經注釋多無異說。逸周書克殷篇：「衛叔封傅禮」，時康叔尚未封于衛，而稱衛叔者，用其後有之稱謂也（逸周書晚作）。是周人有時稱之康叔、康侯，有時稱之衛叔、衛侯。或者又以下列兩器銘文對照，疑康叔若係改封于衛，則應改稱衛侯而不應仍稱康侯：

康侯𣪘（銘文據陳夢家西周銅器斷代（一）轉錄，下一器同。）

王朿伐商邑，征令康侯圖于衛，渣嗣土遻眔圖乍氏考店隫彝。

宜侯矢𣪘

隹四月辰才丁未，□□珷王。成王伐商圖，遂省東或圖；王卜於宜，齊侯□鄉。王令虞侯矢：□侯于宜，易𩰫鬯一卣，商鬲一，戟彤弓一，□矢百，旅弓十，旅矢千；易土：氏川二百□，氏□百又百，氏小邑卅又五，（氏）□百又卌。易才宜。王人□□又七里，易奠七白，人□□又五十夫，易宜庶人六百又□（又）六夫。宜侯矢揚王休乍虞公父丁隩彝。

前一器，可作兩種解釋：（甲）朿即刺，刺、伐同義為複詞。王刺伐商邑，謂成王伐武庚於朝歌。征即延（誕），句首語詞（尚書習見）。圖即封，康侯封即武王弟康叔封。涾，即酒誥「妹邦」之妹，亦即詩桑中「沬之鄉矣」之沬，為朝歌附近地名。嗣土，即司徒，官職名。遀，人名，眔，即遝，及也（參看說文）。乍即作。氐即厥，其也。據陳夢家考釋，此器記周成王伐武庚之後，命康叔封為侯于衛，沬地司徒名遀者及康叔共作其（康叔）父周文王昌隩彝。（乙）圖，訓圖謀。「征令康侯圖于衛」，謂成王令康叔謀于衛，而沬地司徒遀亦參與此謀（「涾辭土遀眔圖」），作其考（康叔之父）隩彝。

後一器，據陳氏考釋：隹即惟，語詞。才即在。珷王即周武王發。其上二字不能辨認，當是祭名。兩「圖」字皆讀作邊鄙之鄙，此商鄙當指商奄或商丘之鄙。因伐商鄙遂省（至）東國之鄙——即宜。卜即赴。鄉即饗。「王卜於宜，齊侯□鄉」，謂成王赴至宜地，齊侯饗之。宜為國名，成王封名矢、前為虞侯（蓋承其父虞公而有國，稱虞侯。）者為宜侯，故有「王令虞侯（医）夨曰：『侯于宜。』」易即賜。由「易𩰫鬯」以下至「六夫」，皆記王賞賜宜侯之物品。宜侯夨因受封、賞，乃作其父虔公父丁隩彝，以紀念此事。陳氏且明言：此器銘文記成王伐商鄙（奄），當武庚之叛時。

前一器，如照（乙）解釋，在武庚及管、蔡叛時，康叔封正爲康侯，居康國（今河南省臨汝縣東北，參下「己」小節。）則康叔非惟不從叛亂，反而奉王命平亂（詳上「乙」小節引後漢書蘇竟傳及史記三王世家），此器「康侯圖于衛」，當指討逆事。既尚未得封於衛，故此器斷無稱叔封爲衛侯之理。無論依文理或據史籍，（乙）解釋皆較（甲）義爲長。然即使曲從（甲）解釋，而與後一器比較，亦不得謂康叔封衛後不改稱衛侯而仍稱康侯，更不得判定「令康侯圖于衛」爲康叔封始封于衛之證。

考宜侯夨本爲虔國侯（爵），成王三年伐武庚淮夷踐奄至宜時，封之於宜國，故曰「王令虔侯夨侯于宜」。此猶康叔封原爲康國侯，成王改封之於衛，故曰「令康侯圖（圖即封，康叔名。）于衛」（姑依陳氏考釋）。夨因先已襲封于虔爲侯，故成王改其封國時，曰「令虔侯夨侯于宜」；猶叔封先已受封於康爲侯，故成王改封其國時，曰「令康侯圖于衛」也。苟康叔原無封國與爵位，則方成王擬撰命書、發布命書之當時，彼尚無侯爵，應曰「令封于衛」，不得稱之爲「侯」。同理，夨若非先已爲虔侯，則亦祇得曰「令夨侯于宜」。即使器物爲事後或後人製作，然命辭則直引命封當時天子之語，爲天子口氣，非如一般寫史，往往以某人日後獲得之稱號加諸其人往昔行事時稱謂之上（上引逸周書克殷篇記武王事，時康叔尚未封于衛，乃稱之爲衛侯，即其例。）。虔侯既改封于宜，此器下文因有「揚王休」之語，故自稱乃著「宜侯夨」；而康侯封于衛，其器下文（「令康侯圖于衛」之下），不敘「揚王休」之類語，如亦有之，安見其不亦改稱之爲「衛侯封」？此器下文既無「康侯封」，吾人又何從判斷叔封改封衛後不稱衛侯如尚書顧命之例？至近年河南濬縣出土之康侯器物，乃用舊號，下文將予詳辨。

古人以封國或采邑得號，後雖另有封國，但仍不忘舊情，沿用舊號，甚至畢生不變者，亦有之，召康公奭是也。譙周曰：「周之支族，食邑於召，謂之召公。」（史記燕召公世家集解引）左莊二十七年傳正義曰：「召康公之封召也，當在西都畿內。」是召奭以封邑而得「召」號。後改封，史記燕召公世家曰：「召公奭與周同姓。……周武王之滅紂，封召公於北燕。」北燕地約在今河北省薊縣。召公雖封燕，仍因舊號稱召公（如逸周書曰：「周公、召公內弭父兄。」、史記亦稱之召公。），而習不稱燕公。其後裔召穆公虎，亦不用燕號，稱「燕穆公虎」。

不惟召奭，周旦亦然。史記魯周公世家集解引譙周曰：「以太王所居周地爲其采邑。」正義引括地志曰：「周公城，在岐縣北九里，此地周之畿內，周公食采之地也。」以食采于周，故有周公之號（註一三）。後武王封之於魯，仍稱周公。

成王始封叔虞於唐，曰唐叔。子燮，徙居晉水傍，改國號曰晉。然子孫仍不忘舊號，呂氏春秋當賞篇晉文公曰：「若賞唐國之勞徒，則陶狐將爲首矣。」高誘注：「唐國，晉國也。」是春秋時晉君仍稱其國舊號。殷微子啓封於微，子爵，故稱微子。周武王封之于宋後，仍稱微子；其弟衍立，襲稱曰微仲，皆習不用「宋」號（參史記宋微子世家）。微仲衍繼兄沿用舊稱，事如康伯髦承父舊有封號。今若於山東曲阜、河北薊縣、黃河之南獲「周公鼎」、「召公鐘」、「微子毁」類器，謂封周、召、微子皆用其謚命誥，而不溯其始封，推原周、召、微之所自，又務生歧議，誠學林憾事也。

（戊）辨康故城即康誥篇之「東土」

故康城，清孫星衍據文獻記載，謂在河南汝州（見尚書今古文注疏卷十五頁四十），約當今河南省臨汝縣。其地北（偏東）與殷朝歌（今河南省淇縣南）隔黃河相望，其正西爲周之豐、鎬。豐、鎬與故康城同在北緯三十四度線之北且皆接近緯線（據程發軔先生春秋左氏傳地名圖考「總圖三：王畿鄭晉秦」，廣文書局影印圖本。）。武王在鎬發布命辭，而康城在鎬東，故康誥篇曰：

乃寡兄勗，肆汝小子封，在茲東土。

語本明了。乃說者或因「康，圻（畿）內國名」（馬融、王肅、僞孔傳、史記衛世家索隱）一語而生疑。畿，說文：「天子千里地。」段注：「即天子五百里內田也。」謂以王城爲中心，向四方各達五百里之遠也。由鎬東行至康，逾五百里，則馬、王等說康在畿內，不確。

周自太王居岐，文王居豐，武王居鎬，在今陝西省渭水兩岸，相對於關河以東言，前者為「西」，後者為「東」，此在文獻多及之。茲先言「西」及「西土」。

詩經大雅皇矣篇：「皇矣上帝，臨下有赫。監視四方，求民之莫。……乃眷西顧，此維與宅。」毛傳：「顧，顧西土也。」西土謂文王之豐邑。

尚書西伯戡黎篇：「西伯既戡黎。」西伯謂文王，居西土，故云。

詩經豳風東山篇：「我東曰歸，我心西悲。」西亦謂豐、鎬。

尚書牧誓篇武王誓師於朝歌之郊，曰：「逖矣西土之人。」謂自豐、鎬來東之人也。又曰：「以役西土。」謂俘虜殷人使作力役于周也。

尚書大誥篇：「有大艱于西土，西土人亦不靜。」

康誥篇明以「西土」與「東土」對舉，曰：

> 我西土惟時怙，冒聞于上帝，……肆汝小子封，在茲東土。

西土既為周，東土指殷無疑。至康王即位，召公猶曰：

> 惟周文武，誕受羑若，克恤西土。（尚書康王之誥篇）

又康誥篇：「用肇造我區夏。」君奭篇：「惟文王尚克修和我有夏。」區夏、有夏，清吳汝綸尚書故曰：

> 有夏，謂周也。岐周在西，左傳「陳公子少西字夏，鄭公孫夏字子西」，是古以西土為

夏矣。（卷三頁五四）（案：尚書正讀卷六總頁二五一亦有說。）相對於周（西土）而言，東或東土爲關河以東，舉例：

詩經豳風東山篇軍士言從周公東征歸曰：「我來自東。」又破斧篇：「周公東征，四國是皇。」案：周公東征，不僅伐三監，亦伐淮夷、踐奄，已詳上文。

尚書洛誥篇：「大相東土。」案：洛邑亦得稱東土。

「東土」既不限於康叔後封之衛，而康地又在關河之東，豐鎬之正西，自然亦得稱「東土」。

（己）尚書康誥篇「殷民」辨惑

康城舊屬殷商，其地百姓爲商王受治下之民。武王以封弟封，奄有其土地人民，故武王於誥命之末叮囑康叔曰：

往哉！封！勿替敬；典聽朕告，汝乃以殷民世享。

「以殷民世享」，意謂統治故殷國之百姓，世世保有此國。亦清楚明了。乃時賢或以爲：殷、周時代，以氏族爲國家之骨幹，屬於此一氏族而又在王畿之內者，乃可稱爲「殷民」，如左傳定公四年所言殷民六族——條氏、徐氏、蕭氏、索氏、長勺氏、尾勺氏。

於上說愚不能無疑：其一、條氏等六族是否全爲所謂殷畿內氏族？如予肯定，當提證據（註一四）。其二、自今河南臨汝（康故城）北（略偏東）至今河南淇縣之南（殷朝歌故地）

不過五百里（註一五），正在殷畿內。既在其畿內，何以康地民眾不合稱「殷民」條件？其三、左定四年傳「殷民」下連「六族」，其「殷民」顯然泛指殷國人民；而其「六族」，謂殷國人民中六個族姓。據此，何以謂必須屬於此一氏族而又在王畿內者始得稱殷民？其四、「殷民」果只限於稱呼畿內而又屬於此一氏族民眾，則其他殷國百姓，將如何稱呼？

一、二、三點，有待解釋。第四點，余以為欲考證殷史，除卜辭外，莫信於尚書材料。尚書周誥諸篇，周人稱殷國為「商」或「殷」。稱「商」者，如牧誓篇「今商王受惟婦言是用」，謂商國之王；又「以姦宄于商邑」，謂商國之城邑；金縢篇「既克商二年」、立政篇「式商受命」：商皆謂商國。……稱殷者，康誥篇：「天乃大命文王殪戎殷」，戎殷，大殷國，與召誥「大國殷、大邦殷」義同；酒誥篇：「故我至于今克受殷之命」，殷亦謂殷國，故下文有「越殷國滅無罹」。……

「殷」既為「殷國」之省稱，「殷」下加「民」字，自當釋為「故殷國之人民」，再以殷國宗室微子及箕子之言為證：

尚書商書微子之命篇微子若曰：「殷罔不小大，好草竊姦宄。……小民方興，相為敵讎，今殷其淪喪。」

同篇父師（箕子）若曰：「天毒降災荒殷邦，方興沈酗于酒，……今殷民乃攘竊神祇之犧牷牲，用以容，將食無災。」

案：此敘國家將亡，君臣庶民之壞德敗行。「殷罔不小大」云云，言殷國不分上下，皆草竊姦宄；「小民方（普偏）興」云云，言全國民眾普偏相爲敵讎。方興之小民，即箕子所謂之「殷民」——全殷國之民眾。箕子又曰：

降監殷民，用乂；讎斂，召敵讎不怠。

「降監殷民」，謂天帝向下監視殷民。天所監視者，必爲全殷國民眾，非只監視王畿內殷氏族。下文「讎（稠）斂」，謂紂向全殷國民徵重稅；亦非僅徵斂畿內殷民，明矣。

「殷民」既不限所謂畿內殷氏族，則康地即使不在殷畿內，其民眾亦得稱殷民，故武王又告康叔曰：

汝惟小子，乃服惟弘王應保殷民。（康誥篇）

弘（肱）王，輔佐王也。輔佐周天子以保殷民，殷民當指故殷國之民，時皆爲周之子民矣。

且康誥篇之「殷民」，果如時賢所解，屬於王畿內某些「氏族」，若定四年左傳「條氏、徐氏」之類，並不能構成康誥爲武王書之反證，甚至足以證成其爲武王之書。蓋據定四年左傳（引文詳下），成王封康叔于故殷墟之衛，固予之殷民（七族），而封伯禽于少皞之虛（魯，今山東曲阜），亦予之殷民六族。魯地比康地距殷虛尤遠，成王可以「殷民六族」封予之，武王既克殷，當亦得以殷畿內氏族封康叔。微子啓國于宋，亦武王所封（參呂氏春秋誠廉、愼大二篇及春秋大事表譔異），時賢亦不否認其領有「故殷之餘民」，則周人以所謂殷民族氏封諸侯，實不應限于成王誅武庚後，雖在武王克紂之後亦得有之；且武、成二王所封，固不限于故殷畿內，雖遠在畿外之魯亦得有之。

至於武王雖戒康叔「罰蔽殷彝，用其義刑義殺」，而有時亦用周文王所定法律，「刑茲無赦」。此與屢誥康叔求殷先哲王，念商老成人，以作施治要領，皆克殷之初周人對殷人政策，且武王自己亦嘗行之，呂氏春秋愼大篇曰：「武王勝殷，入殷未下轝，命封……。武王乃恐懼，太息流涕，命周公旦進殷之遺老，而問殷之亡故，又問眾之所說，民之所欲。殷之遺老對曰：『欲復盤庚之政。』武王於是復盤庚之政。」詳可參看友人王慶光君「西周初期之對殷政策初探」。因與康誥篇著成時代無直接關係，茲不繁言。

十四　左傳僖二十四年及定四年言封建與命誥辨正

（甲）左僖二十四年傳富辰言周公封建親戚多謬失

周公攝政七年間，外被殷頑蠢亂，淮奄不服，內而宗族離心，流言四播，又兼初肇天下，法度未定，禮樂不興；而營建雒邑，以便東制，則武王遺志猶待繼成。方是時也，公以一身繫周家存亡，故不得不專重其權責。雖然，行事皆以王命，形諸誥辭，亦均用成王名義（已詳第八節）。後人以爲彼時政柄既爲周公秉執，誥命又傳自公之口，遂不加審辨，籠統概括，謂誥命爲周公之誥。

論衡（世界書局影印本，下同。）語增篇引「經曰」：「上帝引逸。」語出今本尚書多士篇。多士篇首曰：「惟三月，周公初于新邑洛，用告商王士。」下接言「王若曰：……我聞曰：『上帝引逸』。……」則論衡所引明爲成王之言。然竟據篇首「周公告商王士」文，以爲誥命既周公所傳下，時公又持政，遂謂之周公所言。論衡自然篇曰：

周公曰：「上帝引佚。」[109]（案：逸同佚。）

尚書多方篇首曰：「周公曰：『王若曰：……』」，王爲成王，由經文與周公分別言之可證。論衡譴告篇：「管、蔡篡畔，周公告教之，至於再三。其所以告教之者，豈云當篡畔哉！」[110]論衡以周公東征伐三監與踐奄爲同時事。案：尚書多方篇記周公以成王命伐淮夷踐奄歸來用成王名義告四國之辭，篇首亦分別周公與王，明白可見。王充以爲東征既爲周公，成王不親與此役，而誥命又實傳自周公之口，因亦謂多方篇爲周公之誥。多方篇：「嗚呼！王若曰：『我惟時其教告之，我惟時其戰（盡）要囚之，至于再，至于三。』」論衡「周公告教之，至於再三」，即檃栝此經而成；明爲成王教告，而誤以屬周公。此又一力證。三國時人亦有誤多方篇爲周公之誥者，尚書集注述疏（卷二三頁三一）曰：

多方一篇，有總告焉，有分告焉。三國志云：「周公之誥煩而悉。」蓋若斯者歟！[111]

雖然，吾人不能以作僞罪漢、魏人，蓋籠統概括，指天子之事爲周公之事，周人固已有之。左僖二十四年傳：

（襄）王怒，將以狄伐鄭。富辰諫曰：「不可！臣聞之：大上以德撫民，其次親親以相及也。昔周公弔二叔之不咸，故封建親戚，以蕃屏周——管、蔡、郕、霍、魯、衛、毛、聃、郜、雍、曹、滕、畢、原、酆、郇，文之昭也；邘、晉、應、韓，武之穆也；凡、蔣、邢、茅、胙、祭，周公之胤也。」(112)

案：富辰所言，問題甚多。「二叔」，杜注：「夏、殷之叔世。」（據馬融說）謂周公傷夏、殷二代季末之世也。此說非是，因此文「叔」下無「世」字，不得牽引彼昭六年左傳「三辟之興，皆叔世也」以釋，仍當從鄭眾、賈逵、鄭玄，說爲管、蔡二叔（見左傳疏）。周公弔二叔之不咸（和），在武庚等叛後，是時管叔被殺、蔡叔見放，周公何得而封之（註一六）？復考郕（同成，叔武封國）、霍（叔處）、曹（叔振鐸）、魯（叔旦，即周公）皆武王所封，載史記管蔡世家（註一七）。滕，世族譜謂武王封之；原，程恩澤地名考云「其封當在武王之世」；酆，孫之騄云「武王既遷鎬京，乃封其弟于酆」；畢，劉台拱言「武王既定天下，以王季舊都封畢公高」（註一八）。如依富辰言，上述十國皆周公所封建；周公且自封於魯，此皆不可通者也。毛即叔鄭，世本、馬融、王肅皆以爲文王庶子（參春秋大事表譔異），逸周書克殷篇、史記周本紀載毛叔鄭奉明水（見(102)），蓋亦封于武王之世。「文之昭」衛與郜、聃、雍、郇共計五國，衡諸情勢，亦皆武王世所封。「衛」當作「康」，與定四年左傳成王封康叔于衛，事不同。（參第十三節及下（乙）小節）。「武之穆」邘（一作盂），據大盂鼎銘文，成王二十三年遣孟就國，則邘之封當在此前不久，時周公恐已作古，亦不及封建之矣。其餘晉、應、韓三國，及「周公之胤」六國之封，恐亦非一時之事，或受封有比邘更晚者。而二十六國之封，富辰盡以其事屬周公者，左傳疏曰：

以武王克殷，周公爲輔，又攝政，制禮，成一代大法；雖非悉周公所爲，皆是周公之法，故歸之於周公也。

案：孟子公孫丑下篇載陳賈與孟子言，皆謂周公使管叔監殷，蓋亦以其事出於周公之謀而歸之。

據上所述，富辰言周初封建親戚，非盡周公攝政時所爲。即使其中有周公攝政時所封，當如定四年左傳所載封伯禽於魯、康叔于衛、唐叔于夏虛，皆成王命之。今輕信富辰之言，不加深考，遂據以證周公稱王，否則無權分封，非塙論也。

（乙）左定四年傳祝佗言成王封康叔于殷虛命以「康誥」，此康誥別屬一書

定公四年左傳曰：

公曰：「行也。」及皐鼬，將長（敏案：先也。）蔡於衛。衛侯使祝佗私於萇弘曰：「聞諸道路，不知信否？若聞蔡將先衛，信乎？」萇弘曰：「信。蔡叔，康叔之兄也，先衛不亦可乎？」子魚曰：「以先王觀之，則尚德也。昔武王克商，成王定之，選建明德，以藩屏周，故周公相王室以尹天下，於周爲睦。分魯公以大路、大旂、夏后氏之

璜、封父之繁弱、殷民六族——條氏、徐氏、蕭氏、索氏、長勺氏、尾勺氏，使帥其宗氏，輯其分族，將其類醜，以法則周公，用即命于周，是使之職事于魯，以昭周公之明德。分之土田陪敦、祝宗卜史、備物典策、官司彝器，因商奄之民，命以「伯禽」，而封於少皞之虛。分康叔以大路、少帛、綪茷、旃旌、大呂、殷民七族——陶氏、施氏、繁氏、錡氏、樊氏、饑氏、終葵氏，封畛土略，自武父以南及圃田之北竟，取於有閻之士以共王職，取於相土之東都以會王之東蒐。聃季授土，陶叔授民。命以「康誥」，而封於殷虛。皆啓以商政，疆以周索。分唐叔以大路、密須之鼓、闕鞏、沽洗、懷姓九宗、職官五正，命以「唐誥」，而封於夏虛。啓以夏政，疆以戎索。三者皆叔也，而有令德，故昭之以分物；不然文、武、成、康之伯猶多，而不獲是分也，唯不尚年也。管、蔡啓商，惎間王室，王於是乎殺管叔而蔡蔡叔。……其子蔡仲改行帥德，周公舉之以爲己卿士，見諸王而命之以蔡，其命書云：『王曰：胡！無若爾考之違王命也。』若之何其使蔡先衛也？武王之母弟八人，周公爲太宰，康叔爲司寇，聃季爲司空，五叔無官，豈尚年哉！」[113]

案：祝佗此論成王分封宗室之先後，主要爲尚德不尚年。周公德最美，因其「相王室以尹天下，於周爲睦（杜預注：睦，親厚也。）」，故最先封；其次則康叔，再次則唐叔，蔡仲知改父行，而命之以蔡，更後。此其大義也。茲更詳析之，得要點七，並先略加疏說如後：

(a)由「昔武王克商」至「以藩屏周」，知下文言分封宗室皆指成王時封建綱領與施行原則；

(b)「故周公相王室」緊承上文「選建明德，以藩屏周」言，謂周公因相王室治天下，故於周爲睦。職是，魯先受封，且似視康、唐二叔所受者爲厚；

(c)根據(b)，可確定「周公相王室」、「於周爲睦」二句，只爲說明下文何以魯先分封，而衛、唐、蔡（仲）次後，且以知命封者皆爲成王。不得去上「故」字與下「於周爲睦」不言，逕以「周公相王室以尹天下」下緊接以「分魯公」、「分康叔」、「分唐叔」且作其主語解之，而指周公爲命封者；

(d)封伯禽於魯，康叔于衛，皆確爲周公攝政時事（封唐叔、蔡仲在攝政前或後，未定。），然按檢此文，時以成王與周公分別稱之，足徵當時成王已即位，始終稱王；而周公則攝政，且稱公不變；

(e)此段文字言封康叔于殷虛（衛），甚明確可信。命封者爲成王，而非周公，文亦清楚確定，無復可疑（註一九）。據此，如此文「命以康誥」之「康誥」，果爲今本尚書康誥篇，則成王呼其季父康叔封爲「弟」，而自稱「寡兄」於季父之前。此決不可通。故既確認命封者是成王，則不能謂此「康誥」即今本尚書康誥篇；確認此「康誥」即今本尚書康誥篇，則不得謂命封者是成王。二者絕不相容；

(f)成王「選建明德」，康叔既確在其所「建」之內，則此「康誥」非今本尚書康誥篇。雖善辯者亦無法否認此推理，無從動搖此鐵般事實。且以推僖二十四年富辰所言「周公封建」之衛，即使眞爲封康叔于殷虛，命封亦應爲成王（時周公相成王，故可說爲周公以成王命封之。）；

(g)祝佗前文云「周公相王室以尹天下」，後文云「周公爲太宰」，是周公身分確定爲「太宰」，而非王，或攝王，固無從稱王。太宰輔相成王，以王命封親戚。

上所分析七點，關於周公承成王命行事，除上第八節已舉六條證據以外，茲再舉二事以支持此說：

其一，尚書召誥篇曰：「太保乃以庶邦冢君，出取幣，乃復入，錫周公。」錫幣時，成王尚未親政，召公，臣也，地位低于周公，無權錫周公，此必承王命行事。王爲成王，如指爲周公代王，是周公命召公賜己以幣，必無是理。

其二、召誥又曰：「周公乃朝用書命庶殷。」如但泥於文字，是周公自以公文（書）命庶殷。然考彼多士篇首曰：「惟三月，周公初于新邑洛，用告商王士。王若曰：『……』」即此周公命庶殷之「書」。「書」先言周公告云云，後言王若曰，是周公承王命告庶殷。其當攝政七年三月甲子（二十一日），成王亦尚未親政。

上二事，于省吾曰：「此（召誥）篇之首，周、召皆代王行事。上言周公命庶殷及太保錫周公，無須言王命者，初皆承王命以往洛也，否則太保……無錫周公之理也。」（雙劍誃尚書新證卷三頁二）先得吾心。

至於左定四年傳所言「成王命以康誥」，非今本尙書康誥篇，茲據先秦典籍引尙書情形，爲考定如下（丙）小節。

（丙）由先秦典籍引尙書推證左傳定四年「康誥」非今本尙書康誥篇

尙書周誥諸篇，絕多爲當時公文，由史官撰錄，頒之四國，存在檔卷。方誥辭發布當日，本無篇題。今傳百篇書序、伏生傳本廿九篇，及百篇之外十二篇書（註二〇），篇名殆皆後人尋繹書篇原文，或依據其他文獻而添加者。就先秦典籍引書觀之，大抵著成時代較早之文獻，直稱尙書篇名者少，而愈晚則其直提篇名者愈多。由此推之，尙書諸篇由本無篇名，經漸有篇名、但篇名不甚齊一，以至於篇名大致固定——當在嬴秦末年至伏生之前。茲將先秦典籍引「康誥」情形擇要列述於下：

壹、引「康誥」直舉其篇名者：

(1)禮記緇衣篇　康誥曰：「敬明乃罰。」

(2)又大學篇　康誥曰：「克明德。」

(3)又　康誥曰：「作新民。」

(4)又　康誥曰：「如保赤子。」

(5)又　康誥曰：「惟命不于常。」

(6)孟子萬章下篇　康誥曰：「殺越人于貨，閔不畏死，凡民罔不譈。」

(7)荀子富國篇　康誥曰：「弘覆乎天若，德裕乃身。」

(8)左僖三十三年傳　康誥曰：「父不慈，子不祗，兄不友，弟不共：不相及也。」

(9)左昭二十年傳　在康誥曰：「父子兄弟罪不相及。」

(10)左定四年傳曰：「命以康誥」。（詳資料(113)）案：此條未引康誥篇本文。

貳、引康誥不直稱其篇名但稱「周書曰」或「書曰」者：

(1)左僖二十三年傳　周書有之：「乃大明服。」

(2)左宣六年傳　周書曰：「殪戎殷。」

(3)左宣十五年傳　周書所謂「庸庸祗祗」者。

(4)左成二年傳　周書曰：「明德慎罰。」

(5)左成八年傳　周書曰：「不敢侮鰥寡。」

(6)左成十六年傳　周書曰「惟命不于常。」又襄公二十三年引同，惟「周書」省作「書」。又見「壹(5)」。

(7)左昭八年傳　周書曰：「惠不惠，茂不茂。」

另國語引一條、戰國策一條、荀子六條。

參、或引康誥文，或但隱栝其大義，而不直舉篇名，亦不稱「周書曰」或「書曰」者：

詩經二條、禮記一條、孟子一條、孝經一條、荀子四條。

分析上列資料，得結論：（一）「參」項不盡可信，所引或非康誥本文。（二）「貳」項七條及「壹」項前七條所引康誥文，持與今本康誥比較，無大差異，是禮記（部分篇）、孟子、荀子、左傳作者，已見今本尙書康誥篇經文。（三）今文尙書康誥篇經文，左傳（大約成書於戰國初年）作者尙不知其篇名爲「康誥」，此可由「貳」項左傳引「周書曰」或「書曰」八處，雖皆今本尙書康誥篇文而不稱「康誥曰」，且其中⑹兩引「惟命不于常」，見於禮記大學篇所引皆明舉「康誥」篇名得證。（四）大概今本尙書康誥篇孟子時「約當戰國中期」已編定且有篇名，故其萬章下篇及後來荀子引其文時皆得直稱其篇名，而在左傳作者時代，今本尙書康誥篇經文之前尙無「康誥」篇名。（五）「壹」項⑻、⑼、⑽三條引「康誥」皆非今本尙書康誥篇文，除上述理由外，茲再辨解如下：

今所見尙書，以伏生所傳廿九篇（或合爲廿八篇）爲較可信。左傳引尙書諸篇見於伏生傳本者凡三十條，其直舉篇名者四條：

⑴已見上「壹」項⑻，

⑵已見上「壹」項⑼，

⑶已見上「壹」項⑽，

⑷哀十一年左傳　盤庚之誥曰：「其有顛越不共，則劓殄，無遺育，無俾易種于茲邑」。

又左傳引尚書直舉其篇名，在百篇書序之外者二條：

⑴定四年左傳曰：「命以『伯禽』。」（詳(113)）

⑵又：「命以『唐誥』。」（亦詳(113)）

又左傳引尚書可能為百篇中之一篇者一條：

⑴定四年左傳命蔡仲曰：「見諸王而命之以蔡，其命書云：『王曰：胡！無若爾考之違王命也。』」（亦詳(113)）

案：左傳作者見盤庚遷殷時之誥書，故哀十一年引其文謂之「盤庚之誥」，與今本尚書作「盤庚」篇者異；見成王命蔡仲之誥書，故定四年傳謂之「命蔡」書，書序蓋本之作「蔡仲之命」篇；見成王封伯禽時之命書，或根本未見命書，但憑推測，定四年傳述此事時遂謂之「伯禽」（註二一一）；見成王封唐叔之命書，亦或根本未見，但憑臆測，述此事時遂亦謂之「唐誥」（註二一二）。至於引「康誥」兩條「經文」，非今本尚書康誥篇，茲辨證如下：

「壹」項⑧引所謂「康誥」文，或以為即隱栝今本尚書康誥篇「元惡大憝，矧惟不孝不友。子弗祗服厥父事，大傷厥考心。于父不能字厥子，乃疾厥子，于弟弗念天顯，乃弗克恭厥兄。兄亦不念鞠子哀，大不友于弟。惟弔茲，不于我政人得罪，天惟與我民彝大泯亂。曰：乃其速由文王作罰，刑茲無赦」之文。愚案：此傳所引要旨，與「壹」項⑨

「父子兄弟罪不相及」同，雖亦言慈孝友愛，但主旨與今本尚書康誥篇文違悖。江聲等以爲今本尚書康誥篇逸文。其說未妥。康叔嘗爲司寇，掌刑政，見於左傳（見⑪³）及史記衛康叔世家、管蔡世家，故天子誥康叔書，常涉及法律。左傳作者見此爲天子誥康叔之書，故稱引其文時，指爲「康誥」——此康誥者，非書篇之名；與今本康誥篇尤其無涉。

左傳作者未及見尚書篇名，但據命辭本文或有關文獻，直舉所謂篇名，想當然耳，不足採信。基於此，定四年左傳成王封康叔于殷，命以「康誥」，亦作者見天子封康叔于衛之命書，或根本未見有命書，但憑推測，意必有命書，遂據「叔封」早已具有之封國名——康，托以「康誥」之名（參⑪⁴韓非引康誥），實與今本尚書康誥篇毫無關涉。然自百篇書序誤據左傳此文，序今本尚書康誥篇爲成王封康叔于衛之書，而史記因之，漢、唐人多習其說而不察，至宋儒始正其謬，證今本尚書康誥篇爲武王封康叔封之誥書，今又確證定四年左傳所言「康誥」，非本篇（註一三三），此一事情眞象遂大白於天下，而誤認周公嘗稱王者，亦得據以考正焉。

十五　由酒誥、梓材篇天子不呼康叔曰「小子」，知爲成王之書

韓非子引尚書六次，直舉篇名者才一次，「康誥」是也。說林上篇曰：「桀以醉亡天下，而康誥曰：『毋彝酒。』彝酒者，常酒也。」⑪⁴「毋彝酒」，今本尚書酒誥篇文也。所以稱

之「康誥」然者，蓋是時酒誥尙無篇名（註二四），韓非見篇中屢呼「封」，又曰「乃穆考文王」，知爲天子誥康叔封之書，因託以篇名曰「康誥」；其疏失原因與左定四年傳略同。酒誥既爲命叔封之誥，啓篇又宣言誥辭發至妹邦（「明大命于妹邦」），地在殷故都朝歌南，故書序以爲成王誥康叔之書（見96），史記衛康叔世家因之（見97）。而篇內「王若曰」（一見）、「王曰」（四見），漢世數傳本「王」上冠「成」字。清臧琳經義雜記：

> 書酒誥：「王若曰：明大命于妹邦。」釋文：「王若（曰）」……馬本作「成王若曰」，注云：「言成王者未聞也。俗儒以爲成王骨節始成故曰成王。或曰：以成王爲少成二聖之功，生號曰成王，沒因爲謚。衛、賈以爲戒成康叔以愼酒，成就人之道也，故曰『成』。此三者吾無取焉，吾以爲後錄書者加之。」正義曰：「馬、鄭、王本以文涉三家而有『成』字。鄭元（玄）云成王所言，成道之王。三家云王年長骨節成立：皆爲妄也。」115（皇清經解卷二〇二頁二）

案：據此，歐陽容、夏侯勝、夏侯建三家、衛宏、賈逵、馬融、鄭玄、王肅本尙書，此篇「王」皆作「成王」。馬融蓋不滿「生號曰成王」之說，又見尙書記王言，不加「武、成、穆」等爲常經，故以爲成字是「後錄者加之」也。關於前者，清孔廣森曰：

> 呂氏愼大覽曰：「文王造之而未遂，武王遂之而未成，周公旦抱少主而成之，故曰成王。」蓋時臣美其德以爲號，故周頌——皆周公所定——乃有「成王不敢康」（昊天有

成命篇）之語。……史記周公謂伯禽曰：「我文王之子，武王之弟，成王之叔父。」（魯周公世家）則成王生有此稱，爲不誣矣。⑯（皇清經解卷七一二經學卮言）

關於後者，臧琳又曰：

晉出尚書，號稱古文，乃與古、今文俱不合，何耶？正義意在迴護僞孔，因云馬、鄭、王以文涉三家而有「成」字，蓋反以有者爲誤矣。不知尚書亦每言「成王」，顧命「王崩」，馬本作「成王崩」，注云：安民立政曰「成」。康王之誥「康王既尸天子」，馬本此句上更有「成王崩」三字（原注：皆見釋文。），晉出古文於凡言成王者皆刪之，陋矣。⑰

案：謚號起於周共、懿王之世，文、武、成、康皆美稱，余於上論康叔之康非謚號時已言之矣。漢「俗儒」（馬融指今文三家）及清臧氏謂成王爲生號，得之。至漢世傳本作「成王」，必伏生（今文）、衛宏（古文）等家所見尚書原本即如此作，且漢大家多據之謂酒誥爲成王誥康叔（鄭玄亦承認此王爲成王，尤堪注意。），可支持本文前十四節中心論點。然而說者或謂成王不得直呼其季父之名，故以此「王（若）曰」之「王」爲周公，且舉尚書呂刑與文侯之命、詩魯頌閟宮等爲證。茲爲辨其失如下：

考古人並不以稱名爲嫌：湯告天下，自稱「履」（論語堯曰篇）；周武王誓師於商郊，自稱「發」（尚書牧誓篇）；尚書堯典篇帝呼諸臣悉以名，諸臣相稱不論爵齒，亦皆稱名。至於家庭兄弟叔姪之間，亦不限以兄弟叔姪相稱謂：召公，文王庶子，周公之兄弟也，周公呼之「汝奭」（尚書君奭篇），而不云「兄（弟）奭」或「兄（弟）」；成王呼周公曰「公」（尚書洛誥篇），不一定曰「叔父」，而周公自稱曰「旦」（洛誥及立政篇），召公稱周公於成王前亦謂之「旦」：皆其證也。

至於誥命之書，著受命者之名，此爲常體。彝器銘文例證甚多：或直呼其名，或連帶官銜稱之。書本文獻亦有之，如左襄十四年傳，周靈王命齊靈公（名環）曰：「今余命汝環。」至康王之誥篇康王釗稱其大臣曰「今予一、二伯父」，其大臣非受命者；又呂刑篇穆王呼命呂侯，而「伯父、伯兄、仲叔、季弟、幼子、童孫」皆在廷，「伯父」等亦非受命者：故史官記撰時皆不著其名。而魯頌閟宮篇「王曰：叔父，建爾元子。」詩經固非誥命，毋須著其名；且成王雖爲王，於朝廷議事之外，應稱周公叔父。

尚書屬於誥命之書，明著受命者之名者，有六篇：

堯典篇帝堯命諸臣皆直稱其名。（謹案：堯典著成時代較晚，但非僞作。）

康誥篇：王若曰：「孟侯，朕其弟，小子封！……乃寡兄勗。……封！……」

酒誥篇：王曰：「封！……封！……」

梓材篇：王曰：「封！」

文侯之命篇：（平）王若曰：「父義和！……父往哉！」（案：晉文侯名仇，仇有敵

意，不便於誥命稱之，故改稱字，是稱字猶稱名也。）（註一五）

蔡仲之命篇：王曰：「胡！無若爾考之違王命也。」（見(113)）

由上引康誥至蔡仲之命考之，誥命之書，稱呼受命者，得以親屬關係爲依據，如康誥武王稱叔封爲弟，而自稱寡兄、周平王稱晉文侯仇爲「父」（尚有問題，參註二五。）；亦可不顧親戚關係而直呼其名，不然蔡仲爲成王季父之子，成王何不呼之「弟（兄）胡」，一若武王呼其弟叔封然。且如不許天子於朝廷誥書上稱其叔父之名，則禮記曲禮上篇「君前臣名」（在君前稱任何人皆直呼其名），其制禮之根本精神豈不在尊「至尊」，推而言之，至尊在處理國事，呼其長輩之名，於禮之大本何悖？且虞廷議事，帝舜嘗以玄孫輩而呼其高祖輩禹（又爲朝廷大臣）矣，曰：

來！禹！汝亦昌言。（尚書皐陶謨篇）

三代相去不遠，度制亦頗相因，以彼例此，誰曰不倫？復考康誥與酒誥、梓材三篇，天子予受封者之稱呼，有一顯著不同處，即前者稱康叔封爲「封」爲「小子」，後者則但稱「封」，不稱「小子」。茲不避其詳，畢列於下：

康誥篇　王若曰：「小子封、肆汝小子封」、王曰：「嗚呼！封」、王曰：「嗚呼！小子封、汝惟小子」、王曰：「嗚呼！封」、王曰：「嗚呼！封、非汝封刑人殺人、非汝封又曰劓刵人」、王曰：「汝惟小子、勿庸以次汝封、未其有若汝封之心」、王曰：

「封」、王曰：「封」、王曰：「封」、王曰、「嗚呼！封」、王曰：「嗚呼！肆汝小子封」、王若曰：「往哉！封」。

單稱「封」者十二次，「小子」與「封」連稱者四次，單稱「小子」者亦得二次。考自謙用「小子」，雖耄耋亦不嫌（註二六）；稱他人則應論年輩，梓材（篇中可能有錯簡，此不及論。）與酒誥篇天子絕未稱受命者「小子」：

酒誥篇　王曰：「封！我西土棐徂邦君」、王曰：「封！我聞惟曰」、王曰：「封！予不惟若茲多誥」、王曰：「封！汝典聽朕毖」。

酒誥篇逸文　王曰：「封！唯曰若圭璧」。（宋王應麟困學紀聞卷二總頁一六三引尚書大傳所載，商務印書館國學基本叢書本。）

梓材篇　王曰：「封！以厥庶民暨厥臣達大家」。

兩篇稱康叔曰「封」六次，而絕不一及「小子」，亦絕不以孺子、沖子、沖人、幼沖人稱之。此與康誥動呼叔封為「小子」者迥異，顯然非出於一口。且酒誥王亦四言「小子」——曰「文王誥教小子」、「惟曰我民迪小子惟土物愛」、「越小大德，小子惟一」、「我西土棐徂邦君、御事、小子，尚克用文王教，不腆于酒」，「小子」皆不指康叔，此尤非偶然。若堅持康誥、酒誥、梓材三篇同時而祇略有先後著成，且均為周公以自己名義誥叔封之書，則何以同出於一人之口，而發誥時間又甚接近，乃有此顯著差異？而惟一合理之解釋：即康誥出於武王之口，故屢呼其九弟封爲小子；酒、梓二誥成王所發，得稱受命者本名，但姪不得呼叔父爲小子，故史官無從記撰也審矣。

十六　結語

周武王克殷後不久，天下未寧而崩。太子誦旋即位，是爲成王。成王幼，周公旦輔相少主，攝行政事。先秦、兩漢文獻，多有記載。成王既即王位；周公居太宰之位（左定四年傳有明文，王莽亦坦承時「周公居上公之尊」。），未嘗攝位，理固然也。其故意曲解經籍，誼傳周公攝位，以欺惑黔首，欲遂其篡漢陰謀者，王莽也（註一七）。至所謂「周公稱王」，莽以前典籍決無記載，而莽竟於「初始元年」（西元八年）倡言「周公居攝稱王」，而鄭玄稍稍信之。至清，三數尚奇嗜異之儒，不辨王氏欺僞，謂莽說本於漢今文家學。又動援經典，以「周公踐阼」冊有明文爲辭，且臆言踐阼與稱王不可分割。不知經典言周公踐阼，時與周公踐阼，時與周公攝政、或周公輔相成王駢舉，明周公以輔相身分，處理國政、接應賓客於王之位置。復考經典隨時以周公與成王對稱，則周公固公，成王固王，顯而易見。大戴禮武王踐阼篇，武王爲王，故屢次稱舉武王（註一八）；周公本以宰輔身分踐阼不同，故未嘗以王稱之也。至韓非謂周公假爲天子，其意仍爲周公攝天子之政；而尸子謂周公踐東宮，假爲天子，其語自相牴牾，而書又疑晚出，茲不暇辨。莽傳引所謂逸尚書嘉禾篇，贊者稱周公爲「假王」，清劉逢祿、康有爲竝謂劉歆僞造以獎莽篡漢，即皮錫瑞亦斷其出於劉歆（註二九）。則尤其不足據也。

尙書大誥篇「寧考」，釋「亡父」（指武王），因增添力證證「寧」爲「文」誤而益確；故其篇「王（若）曰」之王皆得定爲成王。召、洛二誥，據其經文，二公及成王語皆成王即將親政時口氣，以證成王早已爲王，周公始終在臣位，故彼此以「公」、「王」互稱也。康誥篇「東土」、「殷民」疑義，終于辨白；酒誥、梓材稱「康叔封」而不呼之「小子」，姪（成王）不得呼叔，與康誥非出一人之口明矣。左僖二十四年傳，言周家封建，合武、成等王之所嘗行於周公一身，語意籠統含渾，又多非事實，今予澄清；定四年傳言分封魯、衛、唐，本未以命封者屬諸周公，後人斷取「周公相王室以尹天下」云云，又偶看經義未透，誤謂周公稱王司封，今分析文理，使得正解，以決羣疑。至諸家不知子魚所謂「命以康誥」非今本尙書康誥篇名，茲據先秦典籍引尙書，證左傳作者所據康誥篇，是時尙無篇題也。

自故籍考察，本無人言說周公稱王；由經典文義探索，亦不見周公稱王迹象。然則謂周公稱王者，果作始於王莽；距今二千年矣。其間三數清儒若皮氏鹿門之徒，獨信之深切，近人又因而搖煽鼓盪，害經誣聖。故爲之考正如上。

附註

一〇　認此四十八字爲它篇錯簡者，除時賢引述多家外，余考尚有宋張文伯（九經疑難）、明郝敬（尚書辨解）、清王夫之（書經稗疏）。若更博檢，則持相同之論者應不止此。

一一　胡氏皇王大紀（卷二十頁二一—二二）曰：「且康叔，文王之子；叔虞，成王之弟也。周公東征，叔虞已得封於唐，王命歸周公于東。豈有康叔得封反在唐叔之後乎？」案：說本書歸禾序，當否尚待研考。

一二　見王國維觀堂集林卷十八頁七遹敦跋，世界書局影印本。孔廣森亦謂成王爲美號，生時便已有此稱（詳⑯）。

一三　漢書王莽傳羣臣乃盛陳莽功，曰：「臣有大功，則生有美號，故周公及身在而託號於周。莽有定國安漢家之大功，宜賜號曰安漢公。」公旦之有「周」號，因采邑本名周，非以周國號加諸此邑，因以封周公也。莽污衊聖人，臆改舊史，可誅！

一四　史記殷本紀索隱引世本有蕭氏，原居地未詳。

一五　據國防研究院編中華民國地圖集丁二六，從臨汝向北至洛陽，約八十公里，又東北至淇縣近南之地，約二百公里，總計二百八十公里，約相當周代四百餘里。

一六　史記管蔡世家曰：「管叔鮮作亂誅死，無後。」又曰：「蔡叔度既遷而死。」是周公皆不得封之。

一七　武王封周公旦於魯，亦見史記魯周公世家。傅孟眞、徐中舒二先生竝以爲：魯之始國在今河南省魯山縣，即周公封地。而封伯禽於魯，則在成王之世。（參陳槃庵先生春秋大事表譔異頁二十—二三，中央研究院歷史語言研究所出版，板本下同。）此魯當指初封。

一八　自滕至畢，諸家謂武王所封，參看春秋大事表譔異各該國下。

一九　再增一力證：詩經魯頌閟宮篇僖公明言成王命封伯禽於魯（見⑯），此文言封康叔於殷虛既與命伯禽於魯同舉，則同爲成王所命可知。

二〇　篇目詳許錟輝博士先秦典籍引尚書考附表。下舉先秦典籍引尚書多據是編，不煩一一著明出處。

二一　「伯禽」，杜預注云「時周公唯遣伯禽之國」，是不以爲誥篇之名。劉炫以爲命書，舉書序「君牙」篇爲證。蓋作篇名者是。詳先秦典籍引尚書考。

二二　名唐叔及康叔，既封于唐、康乃有之。雖然，左傳作者遠在其後，故得知而稱之。

二三　清崔應榴吾亦廬稿（皇清經解卷一三二三頁七）曰：「左傳祝鮀稱魯曰：命以伯禽；稱晉曰：命以唐誥。……（元）金仁山（履祥）以爲齊、魯諸儒附會成者。」是元儒已有見於此矣。

二四　先秦典籍引今本尚書酒誥篇另二次：國語、墨子各一次，皆不舉篇名。

二五　禮記曲禮下篇：「五官之長曰伯……其擯于天子也，曰天子之吏。天子同姓謂之伯父，異姓謂之伯舅。……九州之長入天子之國曰牧，天子同姓謂之叔父，異姓謂之叔舅。」儀禮覲禮篇曰：「同姓大國則曰伯父，其異姓則曰伯舅。同姓小邦則曰叔父，其異姓小邦則曰叔舅。」據此，稱諸侯大國同姓者一律為伯父，小邦同姓者一律為叔父，而不計輩份之高低。又召公、畢公皆文王子、康王叔祖父，而康王答二公時稱之為「一、二伯父」。故若據此以論周室與諸侯輩份高低，其失殊甚！

二六 君奭篇記周公甚老，至「鳴鳥不聞」，尚自言「今在予小子旦」、「在今予小子旦」。又據此，君奭非周公攝政時作，乃其暮年時文獻，寧復有疑？

二七 淮南子齊俗篇雖一言周公攝位，然泰族、要略兩篇皆明言周公輔翼成王，成王未能用事，是劉安固以為成王未嘗一日不在位也。說苑尊賢篇蓋偶改韓詩外傳，一指周公攝位，但君道篇「攝」作「踐」，皆與王莽用意不同，影響甚小。

二八 大戴禮（四部叢刊本）首言：「武王踐阼三日」，下或該篇作者直稱武王為「王」，或述太公望呼武王為「王」，凡五見。武王身分若非「王」，臣僚何得而稱之？而禮記明堂位、逸周書明堂篇記周公踐阼，稱之為「周公」，絕不稱之為「王」，公非以宰輔身分踐阼而何？

二九 劉說見皇清經解續編本尚書今古文集解卷三十頁十四、康說載新學偽經考（世界書局影印本）頁一五二、皮說出今文尚書攷證卷十八頁一洛誥「朕復子明辟」下。

原載孔孟學報第二十九期，民國六十四年四月

〔附一c上〕尚書寧王寧武寧考前寧人寧人前文人解之衍成及其史的觀察（上）

——併考周文武受命稱王

目次

（四）武王發繼受天命定國稱王改元

五、由文王昌修致美德十六目證君奭「寧王德」與大誥「寧王勤」德之「寧王」必是文王

（一）文獻盛稱「文王德」，即君奭「寧王德」

（二）經史百家傳注共道文王勤國，以證大誥「寧王勤」的是「文王勤」

（三）武王發「寡德」

六、大誥「寧王圖事」、「寧武寧考前寧人圖功」、「寧人疆土」及「前寧人受休」義合證

（一）「寧王圖事、寧武圖功」義證

（二）「寧考圖功」義證

（三）「前寧人」、「寧人」與「前文人」稱謂討原索義

（四）「前寧人受休」即指「文王受天命」

七、比辭以證君奭「寧王」義

（一）勘校同篇前後文，用明「寧王」決是「文王」

（二）既勘比上下文，復據彼禮緇衣引「周田觀文王之德」，因斷此「寧王」爲傳寫誤字

八、結論

引用書要目

一　寧王寧武寧考前寧人寧人前文人舊解

今傳清嘉慶二十年江西南昌府學重栞宋本《尚書．周書》，其中三篇有：

用寧王遺我大寶龜紹天明。（〈大誥篇〉，周成王誦語，本篇下文除「不可不」條外，皆其語）

民獻有十夫，予翼，以于敉寧、武圖功。（同上）

不可不成乃寧考圖功。（同上，成王設邦君臣下語）

天休于寧王，興我小邦周；（同首條）

寧王惟卜用，克綏受茲命。（同上）

爾惟舊人，爾丕克遠省，爾知寧王若勤哉！（同上）

予不敢不極卒寧王圖事。（同上）

予曷其（當作敢，《今文尚書》作敢）不于前寧人圖功攸終？（同上）

予曷敢不于前寧人攸受休畢？（同上）

肆予曷敢不越卬敉寧王大命？（同上）

天亦惟休于前寧人。（同上）

率寧人有指疆土。（同上）

天不可信，我道惟寧王德延，天不庸釋于文王受命。（〈君奭篇〉，周公旦語）

在昔，上帝割申勸寧王之德？其集大命于厥躬。（同上）

追孝于前文人。（〈文侯之命篇〉，周平王宜臼語）

王莽倣《尚書．大誥》作〈大誥〉（載《漢書》卷八四〈翟方進傳〉附〈翟義傳〉，下槩稱之曰〈莽誥〉），〈莽誥〉或謹依〈大誥〉原文，或代以訓詁字。其訓寧爲安，寧王爲安帝室或安皇帝：

天降威明，用寧帝室，遺我居攝寶龜。　天休于安帝室。　予曷敢不極卒安皇帝之所圖事（註一）。

此以安皇帝代寧王；亦以太皇太后（王政君）代寧王，〈莽誥〉：

爾不克遠省，爾豈知太皇太后若此勤哉！

清皮錫瑞《今文尚書攷證》卷十二：「〈莽誥〉……於此文以太皇太后代寍王，則亦與以寍王爲文王者略同。」敏案：莽僭擬周公旦居攝，自稱攝皇帝，以其堂姑母王政君比周公之父文王昌，是誠解寧王爲文王也。

鄭玄、王肅《尚書注》同〈莽誥〉，〈君奭．正義〉：「……言寧王者即文王也，鄭、王亦同。」可見。惟鄭亦謂寧王兼謂文王、武王。

《詩經．召南．何彼襛矣》「平王之孫」《傳》：「平，正也。武王女、文王孫，適齊侯之子。」《箋》：「正王者，德能正天下之王。」《正義》：「《鄭志》答張逸問：『《箋》云「德能正天下之王」，然則不必要文王也。』答曰：『德能平正天下，則稱爲平，故以號文王焉。』又〈大誥．注〉：『受命曰寧王，承平曰平王，故〈君奭〉云「割申勸寧王之德」，是文王也。』又〈洛誥〉云『平來毖殷，乃命寧』，即云『予以秬鬯二卣，曰明禋』、『文王騂牛一，武王騂牛一』，則『乃命寧』兼文武矣，故《注》云：『周公謂文王爲寧王，成王亦謂武王爲寧王：此一人二名，兼之武王亦受命，故亦稱寧王，理亦得稱平王，但無文耳。』」

鄭以文王亦稱平王，因其德能平正天下；承天命平天下，是亦訓平爲安，同〈莽誥〉寧訓。又以〈洛誥〉成王命周公祀文、武，有「乃命寧」語，謂寧下省略王字，而二王皆受命，故寧王兼謂文、武；惟寧王在〈大誥〉、〈君奭〉一出成王口、一出周公口謂文王，其在〈洛誥〉出諸成王口則兼謂文、武（註二）。是鄭以〈大誥〉、〈君奭〉寧王爲文王，同〈莽誥〉；而〈洛誥〉鄭以寧下無王字，需照應下文禋祀文、武乃知其「寧」爲「寧王」之渻略（探下文渻略），故彼所謂寧王非此八寧王之比。由是言之，康成固亦以此八寧王爲文王也。

《僞孔傳》亦同〈莽誥〉（《正義》同《僞孔》，附），其〈大誥．傳〉：「安天下之王，謂文王也。」（《正義》：「紂爲昏虐，天下不安。言文王能安之；安天下之王，謂文王也。」）《尚書．大誥．僞孔傳》：「言天美文王興周者，以文王惟卜之用，故能安受此天命。……特命久老之人知文王故事者，……汝知文王若彼之勤勞哉！……我不敢不極盡文王所謀之事。……撫循文王大命。」（《正義》：《尚書・君奭・僞孔傳》：「惟寧王德延，惟安寧王之德，謀欲延久。」（《正義》：「惟安行寧王之德，謀欲延長之。……言寧王者即文王也。」）

敉寧武圖功，〈莽誥〉擬作「謀繼嗣圖功」：以謀詁代敉，以繼嗣詁代武，寧字缺解未擬代。是不以寧武爲專名。《僞孔傳》亦不以爲專名，曰：「撫安武事，謀立其功。」（寧訓安，亦師〈莽誥〉）

乃寧考圖功，〈莽誥〉無擬，《僞孔傳》：「汝寧祖聖考文武所謀之功。」以寧祖爲文王、聖考爲武王（《正義》：「經言寧即文王，考即武王，故言《寧祖聖考》也。」）。

予曷敢不於祖宗安人圖功所終？　予曷敢不於祖宗所受休輔。　天亦惟休于祖宗。

〈莽誥〉以祖宗安人（或簡作祖宗）詁代前寧人，寧仍訓安，前（人）訓祖宗，云：莽此祖宗指文王，由其寧人訓安人知之。《僞孔傳》承之，進而質言是文王，云：

我何其不於前文王安人之道，謀立其功乎？　我何敢不於前文王所受美命終畢之？　天亦惟美于文王受命。

〈大誥〉寧人，〈莽誥〉不改字句，王肅曰：「順文王安人之道有旨意。」（《正義》引）《僞孔傳》：「循文王所有指意以安疆土。」均解爲文王。

前文人句，《僞孔傳》：「追孝於前文德之人。」《正義》：「……前世文德之人。」《詩・江漢》：「告于文人」，《傳》：「文人，文德之人也。」《箋》：「告其先祖諸有德美見記者。」以前文人（渻作文人）爲先祖，同〈莽誥〉前寧人解，而於王肅與《僞孔》說〈大誥〉前寧人、寧人亦無悖；蓋以有文德之先祖，文王最副斯美（詳下第（五）章）。

綜觀上考，漢魏晉唐人說寧王爲文王、寧考爲文武、前寧人寧人前文人爲祖先（意頗在文王），惟寧武不作專名。大體爲宋至清嘉道人所承用。下先論宋元人之說：

> 王安石《尚書新義》（拙著《尚書新義輯考彙評》頁一四八）：「文、武皆能安寧天下，故謂之『寧王』。是『寧王』者兼文、武而言。若『寧人』，則又兼文、武之臣而言也。言『寧考』，則謂武王耳。」

安石訓寧曰安用舊說；而甚尊孟子，見其對齊宣王有「文王一怒而安天下之民，武王亦一怒而安天下之民」云云（〈梁惠王下篇〉），因謂寧王可兼文武。又從《書序》、《大傳》、《史記》等定〈大誥〉爲成王命書，故於篇中設羣臣戒時君曰「不可不成乃寧考圖功」，定寧考爲亡父武王。民、人對舉，《尚書》之常也。民爲庶眾，人爲臣工；《周禮》羣職，多稱某「人」，而介甫精治六官，故此釋「人」爲臣。彼既以寧兼言文武，則「寧」之「人」自當爲文武之臣。成王視文武之臣爲舊（前）人，則荊公固以寧人與前寧人同指文武之臣。公溫故知新，頗異舊說。

《東坡書傳》卷十一：「當時謂武王爲寧王，以見其克殷寧天下也。下文曰『乃寧考』，知其爲武王；舊說以爲文王，非也。曰『前寧人』者，亦謂武王之舊臣也。」

蘇說前寧人略同安石，當亦以寧人爲前寧人之渻。又以寧考、寧王當爲一人，寧考既非武王莫屬（同安石），則寧王亦當爲武王，惟武王克殷寧（安）天下也。黃度《尚書說》卷五論寧王寧考、陳經《尚書詳解》卷二七論寧王寧考前寧人，竝同蘇《傳》。

葉氏（夢得？）曰：「武王克殷安天下，故曰寧王。自成王而稱之曰寧考，槩言之曰寧人，以其在前曰前寧人，皆稱武王也。」（《書蔡傳》卷四引）

葉說寧王、寧考同蘇，而著「自成王而稱之」云云，立意更明；謂寧人、前寧人亦以稱武王，斯漢宋人所未言者也。

林之奇《尚書全解》卷二七：「寧王即武王也。〈序〉言『武王崩、三監及淮夷叛』，則此篇所稱考、寧王、寧考、寧人，皆是武王也。……以『寧』云者，謂武王去殘賊以安天下之民也。曰寧王、曰寧考、曰寧人，正如〈盤庚〉曰先后、曰高后、曰先神后，但變其文耳，非有異義也。」

夏僎《尚書詳解》多取林說，卷十八：「此篇所謂『甯人、甯王、甯考』，皆謂武王。以成王于武王爲考，故當爲武王。……蓋此篇雖出於周公之口，而實以成王爲辭，故知甯考當是成王指武王也。」又卷二一：「甯王，……少穎（林之奇）解〈大誥〉以爲武王。以文王之時大統未集，武王實安天下之王，故謂之甯王；兼〈大誥〉屢言『甯考』，（敏案：只一言及，夏失檢。）武王於成王爲考，故知其爲武王也。」

《僞古文尚書·武成篇》云「文王……膺天命，……九年大統未集」，夏氏援以證文王未安天下，安天下者武王。林氏以寧王寧考寧人比殷〈盤庚〉之先后高后先神后，是意謂寧王爲先王、寧考爲亡父（文考）、寧人爲祖先，言前人所未及。兩家說寧王爲武王，諸語雖非創發，然援《書序》，又曰武王於成王爲考，又曰〈大誥〉雖出周公口，實以成王爲辭，視先儒析理爲詳明。

余芑舒翁受宋前人說，而以同篇後文證成之，云：

> 寧考、寧王、寧人、前寧人一意，□篇末『休于前寧人』、『寧人有指疆土』，文意尤明。（元陳櫟《書蔡氏傳纂疏》卷四引）

余氏審篇末二句，以爲言周先王受休命、奄有天下者，則非武王莫屬，故以「四寧」句併是一意，指稱武王而已。

《蔡傳》卷四謂寧王、寧考爲武王，寧人（即前寧人）爲武王之臣，據東坡。夫蔡沈承朱子《書》學，又采酌兩宋人說，著《書集傳》，時當南宋晚葉，末季及元初多宗其說，及延祐間行科舉，用《蔡傳》爲命題依據，其學遂定於一尊，故其書影響元、明兩代甚大。元王天與主《蔡傳》，其《尚書纂傳》卷二五祖蘇而宗蔡，寧王訓武王，竟將〈大誥·僞孔傳〉「文

王」改作「寧王」，

清阮元《尚書注疏校勘記》（《皇清經解》卷八三〇）：「言天美文王興周者，文，《纂傳》作寧，後並同。按：王氏据蘇氏說，以寧王爲武王，凡《孔傳》『文王』字率改爲『寧王』，不可爲訓。」

前文人，宋至清中葉以前人無不據《僞孔傳》「前文德之人」爲說，或略加變通損益，獨《書蔡傳》卷六：「前文人猶云前寧人。」則亦以前文人即寧人，爲武王之大臣。

寧武：宋元明人解者至爲紛歧，一以寧爲「寧王」（即武王，下皆同）、武爲「武事」（《東坡書傳》）；一以寧爲「寧王」，不解「武」字（《書古文訓》）；一以寧訓「安」，武爲「寧考武王」（《尙書全解》；《東萊書說》、《尙書辨解》略同）；一以「寧王有安天下之武功，故曰『寧武』」（《書纂言》）；蔡《傳》解「敉寧武圖功」，則曰：「敉，撫、武，繼也。……撫定商邦，而繼嗣武王所圖之功也。」蔡逕以「寧」爲「寧王」指武王言：上諸說均以「寧」或「武」爲專名——武王。又有不謂爲專名者：《融堂書解》「寧」訓安，武訓戎武之事，夏僎、陳經、胡士行《尙書詳解》及《書經注》竝略同：此皆略自《僞孔》「撫安武事，謀立其功」衍來。

於清，道咸以前治《書》者，說五「寧」一「文」，茲以江聲《尙書集注音疏》、王鳴盛

《尚書後案》、孫星衍《尚書今古文注疏》、朱駿聲《尚書古注便讀》四家書爲驗：四家咸認寧王爲文王武王。江孫朱三家咸認寧考爲武王，陰用宋人說；王氏無案，但引《僞孔傳》。寧武：江曰：「武、繼。……以寧國難，以繼所謀之功。」孫、朱略同，皆用〈莽誥〉說；王氏則據《僞孔傳》。前寧人、寧人：江曰：「前王安人。」兼用〈莽誥〉及《僞孔傳》，王氏略同。孫氏以爲祖宗——文王武王，兼從〈莽誥〉、鄭玄。惟朱氏曰：「寧人，武王亂臣十人也。」略同宋蘇、蔡等說。前文人，四家說疇範不外《僞孔傳》，前言已及之矣。

舊說五「寧」一「文」，偶合單字之義，成辭已不可通，以解經句則理有所妨；間或於經一辭一句無礙，以通貫全篇，則有齟齬。是不能無疑：

如寧訓安，得字之義矣。顧以寧王爲安天下之王謂文王，當思武王亦安天下，

> 孟子對齊宣王曰：「《詩》云『王赫斯怒，爰整其旅，以遏徂莒，以篤周祜，以對於天下』，此文王之勇也；文王一怒而安天下之民。……一人衡行於天下，武王恥之，此武王之勇也；而武王亦一怒而安天下之民。」（《孟子・梁惠王下》）

則此說不可通矣。便藉孟子說，以寧王兼指文武可乎？曰：遍觀〈大誥〉、〈君奭〉「寧王」句義，皆當指一人而非兼，且時同在周初，一文具於同篇或同書之中，二王不應同稱，而竟出於子弟時王之口，必不然矣。若易以另說寧王爲武王，謂因其克殷寧天下故稱，而云文王「大統未集」故不得斯稱，可乎？應之曰：非惟所據是〈僞泰誓〉文，矧另有「寧武」，明是二

人，「武」是武王，則「寧」非武王明矣。

寧考，中間添「祖聖」字，解曰「寧祖聖考」，已犯注家大忌；況《尚書全解》卷二七評之曰：

> ……先儒已知其說之不通，故於寧考則曰「寧祖聖考」；以寧爲寧祖，以考爲聖考。是以寧字爲一人，考字爲一人，非立言之體也。

是矣。惟林氏諸家改解爲武王，令寧考爲「安天下之考」，既乖辭理，且遍觀書本及器物文獻，美武王發曰顯考、烈考、皇考、武考、光烈考（見下）；「安考」則絕無僅見，是亦不成文辭。

單一「寧」字以爲文王或武王或兼文武二王，文獻未覯，而下連「人」字，又說爲二王之臣，《書蔡氏傳纂疏》卷四以爲「未穩」，但不遑言其理。今觀「前寧人受休」、「天休于前寧人」、「前寧人圖功」、「寧人有指疆土」，均謂周家受天命圖有天下，豈臣工得膺大命匍有四方者哉？必不然矣！

寧武圖功，下文屢言「圖功」——寧考圖功、寧王圖事（事即功）、前寧人圖功，圖功謂周王謀建周滅殷，則寧武、寧人等必謂周王，〈莽誥〉云「繼嗣圖功」、《僞孔》云「撫安武事，謀立其功」，既不成辭理，又不釋爲專名，決非。《蔡傳》以「寧」爲武王、武訓繼，又顛倒其字次，云「繼嗣（武）武王（寧）」，益支離難通。陳櫟治《書》，素主蔡《傳》，尚不屑爲之飾非，評云：

敉寧武圖功，單以武字稱武王，未見其例；以武爲繼，亦恐未然。（《書蔡氏傳纂疏》卷四）

案：《詩》、《書》、周金文習稱武王，或文、武，僅《詩．周頌．武》、利簋（詳下第六章第一節）單以「武」或「珷」作「武王」，而此單一「寧」字釋爲「武」以稱「武王」，文獻絕未見；陳評武不當訓繼（以爲當爲武王），亦甚是。

《尚書》爲先王政典，儒家重要經籍，士子必讀之書，其中「寧王」等要義，說者紛紜，歷二千年（自漢高祖開國至清咸豐末），而莫能衷一。近世經師，有鑒於此，早夜沈潛，思得其正說，以解決經義難題，此吳大澂、孫詒讓、方濬益三清人創新之原動力也。

觀吳氏評鄭《注》「受命曰寧王」爲「不得其解而強爲之說」，是嘗玩索鄭、王、《僞孔》諸說矣。迴環舊解，知亦有爲三家採取、或予三家立說有所啓發者數事，如：

寧王即文王，一事也；

前寧人即寧人，二事也；

寧人、前寧人、前文人爲祖先，三事也；

以《詩》、《書》相校，見前文人即文人，云「與《詩》（〈大雅．江漢〉）『告于文人』同」（元董鼎《書蔡氏傳輯錄纂注》卷六引薛氏曰，敏案：北宋薛氏肇明（？），著《尚書解》），三事也；以〈文侯之命〉、〈大誥〉兩篇相校，見前文人即前寧人，蔡《傳》卷六：「顯祖、文人，皆謂唐叔（敏案：謂晉文侯之祖先）。……前文人，猶云前寧人。」敏案：此蔡氏創發，其予三家以金文證「寧」爲「文」誤，啓示甚大，河先海後，爰著於此，四事也。

清三家及其說詳下節。

二　清吳孫方三家論「寧」爲「文」誤

清人始明言上述諸「寧」字均爲「文」字之譌，而〈大誥〉「前寧人」一若同書〈文侯之命〉「前文人」；可取後篇語以校前篇語之誤，吳、孫、方三氏說肇端造始焉。

吳大澂（江蘇吳縣人，字清卿，號恒軒，別號愙齋。道光十五年，一八三五——光緒二十八年，一九〇二：據民國顧廷龍《吳愙齋先生年譜》），著《說文古籀補》、《字說》、《愙齋集古錄釋文賸稿》、《愙齋集古錄》四書，論寧（彼作寍）爲文誤。

《說文古籀補》之著作，據《顧譜・附錄》一：

其瓶稿何時已不可攷。惟自同治戊辰入詞林以後，始勤於古器及古文字，則必在其後無疑。光緒六年屯防吉林，明夏編至十一卷；其壬午二月〈與王懿榮廉生書〉言：「此間近事無可述，惟勸農治軍，馳驅鞅掌；頭緒紛紜，日不暇給。古文字輒置高閣，或數月不觸手，《說文古籀補》編至第十一卷。去夏至今，未續一字，不知何日成書矣？」又《北征日記》言：「癸未二月二十五日始寫《說文古籀補》以付梓。」則其脫稿，疑在壬癸之間。六月書成，交佛常濟一手鐫板，又書〈附錄〉。於八月初戰事。

是此書殆同光間經始，其後光緒九年（癸未）二月、三月、四月、五月皆撰寫不斷，至六月全書十四卷成，交付剞劂；續作〈附錄〉至同年七月乃竣事，〈自敘〉則八月初三四寫竟（〈敘〉見原書卷首，末題「光緒九年癸未夏六月」者，追合全書完成期日也）（亦參看《顧譜》該年下）。〈自敘〉謂《尚書》寧爲文誤，

許氏以壁中書爲古文，疑皆周末七國時所作，言語異聲，文字異形，非復孔子六經之舊簡，雖存篆籀之跡，實多譌僞之形。……百餘年來，古金文字日出不窮，援甲證乙，眞贋釐然。……然則郡國所出鼎彝，許氏實未之見，而魯恭王所得壁經，又皆戰國時詭更變亂之字，至以「文考」「文王」「文人」讀爲「寍考」「寍王」「寍人」，宜許氏之不獲見古籀眞跡也。

吳氏《字說》之撰寫，光緒九年正月作〈「韶」字說〉，十二年三月初五作〈「文」字說〉，其後至八月二十四賡作諸字之說。《顧譜·附錄》一：

是書（《字說》）……無序跋，無成書年月。惟攷《說文古籀補·凡例》有云：「偁古

文以爲某字者，皆合觀諸器銘，攷其文義，塙而可據。疑者闕之，別撰《古字說》一卷以證明之。茲不備引。」據此，知《字說》實與《說文古籀補》相表裏，是當與《古籀補》同時成稿者。《古籀補》刊成在光緒十年正月以後，觀陳介祺〈敘〉可知。《字說》乃繼之付梓。……又按《皇華紀程》：三月初五日書〈「文」字說〉一篇，……二十四日作〈「緩」字說〉、〈「書」字說〉三篇。由此知直至十二年八月杪始卒業者也。

是書又名《古字說》，光緒十二年完卷，今傳光緒癸巳（十九年）思賢講舍重刊本，初刊當在十二年八月之後至今年（《顧譜．附錄》一謂光緒十年家刊，蓋誤）。〈「文」字說〉一篇（原書頁二九），極爲重要，茲先全錄於下：

「《書．文侯之命》『追孝于前文人』，《詩．江漢》『告於文人』，《毛傳》云：『文人，文德之人也。』濰縣陳壽卿編修介祺所藏兮仲鐘云『其用追孝于皇考己伯，用侃喜前文人』、《積古齋鐘鼎彝器款識．追敦》云『用追孝于前文人』，知『前文人』三字爲周時習見語。乃〈大誥〉誤文爲寍，曰『予曷其不于前寍人圖功攸終』、曰『予曷其（敏案：敢之誤）不于前寍人攸受休畢』、曰『天亦惟休于前寍人』、曰『率寍人有指疆土』，『前寍人』實『前文人』之誤。蓋因古文『文』字有从心者，或作[illegible]或作[illegible]，或又作[illegible]。壁中古文〈大誥篇〉其『文』字必與『寍』字相似，漢儒遂誤釋爲寍。其實〈大誥〉乃武王伐殷大誥天下之文，『寍王』即『文王』、『寍考』即『文考』、『民獻有十夫』即武王之『亂臣十人』也。『寍王遺我大寶龜』鄭《注》：『受命曰寍王。』此不得其解而強爲之說也。既以『寍考』爲『武王』，遂以〈大誥〉爲成王之誥。不見古器，不識眞古文，安知『寍』字爲『文』之誤哉？」

吳氏另二書——《愙齋集古錄釋文賸稿》、《愙齋集古錄》。前者，光緒十二年作，以行草書寫，多所塗乙，自係手稿未定本；洎董理定寫，即後者《愙齋集古錄》是也，《顧譜．附錄》一：

先生（愙齋）《集古錄》之作，實剏于光緒十二年丙戌，奉使勘界，駐節琿春；候俄官會晤之暇，遂致力焉。先就各器詳爲攷釋，始於三月初十，記題《集古錄》某器，至七月二十四日止，其間又因政事綦重，作輟無常，已成者凡一百三十六器。亦有即時寫正者而未完工，及事竣回朝，出任疊寄，此著乃閣置。光緒二十一年歸田後，里居多暇，翌秋復出續成，時已病腕，遂屬門人王同愈相助。未幾風痿不能動，比歸道山，其事遂罷。迨民國五年，同愈戢隱田園，姪本善奉遺稿請爲理董成書。有先生光緒二十二年預製〈自敘〉，載諸卷首。……後以著作權歸商務印書館印行。越年丁巳（民國六年）秋景印竟。

案：據本《譜》光緒十二年九月初十尚記「書〈盂鼎釋文〉」，則全書年內三至九月著成。其

中兮仲鐘（三月十五日作），論盜爲文誤，

〈兮仲鐘釋文〉：「……前文人，見《書．文侯之命》『追孝于前文人』，《詩．江漢》『告於文人』，《毛傳》云：『文人，文德之人也。』《書．大誥》『前盜人』皆當作『前文人』。古[illegible]字有與盜字相類者，漢儒誤釋爲盜也。叔氏鐘云『用喜侃皇考』、此鐘云『用侃喜前文人』，皆追享之詞，即郘鐘『樂我先祖』之意也。」（《窓齋集古錄》總頁三一）

又在《窓齋集古錄》（總頁一六二）〈毛公鼎釋文〉後插附隸寫〈補說毛公鼎〉一葉，論今本〈大誥〉字誤，因及是篇史實，可與其〈文字說〉相麕：

……伏生所傳《今文尚書》二十九篇，內〈周書〉二十篇。大澂以〈大誥〉爲武王之命，漢儒誤讀文王爲盜王，遂謂〈大誥〉爲周公攝政時作，大澂據文義以攷正之。《大傳》列〈大誥〉於〈金縢〉之前，是也。……光緒十有三年，歲在丁亥，秋八月二十一日，吳縣吳大澂。

謹案：吳氏前作〈說文古籀補敘〉，謂戰國時《書．大誥》等篇「文」已誤亂爲「盜」，約三年後，作〈文字說〉、〈兮仲鐘釋文〉、〈說毛公鼎〉，改說爲漢儒所誤釋，此其晚年定論。事關重大，余恐學者未及察，故特著於此。

孫詒讓（浙江瑞安人，字仲容，號籀廎，道光二十八年，一八四八—光緒三十四年，一九

○八：據民國王更生氏《孫詒讓年譜》），撰《尚書駢枝》，書首有〈自序〉，不記年月，《王譜》曰：「光緒十八年壬辰，……先生撰《尚書駢枝》成。」其著成在吳氏成《古籀補》（光緒九年）、《字說》（十二年）、《集古錄》（同年）、〈毛公鼎補說〉（十三年）之後。惟吳氏後三書（文）刊行稍晚，孫氏未必獲讀，至前一書則親見且時加稱引，知者，

《王譜》：「光緒十年甲申（一八八四），吳大澂清卿撰《說文古籀補》十四卷〈附錄〉一卷，刊行。案：吳氏與先生均爲當時金石學大家，兩人似無往來。此書問世後，先生治金石常稱引其說。」

《古籀補．自敘》盜王爲文王之誤云云，孫氏固及見，則《駢枝》論此必受吳說啓發，

《尚書駢枝．自敍》：「……《書》自經秦火簡札殽亂，今古文諸大師之所傳，漢博士之所讀，所以隸古定者，或以私肊更易，展轉傳授，舛牾益孳。《漆書古文》蓋多叚藉：如『非、匪』率爲『棐』，今多作正字；其偶存者，則皆誤釋爲輔者也（敏案：孫謂《漆書古文》非匪（否不義）多借棐爲之，今本《尚書》多肊易爲本字非匪，其偶存棐字（十一個字）皆誤釋爲輔〔亦有釋爲否不者〕）。『文』解作『忞』原注：古文箸心於「文」中，今所傳鐘鼎款識咸如是。，今絕無『忞』字，而有譌作『寧』者，則因釋爲『安』而存其形似也。」

《尚書駢枝》頁六：「寧王、寧武，即文王、文武之譌，古鐘鼎款識文皆作□原注：即忞字，與寧絕相似，故此經文王、武王皆作寧，後文寧考、寧人亦並文考、文人之誤。」

又頁七：「前寧人，即〈文侯之命〉云『前文人』。」

又頁一八：「〈君奭〉云『又曰「天不可信，我道惟寧王德延（原注：王引之從馬融本作「迪惟」，是也，當據校正。）；天不庸釋于文王受命」』，言有人曰：天命無常、不可信，則我亦惟文王德之延長爲可信也。」

方濬益（安徽定遠人，字子聽。？——光緒二十五年，一八九九：據從孫方燕年〈綴遺齋彝器攷釋題記〉，在原書卷首），著《綴遺齋彝器考釋》，成書歲月，據其〈自記〉：同治十二年起釋文，光緒二年起攷證，十七年起重訂目錄，二十年編錄清稿；而燕年〈題記〉亦曰：

公（方濬益）所自記年月，由同治己巳（八年）以迄光緒己亥（二十五年），亙三十一年之久。

則其人雖稍於吳孫二氏蚤卒，但其書著成晚後《駢枝》七年，視《古籀》、《窓錄》尤晚，知者：其一、《綴釋》卷一〈虢叔編鐘〉：「此器作⿱酉去，最爲明顯。……吳清卿中丞（大澂）《說文古籀補》以此爲飲字。」——明稱《古籀補》，必嘗見斯書。其二、《綴釋》屢記「右某器，吳清卿中丞所藏器，據拓本摹入」（計有尹鼎、姒鼎、抱子父丁敢、唐仲多壺、穗尊、祖大爵、芮公鬲等十五器考釋有說），所據爲吳氏〈恒軒所見所藏吉金錄〉？抑《窓錄》與《賸稿》？曰當爲《窓錄》、《賸稿》，因

《綴遺齋彝器考釋》卷二〈齊⿱陶革子綸鎛鐘〉：「吳清卿中丞、張孝達尚書兩家釋文，攷

證綦詳，所說亦互有得失。」——吳、張兩釋文合見《愙錄·齊侯鎛》下。

又卷三〈康侯鼎〉：「吳清卿中丞謂此鼎爲衛康叔之器，丰即康叔之名。濬益按：中丞說是也。」——吳說見《賸稿》是器下。

而《恒錄》但有圖形摹銘並無釋文。準此，方氏嘗見《愙錄》，加以援用，故《綴錄》釋《尚書》盜爲文誤，得之於吳氏啓發無疑。

《綴遺齋彝器考釋》卷一〈吳生鐘〉：「『前文人』即《周書》〈大誥〉〈君奭〉等篇之『前盜人』（敏案：《尚書·周書》僅〈大誥〉有前寧人，〈君奭〉無有，方氏偶失檢），古『文』字作□或作□，其緐文則作□，史喜鼎、君夫敢諸器□字可證也。漢世《尚書》出於壁藏，學者罕識古篆，誤以□爲盜，於是『前文人』之『文』均譌爲『盜』，而『文考』爲『盜考』，『文王』爲『盜王』矣！」

『綴錄』此稱史喜鼎、君夫敢兩器之「文」字，吳氏皆曾指出，方承吳說之迹尤其明確。

清人確指寧王、寧考等爲文王、文考等之字誤，能徵諸器銘者，觀上所考，斷自吳大澂創發，而時代則爲光緒九年氏作《古籀補》之歲。後世學《書經》治小學金石者，絕多共推吳氏初立此說，爲首庸，而孫方二氏繼武焉耳，

顧廷龍民國二十三年六月《吳愙齋先生年譜·序例》曰：「（先生釋）寧人乃古□一篆之誤，……獨具懸解於三千歲之下。」

又《顧譜・附錄》一：「（《字說》）說寧人實古文一篆之變。」民國劉盼遂曰：「寧王即文王之說，實自吳清卿啓之，詳《窸齋集古錄・毛公鼎》；孫仲容亦用此說。」（《觀堂學書記》劉氏〈案語〉）（敏案：《窸錄・毛公鼎》本釋文無此說，說見本釋文後附之〈補說〉，且語尚欠明確。）

惟吳闓生以爲不自吳始，其《尙書大義》頁四七：

鄭〈緇衣・注〉：《古文》「周田觀文王之德」爲「割申勸寧王之德」，是古亦以寧王爲文王，不始吳也。

案：〈莽誥〉、《僞孔》竝以寧王爲文王，闓生未及，而鄭《禮注》以《古文尙書》「寧王」似近之（詳下；鄭注《書》、箋《詩》以寧王爲文王、或兼指文、武，已詳上文），決不以寧爲文誤；質言寧乃文誤自吳始。闓生失之。

三　後人於舊解及吳孫方三家說之討論

學者於三清人上說，或祖述，或申張，或懷疑，或修訂者甚多，閒亦有不信其說仍堅守舊解者。寧王爲文王之誤云云，遂成經學著名掌故。爲便討論，謹先將古寧字文字敘列於下，每字左上側付以a1至C34等數碼，以利稱說：

寍

殷甲骨文

a1

京津5355：嚴一萍《校正甲骨文編》；放大。

金文

a2

史牆盤（周《詁補》）

a3

毛公鼎（容）

a4

國差罎（容）

a5

蔡侯鐘（容）

a6

胤嗣好蚉壺（周《詁補》）

a7

〔附〕〈石鼓文〉（丁）

a8

〈石鼓文〉（源：徐）

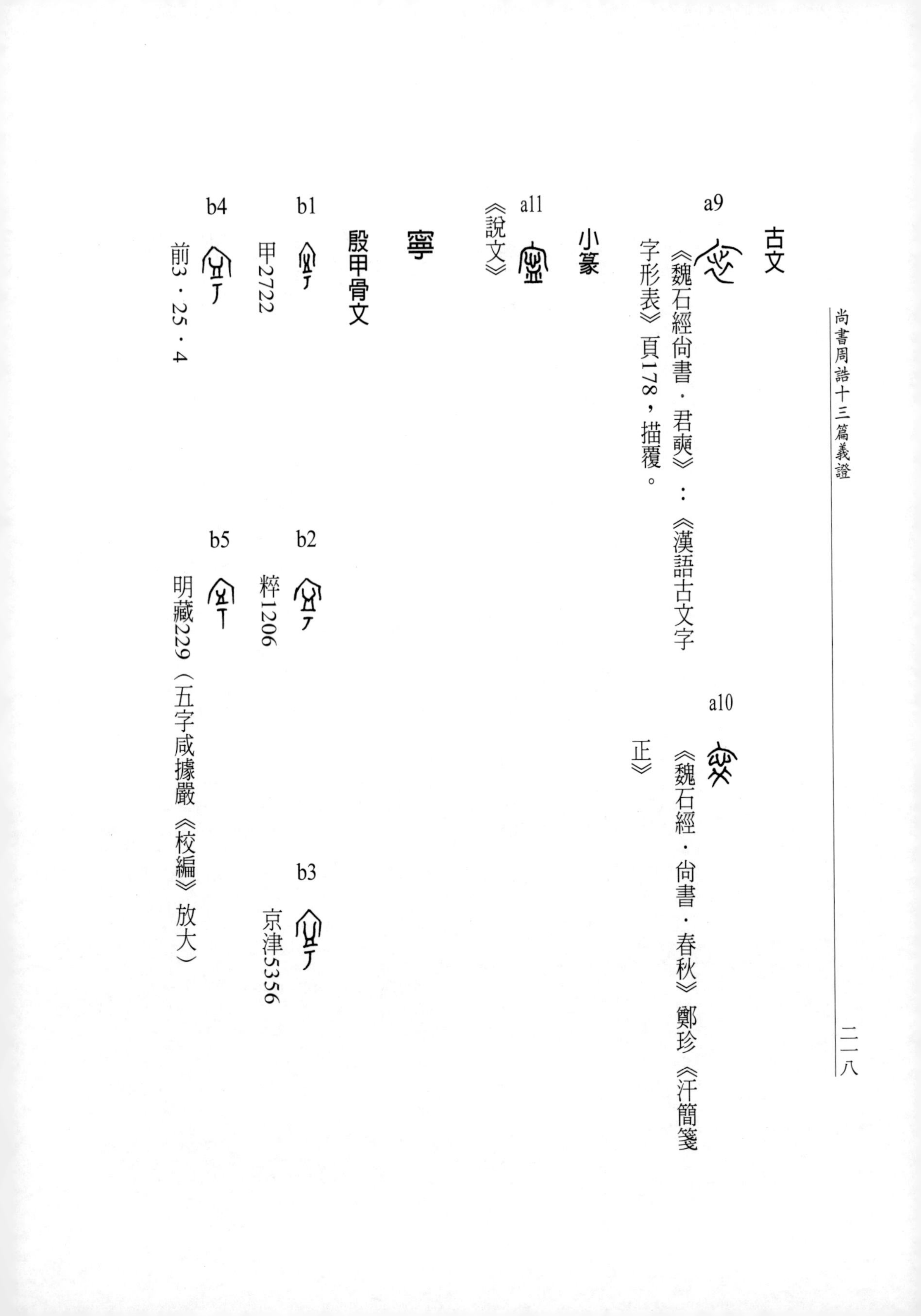

古文

a9 《魏石經尚書・君奭》：《漢語古文字字形表》頁178，描覆。

a10 《魏石經・尚書・春秋》鄭珍《汗簡箋正》

小篆

a11 《說文》

寧

殷甲骨文

b1 甲2722

b2 粹1206

b3 京津5356

b4 前3・25・4

b5 明藏229（五字咸據嚴《校編》放大）

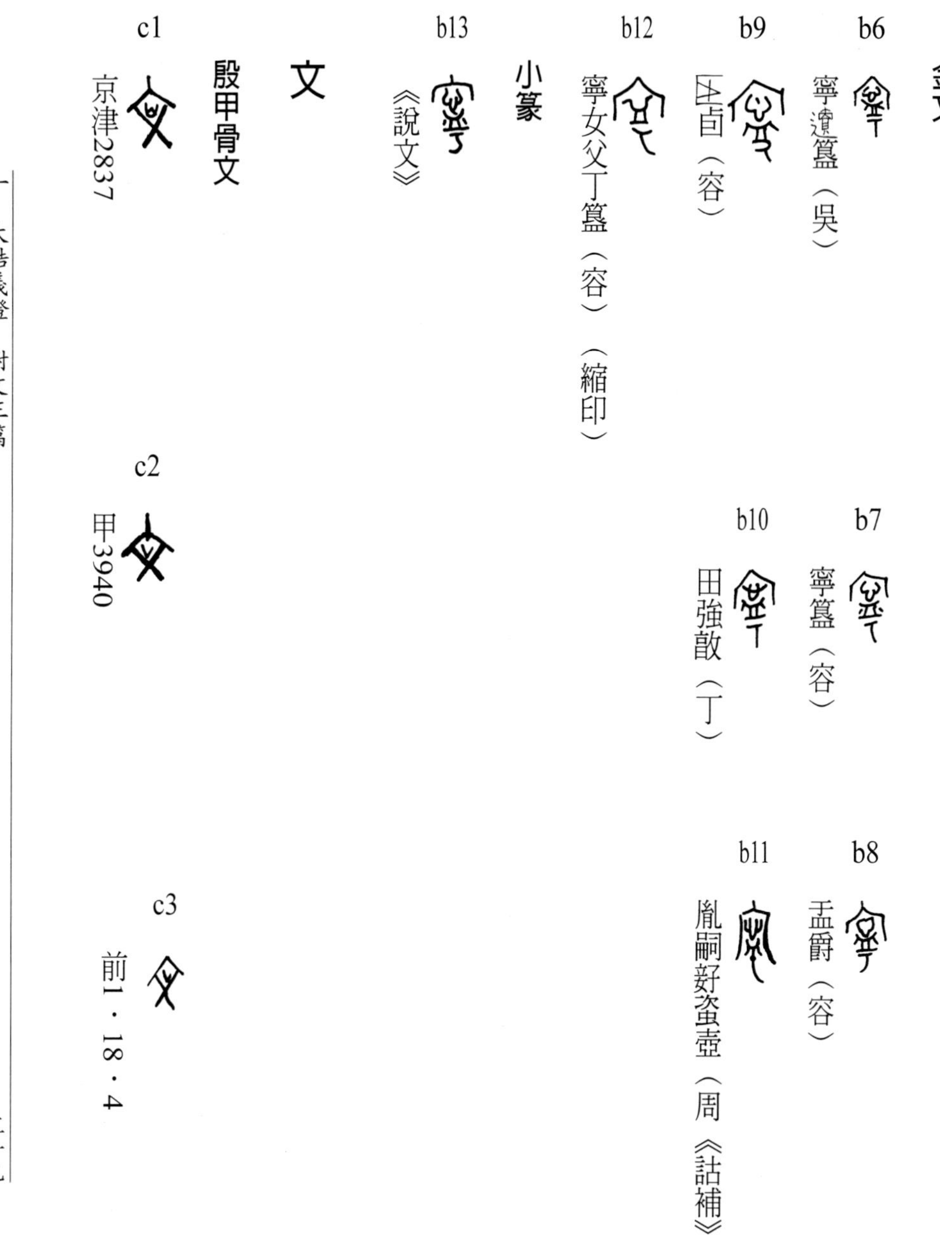

金文

b6 寧遽簋（吳）

b7 寧簋（容）

b8 盂爵（容）

b9 亞卣（容）

b10 田強敨（丁）

b11 亂嗣孖盉壺（周《詁補》）

b12 寧女父丁簋（容）（縮印）

小篆

b13 《說文》

殷甲骨文

c1 京津2837

c2 甲3940

c3 前1・18・4

c4 乙6281反

c5 鄴二下・35・2

c6 鐵38・3

c7 乙3612

（七字均據嚴《校編》放大）

金文

c8 趞鼎（吳）

c9 君夫敦（吳）

c10 利鼎（容）

c11 師酉簋（容）

c12 旂鼎（吳）

c13 史喜鼎（容）

c14 麦尊（容）

c15 戎都鼎（吳）

c16 改簋蓋（吳）

c17 師舍敢（吳）

c18 君夫敢（容）

c19 文簋（容）

c20 能匋尊（容）

c21 大豐簋（容）

c22 子𡚬觥（容）

c23 文鼎（容）

c24 師趛鼎（容）

c25 毛公鼎（兮仲鐘同）（吳）

c26 吳生鐘（方綴）

c27 彔簋（容）

c28 蔡侯鐘（容）

c29 盂鼎（容）

c30 伯簋（容）

c31 歸夆敦（吳：徐）

c32 何尊（嚴一萍〈何尊與周初的年代〉）

古文

c33

小篆

c34

（一）贊同三家說「寧」為「文」誤者

曾運乾《尚書正讀》卷四〈大誥〉：「寧當作文，字之誤也。孫詒讓《尚書駢枝》云：『……。』吳大澂《字說》亦云：『……。』其說竝是也。」

劉節〈大誥解〉：「寧王乃文王之譌。」（《文學年報》二期，民國二十五年）

楊樹達《積微居小學述林》卷七：「吳愙齋……〈文字說〉謂《書．文侯之命》及兮仲鐘、追敦皆言前文人，知前文人為周時習見之語，因古文『文』字或从心作𢘋，後人遂誤釋為寧。《書．大誥》屢言前寧人，皆當為前文人，其言寧王，當為文王，寧考當為文考，足正鄭君未受命稱寧王之誤說。凡此皆立義堅卓，泰山不移，足證經文及漢儒之訛，深有裨於經義者也。」（民國二十八年三月十六日撰）

傅斯年《傅孟眞集．中國古代文學史講義》頁六五：「自〈大誥〉至於〈顧命〉，合以〈文侯之命〉，……今日之不能盡讀者，……毋寧歸之於文字因篆隸之變而致誤。……即如〈大誥〉中『寧人』、『寧王』之『寧』字，本是『文』字，乃以誤認篆文而誤，以致〈大誥〉本為文王歿武王即位東征之誥者，遂以此字之誤，解作周公成王之書。（下引吳大澂《文字說》全文為證）」

陳夢家《尚書通論》頁二二〇—二二一：「用寧王遺我大寶龜，寧王即文王，金文文作𢘋：寧作寍，形近而譌，詳吳大澂《字說》、〈愙齋毛公鼎考釋〉。旂鼎云：『文考遺寶賫弗敢喪，旂用乍父戊寶障彝。』」

屈師翼鵬《尚書集釋》頁一四二：「寧人，謂前文人。」

《屈萬里先生文存・甲骨文金文與經學》：「……以《愙齋集古錄》和《說文古籀補》等書著名的吳大澂，由於研究金文的結果，悟出了這些『寧』字都是『文』字隸變之誤。在他的〈文字說〉中（見《字說》）有詳悉的論證……。由於這一個字的證明，於是〈大誥〉中凡是有寧字的句字（子），就都可以迎刃而解。這眞不能不令人拍案叫絕。」（原載《中央日報・學人》二十一期，民國四十六年二月十六日）

屈先生〈經義新解舉例〉：「清末著名的古文字學家吳大澂，著了一本《字說》。《字說》中有一篇〈文字說〉，他舉出金文中的『文』字，有些是從『心』的，字形很像『寧』字；他因而領悟到〈大誥〉中寧王、寧武等『寧』字，必定是『文』字之誤。由於這一發現，可知寧王就是文王，寧武就是文武，寧考就是文考（亡故的父親），前寧人就是前文人（泛指已亡故的人）。於是理順辭達，可不煩言而解了。」（載《孔孟月刊》十四卷十一期，民國六十五年七月）

嚴一萍〈釋文〉：「《尚書・大誥》誤从心之『文』爲『寧』，遂使『寍王、寍考』不得其解者二千載，吳大澂曰：『不見古器，不識眞古文，安知「寍」字爲「文」之誤哉！』」（《中國文字》第九冊）

龍宇純先生《中國文字學》第一章〈緒論〉：「古書之譌誤，大端有二：曰字之誤，曰聲之誤。字之誤即由形近所引起。如《尚書．大誥篇》云『寧王遺我大寶龜』、『以于敉寧武圖功』、『不可不成乃寧考圖功』、『予曷其不于前寧人圖功攸終』。《僞孔傳》釋『寧王』爲『安天下之王，謂文王也』，釋『敉寧武圖功』爲『撫安武事，謀立其功』，釋『寧考』爲『寧祖聖考之（敏案：衍字。）文武』，釋『前寧人』爲『前文王安人之道』，並牽強難通，無待辭費。但兩千年來所傳習的莫非此說。直至同治年間，吳大澂因見金文文字或書作[illegible]，與寧字作[illegible]相近，而文王、文武、文考又並周初習用語，於是斷寧王、寧武、寧考、前寧人爲文王、文武、文考、前文人之誤，而向之疑滯以解，成爲經學上著名的掌故。」

吳璵先生《尚書讀本》頁九四：「寧王，吳大澂《字說》及方濬益《綴遺齋彝器考釋》均謂金文之『文』與『寧』字形近，此『寧』字乃『文』字之訛。證之金文原文，其說可信。是『寧王』即『文王』；下文之『寧武』，即『文武』（參見拙著《尚書新證》）。」（敏案：吳先生《新證》此篇尚未發表；又寧武，大澂原無說）

大陸學者王世舜《尚書譯注》頁一四〇：「寧王，當作文王，古時文、寧字形相近，致誤。」（四川人民出版社，一九八二年鉛排本）

案：屈先生述大澂意，寧皆爲文隸變之誤，出諸吳氏後一說。

有援周器它字以爲佐證者，上已引陳夢家《尚書通論》引斿鼎「文考」證成吳說（類此者說甚多，不具），又有《金文叢考》卷七〈彝銘名字解詁〉亦是也，

伯其父簠「惟伯其父……」，字舊或釋麐，許瀚云：「薛氏書盄和鐘『高弘有慶』作，與此文正同，疑此亦慶字也……」。今案：許說至確，近出秦公段，銘與盄和鐘大同小異，「高弘有慶」字亦正作，亦與疆方爲韵，从鹿从文。余謂此乃慶之正字，慶乃譌字也。古人文字或从心作師酉段，稍省則作豆閉段，此慶字所从即文中之心之稍省者也。字或省作召伯虎段，若戈叔慶父鬲，似从鹿省，亦似从省，即小篆字之所从出，故許書說之以「从心夂、从鹿省」也。古文字多誤爲寧，如書之「前寧人」實「前文人」，「寧王」實「文王」，「寧武」實「文武」，此慶之誤爲慶，與彼正同出一轍。

案：郭氏因見吳氏說有心之文誤爲从心之寧，乃悟从心（）之慶譌作慶，所舉師酉簋文字見C11，豆閉簋文字渻心作U，亦見C21、C22，而《金文編》引觥、文父丁匜等文亦作形。

有以甲骨文字爲佐證者，三清人之所未及，

屈師翼鵬〈以古文字推證尚書譌字及糾正前人誤解舉例〉：「〈大誥〉、〈君奭〉兩篇中『寧王』、『寧武』、『前寧人』等之寧字，……吳大澂……在《字說》中，他認識了許多前人沒有認識的鐘鼎文字，也因此推證出許多新的理論，可以糾正前人誤解

經書的地方。金文中的『文』字，有的作『[glyph]』（史喜鼎），當中有一個『心』字。而甲骨文之『寧』字作『[glyph]』，兩個字很相近。由於吳大澂推證的結果，認識了『[glyph]』就是『文』字。因爲後來的『文』字都沒有作『[glyph]』的，後人遂把它誤認爲安寧的『寧』字。這是由古文變爲隸書時，前人所錯認的。由於吳大澂確認了『文』字的結果，對於《尚書》中的『寧』字就易於解說了。『寧王』就是文王，『寧武』就是文王和武王。」（《孔孟月刊》十卷九期，六十一年五月）

案：謂殷甲骨文寧（b1至b5）與《字說》所示之文（C9、C15、C16、C17）淆誤，蓋以爲由甲骨寧演變爲金文寧（b6、b8之倫），再譌爲金文文（C9等），誠有可能。至云漢人隸定時文作寧，容併下討論之。

有求諸《魏石經》古文爲佐證者，亦三清人之所未及，

王國維曰：「寧王即文王也。……《三體石經》古文寧作[glyph]，古銅器銘文字多作[glyph]，二形相近，故而致誤。」（見劉盼遂記〈觀堂學書記〉）

《屈萬里先生文存．文字形義的演變與古籍考訂的關係》：「……和他（吳大澂）同時的方濬益，在他所著的《綴遺齋彝器考釋》裏（卷一〈吳生鐘〉），也因吳生鐘裏『前文人』的『文』字作『[glyph]』，而悟出《尚書》中的『寧』字乃『文』字之訛。……但吳清卿作《字說》的時候，《三體石經》的《尚書．君奭》殘石，還沒有出土。我們現

在再從《三體石經》殘字來看，〈君奭篇〉『我迪惟寧王德□』句，寧字古文作[古文字形]，篆文和隸書都作寧（按：此寧字應作文）。又同篇『□□□□寧于上師（帝）命』句的寧字也作[古文字形]（按：此處應是寧字）。可是同篇中的『文』字以及《春秋》殘石中的『文』字，它們的古文都作[古文字形]。《三體石經》是據孔壁古文傳刻的，孔壁古文乃是先秦人所寫。和金文的『文』字比對著看，[古文字形]也確是『文』字。然而『寧於上帝命』的寧字，《三體石經》既作[古文字形]，可見在秦以前（約戰國晚年）就把『文』字誤認成『寧』字了。」（原載《自由談》二十卷二期，民國五十八年二月）

屈先生《尚書集釋》頁一三六：「吳大澂《字說》謂……按：《魏三體石經．尚書．君奭》殘石：『我迪惟寧王德□。』寧字作[古文字形]。篆文、隸書皆作寧。又同篇：『□□□寧于上帝命。』寧字亦作[古文字形]。而同篇他處及《春秋》殘石，文字古文皆作[古文字形]。是孔壁《古文尚書》已訛文為寧矣。」

邱德修氏《魏石經古文釋形考述》頁一二七：「盜，……《石經》古文作[古文字形]形，其下之皿作『[古文字形]』形者，乃自[古文字形]（廿七年皿，「[金皿]」字偏旁）若[古文字形]（蘇公作王妃盂簋，「盂」字偏旁）若[古文字形]（大賓鼎，「盞」字偏旁）譌變而得。蓋『皿』字下之『一』畫或為鏽蝕，或為斷簡，或為蟲噬，以致壞爛，後人不察遂譌作[古文字形]形矣。既已訛變之形，與『衣』字所作類似，遂有『从衣』之論，實則不然也。依『[古文字形]』乃『皿』字之壞爛推之，古文『寧』字作『寍』，在此通段作『文』用。是故《禮記・緇衣》引《書經》作『上帝割申勸寧王之德』，實當作『上帝割申勸（敏案：觀之誤）文王之德』也。《石經》古文所作，正與《禮記》所引者同，是故六國時，『文』、『寧』二字字形每有混同之現象。以致秦火後，漢儒遂有譌『文』爲『寍』之誤。二千稔後，始由清人吳氏大澂澄清漢人之混沌（詳《字說》頁二九），寧王即文王之眞象，方昭然若揭也。」

案：寍，《說文》：「安也，从宀，心在皿上，人之飲食器，所以安人。」金文（a2至a6）咸作安義，同《說文》，自殷甲骨文寍（a1）衍來（嚴一萍謂a1寍下半部脫丁，原當作寧，同b1至b5）。寧，《說文》：「願詞也，从丂寍聲。」段《注》：「寍部曰『寍，安也』，今字多假寧爲寍。」由甲骨文寧（b1至b5）衍來。如《說文》，寍，會意，在先；寧，形聲字，在後。今經典絕多假寧爲安寍字，「寧行而寍廢矣」（段《注》）。

又案：屈先生或漫從吳氏《字說》「壁中古文〈大誥篇〉，其文字必與寍字相似，漢儒遂誤釋爲寍」，謂文誤作寧，「是由古文變爲隸書時，前人所錯認的」，前人自指漢儒。孫氏《駢枝》亦謂由漢人隸古定時致誤。先生又或據《魏石經》，謂「秦以前（約在戰國晚年）就把文字誤認成寧字了」（要旨則用吳氏《說文古籀補・自敘》「壁經又皆戰國時詭更變亂之字，至以文考文王文人讀爲寍考寍王寍人」）。當以此說爲先生之定論。邱氏承之，爲調停之說，云六國時文寧二字形有混同現象，惜未舉實證（〈緇衣〉引《尚書》本作「文王」，邱氏誤作

「寧王」，下文據以論字譌，遂皆失正）；又云秦火後，漢儒遂譌文爲寍。考秦火與字譌無關，漢儒如何致譌，其說不分明。既而又云吳氏澄清漢人之混沌，或又云《尚書》作寧（寍）王，是通叚作「文」。時而作字誤從吳、屈，時而謂通假，牴牾多方。夷考寍*nieng耕部開口、文*mịwăn文部合口，不能通假；謂之通假，失考。王靜安謂器銘「文」（約合C13）與《魏石經》古文寧（a9）形近致誤，語焉而未詳，而邱氏歷考其訛變之迹，可參看，惟均與《尙書》文訛爲寧無直接關聯。

三案：今《僞孔傳》本《尙書・大誥・君奭》諸「寧」，宋薛季宣《書古文訓》本皆作「寍」，而薛氏自解此諸寍字時則皆作寧、絕不作寍，可見薛本經文作寍，必有所宗，其所憑依，非隸古定本之舊乎？各本今作寧，後改者也。今傳伏生《尙書大傳》（爲殘本）、歐陽大小夏侯《尙書遺說》（皆不全），未見寧王等釋文，但〈莽誥〉皆作寧（原當爲寍）訓安，乃今文經、說（詳拙著〈莽誥大誥比辭證義〉），推知伏歐夏本亦皆作寍（不作文）。僞孔本〈大誥〉、〈君奭〉，固伏生所傳，則其作寧（不作文），祖伏生本也。故秦博士伏生，家藏《尙書》，疑爲西土文字（籀文之倫）寫本，字體近周金文，伏氏隸定以授齊魯之閒，時年過九十，昏眊不能察，誤「文」（類似C1、C9、C13、C15、C16、C17之倫）爲「寍」（類a1、a2至a8之倫）。而〈君奭〉「割申勸寧」，《禮記・緇衣》引作「周田觀文」，鄭《注》謂前者爲《古文尙書》，與伏歐本無殊，是《今、古文尙書》竝同，其另一本——後者（即〈緇衣〉所引）悉異，但今文博士堅守其家法仍作「寍」（參看後文），則伏歐今文《尚書》已作寍，又一證也。吳（《字說》）孫方三家謂漢人誤識，咸舉金文字體以證，洵是也。漢魏經學大師注《尚書》今文二十九篇，經文皆根據孔壁古文、說作寧（寍）訓安，或許宗本伏生、鄭玄、王肅等《尚書》遺說，歷可徵也（詳下）。孔壁《古文尚書》四十五篇（其中〈九共〉九篇共卷），至西晉末猶多存者，但魏刻《石經》所據爲馬鄭等《古文尚書》家本，非直據孔壁本。又馬鄭本只作一字寍（寍，早已隸定，不可能時至曹魏仍作古文如a9、a10形）；而魏《石經》爲三字，必具古文，故乃據馬鄭本寍旁求古文寍（如屈先生及邱氏所舉）足之。當時古文寍於器物經典存字甚多，故亦不必斷其取自孔壁《尚書》，而遽定魏石古文寧直六國《尚書》傳本之遺字也。壁中書寫以古文，一律，其「文」字（C33），亦不可能形似而誤爲寍（a9、a10）；若謂戰國某師讀用西土通行字體所寫之《尚書》「文」（C9等），轉誤定爲東土通行字體「寍」（a9、a10），亦悖常理。故論二字之致誤，不如仍依吳（《字說》）孫等，謂漢儒（伏生等）誤讀，而不牽涉東土古文，爲得其要矣。

方說今傳僞孔本《尚書．大誥》胎祖伏生本，旋見郭沫若執異，其

> 《金文叢考》卷一〈周彝銘中之傳統思想考〉：「《書．大誥》『予曷其不于前寧人圖功攸終』、又『予曷敢不于前寧人攸受休畢』，寧即文之異文——文字之誤（原注：凡本篇文字均誤爲寧，寧武、寧王、寧考，寔當爲文武、文王、文考。）。《僞傳》於前句訓爲『前文王安人之道』，以安訓寧，復揭文王字，

蓋《尚書》古本必一本作『前文人』、一本誤作『前寧人』，故僞孔者兼用之，而說『文人』爲文王，大謬！又〈文侯之命〉『追孝于前文人』，《僞傳》『追孝於前文德之人』，亦順文爲解而已。」

郭以爲僞孔氏握具《尚書．大誥》兩本：一本作「前文人圖功攸終」、「前文人攸受休畢」云云（另「休于前文人」、「文人有指疆土」云云當同），正，故彼據「文」說爲「文王」；一本則上述各句之「文人」皆作「寧人」，誤，故彼據「寧」訓「安」。敏案：〈莽誥〉及鄭《注》所據本皆作「寧」，故莽以「安人」作訓，以安皇帝（指文王）代寧王；鄭以「受命〈安天下〉曰寧王」，且以文王「德能平正天下」故又稱平王以喻明斯理。僞孔襲其義，篇中第一次釋前寧人曰「前文王安人」，下三次即直謂前寧人（寧人同）爲文王，且第一次釋寧王爲「安天下之王，謂文王」，下五次亦直謂寧王爲文王，是凡「安人」、「安天下」皆用喻明「文王」之所以稱「寧王」之故，倣莽鄭，皆爲鑿說，非所據有作「文」、作「寧」兩異本也。郭考失周，不可信！

又有徵諸《禮記》引《尚書》，以勘校〈大誥〉、〈君奭〉寧王字誤者，固亦三清人之所不及，

王國維曰：「寧王，即文王也。〈君奭〉『昔在上帝，割申勸寧王之德』，《禮記．緇衣》引作『周田觀文王之德』可證。蓋寧字古文作寍（如毛公鼎），而文字古文作𢘵

〈金文中屢見〉，字形極近，故易誤也。」（王觀堂先生《尚書講授記．大誥》，吳其昌錄）。楊筠如《尚書覈詁》卷三〈大誥〉：「寧王，當作文王。〈君奭〉『割申勸寧王之德』，《禮記．緇衣》作『周田觀文王之德』，鄭《注》：『今博士讀（厥）亂勸寧王之德』。蓋自漢時，已譌文爲寧矣。古文文作忞，从文从心，與寧相似，故漢人誤認爲寧。〈文侯之命〉『追孝于前文人』，與下文『予害敢不于前寧人攸受休畢』相同，亦其證矣。」

《尚書新證》卷二〈大誥〉：「此篇寧王，吳大澂謂爲文王之譌，而他篇亦自作文王也。〈君奭〉寧王、文王並見，《戴記》引『割申勸寧王之德』，寧作文。可證漢人釋《尚書》前後多未能一律也。」

又卷三〈君奭〉：「《禮記．緇衣》引作『……周田觀文王之德』，……按：寧作文，……以形似而譌，《禮記》所引是也。」

吳說不及寧武，又說〈大誥〉爲武王命書，屈先生補正之，其〈甲骨文金文與經學〉有云：

……只可惜吳大澂不信《書序》和《史記》之說，以〈大誥〉爲成王伐武庚時大誥天下之辭；而以爲「乃武王伐殷，大誥天下之文」，這一點未免小失。因爲〈大誥〉說：「弗弔，天降割于我家，不少延。洪惟我幼沖人，嗣無疆大歷服。」明明是說武王死了，年青的成王已繼嗣王位。下文又說：「殷小腆，誕敢紀其敘。……曰：『予復！』反鄙我周邦。」明明是敘述武庚倡亂，喊出「復國」的口號。這很顯然地是成王伐武庚時的文告。如此說來，則吳氏所沒提及的「以于敉寧武圖功」之句，也就可以渙然冰釋；因爲那是說：「用以去撫定文（寧）王和武王所圖謀之事」（滅殷而建立周王國）呀！

案：謂〈大誥〉爲成王誥書，則寧王爲文王，寧考爲文考（亡父）武王，前寧人、寧人爲祖先，而寧武爲文武二王，是諸語皆可通矣。若吳氏說爲武王誥書，則寧王諸語依之爲解雖可通；惟寧武則不可通，而吳氏無說。吳氏見《尚書大傳》編〈大誥〉於〈金縢〉前，遂定爲武王書；而〈金縢〉爲成王書，居後。夫〈金縢〉記武王既克殷二年遘厲疾，以迄周公東征返鎬，始末約四年事（類史體紀事本末），以終事言，誠應如《大傳》繫〈大誥〉下；若以始事言，則多本置編〈大誥〉上，固宜。吳固執伏生《大傳》篇次一義，令寧武不得其解，誠憾事也。

又案：〈大誥〉「民獻有十夫」，吳氏據《論語．泰伯》「武王曰：予有亂臣十人」馬融《注》「十亂」當此「十夫」。夫馬《注》十亂有文母（文王后大姒），而此十夫無女子（夫，男子之大號）；民獻，謂未仕之賢者，而十亂盡在官。十夫非十亂甚確（詳拙著《尚書大誥篇義證》）。大澂強合彼此以論〈大誥〉乃武王命書，非也。

（二）遵從舊解以「寧」非「文」誤者

吳氏重大成就，在發見寍爲文誤；誤解〈大誥〉史實，不足爲其累。但有謂寧未必是誤字，或竟確認寍、文古字形非甚近，無緣致淆。于省吾嘗於吳說略發其意，云何《尚書》它篇（〈康誥〉、〈酒誥〉、〈洛誥〉、〈無逸〉、〈立政〉、〈顧命〉）「自作文王」不作寧王耶？且夫《小戴記》漢人編，其篇〈緇衣〉引寧作文，是漢人說寧王未一律爲文王：是可疑。邱氏既謂寍借爲文，又推尊吳氏澄清漢人之混沌（于、邱二家說已詳上引），於寧爲文之誤未有定見，顯然。

又有躡鄭《注》已，乃復錄大澂說附後者，清吳汝綸也，

《尚書故》（《桐城吳先生全書．經說》二之二）：「鄭〈洛誥〉《注》：『周公謂文王爲甯（當作寧，下同）王，成王亦謂武王爲甯王。』是也。……吳大澂嘗爲予言：古鐘鼎銘，文、甯二字形相近，甯王，文王也；甯武，文武也。」

洎子闓生，確說寧非文誤，其

《尚書大義》頁四七：「吳大澂云：寧、文二字，古鐘鼎形近，寧王即文王，寧武即文武，寧考蓋猶『文子文孫』之義。案：吳說寧王、寧武甚合，惟寧考難通，蓋稱武王不應爲文考也。『寧王』自是當時一種稱號，不得逕以爲『文』字。」（闓生釋〈君奭〉「寧王德延」寧王爲文王、又於「割申勸寧王」下曰《尚書》「寧王」多兼文、武爲

言，此亦然。）

根本否定吳孫說，溥儆《詩》、《書》、《石經》、字詁等力爭者，章炳麟也，其〈漢儒識古文攷上〉：「款識之學，始宋時楊南仲、劉原父，……非有所從受也，直臆決之耳！……自楊、劉以下，……轉相承襲，或加穿鑿，皆于字書無徵。近代則……吳大澂尤誕妄。觀其所說，有甚于安石《字說》者矣。聚諸家所詮釋，終之無一器可以卒讀者。持之既無故，言之又不成理，夫漢人豈若是乎？」（《國學叢編》一期五冊，民國二十一年三月）

民國二十二年新出〈三體石經攷〉頁三六—三九曰：「（〈君奭〉）『寍于上帝命』，寍作忞，『寍王』（亦〈君奭〉）同。（寍，）從心，從衣，《說文》：『寍，從宀，心在皿上。』人所安在衣食居處，彼從皿、食也，從宀，居也；此從衣，亦同意。《說文》：『衣，依也。』有依則安矣。《隸續》誤摹作忞，形如交叉。清末解銅器款識者，遂妄謂《尚書》『寍王』爲『文王』之形誤，不知此文偶與銅器文作忞者相類。究之銅器文仍多作文，其作忞者乃借字。忞從心從文；《說文》自有忞字，引〈周書〉『在受德忞』。讀〈立政〉者何不誤仞忞爲寍邪？蘇望所傳《石經拓本》〈文侯之命〉『前文人』字作文，『無荒寍』字作忞，截然有辨。若讀『無荒寍』爲『無荒文』、此〈君奭篇〉『寍于上帝命』爲『文于上帝命』，義即難通。又此〈君奭篇〉『我迪惟寍王德延』，次即言『天弗庸釋于文王受命，割申勸寍王之德，其集大命于厥躬』、次即言『文王尚克修和我有夏』，若前兩『寍』字爲『文』之誤，後兩『文』字何以不誤？豈相隔十許字閒，文字形體遽有變異邪？以此相稽，不然之效明矣。然則『割申勸寍王之德』，《記．緇衣》引作『文王』，謂『寍王』即『文王』通稱可也，此猶『湯』稱『成湯』，又稱『⿱㸚止湯』，又稱『⿱㸚止王』，一爲正謚，餘爲通號。若必謂寍爲文誤，『⿱㸚止』與『成』亦得相誤，《詩》之『武湯』、『武王』，何不盡說爲『成』之誤邪？」

二十四年〈古文尚書拾遺〉：「〈君奭〉『割申勸寧王之德』，《記．緇衣》引作『周田觀文王之德』，鄭云：『古文爲「割申勸寧王之德」，今博士讀爲「厥亂勸寧王之德」，三者皆異，古文似近之。』近吳大澂、孫詒讓依〈緇衣〉文，疑〈大誥〉及此『寧王』皆『文王』之誤，且以彝器『文』作『⿵宀文』、《石經》古文『寧』作『⿱宀心』，證其形近致譌。今案：⿵宀文本《說文》忞字，彝器偶借爲『文』，壁中古文自作⿱亠乂，不得與⿱宀心相涉致誤。且《尚書》言文王者甚多，何故〈大誥〉、〈君奭〉二篇讀者獨誤爲寧字？〈緇衣〉作『文王』者，古人引經，多以訓詁事實代之，不必純依正文。即以〈君奭篇〉言之，有云『我迪惟寧王德延、天弗庸釋于文王受命』，二句相連，何故一誤一不誤原注：今據《三體石經》載此，寧正作⿱宀心，「文王」字雖缺，依鄭《注》稱，言「寧王」者即「文王」也。「寧王」字已見〈大誥〉，鄭于此必申明者，正以次句有「文王」耳。？然則文王、寧王本自竝稱，安得指爲字誤？蘇望所摹《石經．文侯之命》『追孝于前文人、無荒寧』，古文文、寍二字具在，何故文人不誤爲寧人？且『無荒寧』可讀爲『無荒文』邪？《說文》引《書》『在受德忞』，若文字借文爲之，此忞字當作文，何故今不誤爲『受德寧』、而從聲轉爲『敃』也？推此言之，寧斷非文之誤。文王稱寧王者，古人謚之與號往往隨意迭稱，如湯一人，〈商頌．玄鳥〉稱『武湯』、〈長發〉稱『迋王』、〈般迋〉稱『成湯』，或謚或號，必居一于此。古文武、成亦相似，何故不以成湯爲武湯之誤也？《詩．召南》『平王之孫』《傳》曰：『平，正也。武王女，文王孫。』則文王又稱平王原注：或謂《詩》所謂「平王之孫，齊侯之子」者，即《春秋．莊元年》王姬歸于齊事。若然，則當入〈王風〉，不得入〈召南〉。且襄公已嗣位，何以言齊侯之子？據〈謚法解〉「執心克莊曰齊，資輔共就曰齊」，則齊侯爲國爲謚且未可知。，非獨寧王一號而已。故知《尚書》爲本文。〈緇衣〉代㠯常稱。不得據彼改此。」（原載《國學論衡》五期；此據《制言》二十五期太炎先生紀念專號，稱〈古文尚書拾遺定本〉，民國二十五年九月）

復有瑞典高本漢（Bernhard Karlgren）只見孫氏《駢枝》，據以論寧文字形稍近，但謂尚不足致互譌，其《書經注釋》頁五六七：「……孫氏的這個講法，是非常巧妙的。不過我們遍觀一切古文字中的『文』與『寧』的材料，可以看出這兩個字的相似程度，是不能構成孫氏校改這個經字的條件的。換句話說，它們的形雖然有些『近』，但是還不可能造成互相的譌誤（此說的詳論，可以參看拙著《漢文典（Grammata Serica）》第二四六頁及三四七頁）。」

余檢其《漢文典》（Grammata Serica Recensa: Museum of Far Eastern Antiquities Stockholm, 一九六四）頁一三〇、二二三，但分別舉「文」、「寧」字各數體：曰文〔古文字形〕，曰寧〔古文字形〕；於二字古形相近互譌一節，並無討論。

案：考大澂以〈大誥〉爲武王命書，申之無已，如彼竟謂寧武爲文武，是教武王自告天下曰「有十夫輔我（武王）往完成文王武王（我）所圖謀之事業」，於文理事實決不可通。大澂於寧武無解（說已見上），而汝綸父子謂大澂言「寧武即文武」；係誤記，當刪。大澂釋寧考爲文考（亡父——文王）甚明確，而闓生述其說爲祖先、先王，以合其寧王兼稱文武之說，失大澂原誼。

又案：所謂「寧考猶文子文孫」義，言子孫相對於祖先言（闓生解〈立政〉「文子文孫」云云爲「嗣王」，相對爲先君，理同此），則以寧考爲祖先（兼文王武王，同寧王），非《字說》本誼。「文考」文，初義爲文德，下連親稱則爲「亡故」義（說詳下第六章第（二）（三）（四）節），文考在此非美謚（武王，子孫美稱之曰「烈考」、「皇考」……，亦有「武考」之名），故武王崩成王得稱之曰文考。闓生失解。

三案：闓生、太炎均謂寧王與文王，皆當時一種稱號；太炎且難吳、孫曰「《尚書》言文王者

甚多，何故〈大誥〉、〈君奭〉二篇讀者獨誤爲寧字」？宋元人大體已有見於此矣，

《融堂書解》卷十一：「寧王及下文寧考、寧人，皆謂武王也。他書並未嘗有此稱謂，何獨于此書言之？蓋時方蠢動不靜，故因武王有安天下之功而特曰『寧』以寓其意也。」

《書古文訓》卷八：「寧王，武王號。」

金履祥《書經注》卷八：「寧王，謂武王也。周初制謚，將葬而謚。此舉『寧王』，或舉初謚，或尚存二謚也。」

又卷十：「〈君奭〉之書，子王子（王柏氏）謂當在成王初年。……今考……《書》之稱武王爲寧王者，惟〈大誥〉、〈君奭〉爲然。〈大誥〉既初年之書，或其時謚議未定，或尚存初謚，或兼稱二謚，其後始定一謚爲武王耳。故其後諸書止稱武王而〈君奭〉獨稱寧王，是〈君奭〉與〈大誥〉均爲初年之書。」

文王武王皆昌發父子在世之美稱（詳後第四章論文武稱王各節），甚且特爲二王造玟（C29至C32）代文，指謂文王、造珷（盂鼎、矢簋、⿱艹氺伯簋、利簋）代武，意指武王，器物與書本文獻記二王無復它稱（呼文武爲西伯、周王，因其爵職，不關號稱）。至於二《南》，鄭玄以爲《詩》之正風，文武時詩，不應有東遷以後之詩，故於〈召南·何彼襛矣〉「平王之孫」，毛鄭竝曲說平爲正，平王爲文王昌，而不能解爲周平王宜臼。宋王質、洪邁等已正其失，明王姬

即桓王之女、平王宜臼之孫女，齊侯即襄公或威公（註三）；而二〈南〉皆東遷後詩，近人亦多已予論定。太炎曰「文王又稱平王」，失之。謚法初起於西周中葉以後（王國維〈遹敦跋〉謂起於周共懿諸王之後、郭沫若〈謚法之起源〉疑謚法興於戰國），殷湯周文武死君尚無謚號，焉得而初謚定謚哉！商之始天子履，自稱武王（《史記・本紀》），《詩・頌》稱之武王或武湯，皆以英武故；《書》（〈酒誥〉、〈多士〉、〈君奭〉、〈多方〉、〈立政〉）、《詩・殷武》、叔夷鐘（云成唐，即成湯，見《大系・釋文》頁二〇三）稱之成湯，書本文獻稱之湯更不勝計，皆及身施號，誠「隨意迭稱」，今執湯號不一以必文王別號寧王，而文王之稱寧王，又僅〈大誥〉〈君奭〉七見（爲字誤），它書它器竟絕不一見。太炎絕無佐驗而必，當然不能成立。且〈大誥〉猶有寧考、寧武、前寧人，若寧字非誤，須如金、章等說，各皆爲專號而與文王「竝稱」，愈支離不通矣。

四案：大澂、詒讓論寧爲文誤，竝未及旁取《禮記》引《書》勘校，而太炎謂吳、孫「依〈緇衣〉文，疑〈大誥〉及〈君奭〉寧王皆文王之誤」，失察，不然，借題發揮而已。夫〈君奭〉「寧王」，《禮・緇衣》引作「文王」，鄭《禮注》謂前者古文；則後者或爲今文（《禮記》乃今文博士戴聖編集），甚確。此一珍貴材料，人多取以校經（詳後），而太炎不果信，謂引者係以訓詁事實（文王）代本字（寧王），是謂《禮》作者以文詁寧，又見寧王爲文王昌，故逕取以代之。夫寧無文義，不得相代，且如太炎意，寧王既實爲文王，何不直書文王，而竟以漢不相干之寧字代文乎？

五案：孫氏《駢枝》將彝銘从心之「文」（C9至C18之倫）隸定爲「忞」，云今《尚書》絕無「忞」，而有因形近譌作「寧」（訓安）者：謂由款識「文」經漢人誤寫爲「寧」，是；定款識心在「文」中之「□」（交）爲心在「文」下之「忞」則非。近惟林義光《文源》（見《說文詁林》十下）及太炎隸定從孫氏。太炎進而論忞是本字，銅器忞作□借爲「文」，銅器文仍多作文。愚謂：文，「錯畫也，象交文。」（《說文》）殷契、周金文多作中有錯畫（即所謂从心）之「文」（類C1至C6、C8至C24），《金文詁林》及《補》收「文」字六十九（不數从心又从王之玟），中無錯畫者才十九字，可見由兩周□衍變爲秦篆文之迹，則忞、□各爲一字，後者爲文之初字，且銅銘甚多見，太炎說非也。宋王安石《字說》，分析形體，多以會意解字，出乎胸臆，穿鑿附會，太炎竟以大澂《字說》相況謂誕妄且過之。不尊重證據，繼以好惡爲取捨，吾不能無憾！

六案：太炎謂吳、孫以彝器□與《魏石經》古文□形近致譌。詳檢二家書，無此文亦無此意。夫〈大誥〉、〈君奭〉寧爲文誤，乃由漢儒誤識（C1、C9等誤寫爲a2至a8），非關《魏石經》，亦與孔壁古文《尚書》無直接關係，前文「又案」已詳，足答太炎「壁中古文自作文，不得與□相涉致誤」之難。〈大誥〉，成王元年（即周公攝政元年）作，錢時以爲時方蠢動，因武王有安天下之功，故稱武王爲寧王，此不脫漢宋先儒窠臼。王柏、金履祥師徒謂〈君奭〉亦成王初年書，時代相同，故竝稱姬發初謚——寧王。其說〈君奭〉時代及初謚等雖誤，然實予吾人啓示。蓋《尚書・周誥》諸篇本王朝公文，撰作書寫，非出一手，其或此二篇爲某史官或書吏揮毫，於「文王」、「文考」諸「文」字慣書爲□（C9、C13等），形近寧（a2至a8），致漢儒隸定誤作。茲援以應太炎「且《尚書》言文王者甚多，何故〈大誥〉〈君奭〉二篇讀者獨誤爲寧字」，情理事實宜皆可通。

雖然，同篇之內，或「文」、「寧」截然有辨，而未嘗誤仞（如〈文侯之命〉）；或同篇前後相隔數字、十數字，而上誤作「寧王」，下作「文王」竟不誤（如〈君奭〉）。既寫由一手，上下文相距又甚近，即不應遽有變異若此，故太炎不能不質疑：此難題之一。太炎未將《字說》、《愙齋集古錄》所舉彝器「文」字一一提出檢討；高本漢未見大澂說，只憑孫說，夸言「遍觀一切古文字中的文、寧」，揆其所示不越十古字（文相當於C22、C4、C25及〈趞曑〉銘文，寧相當於b4、b8、a3），而《字說》揭示形近之「文」字（C9、C15至C17）猶不與，即斷言「它們的形雖然有些『近』，但是還不可能造成互相的譌誤」。嗚呼！若執意云二者不能致誤，即使舉示更多形體更近之字，亦不能教泥古守舊者變革：此難題之二也。

二難並生，似若無可解者，雖然，請自考諸文武事迹，勘比本書本篇上下文及它書引《經》，試爲解決於下。

四　考之周王事迹，證尙書八「寧王」咸當作「文王」

（一）王季歷、文王昌受殷帝命爲周國君，稱王

姬周自后稷始封，至成王之前（不含成王），有「王」號者大（太）王公亶父、王季季歷、文王昌、武王發也。季歷見稱諸侯國之王，

《竹書紀年》（見《古本竹書紀年輯校》，下同）：「武乙三十四年，周王季歷來朝。……三十五年，周王季伐西落鬼戎，俘二十翟王。……大丁（文丁）四年，……周王季命爲殷牧師。」

武王一天下，追尊公亶父曰大王、季歷曰王季——此尊號爲天下之王（非如昔者王季爲藩王），

《禮記．大傳》：「牧之野，武王之大事也。既事而……追王大王亶父、王季歷、文王昌，不以卑臨尊也。」（註四）

《史記．周本紀》：「（武王）追尊古公爲太王、公季爲王季。」（其後《論衡．感類》、《風俗通．十反》、《漢書．平當傳》當上書，皆沿此說。）

《詩》、《書》亦偶著二王此一尊號，出諸周家裔胤之口，

《詩經．魯頌．閟宮》：「后稷之孫，實維大王。居岐之陽，實始翦商。」

《尚書．無逸》周公曰：「厥亦惟我周太王、王季，克自抑畏。」

《詩經．大雅．皇矣》：「帝作邦作對，自大伯、王季。維此王季，因心則友。則友其兄，則篤其慶，載錫之光。受祿無喪，奄有四方。」

始翦商，意謂大王創起滅殷興周王天下之業，即《僞古文尚書．武成》「大王肇基王迹」。作邦，鄭《箋》：「謂興周國也。」因心受祿數句，《箋》：「王季以有因心則友之德，故世世受福祿，至於覆有天下。」謂王季繼軌大王，卒致其後人奄有天下。《韓詩外傳》卷十「季（歷）遂立，而養文王，文王果受命而王」，引此《詩》結證，義同鄭《箋》。

繹察此八「寧王」事迹，皆受天命得天下，而語出於成王、周公之口（皆成王在位時發誥），故眾「寧王」非大王、王季，亦非成王；則爲文王、武王，必居其一矣。殷帝文丁命王季爲牧師，「牧師即後來封建社會的方伯，爲一方諸侯之長」（徐中舒〈西周史論述上〉）。子昌繼位，始有西伯之稱（《史記．周本紀》：「子昌立，是爲西伯。」），亦殷帝所命，

《呂氏春秋．順民》：「文王處岐，事紂寬侮雅遜，朝夕必時，上貢必適，祭祀必敬。紂喜，命文王稱西伯，賜之千里之地。……」

經有記文王受命享國，《呂覽》記文王立國年數，

《尚書．無逸》：「文王受命惟中身，厥享國五十年。」

《呂氏春秋．制樂》：「周文王立國八年，歲六月，文王寢疾，五日而地動。……文王

即位八年而地動，已動之後四十三年，凡文王立國五十一年而終。」

鄭、王注〈無逸〉竝謂是殷王命之爲方伯，

鄭玄曰：「中身，謂中年。受命，謂受殷王嗣立（《書．正義》引作位）之命。（《詩．大雅．文王．小序》《正義》引）

王肅曰：「受命，文王受命嗣位爲君。」（《書．正義》引）

以年壽推之，此受命義非彼（《詩經》）所說之受命也，

清江聲《尚書集注音疏》（《皇清經解》卷三九七）：「文王九十七而終，伏生《大傳》云『文王受命，七年而崩』，則受天命時年已九十。……中身是謂中年，其後享國尚有五十年，明非彼二文（敏案：謂彼《詩．文王、文王有聲》。）之受命矣。」

《詩》「虞芮質厥成」，《尚書大傳》、《史記》據此，謂西伯自此受命——天命，《新序》、《潛夫論》等依焉（均詳下），則此前止爲受人帝之命爲諸侯國君而已。《書．西伯戡黎》，西伯昌滅黎也（註五），王國維曰：「殷、周諸侯多稱王，是同時稱侯伯亦兼王號也。」（劉盼遂記《觀堂學書記》）別撰有〈古諸侯稱王說〉（《觀堂別集》卷一）：

世疑文王受命稱王，不知古諸侯於境內稱王與稱君稱公無異。《詩》與《周語》、《楚辭》稱契爲玄王，其六世孫亦稱王亥，……此猶可曰後世追王也。湯伐桀，誓師時已稱

王，《史記》又云「湯自立爲武王」，此亦可云史家追紀也。然觀古彝器銘識，則諸侯稱王者頗不止一二覯。徐楚之器無論已，矢王鼎云「矢王作寶尊」、散氏盤云「乃爲圖，矢王于豆新宮東廷」、而矢伯彝則稱「矢伯」，是矢以伯而稱王者也。彔伯𢦚敦蓋云「王若曰：彔伯𢦚，□自乃祖考有勞于周邦」、又云「𢦚拜手稽首，對揚天子丕顯休，用作朕皇考釐王寶尊敦」。此釐王者，彔伯之父；彔伯祖考有勞於周邦，則其父釐王非周之僖王可知。是亦以伯而稱王者也。乖伯敦云「王命仲到歸乖伯裘。王若曰：乖伯，朕丕顯祖玟珷應受大命，乃祖克□先生（王），翼自他邦，有□於大命；我亦弗望（假爲忘字）享邦，錫女□裘。乖伯拜手稽首天子休，弗望小□邦歸夆；敢對揚天子丕顯魯休，用作朕皇考武乖幾王尊敦」，乖伯之祖自文武時已爲周屬，則亦非周之支庶，其父武乖幾王亦以伯而稱王者也。而彔伯、乖伯二器，皆紀天子錫命以爲宗器，則非不臣之國。蓋古時天澤之分未嚴，諸侯在其國自有稱王之俗。即徐楚吳越之稱王者，亦沿周初舊習，不得盡以僭竊目之。苟知此，則無怪乎文王受命稱王而仍服事殷矣。

（郭沫若〈金文所無考〉：「諸侯每稱王。」即僅依王氏說爲斷。）

《書．湯誓》「王曰：有夏多罪，天命殛之。……予畏上帝，不敢不正。……致天之罰」。是湯自認受天命，固得稱王，已非諸侯閉境自稱可比；文王受命爲諸侯，於其周國內稱王（《竹書紀年》：「帝辛六年，周文王初禴于畢」），一若矢伯、彔伯之父及乖伯之父稱矢王、釐王及幾王，取靜安說爲佐證，甚快！惟世疑上述「文王受命稱王」與「文王受命稱王而仍服事殷」，乃西伯昌質訟以後受天命稱王（天子）事。此當加釐清，說見下。

（二）文王昌始受天命初建國稱王改元

〈大誥〉「用寧王遺我大寶龜紹（借爲卲，卜問也）天明」，

天明：《蔡傳》訓「天命」；明通命，《易・賁・釋文》：「明，蜀才本作命。」《尚書正義》：「天子寶藏神龜，疑則卜之。繼天明道，就其命而行之。」是經意謂寧王爲受命天子。〈西伯戡黎〉祖伊曰「天既訖我殷命，格人元龜，罔敢知吉」，「人」，暗指文王（西伯昌戡黎），則謂文王受天命亡滅「我殷」（天訖我殷命），翕合〈大誥〉。《三國志・魏書・管寧傳》正始二年陶丘一等薦寧曰：「昔高宗刻象，營求賢哲，周文啓龜，以卜良佐。」以周文王上比殷高宗，下以期魏主，是果以文王爲受命之王；即命于其寶龜以求良弼，固亦天子之事。是此句寧王指的是文王。

就元龜以卜天求弼，武王迹行所未見，故此句寧王不當屬之。

又「天休于寧王，興我小邦周；寧王惟卜用，克綏受茲命」，緊接有下文「今天其相民，矧亦惟卜用。嗚呼！天明畏，弼我丕丕基」，

經方言寧王卜天命，此遂言惟其寧王遵行龜體所示，故能安然承受天命，是兩寧王皆謂受命之天子——文王；而此上二句言天降美命于寧王，興起我百里之小周國，卒安受天命奄有天

下，夫「文王以百里昌」，則此寧王必是文王。「今天其」以下，成王謂亦宜效法文王，照卜行事，則天揚善懲惡，將會輔成我王業。下謹更以文王始受命肇建周國，終爲天下共主，用證成此一詮釋：

文王受殷帝辛命爲西伯自稱王（諸侯王），說已詳前文；其始受天命爲王（天子），秦博士漢老儒伏生最先有明說，

> 《尚書大傳・殷傳》：「文王一年質虞芮，二年伐于，三年伐密須，四年伐畎夷，紂乃囚之。四友獻寶，乃得免於虎口，出而伐耆。」（《尚書大傳輯校》卷一）（註六）又〈周傳〉：「天之命文王，非啍啍然有聲音也。文王在位而天下大服，施政而物皆聽，命則行，禁則止，動搖而不逆天之道，故曰『天乃大命文王』（〈康誥〉文，詳後）。文王受命，一年斷虞芮之質，二年伐于，三年伐密須，四年伐畎夷，五年伐耆，六年伐崇，七年而崩。」（《輯校》卷三）（註七）

《大傳》言受命一年、二年、……是文王受天命改元，其〈殷傳〉曰「文王……六年，伐崇則稱王」，謂受命之六年乃稱王，蓋因《詩・大雅・文王有聲》「文王受命，有此武功，既伐于崇，作邑于豐」爲說。余謂：〈大雅・皇矣〉首章「皇矣上帝，臨下有赫；監觀四方，求民之莫」，五章「帝謂文王」四句，則帝爲天帝；緊接詠文王伐密曰「王赫斯怒」云云，則王謂文王；七章詠文王伐崇（事同〈文王有聲〉所詠），亦弁以「帝謂文王」，則兩伐皆秉天命。今

之《伏傳．殷傳》偏據〈文王有聲〉謂稱王至六年伐崇乃始，殆其徒（張生、歐陽、夏侯家等）記錄之誤（註八）。

所謂質訟受命稱王，《史記》詳其始末，

〈周本紀〉：「西伯陰行善，諸侯皆來決平。於是虞、芮之人有獄不能決，乃如周。入界，耕者皆讓畔，民俗皆讓長。虞、芮之人未見西伯，皆慚，相謂曰：『吾所爭，周人所恥，何往為？祇取辱耳。』遂還，俱讓而去。諸侯聞之，曰『西伯蓋受命之君也』。……詩人道西伯蓋受命之年稱王而斷虞、芮之訟。」

是謂受命稱王同時之事，而〈齊世家〉「及斷虞芮之訟，而詩人稱西伯受命曰文王」、〈劉敬傳〉敬曰「文王……斷虞芮之訟，始受命」，〈周本紀〉《正義》「二國相讓後，諸侯歸西伯者四十餘國，咸尊西伯為王，蓋此年受命之年稱王也」，竝無異說。《新序．善謀下》、《潛夫論．五德志》亦皆以斷訟而始受命。《大戴禮．少閒》：

紂不說諸侯之聽於周昌，則嫌於死，乃退伐崇、許魏（王念孫謂二字為「誅黎」之誤），以客事天子。文王卒受天命，作物配天。

所記為同一事，唯置受命於戡黎後，少異耳。

斷訟事，《詩經．大雅．緜》：「虞芮質厥成，文王蹶厥生。」詩人詠史，蓋以為乃天下歸嚮文王之明證，故以此年為受命稱王之年，徐中舒曰：「文王繼位也稱王。他們對內雖已稱王，但對外仍臣服于殷，……爲殷西伯。周人國力越出周境之外，則始自虞芮歸附之年。周初詩人稱頌文王之德，則以此年爲周受命稱王之年。……是向外發展的開始，……此後累年向外擴張，先伐犬戎、密須。……」（〈西周史論述上〉）是也。

謂文王始受命、改元、稱王、立太子，見於《逸周書・文傳》：

文王受命之九年，時維莫春，在鄗，召太子發曰：「嗚呼！我身老矣，吾語汝我所保與我所守，傳之子孫。」

若文王時實錄然，唯《逸周書》晚作，或云其說未盡可信，但佐以它證，則疑或可決。

文王始受天命，興周國，有天下，見於《尚書》出子武王之口，確然不可移，

王若曰：「惟乃丕顯考文王，……肇造我區夏，越我一二邦以修我西土。惟時怙，冒聞于上帝；帝休。天乃大命文王，殪戎殷，誕受厥命。越厥邦厥民，惟時敘。」（《尚書・康誥》）

謂文王始締造小邦周（肇造我區夏），上帝聞其德化而嘉美之，於是命文王滅大殷（殪戎殷），受殷國運（誕受厥命），殷邦殷民於是乎平治。

或謂滅殷有天下者，武王也，此曰文王者有因，

宋吳棫曰：「殪戎殷，武王之事也。此稱文王者，武王不敢以爲己之功也。」（《蔡傳》引）

才老立說，當受《禮・中庸》影響，彼篇載：

孔子曰：「武王纘大王王季文王之緒，壹戎衣而有天下，……尊為天子。」

壹戎衣即殪戎殷（註九），但兩發語者相距數百年，認知不齊，故有屬文屬武之異，則「〈康誥〉殪戎殷不必與〈中庸〉壹戎衣相牽」（《古文尚書撰異》）。或謂彼篇引作壹戎衣（註一〇），案：〈中庸〉自作文，非引《書》；或更佐以《書・顧命》：「昔君文王武王……達殷集大命」，因斷〈中庸〉作者所見《尚書・康誥》「天乃大命文王」下應有「武王」二字。（註一一），案：成王〈顧命〉上美其父祖功業，不必以彼律此；且先秦人單稱文王受命、武功及滅殷者甚多，若據〈康誥〉，亦如今本無武王二字，茲錯舉於下：

《逸周書・商誓》武王曰：「……上帝弗顯，乃命朕文考曰：殪商之多罪紂。」倣此「天大命文王，殪戎殷」為句。

故秦博士伏生《大傳》說〈康誥〉「天乃大命文王」，曰「天之命文王」，又曰「文王受命，一年斷虞芮之質」云云（已詳上引）。

文王之武功，曰伐密（《詩・大雅・皇矣》）、伐邗（《韓非子・難二》、《大傳》）、伐崇（〈大雅・皇矣〉）、戡黎（《書・西伯戡黎》、《大傳》）、伐畎夷（《大傳》、《史記・周本紀》）（註一二），五伐皆秉天命，〈大雅・文王有聲〉：「文王受命，有此武功。」是也。武王不過成其緒業而已，故《朱傳》曰：「此詩以武功稱文王。……蓋文王既造其始，則武王續而終之，無難也。」〈君奭〉周公前云文王之德「迪見冒聞于上帝，惟時受有殷命哉」，文句大義竝同〈康誥〉此段文；後又云「我咸成文王功于不怠，丕冒。海隅出日，罔不率俾」，功亦謂武功，言文王以此滅殷。文王武功彪炳，所謂天下三分有二，豈但文德懷來而已，見朱子答弟子，

《朱子語類》卷三六：「看文王亦不是安坐不做事底人，如詩中言『文王受命，有此武功：既伐于崇，作邑于豐。文王烝哉』，武功皆是文王做來。詩載武王武功却少，但卒其伐功耳。觀文王一時氣勢如此，度必不終竟休了；一似果實，文王待他十分黃熟，自落下來，武王卻似生拍破一般。」

夫文王欲東圖，必先除後顧之憂（密、畎夷），既而滅邘（河南沁陽）、黎（山西長治）、崇（河南嵩陽以西地，殷西重鎮），入殷畿內，構成剝牀及膚之勢（參酌《西周史論述上》）。是文王諸伐其實如誅紂之兵，荀卿如是觀，

《荀子．仲尼篇》：「文王誅四，武王誅二。……文王載百里地而天下一。」

受天命混一九有者文王也，西周共王時器銘如是觀，

𤼈鐘丙組：「曰古文王，初盭龢于政，上帝降懿德大甹，匍有四方，迨受萬邦。雩武王既𢦏殷，……」（《文物》一九七八年第三期）

墻盤銘：「曰古文王，初敎龢于政，上帝降懿德大甹，匍有上下，迨受萬邦。貂圉武

王，遹征四方。……」（同上）

荀卿亦如是觀，

《荀子．解蔽》：「（上言成湯代夏受九有）文王監於殷紂，故主其心而愼治之，是以能長用呂望而身不失道，此其所以代殷王而受九牧也。」

言文王始受命而出子武王之口，猶有

《逸周書．五權》：「維王不豫，于五日，召周公旦曰：嗚呼！敬之哉！昔天初降命于周，維在文考，克致天之命。」

周公亦如是表示，

《尚書．洛誥》公誥成王曰：「王如弗敢及天基命定命。」

又曰：「王命予來承保乃文祖受命民，越乃光烈考武王弘朕（侯之誤；侯，訓也，名詞）恭。」

後條：下句言武王大訓，則上句言成王亡祖父文王受命有民，自是始受天命。前條，宋、清人共識：

夏僎《尚書詳解》卷二十：「王如弗敢及天基命定命，……徐先生謂：王如弗敢及，乃王謂『我如恐不能及』，此說極然。……基命，徐先生謂：三分天下有其二，是周家之命基始於文王也；定命，徐先生謂：武王定天下，是周家之命定於武王也。」

《尚書集注音疏》（《皇清經解》卷三九八）：「基，始也。始命，命文王者；定命，命武王者。……〈大明詩〉云『有命自天，命此文王』，其〈敘〉云『文王有明德，故天復命武王也』；又〈下武．敘〉云『武王有聖悳，復受天命』，是文王武王皆受天命。……基之言始，故以基命爲命文王；定者，不易之謂，武王定天下成王功，故以定命爲命武王者。」

成王誥宗人：父武王克商，而受天命則自祖父文王肇始，與此「天休于寧王」旨同，

何尊：「王誥宗小子于京室曰：『昔在爾考公氏克從玟王，肆玟王受茲大命。隹珷王既克大邑商，則廷告于天曰：……隹王五祀。』」（銘文隸定據李學勤〈何尊新探〉，《中原文物》一九八一年一期）

子康王誥臣工，云文始受命，武作邦有天下，又同，

大盂鼎：「王若曰：『盂，不（丕）顯玟王，受天有大令（命）。在珷王，嗣玟乍（作）邦，闢（闢）氒匿，匍（敷）有三方，畯正氒民。』」（《大系．釋文》頁三三）

穆王從祖祭公上奏，云文受天革殷命，武克之，

《逸周書．祭公》：「敢告天子，皇天改大殷之命，維文王受之，武王大克之。」

西周詩人稱頌文王不已，亦以其始受天命，如

> 〈大雅・文王〉：「文王在上，於昭于天。周雖舊邦，其命維新。有周不顯，帝命不時。文王陟降，在帝左右。」

此《詩・序》：「文王受命作周也。」鄭《箋》：「受命，受天命而王天下，制立周邦。」箋「舊邦」二句曰：「大王……國於周，王迹起矣，而未有天命，至文王而受命。」《正義》：「言受命作周，是創初改制，非天命則不能然，故云『受命，受天命也』。『周雖舊邦，其命維新』，是立周邦也。」趙岐《孟子・滕文公上》引《詩》而注曰「言周雖后稷以來舊爲諸侯，其受王命惟文王新復修治禮義以致之耳。」朱子《詩傳》：「是以周邦雖自后稷始封，千有餘年，而其受天命，則自今始也。」（其《大學章句》、《孟子集注》義竝同）五子釋《詩》義，確然不可易。陳啓源申之，

> 《毛詩稽古編》（《皇清經解》卷七六）：「《詩》《書》言文王受命，皆言受天命也（敏案：《書・無逸》一事例外）。天命之，豈僅命爲諸侯乎？……即以此《詩》（〈文王〉）觀之，於文王則曰『其命維新』，於殷則曰『天命靡常』，明謂天以命殷者改命文王矣。」

案：陳說甚是。〈大明〉「天難忱斯，不易維王。天位殷適，使不挾四方」，於周言成就王業維艱，於殷言天降命亡殷，可與本詩相發明。而武王告弟曰「天畀棐忱」（《書・康誥》）、成王告天下曰「天棐忱辭」（〈大誥〉）、周公戒召公曰「若天棐忱」，皆「天命靡常」義，

咸謂天下者道善則得之，不善則失之矣，用以自儆。

至東周，靈王太子晉上諫，追述文王始受民，可取作《詩》「舊邦」二句注腳，見《國語．周語下》：「自后稷之始基靖民，十五王而文始平之。」（韋《注》：「至文王乃平民受命也。」）

踰後，子墨子竟徵以符瑞，

《墨子．非攻下》：「還至乎商王紂，天不序其德。……赤鳥銜珪，降周之岐社，曰『天命周文王，伐殷有國』。」

洎乎末世，又雜與五德終始說俱出，言姬昌受命以火德王，

《呂氏春秋．應同》：「凡帝王者之將興也，天必見祥乎下民。……及文王之時，天先見火，赤烏銜丹書集於周社。文王曰：『火氣勝。』火氣勝，故其色尚赤，其事則火。」

降及西漢末哀、平之際，讖緯大興，黃龍、玄龜、赤雀、白魚負圖銜書致命人主之言大起矣，而墨書爲之嚆矢。

秦末、漢、魏、晉人，遵從《書》、《詩》等舊說，以文王受天命稱王者，上文已論《詩序》、《伏大傳》、《韓詩外傳》、《史記》、《新序》、《潛夫論》及鄭玄經《注》外，尚有《春秋繁露》、《說苑》、《世經》、讖緯書、《白虎通．聖人篇》、《公羊》何《注》、

賈逵馬融王肅經《注》、蘇林董巴上〈表〉、韋昭說、《僞古文尚書・武成》、《帝王世紀》，不煩一一舉述，今只論其要焉：

題董仲舒《春秋繁露・郊祀》「……每將興師，必先郊祭以告天，乃敢征伐，行子道也。文王受天命而王天下，先郊乃敢行事而興師伐崇，其〈詩〉曰『芃芃棫樸，薪之槱之。濟濟辟王，左右趨之。濟濟辟王，左右奉璋。奉璋峩峩，髦士攸宜』，此郊辭也。其下曰『淠彼涇舟，烝徒檝之。周王于邁，六師及之』，此伐辭也。其下曰『文王受命，有此武功，既伐于崇，作邑于豐』，以此辭者，見文王受命則郊，郊乃伐崇。……」（同書〈四祭篇〉旨同）

引《詩》「芃芃」及「淠彼」兩節，出〈大雅・棫樸〉，又引《詩》「文王受命」一節，出〈文王有聲〉，明言文王受命伐崇。遂合二詩，謂文王受天命稱王，行誅伐：此齊詩學（《詩三家義集疏》卷二一作齊說），而《箋》與之大旨同，云：周王，文王也。濟濟辟王，文王臨祭祀，其容濟濟然。六師二句，周王往行，謂出兵征伐也。鄭《禮記・大傳・注》：「文王稱王早矣，於殷猶爲諸侯。」是也。

劉向（主治《穀梁》，見《漢書》本傳及〈儒林傳〉）、何休，兩《春秋》學大家，其論文王受命稱王改元，

《說苑・君道》「孔子曰：『文王似元年，武王似春王，周公似正月。……』」

《公羊傳・隱公元年》「王者孰謂？謂文王也。」《注》：「以上繫王於春，知謂文王也。文王，周始受命之王；天之所命，故上繫天端。」

《春秋經》「元年春王正月」，〈君道〉讀作「三始」，蓋以文王爲始受天命建元，武王定天下（其下文「武王正天下伐無道」）。公羊家謂王是文王，天所命。《公》《穀》皆發孔子手著書微旨，用明文王始受天命，殊堪注意。

《伏生大傳》（上已引）、《史記・周本紀》、《韓詩外傳》（僞〈武成〉《正義》引），皆謂文王受命七年崩，劉歆不然，

《世經》：「文王受命九年而崩，再期，在大祥而伐紂。……文王十五而生武王，受命九年而崩，崩後四年而武王克殷。」

歆據《逸周書・文傳》（上已引），載《漢書・律曆志》一下，研經讀史者不敢遺班〈志〉，傳布遂廣，《僞古文尚書》取旃，

〈僞泰誓上〉所謂武王曰：「皇天震怒，命我文考肅將天威，大勳未集。」

〈僞武成〉所謂武王曰「我文考文王，克成厥勳，誕膺天命，以撫方夏，……惟九年大統未集。」

唐宋人以爲經典既著「未集」云云，議爲文王未曾及身稱王（詳下節），不知所據非眞，竟亦不考詳始末。

讖緯起源甚早，西漢末葉漸著而始盛，先賢共論如此。緯書稱天授人符瑞，聖王執以君萬民；於姬周，關涉文王者特多。蓋經典極言文王受命，天授之豈「哼哼有聲音」乎，苟爲無有，何以見信於元元，此緯候所以記文王受命、稱王、改元，託神異以出者也。《墨子》、《呂覽》竝先載赤鳥銜書命文王代殷（皆已詳上引；《論衡・初稟》載略同，見下引），而見載於緯書者尚多，如

《易・是類謀》：「文王比隆興，始霸，伐崇，作靈臺，受赤雀丹書，稱王制命，示王意。」（《詩・大雅・文王・正義》引）

《易・乾鑿度》：「入戊午蔀二十九年，伐崇，作靈臺，改正朔，布王號於天下。」（同上）

《尚書中候・我應》：「季秋之月甲子，赤雀銜丹書入豐，止於昌户，再拜稽首受。」（《詩・文王・正義》引）

圖緯以赤雀爲「命使」、丹書爲「命狀」，怪誕荒謬。然若去其虛託，只從人事觀察（註一三），則受命原有事實根據，

《論衡・初稟》：「……若此者，謂本無命於天，脩己行善，善行聞天，天乃授以帝王之命也。故雀與魚鳥，天使爲王之命也，王所奉以行誅者也。……（〈康誥〉「天乃大命文王」，）所謂『大命』者，非天乃命文王也；聖人動作，天命之意也。與天合同，

若天使之矣。」

朱子亦自人心看天理，其意，「與天合同」便是「合理」，

《朱子語類》卷八一：「問：周受命如何？曰：命如何受，只是人與天同。然觀周自后稷以來，積仁累義，到此時人心奔赴，自有不可已。」

《朱子語類》卷八一：「帝命文王，豈天諄諄然命之耶？只文王要恁地便是理合，如此便是帝命之也。」

案：西周王公恒相戒曰「惟命不于常」，或曰「天畏棐忱，民情大可見」，丕則曰「天棐忱辭，其考我民」（均見《尚書·周誥》），謂天命予奪，自民心向背考稽，吾人若不務保民，以爲休命我周必不變易，則周終將爲天所棄若向之殷亡然。周公戒召公，顯見此意最切：「天降喪于殷，殷既墜厥命，我有周既受。我不敢知，曰厥基永孚于休；若天棐忱，我亦不敢知，曰其終出於不祥。」（〈君奭〉）是也。

（三）文王昌未曾受天命稱王改元說駁義

反對姬昌受天命、稱王、改元者，起於季漢，唐人從而附和，

漢應劭《風俗通義·皇霸》「（引《書·康誥》、《詩·大明》、〈文王有聲〉、〈文王〉及《公羊·隱元年》「文王」「受命」云云）」謹案：……（王利器《校注》：疑上本有《左傳》二字。）《論語》『文王率殷之叛國以服事殷』，時尚臣屬，何緣便得

列三王哉？經美文王，三分天下有其二，王業始兆於此耳。俗儒新生，不能採綜，多共辨論，至於閱訟。大王、王季，皆見追號，豈可復謂已王乎？」

唐孔穎達《僞古文尚書・泰誓上・正義》：「天無二日，王（民）無二王，豈得殷紂尚在而稱周王哉！若文王身自稱王，已改正朔，則是功業成矣，武王何得云『大勳未集』，欲卒父業也。《禮記・大傳》云『牧之野，武王之大事也；既事而退，追王大王亶父、王季歷、文王昌』，是追爲王，何以得爲文王身稱王已改正朔也？」（《史記・周本紀》唐張守節《正義》幾全同，抄襲此《正義》無疑）

孔穎達〈論卦辭爻辭誰作〉：「武王克殷之後，始追號文王爲王。」（在《周易正義》卷首）

劉知幾《史通・疑古》：「夫天無二日，地惟一人，有殷猶存，而王號遽立，此即《春秋》楚及吳、越僭號而陵天子也。然則戡黎滅崇，自同王者，服事之道，理不如斯。亦猶近者魏司馬文王害權臣，黜少帝，坐加九錫，行駕六馬。及其歿也，而荀勖猶謂之人臣以終。蓋姬之事殷，當比馬之臣魏，必稱周德之大者，不亦虛爲其說乎？」

梁肅〈西伯受命稱王議〉（載《全唐文》卷五一七）：「仲尼美文王之德曰：『三分天下有其二，以服事殷。』又曰：『內文明而外柔順，以蒙大難，文王以之。』未有南面稱王而謂之服事，易姓創制而謂之柔順。仲尼稱武王之烈曰：『湯、武革命。』又曰：

『武王未受命。』未有父受命而子復革命；父爲天子，子云未受。當武王之會孟津也，告諸侯曰：『汝未知天命，未可以誓師也。』曰：『惟我文考，大統未集，予小子其承厥志。』孰有王者出征，復俟天命；大統既改，而復云未集。《禮・大傳》稱牧之野既事而退柴於上帝，追王太王、王季、文王，改正朔，殊徽號。若虞、芮之歲稱王，則不應復云追王；王制既行，則不應復云改物。是皆反經者也。……殷道未絕，紂惡未極，而遂稱王以令天下，則不可謂至德也。此其非聖者也。」

觀應氏說，當年辯者甚多，惜今未見。綜上引五家之說，要義得四，茲分條辯反如下：

第一、經傳言文王受命，不過謂後來周室王業，造始於昌而已。敏案：文王肇造周國，余上舉〈康誥〉「肇造區夏」等文論之甚詳，今更取〈酒誥〉成王語「乃穆考文王，肇國在西土」，用相證照，無可置疑矣。

第二、天無二日，昌時尚在臣屬，三分有二事殷紂而已，不容南面稱王。敏案：商、周相敵久矣，武丁時代，殷人與周人即屢有戰爭（註一四）。《竹書紀年》「帝乙二年，周人伐商」，文王四伐（前已詳），莫非翦商，而黎既戡，祖伊恐、以爲天已訖殷命。軍力「能取而弗之滅」（註一五），以強事弱，韓獻子以爲「知時」（註一六）。理其可通。據《史・殷紀》，帝雍己時，道衰，諸侯或不至；中丁以來，比九世亂，諸侯莫朝；武丁得傳說輔，殷復興；其後復衰，陵遲以至於紂。方是時也，天下叛殷歸周多矣，競不以紂爲共主，則周昌於稱

王何多辭也？俞樾〈文王受命稱王改元說〉（在《達齋叢說》）先獲我心，

> 成湯放桀南巢，天下歸之，遂有天下。其後中衰，諸侯不朝，即已不有天下矣。孟子曰：「武丁朝諸侯有天下，猶運諸掌也。」（〈公孫丑上〉）此武丁以前嘗失天下之明證（註一七）。及紂之身，天下大亂，三分有二皆歸文王，則天下豈復商有乎？夫眾所歸往謂之王，虞芮質成之後，六州咸附，則已有王之實矣，有其實豈得辭其名？此文王所以稱王也。紂雖存，止是殷商之國耳，其存其亡，與周之王不王無與也。

矧爾時「天澤之分未嚴」，西伯昌以三分二歸事殷，稱王以率六州諸侯，推勢原情，誠不容已，乃《史通》以司馬文王昭相擬，而疑孔子以「至德」美姬文之爲虛，亦過矣。

第三、《逸周書》謂文王受命九年崩（《大傳》作七年），《僞古文尚書》據之，云「皇天……命我文考肅將天威，大勳未集」（〈僞泰誓上〉）、「我文考文王……誕膺天命，以撫方夏，……惟九年大統未集」（〈僞武成〉），增竄「大統未集」云云。二書若不著「未集」，則文王受命，成王業如此，稱王紀年數歲而終而已；既添「未集」，是王業未就。蓋彼孔、梁二家以爲如「已就」始得稱王改元，故據以定未稱王也。所據非眞，不足成立。

第四、應氏此言武王追號大王王季，而不及文王，其另篇說同（註一八），依《禮．中庸》也；《史記》、《漢書》亦如此（已詳上）。孔、梁殆以秦漢以後大一統思想繩墨西周，故不憚孤據《禮．大傳》疑經（《詩》《書》等），而棄〈中庸〉等錄不顧也。

其餘細末，無關宏旨，毋煩深辨。

至宋，李覯、歐陽脩首啓難端，而胡宏、李舜臣從之，

李覯〈常語〉（《直講文集》卷三四）：「或曰：文王受命稱王。有諸？曰：不得已而伐紂可也；紂猶未伐，功未加於民，而遽自立以昭其私焉，孰謂文王乃尒？武王舉兵建大號，追考虞芮訟息之年以爲受命之始，故曰『惟九年大統未集、十有三年春，大會于盟津』，非西伯實改元也。〈文王世子〉『西方有九國焉，君王其終撫諸』，後人追爲之辭，非西伯實稱王也。〈大傳〉『牧之野，武王之大事也，既事而退，追王太王、亶父、王季歷、文王昌』，是也。康成取緯候以亂之，過矣。」

歐陽脩《詩本義》卷十：「詩人之意以謂：周自上世以來，積功累仁，至於文王，攻伐諸國，威德並著，周國自此盛大。……然以盛德爲天所相而興周者，自文王始也，其義如此而已。故〈序〉但言『受命作周』，不言受命稱王也。」

胡宏《皇王大紀》卷十、十一：「詩人言文王受命，指其至誠動天人之助。……文王武王盡道以事紂，未嘗不冀其悛改也。……不改而無天命，則將臣之，文王何容心哉？順天而已。一日天命未絕，則猶君也。君可以兵脅乎？君子之能事君者，猶卑巽而不矜，溫恭而不厲，況聖人天性慈和發而中節者乎？」

李舜臣曰：「以虞芮質成之年爲文王興王業之初則可，而謂文王於是自稱王則不可。」

（《困學紀聞》十一引；舜臣有《羣經義》，未見）

鄭玄注《緯》甚贊銜書致命之說，《書疏》已不之信（已見前），覩此申舊說而已，不足以否定西伯昌受命，前既論之矣。周、殷交戰，文王伐殷之封國即伐紂，前論已詳，覩言文王猶未伐紂，不必再駁。歐、胡說《詩》（〈大明〉、〈文王有聲〉），謂文王以盛德致天相人助而始興周國，是咸認文王誕膺天命，舜臣謂質訟之年爲文王初興王業之年，彼意文王是年受天命，當同歐、胡。此竝與舊說無殊（見上歷述）；所異者，三家共非姬昌生稱王之說而已。夫昌及身稱王，前論頗多，今因三家質疑，更爲論略如次：夫王者天下所歸往也（《說文》），周昌「內懷文明之德，撫教六州；外執柔順之能，三分事紂」（《易·明夷·象·正義》），宜稱王號：一也。受天命即爲天子、配天，

《毛詩傳箋通釋》卷二四：「古以受天命爲天子爲配天，《莊子·天地篇》『堯問於許由曰「齧缺可以配天乎」』，郭象《注》謂爲天子；《荀子·大略篇》『配天而有天下者』；〈君奭〉『故殷禮陟配天』；〈洛誥〉『其自時配皇天』：皆以人主受天命爲配天。〈文王篇〉『殷之未喪師，克配上帝』，配上帝亦配天也。」

《金文叢考》卷一〈周彝銘中之傳統思想考〉：「受天之命以統治天下者謂之天子，……大克鼎：『不顯天子，……保辪周邦，畯尹四方。』天子與天爲配，宗周鐘：『我隹司配皇天，王對作宗周寶鐘。』」

據馬、郭二說，〈君奭篇〉周公述成湯武丁等五帝，得賢臣輔弼，故殷人保有統治天下權得祀天而各以其先王配；〈洛誥〉周公言應建洛邑，天子以此配合天意：是凡受命天子皆得配天；文王受命，爲天子，自得稱王。而《詩》言殷家未失民心，可配天；洎其既三分失二，既非天子，此時天下惟有一日一主——文王耳：二也。受命配天稱尊號，於是改元，

王國維〈周開國年表〉（《觀堂別集》卷一）：「《書·酒誥》『乃穆考文王肇國在西土。……惟天降命，肇我民，惟元祀』。天之降命如何？肇我民，惟元祀是也。元祀者，受命稱王配天改元之謂。〈洛誥〉……又曰『惇宗將禮，稱秩元祀，成秩無文』、又曰『記功宗，以功作元祀』，是爲成王初平天下後之元祀。而〈酒誥〉之『肇我民，惟元祀』，是爲文王受命之元祀。」

三也。

覯又謂凡典籍所記文王始受命、稱王改元，皆追爲之辭。彼所據《禮·大傳》，余前已辨其載不可信；言〈文王世子〉「君王」乃後人追稱，陰襲《僞泰誓·正義》，而謂質訟始年爲子武王追考，縱牽合〈僞泰誓〉、〈僞武成〉，亦無以解《伏傳》、《史記》所書文王年歷。皆毋庸費辭深辨。

武王九年觀兵孟津（見《史·周紀》），宋張載《張子全書》卷四《經學理窟·詩書》：「此事間不容髮，當日而命未絕，則是君臣；當日而命絕，則爲獨夫。……然問：命絕否，何

以卜之？只是人情而已。」宋程頤曰：「如今日天命絕，則今日便是獨夫。……今日天命未絕，便是君也，爲人臣子豈可以兵脅其君？」（《河南程氏遺書》卷十九〈語錄〉）此胡氏「一日天命絕」云云之所據。敏案：文王與紂世，殷失天心民意，前論甚詳，今更觀《詩·蕩》文王曰：「咨女殷商。……小大近喪，人尚乎由行。內奰于中國，覃及鬼方。」言紂失德失民也。自「人情」卜，殷命已絕，文王又曰：「咨女殷商。匪上帝不時，殷不用舊。雖無老成人，尚有典刑。曾是莫聽，大命以傾。」則彼紂已是獨夫可誅，姬昌於稱王何有？

歐公又作〈泰誓論〉（《歐陽文忠集》卷十八），云「謂西伯受命稱王十（敏案：從《史記》；《別本史記》作七）年者，妄說也」，竝文王受命亦否定，擇要錄下，加碼分作四條：

「①西伯……伐黎而勝也，商人已疑其難制而惡（一作患。）之。使西伯赫然見其不臣之狀與商並立而稱王，如此十年，商人反晏然不以爲怪，其父師老臣如祖伊、微子之徒亦默然相與熟視而無一言，此豈近於人情邪？……②以紂之雄猜暴虐，嘗醢九侯而脯鄂侯矣，西伯聞之竊嘆，遂執而囚之，幾不免死，至其叛己不臣而自王，乃反優容而不問者十年，此豈近於人情邪？……③孔子曰『三分天下有其二以服事商』，使西伯不稱臣而稱王，安能服事於商乎？……④伯夷、叔齊，古之知義之士也。方其讓國而去，顧天下皆莫可歸，聞西伯之賢，共往歸之。當是時，紂雖無道，天子也；天子在上，諸侯不稱臣而稱王，是僭叛之國也。然二子不以爲非，依之久而不去，……此豈近於人情邪？」

案：論其①條：戡黎時（《大傳》云在文王五年，《史記》云在四年），西伯已稱王，祖伊聞之，奔告于紂，曰天棄我殷，訖我國命（見《尚書》）；而在文王受命稱王七年間，比干諫弗聽（《史·殷紀》），微子數諫不納，箕子言不用，佯狂爲奴（據《書·微子篇》及《論語·微子篇》推度，二子諫紂當在此頃），而歐公謂紂之父師老臣熟視默然，豈實情邪！論其②條：《左傳·襄三十一年》北宮文子曰：「《周書》數文王之德，曰『大國畏其力，小國懷其德』（〈僞武成〉竄入，亦謂文王事），言畏而愛之也。……紂囚文王七年，諸侯皆從之囚，紂於是乎懼而歸之，可謂愛之。文王伐崇，再駕而降爲臣，蠻夷帥服，可謂畏之。」諸侯戴德歸心，從文王囚，至於蠻夷率服。是戎殷畏其力，於姬昌稱王無如之何，而歐公云紂優容之不問，豈實情耶！論其③條：文王三分有二事商（《論語》孔子曰及《注》），秦漢人多持此說，詳下），《左傳·襄四年》韓獻子曰「文王帥殷之叛國以事紂」，《豐鎬考信錄》卷二：「所謂『服事殷』者，不過玉帛皮馬卑詞厚幣以奉之耳，非必委質而立於其朝也。《春秋傳》韓厥之言，以喻晉、楚也。晉、楚，敵國也，而以爲喻，則亦非謂文王爲紂臣也。其後晉司馬侯之諫平公，亦以文王喻晉而紂喻楚。假令文王果嘗委質於紂，則二子之取義爲不倫矣。」韓、司馬時近孔子，言事殷宜相若，則文王事殷猶待敵國，於稱王何妨？論其④事：紂不重用老臣（〈僞泰誓〉中紂「播棄犂老」，〈微子篇〉箕子謂時王「咈其耉長，舊有位人」），微子、箕子、比干、商容等皆見疏黜，而文王反其道而行，「善養老者」，故夷齊往歸（見《孟子·

離婁上、盡心上》），《伏大傳》、《史・周紀》竝繫其事於質訟之前（註一九），時尚未受命稱王，則殷二老之所往歸者，非僭叛之國也。

（四）武王發繼受天命定國稱王改元

初，姬昌之子姬發（即周武王）亦爲西伯，

《呂氏春秋・貴因》：「武王至鮪水，殷使膠鬲候周師。武王見之。膠鬲曰：『西伯將何之？無欺我也。』武王曰：『不子欺，將之殷也。』膠鬲曰：『朅至？』武王曰：『將以甲子至殷郊，子以是報矣。』」

發爲西伯，係受殷命，爲紂臣，

《論衡・恢國》：「武王爲殷西伯，臣事於紂，以臣伐周；……湯由七十里，文王百里，武王爲西伯，襲文王位。」

西伯發誅紂，一天下，然後爲天子稱王，毋庸辭贅；今所考者，至遲舉兵伐紂當時即已稱王，

《尚書・周書・牧誓》：「時甲子昧爽，王朝至于商郊牧野。……王左杖黃鉞。……王曰……王曰……。」

《尚書・周書・武成》：「惟一月壬辰，……若翌日癸巳，武王乃朝步自周，于征伐商。……惟四月既旁生霸，粵六日庚戌，武王燎于周廟。」（《漢書・律曆志》一下引，此眞〈武成篇〉）

二篇皆記武王伐紂事，云「王」或「武王」咸謂姬發，《竹書紀年》載事稱周武王同，

> 周武王十一年庚寅，周始伐商，王率西夷諸侯伐殷，敗之于坶野。

其它書本文獻記周武王伐紂往朝歌時已被王號者甚多，不煩更舉。

或謂伐紂時發尚爲臣，不應稱王。應之曰：武王受天命時即非紂之臣，故成王稱其征商爲「致王罰」，

> 《尚書．多士》：「（成）王若曰：『……我有周佑命，將天明威，致王罰，勑殷命終于帝。』」（佑命，受有天命也。致王罰，《僞孔傳》：「天命周致王者之誅罰。」《東坡書傳》卷四：「明威、王罰，一也；在天則明威，在人則王罰。」）

將命往罰者爲王，於理不得辭王號，於勢亦不容無尊稱，成湯及周文、武之征夏、殷皆然，論證已詳上論文王稱王節。第或者曰文獻所記武王皆追予，觀下彝銘知「或者曰」非是，

> 珷征商，隹甲子朝，歲鼎克聞，夙有商。辛未，王在闌師，錫有事利金，用作旜公寶尊彝。（〈利簋銘文〉，唐蘭、于省吾等隸定〈考釋〉，見臺北木鐸出版社編《文史集林》第一輯）

此器，牧野克殷日（甲子）之後八日（辛未）有司利受賞爲其先人檀公製作，乃當時文獻。文中有「珷」（＝武），字專爲周武王作造（註二〇）。由此特製字推度，必是武王稱王號武甚久，臣工習之，鑄簋勒銘以焉。因斯時兵戈未定，殘敵未盡就殲，斷不暇謀製專字尊顯時王。

則姬發武王號，非克殷一天下後乃有，明矣。

〈大誥〉「天休于寧王」至「克綏受茲命」，爲文王始受命興周，上文嘗反覆證論，〈君奭〉「割申勸寧王」二句同（將詳下）。但武王之受命爲繼文王受命，非周家始受天命之天子，事關寧王等義，重大，不容不詳說：

《尚書·洛誥》周成王誥周公曰：「公……迪將其後，監我士、師、工，誕保文、武受民，亂爲四輔。」

《尚書·洛誥》：「惟周公誕保文、武受命，惟七年。」

案：受民，所受於天之民（《蔡傳》、《書纂言》、王國維〈雒誥解〉）。受民及受命，竝受命民之簡文，故〈洛誥篇〉中又有周公告成王曰「王命予來承保乃文祖受命民」也。既序文王於武王之前，則始受天命始治萬民爲文王，而武王繼之而已。文王始受，武王繼受，觀下文益可知，

《尚書·顧命》成王誥太保等曰：「昔君文、武，宣重光，奠麗陳教則肄；肄不違，用克達殷集大命。」

《尚書·康王之誥》太保、芮伯曰：「皇天改大邦殷之命，惟周文、武，誕受羑若，克恤西土。」

又周康王報誥太保等曰：「昔君文、武，丕平富，不務咎，厎至齊信，用昭明于天下。則亦有熊羆之士、不二心之臣保乂王家，用端命于上帝：皇天用訓厥道，付畀四方。」

案：達，讀爲撻，擊也（《尚書古注便讀》）。集，就也（《漢石經》作就）。用克句，言滅殷立周國，改殷命，革去殷國命也；下以「受羑若」照，謂受天之休命（若，善也）。端命于上帝，始爲天所命也；下協以「付畀四方」，云以天下付之統治也。此三條言受天命克敵立國，而皆弁以文王武王，又先文後武，則始受命文、繼受命武也。復證之以同時所著金銘——大盂鼎亦無違，

王若曰：「盂，不(丕)顯玟王，受天有大令(命)。在珷王，嗣玟乍(作)邦，闢(闢)氒匿，匍有(敷佑)三方，畯正氒民。」（《大系・釋文》頁三三）（著成時代，從《大系》考定，下多同）

案：亦父玟作，子珷繼承之。

玩宣王朝銅器，天子命辭，其文始武承之意，亦若合符契，

師克盨：「王若曰：『師克，丕顯文武，膺受大命，備有四方。』」（羅福頤〈隸定釋文及考定著時〉，載《文物》一九五九年三期）

毛公鼎：「王若曰：『父厝，不顯文武，皇天弘猒氒德，配我有周，雁(膺)受大命，衒褱(率懷)不廷方，亡不閈于文武耿光。唯天𢆶(將)集氒命，亦唯先正𠨘辥(襄乂)氒辟，𡚽菫(勞勤)大命，肆皇天亡𡭴(斁)，臨保我有周，不巩(丕鞏)先王配命。』」（《大系・釋文》頁一三五）師訇𣪘

：「王若曰：『師訇，不顯文武，孚(敷)受天令(命)，亦(奕)則殷民。乃聖且(祖)考克𠂇(左)右先王，乍(作)氒𠃊(肱)殳(股)，用夾𤅰氒辟奠大令(命)，盭勵(厲)龢雩(于)政。肄皇帝亡昊(斁)，臨保我氒(之)周雩(與)三方，民亡不康靜。』」（《大系·釋文》頁一三九（訇簋：「王若曰：『訇，不顯文武受令（命），則乃且（祖）奠周邦。』」所告當爲同一人，見《文物》一九六〇年二期，郭沫若〈弭叔簋及訇簋考釋〉）

茇伯𣪕：「王若曰：『茇白，朕不(丕)顯且(祖)玟珷，雁(膺)受大命。乃且(祖)克𠦪(弼)先王，異(翼)自也(他)邦，又(有)芇(席)于大命。』」（《大系·釋文》頁一四七）

案：五銘類皆首著「不顯文武，膺受天命」，後又絕多誥所命之臣云「乃祖佐佑先王（文武）」，我周因得以溥有四方。《詩》詠周先王受命，亦文武合稱，幽王《詩·大雅·江漢》「文武受命，召公維翰」、召旻「昔先王受命，有如召公」（朱《傳》：「先王，文武也。」），文始受命立周，武卒受命滅殷一字內也。

戰國、漢人或著書或進言，言及受命併舉文武，古義也，

《逸周書·祭公》：「（穆）王若曰：『祖祭公，……朕皇祖文王、烈祖武王。度下國，作陳周。維皇皇上帝度其心，寘之明德，付畀於四方，用應受天命，敷文在下。』

《漢書·韋玄成傳》玄成等奏議曰：「周之所以七廟者，以后稷始封，文王、武王受命而王，是以三廟不毀，與親廟四而七。」

上引自〈洛誥〉周公曰至此資料十三條，皆文王武王連稱，知始受命者文王，如上論所詳。復有兩王雖不連述，而武繼文受天命，顯而易見者，今論列如下：如

> 《尚書・洛誥》周公告成王曰：「王如弗敢及天基命、定命。」

案：《尚書集注音疏》：「文王、武王皆受天命。此基命、定命並言，基之言始，故以基命爲命文王。定者，不易之謂，武王定天下成王功，故以定命爲命武王者。」文王受天命，始基之矣；武王繼受命，卒定天下。基命即〈康王之誥〉「端命于上帝」，融堂《書解》卷十八：「端者，端本也；端本猶言基命也。有周之命，于焉肇端。」又見

> 《詩・大雅・大明》：「有命自天，命此文王，于周于京。……篤生武王，保右命爾，燮伐大商。」

案：云天先命文王于周國京師爲天下王，嗣保護幫助終授命武王伐商，故《詩序》曰：「〈大明〉，文王有明德，故天復命武王也。」〈下武・詩序〉亦曰：「〈下武〉，繼文也。武王有聖德，復受天命，能昭先人之功焉。」言武王繼文王復受天命，是也。又若

> 《禮記・中庸》：「子曰：『無憂者其唯文王乎，以王季爲父，以武王爲子；父作之，子述之。……武王末受命。』」

案：《正義》：「父作之子述之者，……文王以武王爲子，武王又能述成文王之道，故無憂也。」則武王老而受天命，繼嗣其父文王也。猶有

《逸周書・商誓》武王曰：「今在商紂，……棄天之命，上帝……乃命朕文考曰『殪商之多罪紂』，肆予小子發弗敢忘天命。朕考胥翕稷政，肆上帝曰『必伐之』。予惟甲子，克致天之大罰。」

案：武王不敢忘天所命文王者，故繼受命「致天之罰」，〈牧誓〉「今予發，惟恭行天之罰」同此。

漢人說數家，可發明古義，取資於下，如

《春秋繁露・三代改制質文》：「文王受命而王，……武王受命，作宮邑於鄗，制爵五等，作象樂，繼文以奉天。」

案：繼文奉天，猶上述〈下武・詩序〉云武王繩繼文王復奉天命也。更如

《鹽鐵論・復古》：「文王受命伐崇，作邑于豐。武王繼之，載尸以行，頗商擒紂，遂成王業。」

案：二誅——文始受天命伐崇，武繼奉天擒紂也。又有好事者託諸符命以出，說者遂加推度，謂是周家受天命，

《史記・周本紀》：「武王渡河，中流，白魚躍入王舟中，武王俯取以祭。既渡，有火自上復于下，至於王屋，流爲烏，其色赤，其聲魄云。」

案：《集解》鄭玄曰：「《書說》（敏案：《書緯》）云：烏有孝名，武王卒父大業，故烏瑞

臻，赤者周之正色也。」謂周以火德王；武王敉文王大業，是繼文受命矣，王充即以爲武王復受命，

《論衡．初稟》：「文王得赤雀，武王得白魚赤烏。儒者論之，以爲雀則文王受命，魚烏則武王受命。文、武受命於天，天用雀與魚烏命授之也。用赤雀命文王，文王不受，天復用魚烏命武王也。」

云文王不受，不與漢世所出圖讖合；復命武王，稽之經典則無違。

商湯奉天舉兵伐桀，周武奉天戎車征紂，皆克之奄有九域，後人以其事相類，故「湯武」恒連記，語兩王受命，亦偶併及，

《周易．革．彖傳》：「湯、武革命，順乎天而應乎人，革之時大矣哉！」

《正義》：「計王者相承，改正易服，皆有變革，而獨舉湯、武者，蓋舜、禹禪讓，猶或因循，湯、武干戈，極其損益，故取相變甚者以明人革也。」是〈彖〉者言周革殷命不及文王，獨取武王「干戈相變甚多」，非謂武王始受命也。漢人說足明此古義者二條，錄次於下：

《漢書．儒林．轅固生傳》轅固曰：「夫桀、紂荒亂，天下之心皆歸湯、武，湯、武因天下之心而誅桀、紂，桀、紂之民弗爲使而歸湯、武，湯、武不得已而立，非受命而何？」

《漢書．藝文志．兵家序》：「……下及湯、武受命，以師克亂而濟百姓，動之以仁

義，行之以禮讓，《司馬法》是其遺事也。」

仁暴相形、兵戈以變革，故書法如上，否則言受命雖亦湯、武竝陳，武上固不曾遺略文王，如

《漢書·禮樂志》：「昔殷周之〈雅〉〈頌〉，迺上本有娀、姜原，卨、稷始生，玄王、公劉、古公、大伯、王季、姜女、大任、太姒之德，乃及成湯、文、武受命。」

論詩人道兩西伯受天命，始文後武之義至審。

周、漢人單述武王受命，不及文王初受之事者甚少，余檢只得三條，然皆有特殊原故，如

《尚書·金縢》周公曰：「乃元孫（發）不若旦多材多藝，不能事鬼神。乃命于帝庭，敷佑四方，用能定爾子孫于下地；四方之民，罔不祗畏。」

案：此周公祝辭，上禱文王等先祖者，甚言兄發受命爲四方君主，國脈民命之所繫，而已僅多材藝堪事鬼神，生死無關王室安危，故請以身代武王死。爲告文王，自不需贅言其始受命事，且義亦不可及此。復有

《逸周書·克殷》：「（武）王入，即位于社太卒之左，羣臣畢從。毛叔鄭奉明水，衛叔封傳禮，召公奭贊采，師尚父牽牲。尹逸筴曰：『殷末孫受德……昏暴商邑百姓，其章顯聞于昊天上帝。』武王再拜稽首（曰）：『膺受大命革殷，受天明命。』」（《史·周本紀》：「……武王再拜稽首曰：『膺更大命革殷，受天明命。』」《文選》王融〈三月三日曲水詩序·注〉：「《周書》武王曰：『膺受大命革殷，受天明

命。』」）

案：此特武王祀神告天拜受大命革殷之辭，無緣追述文王，而旁及文始受武續受情節。更有《三國志．魏書．董卓傳．注》引〈獻帝紀〉：「卓既爲太師，復欲稱尚父，以問蔡邕，邕曰：『昔武王受命，太公爲師，輔佐周室，以伐無道，是以天下尊之，稱爲尚父。……』」

案：稱姜太公曰尚父，初見〈大雅．大明〉記武王誅紂兵至牧野，詩曰「維師尚父，時維鷹揚」，毛《傳》「尚父，可尚可父」，則武王時始有此尊號（註二二）。伯喈對卓問因言周王受命只及「尚父」弼武王，無緣追述「太公望」佐文王始受命也。

綜觀上第（二）節至此第（四）節所考，周家續受天命稱王者武王，繼文王也；始受命建立周王國者文王，〈大誥〉云「寧王興小邦周綏受天命」，寧王非它，文王姬昌也。（待續）

附註

一　參見拙著〈莽誥、大誥比辭證義〉，《國立編譯館館刊》十一卷二期（一九八二年十二月）。下仿此。

二　清王先謙《尚書孔傳參正》卷二二：「此（〈洛誥〉）寧王亦自周公稱之，疑鄭說『成王』二字衍。」敏案：鄭以「乃命寧（王）」爲成王命周公祀寧王，引文（自「又〈洛誥〉云」以下）甚明，非衍文。

三 參見拙著《王柏之生平與學術》第伍編第四章第一節。

四 《禮記・中庸》：「周公成文武之德，追王大王、王季。」不數文王，是。《尚書・金縢》周公曰「若爾三王」云云，時武王猶在，可見追王事不出於周公。

五 或以此西伯乃發，戡黎者武王也，宋陳經《尚書詳解》卷十九；又有吳棫、胡宏、陳鵬飛、薛季宣、金履祥說（以上見金氏《書經註》卷六載），清顧棟高《尚書質疑》卷中〈西伯戡黎係武王論〉，同。

六 清魏源《書古微》卷六〈西伯戡黎篇發微〉引《大傳》此段文，乃論曰：「是文（王）受命稱王改元之明證也。受命者，受商紂之命爲西伯，賜弓矢斧鉞俾得專征伐。……《大傳》謂文王受命改元稱王，謂受殷紂之命，非自受天命也。」下〈周傳〉伏生引文王受命斷訟云云以解天命文王，明以受命爲受天命，稱王爲天子尊號。魏氏失考。

七 清閻若璩《尚書古文疏證》卷二：「西伯受命稱王，亦不始《史記》，伏生《尚書・殷傳》已有之。其遠則自〈文王世子篇〉來：武王對文王曰：『西方有九國焉，君王其終撫諸。』鄭氏《註》：『言君王則既受命之後。』不爾何以呼王?」案：王夢鷗先生《禮記校證》頁一二九：此禮篇多爲西漢末年文章，則夢齡一節殆成文於《大傳》以後。

八 清陳喬樅《魯詩遺說攷》卷十五：「伏生《尚書大傳》言『文王受命，一年斷虞芮之訟』，與《史記》正合。皇甫謐《帝王世紀》以文王受命元年即稱王，《易・乾鑿度・是類謀》、《春秋・元命苞》竝以文王伐崇始稱王；伐崇在受命之六年，則稱王亦在六年矣：說各不同。蓋緯書多與《齊詩》說相傳，而《史記》本之《魯詩》也。」記此以廣經義。

九　參拙著〈尚書周誥義證・〈康誥〉〉，《國立編譯館館刊》四卷一期（一九七五年六月）。

一〇　近人曾榮汾君《康誥研究》頁一三九。

一一　黃彰健先生〈四論周公受命攝政稱王問題〉。

一二　書本、器物文獻記文王四伐者甚多，不遑一一註出。

一三　〈僞泰誓上〉《正義》：「〈咸有一德〉《傳》云：所征無敵，謂之受天命。此《傳》云：諸侯並附，以爲受命之年。是孔解受命，皆以人事爲言，無瑞應也。」

一四　見屈師翼鵬《西周史事概述》第二節。

一五　《帛書春秋事語》：「昔者文王軍宗，能取而弗威（滅）。」（見張政烺〈馬王堆漢墓出土帛書春秋事語釋文〉）

一六　《左傳・襄公四年》：「韓獻子患之，言於朝曰：『文王帥殷之叛國以事紂』，唯知時也。」

一七　《豐鎬考信錄》卷二：「古者天子有德則諸侯皆歸之，無則諸侯去之。故孟子曰『武丁朝諸侯有天下，猶運之掌也』，然則武丁以前，諸侯固多不朝，天下固不皆商有也。故〈商頌〉曰『昔有成湯，自彼氐羌，莫敢不來享，莫敢不來王』，然則成湯以後中衰之世，固多有不來享來王者也。」與俞說同而先發。

一八　《風俗通・十反》：「武王建有周之號，諡大王、王季，言王業肇於此矣。」

一九　《史記・劉敬傳》婁敬曰：「及文王爲西伯，斷虞芮之訟，始受命，呂望、伯夷自海濱來歸之。」案：兩老歸西伯，皆質訟前事，婁說殆別有所受，未可信。

二〇 唐蘭曰：「珷字从王武聲，是爲周武王所造的專用字；這類字有三個。除此外，還有爲文王而造的玟字，以及爲文王所建豐邑而造的[illegible]字。這些字常見於西周銅器，證明武王時已出現這種新的形聲字了。武王只稱珷，跟卜辭中對成湯只稱成是一樣的。《禮記・坊記》引〈太誓〉『予克紂，非予武，唯朕文考無罪』、《孟子・滕文公》引〈太誓〉『我武唯揚，侵于之疆』，均可爲武王自稱武之證。所以武王伐紂成功的記事是武成，而歌頌這戰功的樂舞也稱爲武。」（《文物》一九七七年八期〈西周時代最早的一件銅器利簋銘文〉解釋「珷征商」）

二一 于省吾曰：「珷爲武王的簡稱，西周金文中文王武王的文武往往从王作玟珷，見于盂鼎、[illegible]尊、宜侯夨簋和[illegible]伯簋。又德鼎的『征珷複自蒿』，珷也是武王的簡稱。或以珷爲武王二字的合文，非是。」（《文物》一九七七年八期〈利簋銘文考釋〉「珷征商」）

二二 《史記》〈周本紀〉、〈齊世家〉見有「師尚父」號，皆武王時事，第《詩・大明・正義》引〈太誓〉鄭玄《注》云：「師尚父，文王於磻谿所得聖人呂尚，立以爲太師，號曰尚父尊之。」謂文王時已尊之，異乎《詩》、《史》。

原載中央研究院中國文哲研究集刊創刊號，民國八十年三月

〔附一c下〕尚書寧王寧武寧考前寧人寧人前文人解之衍成及其史的觀察（下）

——併考周文武受命稱王

五、由文王昌修致美德十六目證君奭「寧王德」與大誥「寧王勤」德之「寧王」必是文王

（一）文獻盛稱「文王德」，即君奭「寧王德」

（二）經史百家傳注共道文王勤國，以證大誥「寧王勤」的是「文王勤」

（三）武王發「寡德」

六、大誥「寧王圖事」、「寧武寧考前寧人圖功」、「寧人疆土」及「前寧人受休」義合證

（一）「寧王圖事、寧武圖功」義證

（二）「寧考圖功」義證

（三）「前寧人」、「寧人」與「前文人」稱謂討原索義

（四）「前寧人受休」即指「文王受天命」

五　由文王昌修致美德十六目證君奭「寧王德」與大誥「寧王勤」德之「寧王」必是文王

（一）文獻盛稱「文王德」，即君奭「寧王德」

〈君奭〉「我道惟寧王德延，天不庸釋于文王受命」、「在昔，上帝割申勸寧王之德？其集大命于厥躬」，

持此第一寧王與下句文王觀照，知寧王爲文王之誤。此第二寧王，《禮記・緇衣》引作文王，便校以本經下文「文王受有殷命」云云，證寧王亦當作文王（惟以本經及它書引用相校，知寧是文誤，爲便討論，別考詳第七章。此節只考文王以德受命，證此二寧王竝爲文王而非武王）。夫後三句周公言天將付畀大命，故再三觀察文王之德；而前二句言文王受命，周公欲將文王之美德延施于沖子——成王：是文王以德受命甚確。文王爲西伯未受天命時即已修德，崩逝乃已，

《尚書・無逸》周公戒成王曰：「文王……徽柔懿恭，懷保小民，惠鮮鰥寡。……咸和萬民。……以庶邦惟正之供，文王受命惟中身，厥享國五十年。」

案：此言文王美善恭敬、保乂人民而惠愛鰥寡，協和友邦。文王具多德，故天命之代殷，

《尚書・康誥》周武王誥其弟康叔曰：「惟乃丕顯考文王，克明德慎罰，不敢侮鰥寡，

庸庸、祇祇、威威、顯民。用肇造我區夏；越我一二邦，以修我西土。惟時怙，冒聞于上帝，帝休。天乃大命文王殪戎殷，誕受厥命。越厥邦厥民，惟時敘。」

案：庸庸，勤也（詳下說）。祇祇，敬也，則亦恭也；威威，畏天威也：《中論·法象》「文王祇畏，而造彼區夏」，是也。不敢侮鰥寡，即上惠鮮鰥寡。越邦修土二句，義同上以庶邦惟正之供，能和眾也：皆其德也。明德慎罰，「文王所以造周也」（左成二《傳》）。伏《傳》謂即以此諸德，「天乃大命文王」。周詩詠文王九德，亦謂天因此命之為萬邦共主，

《詩·大雅·皇矣》：「維此王季（敏案：王季，文王之誤。），帝度其心，貊其德音。其德克明，克明克類，克長克君。王此大邦，克順克比。比于文王，其德靡悔。既受帝祉，施于孫子。……度其鮮原，居岐之陽，在渭之將。萬邦之方，下民之王。」（左昭二八《傳》成鱄節引此詩闡發曰：「心能制義曰度，德正應和曰莫，照臨四方曰明，勤施無私曰類，教誨不倦曰長，賞慶刑威曰君，慈和偏服曰順，擇善而從之曰比，經緯天地曰文：九德不愆，作事無悔，故襲天祿，子孫賴之。」（《中論·務本》闡義幾全同））

案：左氏浮夸，其擴充詩義，謂文王有和德、明德、勤德、刑賞德（四者已見上引書兩條）與揆理德、教德、順德、從善德、文德，凡九。

武王言文王畏天（已見上），畏之則順之，故伏《傳》（〈康誥傳〉）贊文王「動搖而不逆天之道」，而左、墨二氏朗顯詩義，甚彰其順德，

公孫枝對（秦穆公）曰：「臣聞之，唯則定國。詩曰：『不識不知，順帝之則。』文王之謂也。」（僖九）

〈皇矣〉道之曰：「帝謂文王：……不識不知，順帝之則」，帝善其順法則也，故舉殷以賞之，使貴爲天子，富有天下。（〈天志中〉）

〈大誥〉「寧王惟卜用」，用卜即順天，故「克綏受茲命」。既順之矣，又謹事之，

《詩．大雅．大明》：「維此文王，小心翼翼，昭事上帝，聿懷多福，厥德不回，以受方國。天監在下，有命既集。」

順之事之，故天「集大命于厥躬」，《書》、《詩》、《墨》說咸同。

文王明德，

〈君奭〉「寧王德延」句上文：「前人恭明德。」

〈梓材〉：「先王既勤用明德，……庶邦享作，兄弟方來。」（《詩．大雅．文王》「亹亹文王」。《箋》：「勉勉乎不倦，文王之『勤用明德』也。」「勤用明德」僅見於《書．梓材》，則鄭以《詩》證《書》，定此「先王」爲「文王」也。）

案：前人、先王竝指文王，繹察上下文意，可知也（註二二）。

上引「恭（明）德」，則文王有恭謹之德，即上〈無逸〉「懿恭」、〈康誥〉「祇祇」，皆是「敬」義。敬：肅也（《說文》）；愼也（《詩．閔予小子箋》），《詩》多「敬愼」連

語（〈民勞〉、〈抑〉、〈泮水〉），《逸周書・謚法解》曰「警戒」「恭事」，是也。子孫語文王敬慎戒懼，

《逸周書・大匡》武王告弟管叔曰：「嗚呼！在昔文考戰戰，惟時祇祇。」（孔晁注：「文王唯敬是道。」朱右曾《集訓校釋》卷四：「戰戰，懼也。」）

祇祇，敬之不怠也，文王敬不怠，故天乃命商人臣服于周，詩人美此事曰：

《大雅・文王》：「穆穆文王，於緝熙敬止。假哉天命，有商孫子。商之孫子，其麗不億。上帝既命，侯于周服。」

文王德「敬」，周公務申之，且以戒兄天子，

《逸周書・大開武》周公旦對武王曰：「茲在德，敬在周，其維天命，王其敬命，遠戚。無干和，無再失，維明德無佚；佚不可還。維文考恪勤，戰戰何（唐大沛《逸周書分編句釋》：『何當作祇。』）敬，何好？何惡？時不敬，殆哉！」

戰戰，甚戒懼也（方見上）。祇祇、緝熙敬及此恪勤，皆敬之又敬勿懈而已。或云平訟受命亦由敬之美德，

《說苑・君道》引孔子曰：「大哉文王之道乎，其不可加矣！不動而變，無爲而成，敬慎恭己而虞、芮自平。」

成王既立，召奭以「敬德」勉之，昭祖訓耳，

〈召誥〉：「天亦哀于四方民，其眷命用懋，王其疾敬德。……王敬作所，不可不敬德。……肆惟王其疾敬德。」

紂弛怠祭祀（註二三），文王則恤祀，「祭祀必敬」（上引《呂覽・順民》），

《禮記・祭義》：「文王之祭也，事死者如事生，思死者如不欲生，忌日必哀，稱諱如見親。祀之忠也，如見親之所愛，如欲色然。其文王與！」

〈祭統〉「祭者，所以追養繼孝也」，恤於先祀即孝之德，文王實行之，

文王之爲世子，朝於王季日三：鷄初鳴而衣服，至於寢門外，問內豎之御者曰「今日安否何如」？內豎曰「安」。文王乃喜。及日中，又至，亦如之。及莫，又至，亦如之。其有不安節，則內豎以告文王，文王色憂，行不能正履。王季復膳，然後亦復初。食上，必在，視寒煖之節；食下，問所膳。命膳宰曰「末有原」！應曰「諾」，然後退。

不孝不友者，文王特作罰以懲之（見〈康誥〉武王語）。

文王仁慈惠和，澤被鰥寡孤弱，協合庶邦，以得民心，卒膺大命，前既略抒，茲更申詳之：

左昭四《傳》：「紂作淫虐，文王惠和，殷以是隕，周以是興。」（《新序・善謀上》同）

《晏子春秋・內篇問下》：「晏子曰：昔殷人誅殺不當，僇民無時，文王慈惠殷眾，收

卹無主，是故天下歸之。」

《史．周紀》云文王「篤仁敬老慈少」，諸子載其仁政多方，

《墨子．兼愛中》：「昔者文王之治西土，不爲大國侮小國，不爲眾庶侮鰥寡，不爲暴勢奪穡人黍稷狗彘。天屑臨文王慈，是以老而無子者有所得終其壽，連獨無兄弟者有所雜於生人之閒，少失其父母者有所放依而長。」

《孟子．梁惠王下》：「昔者文王之治岐也，耕者九一，仕者世祿，關市譏而不征，澤梁無禁，罪人不孥。……（鰥寡獨孤，）此四者天下之窮民而無告者，文王發政施仁，必先斯四者。」

《說苑．政理》記文王「發其倉府，以賑鰥寡孤獨」，可與二子之言印證。

《孟子．離婁下》曰「文王視民如傷」，不止此也，澤惠又廣及牛馬焉，

《愼子．外篇》：「文王在鎬，召太子發曰：『……我所保與我所守，傳之子孫。吾厚德而廣惠，不爲驕侈，不爲泰靡。童牛不服，童馬不馳。』」

《詩．大雅．文王》：「濟濟多士，文王以寧。」言文王以德致賢者投效。既來之，則儀刑文王，《詩．周頌．清廟》：「濟濟多士，秉文之德。」（毛《傳》：「執行文德之人也。」《箋》：「眾士皆執行文王之德。」）以柔遠如邇（註二四），故遠人相率歸附，如夷齊、太公（見《孟子．離婁上》、《盡心上》），《史．周紀》亦言文王禮以待士，「士以此

多歸之」，其中竟多殷士，

《管子·形勢》：「濟濟者，誠莊事斷也。多士者，多長者也。周文王誠莊事斷，故國治。其羣臣明理以佐主，故主明。主明而國治，竟内被其利澤，殷民舉首而望文王，願爲文王臣，故曰『濟濟多士』，殷民化之。」

文王和協庶邦，《書》（〈無逸〉、〈康誥〉）盛言之（方見上引），《詩》詠文王伐崇假上帝之口曰：

詢爾仇方，同爾兄弟。……以伐崇墉。（〈大雅·皇矣〉）

同爾句，謂和協友邦，率與之往征也。彝銘謂「和于政」，且謂因此得天下，

〈瘋鐘丙組〉：「曰古文王，初盭龢於政，上帝降懿德大甹，匍有四方，迨受萬邦。」（〈史墻盘銘〉四方作上下，餘全同）

和友邦、和于政等，殆類大盂鼎所載文王「正（政）德」，《逸周書·商誓》文可爲佐證：

（武）王曰：「……肆予小子發弗敢忘。天命朕考，胥翕稷政。」（《逸周書分編句釋》：「翕，合也。……帝謂文考之德政，上符后稷。」）

納言遷善，亦文王一德，

《書·無逸》周公戒成王曰：「我周文王，……迪哲，……厥或告之曰：『小人怨汝詈汝。』則皇自敬德。厥愆，曰：『朕之愆，允若時。』不啻不敢含怒。」

以此和舊多邦，又以此受新命，

《淮南子．繆稱》：「文王聞善如不及，宿不善如不祥，非爲日不足也，其憂尋推之也。故《詩》曰：『周雖舊邦，其命惟新。』」

《左傳》、《中論》稱文王教德（已詳上），文王指擿殷人酗酒亂威儀，亦所以戒國人也，

《詩．大雅．蕩》：「文王曰：咨！咨女殷商。天不湎爾以酒，不義從式。既愆爾止，靡明靡晦。式呼式號，俾晝作夜。」

告教西土庶邦節飲，竟以此受有殷命，

《尚書．酒誥》周成王誥康叔曰：「乃穆考文王，肇國在西土；厥誥毖庶邦庶士，越少正、御事，朝夕曰：『祀茲酒。』……文王誥教小子、有正、有事，無彝酒。越庶國飲，惟祀，德將，無醉。……我西土棐徂邦君、御事、小子，尚克用文王教，不腆于酒，故我至于今，克受殷之命。」（《論衡．語增》：「〈酒誥之篇〉『朝夕曰：「祀茲酒。」』此言文王戒慎酒也。朝夕戒慎，則民化之。」）

文王重獄訟，《詩．大雅．皇矣》假上帝之口謂文王曰「先登于岸」，《箋》：「當先平獄訟正曲直也」。揆其刑德，約有四事：一主司法獨立，不容行政干預，甚合近世法學思想，

《尚書．立政》周公戒成王曰：「文王罔有兼于庶言；庶獄、庶慎，惟有司之牧夫，是

訓用違。庶獄、庶慎，文王罔敢知于茲。」

二慎刑（已見上引〈康誥〉）。三罪止於其身，不株連坐及，上已引孟子「罪人不孥」，《左傳》臼季及苑何季略述〈康誥〉「元惡大憝，矧惟不孝不友」一節論文王主「罪不相及」（僖三三、昭二十）。四制定成文法典，爲訊獄之依據，

《尚書．康誥》周武王誥弟康叔曰：「元惡大憝，矧惟不孝不友。……惟弔茲，不于我政人得罪，天惟與我民彝大泯亂，曰，乃其速由文王作罰，刑茲無赦。」

「文王作罰」，文王所制作之法典也。《鹽鐵論．鹽鐵取下》「夫文王作刑，國無怨獄」；《潛夫論》述赦引康誥「文王作罰」二句，論曰「是故先王之制刑法」云云，亦斷文王作刑典。《詩．周頌．維清》「文王之典」，毛《傳》：「典，法也。」文王言刑之文，今尚知其論文一篇，

〈逸周書序〉：「文王唯庶邦之多難，論典以匡謬，作劉法。」（朱右曾《釋》：「劉，陳也。」）

文王法典殘文尚存四字，

左昭七《傳》：「周文王之法曰：『有亡，荒閱。』所以得天下也。」當是《尚書．周書》逸文（註二五），竟以有此法得天下。

文王之至德：

《論語．泰伯》孔子曰：「三分天下有其二，以服事殷，周之德可謂至德也已矣。」漢包咸曰：「殷紂淫亂，文王爲西伯而有聖德，天下歸周者三分有二，而猶以服事殷，故謂之至德。」（《論語集解》引）

包注至德指文王，舊說有明文，可證其確有依本，

《逸周書．大子晉》：「如文王者，其大道仁，其小道惠，三分天下而有其二，敬人無方。」

《淮南子．道應》：「文王砥德脩政，三年而天下二垂歸之。」（高《注》：「文王三分天下有其二。」）

包氏以後之漢人，若應劭（前引《風俗通義．皇霸》）、鄭玄亦以三分二事殷是文王，

鄭氏《詩譜．周南召南譜》（《詩正義》引）：「（文王）於時三分天下有其二以服事殷，故雍梁荊豫徐揚之人咸被其德而從之。」

時周盛而殷微，其勢已得天下，諸侯多歸文王，

《左傳》襄四年韓獻子曰：「文王帥殷之叛國以事紂。」（《豐鎬考信錄》卷二引而釋曰：「所謂叛國，即三分有二之國也。」）

《呂氏春秋．古樂》：「周文王處岐，諸侯去殷三淫而翼文王。散宜生曰：『殷可伐也。』文王弗許。周公旦乃作詩曰：『文王在上，於昭于天。周雖舊邦，其命維新。』

以繩文王之德。」

其實已有天下，而猶以事殷，與泰伯之以天下讓無異（參劉寶楠《正義》），故均歎爲至德，《朱子語類》卷八一：

文王既戡黎，又伐崇伐密，已做得事勢如此，只是尚不肯伐紂，故曰「至德」。

其它《書》家注〈康誥〉「天大命文王殪戎殷」，皆援此孔子語以屬之文王（如夏僎《尚書詳解》卷十九、二十，《絜齋家塾書鈔》卷十），《論語》注家亦如此，更勿煩枚舉矣。近世史家（如徐中舒〈殷周之際史迹之檢討〉）亦歷證其爲文王事可信。

至德亦謂之「盛德」，

《周易．繫辭下》：「易之興也，其當殷之末世、周之盛德邪？當文王與紂之事邪？」

（二）經史百家傳注共道文王勤國，以證大誥「寧王勤」的是「文王勤」

〈大誥〉「爾惟舊人，爾丕克遠省，爾知寧王若勤哉」，文武時老臣，今時（成王元年）仍多立朝恭事，灼知文王當年勤國若是。《豐鎬考信錄》卷一舉文王勤民之德，只列〈無逸〉「文王卑服」、《孟子》「文王治岐」各一事，忒簡；文王勤德未克彰昭。深考之，經史百家述者甚多，如《尚書》，

〈康誥〉武王曰：「惟乃丕顯考文王……庸庸、祇祇。……冒聞於上帝，帝休。天乃大命文王殪戎殷，誕受厥命。」

案：《爾雅．釋詁下》：「勤、……庸，勞也。」勤、庸同訓。又〈釋訓〉：「庸庸，勞也。」疊庸，形況詞，其精確意義爲勞之不已，勤也（詳本節末釋字義）。又如

〈梓材〉周公戒成王曰：「今王惟曰，先王既勤用明德，懷爲夾，庶邦享作，兄弟方來；亦既用明德，后式典集，庶邦丕享。皇天既付中國民越厥疆土于先王，肆王惟德用，和懌先後迷民，用懌先王受命。」（註二六）

案：簡朝亮《尚書集注述疏》卷十七：「先王，文王也。」得之；但何以必是文王而非武王，則無切要之論。今案明德、庶邦歸心、始受命、天錫之土姓，咸文王事實，則此勤用明德者果文王也。

又如〈無逸〉，記文王勤於農作、修己、保民、和庶邦者五十年，

周公曰：「文王卑服，即康功田功。徽柔懿恭，懷保小民，惠鮮鰥寡。自朝至于日中昊，不遑暇食，用咸和萬民。文王不敢盤于遊田，以庶邦惟正之供，文王受命惟中身，厥享國五十年。」

後世多據此故事，亟言文王勤，有述其「日昊不暇食」以明其底事孜孜矻矻者，

《漢書．董仲舒傳》仲舒對策曰：「當此之時，紂尚在上，尊卑昏亂，百姓散亡，故文王悼痛而欲安之，是以日昃而不暇食也。」

《論衡．書解》：「文王日昃不暇食，此謂演易而益卦。」

案：文王號「文」，《逸周書·謚法》：「勤學好問曰文。」演易學，勤之明驗也，故王充如是云云。

有述其「日昃不暇食」且取夏禹之勤事用相比況者，

題周鬻熊撰《鬻子》（《羣書治要》卷三一）鬻子對文王曰：「禹之治天下也，以五聲聽，門懸鐘鼓鐸磬而置鞀，以待四海之士。……是以禹嘗據一饋而七起，日中而不暇飽食。曰『吾不恐四海之士留於道路，吾恐其留吾門廷也』。是以四海之士皆至。」

案：唐逄行珪《注》：「急於政事，無暇安於一食，所以示接士之急也。」《史·周紀》：「文王……禮下賢者，日中不暇食以待士，士以此多歸之。」可與《鬻子》相照應。

《世說新語·言語》：「王（右軍）謂謝（太傅）曰：『夏禹勤王，手足胼胝；文王旰食，日不暇給。今四郊多壘，宜人人自效。而虛談廢務，浮文妨要，恐非當今所宜。』」

周家勤政，文王以下，周公一人而已（註二七），古今所公認，故更有述「不遑食」或喻周公勞以待旦者，

《逸周書·度邑》武王語周公曰：「旦，汝維朕達弟，予有使汝，汝播食不遑暇食。」

《風俗通·過譽》：「文王日昃不暇食，周公坐而俟旦，且非爲己私，皆公也。」

《三國志·吳書·韋曜傳》曜論蔡穎好博弈無益，曰：「且以西伯之聖、姬公之才，猶

有日昃、待旦之勞，故能隆興周道，垂名億載，況在臣庶，而可以已乎？」

猶有援文王勤國以戒政人媮惰者、不知憂患者，

《國語・楚語上》倚相戒子亹曰：「《周書》曰『文王至于日中昃，不皇暇食，惠於小民，唯政之恭』，文王猶不敢驕，今子老楚國而欲自安也，以禦數戒者，王將何爲？」

《三國志・魏書・楊阜傳》阜上疏曰：「昔文王有赤烏之符，而猶日昃不暇食；武王白魚入舟，君臣變色。而動得吉瑞，猶尚憂懼，況有災異而不戰悚哉！」

案：驕滿之心起，則怠惰自安之情作，故倚相引文王勤政愛民事用戒子亹。楊阜謂文王雖受天休，猶黽勉不懈，憂勞國事。

詩人頌文王，類出姬姓子孫之口，

《大雅・文王》：「亹亹文王，令聞不已。……穆穆文王，於緝熙敬止。」

案：《爾雅・釋詁上》：「亹亹，勉也。」《詩》毛《傳》：「亹亹，勉也。」《箋》：「勉勉乎不倦，文王之勤用明德也。」朱《傳》：亹亹，強勉之貌。亹亹，強勉之又強勉，即勤奮不懈義，《箋》得之矣。（別參看胡承珙《毛詩後箋》、陳奐《詩毛氏傳疏》及馬瑞辰《毛詩傳箋通釋》）〈棫樸〉「勉勉我王，綱紀四方」《正義》：「文王之有聖德，……故歎美之，言勉勉然勤行善道不倦之我王，以此聖德綱紀我四方之民。」勉勉文王，同此亹亹文王。緝，猶續也（〈行葦箋〉）。緝熙，《詩本義》卷十：「緝，續也（彼據《說文》）；續者，接續

而成功也。緝熙云者，接續而增之也。」朱《傳》：「緝，續、熙，明，亦不已之意。」戴震《毛鄭詩考正》（《皇清經解》卷五五七）：「緝熙者，言續其光明不已也。」宋眞德秀曰：「文王之詩『於緝熙敬止』，以德言也。……維清之詩曰『維清緝熙，文王之典』，……以事言也。」（《欽定詩經傳說彙纂》卷十七載）《詩經釋義》頁一〇五謂「緝熙」，言文王之敬不怠也。執事繼繼繩繩不倦，是即勤德。

《周頌．維天之命》：「維天之命，於穆不已。於乎不顯，文王之德之純。」

案：《禮記．中庸》：「『於乎不顯，文王之德之純』，蓋曰文王之所以爲文也，純亦不已。」《正義》：「文王之德之純，謂不已也，言文王德教不有休已，與天同功。」謂文王勤施德善不怠，則與詩箋疏同，鄭《箋》：「純亦不已也。於乎不光明與文王之施德教之無倦已。」孔《疏》：「箋意言：純亦不已，……謂德之純美無玷缺，而行之不止息也。」

《詩．周頌．賚》：文王既勤止，我應受之。……時周之命，於繹思。」

案：此頌文王勤德，周人以此誕膺天命，《箋》：「文王既勞心於政事，以有天下之業。」《尚書．君奭．僞孔傳》：「在昔上天割制其義，重勸文王之德，故能成其大命於其身，謂勸德以受命。」《詩．正義》：「文王既勞心於政事者，《尚書》所謂《日昃不遑暇食》，是其事也。」而子孫賴之，宋人有說，

《朱子語類》卷八十：「王德修（時敏字，尹焞弟子）云：『〈賚〉詩自是說「文王既

勤止，我應受之」，是說後世子孫賴其祖宗基業之意。』」

日竹添光鴻，發皇文王勤勞邦家，情辭懇摯，

《毛詩會箋》卷十九：「勤止，主肇造勤勞說，便含下『求定』意。我，武王也。文王求寧，觀成與疏附後，先輩經營海内，那一日非如傷心事。且也，暴主疑之，讒臣毀之，卒竭蹷敉寧，以保全六州之眾，其勤也至矣。受之，受其勤也。」（《周頌．賚》）

三百篇德文王勤身，貽厥孫休，以此詩最明確，故上古有引以戒御事，

《左傳》宣公十一年：「郤成子曰：『吾聞之，非德，莫如勤。非勤，何以求人？能勤，有繼，其從之也。』詩曰：『文王既勤止。』文王猶勤，況寡德乎？」

《國風》亦有攸關文王之詩，舊說〈二南〉是其例也，

《左傳》襄公二十九年：「吳公子札來聘，……請觀於周樂，使工爲之歌〈周南〉、〈召南〉。曰：『美哉！始基之矣，猶未也，然勤而不怨矣。』」

案：始基，王肅《注》：「言始造王基也。」服虔《注》：「言未有雅頌之成功也。」（並《史．吳世家集解》引）《左傳》杜《注》：「始基之矣，周南、召南王化之基。猶未也，猶有商紂、未盡善也。」始造周基者，文王也。雅頌之成功，則須俟武、成以後；雖然，文王爲之肇端也。文王肇基時世之詩——《二南》，得文王之教化，〈大序〉、鄭、服、二劉、孔

氏，先後或立說或申暢之矣，

〈詩大序〉「〈關雎〉、〈麟趾〉之化，王者之風」，《鄭志·答張逸問》：「文王以諸侯而有王者之化，述其本宜爲風。」（《正義》引）

〈詩大序〉「〈周南〉、〈召南〉，正始之道，王化之基」，《正義》：「〈周南〉、〈召南〉二十五篇之詩，皆是正其初始之大道，王業風化之基本也。高以下爲基，遠以近爲始，文王正其家而後及其國，是正其始也；化南土以成王業，是王化之基也。季札見歌〈周南〉、〈召南〉，曰『始基之矣，猶未也』，服虔云『未有雅、頌之成功』，亦謂〈二南〉爲王化基始，序意出於彼文也。」

《文心雕龍·時序》：「逮姬文之德盛，周南勤而不怨。」

民國音樂家黃友棣《左傳》的「季札觀周樂」（《珠海學報》十期，民國六十七年七月）譯解季札曰「美哉！始基之矣，猶未也，然勤而不怨矣」，云：「季札說：好啊！這便是文王教化的基礎了。可惜還有殷朝紂王的遺聲，所以未得完美；但能勤勞政事，已無怨聲了。……季札的評樂，實在是借〈周南〉、〈召南〉的詩來讚美文王的德。」

〈二南〉各篇，早期專師明言其爲文王時詩者，余粗檢復得七篇，

《新序·雜事第三》：「文、武之興也，以任、姒；幽王之亡也，以褒姒。是以詩正關雎而春秋褒伯姬也。」（案：大任，生文王者；大姒，文王后，武王從出。是武之興也

由賢母、文之興也由淑配，則正關雎者，言文王后妃之德也。）

《周南．漢廣．小序》：「德廣所及也。文王之道，被于南國，美化行乎江漢之域，無思犯禮，求而不可得也。」（案：凡箋申序意，避繁概不著。）

〈汝墳．小序〉：「道化行也。文王之化，行乎汝墳之國，婦人能閔其君子，猶勉之以正也。」

〈召南．羔羊．小序〉：「……召南之國，化文王之政，在位皆節儉正直德如羔羊也。」

〈摽有梅．小序〉：「……召南之國，被文王之化，男女得以及時也。」

〈江有汜．小序〉：「美媵也。勤而無怨，嫡能悔過也。文王之時，江沱之閒，有嫡不以其媵備數，媵遇勞而無怨，嫡亦自悔也。」（案：勤而無怨，殆做《左傳》季札語。）

〈野有死麕．小序〉：「惡無禮也。……被文王之化，雖當亂世，猶惡無禮也。」

謂文王風化行乎南國，而有〈關雎〉至〈麟趾〉之詩，〈大序〉以下諸家此說，從春秋吳季子也。夫詩章反映民情，民情顯現在上者德教，故南民俗尚「勤而無怨」，亦猶言文王勤而無怨也。

《逸周書》亦記文王勤，

程典：「維三月既生魄，文王合六州之侯奉勤於商。」（《逸周書分編句釋》：「陳補注：……奉勤，服勞王家也。」）

大開武周公旦對武王曰：「維明德無佚，佚不可還。維文考恪勤。」

崔述以「詩書中稱文王之德者不可枚舉」（《豐鎬考信錄》卷一），其所錄寥寥數章，類爲文王修身事、宜家事、立國事、用人事及勤民事五目，尙不足以昭顯其盛德。今余所考羣經子史百家，論文王有懿德、敬德、恤惠鰥寡德、保民德、協和德、任人德、則天德、揆理德、教德、順德、服善德、納諫德、酒德、政德、刑德及勤德共十六門。而但稱其德，不著爲何德者尙不與焉，如周公曰「乃單文祖德」（《尙書・洛誥》）、「惟文王德丕承」（〈君奭〉）、《詩・清廟》「秉文之德」（《箋》：「眾士皆執行文王之德。」）。以與下節言彼武王德者比看，見彼眞「寡德」之君也。

（三）武王發「寡德」

遺獻顯稱武王之「德」者尠甚；有之，多或父（文王）子（武王）連屬爲辭，或謂父作子述，

《尚書・立政》記文王不干預司法（自「文王惟克」至「知于茲」）既已，乃曰：「亦越武王，率惟敉功，不敢替厥義德；率惟謀從容德，以竝受此丕丕基。」

案：謂武王遵守文王義德（治理之言行），勉行文王睿（容）德。

《詩・大明・小序》：「文王有明德，故天復命武王也。」《箋》：「二聖相承，其明德日以廣大。」正義：「『篤生武王』以下，說武王有明德。」

又〈下武・小序〉：「繼文也。武王有聖德，復受天命，能昭先人之功焉。」

案：「篤生武王」以下，詩人詠伐商牧野用兵，非「說明德」，《正義》失之。故所謂武王有明德、聖德，詩本經竝無明文，說者以其上繼有德之文王，故論推如此耳。

〈毛公鼎〉：「（宣）王若曰：『父厝，不顯文武，皇天弘猒氒德，配我有周，雁（膺）受大命。』」（《大系・釋文》頁一三五）

《尚書・文侯之命》平王若曰：「不顯文武，克慎明德。」

《禮記・中庸》：「武王纘大王王季文王之緒，壹戎衣而有天下。……周公成文武之德，……」

案：文受命肇國，武繼成滅殷業，故周後嗣王尊美先王之德，兩王竝稱，實則歸重文王；武王德武（功）（壹戎衣有天下）而已，其有它乎？

《禮記・文王世子》首載文王孝親（已見前引），既已，乃曰：「武王帥而行之，不敢有加焉。文王有疾，武王不說冠帶而養。文王一飯亦一飯，文王再飯亦再飯。旬有二日乃間。」

案：武王孝德悉遵父道，故《中庸》曰「武王周公其達孝矣乎？夫孝者善繼人之志、善述人之事者也」。

《韓非子．喻老》：「文王見詈於王（玉）門，顏色不變。而武王擒紂於牧野。……武王之王也，不病詈。」

案：文武見辱事，亦載《呂覽》，頗有出入。《呂覽．順民篇》文王「處岐事紂，冤侮雅遜」，此言其「順德」；首（胥）時篇「（文王）不忘羑里之醜，時未可也。武王事之，夙夜不懈，亦不忘王（玉）門之辱」：此言武王儀型文王，復持「順德」，待天命而作。故此武王不病詈，亦繼文而已。

《淮南子．主術》：「……武王立戒慎之鞀。……夫聖人之於善也，無小而不舉；其於過也，無微而不改。堯舜禹湯文武皆坦天下而南面焉。……戰戰慄慄，日慎一日。由此觀之，則聖人之心小矣。詩（大明）云『惟此文王，小心翼翼，昭事上帝，聿懷多福』，其斯之謂歟！」

案：言武王改過遷善謹慎戒懼之德，亦繼文王者，故論君天下既文武連舉，又以詩美文王句結證也。

《孟子．離婁下》：「武王不泄邇，不忘遠。」

案：此其任人之德。上文「文王視民如傷，望道而未見」，亦謂父子之道相續，隨時變易而已，焦循《正義》：「武王時，紂益無道，故不泄邇，不忘遠，修己以安天下，則所以通其變於文王之服事也。」

據上考，武王有刑德、明德、武（功）德、孝德、順德及戒愼遷善德。以一一皆祇遹其文考，故遺獻單言武王明著「德」字者，除詩序箋各一倘非實情外，未嘗多覯，蓋以武王克殷，以武功烈業顯赫（註二八），但立德猶淺，故不以是見美也。而文王創德西土，積累深厚，故上帝集大命于厥躬（註二九），則此篇「寧王德延」、「勸（觀）寧王之德」德，果謂文王德也。

西周著成之文獻，極言文王勤，而波及武王者，皆因子孫褒美二王創業垂統，連辭竝舉而已，

〈宗周鐘〉：「王肇遹眚省文武，堇勤彊土。」（《大系．釋文》頁五一：昭王時器）

案：《大系．釋文》曰：「眚，叚爲省；省，視也。相，省視也。《國語．晉語》『后稷是相』，即〈盂鼎〉『遹眚先王』之意。此言『遹省文武』，亦謂『遹相文武』，如今人言觀摩也。」則銘言昭王遹循文武，今欧將在保彊，征不寧方，追慕先人隆業而已，尙難援爲顯證，用明二王皆勤，故記於此而弗取也。又有

《潛夫論．愼微》：「聖人常愼其微也，文王『小心翼翼』，武王『夙夜敬止』，思愼微眇，早防未萌，故能太平而傳子孫。」

案：夙夜，義如它詩言「夙夜匪解」，勤勉也；語出《周頌．閔予小子》，云「維予小子，夙

夜敬止」。《詩小序》「嗣王朝於廟也」。鄭《箋》：「嗣王者，謂成王也。除武王之喪，將始即政，朝於廟也。」則詩原意乃成王「早夜愼行祖考之道，言不敢懈倦也」（鄭《箋》）。王符指爲武王，汪繼培《箋》：「此爲成王詩，武當作成。」近人彭鐸曰：「匡衡以此詩爲武王畢喪。衡學《齊詩》，則是《齊詩》說也。節信引詩多本三家，武字必不可改。」敏案：《漢書‧匡衡傳》衡上疏：「《詩》云『煢煢在疚』，言成王喪畢思慕，意氣未能平也，蓋所以就文武之業，崇大化之本也。」說與毛鄭同。彭氏誤看匡疏「成王」爲「武王」。惟王符蓋以爲此詩成王追維文武大化，故引「小心翼翼」（《大雅‧大明》）指文王，連舉則以「夙夜敬之」歸美武王，斯經師一時意見，非詩人本美武王勤也。故亦記於此而弗取，如上器銘然。

《尚書》連言文武勤，資料二條，意義明確，

《洛誥》成王誥周公曰：「公稱丕顯德，以予小子揚文、武烈。……惟公德明，光於上下，勤施于四方，旁作穆穆，迓衡不迷文、武勤教。」

〈顧命〉成王曰：「昔君文王、武王，宣重光，奠麗陳教則肄；肄不違，用克達殷集大命。」

案：前條謂文武之教殷勤（註三〇），後條肄，勞也（《僞孔傳》），謂文武立法度施教誨而勞，是矣。第以殷周事實考之，武王不足以當此稱美，蓋弟、子頌揚兄、父，連言及之，未必一一洽合實情也。

東遷以後著成之書本文獻，始有單言武王夙夜匪懈者，

《逸周書・小開武》：「維王二祀一月既生魄，（武）王召周公旦曰：『嗚呼！余夙夜忌商，不知道極，敬聽以勤天命。』」

呂氏春秋首時：「武王事之，夙夜不懈，亦不忘王（玉）門之辱。立十二年，而成甲子之事。」

案：武王夙夜謀商云云，斯勞矣，惟不逾十三年，以視其父「受命惟中身，享國五十年」，是勞甚暫而不足云久勞——勤也。克殷後數年，《逸周書・度邑》載周公謂武王曰：

久憂勞，問「害不寢」？

案：《爾雅・釋詁下》：「勤，勞也。勞，勤也。」《逸周書・謚法》：「勤，勞也。」《說文》：「勤，勞也，从力堇聲。」勞、勤字義同。雖然，人始終不以「勤」德單許武王者，良以求之周初史蹟，祇文王眞具此德。後世經師、文字學家申廣「勤」字義蘊，引據經典，多可與文王行事關照，

《絜齋家塾書鈔》卷十：「古人只是一箇勤，……《詩》稱『文王既勤止』。古人之勤，非後世之所謂勤也。後世所謂勤，不過了得些事，古人直是無一念間斷，所以德爲聖人，亦只是一箇勤字。」《說文義證》：「《詩・賚》『文王既勤止』，《傳》云：『勤，勞也。』昭十三年《左傳》『請君無勤問喪，服勤三年』，《注》云：『勤謂憂

勞』。」

管禮耕〈釋勤〉：「勤以堇爲聲，以力爲意，用力則勞，故勤以勞爲第一義。……人己求其兼盡而憂生焉，故勤有憂義，《呂覽．古樂篇》『勤勞天下』、〈不廣篇〉『勤天子之難』，高《注》並云：『勤，憂也。』……憂則苦，故勤有苦義，法言先知篇『或問民所勤』，《注》：『勤，苦也。』……知己勤之苦，因而知人勤之苦，故慰人之勤亦曰勤，〈詩．采薇．序〉『杕杜，以勤歸也』，《箋》云：『以其勤勞之，故於其歸歌杕杜以休息之。』……慰之必惜之，故勤有惜義，〈鴟鴞〉『恩斯勤斯』，《疏》引王肅云：『勤，惜也。』……惜人之勤而仍不敢自惜其勤，故勤又有不惜之義，左僖二十八年《傳》『令尹其不勤民』，《注》：『盡心盡力無所愛惜爲勤。』……無所愛惜則凡事之鉅細皆必躬親其役，故勤兼勞辱二義：〈檀弓上〉『服勤至死』，《注》：『勤，勞辱之事也。』〈玉藻〉『勤者有事則收之』，《注》：『勤，執勞辱之事也。』是也。……」（載《說文解字詁林》「勤」字下）

案：袁、桂二家既引《詩》「文王勤」，或論其爲聖人之德也，必有事焉，無一念間斷者五十年；或佐引《左傳》，明勤兼有憂義。夫《易．繫下》「《易》之興也，其於中古乎？作《易》者，其有憂患乎」？正謂文王憂患意識，及《呂覽》高《注》，竝足與相證。管氏謂勤有苦義，夫文王苦其心志餓其體膚，苦甚矣；又謂勤有恤問義，夫文王視民如傷，惠鮮鰥寡，恤之甚矣；又謂勤之則盡心盡力無所愛惜，夫卑服即康功田功，和庶邦，作律法，孝親事上，下接英賢，日昃不食，事無鉅細，皆躬身執役者，文王也。則大誥「寧王勤」贊文王勤德，勤非謂武王也審矣。

《史記》傳、《易緯》並稱文王之德修致，

《史記．殷本紀》：「西伯歸，乃陰修德行善。」

又〈齊世家〉：「周西伯昌之脫羑里歸，與呂尚陰謀修德以傾商政。」《易緯．乾鑿度》卷上：「……譬猶文王之修積道德，弘開基業，始即昇平之路。」

器銘謂文王德天畀，

〈瘐鐘丙組〉：「曰古文王，初盭龢於政，上帝降懿德大甹，……」（《文物》一九七八年第三期；〈墻盘銘〉同，載亦見《文物》同期）（註三一）

案：武王修德及天降之德，書本與器物文獻絕無記載。蓋文王積仁累功，盛德昭著，冒聞於上帝，帝眷顧之，祚以天下。夫文王以「德」受命，故周人美之曰「懿德天降」，若武王者樹德淺狹，周公語召奭，必不以此一再稱之，斷然無疑！

六　大誥「寧王圖事」、「寧武寧考前寧人圖功」、「寧人疆土」及「前寧人受休」義合證

（一）「寧王圖事、寧武圖功」義證

〈大誥〉「予不敢不極卒寧王圖事」，

極，讀爲亟，爾雅釋詁下：「亟，疾也；亟，速也。」卒，終竟也。句，成王謂己不敢不疾速完成寧王所圖謀之大事。「寧王」，文王之誤，考已詳上第二章。興立周國、伐滅殷商，文王所圖謀之事也，亦已詳上第四章第（二）節。

〈大誥〉「民獻有十夫，予翼，以于敉寧、武圖功」，

敉，撫定也；即終竟之意，本篇「終、竟、畢、成、卒」義同。三句，成王謂賢臣十人輔弼我，與我往完成寧武所圖謀興周滅殷之事功。寧，文之誤，亦已詳上第二章。文、武，周文王昌、周武王發也。

文王，有時單稱曰「文」（註三二），

《詩．周頌．清廟》：「濟濟多士，秉文之德。」《箋》：「濟濟之眾士皆執行文王之德。」《詩經釋義》頁二六一：「秉文之德，秉奉文王之德也。此『文』字謂文王，猶武篇『嗣武受之』之武，謂武王也。」

武王，有時單稱曰「武」（亦註三一），

《詩．周頌．武》：「嗣武受之，勝殷遏劉，耆定爾功。」《箋》：「嗣子武王受文王之業，舉兵伐殷而勝之。……」

〈利簋〉：「珷征商。」（〈西周時代最早的一件銅器利簋銘文解釋〉，《文物》一九七七年第八期）（參看⑳）

合兩單稱，則曰「文武」：

周文王、周武王連詞簡作「文武」，《尚書》十一見（〈洛誥〉四、〈顧命〉三、〈康王之誥〉二、〈文侯之命〉二）、《詩》三見（〈江漢〉、〈雝〉、〈閟宮〉）、〈毛公鼎〉二見、〈㝬鐘〉一見、〈訇簋〉一見：多為西周時代著成之文獻（東周以後著成者，不遑枚舉），是當時習用語。

文武父子共所圖功（下文又兩見同），即上述之「圖事」，斯事功詩人詠之，得其要矣，

《魯頌．閟宮》：「后稷之孫，實維大王，居岐之陽，實始翦商。至於文武，纘大王之緒。致天之屆，于牧之野。……敦商之旅，克咸厥功。」

（二）「寧考圖功」義證

〈大誥〉「……不可不成乃寧考圖功」，

寧考，文考之誤，說數詳上文。圖功，方見上說。

考，《爾雅．釋親》：「父爲考，母爲妣。」《尚書．堯典》「如喪考妣」、〈大誥〉「若考作室、若兄考」、〈康誥〉「大傷厥考心」、〈酒誥〉「奔走事厥考厥長」，「考」皆非釋爲在世之「父」不可；金文有「用爲考寶尊」、「我考我母」及「厥考」（參《金文詁林》卷八「考」字下），「考」疑亦未必盡是「亡父」。《禮記．曲禮下》「生曰父曰母……，死曰考曰妣」，乃後起之義，失其初也。

「考」上屬連一或二字，爲附加語，成詞如皇考、顯考、光烈考，經典彝文中習見；「考」上附加「文」字，亦其比也，成詞「文考」（或作「文父」），此在書本文獻頗有，而周器銘多有之。前者若

《尚書．康誥》周武王誥弟康叔曰：「汝念哉！今民將在祗遹乃文考，紹聞衣德言。」

《逸周書．柔武》武王告周公曰：「維王元祀一月既生魄，（武）王召周公旦曰：『嗚呼！維在文考之緒功，維周禁五戎；五戎不禁，厥民乃淫。』」

又〈大匡〉武王告管叔曰：「嗚呼！在昔文考戰戰，惟時祗祗。」

又〈五權〉：「維王不豫，於五日召周公旦，曰：『嗚呼！敬之哉！昔天初降命于周，維在文考，克致天之命。汝惟敬哉！』」

又〈小開武〉周公告武王曰：「在我文考，順明三極，……」

又〈大聚〉周公對武王曰：「聞之文考，來遠賓，廉近者。」

又〈成開〉周公告成王曰：「在昔文考，躬修五典，勉茲九功，敬人畏天。」

《僞古文尚書．武成》：「我文考文王，克成厥勳。」

案：或出武王、或出周公之口，或後人模仿，徵諸文意，「文考」皆謂「亡父」。後者略如（彝銘著文考、文父者觸處皆有，見《金文詁林》及《補》「考」、「父」下），

〈文父丁鼎〉：「引作文父丁鼎。」（《商周彝器通考》上冊頁二九〇：約在商代。）

〈子燮爵〉：「……作文父乙彝。」（《商周彝器通考》上冊頁三七七：約在商代。）

〈非子[illegible]啓尊〉：「……用作文父辛尊彝。」（《商周彝器通考》上冊頁三九四：約在商代。）

〈保卣〉：「……用作文父癸宗寶障彝。」（陳夢家《西周銅器斷代（一）》頁二一：武王時器銘。）

〈君夫段〉：「……用乍文父丁[illegible]彝。」（《大系》錄編頁三〇、《釋文》頁五八：穆王時器銘。）

〈睘卣〉：「……用乍文考癸寶尊彝。」（《大系》錄編頁五、《釋文》頁十四：成王時器銘。）

〈厚趠齍〉：「……趠用乍[illegible]文考父辛寶障彝。」（《大系》錄編頁又一四、《釋文》頁三十：成王時器銘。）

案：前三商器，可見親稱上著「文」字，係商朝故禮；後五器亦作「文父」、「文考」云云，周因於殷也。器銘猶有文祖、文母、文姑、文辟。著「文考」之器，絕多為紀念祖先而作，復佐證以書本（《尚書》與《逸周書》），知其「文」為「亡故」義，「文考」者，亡父也。

據此，〈大誥〉邦君語成王「不可不成乃寧考圖功」寧考，成王之亡父武王也；寧為文誤，復奚疑哉？

（三）「前寧人」、「寧人」與「前文人」稱謂討原索義

〈大誥〉「予曷其（敢之誤）不于前寧人圖功攸終」？「率寧人有指疆土」。〈文侯之命〉「追孝于前文人」，

前寧人圖功攸終，完成前寧人嚮所圖謀之功業——伐殷一天下也。率寧人句，遵循寧人之所經營之疆土而續保有之也。

吳大澂、孫詒讓、方濬益既徵諸字形，斷此「前寧人」寧為文誤，又取彼〈文侯之命〉「前文人」為校證，言此當作彼，竝謂先祖（註三三）；吳氏之前舊解，亦有云前寧人、前文人意皆為祖先者：說皆已略見第一章。茲更廣討其義，用證成其說如下：

陳經《尚書詳解》卷四〈八文侯之命〉：「前文人，即文侯之祖也。……平王自謂：……汝祖有文德矣，汝又能追孝之以述其事。」

《尚書故》（《吳氏經說》二之三）：「孝當為斈，效也。《周書．祭公篇》『追學於

文、武之蔑』，即此追孝於前文人也。」

《尚書正讀》卷六：「前文人，指唐叔——晉始封之君也。追孝於前文人者，所謂『先正克左右昭事厥辟』也。」

案：前文人，或定為唐叔——晉文侯之始祖；或通指晉侯先祖；或援文王、武王為喻，文、武兩王固亦穆王與祭公謀父之先人。是三家亦皆以前文人為祖先。

有資鐘鼎款識申明經義，俞樾（一八二一～一九〇六，時代近吳大澂）說是也，

古鐘鼎款識每有「追孝」之文，〈追敦〉曰「用追孝于前文人」（敏案：此銘已見吳氏《字說》舉示），語與此同，〈楚良臣余義鐘〉曰「以追孝先祖」、〈邿遣敦〉曰「用追孝于其父母」，亦與此文義相近。是「追孝」乃古人常語，……可知追孝者以宗廟祭祀言也。（《羣經平議》卷六；《尚書覈詁》卷四用俞此說，引器銘亦幾全同）

《尚書新證》卷四：「〈儔兒鐘〉『以追孝侁祖』、〈兮仲鐘〉『其用追孝於皇考己伯』（敏案：《字說》亦有舉此銘），追孝二字，金文習見。」

案：所舉〈追敦〉句上猶有「用作朕皇祖考障毀」、〈兮仲鐘〉下猶有「用亯孝于前文人」，則前文人與皇祖考、皇考照應，意謂祖、父。二家所舉追孝其先祖、父母，是《尚書》「追孝于前文人」之前文人自是祖先之通稱，郭沫若亦曰：

彝銘中多文祖文考之稱，亦屢見文母文姑，則前文人乃統祖妣考母之通稱，不必限於祖

考。（《金文叢考》卷一〈周彝銘中之傳統思想考〉）

金文前文人詞多見，例用於追念祖先，更舉示數事，

〈伯㦰毁〉：「隹用妥(綏)神褱(懷)唬(乎)㝊(前)文人。」（《大系》錄編頁三五、《釋文》頁六四：穆王時器銘）

〈善鼎〉：「……唯用妥(綏)福唬(乎)㝊(前)文人。」（《大系》錄編頁三六、《釋文》頁六五：穆王時器銘）

〈邢人編鐘〉：「……用追考(孝)侃前文人，前文人其嚴在上。」（《商周彝器通考》頁四九七：周器）

前文人即文人者，「文人」之「文」爲附加語，「亡故」之意，則「文人」上本不必著「前」字——「前亡故之人」，詞複（註三四）；叔向父禹毁銘有「先文祖」（註三五），「先」字本亦不必著——先亡故之祖父，失詞。加先、前，殆後起之詞（論據見下）。周獻有稱先祖曰文人者，

〈㾓鐘甲組〉：「……敢乍文人大寶，（協）龢。」（《文物》一九七八年三期頁三六）（疑共王時器）

《詩經．大雅．江漢》：「王命召虎：『來旬來宣。文武受命，召公維翰。……釐爾圭瓚、秬鬯一卣，告於文人。』」（宣王時詩）

案：作瘨鐘爲紀念其祖先——文人；此詩所致祭上告者文人——祖先也，

《毛詩傳箋通釋》卷二七：「哀二年《左傳》『衛太子禱曰文祖襄公』；《積古齋鐘鼎欵識》者有〈旅鼎〉，其銘曰『斿用作文父曰乙寶尊彝』；古器銘又多稱『文考』者。文人猶云文祖、文父、文考耳。〈文侯之命〉『追孝於前文人』，承上『汝克紹乃顯祖』言，正以『文人』爲文侯祖之有文德者。鐘鼎欵識載〈追敦〉銘曰『天子多錫追休，追敢對天子顯揚，用作朕皇祖考尊敦，用追孝於前文人』，文人亦追自稱其先祖。此詩『文人』，傳箋俱指召穆公之先人甚確。」

案：葉夢得、蔡沈注《書》，先已逕以「文人」代「前文人」，謂是晉侯之祖先（文王武王、唐叔）（註三六八）。馬氏解詩「文人」引《尚書》、〈追毀〉「前文人」，遂云「文人爲文侯祖」、云「文人亦追自稱其先祖」，竝置「前」字不說，是質以「文人」爲「前文人」矣。

〈文侯之命〉「前文人」可作「文人」，而〈大誥〉「前寧人」爲「前文人」之誤，義且相同，則大誥「寧人」即「文人」——祖先矣。〈大誥〉「率寧人有指疆土」指，義爲「是」，「此」也。此疆土爲文人受命而有之，彝銘亦見類似語句，

〈大盂鼎〉：「雩我其遹眚相先王受民受疆土。」（《大系釋文》頁三四：康王時器）

〈宗周鐘〉：「王肇遹眚省文武堇勤疆土。」（《大系釋文》頁五一：昭王時器）

案：先王即指文武，周疆周土乃二王所立，正此「文人有指疆土」之義也。

（四）「前寧人受休」即指「文王受天命」

大誥「予曷敢不于前寧人攸受休畢」，

休，美善也、福慶也：此常義。攸受休，所承受於天之美命；休，休命之省文，名詞。

「休命」簡作「休」，義實爲「天之美命」，宋元人注：

《尚書全解》卷二七：「于前寧人攸受休畢者，蓋欲永膺歷數以繼武王之美命也。」

《東萊書說》卷十九：「我……何敢不于前寧人所受休命以畢其事也。」

《書經注》卷八：「予曷其不于寧王受命之休而畢其事乎？」

《書纂言》卷四：「予曷其不于前人所受之休命而思所以畢之乎？」

同書它篇亦有類例，〈洛誥〉成王曰：「不敢不敬天之休。……公其以予萬億年敬天之休。」

宋元人曰：

《東萊書說》卷二三：「……天之休命也。……敬承天休命。」

朱子〈洛誥解〉（《朱文公文集》卷六五）：「傳曰：『作周以配天之美命。』」

（案：《僞孔傳》無「命」字，朱子以己意增足。）

蔡《傳》卷五：「不敢不敬天之休命。……以我萬億年敬天休命。」

彝銘「對揚天子（王）休」句觸器皆是，亦頗有不事省文作「休命」者，茲併舉四例，

〈師酉簋〉：「對毀天子不顯休命。」（《大系釋文》頁八八：懿王時器）

〈虘編鐘〉：「首敢對揚天子丕顯休。」（《綴遺齋彝器考釋》卷一）

〈休盤〉：「敢對𩰬天子不顯休命命。」（《大系釋文》頁一五二：宣王時器）

〈鄘毀〉：「敢對𩰫天子休命。」（《大系釋文》頁一五四：幽王時器）

案：或作「休命」、「顯休命」，時而省作「顯休」。

書本文獻言天休命，盡辭勿省者，得二例：

《周易．大有．大象》：「火在天上，大有。君子以遏惡揚善，順天休命。」（《僞古文尚書．武成》改作「俟天休命」）

《尚書．多方》：「天惟時求民主，乃大降顯休命於成湯，刑殄有夏。」

綜上引經解、器文、書本，及衡度本經上下文，「休」是「休命」，乃《尚書新證》卷二說此句曰：

畢，乃異之譌，……二字形似。……言予曷敢不于前文人用受殊異之休乎？……昔人以爲「攸受休畢」與上「圖功攸終」爲對文，不知「功」可以言「終」；……凡「休」每云「無疆之休」，豈可云「休畢」乎？「休畢」又豈可言「攸受」乎？

案：「休畢」畢，義同上下文「敉（寧、武圖功）」、「成（乃寧考圖功）」、「卒（寧王圖事）」、「敉（寧王大命）」、「終（朕畝）（比方之辭）」，不獨與「圖功攸終」終爲對文而已，論爲「異」之譌，失之太甚；《尚書》有「休」字句型頗多，而「無疆惟休」才二見

〈〈召誥〉、〈君奭〉〉，于氏失檢，又未博考書本物器、不知「休」是「休命」之省文，其說自不能成立。

「攸受休畢」，前文云天降美命于文王（天休于寧王），興立我周國（興我小邦周）（已詳上第四章第（二）節），天降人受竝謂文王，則上文寧（文）王及此前寧（文）人都謂文王。本篇三前寧人咸指亡故之祖先，但一、二兩詞謂祖先文王武王，此詞則祖先僅謂文王，因始受天命立周滅殷，是文非武，前文歷論詳且明矣。

昧昧我思之：「文人、前文人」之「文」，「亡故」殆非其初義。「文」初以美稱王姬昌，洎文王崩，漸變爲「亡故」義，其始也，曰「文人」、「前文人」皆指已故之文王，後衍爲亡祖之泛稱。夫禮，周因於殷，其損益可知也，請先略徵殷禮。

殷帝號上弁以文、武字者，如武丁、武乙，殷卜辭有「文武帝乙」（參見近人陳夢家《卜辭綜述》）、周原甲骨文有「彝文武帝乙」、金文有「王曰隫文武帝乙俎」（見于省吾《商周金文錄遺》頁六六切卣），此皆商之子孫就其先王行事之特徵而追命以名符其實之號者（註三七）。其中「文」字初爲追亡祖之稱號，後遂緣變爲「亡故」義，見於商金文有「文父」（見第（二）節文父丁鼎等共三器）、「文辟」（註三八）。

洎乎有周，姬昌立國於西，其行事之特徵爲「文德」，昭升於天，溥聞於下，因有「文」號、及身稱焉。「文」，生號，「考」，父也，「文考」初義爲「文德之父」。及姬昌崩，自子發而稱之「文考」則兼具「亡父」與「文德之父」兩義。謂文考文王有「文」與「文德」，試徵實於後人之說焉：

《詩・周頌・武》：「允文文王。」

《禮記・祭義》：「文王以文治。」

《周易・明夷・彖傳》：「內文明而外柔順，以蒙大難，文王以之。」

《國語・周語下》：「文王質文，故天祚之以天下。」

《易緯・乾鑿度》：「文王因性情之宜，爲之節文。」

以上四事言文王「文」，以下諸事言文考文王：

《尚書・康誥》：「祗遹乃文考。」僞孔傳：「（文考，）文德之父。」

《逸周書》武王或周公稱亡父文王曰文考（如〈柔武〉、〈大開武〉、〈小開武〉、〈世俘〉、〈五權〉、〈成開〉、〈本典〉）；此書凡稱文考必是文王（註三九），而成王稱亡父武王則爲武考（亦見〈成開〉、〈本典〉），不同。

《僞古文尚書・武成》武王曰：「我文考文王。」《僞孔傳》：「言我文德之父。」又《僞古文尚書・泰誓》武王曰「文考」凡五見，《僞孔傳》皆以「文王」當之。

亦稱亡祖文王爲「文祖」，

《尚書・洛誥》周公曰：「王命予來承保乃文祖受命民。……考朕昭子刑，乃單文祖德。」《僞孔傳》：「文德之祖文王，……乃盡文祖之德。」

《逸周書·成開》成王曰：「余小子……以昭文祖之守。」

稱亡父文王曰：「文考（或文父）」，則其后大姒因號「文母」，見《周頌·雝》，出武王口（註四〇），「文」兼具「文德」、「亡故」二義，

《詩》云：「既右烈考，亦右文母。」《箋》：「文母，大姒也。……文德之母。」《正義》：「文母，繼文言之；雖大似（姒）自有文德（詩大明『大邦有子，……文定厥祥』，《毛傳》：『言大姒之有文德也。』），亦因文王而稱之。」朱《傳》：「文母，大姒也。」《呂氏家塾讀詩記》卷二九：「東萊曰：……烈考與文母相配而言，故烈考者，文王之稱也。」（註四一）

成王爲文王之後嗣——子孫，故周公呼之「文子文孫」，

《尚書·立政》：「孺子王矣！繼自今文子文孫，其勿誤于庶獄。……今文子文孫，孺子王矣！……」又：「今文子文孫，其克詰爾戎兵。」

《僞孔傳》：「文子文孫，文王之子孫。」（註四二）

周室子孫由於崇極文王，郁郁乎文，兼以上因於殷禮，故自武王時稍以「文父」名「亡父」（〈保卣〉，已見第（二）節）。成、康以降，文父、文考、文母、文祖、文祖考、文姑見諸彝器，率以稱其已亡故之先人。文人、前文人辭語應時生焉，爲周人祖先之泛稱，皆緣文

德之王——文王之「文」而起。故大誥此「休于前文（寧）人」，指謂先文王，正是初本義，經師釋《詩・江漢》「文人」，曰「文德之人也」（毛《傳》）、「先祖之有文德者」（朱《傳》）、《毛詩稽古編》），其釋《尚書》「前文人」，曰「前文德之人」（《僞孔傳》）、「前文德之主」（夏僎《尚書詳解》）、「前時文德之人」（《書纂言》），理固然也。

七　比辭以證君奭「寧王」義

（一）勘校同篇前後文，用明「寧王」決是「文王」

《尚書・大誥》等「寧」與「文」關係（已見上歷述），前賢資取同書它篇、或《禮記》引經、或《詩・雅》，用證互厥誼者，有若

(1)鄭玄以《詩》「平王」與〈大誥〉、〈君奭〉「寧王」及〈洛誥〉「命寧」證互。

(2)蔡沈以〈文侯之命〉「前文人」即如〈大誥〉「前寧人」，吳大澂、孫詒讓、楊筠如、屈先生說同。

(3)薛肇明以《書》、《詩》相校，見「前文人」即「文人」；吳氏又資詩「文人」證〈大誥〉「前寧人」寧誤。

(4)又有以〈君奭〉一篇上下文相比勘，或疑或定「寧」爲「文」誤者。

(5)更有於〈君奭〉「寧王」既勘校前後、又取《禮・緇衣》引《尚書》句，用決彼

「文」爲正者。

⑴至⑶事，皆已見前引；⑷⑸事，則上引孫詒讓、吳闓生、王國維、于省吾、楊筠如、屈先生說（已見第二章），甚簡，又未及討論，故專立二節言之。

先論⑷，如下：

《尚書．君奭》周公告召公曰：「在我後嗣子孫，大弗克恭上下，遏迭前人光在家；不知天命不易、天難諶，乃其墜命，弗克經歷嗣前人恭明德。在今予小子旦，非克有正，迪惟前人光，施于我沖子。」

又曰：「天不可信，我道惟寧王德延；天不庸釋于文王受命。」

在我後嗣子孫三句、不知天命不易四句，語竝假設，泛言周家諸後王苟不能敬天地、苟不曉天命不可一味信賴，則國亡；國亡則不能長久繼承先王恭懿昭明之德。其「前人」，《僞孔傳》、《正義》釋曰「先王」，周文王、周武王也（《東萊書說》，詳下）：此常解。余謂不然，此二「前人」及下「迪惟前人光」前人，皆當指文王，知者，

其一、周公頌美周文王「光」，《尚書．立政》公戒成王曰：「……以覲文王之耿光，以揚武王之大烈。」但不以贊武王（註四二）。

其二、宣王命父厝曰：「……亡不閈於文武之耿光。」（《兩周金文辭大系．釋文》頁一三四）周家子孫以崇戴開國兩王祖故，合贊其德如此；考之實迹，武王所未嘗具。成王顧命

曰：「昔君文王武王宣重光。」又曰：「用荅揚文武之光訓。」類此。又文獻合載文武始受天命，亦單指文而不包武，說已歷詳前文。

其三、上言「遏佚前人光」，義同下文「弗克經歷嗣前人恭明德」，是「光」義同「恭明德」；此言「迪惟前人光，施于我沖子」，義猶「我道惟寧王德延」（論證參下文），是「光」即「德」——「恭明德」之省簡也。夫詩、書、左傳、逸周書、百家言、彝銘記文王恭德、明德、德者多矣（已見上第五章第（一）（二）節），而單記武王德，特以具斯恭明二德者絕無僅見（已見上第五章第（三）節），則此包二德而一再見稱於周公之「前人」，是文王非武王，明矣。

「又曰」一段，乃上段長文上之縮要，周公重申前意也：天不可信，即上天難諶；天不庸釋於文王受命，總撮上天命不易、墜命云云，論天必不棄文王所受之國運；我道惟寧王德延，即將前人光（恭明德）延傳于我（周公之）沖子——成王也。上前人、寧王，即下之文王，知者，

「我道」：《經典釋文．尚書音義》下：「我道，馬（融）本作我迪。」《魏石經》作「我迪」（王國維《魏石經殘石考》、近人呂振端《魏三體石經殘字集證》頁二一九），「道」古本皆作「迪」，則「道惟」當正作「迪惟」，與上「迪惟」同爲語詞，

《經義述聞》（《經解》卷一一八三）：「作『迪』者原文也，作『道』者東晉人所改

也。《尚書》「迪」字多語詞原注：詳見《釋詞》。上文曰『迪惟前人光』、立政曰『迪惟有夏』、此云『我迪惟寧王德延』迪字，皆語詞也。後人或訓爲蹈、或訓爲道，皆於文義不安。此句『迪』字既誤解爲『道』，遂改『迪』作『道』、以從誤解之義。」

《今文尚書考證》卷二一：「（迪惟）與上『迪維（惟之誤）』義同，由傳訓『迪』爲『道』，遂誤作『道』耳。」

《雙劍誃尚書新證》卷二〈康誥〉「道極厥辜」：「『道』應作『迪』，〈君奭〉『我道惟寧王德延』，馬本『道』作『迪』。前人以『迪』訓『蹈』與『道』同義，遂改『迪』爲『道』也。」

案：迪，道也（《說文》）。僞孔本蓋原作「迪」（如漢、魏本然）訓「道」，後人遂改經文爲「道」；或「迪」、「道」隸形近致誤。「迪」从「由」聲，與「攸」音古同（竝*dįog），攸、迪常作語詞。迪惟，尚書另兩見，竝複字語詞，則此「道惟」當作「迪惟」，固亦語詞也。迪訓道，僞孔之失。

施，延也（《淮南子．脩務注》）。前人光施於沖子，即迪惟寧王德延，而以校下句「文王」即此「寧王」，

《東萊書說》卷二六：「天命不易，固不可信，在我之道，惟思文王之德則可以延世；天必不用釋於文王所受之命也。……言此者所以繹迪前人光之意而終之也。」

《尚書駢枝》頁十八：「君奭云『又曰「天不可信，我道惟寧王德延；天不庸釋於文王受命」』，言有人曰：天命無常、不可信，則我亦惟文王德之延長爲可信也。」

《尚書大義》頁七八：「……言有如天不可信，我直願延長文王之德，使天不易改文王所受之命也。」

《新出三體石經考》：「〈君奭〉篇『我迪惟寍王德延』，次即言『天弗庸釋于文王受命』，……若前……『寍』字爲『文』之誤，後……『文』字何以不誤？」（《古文尚書拾遺》說同旨）

案：《駢枝》、《大義》意謂但能延「寧王」德，則天不變易「文王」所受於天之命，則二家竝以下「文王」校上「寧王」，因知「寧」是「文」誤。東萊以上「迪惟前人光，施于我沖子」即下「我道惟寧王德延」，「繹迪前人光之意而終之」即「思文王之德可以延世」，如是作則天命斷可信其不改，是誠以上「前人」、中「寧王」、下「文王」參校，知有「光」德（明德）之「前人」、有「德」之「寧王」，與下「受天命」之「文王」同指一人——文王昌是也。

次論(5)，如下第（二）節：

（二）既勘比上下文，復據彼禮緇衣引「周田觀文王之德」，因斷此「寧王」寧爲傳寫誤字

《尚書．君奭》周公告召公曰：「在昔，上帝割申勸寧王之德？其集大命于厥躬。惟文

王尚克修和我有夏，亦惟有若虢叔，有若閎夭，有若散宜生，有若泰顛，有若南宮括。又曰，無能往來茲迪彝教，文王蔑德降于國人。亦惟純佑秉德，迪知天威，乃惟時昭文王，迪見冒聞于上帝，惟時受有殷命。哉武王，惟茲四人，尚迪有祿；後暨武王，誕將天威，咸劉厥敵。」

三句，羣經及其它先秦著成之文獻皆不見稱引，獨幸小戴記一引，明著篇名，極富考據價値，

《禮記．緇衣》：「〈君奭〉曰：『昔在上帝，周田觀文王之德？其集大命于厥躬。』」

「割申、其集」二句上句之「割申勸寧」，諸本盡同，唯此〈緇衣〉引作「周田觀文」，漢唐人禮說併下句而論之，

鄭《注》：「古文『周田觀文王之德』爲『割申勸寧王之德』，……古文似近之。割之言蓋也，言文王有誠信之德，天蓋申勸之。集大命於其身，命之使王天下也。」

孔《疏》：「周田觀文王之德，『周』當爲『割』、『田』當爲『申』、『觀』當爲『勸』，言文王有誠信之德，故上天蓋申重獎勸文王之德。」

《疏》又曰：「此『周』字古文爲『割』、此『田』字古文作『申』、此『觀』字古文爲『勸』，皆字體相涉，今古錯亂；此『文』（王）《尚書》爲『寧』王，亦義相涉

也。……古文『周田』爲『割申』，其字近於義理，故云『古文似近之』。云『割之言蓋也』，割、蓋聲相近，故割讀爲蓋，謂天蓋申勸之。」

案：鄭不言「周田觀文」當爲「割申勸寧」，但云後者「近於義理」而已。孔《疏》前三字，一面守注，謂古文「近於義理」；一面又斷爲形誤，但未舉古今字形相照，特以「割」、「周」二字形體非近，似乎了不相涉。注於此「文」彼「寧」不以爲彼誤，疏以彼此「亦義相涉」故異，則注疏竝以「文王」得稱之爲「寧王」，施義不同耳（鄭說見《詩·何彼襛矣·正義》載，引文已詳第一章）。割借爲蓋，鄭孔顯然以「蓋」爲語辭，考《尚書》及西周著成之其它文獻無有此用法，說失之。申誤爲田，是。觀誤爲勸，失之（詳後）。二家解「割申、其集」二句，亦不合經誼。故古注舊疏，於正「寧王」爲「文王」，裨益匪大。

謂割借爲害，周是害之誤字，害義同曷何、爲疑問語辭，而田當作申，元金履祥先有說，雖行勘比上下文，惜囿於舊說，尚不敢指「寧王」爲「文王」，

《書經注》卷十：「割申勸，傳記引此，……或作『周田觀』。周字似害，必害字也。害，何也；如『時日害喪』之害。寧王，武王也。」

又《尚書表注》卷下：「……周字似害，割從害而多刀，聲亦近似，當作害音曷、何也。言上帝何爲而申勸武王之德、集大命于其身哉？……至武王時，虢叔死矣，四人者尚在祿位，後及武王共伐商受，又昭武王之德冒於天下，而天下頌之：此上帝所以申勸

武王而集大命也。」

金氏謂「寧王，武王也」、「上帝集大命於武王」及不以「勸」爲誤字，皆失之（詳下說）。彼雖未明指田爲申之誤字，然結末作「申勸」云云，誠亦以田譌申正。彼以經文原本作害，形誤爲周，害訓爲何，今傳本字借割作害，曷、何也：均是其創發。清以後人因之。

段玉裁《古文尚書撰異》（《皇清經解》卷五九〇）：「古字割、害通用，如〈堯典〉『方割』割，害也；〈大誥〉『降割』（割），馬本作害。害與周篆體略相似，此古文作害，《記．緇衣》作周之理也。」

其後牟庭以割申觀誤爲周田勸（《同文尚書》卷十五、十六、十七）、俞樾謂害以篆體似而誤爲周、勸以左旁似而誤爲觀（《禮記鄭讀考》，《皇清經解續編》卷一三五六）、吳闓生以割申勸寧當作周田觀文（《尚書大義》頁七九）、于省吾謂周勸寧爲害觀文之形譌（《雙劍誃尚書新證》卷二、卷三、卷四）、曾運乾謂害申文形誤爲周田寧（尚書正讀卷五）、楊筠如如謂周勸寧當作害觀文（《尚書覈詁》卷四）、屈先生謂周田勸寧是害申觀文之形譌（《尚書集釋》頁二〇八）：皆援《禮記》引《尚書》爲說，而論及勸是觀、寧是文誤，金段二家之所未及也。

割，音近借爲害，害，曷也，疑問辭；害形誤爲周。申形誤爲田。觀本作藿，後人誤加偏旁力爲勸。文形誤爲寧（吳大澂等說，已詳上）。諸家說是也。雖然，克知檢點篇文，勘校上

下，究二王事迹，用決取舍者，才得五家焉，

宋呂祖謙《東萊書説》：「……上帝之相文王，……申重勸勉以日新其德，以集大命於其躬，……文王既集大命，則任天下之責，故其心庶幾能修和於諸夏，以盡其職分。……所謂修和，蓋本於割申勸以修己之和，推而放之於諸夏也。……文王之所以內進厥德，外和有夏，合內外之道者，蓋亦有賢哲之輔焉。虢叔、閎夭、散宜生、泰顛、南宮括，是五臣者，皆胥附先後以輔文王，可謂盛矣。文王猶慊然未足，……自視蔑有少德降于國人；賢已眾而視之若寡，德已盛而視之若無。……文王既不已如此，亦惟五臣者純一佐佑，秉德不移，蹈履至到，實知天威，以顯其君，而受殷命，故曰『乃惟時昭文王，迪見冒聞于上帝，惟時受有殷命哉』！」

夏僎《尚書詳解》卷二一：「甯王謂武王，今以此篇觀之，則甯王乃兼文、武也。周公欲詳言文、武得人之事所，先總説謂在昔皇天上帝斷然申勸文、武之德，而使莫大之命集于其躬。其意蓋謂天以大命集于文、武者，以文、武得人之助，故天以是而申勸之也。……蓋以是勸文王又以是勸武王，故謂之申勸，如詩（《大雅．大明．序》）言『文王有聖德，故天復命武王』者，即申勸之謂也。周公上既總説大意，下乃詳言謂惟文王之興所以庶幾能修治燮和我所有之諸夏者，亦惟有如虢叔（閎夭、散宜生、泰顛、南宮括）者，以文王能修和有夏，皆由得此五人之用也。……又反前意而言曰：

若此五者不能爲文王往來奔走於此，導迪其常教，則文王亦無德降及于國人。……又正言：……。謂……五人……乃明文王道迪之，使其德著見于上而覆冒于下，遂能聞於上天，惟是之故，遂能受有殷之天命。」

袁燮《絜齋家塾書鈔》卷十二：「割喪殷家而申勸寧王之德。寧王通文、武而言，文王一怒而安天下之民，武王亦一怒而安天下之民，皆安天下之王也。」

《書經注》卷十：「此……舉文王五臣歷相武王以勉召公也。……寧王，武王也。……周公謂：前日上帝曷爲而申勸武王之德、集大命於其身？蓋惟文王能修和諸夏，亦惟有虢叔等五人者助之。向無五人爲之往來宣導彝教，則文王豈能自使治化下達國人？亦惟五人純一佑助，秉持其德，實知天理之可畏，乃惟昭明文王以迪導其德，見冒於民，升聞於天，惟時文王已受有殷命。至武王時，虢叔死矣，四臣者尚在祿位，後曁武王共伐商受，又昭武王之德，以冒於天下，而天下盡頌武王之德。是則武王之興，亦賴文王之德與世德之臣也。」（《尚書表注》卷下旨同）

《尚書古注便讀》卷四中：「申，猶緟也。勸，勉也。寧王，武王也。……按：此節爲倒敘之文。下文『武王惟茲四人，尚迪有祿』，即天之壽此賢聖，既勉文王之德，又重勉武王之德也。下文『後曁武王誕將天威，咸劉厥敵』，即所謂『集大命于其躬』也。」

案：朱氏《便讀》勘校前後文，以爲：此一大段，是後文——「文王尚克」至「丕單稱德」闡明前文——「在昔」至「厥躬」者。後文「武王尚迪」二句，乃天壽耇茲閎夭等四臣，使重再勸勉寧王（武王）之德；而虢叔等五臣則先已「勉文王進建功業」（即後文「文王尚克」至「受有殷命」一段旨要）矣。後文「後暨咸劉」二句，正說明天「集大命于厥（指寧王之，即武王之）躬」也。於是前「集大命」是天命寧王（武王），後「受有殷命」則另是文王受殷命：前寧王（武王）、後文王判然二人。夫上言降命，授之武王，下言受命，受者竟乃文王，天一命耳，降與子者也，而父先已受之，成何體統耶？又悍然將述武王事功之經文（即「武王惟茲」至「丕單稱德」所列）併入前文作爲闡敘「割申」二句者，令周公之口先美子武王後乃及父文王，泯亂彝倫。凡此曲說，皆緣固執舊說寧王爲武王，故不惜遷之就之也。

又案：夏、袁兩氏通度經文前後，知「惟文王」至「殷命哉」確述文王事實，而「武王惟茲」至「丕單稱德」則明言武王殲商，屹然竝不可移；第又狃於「寧」訓「安」及鄭玄寧王兼文武說，故亦曲解本經以從。夫孟子（〈梁惠王下〉）言武王一怒安天下謂殲劉戎殷，意不及受命暨王德，與本經言「勸德」、「集命」不合，是袁說非也。謂「勸寧王德」、「集大命」是總說文武，下則依次分別詳說文王（至「殷命哉」止）、武王（「武王惟」至「單稱德」）。夷考「申勸」云者，重再勸勉一王，二之非也；「集命厥躬」，授命與一人之身而已，且所謂分別詳說部分，但反覆宣明文王以德受天命，而絕不及武王以德膺天命情事，則夏說雖巧，乃亦非也。

三案：金氏以爲：首揭示武王受命，尾乃言其伐商，遙相承應；中間夾述文王德命及其五賢臣佐國，因「武王之興，亦賴文王之德與世德之臣」，故先置於尾文之前也。周誥敘事，無此文理。且尾文「至武王時」以下，單言子發事迹，不唯與首文「申勸寧王」漠不相干，即輔相大臣已非盡「文王五臣」。金說失之。

四案：「呂氏貫穿全段（止「殷命哉」），以勸德、天命授受爲眉目，謂下文王「修和」即本諸上「割申勸」以修己；謂文王克成其盛德者，亦有五臣弼輔之功；而天所以集命於寧王（文王）、文王終受殷命者，皆賴其謹德與賢哲襄贊之力。彼呂氏勘察上下文，知下文王即上寧王，皆指姬昌，此事良是也。

余通觀此篇周公告召公全文：首言天命靡常，道善則得之，不善則失之矣。次言前人具有恭明德，今我所當務者，惟將寧王之德延傳於沖子——成王，則天將不棄文王所受之命：前人、寧王、文王同指一人——文王姬昌是也。其次先舉殷五王得賢臣舊人匡弼而獲天休。既而言天以文王具美德故授之命，乃亦因五賢輔相，故其德惠降施於國人，受有殷命；上「寧王之德」，即下「文王修和西土」（協和庶邦之德）、「文王德降施」，則下三言「文王」事迹，即用申詳上「寧王」以德受命者，故「寧王」必「文王」之誤。更下小段（「哉（才、在）」連下爲句），述武王得四老臣襄助，奉天命誅商，實行其美德，與上大段釐然爲二，則上之

「寧王」斷非此之「武王」，而乃「文王」之誤，灼然無可疑也。簡述武王事既已，漸次導入時王——成王朝政情。周公述自昔殷王與賢良、而周文王與五股肱、而武王與四舊臣、而己與召奭刻正夾輔之成王，脈絡屬貫，陳事清晰；若如舊清人說，謂公述武王（寧王）置於文王之前，而述文王事既畢，又及武王，失卻條理矣。

結論

《尚書》「寧王、寧武、寧考、前寧人、寧人」之寧，舊解（王莽〈大誥〉至清光緒九年前）曰「安」。準此「安」義，於是謂寧王爲安天下之王——或謂爲周文王，或謂爲周武王，或謂兼指文武二王；謂寧武爲「安武事」，或謂指文王，又或謂指武王；或謂寧考爲「寧祖文王，聖考武王」、合指兩王，或謂祇指武王；前寧人與寧人，或謂爲「祖宗安人」指文王，或謂乃指文武之臣，亦有取文侯之命篇或詩江漢「前文人」證彼義同此皆言「祖先」者。而絕無明判諸「寧」字爲「文」字之形誤者，有之則自清吳大澂光緒間撰《說文古籀補》與《字說》始。

吳氏取彝銘「文」字以證《尚書》「寧」爲形誤，初謂戰國時已誤，終定爲漢儒誤釋。後人絕多深信不疑，惟吳汝綸、闓生父子稍異其說，章炳麟、西人高本漢以爲「寧」、「文」形體尚不致相淆。於是此一解經大公案，不得不因反控而再鞫。

余一面剋就二吳、章、高之所質難，逐一釋覆，並廣采古文字形，以充實吳說；一面博考周文武事迹，證「寧王」等非文王莫屬——前人討論此一問題，絕未及此。既而又會觀〈君奭〉前後文，復校以《禮．緇衣》引書，證「寧王」寧乃傳寫誤字。

《尚書》寧王，始受天命興創周國之天子也，〈大誥〉、〈君奭〉明文具在。余據經（《尚書》它篇、《易》、《詩》、《禮記》等）、彝銘（〈癲鐘〉、〈墻盘〉、〈何尊〉、〈大盂鼎〉、〈師克盨〉、〈𢓊伯毀〉、〈師訇毀〉等）、經解（《尚書大傳》、《韓詩外傳》、《春秋繁露》、鄭玄《書注》《詩箋》、王肅《書注》、《書》孔氏《疏》、《融堂書解》、夏氏《尚書詳解》、朱子《詩集傳》、《書蔡傳》、《毛詩稽古編》、《尚書集注音疏》、《古文尚書撰異》等）、緯（《易》、書）、史（《國語》、《竹書紀年》、《逸周書》、《史》、《漢》等）、子（《荀子》、《呂覽》、《說苑》、《鹽鐵論》、《論衡》、《朱子語類》等）及近人論文，證文王昌始受天命建國稱王改元，而武王發繼受天命定國稱王改元，故寧王允爲文王的非武王；且針對相反議論（《風俗通》、孔氏《書疏》、《史通》、梁肅、歐陽脩、李覯、胡宏、李舜臣之說），辭以闢之。

稱「寧王德」、「寧王以德受大命」，〈君奭〉明文具在。余因考諸經（《尚書》它篇、《易》、《詩》、《禮記》、《左傳》、《論》、《孟》等）及其多家注疏、史（《國語》、《逸周書》、《史》、《漢》、《三國志》等）、子（《鬻子》、《管子》、《晏子》、《墨子》、《愼子》、《韓非子》、《呂覽》、《淮南子》、《說苑》、《新序》、《鹽鐵論》、《論衡》、《潛夫論》、《風俗通義》、《中論》、《朱子語類》等）、彝銘（〈癲鐘〉、〈毛公鼎〉、〈宗周鐘〉等）及近人論文所記，見文王有盛德（十六目），以受天命；而武王「寡德」，以兵定邦而已。則此「寧王」是「文王」，無可疑矣。

余考《詩‧頌》與〈利簋〉，以單一「文」字呼「文王」、單一「武」字呼「武王」，「文武」連語以呼文王武王者尤多，以應「寧武」非「文王武王」者質疑。既正復「寧考、前寧人」之「寧」作「文」，余更求諸商周彝銘，參以西周成著之經書篇章及晚作之逸周書，知此「文」字初爲子孫依其先王行實追美之稱，周人既緣以生稱姬昌爲文王，後衍變爲一般「亡故」義，但武王稱其父曰「文考」，含「文德之父文王」及「亡父」二義，成王稱其祖父曰「文祖」，亦兼「文德之祖文王」、「亡祖父」二義。寖假而於「文子文孫」謂文王之後嗣；於「前文人」固謂「已故之先人」，唯有時「文」字尙用初義特指「文王」，如「前文人受休」義即上文「天休於文王」。晚近解〈大誥〉兩「前文人」一槩爲「亡故之先人」，失之未辨。

《禮》鄭《注》、孔《疏》以下，執〈緇衣〉引《書》以校《尙書》本經，多矣，唯實行檢點〈君奭〉上下文，考文武行政，以論該篇寧王受命者才數家，所論又或失正或未周。余既論其得失，乃通考全篇，貫穿文義，比次史迹，定其篇「前人、寧王、文王」同指姬昌一人，則「寧」爲「文」誤，愈彰彰明矣。

附註

二二　清簡朝亮《尚書集注述疏》卷十七〈梓材〉：「先王，文王也。明德者，敬以勞民之本也。（下引《詩・賚》、《書・康誥》等以證）」案：下言先王受命，先王自謂文王。

二三　《尚書・微子》：「今殷民乃攘竊神祇之犧牷牲，用以容，將食無災。」〈牧誓〉：「今商王受，……昏棄厥肆祀，弗荅。」

二四　《逸周書・大聚》周公旦對武王曰：「聞之文考，來遠賓，廉近者。」

二五　許錟輝先生《先秦典籍引尚書考》頁一〇九：「《韓非子・有度》引先王之法曰：『臣毋或作威，毋或作利，從王之指。毋或作惡，從王之路。』此引《周書・洪範》文（敏案：此說待商），而稱先王之法，以是例之，則《左傳》引周文王之法，蓋亦《周書》逸文。」

二六　本篇之著成，詳拙著〈尚書周誥梓材篇義證〉，《書目季刊》八卷四期，民國六十四年三月。

二七　周成王曰：「昔公勤勞王家，惟予沖人弗及知。」（《尚書・金縢》）又曰：「惟公德明，光于上下，勤施于四方。」（〈洛誥〉）可見一斑。

二八　《詩・執競》：「執競武王，無競維烈。」〈武〉：「於皇武王，無競維烈。」〈桓〉：「桓桓武王，保有厥士。」《尚書・洛誥》周公語成王曰：「乃光烈考武王弘朕恭。」又：

「以揚武王之大烈。」（立政）《逸尚書》：「丕承哉！武王烈。」（《孟子・滕文公》下引）《逸周書・祭穆公》王曰：「朕……烈祖武王。」

二九　後漢胡廣侍中箴說〈君奭〉「上帝勸寧王」段：「昔在周文，創德西鄰，冒聞上帝，賴茲四臣。」（《古文苑》卷十六）

三〇　清莊述祖《尚書今古文攷證》卷四：「（文武勤教，）『文王有聲，遹駿有聲，遹求厥寧，遹觀厥成』，文之勤也；『鎬京辟雍，自西自東，自南自北，無思不服』，武之教也。」分文析字，失《書》《詩》義。

三一　《詩・大雅・蕩》：「天降滔德。」《箋》：「云厲王施倨之化。」滔德天降，可與此懿德帝畀比觀。

三二　戴震《毛鄭詩考正》：「〈周頌・清廟〉『秉文之德』，……詩中言文王不單舉『文』字，倘祀武王、成王必不可云『秉武之德』、『秉成之德』也。凡經傳以『文』讚美其人者不一，皆經緯明備、威儀敬慎之稱。」顧廣譽《學詩詳說》卷二六：「戴氏《考正》申明毛義良是。蓋單舉謚之一字非莊重之體，〈清廟〉詩尤肅穆，不宜有此。」敏案：如以「文」讚美他人之德，當曰「文德」，《詩・江漢》「矢其文德」，《論語・季氏》「則脩文德以來之」，即是。「秉武之德」誠未見，有之則「武」爲武王，理固亦可通，左僖二十八年《傳》：「用平禮也。」《注》：「以周平王享晉文侯仇之禮享晉侯。」平王亦可單曰「平」。詩句有字限，消簡「王」字，亦未必不莊，戴、顧說非也。

三三　《尚書集釋》頁一四〇〈大誥〉：「前寧人，即前文人，謂亡故之祖先。」（同書頁二六五

〈文侯之命〉：「前文人，已故之祖先。」）師說最是明確。

三四 《尚書新證》卷二：「寧人即文人之譌，前文人之簡稱，謂其祖考爲文德之人也。」謂是簡稱，可商。

三五 《商周彝器通考》頁三五三著錄，云周器。

三六 葉說，《尚書纂傳》卷四四引；蔡《傳》在卷六。

三七 參看屈翼鵬師《書傭論學集》頁三五二—三六一〈諡法濫觴於殷代論〉。

三八 〈商尊〉：「……帝后賞庚姬貝卅朋，弋絲（丝）廿寽，商用乍（作）文辟日丁寶障彝。」（《文物》一九七八年第三期頁二：商器。）

三九 《逸周書·嘗麥》成王曰：「今予小子，聞有古遺訓，予亦述朕文考之言不易。」《逸周書分編句釋》頁九三：「述祖訓以儆眾。」是以「文考」爲成王之祖父文王。朱右曾《逸周書集訓校釋》卷六：「文考當作文祖。」孫詒讓《周書斠補》卷三：「……文考謂文德之考，即指武王言之，朱誤以文爲諡，遂欲改考爲祖，非也。」案：此書成王稱武王曰武考絕不曰文考，孫失。

四〇 《詩序》：「〈雝〉，禘大祖也。」《箋》：「大祖謂文王。」朱《傳》：「此武王祭文王之詩。」

四一 考、母對稱，金文習見，如〈師趛鼎〉（《愙齋集古錄》冊五頁十七）。《論語》「予有亂臣十人」馬融《注》：「其餘一人謂文母。」（邢《疏》引）鄭玄《注》：「十人謂文母、周公……。」（左襄二十八年傳《正義》引）邢《疏》：「文母，文王之后大姒也，從夫之謚。武王之母，謂之文母。」邢謂大姒以「文王」文而稱「文」同唐孔氏。第《經義述聞》（《皇清經解》卷一一八六）曰：「文王之文謚也，文母之文則美大之稱，……二者本不相因。……《列（原誤作烈）女傳・母儀傳》『大姒仁而明道，思媚大姜，……大姒號曰文母』。然則文母之稱，專美大姒之文德，明矣。」（《毛詩傳箋通釋》卷二九、《詩毛氏傳疏》卷二七竝依其說）敏案：「文王」文及「文母」文，初皆美大之稱；后且因王而有斯號。」《列女傳》謂大姒「仁而明道」，僅以此安足副「文」之號哉？「大姒號曰文母」，必因王「文」而有。《述聞》誤也。

四二　《尚書新義》（拙著《尚書新義輯考彙評》頁二〇三）：「曰『文子文孫』者，謂成王也。成王，武王之文子、文王之文孫也。」案：介甫說拘。夫子孫，後嗣之謂，謂成王，成王者文王之後嗣，不必分別父、祖說爲武王子、文王孫，猶稱「孫」爲後裔，亦不必限作子之子之義，《尚書・金縢》周公祝告太王、王季、文王曰：「惟爾元孫某（發），遘厲虐疾。」姬發者，太王曾孫、王季孫，而文王子，但曰「孫」者，正後嗣之謂也。

四三　《尚書・洛誥》周公告成王曰「乃光烈考武王」光，形容「烈」；光烈，昭顯之功業也。此「光」，名詞，耿光，即下明德義。

引用書要目

甲　重要目，以書統人，載記板本

《周易注疏》　魏王弼等注、唐孔穎達疏　清嘉慶二十年江西南昌府學重栞宋本周易注疏本

《尚書注疏》　僞孔安國傳、唐孔穎達疏　清嘉慶二十年江西南昌府學重栞宋本尚書注疏本

《尚書大傳》　漢伏生　皇清經解陳壽祺輯校本

《東坡書傳》　宋蘇軾　學津討原本

《書古文訓》　宋薛季宣　通志堂經解本

《尚書全解》　宋林之奇　通志堂經解本

《增修東萊書說》　宋呂祖謙、時瀾修定　通志堂經解本

《融堂書解》　宋錢時　清武英殿聚珍版叢書本

《尚書詳解》　宋夏僎　清武英殿聚珍版叢書本

《書經集傳》　宋蔡沈　臺北世界書局影印五經讀本本

《尚書詳解》　宋陳經　清武英殿聚珍版叢書本
《書經注》　元金履祥　十萬卷樓叢書本
《尚書表注》　元金履祥　通志堂經解本
《書纂言》　元吳澄　通志堂經解本
《書蔡氏傳纂疏》　元陳櫟　通志堂經解本
《尚書集注音疏》　清江聲　皇清經解本
《古文尚書撰異》　清段玉裁　皇清經解本
《尚書今古文注疏》　清孫星衍　臺北廣文書局影印本
《同文尚書》　清牟庭　齊魯書社影印山左先喆遺書本
《尚書古注便讀》　清朱駿聲　臺北廣文書局據民國二十四年成都華西協合大學影印本
《尚書駢枝》　清孫詒讓　鉛印本
《今文尚書攷證》　清皮錫瑞　臺北藝文印書館影印本
《尚書故》　清吳汝綸　桐城吳先生全書本
《尚書大義》　民國吳闓生　臺北中華書局民國五十九年影印本
《雙劍誃尚書新證》　民國于省吾　臺北藝文印書館影印本
《古文尚書拾遺定本》　民國章炳麟　制言二十五期　民國二十五年九月

《尚書集釋》　民國屈萬里　臺北聯經出版公司民國七十二年排印本

《尚書康誥義證》　民國程元敏　國立編譯館館刊四卷一期　民國六十四年六月

《莽誥、大誥比辭證義》　民國程元敏　國立編譯館館刊十一卷二期　民國七十一年十二月

《尚書新義輯考彙評》　民國程元敏　國立編譯館民國七十五年七月鉛排本

《書經注釋》　瑞典高本漢、民國陳舜政譯　中華叢書民國五十九年排印本

《詩經注疏》　漢毛亨傳、鄭玄箋、唐孔穎達疏　清嘉慶二十年江西南昌府學重栞宋本詩經注疏本

《詩經集傳》　宋朱熹　臺北世界書局影印五經讀本本

《毛詩傳箋通釋》　清馬瑞辰　皇清經解續編本

《禮記注疏》　漢鄭玄注、唐孔穎達疏　清嘉慶二十年江西南昌府學重栞宋本禮記注疏本

《春秋繁露》　題漢董仲舒　臺北河洛圖書出版社影印蘇輿義證本

《論語注疏》　魏何晏集解、宋邢昺疏　清嘉慶二十年江西南昌府學重栞宋本論語注疏本

《孟子注疏》　漢趙岐注、題宋孫奭疏　清嘉慶二十年江西南昌府學重栞宋本孟子注疏本

《經典釋文》　唐陸德明　通志堂經解本

《說文古籀補》　清吳大澂　清光緒刊本

《字說》　清吳大澂　臺北藝文印書館影印清光緒十九年思賢講舍重刊本

《說文解字詁林》　民國丁福保　臺北國民出版社影印本
《新出三體石經考》　民國章炳麟　臺北世界書局影印章氏叢書本
《逸周書》　皇清經解朱右曾集訓校釋本
《逸周書分編句釋》　清唐大沛　臺灣學生書局民國五十八年據道光十六年手寫本影印本
《竹書紀年》　臺北世界書局影印王國維古本竹書紀年輯校本
《史記》　漢司馬遷　臺北藝文印書館影印日本瀧川資言會注考證本
《漢書》　漢班固　臺北藝文印書館影印長沙王氏虛受堂校刊本
《豐鎬考信錄》　清崔述　臺北河洛圖書出版社影印本
《窸齋集古錄》　清吳大澂　臺北臺聯國風出版社影印本
《窸齋集古錄釋文賸稿》　清吳大澂　臺北臺聯國風出版社影印本
《綴遺齋彝器考釋》　清方濬益　臺北臺聯國風出版社影印本
《金文叢考》　民國郭沫若　郭氏手寫影印本
《兩周金文辭大系》　民國郭沫若　臺灣大通書局影印本
《金文編金文續編》　民國容庚　臺北洪氏出版社影印本
《商周彝器通考》　民國容庚　臺灣大通書局影印本
《西周銅器斷代》　民國陳夢家　王夢旦金文論文選第一輯　一九六八年七月

《金文詁林、金文詁林補》　民國周法高　香港中文大學影印本、中央研究院歷史語言研究所影印本

《吳愙齋先生年譜》　民國顧廷龍　臺北東方文化書局影印哈佛燕京社民國二十四年排印本燕京學報專號之十

《西周史論述（上）》　民國徐仲舒　四川大學學報一九七九年第三期

《呂氏春秋》　周呂不韋　臺北華正書局影印陳奇猷校釋本

《論衡》　漢王充　臺灣商務印書館民國七十二年排印本

《風俗通》　漢應劭　臺北漢京文化公司影印王利器校注本

《朱子語類》　宋朱熹（宋黎靖德編）　臺北正中書局影明覆刊宋本

《文字形義的衍變與古籍考訂的關係》　民國屈萬里　屈萬里先生文存

《王柏之生平與學術》　民國程元敏　民國六十四年十二月鉛排自印本

乙　次要目，以人統書，板本從略不記

周管仲管子　晏嬰晏子春秋　墨翟墨子　國語　愼到愼子　荀況荀子　韓非韓非子　漢韓嬰韓詩外傳　劉安淮南子　大戴禮記　劉向說苑、新序　易緯　桓寬鹽鐵論　王符潛夫論　胡廣侍中箴　何休注春秋公羊傳　晉陳壽三國志　南朝宋劉義慶世說新語　南朝梁劉勰文心雕龍

唐魏徵羣書治要　劉知幾史通　梁肅西伯受命稱王議　宋李覯常語　歐陽脩歐陽文忠公集、詩本義　張載張子全書　程頤河南程氏遺書　胡宏皇王大紀　黃度尚書說　胡士行尚書詳解　王應麟困學紀聞　明郝敬尚書辨解　清閻若璩尚書古文疏證　王鴻緒等欽定詩經傳說彙纂　陳啓源毛詩稽古編　戴震毛鄭詩考正　莊述祖尚書今古文攷證　王引之經義述聞　王鳴盛尚書後案　孫星衍魏三體石經遺字考　顧廣譽學詩詳說　陳喬樅魯詩遺說攷　五代郭忠恕清鄭珍箋正汗簡箋正　魏源書古微　王先謙尚書孔傳參正　簡朝亮尚書集注述疏　俞樾羣經平議、禮記鄭讀考、達齋叢說　民國王國維觀堂別集　王國維講吳其昌記尚書講授記　王國維講劉盼遂記觀堂學書記　劉節大誥解　楊筠如尚書覈詁　陳夢家尚書通論　曾運乾尚書正讀　徐中舒殷周之際史蹟之檢討　屈萬里以古文字推證尚書譌字及糾正前人誤解舉例、經義新解舉例、西周史事概述　龍宇純中國文字學　許錟輝先秦典籍引尚書考　吳璵尚書讀本　王更生孫詒讓年譜　呂振端魏三體石經殘字集證　王世舜尚書譯注　嚴一萍釋「文」、校正甲骨文編、何尊與周初的年代　邱德修魏石經古文釋形考述　張政烺帛書春秋事語釋文　瑞典高本漢漢文典（Gra-mata Serica Recens）　日竹添光鴻毛詩會箋

The Hermeneutics and History of the Terms *Ning-wang*, *Ning-wu*, *Ning-K'ao*, *Ch'ien ning-jen*, *Ning-jen*, and *Ch'ien wen-jen* in the *Shang shu*（尚書, Book of Documents）

Cheng Yuan-min

The character ning 寧 in *ning-wang* 寧王，*ning-wu* 寧武，*ning-k'ao* 寧考，*ch'ien ning-jen* 前寧人，*ning-jen* 寧人，and *ch'ien wen-jen* 前文人 from the *Book of Documents* was interpreted as *an* 安（calm, stability）by scholars from the Han to the Sung Dynasty. According to them *ning-wang* means "a king who brings peace and stability to the world" but in my opinion this definition is not acceptable. During the Ch'ing Dynasty Wu Ta-ch'eng 吳大澂 discovered that the character wen 文 had been mistaken for *ning*, and he convinced later generations. But later Chang Ping-lin 章炳麟 and the Swedish scholar Bernhard Karlgren argued that in terms of character form wen and ning were very unlikely to have been mistaken for each other, and thus another controversy began. In my article I examine the Classics together with their exegeses, history books, philosophy books, bronze inscriptions, and recent articles and prove that it was believed that King Wen 文王 had become the funder of the Chou Dynasty due to his merits as a ruler. The *Book of Documents* is filled with such praises of him. At the end of this article I conclude that *ning-wang* is without doubt the mistaken form of *wen-wang*.

原載中央研究院中國文哲研究集刊第二期，民國八十一年三月

二　康誥義證

題解

康，康叔也；誥，天子之命書也。康叔，武王與周公旦同胞第九弟（見史記管蔡世家），成王之親叔父，名封。其受天子封建，書序曰：「成王既伐管叔、蔡叔，以殷餘民封康叔，作康誥、酒誥、梓材。」（三篇同序，序載康誥篇首）書序以其爲成王之書，在誅管、蔡、武庚之後作。史記衛康叔世家曰：「周公旦以成王命，……以武庚殷餘民封康叔爲衛君，居河、淇間故商墟。周公旦懼康叔齒少，乃申告康叔曰：『必求殷之賢人君子長者，問其先殷所以興所以亡，而務愛民。』……故謂之康誥、酒誥、梓材。」史記顯然據書序立說、且參看本篇經文，添「必求殷之賢人君子長者」至「而務愛民」一節，用作一篇之提要。漢書地理志曰：「故『書序』曰：『武王崩，三監畔，周公誅之，盡以其地封弟康叔，號曰「孟侯」，㠯夾輔周室。』」班固以康誥爲成王之書，其篡改書序，以就其意，此不具論。東漢至唐經師，莫不沿承舊說，定本篇爲成王之書。其所以深信序、史而不敢變易者，其故有三：左傳僖公二十四年謂周公封建親戚，命文王之子于衛；左傳定公四年成王封康叔封于衛，命以「康誥」；本篇首四十八字中有「周公初基作新大邑于東國洛」云云，所言爲營洛事，自非繫成王之年世不可。

本篇首四十八字爲它篇錯簡，自蘇軾（東坡書傳卷十二頁一）說，從者頗多，今已確爲非本篇之文，此不及備載諸家之說。至左傳兩條，記事皆失實，容後辨之。茲先就本篇經文與其它文獻，次第證明康誥非成王、乃武王之書。胡宏皇王大紀（卷二十頁二）曰：「康叔者，成王之叔父也，不應稱之曰『朕其弟』；成王者，康叔之猶子也，不應稱曰『乃寡兄』。其曰兄曰弟者，蓋武王命康叔之辭也。」吳棫亦有是說。其後朱子、蔡沈、王柏、金履祥、吳澄及明清學者頗從之。

康叔始封於康地，王應麟詩地理考引世本曰：「康叔居康，由康徙衛。」史記衛康叔世家曰：「康叔名封。」司馬貞索隱曰：「康，畿內國名。宋忠曰：『康叔從康徙封衛。衛即殷墟定昌之地。畿內之康，不知所在。』」宋忠、司馬貞之外，馬融、王肅、僞孔傳（見尚書注疏）、王通（見世本輯注）皆以爲康在千里之畿內。然其地，孫星衍曰：「舊說以（康）爲國名是也。路史國名紀云：『姓書：康叔故城在潁川，宋衷（忠）以爲畿內國。』姓書蓋何氏姓苑，今亡。云在潁川者，說文：『邟，潁川縣。』漢書地理志：潁川有周承休侯國。元始二年，更名邟。集韻：『邟，縣名，在潁川。』又有鄘同音地名，則即康也。元始二年，復古稱邟，今河南汝州。」（尚書今古文注疏卷十五）說文段玉裁注引後漢書光武帝紀，承休侯故城在「今汝州東北」；又引（讀史）方輿紀要，「承休廢縣，在今汝州州治子城東」。清江永曰：「衛康叔始食采於康，後徙於衛。故康城在今河南禹縣西北三十五里。」（程發軔春秋左氏傳地名圖考，頁二一三引）案：清汝州州治大約在今河南省臨汝縣北（略偏東），以江永說推之亦合；地其北（略偏東）距管叔鮮封地——今河南省鄭縣尚不足二百里。武王封之於此以監殷民，屏藩王室，後徙封于衛也。諸家謂在周室畿內，蓋因不能確知其地望，隨便爲言，固失之；然康實有其地，殆無疑義。

康叔既因始封而得「康」稱號，則鄭玄注（尚書康誥序疏引）、譙周古史考（史記衛康叔世家司馬貞索隱引）以「康」爲叔封謚號，誠難以成立。清梁履繩左通補釋（卷二九頁十一）稍正其誤。余作「周公旦未曾稱王考（下）」曾舉四證，斷康非謚號。（詳孔孟學報廿九期）至後改封於衛，或稱「衛侯」（尚書顧命篇、逸周書克殷篇），或不忘舊情，仍沿用舊名，則如周公後封魯，仍稱「周」公；召公後封燕，仍稱「召」公；微子啓入周而封於宋，仍用殷朝舊封微國號，而習不稱「宋子」；叔虞封於唐，但入春秋晉文公仍時稱故國名，曰「唐國」（見呂氏春秋當賞篇）。據此，近年河南濬縣出土之康侯斧、罍、爵、奇形刀（見于省吾雙劍誃吉金文錄），又有康侯鼎，銘文曰：「康侯封，作寶𨞩（尊）。」（劉心源奇觚室吉金文述卷一收）與書本文獻習稱叔封爲康叔，固亦尋常事宜，何足驚異？

康故地與豐、鎬同在北緯三十四度線之北，且皆接近緯線。是康在宗周之正西，武王在鎬發誥辭，呼弟封而言曰：「乃寡兄勗，肆汝小子封，在茲東土。」地、時、人情景皆若合符節，何由生疑？康叔初封，治殷畿內（康地距朝歌不足五百里）之民，故武王於命書之末叮嚀弟封曰：「往哉！封！勿替敬，典聽朕告，汝乃以殷民世享。」

或據史記管蔡世家，武王分封諸弟時，「康叔封、冄季載皆少，未得封」，謂武王封康叔於康爲烏有之事。案：康叔少未得封之説，胡宏先不以爲然（皇王大紀卷二十頁二—三），蔡沈書集傳申之曰：「……然康叔武王同母弟。武王分封之時，年已九十，安有九十之兄，同母弟尚幼不可封乎？又按：汲冢周書克殷篇言（武）王位於社南，羣臣畢從，毛叔鄭奉明水，衛叔封傳（傳之誤）禮，召公奭贊采，師尚父牽牲。史記亦言衛康叔布茲，與汲冢書大同小異。康叔在武王時非幼，明矣。」以常情，九十之兄固不得有少弟，但不能斷定絕無僅有，故此點尚難作爲力證。惟武王克殷時，康叔已與羣公傅相禮儀，應非幼少，此甚可信。矧金履祥復舉後漢書，證武庚等亂時，康叔已受封，其尚書表注（卷下頁十三）曰：「武王母弟，自周公外，惟康叔爲賢。武王克殷，分其故地朝歌以東封康叔，其西北爲武庚地。及武庚叛，成王、周公征之，遷其民以其故地遺民益封康叔爲衛君，蓋地相比近，漢書言『周公善康叔不從管、蔡之亂』，是也。」案：康地距管、蔡封地不遠，意二叔誘康叔夥叛，康叔不從。金氏引文見後漢書蘇竟傳，漢時鄧仲況擁兵爲寇，劉龔（歆兄子）爲其謀主，蘇竟與龔書曉之曰：「……夫周公之善康叔，㠯不從管、蔡之亂也。」不惟不從叛，且服從朝廷戡亂，史記三王世家載廷臣奏議曰：「康叔後扞祿父之難。」既不從叛，則時已有封地；既能扞祿父之難，則具有武備。其非幼少不得封信矣。亦固非武王封之於衛，因武庚之亂爲武王身後事，其時叔封恐已爲康君數歲矣。余嘗疑史記管蔡世家記已受封之六叔，在武王滅紂後不久，或當時康叔、冄季載未及封（案：非關幼少。）。武王克殷後約二、三年才卒，康叔之封，當在封六叔後二年內，故史記周本紀載封周旦、召奭等既畢，曰：「餘各以次受封。」

左傳僖公二十四年：「……昔周公弔二叔之不咸，故封建親戚，以蕃屏周——管、蔡、郕、霍、魯、衛、毛、聃、郜、雍、曹、滕、畢、原、酆、郇，文之昭也；邘、晉、應、韓，武之穆也；凡、蔣、邢、茅、胙、祭，周公之胤也。」案：十六國昭，管、蔡、郕、霍、曹、魯，皆武王所封，典籍有明文；滕、原、酆、畢，據近人考證，亦疑爲武王所封；而左傳皆作周公所封，且周公自封於魯，此絕不可通者也。又邘即盂，據大盂鼎，其封在成王二十三年頃，周公早已作古，亦不及封之。疑左傳所言封衛，即武王封叔封於康之事，誤以爲封衛。即或不爾，乃周公以成王命（參大誥及拙著「周公旦未曾稱王考」）封康叔於衛，與「康誥」（今本）無關。

左傳定公四年記成王分封諸親戚（謹案：非周公封建，或者誤讀左傳，以爲周公命封，失之。）——伯禽於魯、叔虞於唐（？）、康叔於衛、蔡仲於蔡。前三封在周公攝政時。封康叔於衛，且明言「命以康誥」。史記、書序及後人皆據此以爲左傳「康誥」即今本康誥篇。愚案：成王封康叔於衛，如其命書果曰「康誥」而即今本，則不得呼其叔父曰「朕其弟」，自稱「乃寡兄」。余據先秦典籍引尚書，推斷左傳此命以「康誥」，乃作者見天子封康叔於衛之命書，或根本未見命書，但憑推測，意必有命書，遂據「叔封」早已具有之封國名——康，託以

「康誥」之名，固非今本「王若曰孟侯朕其弟小子封」以下八百餘字之康誥也。（詳拙著「周公旦未曾稱王考（下）」）

結論：本篇爲今本廿九篇尚書著成時代最早者，約爲周武王發克殷後一、二年封弟叔封於康之命書，亦史官錄記之辭。

惟三月，哉生魄（註一），周公初基作新大邑于東國洛（註二），四方民大和會（註三），侯、甸、男邦、采、衞、百工、播民和見士于周（註四），周公咸勤（註五），乃洪大誥治（註六）。

釋文

一　自「惟三月」至「乃洪大誥治」四十八字，乃它篇文字，錯簡在此者。初作洛邑在成王七年，則此三月蓋其年之三月。哉，始也（僞孔傳）。魄，或作霸，朏也；朏，說文：「月未盛之明。从月出，周書曰：丙午朏。」哉生魄，月之初二、三也。○哉訓始，見爾雅釋詁。哉，內野本作才；才，說文：草木之初也。是才亦有始義。魄，僞孔傳謂「明消而魄生」，疏：「魄與明反，故云明消而魄生。」案：魄，金文作霸，書古文訓同。說文：「霸，月始生霸然也。承大月二日，承小月三日。从月䨣聲。周書曰：哉生霸。」謂前月若三十日，則當月初二生霸；若二十九日，則當月初三生霸。馬融曰：「朏，朏也；謂月三日始生兆朏名曰魄。」（經典釋文引）與說文相近。江聲（尚書集注音疏，經解卷三九五頁二四）、王鳴盛（尚書後案，經解卷四一八頁一—二）等皆用許、馬義，王國維「生霸死霸考」（觀堂集林卷一頁一—四）說略同，而論之尤詳。劉歆三統歷（漢書律歷志引）謂十五日哉生霸，僞孔傳謂十六日哉生魄，於字義經義竝失之。

二　基，始也（爾雅釋詁）。初、基，同義複詞。作邑於洛詳見召誥、洛誥二篇。○基，鄭玄訓謀（書疏引）。案：周室始謀作邑於洛，在武王之世。且此下文謂集合國人效力於周，明爲始作新邑，非方謀爲斯邑。疏申傳意「初基」訓「初始營建基趾」。案：如其說，經當作「周公初作新大邑基於東國洛」，一句之內、四言之間不容複置二動字。疏失之。

三　和，集也（尚書故卷二頁九六）。○和會，僞孔傳訓「和悅而集會」。案：作洛調集四國人力，殷遺民固多不服（玩召誥、多士經文自知），傳暗以文王作靈臺「庶民子來」義說之，非經義也。

四　侯、甸、男、采、衛，皆諸侯之國，其制不詳。邦，國也。此謂各國之臣民也。百工，百官也；謂周王朝官員。播民，謂殷遺民，猶「逋播臣」也（尚書故卷二頁九六引毛奇齡說）。和，合也；猶皆也。見，效也；言效力也。士，事也；謂工事。周，周國也。○周禮大司馬及職方氏有侯、甸、男、采、衛、蠻、夷、鎮、藩九服，大行人有侯、甸、男、采、衛、要六服，尚書禹貢則有甸、侯、綏、要、荒五服。周禮與禹貢比本篇晚作，皆不得據以證實西周初年制度。鄭玄據大行人謂此不見要服者，「以遠於役事而恒闕焉。」（書疏引）說雖近情理，然考酒誥兩及侯、甸、男、衛，皆不及要（參酒誥註五七），康王之誥記新君即位典禮，方國竝來，而亦闕要（參康王之誥註二一），意西周初本無要服，故無由稱舉。侯、甸、男、衛，酒誥明言「越在外服」，采處男、衛之間，是亦外服。五者皆有邦國，酒誥曰：「侯、甸、男、衛邦伯」，召誥曰：「侯、甸、男邦伯」，康王之誥曰：「庶邦——侯、甸、男、衛」，皆其證也。書疏曰：「男下獨有邦，以五服男居其中，故舉中則五服皆有邦可知。」案：邦當置諸服之末，明其爲侯、甸、男、采、衛之邦，如上引酒、召二誥詞例，此經錯在上。疏說雖巧，未得實情。尚書正讀（卷四頁一五九）以侯、甸、男邦連讀，謂指三服之邦君；采、衛百工連讀，謂指二服之百官。案：皆爲外服，采、衛獨其百官來效事，於理未當，且與酒、召及康王之誥亦不合。百工當是周王朝之百官，召誥召公以「百君子」與「讎民」（即殷庶邦之民）對舉；彼百君子猶此百工。播民，于省吾據大誥「逋播臣」，訓亡逃遷徙之臣；和訓合，則據禮記郊特牲疏（均見雙劍誃尚書新證卷二頁十）。得之。見，尚書今古文注疏（卷十五頁四三）曰：「（史記）天官書以星見爲效，正義曰：效，見也。」僞孔傳「即事于周」，似訓士爲事，蔡傳：「士，說文曰：事也。詩曰：『勿士行枚。』呂氏曰：斧斤版築之事，亦甚勞矣。」士、事古通，尚書假借字集證曰：「詩東山『勿士行枚』傳：『士，事也。』論語『雖執鞭之士』、荀子致仕篇『然後士其刑賞』，注並云：『士當爲事。』又管子君臣篇『官謀士』，注亦云：『事也。』荀子非相篇『故事不揣長』，台州本事作士。」于省吾曰：「士、事古通，金文凡卿士之士作事。玨鼎『玨見事于彭』，匽侯旨鼎『匽侯旨初見事于周』，是見事爲周人語例。」（雙劍誃尚書新證卷二頁十）所論尤確切。

五 咸，皆也（僞孔傳）。勤，（慰）勞也（經典釋文）。○經典釋文曰：「一本作『周公迺洪大誥治』」，無「咸勤」二字，亦通。

六 洪，降也。大誥，廣告也（詳大誥篇題解）。治，通辭。誥辭，誥書之文辭也。○洪，尚書故（卷二頁六六）讀爲降。案：降、洪古音近，詩大雅旱麓：「瑟彼玉瓚，黃流在中，豈弟君子，福祿攸降。」降、中協韻，降讀如洪。離騷：「朕皇考曰伯庸。……惟庚寅吾以降。」庸、降協韻，降讀音如洪。孟子滕文公下、告子下竝曰：「洚水者，洪水也。」洚、降古音近洪，通用。大誥，爲普通詞語，吳汝綸謂書篇專名，因說此段四十八字爲大誥篇末簡，乃記「降大誥之緣起」，失之。尚書覈詁（卷三頁六五）曰：「治，通作辭。……周禮小司徒『聽其辭訟』、小宰『聽其治訟』、司市『聽大治大訟，小治小訟』，治、辭一字可證。」案：辭爲文辭，酒誥「乃有不用我教辭」，教辭猶誥辭，亦誥書之文辭也。鄭玄洪訓代，謂周公代王誥（書疏引）。案：多士、多方皆周公代王誥，曰「周公初于新邑洛，用告商王士」，曰「周公曰：『王若曰……』」，而不著「代誥」云云。鄭說失之。傳疏謂此句乃因大封命康叔爲衛侯，大誥以治道。案：經文非言分封，文獻載命封者多矣，亦無此類體制。

王若曰（註七）：「孟侯，朕其弟，小子封（註八）！惟乃丕顯考文王（註九），克明德慎罰（註一〇），不敢侮鰥寡（註一一），庸庸，祇祇，威威，顯民（註一二）。用肇造我區夏（註一三），越我一、二邦以修我西土（註一四）。惟時怙（註一五），冒聞于上帝（註一六）；帝休（註一七）。天乃大命文王（註一八），殪戎殷（註一九），誕受厥命（註二〇）。越厥邦厥民，惟時敘（註二一）。乃寡兄勗（註二二），肆汝小子封在茲東土（註二三）。」

釋文

七　王，周武王發也。○或謂此篇封康叔於衛之書，乃指此王爲成王；或謂周公攝位稱王，封康叔于衛，王乃周公自稱：竝失之。詳拙作「周公旦未曾稱王考」。

八　孟，長也（僞孔傳）。侯，諸侯也。孟侯，謂諸侯中之尊者。朕，武王自稱。其，猶之也（經傳釋詞）。封，康叔之名。○孟侯，漢書地理志（八下二）：「……故書序曰：武王崩，三監畔，周公誅之，盡已其地封弟康叔，號曰『孟侯』。」是以爲康叔封於衛後獲得之稱號。此於典籍決無可徵，乃孟堅隨便之言。尚書大傳（尚書大傳輯校卷三頁六）曰：「天子太子年十八曰孟侯。孟侯者，於四方諸侯來朝迎於郊者，問其所不知也。」鄭注尚書大傳曰：「孟，迎也。」（詩豳譜疏引）是謂孟侯指成王——武王之太子，時年十八。案：上冒「王若曰」，王無論爲武王、周公，皆不得呼成王爲弟，伏生誤。傳、疏謂康叔爲方伯，居五等諸侯之長，文獻不可塙徵。呂氏春秋正名篇：「齊湣王，周室之孟侯也。」孟侯，諸侯之尊上者也。是。漢書王莽傳莽曰：「尚書康誥：『王若曰：孟侯，朕其弟，小子封。』此周公居攝稱王之文也。」莽誣衊周公以遂其篡逆之私，說亦詳「周公旦未曾稱王考」。

九 乃，汝也。丕，語詞。顯，昭著也。考，父也；此指亡父。○詩周頌閔予小子篇「皇考」、尚書洛誥篇「光烈考」、酒誥「穆考」，「考」上字皆形容詞，此「顯考」義同詩周頌載見及訪落篇「昭考」，昭、顯亦皆形容詞。

一〇 明德，昭顯其美德。愼罰，謹愼其刑罰。（參多方註四二）○明德愼罰，僞孔傳曰：「顯用俊德，愼去刑罰。」案：左成二年傳楚王欲納夏姬，申公巫臣曰：「不可！君召諸侯以討罪也。今納夏姬，貪其色也。貪色爲淫，淫爲大罰。周書曰『明德罰愼』，文王所以造周也。明德，務崇之之謂也；愼罰，務去之之謂也。若興諸侯，以取大罰，非愼之也。」禮記大學篇曰：「康誥曰：『克明德。』……皆自明也。」皆釋明德爲敦修品德，多方篇「罔不明德愼罰」，亦不指用人。僞傳失之。又左傳謂務去淫色云云，僞傳據以謂「愼去刑罰」，既違左傳，又與本篇言文王愼於刑罰（非愼去刑罰）之義大戾。尚書大傳（困學紀聞卷二引）：「書曰：『惟乃丕顯考文王，克明俊德。』」俊蓋後人誤增。

一一 侮，忽慢也（書纂言卷四頁三九）。

一二 庸庸，勞也；祗祗，敬也（尚書今古文注疏卷十五頁四五）。皆疊字爲形容詞，以狀文王勤勉敬謹也。威威，讀爲畏威；謂畏天威（尚書釋義頁七七）。顯民，昭顯民眾也；義猶堯典「揚側陋」。○八字，僞孔傳訓「用可用，敬可敬，刑可刑，明此道以示民」。案：庸庸，訓勞，見爾雅釋訓，猶云孜孜不息；祇祇訓敬，據廣雅釋訓，猶兢兢業業。威讀畏，經典習見（威威，漢藝文志考證引作畏畏。）；畏天威、顯小民，此義尚書習見。傳說雖勉可通，然非確詁。

一三　肇，始也。區，小也（廣雅釋詁）。夏，猶言西也；周建國在西土，故此夏指岐周。肇造我區夏，猶大誥「興我小邦周」也。○區夏，僞孔傳訓「區域諸夏」，後人多承其謬，王樹民尚書康誥區夏解（河北師院學報，一九八三年一期）：「區夏之意就是夏區，也就是夏文化統治的地方。」即其一。尚書故始說夏爲周，尚書覈詁、尚書正讀從之（詳立政註四一）。成二年左傳「文王所以造周也」，造周，猶此「肇造區夏」也。

一四　越，與也。一、二邦，謂西土少數諸侯國也。修，治也（僞孔傳）。○文王爲西伯，紂在位時與岐周友邦共治西土，無逸曰：「文王不敢盤于遊田，以庶邦惟正之供。」庶邦即此一、二邦。

一五　時，是也；此也。怙，讀爲故。惟時怙，職是之故也。○怙，僞孔傳訓怙恃，曰「西土怙恃文王之道」；自此義推衍者，悉失厥解。雙劍誃尚書新證（卷二頁十二）曰：「怙即古即故，盂鼎：『古天翼臨子』、師訇殷『古亡承于先王』，古即故；从心乃晚周之變體字。如陳侯因資錞『唯』作『雖』、沇兒鐘『惄了』即『叔子』、左僖八年傳『宋襄公茲父』公羊傳作『慈父』。」

一六 冒聞于上帝，書纂言（卷四頁三九）曰：「冒，上進也。此言文王初年，……其德日盛，上聞于天。」○吳氏之說，江聲、王鳴盛皆從之。僞孔傳從冒點斷。曰：「故其政教冒被四表」，經義述聞（經解卷一一八三頁一）亦「惟時怙冒」爲句，云：「言其功懋勉也」。案：君奭「迪見冒聞于上帝」，與此句型同義同，冒亦連下讀，孔、王說誤。

一七 休，嘉美（之）也（書纂言卷四頁三九）。○休，尚書故（卷二頁一〇〇）訓喜，亦通。

一八 ○文王受天命，詩（如大雅文王、大明、文王有聲、江漢諸篇）、書（如無逸、君奭諸篇）多載，漢儒亦言之；蓋已及身稱王，三分天下有其二，以服事殷。（詳無逸註四五）

一九 殪，死也（說文）；謂滅（國）也。戎，大也（蔡傳）。殪戎殷，消滅大殷國也。○殪戎殷，僞孔傳訓「殺兵殷」，疏：「以誅殺之道，用兵除害于殷」，輾轉費辭。戎訓大，見爾雅釋詁。戎殷即大國殷，召誥曰：「皇天上帝改厥元子茲大國殷之命」、「天既遐終大邦殷之命」、康王之誥曰：「皇天改大邦殷之命」、多士曰：「肆予敢求爾於天邑商」（天，大之誤字。），大殷即大商，詩大雅大明：「維師尚父，時維鷹揚，涼彼武王，肆伐大商。」皆足證西周人稱殷爲大國。殪戎衣，禮記中庸篇作「壹戎衣」，惠棟古文尚書考（經解卷三五一頁十四）曰：「壹，讀爲殪。戎，大也。衣，讀爲殷。……康成注云：『齊人言殷聲如衣，虞夏商周氏者多矣，今姓有衣者，殷之冑歟？』高誘呂覽（愼大篇）注云：『今兗州謂殷氏皆曰衣。』蓋古衣字作月，从反身；殷从殳月聲，故讀爲衣。是則中庸之『壹戎衣』即康誥之『殪戎殷』也。」是。惟中庸謂武王殪戎殷，而此屬文王者，吳棫曰：「殪戎殷，武王之事也。此稱文王者，武王不敢以爲己之功也。」（蔡傳引）吳說精當。

二〇　誕，語詞。受厥命，受殷國之命也，酒誥「克受殷之命」可證。

二一　越，爰也；於是也（尚書釋義頁七七）。厥，其也。厥邦厥民，言殷邦殷民也。敘，義如洪範篇「彝倫攸敘」之敘，定也。

二二　寡兄，武王自謙之稱。勗，勉也；謂黽勉從事也。○說乃寡兄，舍「武王自稱」皆不當，書蔡傳纂疏（卷四頁四七）曰：「諸家泥周公命康叔之說者，謂公呼武王爲寡有之兄，言其德不羣也。曲辭巧說，豈事理名稱之實乎？惟是武王自言，故稱文王詳而自謂甚略，只以一『勗』字見其自勉，若周公之言，豈論武王如此簡略乎？且勗字惟自謙乃可言耳。」

二三　肆，置也（廣雅釋詁）。東土，指康地（約當今河南省臨汝縣），在豐、鎬正東方，故云。全句，謂封置康叔于此東土（爲諸侯）也。○肆，僞孔傳訓故，謂「（因乃寡兄之勗勉，）故汝小子封得在此東土爲諸侯」，殊牽強。

王曰：「嗚呼！封。汝念哉！今民將在祇遹乃文考（註二四），紹聞衣德言（註二五），往敷求于殷先哲王（註二六），用保乂民（註二七）。汝丕遠惟商耇成人（註二八），宅心知訓（註二九）。別求聞由古先哲王（註三〇），用康保民（註三一）。弘于天若（註三二），德裕乃身（註三三），不廢在王命（註三四）。」

釋文

二四 民，讀爲敃；勉也。今勉，謂「今所勉力者」也（尚書釋義頁七八）。將，語詞。祇，敬也。遹，述也（經典釋文引馬融說）。文考，亡父；謂周文王也。○遹，僞孔傳訓循，於古義無所本。爾雅釋言曰：「遹，述也。」孫炎爾雅孫氏音：「遹，古述字。」（玉函山房輯佚書本）尚書集注音疏（經解卷三九五頁二八）在訓視，云：「今民將視女之敬述乃文考」，案：此說不協文理，且與下「往敷求」云云不貫。章炳麟知此句乃康叔自身事，不關民眾，謂「民乃女之誤，石經古文民作[illegible]，惟蘇望所摹大誥民獻字正作[illegible]，與古文女作[illegible]者無異，蓋省略書之。此字壁中古文蓋亦作[illegible]，當讀爲女，而古文師誤讀爲民。」（古文尚書拾遺卷一頁十）案：此下三句，皆以康叔爲主語，與「民眾」無涉，章說是。惟上句「汝念哉」，汝字貫下言之，此句當省，故此民非女（汝）之誤讀。將，書纂言（卷四頁四十）以爲語辭。案：盤庚「古我先王將多于前功」，將亦語辭。此作語辭，文尤簡潔生動。

二五 紹，繼也（僞孔傳）。衣，讀爲殷。全句，謂繼（文王）聽取殷有德者之言也。○衣，通殷，見註一九。僞孔傳訓服，云：「服行其德言」，羣經平議（卷五頁六）謂衣乃㠯（旅）形誤；旅，陳也。旅德言，陳德言也。案：二說固自委曲難通，矧又與下求殷賢哲之義不屬耶？茲引江聲說正其誤，尚書集注音疏（經解卷三九五頁二八）曰：「尚書先有棘下生之傳，後則濟南伏生，皆齊人也。古人書字，聲同則輒假借，齊語殷、衣同聲，故或以衣爲殷。……此下文言『敷求殷先哲王』、又言『丕遠惟商耇成人』，則此必讀衣爲殷，乃與下文意相貫也。」尚書覈詁（卷三頁六六）紹讀爲昭，不如訓繼之於文王行事貼切，江聲曰：「周書世俘解云：『古朕聞文考修商人典』，是文考嘗聞商先王之德言，而奉行之者，茲承『祇遹乃文考』之下而言『紹聞衣悳言』，則是紹述文考所聞于殷者矣。」（參註二六）不惟文王，武王亦亟求殷德言，呂氏春秋愼大篇曰：「武王勝殷，……命周公旦進殷之遺老，問殷之亡故，又問眾之所說，民之所欲。」故諄諄然以戒康叔。

二六　敷，徧也（書疏）。○求于殷先哲王，用保乂民，謂尋求殷先哲王之德教，以保乂民眾，下文「我時其惟殷先哲王德，用康乂民作求」，可證。又可徵上「衣德言」的爲「殷德言」。

二七　用，以也。保乂，尚書集釋：「乂與艾古通用。艾，爾雅釋詁：『養也。保乂猶言保護也。』」（詳多士註三二）

二八　丕，語詞。惟，思也。耇，老也。耇、老複詞。耇老成人，年高之殷賢人也。全句，謂遠念殷年高賢人之嘉言懿行也。○遠惟，義同「遠省」，大誥「爾丕克遠省，爾知寧王若勤哉」可輔，省，思也。於殷先哲王曰「敷求」，於商耇成人曰「遠惟」，下於古先哲王又曰「別求」，尚書全解（卷二八頁十四）言其故曰：「此蓋經緯其文，以成述作之體，……不必求其義也。」尚書故（卷二頁一〇一）曰：「以『惟』爲『求』者，爾雅：惟，思也；謀也。思、謀與求義近。」案：史記衛康叔世家周公旦申告康叔曰：「必求殷之賢人君子」，乃檃栝三句大義，非逐字詮解，且「遠惟」與「敷求」、「別求」輕重有別，不必一槩樹論之。

二九　宅，度之誤。訓，道也（尚書集注音疏，經解卷三九五頁二九）。全句，謂度量（商耇成人

之嘉言懿行）於心而知道也。○宅，江聲曰：「讀當爲度，……古者宅、度同字，文王有聲
詩云『宅是鎬京』，禮記坊記引作『度是鎬京』，……。」案：敦煌本尚書盤庚篇「度乃
口」之度作宅。宅，說文古文作𡧚（厇），厇即度。尚書宅多爲度（厇）之形誤。

三〇 別，更也；另外也。由，于也（經義述聞，經解卷一一八三頁六，據詩大雅抑「無易由言」箋。）。古先哲王，謂虞、夏之哲王（書疏引）。○武王戒康叔紹聞殷德言，下文求殷先哲王、商耇成人之德教，皆承此句而言；不惟求殷哲，更應求古先哲王，本經「別」當訓更（東坡書傳卷十二頁三），王引之訓徧，失之。求由同上求于，由猶于，尚書集注音疏（經解卷三九五頁二九）有說。

三一 康，安也（僞孔傳）。康保，猶上保乂；錯綜爲文。

三二 弘，大也。弘下當有覆字。覆，蔭也。若，語詞。弘覆于天若，言大爲天所庇佑也。○此句，吳棫曰：「荀卿以『弘于天』爲『弘覆于天』，謂欲康叔保乂民如天之弘覆。」（書蔡傳輯錄纂註卷四頁五五引）書經注（卷八頁二一）曰：「『弘于天』，荀子引此作『弘覆于天』，意義爲明。」皆以荀子（富國篇）所引經文爲足。是。案：荀子曰：「足國之道，節用裕民，……康誥曰：『弘覆乎天若，德裕乃身。』此之謂也。」覆，義即洪範「惟天陰騭下民」之陰；乎、于通用；若，句尾語詞，周易豐卦六二：「有孚發若」、尚書洪範：「時雨若，時暘若，……」，若與此若同。僞孔傳訓順，且從「德」絕句，失之。（參註三三）

三三 裕，富贍也。乃，汝也。德裕身，義猶禮記大學「德潤身」。○裕當如荀子所取義，訓富裕，僞孔傳「德」連上讀，裕字無解，疏訓寬容，竝乖經旨。

三四 廢，黜也。全句，言康叔之爵封將不被朝廷命令所廢黜也。◯僞孔傳裂此句爲二片，曰：「不見廢，常在王命。」常在王命，不知奚指。案：此句語倒，不廢在王命，猶言在王命不予廢黜，尙書集注述疏（卷十五頁十七）曰：「論語（公冶長篇）曰：『邦有道不廢』，今言『不廢在王命』者，倒文也。謂大德之身，蓋在王命不廢者也。酒誥曰：『永不忘在王家』，其爲文同也。」案：宋本荀子引此經「德裕乃身」下，多「不廢在王庭」（見王先謙荀子集解引盧文弨說），王庭猶王家，言不爲朝廷所廢，義尤顯明。諸家未參看荀子及酒誥，其誤釋康叔不廢棄王命固宜。

王曰：「嗚呼！小子封。恫瘝乃身（註三五），敬哉（註三六）！天畏棐忱（註三七），民情大可見（註三八）。小人難保（註三九）；往盡乃心（註四〇），無康好逸豫（註四一），乃其乂民（註四二）。我聞曰：『怨不在大，亦不在小（註四三）；惠不惠，懋不懋（註四四）。』已！汝惟小子（註四五），乃服惟弘王，應保殷民（註四六）；亦惟助王宅天命（註四七），作新民（註四八）。」

三五 恫，痛也（僞孔傳）。瘝，當作鰥，爾雅釋詁：「鰥，病也。」乃身，謂汝（康叔之）身。全句，言施政如病痛之在汝躬，務民之福祉是謀也。○恫，訓痛，見爾雅釋言，書疏曰：「恫聲類於痛，故恫爲痛也。」是。恫瘝，鄭玄亦訓痛病，尚書後案（經解卷四一八頁十三）曰：「（瘝，）鄭必作鰥也。釋詁：『鰥，病也。』與鰥寡字同，从魚不从疒，故說文無鰥字。後人以其訓病，改从疒。召誥『智藏瘝在』同，皆非也。」古文尚書撰異（經解卷五八三頁三）更據後漢書和帝紀永元八年詔及注作矜（鰥之借字）證成王氏說。全句，謂「民之休戚，汝（康叔）之休戚」（夏僎尚書詳解卷十九頁十），下數及民眾——民情大可見，小人難保，乃其乂民，作新民，皆可證。東坡書傳（卷十二頁三）曰：「常若有疾痛在身，不忘治也。」亦通。大誥曰：「天亦惟用勤毖我民，若有疾」，亦猶此義也。

三六 敬，謹也。

三七 天畏，即天威。棐，匪也；非也。忱，信也。天畏棐忱，謂天命不可一味信賴（而不自勉）也。（詳大誥註七○）○畏、威通（書纂言卷四頁四一）。漢唐人多引畏作威，如風俗通十反篇、爾雅釋詁郭注、蔡邕琅邪王傅蔡公碑、文選幽通賦李善注。皋陶謨「天明畏」，馬融本畏作威（經典釋文引）。天畏，尚書今註今譯（頁九九）曰：「畏，讀爲威，懲罰。天威，指滅紂言。」案：天威、天休皆天命。此句「言天難諶，命靡常」（尚書全解卷二八頁

十六）是也。（參註三八）

三八 大，猶今語「非常」。大可見，非常易見也。全句，謂「天之視聽自民；民情所向，即天所佑；民情所背，即天所弃。」（書纂言卷四頁四一）〇大，僞孔傳訓大率，東坡書傳（卷十二頁三）訓大略，皆害經義。又傳、疏牽引下句，謂小人難安爲可見。案：皐陶謨「天聰明自我民聰明，天明畏自我民明畏」、泰誓「天視自我民視，天聽自我民聽」（孟子萬章上篇引），皆謂天意惟民意是從；民心甚易見，則天心如在目前，故曰「大可見」，而與「小人難保」義不相屬。

三九 小人，即微子篇、無逸篇之「小民」，平民也。

四〇 〇盡，今文尚書攷證（卷十四頁六—七）引漢舊儀丞相御史大夫初拜策、宣帝神爵三年初拜策、五鳳二年御史大夫初拜策、史記三王世家武帝封燕齊廣陵王策等用尚書「往盡乃心」，盡皆作悉。案：說文：悉，詳義也。盡、悉義同。漢世有傳本作悉，故諸家得據以作也。

四一 無，勿也。康，長也。康好，耽好也。逸，安樂也。豫，蓋衍文。〇康。僞孔傳訓安；安好安樂，不辭。尚書故（卷二頁一〇三）改訓長，曰：「康，長也。詩『茀祿爾康』，茀祿爾長也；『迄用康年』，迄用長年也。……史記廣陵王封策『無侗好逸』，康作侗，褚少孫釋侗爲長，是其證也。漢書作桐，桐亦長也。禮樂志『桐生茂豫』，言長生也。孫星衍云：康、桐，聲之轉也。姚永樸云：淮南要略篇『康樂沈湎』，注：康樂，耽樂也。」豫爲衍文，羣經平議（卷五頁六）曰：「傳……以『逸豫』釋『逸』字，非經文有『豫』字也。僞五子之歌曰：『太康尸位，以逸豫滅厥德』，故枚傳遇『逸』字每以『逸豫』釋之：酒誥

『不敢自暇自逸』，傳曰：不敢自寬暇自逸豫、無逸篇『君子所其無逸』，傳曰：……其無逸豫、又云：『先知稼穡之艱難，乃逸』，傳曰：……乃謀逸豫、又云：『乃逸乃諺』，傳曰：乃爲逸豫遊戲……、又云：『生則逸』，傳曰：生則逸豫無度、多方篇『有夏誕厥逸』，傳曰：……大其逸豫、又云：『爾乃惟逸惟頗』，傳曰：若爾乃爲逸豫頗僻：凡此之類，皆以『逸豫』釋經文『逸』字；經文止言『逸』，不言『逸豫』也。此經『豫』字即涉傳文而誤衍耳。漢書武五子傳『毋桐好逸』……，『逸』下無『豫』字有明證矣。」案：尙書凡用逸樂之逸，酒誥四次、多士二次、無逸六次、多方二次，皆單作逸，而不作逸豫。獨此作逸豫，與僞古文五子之歌、說命、君陳同。僞經、傳或出一手。俞謂因傳文而衍，誠是。詩小雅白駒「爾公爾侯，逸豫無期」，逸豫連用，時代較晚。

四一 乃、其同義連文；乃其，猶乃也。（參經傳釋詞卷五、六）乂，治也。全句，謂乃能治民也。

四三 二句，書纂言（卷四頁四一）曰：「凡民不當使之有怨，怨無大小，皆能爲患。不在大者，大起於小；不在小者，小至於大。」（參註四四）。

四四 惠，惠愛也。懋，勉也（僞孔傳）。二句，書纂言（卷四頁四一）曰：「雖已惠愛於人，猶自以爲不惠；雖已懋勉於己，猶自以爲不懋。歉然不自足，惟恐失民之心，如此庶可使民無怨也。」○尙書正讀（卷四頁一六二）謂「『我聞曰』者，古諺語也；小、懋爲韻。」是。僞孔傳惠訓順，云：「當使不順者順，不勉者勉」。案：是彊勉細民就範，造構怨階，失經意。書經注（卷八頁二二）謂「能惠人所不惠，能勉人所不勉」。案：經言惠懋，在戒康叔盡竭心力保民，非與它人對比較量，金氏不如吳氏義勝。

四五 已，語詞；惟，語詞（詳大誥註一二）。○惟，尚書大義（卷二頁三）、尚書正讀（卷四頁一六二）竝訓雖。案：大誥兩「予惟小子」，連下文玩之，「惟」皆無「雖」義。而本篇兩「汝惟小子」，「惟」不作「雖」義，衹作句中語辭，尤勝。

四六 服，事也（東坡書傳卷十二頁四）。弘，讀爲紘，維護也。應，受也。全句，汝職事即在維護王室承保殷民也。○弘王，舊說「弘大王道」，添「道」字，此爲病。尚書釋義（頁七九）讀弘爲紘，引淮南子（精神篇）「天地之道，至紘以大」爲證。紘，維也；謂維護也。比舊說稍勝。愚案：肱，古弘切，古韻同弘；是弘得借爲肱。肱猶皐陶謨及酒誥「股肱」之肱，古名、動不分，肱王，謂輔佐王家，下文「亦惟助王宅天命」，「亦惟」云云即承此句「惟」云云而解，「助」義猶「弘」也。（參註四七）應，經義述聞（經解卷一一八三頁二一—三）謂訓受；應保即膺保，與洛誥「承保」、周易臨卦象傳之「容保」義同，言受而保之也。舊說順應、和應，未安。古文尚書撰異（經解卷五八三頁五）據左昭八年傳「周書曰：『惠不惠，茂不茂』，康叔所以服宏大也」，從「弘」絕句。尚書集注述疏（卷十五頁二二一—二三）曰：「……此隱栝引經之辭，非以『乃服惟宏』離經也。段氏執之，以爲從『宏』絕句焉。非也。其讀曰『王應保殷民』，將王之爲言，不以『汝服』自康叔言之乎？是王言不稱朕而自稱王也。非禮也。」段說難通，於此可見。

四七 亦惟，承上「乃服惟」之惟。宅，厇之誤；厇，古度字。（詳註二九）○「乃服惟弘王」與此句義相承，由用虛字可知，許謙讀書叢說（卷六頁二一）曰：「上有『惟』字，下有『亦惟』（敏案：有、亦原誤倒。）字，語意若曰惟當如此，又當如此。」尚書集注音疏（經解卷三九五頁三十—三一）曰：「亦者，承上之詞。上言『惟宏王』，此言『亦惟』，則是承上『惟』字而言『亦惟』，故云『亦』者『亦惟宏王』也。」案：據此，弘與助義亦相須，絕句亦不當如段說，又得一明證。（參註四六）

四八　作，書纂言（卷四頁四一）曰：「謂振起而變化之也。」作新民，謂鼓舞殷遺民革去故習爲周之新民。孟子滕文公上「勞之來之，匡之直之，……又從而振德之」，振德亦謂振起而變化之也。

王曰：「嗚呼！封。敬明乃罰（註四九）。人有小罪非眚，乃惟終（註五〇），自作不典（註五一）；式爾（註五二），有厥罪小（註五三），乃不可不殺（註五四）。乃有大罪非終，乃惟眚災，適爾（註五五）；既道極厥辜（註五六），時乃不可殺（註五七）。」

釋文

四九　敬，謹也。明，察也。乃，汝也。罰，刑罰。○尚書今古文注疏（卷十五頁四七）曰：「敬明乃罰，緇衣引經『明』作『民』。」案：阮元禮記校勘記曰：「各本同，毛本『明』誤『民』，疏敬明乃罰者同。」是誤本引經作民，清治尚書者皆知之。獨孫氏偶失察。

五〇　眚，原「目病生翳」也（說文），引申「過誤」之義。此謂「誤犯」（書纂言卷四頁四一）。非眚，謂故意作惡。惟，猶爲也。終，謂作惡到底而不知悛改也。（參註五四）堯典：「眚災肆赦，怙終賊刑。」誼同此。

五一　典，法也（尚書故卷二頁一〇四）。自作不典，謂非出於外在脅迫利誘而致犯罪也。〇後漢書曹褒傳論「先王之容典」注：典，法則也。是吳說可從。惟東坡書傳（卷十二頁五）引其當時通曉法律者說已訓法。羣經平議（卷五頁六）典訓善，亦通。東坡述其時學者說，亦已訓善。（參註五二）

五二　式，用也。爾，此也；如此也。式爾，與下「適爾」成反義，謂存心（即用心）如此（做）也。（參註五五）〇式爾僞孔傳訓「用犯汝」。案：本篇「爾汝」字悉作「汝」，且下「適爾」與此平行，彼「爾」絕不得訓汝；以例此「爾」，亦無「汝」義。書纂言（卷四頁四一）「自作不典式」爲句，典式訓常法、爲法式，而遺「爾」字不釋。此亦不曾詳較下「適爾」，輕率之說。

五三　厥，其也。〇此句，雙劍誃尚書新證（卷二頁十五）曰：「有厥罪小，倒語，其有小罪也。」尚書正讀（卷四頁一六三）曰：「有厥罪小，語倒，猶云有厥小罪也。」案：上文「罪」上無字，「小」爲形容詞，修飾「罪」字，故「小」在「罪」上；此「罪」上有「厥」字，「厥」乃稱代詞所有格，亦修飾「罪」字，因將「小」字變置「罪」下。罪小，罪之小者也。于、曾說未盡。

五四 ○自「小罪匪眚」至此，漢王符潛夫論述赦篇引之，釋其義曰：「言惡人有罪雖小，然非以過差爲之也，乃欲終身行之，故雖小，不可不殺也。何則？是本頑凶思惡而爲之者也。」說合經旨，（參註五七）亦即堯典「怙終賊刑」之義。

五五 乃，而也（經傳釋詞）。非終，謂知悔改也。惟，與上「乃惟終」之惟義同。災，害也。眚災，謂因過誤而罹災禍也（書纂言卷四頁四一）。適，偶也；爾，如此；適爾，偶爾如此也（蔡傳）。○適訓偶，尚書故（卷二頁一○四）曰：「文選王命論注：適，遇也。爾雅：遇，偶也。此適可訓偶之證。」

五六 道，蓋迪之誤字（參君奭註二三）；迪，語詞。極，通殛，責罰也。辜，罪也。全句，謂既已懲罰（非殺）其罪行也。○道，雙劍誃尚書新證（卷二頁十五）曰：「道，應作迪，君奭『我道惟文王德延』，馬本道作迪。前人以迪訓蹈與道同義，遂改迪爲道也。迪，用也。」案：迪訓用以解此句，反曲繞，不如作語詞簡潔。于氏又曰：「極金文作亟，極、殛古通，多方『我乃其大罰殛之』，釋文殛本又作極，英倫隸古定本亦作極。」是。僞孔傳釋此句曰：「盡聽訟之理，以極其罪」，道訓盡……理，極訓窮盡。案：是謂治以應得之罪，略無寬貸，與下「時乃不可殺」牴牾。尚書集注音疏（經解卷三九五頁三一）云：「既開導之極盡其罪」，尚書今古文注疏（卷十五頁四八）云：「既以正道盡其罪」，釋道、極誤與傳略似。宋人多以「服罪輸情」說此句，蔡傳（本尚書全解）曰：「既自稱道，盡輸其情，不敢隱匿」。案：康叔乃此及下句主語，指犯者「自道，輸情」，失之。

五七　時，是也；如此也。○自「乃有大罪」至此，潛夫論述赦篇曰：「言殺人雖有大罪，非欲以終身爲惡，乃過誤爾，是不殺也。若此者，雖曰赦之可也。」即堯典「眚災肆赦」義，合此經之旨。

王曰：「嗚呼！封。有敘時，乃大明服（註五八），惟民其勑懋和（註五九）。若有疾，惟民其畢棄咎（註六〇）。若保赤子，惟民其康乂（註六一）。非汝封刑人殺人，無或刑人殺人（註六二）；非汝封又曰劓刵人，無或劓刵人（註六三）。」

釋　文

五八　有，能也（尚書覈詁卷三頁六七）。敘，順也（尚書集注音疏，經解卷三九五頁一）。時，是也；如此也。有敘時，謂刑罰中倫，皆得其宜也（參書纂言卷四頁四二）。明，刑罰明；服，人民服也（參蔡傳）。○「有」古有「能」義，裴學海古書虛字集釋（卷二）舉墨子天志下篇等四例證成之。爾雅釋詁：順，敘也。敘、順轉相訓。是敘得訓順。羣經平議（卷五頁七）曰：「上文曰『越厥邦厥民，惟時敘』，下文曰『乃女盡遜，曰時敘』，疑此文亦當作『有時敘』而誤倒之耳。有時敘者，有是次敘也。」案：上「惟時敘」，但承上文，結言：「於是則定」也；下「曰時敘」，申明「盡遜」，謂「如此則安定」矣。亦與下文無必然關聯；而此則既承上段任刑之道，曰「能順是」；又啓下句「乃……」。俞氏擬於不倫。左僖二十三年傳：「狐突曰：『……刑之不濫，君之明也。……』……卜偃稱疾不出，曰：『周書有之：「乃大明服。」己則不明，而殺人以逞，不亦難乎？』」是謂明爲刑罰公平合理。尙書商誼（卷一頁十五）明服訓明習，失之。

五九 其，將然之辭。下二「其」同義。勑，勤也（尙書集注音疏卷三九五頁三二一）。懋，勉也（僞孔傳）。和，順也。全句。謂民將勤勉於和順也。○勑，僞孔傳訓戒敕，於義未適。宋本荀子富國篇引此句「勑」作「力」；力，詩大雅烝民「威儀是力」，注：猶勤也。

六〇 畢，盡也。棄，去也；解除也。咎，尙書釋義（頁七九）曰：「爾雅（釋詁下）：『咎，病也。』此謂疾苦。」全句，言施政如民身有疾病，將惟百姓疾病之盡解除是務也。○咎，僞孔傳訓惡，云：「化惡爲善，如欲去疾，治之以理，則惟民其盡棄惡修善。」但粗釋大義，非貼經句爲解，疏依循經文，條暢傳說，曰：「人之有疾，治之以理，則疾去；人之有惡，化之以道，則惡除。」仍不如以咎訓病適經義；上句言「有疾」，下句云「棄咎」，疾、咎互文。

六一 赤子，謂嬰兒；子生體色紅，故云。康，安也。乂，讀爲左哀十六年傳「若見君面，是得艾也」之艾，杜注：艾，安也。康、乂複詞。全句，言保民如保嬰兒，將惟百姓之安泰是務也。○如保赤子，尙書後案（經解卷四一八頁十五—十六）衍大學鄭注、孟子及趙注，曰：「民犯法如赤子無知，吾保救之，推心而中其欲。」案：王說非本經之義，亦失學、孟引經之義；乃至曲解鄭、趙注文，甚害事。乂，古通艾，禮記表記篇鄭注「懲謂創乂」，經典釋文曰：「本又作乂。」是其證，舊注乂訓治，於經義未能深契。

六一　刑，此謂死罪以外之懲罰。全句，汝封不得以私心罰人殺人也。無，毋也。或，尚書古注便讀（卷四中頁三）曰：「一曰：或，有也。」○此二句及下二句，朱子曰：「此但言非汝封刑人殺人，則無或敢有刑人殺人者。言用刑之權，止在康叔；不可不謹之意耳。」（朱子語類卷七九頁二七）又曰：「非汝封又曰劓刵人，則無或敢劓刵人矣。言其責之在己也。只是說……非汝封劓刵人，則人亦無敢劓刵人耳。」（書蔡傳輯錄纂註卷四頁五七引）朱芹尚書札記（清儒書經彙解卷四十頁四引）曰：「無或刑人殺人非汝封者（案：朱以此句省略「非汝封」三字。），斷之於己，權不下移也。」案：上文云「敬明乃罰」，又曰「有敘時，乃大明服」，皆申刑罰「惟明克允」，不應徇情枉曲。此當如宋黃度所說：「刑不得已而用之，要爲奉行天討，吾何容心焉。故曰非汝封刑人殺人，非汝封劓刵人。」（尚書說卷五頁七）心謂私心，讀書叢說（卷六頁二一）曰：「刑殺者，天之所以討有罪。非汝封可以私意刑人，無或以私意刑人殺人；……非汝封可以劓刖（刵）人，無或以私意劓刖（刵）人。」或，訓有，亦見尚書正讀（卷四頁一六三）。

六二　曰，語詞，同粵。又曰，猶「又」也。此「又」義如「復、亦」而在口語中，意稍輕。劓，割鼻之刑；刵，割耳之刑（僞孔傳）。（參註六二）○又曰，書疏曰：「此『又曰』者，述康叔之『又曰』。」誥書無此體例，疏失之。尚書說（卷五頁八）云：「『又曰』，丁嚀之辭。」案：如其說，此「又曰」當如蔡傳說在「無或刑人殺人」之下，「非汝封」之上，冒下二句。且如移「又曰」於上，釋爲「武王又曰」，另起一番意思，則上「乃大明服」文，似未有結。是蔡以錯簡說之，亦難憑信。羣經平議（卷五頁七）以第二「非汝封」連上讀，解同朱子（見註六二）：「『又曰』之又讀爲有，有曰劓刵人，無或劓刵人者，言人告女曰：此人當劓，此人當刵，則有之矣，然劓之刵之，仍由女封。……下文『又曰要囚……』又亦當讀爲有，言人有曰……。」案：此四句兩組平行，俞說支離委曲，碎義逃難，且下「又曰」，乃史官記武王又曰，例如君奭「又曰：『天不可信』」（詳彼註二二）、多方「又曰：『時惟爾初』」（詳彼註一二二）之例，俞說反致經義晦昧。尚書今古文攷證（卷三頁十四）云：「凡書言『又曰』者，皆重文省也。……（非女封）下當重讀『非女封』三字。非女封劓刵人，無或劓刵人非女封，其義亦然。舊以『又曰』，入正文讀之，非也。下『又曰』竝同。」尚書正讀（卷四頁一六四）云：「『又曰』書簡之記識，本作『非非汝汝封封』，如石鼓文『君子員員邋邋員游』之比。史臣讀之，作『非汝封又曰』，實當兩讀『非汝封』。」案：此非重讀，說詳多士註九〇余評焦循說；矧石鼓文凡疊字作「二」，不作「又曰」，曾氏非可據而據之，尤不足信。呂刑及周禮秋官司刑所掌墨、劓、剕、宮、大辟（殺）五刑皆無刵，經義述聞（經解卷一一八三頁三—四）據先秦、漢典籍，謂古無刵刑，此及呂刑「劓、刵、椓、黥」之刵，竝爲刖之譌字；刖即剕。且謂鄭玄尚書注刖爲臣從君坐之刑（書疏引），即援左僖二十八年傳「刖鍼莊子」而言，是鄭本此刵作刖。案：上「刑人殺人」，謂大刑；此「劓刵人」，謂小刑。四句總謂「非獨刑之大者，不可私刑之；小者亦不可以私意用也。」（讀書叢說卷六頁二一）剕非小刑，且不與劓刑同科。王氏據晚作之典籍（如周禮、左傳）輕判尚書二「刵」爲譌字，貽惑後學。古文尚書撰異（經解卷五八二頁七）據尚書大傳「決關梁踰城郭而略盜者其刑臏」，而鄭注周禮、孝經皆用之，謂「刵自有犯條，不得以臣從君坐之刑釋刵。」王說不能成立，此又得一證。

王曰：「外事（註六四），汝陳時臬司（註六五），師茲殷罰有倫（註六六）。」又曰（註六七）：「要囚（註六八），服念五、六日至于旬時（註六九），丕蔽要囚（註七〇）。」王曰：「汝陳時臬事（註七一），罰蔽殷彝（註七二），用其義刑義殺（註七三），勿庸以次汝封（註七四）。乃汝盡遜，曰時敘（註七五）：惟曰未有遜事（註七六）。已！汝惟小子，未其有若汝封之心，朕心朕德惟乃知（註七七）。凡民自得罪（註七八），寇攘姦宄（註七九），殺越人于貨（註八〇），暋不畏死（註八一）：罔弗憝（註八二）。」

六四 外事，尚書集注音疏（經解卷三九五頁三一二）曰：「聽獄之事也；聽獄在外朝，故曰外事。」○外事，僞孔傳謂「外土諸侯奉王事」，尚書全解（卷二八頁二四）附會其說，謂康叔爲司寇，其職內事；康叔又爲諸侯，故兼外事。皆臆度之言。王安石謂人君以正德爲內事，正法爲外事；前者如上所戒者，後者即此所戒者（尚書全解卷二八頁二三引）。案：此一篇多言明德愼罰，明德猶正德，愼罰猶正法，惟自上「敬明乃罰」已言「正法」，王氏謂此戒之以正法之事——外事，斷非經義。蔡傳引陳氏曰：「外事，有司之事也。」書經注（卷八頁二四）申之曰：「外事者，獄之未成在有司，而未達于康叔者；……要囚，獄之已成而達于康叔者，此則康叔之事也。」案：此不得其義而強爲之解。陳法師殷彝，戒康叔陳之師之；要囚服念，戒康叔念而後斷之也：莫非外事——獄訟之事。若截然盡分爲康叔、有司兩事，則百政有司多矣，外事一語豈能盡之乎？循名責實，當從江氏說，矧有禮書經注佐證，江又曰：「周禮朝士『掌建邦外朝之法，左九棘，孤卿大夫位焉，羣士在其後；右九棘，公侯伯子男位焉，羣吏在其後；面三槐，三公位焉，州長眾庶在其後；左嘉石，平罷民焉；右肺石，達窮民焉。』是外朝爲聽獄之處。故鄭于地官稾人注云：『外朝，司寇斷獄蔽訟之朝也。』此經言聽獄而云外事，明是以其在外朝而謂之外事也。」

六五 陳，布也；猶今公布也。時，是也。臬，法也。臬司，同下「臬事」，司、事互文，謂律法之事也。○臬，說文：「射準的也。」爾雅釋宮：「樴謂之杙，……在地者謂之臬。」郭注：「杙即橜也，……在地及門中者名臬，玉藻云：公事自闑西，私事自闑東。」臬、闑通。是準的、門闑引申皆有法義，故廣雅釋詁曰：臬，法也。司，或連下為句，訓專（東坡書傳卷十二頁七），或連至師為句，云「司牧其眾」（偽孔傳），並迂曲難通。王國維謂古司、事通用，引詩小雅「擇三有事」，毛公鼎云「雩三有嗣」為證，于省吾復引揚𣪘「眔嗣工事」，事一器作司，為證（均見雙劍誃尚書新證卷二頁十六）。說甚確。

六六 師，取法也。殷罰，故殷國之刑罰也。倫，理也（偽孔傳）。有倫，謂合理者。○書經注（卷八頁二四）謂上「臬」，「猶今法家所謂條」；此「殷罰」，「猶今法家所謂例也」。蓋以條是周法，例是舊殷律（判）例，說雖新異，溯其先，則本書疏：「周承於殷後，刑書相因，故兼用其有理者。謂當時刑書或無正條，而殷有故事可兼用，若今律無條求故事之比也。」周初承用殷法，荀子正名篇「刑名從商」，可為輔證。

六七 又曰，武王又曰也（參註六三）。○顧彪云：「『又曰』者，周公重言之也。」是其說者頗多；尚書故（卷二頁一○六）訓有若，皆非是。

六八 要，讀為幽；要囚，幽囚也，今謂「監禁」。○要囚，偽孔傳謂「察其要辭以斷獄」，疏：「言要囚，明取要辭於囚」。要辭，據周禮鄉士注疏，即「核實之辭」，猶今口供。諸家莫不衍傳意為說，於此經二要囚及多方二要囚，皆不能通。王國維新釋始得正義，觀堂集林（卷二頁五）與友人論詩書中成語書二：「案：要囚即幽囚，古要、幽同音，詩豳風『四月秀葽』，夏小正作『四月秀幽』，楚辭湘君、遠游之『要眇』、韓非七之『要妙』，亦即

『幽眇』、『幽妙』也。」

六九　服，念也。服、念爲複詞。旬，十日。旬時，尙書故（卷二頁一〇七）曰：「白虎通云：時者，期也。旬期，猶言十日。」〇服念，僞孔傳云「服膺思念之」，尙書今古文注疏（卷十五頁四九）云「伏而思念」，此念上著膺或伏，使經辭煩贅。雙劍誃尙書新證（卷二頁十六—十七）曰：「服亦念也，關雎『寤寐思服』，傳：服，思之也。思服與服念，皆古人兩字一訓之例。」兩字一訓，即同義複詞。至于旬時，僞孔傳曰：「至於十日，至於三月」，三月爲一「時」，且似有周禮鄉士可證：「方士掌都家，聽其獄訟之辭，辨其死刑之罪而要之，三月而上獄訟于國。」尙書故謂周禮所言此獄，乃經數人職聽以成讞之事，故需三月，此則要囚服念，不得爲三月。案：本經言服念自五、六日至于旬日，旬與五、六日連舉，明相距不遠，若念慮三月才斷一囚禁，似非實情。且小司寇云「以五刑聽萬民之獄訟，附于刑，用情訊之，至于旬乃弊之」，與此「至於旬時，丕蔽要囚」尙合。傳誤。

七〇　丕，承上文義猶「丕乃」；丕乃，於是也。蔽，斷也。上三及此句，言判處人犯囚禁，應多考慮數日，然後決定囚禁與否也。〇丕，多作語詞，承上則訓於是，禹貢「三苗丕敘」、召誥「庶殷丕作」例同，爲「丕乃」之省簡，盤庚「丕乃敢大言」、「迪高后丕乃崇降弗祥」、立政「丕乃俾亂」……皆其證，一作丕則，無逸「時人丕則有愆」及本篇下文「丕則敏德」爲其證。蔽，周禮大宰「以蔽官治」、小宰「弊羣吏之治」，鄭玄訓弊皆曰斷。說文有蔽無弊，蔽即弊也。昭十四年左傳「邢侯與雍子爭鄐田，久而無成。……叔魚攝理，韓宣子命斷舊獄，罪在雍子。雍子納其女於叔魚，叔魚蔽罪邢侯。」上言「斷獄」，下言「蔽罪」，故杜注曰：蔽，斷也。而國語（卷十五）晉語記此事「斷獄」正作「蔽獄」。

七一　臬事，刑律之事也（參註六五）。

七二　彝，法也（君奭「彝教」僞孔傳）。全句，言斷獄以殷法也。

七三　二「義」字，皆訓宜。義刑，合理之刑罰，如上「刑人」之刑；義殺，合理之死刑。○諸家義皆訓宜，取禮記中庸義。尚書商誼（卷一頁十五）訓善，尚書故（卷二頁一〇七）申之，引詩大雅文王「宣昭義問」毛傳爲證。案：刑殺爭宜否，不爭善惡。王說反而繞曲。內野本兩「義」字竝作「誼」。

七四　庸，用也。次，就也；謂遷就也。全句，謂勿遷就汝封之私意行刑也。○金履祥先從僞孔傳訓次爲就（書經注卷八頁二五），後改爲遷就（尚書表注卷下頁十九），義較顯豁，且引荀子次作即爲證。案：荀子致士、宥坐二篇引「勿庸以即」，古文尚書撰異（經解卷五八三頁八）曰：「古音次同漆在第十二部，如『次室之女』一作『漆室之女』，小篆『垐』字古文作『垔』。」次同即，加土，故垐亦得作垔。次、即皆就也。此句猶上「非汝封刑人殺人」之意。

七五　乃，猶若也。遜，順也（僞孔傳），下同。曰，通聿，語詞。時，是也。敘，次第也；安定也。二句，謂若汝所行皆順，如此則安定。（參註七六）

七六　惟曰未有遜事，言政教雖已皆順，猶應自謂事尚未順。○未有遜事，荀子致士、宥坐引作「未有順事」，是遜訓順，荀卿蓋以詁訓易經字。又荀子兩引「未有順事」，下皆曰：「言先教也」，似謂遜、未遜皆指庶民順從與否。既遜而猶言不遜者，常自以爲不足也；否則，驕滿之心起，怠惰之情作，刑殺之所由不中也。

七七 其，讀爲既，未其有，猶今語「從未有過」，未其有若汝封之心，言他人未有如汝封之心能知我者也。德，行爲也。〇尚書全解（卷二八頁二六）、蔡傳皆謂天子稱許康叔心善，他人之所不及，故經曰「未有若汝封之心」。案：此句當依附下「朕心朕德惟乃知」詮解，武王語康叔，彼此相知至深。東坡書傳（卷十二頁七）曰：「將有以深告之，故言我與汝相知如此。」愚謂：東坡看義理未透，大害經義，經義當是：我與汝相知如此，故更將有以深告之。

七八 凡民自得罪，民自己犯罪。蔡傳曰：「自得罪，非爲人誘陷以得罪也。」罪即下寇攘姦宄，殺越人于貨。〇自，僞孔傳訓用，云：「凡民用得罪爲寇盜攘竊……」，尚書集注音疏（經解卷三九五頁三四）訓由，云：「凡民所由得辠，以寇攘姦宄……」。案：自誠有用、由義，第如其解，此二句當整作「凡民自寇攘姦宄殺越人于貨得罪」，今既不然，則知其說難通。不若從蔡傳：禮記緇衣篇、孟子公孫丑上篇引逸尚書太甲篇「自作孽」、本篇上文「自作不典」，皆「自得罪」之意。

七九 寇，劫取也（鄭玄注費誓「無敢寇攘」，史記魯周公世家集解引。）。攘，因來而取也（經典釋文引馬融微子篇「攘竊」注）。姦，亂在外爲姦；宄，亂在內爲宄（詳堯典「寇賊姦宄」注）。

八〇 越，義同「顚越」或「殞越」之越，猶「仆倒」也。殺越人，謂殺人倒地死也。貨，財物也。全句，言爲奪財物而殺死人也。〇殺越人，僞孔傳謂「殺人顚越人」；顚越人，疏云不死而傷之謂：迂曲難通。孟子萬章下篇引此句，趙岐注「越」及下「于」皆「於」也，尚書集注音疏（經解卷三九五頁三四）從之，謂越當粵之借字，乃得訓于。案：「殺人」，古今從無作「殺於人」之例；殺爲及物動詞，直接達於受詞，其間不用關係詞「於」。趙、江氏失之。尚書故（卷二頁一〇八）曰：「越，讀緇衣『無越厥命』之越，鄭注：『越之言蹶也』，史記孫吳傳『蹶上將軍（敏案：史記無軍字。）』，索隱：蹶猶斃也。」案：吳引禮記鄭注下尚有「言無自顛蹷女之政教」，是鄭亦訓越爲顛；史記索隱蓋以蹶爲倒地死，故曰「猶斃也」。蹶、顛與越，義皆仆倒。于，孟子萬章上舜語象曰：「惟茲臣庶，汝其于予治」，于予治，爲我治也。此于古訓爲之明證。江聲于貨訓取貨，引詩豳風七月「一之日于貉」毛傳「于貉，謂取狐狸皮也」爲證。案：詩「于貉」之于當釋往，往獵狐狸，探下文「取彼狐狸」而省「取」字，于無取義，江說又失。于，或釋作「在於」，謂目的「在於……」勉可通。

八一 暋，讀爲勉；強也。全句，猶言強梁不怕死也。〇暋，尚書集注音疏（經解卷三九五頁三四）訓冒，據說文，謂「冒冒然不畏死」，無當於經旨。說文段注：「今本爾雅昬、敃，強也。盤庚『不昬作勞』，鄭注：昬讀爲敃，勉也。」暋一作敃，與勉古音近假借。

八二 憝，殺也。罔弗憝，言（於此類罪犯）無有不處死刑者。〇憝，傳、疏據下「元惡大憝」訓惡，謂人無不惡之者。案：此段武王告教康叔用刑之道，若依傳、疏，人皆惡之矣，則其下當有「乃不可不懲治」類文，以作結語，今既闕如，是其說未安。孟子萬章下篇引此句「憝」作「譈」，說之云：「是不待教而誅之者也」。憝、譈古音同義通，是子輿釋憝爲誅。一切懲處雖皆得謂之誅，然據本經上文人有小罪非眚，自作不典，不可不殺，則此憝及孟子之誅，皆謂殺，趙岐注得之。焦循孟子正義謂趙岐讀憝爲敦，敦有割截斬斷之義，故以爲殺。說甚繞曲。

王曰：「封！元惡大憝（註八三），矧惟不孝不友（註八四）：子弗祇服厥父事，大傷厥考心（註八五）；于父不能字厥子（註八六），乃疾厥子（註八七）。于弟弗念天顯（註八八），乃弗克恭厥兄（註八九）；兄亦不念鞠子哀（註九〇），大不友于弟。惟弔茲（註九一），不于我政人得罪（註九二），天惟與我民彝大泯亂（註九三）。曰乃其速由文王作罰（註九四），刑茲無赦（註九五）。

釋文

八三 元，大也。憝，惡也。元、大，互文。憝、惡，互文。〇元訓大，憝訓惡，西伯戡黎「格人元龜」，馬融曰：「元龜，大龜也。」（史記殷本紀集解引）法言修身篇：「悔吝不至，何元憞之有？」晉李軌注：「悔吝，小疵也；元憞，大惡也。」憞、憝同字。」此其證。尙書故（卷二頁一〇九）曰：「元惡大憝即大惡也，古人複語耳。」說尤簡明。僞孔傳既誤釋上段「憝」，又誤認下「矧惟」爲況詞，故訓「大憝」曰：「猶爲人所大惡，況……」（參註八四），失之。

八四　矧，語詞；此矧惟連用，猶「惟」（爲）。孝義廣大，此但謂服父母事而已（參註八五）。友，親愛也。○矧惟，經傳釋詞訓亦惟。案：此段專言孝弟，元惡大憝，特指下文不孝不友之行，且下段「矧惟外庶子訓人」，矧惟義顯不承上，以證此矧惟非承上詞，尤確；與酒誥「矧太史友」、「矧惟爾事」、「矧惟若疇」……之矧或矧惟有「又」義殊。孝友，爾雅釋訓曰：「善父母爲孝，善兄弟爲友。」此經下文不及母者，言父即包母。又此謂弟恭兄、兄友于弟，而爾雅弟善兄亦曰友者，書疏曰：「兄弟雖有長幼而同倫，故共『友』名也。」此通達之論。

八五　祗，敬也。服，從事也。考，父也；此指存世之父（參大誥註七八）。○書疏曰：「人子以述成父事爲孝，怠忽其業，即『其肯曰：我有後，不棄基』，故爲大傷父心，即是上不孝也。」引大誥文證此經義甚允。

八六　于父，猶今「在父親的地位」。字，愛也；謂慈愛也。○于，羣經平議（卷五頁七）曰：「儀禮士冠禮『宜之于假』，鄭注曰：于，猶爲也。聘禮記『賄在聘于賄』，注曰：于，讀曰爲。蓋古于、爲同聲，故得通用。于父不能字厥子，猶曰爲父不能字厥子也；于弟弗念天顯，猶曰爲弟弗念天顯也。」案：此段述子孝、父慈，爲一組；述弟恭、兄友，又爲一組。每組句之主語——子、兄之上皆不用「于」字，而另句之主語——父、弟之上皆用「于」字。「于」是虛字——關係詞，著與不著，前著或後著，皆無關宏旨。俞氏訓「爲」，反拘滯。字，尚書古注便讀（卷四中頁四）曰：「慈也；愛也。」其說文通訓定聲謂「字」借爲慈。

八七　乃，有「竟然」義。下「乃弗克」之乃同。疾，惡也（僞孔傳）。◯疾，尚書古注便讀（卷四中頁四）曰：「疾，嫉也；猶毒害也。」案：下言兄不友其弟，不過曰「不念鞠子哀」，未至於加害，此既與並舉，輕重應略同，意其止於厭惡；朱氏謂「毒害」，失之。又上總言止有孝，此乃言子孝父慈者，蓋彼時所謂孝道，爲父之於子、子之於父相互關係，與後世僅指子善父母者不盡同。（總言止及友而分言乃及兄友弟恭，義同。）文十八年左傳大史克謂「父義母慈兄友弟共（恭）子孝」，亦後起之義。（參註九五）

八八　顯，法也。天顯，猶天道也。◯顯，古通憲，詩大雅假樂「顯顯令德」，禮記中庸篇引作「憲憲令德」可證。憲，爾雅釋詁：「法也。」天法，即天理；天道。多士「天顯民祇」（見彼註三七），天顯同。僞孔傳顯訓明，謂天顯曰天之明道，疏引孝經（三才章）「則天之明」以證，尚書集注述疏（卷十五頁三一）又據昭二十五年左傳「爲父子兄弟姑姊甥舅昏媾姻亞以象天明」申之，於經義不適，以說多士「天顯」，尤扞格。

八九　恭，敬也。（參註八七）

九◯　鞠子，稚子也（僞孔傳）。哀，可憐也。◯爾雅釋言：「鞠，稚也。」尚書集注述疏（卷十五頁三一）曰：「蓋以兄視弟，雖長亦穉也。康王之誥云『無遺鞠子羞』，其句例也。」簡說或是。

九一　弔，至也（僞孔傳）。弔茲，至此也；謂倫常竟若此敗壞也。◯弔訓至，見爾雅釋詁。然尚書全解（卷二八頁二九）讀爲弔閔之弔，謂民所以不孝友，乃我政人之罪，故可弔閔而不可憝。朱子謂惟痛憫此得罪之人，恨不自我得罪也（書蔡傳輯錄纂註卷四頁五九引）。案：說皆不能通解下數句，不如依舊注。

九二 政人，爲政之人；官吏也。全句，書經注（卷八頁二六）曰：「（若）我爲政之人不從而罪之，（則……。）」○盤庚「予有亂政在位」、洪範「八政」，政皆謂官吏。疏申傳意釋此句曰：「豈不由我執政之人道教不至以得此罪乎？」教告不至，故百姓五品不遜，如其說是罪在官府。然末乃曰刑茲無赦，誠不教而誅，無是悖理之經。尚書釋義（頁八一）意謂如此雖未干犯刑法，但已大亂民彝，故應速由文王所定之刑法罰之。案：不孝不友既可由文王刑罰懲之，是已干犯科條。師說未盡。竊謂金氏說最善，尚書集注述疏（卷十五頁三十）申之，曰：「不于我政人得罪，猶曰不得罪于我政人，此倒文也。……若不于我爲政之人得罰罪，天所畀我民人彝倫大滅亂矣。」（參註九三）

九三 彝，常也；倫常也。泯，亂也。泯、亂複詞。全句，謂……則天與我民之倫常大混亂也。○泯，舊訓滅，滅、亂二詞，結合頗不自然。王念孫曰：「泯亦亂也，呂刑曰『泯泯棼棼』，傳曰『泯泯爲亂』，是也。」（經義述聞引，見經解卷一一八三頁四。）尚書古注便讀（卷四中頁四）補證曰：「泯，惛也；怓也。……天所畀民之五常大爲紊亂。」案：朱氏讀泯爲惛，說文：惛，怓也。又：怓，亂也。故泯有亂義。

九四 曰，語詞。乃，其；猶乃也。（參註四二）下「汝乃其」字同。由，用也（僞孔傳）。文王作罰，文王所定立之刑法也。昭七年左傳「周文王之法曰：『有亡，荒閱。』」可見周文王制定成文法典。

九五　刑，意謂懲治。茲，此（不孝不友者）也。無，勿也。赦，寬免其罪也。○周禮地官大司徒「以鄉八刑糾萬民：一曰不孝之刑，……四曰不弟之刑」，許鴻磐據之，謂「刑茲無赦」專罰子弟之罪，其尚書札記（經解卷一四一一頁七）曰：「……下八句當側串講，意謂子傷厥考心，以致父疾惡其子；弟弗念天顯、恭厥兄，以致兄不愛于弟，故專弊子弟之罪，曰『刑茲無赦』，周官地官特著不孝不弟之刑，正文王家法也。」尚書集注述疏（卷十五頁三一）說同，曰：「經曰『矧惟不孝不友』，又曰『刑茲無赦』，蓋特責乎爲子爲弟者，非咎其父兄也。周官大司徒所以有不孝不弟之刑，而無不慈不友之刑也。」案：周禮不孝不弟之刑，實涵括不慈不友者一併刑之。其書後出，頗參擇周初法制，其不孝不弟之刑，蓋據此經。許氏謂父兄不慈友，乃因子弟不孝弟，紊亂經句條理義蘊，以就己臆，最不可從。刑懲不孝子，別見周禮秋官大司寇「以五刑糾萬民，……三曰鄉刑，上德糾孝」、孝經五刑章「五刑之屬三千，而罪莫大於不孝」、呂覽孝行篇「商書曰：『刑三百，罪莫重於不孝。』」。

不率大戛（註九六），矧惟外庶子、訓人、惟厥正人越小臣、諸節（註九七），乃別播敷，造民大譽（註九八），弗念弗庸（註九九），瘝厥君（註一〇〇）：時乃引惡

（註一〇一），惟朕憝（註一〇二）。已！汝乃其速由茲義率殺（註一〇三）。

釋文

九六　率，循也（僞孔傳）。戛，法也（蔡傳）。○書疏申傳意曰：「戛猶楷也。言爲楷模之常，故戛爲常也。」戛得通楷，尚書後案（經解卷四一八頁二二）曰：「禹貢『納秸服』，釋文云：『秸本或作稭』，鄭注禮器引作鞂。郊特牲『稾鞂』，釋文：『鞂，簡八反』。儒行『後世以爲楷』，疏云：『楷，法式。』然則戛與秸同音，楷與楷相涉，故『戛猶楷也』。」古文尚書撰異（經解卷五八三頁十一）曰：「禹貢『納秸』，即稭字也，而地理志作戛；臯陶謨『戛擊鳴球』，明堂位作『楷擊』，皆其比例。」此足證戛通楷。廣雅釋詁一：楷，法也。

九七　矧惟，猶「惟」也。（參註八四）庶子，掌教諸侯、卿大夫及士之子之官也；此指諸侯國之「庶子」之官而言，故上加「外」。訓人，書纂言（卷四頁四七）曰：「猶周官土訓、誦訓、訓方氏之類，多見聞，能道說古今遠近之事者。」正人，東坡書傳（卷十二頁九）曰：「官長也。」越，及也。小臣，即內小臣（尚書釋義頁八一）。下同。諸節，持符節出使之眾官吏。○庶子，禮記燕義篇曰：「古者周天子之官，有庶子官。庶子官職諸侯、卿大夫、士之庶子之卒（倅），掌其戒令與其教治，別其等，正其位。」庶子之官，周禮謂之諸子，夏官序官「諸子」鄭玄注：「諸子主公卿大夫、士之子者，或曰庶子。」夏官諸子職：「諸子掌國子之倅，掌其戒令與其教治，辨其等，正其位。」鄭玄注引鄭眾曰：「國子謂諸侯、卿大夫、士之子也。」其職掌，禮記文王世子篇亦載，曰：「庶子之正於公族者，教之以孝弟睦友子愛；明父子之義，長幼之序。」教公族，乃一部分庶子之職分。諸侯國有庶子官，由燕義可見。書疏申傳意「外庶子訓人」為一官，曰：「在外土掌庶子之官，主於訓民」，失之。書纂言謂外為都邑，未詳。訓人，鄭玄不以為與外庶子同官，謂是「師長」，尚書駢枝（頁九）曰：「鄭玄『師長』，則當指周禮地官師氏、保氏諸官，然古書亦無可證。竊謂訓人當為周禮地官土訓、誦訓二官，稱『人』者，通官屬之辭，猶甸師稱甸人，山虞、澤虞稱虞人也。土訓、誦訓，王巡守則夾王車，則亦親近之臣，侯國蓋亦有之，爵皆中下士，故與外庶子同舉也。」可證成吳氏說。正人即一官之長，尚書全解（卷二八頁三一）曰：「若周官宮正，主宮中官之長；司會，主天下之大計之官之長。是也。」偽孔傳連讀「小臣諸節」，謂「小臣諸有符節之吏」。東坡始明謂「諸節」乃「諸有符節之吏」，非小臣之持節者。此小臣當如周禮天官之內小臣，掌王之陰事陰令，以暱近君后，弄權矯詔，比外廷大奸臣為禍尤烈，故武王戒康叔防姦竝及之。尚書正讀（卷四頁一六七）謂此內官之受符節者，於禮經不詳所本。

九八

別，義同上「別求聞由古先哲王」之別，另外也。播，揚也；敷，布也（書纂言卷四頁四七）。播、敷，複詞。全句，謂外庶子等臣私製政令，另外宣布，以於民間造成一己之盛大之聲譽也。○經義述聞（經解卷一一八三頁二）於上「別求」及此「別播敷」之別謂皆與辯通，訓徧，言引惡之臣徧播布其私恩於民也。尚書今古文集解、尚書故、尚書覈詁竝是之。案：別字若不訓另，則諸臣所播敷者，乃君王政令，其中無有「私恩」；若訓另，謂於朝令之外播布教條，則爲「私意」顯然。宋、元儒者書——東坡書傳（卷十二頁九）、蔡傳、書纂言及近人尚書正讀（卷四頁一六七）皆言之。僞孔傳於此二句，云：「汝今往之國，當分別播布德教，以立民大善之譽」，疏謂「分遣卿大夫爲之教民」，皆妄添文字解經，乖失其義。漢書王尊傳：「（尊）兼行美陽令事。……美陽女子告假子不孝，曰：『兒常㠯我爲妻妒笞我。』尊聞之，遣吏收捕，驗問辭服。尊曰：『律無妻母之法，聖人所不忍書，此經所謂「造獄」者也。』」顏師古注引晉灼曰：「歐陽尚書有此『造獄』事也。」尚書今古文注疏（卷十五頁五一）據之，以「乃別播敷造」爲句，云「別布施造獄之條」。案：外庶子等非皆獄官，亦不盡爲首長，並不司刑獄，晉注殆非歐陽意，孫疏過主今文，致爲所蔽。

九九　庸，用也。弗念，不顧念政事也。弗庸，義如甘誓「弗用命」，謂不從君主之命也。◯念，尚書今古文攷證（卷三頁十五）曰：「念當爲諗，諗、念古通。毛傳：諗，念也。箋：告也。說文：諗，告也。」莊氏蓋謂諸臣弗告其君，又以弗庸連「瘝厥君」句，其說不詳。尚書釋義（頁八一）據爾雅（釋詁）庸訓勞，謂諸臣不勤勞。案：玩上下文及全篇大意，皆非責臣屬勤政，而再三告勑，絕多爲刑罪政令，弗用命正係別播敷之申義，師說待考。

一〇〇　瘝，當作鰥；病（作外動詞）也。（詳註三五）瘝厥君，使其君上疾痛也。◯僞孔傳添「道」字釋此句，云「病其君道」，宋儒知其難通，始易爲「病其君」，義適而文順。

一〇一　時，是也；此也。引，長也。引惡，書纂言（卷四頁四七）曰：「引猶引弓之引，言滿盈其惡。」惡滿盈，即大惡。○僞孔傳時訓孟子告子上篇「鈞是人也」之是，乃訓汝（指康叔）。案：時借爲是，訓此，尚書習用，不遑枚舉，惟訓「是不是」之是決無一見；又此段王言當嚴治大奸慝，「乃」非直指受告者康叔。蔡傳曰：「是（此）乃長惡」，得經義，餘說悉非。

一〇二 惟，猶爲也。憝，惡也。言（如此大惡之人）爲我所疾惡也。○尚書釋義（頁八一）曰：「惟朕憝，言是乃朕之大惡人也」；增「人」字，不如不增。

一〇三 茲，此也。由，用也（僞孔傳）。率，義同西伯戡黎「不迪率典」之率（詳彼註）；率皆訓律，法也。義率，猶上「義刑」，合理之法條也。○此率，林氏已知有法意，尚書全解（卷二八頁三二）曰：「率殺，若所謂『案法誅之』是也。」尚書今古文攷證（卷三頁十六）明確訓法，云：「顏氏家訓書證云：『率有律音』，義率謂以起義法，非定爲常法也。」尚書覈詁（卷三頁六九）謂「義率」即上文「義刑」。案：上文「乃其速由文王作罰刑茲無赦」與此句型態旨義相近，彼言「文王所作之罰」，此言「義率（當指殷律）」，是此「率」指「刑罰」言。楊說得之。諸家率訓循，或訓用，或訓盡皆：失之。

亦惟君惟長（註一〇四），不能厥家人越厥小臣、外正（註一〇五），惟威惟虐（註一〇六），大放王命（註一〇七）：乃非德用乂（註一〇八）。

釋文

一〇四　亦，承上之詞。二「惟」字皆語詞。君、長同義，尚書集注音疏（經解卷三九五頁三六）曰：「君長，謂他國諸侯；康叔爲牧伯，得征諸侯之有罪者，故及之。」〇君、長，姑從江氏說。疑康叔封于康，類方伯，節制若干小國諸侯，君長意即小國君主。蔡傳謂此君長指康叔而言。案：上文王呼封而告之，直貫至下段「予一人以懌」，其間除「乃其速由文王作罰刑茲無赦」、「汝乃其速由茲義率殺」及「汝亦罔不克敬典」爲直接勅康叔之辭，餘皆舉諸事以戒之。蔡說誤。

一〇五　能，善也。厥，其也。越，及也。「小臣」之上「厥」字，疑蒙上而衍。小臣，即上小臣，謂內小臣。正，官長也；外正，官長之職在外者：蓋上文外庶子、訓人、正人、諸節之約述。全句，謂君長不善處其家庭之人及內小臣、外正。〇能，古有善義，漢書百官公卿表上「柔遠能邇」顏注：能，善也。荀子勸學篇「非能水也」楊注：能，善也。尚書商誼（卷一頁十五）引禮鄭注：不能，不善也。左文十六年傳「不能其大夫至于君祖母以及國人」、左昭元年傳「昔高辛氏有二子，伯曰閼伯、季曰實沈。居於曠林，不相能也。日尋干戈，以相征討」，不能謂不善；不相能，即不相善，（尚書古注便讀卷四中頁四謂不相得，亦通。）。下文言待之「惟威惟虐」，則此「不能」當釋爲不善處、不善待。阮元尚書校勘記謂「越」下「小」上古本無「厥」字。案：「上不能厥家人」之厥，可貫下

「小臣、外正」，此「厥」涉上衍。上段「惟厥正人越小臣、諸節」，「越」下「臣」上無「厥」可證。

一〇六　惟威惟虐，言但施威罰加暴虐於臣民也。

一〇七　放，違反也。〇古方、放通，莊子天地篇：「有人治道，若相方」，經典釋文：「本亦作放」。尚書故（卷二頁一一二）亦謂方、放同字。放命，尚書覈詁（卷三頁六九）曰：「放命，古成語。堯典『方命圮族』，漢書作『放命』。是放命、方命，本一語也。孟子（梁惠王下篇）趙注：方，猶逆也。……」（參堯典註）諸家多釋放棄王命，失之。

一〇八　乂，治也。非德用乂，尚書集注音疏（經解卷三九五頁三八）曰：「非德教可用以治也；言當征討之。」〇尚書古注便讀（卷四中頁四）德訓恩惠，餘同江說，亦通。

汝亦罔不克敬典（註一〇九），乃由裕民（註一一〇）；惟文王之敬忌（註一一一），乃裕民（註一一二）。曰：『我惟有及（註一一三）。』則予一人以懌（註一一四）。」

釋文

一〇九　典，法也。〇典有「常」義，僞孔傳訓「常事」，尚書全解（卷二八頁三三）訓「五常」，皆不切本經之義。上「自作不典」、此「敬典」與下「勿替敬典」，典惟訓法乃能吻合全篇旨意。王安石謂周禮（天官大宰）以六典待邦國之治，爲諸侯者當先敬典。審六典所列，盡法度刑章，則王說此典爲法。可從。

一一〇　由，古通猷；猷，道也。裕，道也。猷、裕複詞，此皆作動詞。乃由裕民，與下「乃裕民」同，意謂乃能導化民眾也。〇此小句承上小句，言汝自身亦無不謹法之事，則乃能導民。僞孔傳乃訓汝，與上小句疊重；由訓用，於上小句失承，致文理難通。由、裕皆道，經義述聞（卷一一八三頁五）曰：「方言（卷三）曰：『裕、猷，道也；東齊曰裕，或曰猷。』（康誥）遠乃猷裕，即遠乃道也。君奭曰『告君乃猷裕』，與此同。……又案：猷、由古字通。道謂之猷裕，道民亦謂之猷裕，上文曰『乃由裕民……乃裕民……』，皆是也。」尚書覈詁（卷三頁六九）申之，曰：「……分言曰猷曰裕，合言曰猷裕：皆道也。」分、合言者，單、複詞之謂也。

一一一　敬忌，猶敬畏也。〇敬忌，鄭玄注：「祇祇威威是也。」（書疏引）上文述文王之德曰：「庸庸，祇祇，威威，顯民」，祇即敬，上威字即畏，是鄭訓敬忌爲敬畏。顧命篇康王釗曰：「眇眇予末小子，其能而亂四方，以敬忌天威？」敬忌即敬畏，其義尤顯。呂刑：「敬忌，罔有擇言在身」，禮記表記引之，鄭注：「忌之言戒也；言己外敬而心戒慎，……。」戒亦有畏義。尚書覈詁（卷三頁六九）曰：「敬忌，亦古（成）語，……又作畏忌，齊鎛『余彌心畏誋』，邾公輕鐘『余畢龔威忌』，義並爲敬畏也。」說近是。僞孔傳釋此句曰：「當惟念文王之所敬思而法之」，其說「惟」爲「念」亦誤。考堯典「惟刑之恤哉」、無逸「惟耽樂之從」、「（以庶邦）惟正之供」（二見）、立政「惟正是乂之」（「是」等於「之」），句型與此同：句首用「惟」，將賓語提在動詞之上，賓下動上加「之」字。「惟」微有「祗」義，傳訓「念」，謬甚！

一二二　乃裕民，乃能導化百姓也。（詳註一一〇）○荀子君道篇：「明主急得其人，……急得其人，則身佚而國治，功大而名美。……故君人者，勞於索之，而休於使之，書曰：『惟文王敬忌，一人以擇。』此之謂也。」尚書後案（經解卷四一八頁二五）謂「乃由裕民」、「乃裕民」既荀子所不引，疑皆僞孔氏所增。古文尚書撰異（經解卷五八三頁十一）謂荀卿蓋檃栝經文，或所據本異。案：由裕、裕二語，古奧難解，然證以本經下文及君奭篇，確爲尚書所習用；又以方言、詞法求之，皆得其義。而無緣妄增今文經句，矧增艱深己所不解之文，雖至愚亦必不爲，孰謂僞孔氏爲之？且君道篇引首句無「之」字，於尚書語例不合（參註一一一），荀卿乃檃栝經文，段氏前一說得之。

一二三　及，讀爲汲；有汲，猶汲汲然也。曰：「我惟有及」，武王戒康叔如能自勉曰：「我但祗汲汲謹愼法度敬畏文王也。」○及，尚書故（卷二頁一一三）、尚書正讀（卷四頁一六九）皆訓汲汲，惟說竝未盡。案：公羊隱元年傳曰：「及，猶汲汲也。」及讀爲汲，上加

「有」，有及，汲汲然也（詩齊風「魯道有蕩」，有蕩，蕩然也：此其比。）。汲汲，促急之情，禮記問喪篇：「其往送也，望望然，汲汲然，如有追而弗及也。」有及，尙書覈詁（卷三頁六九）云承上文謂有及於文王之敬忌。案：此句雙承上「罔不克敬典」、「敬忌文王」，武王言若汝但汲汲於斯二事，則我……。楊氏解文王敬忌與此「有及」，皆誤。尙書古注便讀（卷四中頁五）謂「我思有及于文王」。案：如其說，武王但戒康叔思而未即行，則下文「則予一人以懌」，是非其時而悅，固不然矣。

一一四　予一人，武王自稱。懌，悅也（僞孔傳）。○懌，荀子君道篇引作擇（詳註一一二），尙書後案（卷四一八頁二五）謂荀卿取義在擇人而用。古文尙書撰異（經解卷五八三頁十一）則曰：「懌作擇。古擇澤釋懌通用，古無懌字，多用上三字。『一人以擇』，擇即懌也；上文所謂『身佚而國治』也。」案：荀子因擇有佚義，故引此經證君主佚而國治。佚（擇同）、懌皆有悅樂義。

王曰：「封！爽惟民廸吉康（註一一五），我時其惟殷先哲王德（註一一六），用康乂民作求（註一一七）。矧今民罔廸不適（註一一八），不廸則罔政在厥邦（註一一九）？」

釋文

一一五　爽惟，語詞。迪，導也（尚書全解卷二八頁三五）。吉，善；康，安也（僞孔傳）。全句，謂導民使妥善安泰也。○爽惟，經傳釋詞（卷九）曰：「爽，發聲也。書康誥曰：『爽惟民迪吉康』、又曰：『爽惟天其罰殛我』，皆是也。……凡書言洪惟、爽惟、丕惟、誕惟、迪惟，率惟，皆詞也。」雙劍誃尚書新證（卷二頁八）謂本篇二「爽」皆「爽」之訛字（參大誥註九一），金文用在句首，與此竝是語詞。僞孔傳從「迪」字斷頓，釋此句曰：「明惟治民之道而善安之。」案：迪訓道，據爾雅釋詁，然在此當作動詞，大誥「迪民康」，與此句義幾全同，故鄭玄以「迪吉康」爲句，得之。

一一六　時，是也；此也。其，將也；就也。惟，思也。（參註一一七）

一一七　用，以也，康乂，安也。（參註六一）用康乂民，義猶上「用保乂民」（見註二七）與「用康保民」（見註三一）。作，爲也。求，讀爲逑，匹也。上及此句，言我於此將思殷先哲王之德，以其美德安治百姓，且與之配稱也。○作求，僞孔傳曰：「治民乃欲求等殷先智王。」疏曰：「我其惟念殷先智聖王之德，用安治民，爲求而等之。」尚書故（卷二頁一一三）曰：「傳訓求爲等者，借求爲逑，與疇、讎通用。洪範九疇，史記作九等；漢書霍光傳『皆讎有功』，注：讎，等也。」此借爲逑之求字，蔡傳申僞孔意曰：「求，等也。詩（大雅下武）曰：『世德作求』，言……用以安治其民爲等匹於商先王也。」案：

詩下武云：「三后在天，王配于京；王配于京，世德作求。」求、配互文，作求即作配。尚書表注（卷下頁十九）曰：「求，配也；對也，如詩『好求』之求。」羣經平議（卷五頁七）亦引詩關雎謂求當讀「君子好逑」之逑訓匹，又據爾雅釋訓逑釋文云本作求，證求、逑通用。其後王國維（觀堂集林卷一頁二一—三與友人論詩書中成語書二）、楊筠如（尚書覈詁卷三頁六九）說竝承之。

一一八　矧，況也。罔，無也。迪，導也。適，從也（東坡書傳卷十二頁十一）。全句，況今百姓無啓導則不順從。（參註一一九）

一一九　罔政，無善政也（僞孔傳）。全句，如不啓導之，則其國無有善政矣。○上及此句，僞孔傳曰：「況今民無道不之，……不以道訓之，則無善政在其國。」二「迪」字皆訓道（名詞），然依其說，上迪字義涵正道邪道，而下迪字僅指正道：此已不可通；況又變名爲動，增字云「不以道訓之」，益錯謬。東坡釋「矧今民罔迪不適」曰：「矧今民無有道之而不從者」。案：下文「今惟民不靜，未戾厥心，迪屢未同」，是道（迪）之而猶屢未齊同，蘇氏失檢！竊謂：上句指民言，官無啓導民便不從；下句自官府言，不啓導民眾，則官無政績。書纂言（卷四頁四八）說此二句要旨得之。罔政，尚書故（卷二頁一一三—一一四）訓枉政；罔借爲枉。案：尚書罔絕多訓無，極少數例訓不，而不見借爲枉之例。無政之謂無善政，猶無德之謂無美德（君奭「無能往來茲迪彝教，（則）文王蔑德降于國人。」蔑德，無美德，或無德惠也。）。詩經亦嘗用「無政」，小雅十月之交篇刺周幽王詩，曰：「四國無政，不用其良」，疏引昭七年左傳曰：「晉侯問於士文伯曰：詩所謂此

日而食，于何不臧。何也?對曰：不善政之謂也。」左傳以不善政說無政。（參尚書釋義頁八二康誥註五八）

王曰：「封！予惟不可不監告汝德之說于罰之行（註一一〇），今惟民不靜（註一一一），未戾厥心（註一一二），廸屢未同（註一一三）。爽惟天其罰殛我，我其不怨（註一一四）。惟厥罪無在大，亦無在多（註一一五），矧曰其尚顯聞于天（註一一六）。」

釋文

一一〇 惟，語詞。監，說文（卷八上臥部）古文从言作譼，書古文訓所據尚書本作譼，亦从言。疑本經監原作譼，誤爲監。譼从言，有「告語」義。譼告，告也；二字複詞。德，惠賞也。說，東坡書傳（卷十二頁十一）曰：「說者，其理之謂也。」于，與也。行，道也。荀子天論「天行有常」，行，道也。全句，謂予不可不告汝惠賞之理與懲罰之道也。◯舊從監絕句，監訓視。因經未言所監者維何，乃肊增「古義」，謂監視古義，然又下無所承。尚書故（卷二頁一一四）以監告連文，監告猶示告，且讀「予惟」以下十五字句。

案：尚書「告（誥）」與另一動詞合爲複詞不乏它例：甘誓「予誓告汝」、酒誥「厥誥毖庶邦庶士」、「汝劼（誥）毖殷獻臣」、多方「我惟時其教告之」、立政「乃敢告教厥后曰」，第誓、毖、教義皆與告同或極近，「示告」義既牽強，又非常例，茲不從。許愼古文多據壁中經典，作警蓋原字，傳抄誤改。玉篇警亦訓視，恐非字之初義。德、罰對舉，德顯謂賞惠；說訓道理（周易繫辭上傳「原始反終，故知死生之說」，說，道理也。）與下「行」字互文，行義亦當爲「道」。荀子天論：「天行有常。」集解引俞樾曰：「爾雅釋宮：『行，道也。』天行有常，即天道有常。」經義述聞（經解卷一一八三頁四—五）曰：「……于猶越也，與也，連及之詞原注：夏小正傳曰：越，于也。廣雅曰：越，與也。大誥曰：大誥繇爾多邦，越爾御事。王莽倣大誥作大誥道諸侯王三公列侯于女卿大夫元士御事。是連及之詞，曰越亦越于也。。行，道也。言告汝德之說與罰之道也。」得之。舊說皆未安。

二二二 惟，語詞。民不靜，民情不安也。○此及下二句，僞孔傳云乃設事之辭，意謂假令民不安云云，尚書故（卷二頁一一四）申之，曰：「以『惟』爲假令者，惟、雖同字，少儀『雖請退可也』，疏云：雖，假令也。」傳、疏以爲「爽惟」云云二句，承上假設諸小句，言「（假令……）則……」。案：以爽惟、洪惟，爲發語辭，其所引發之句，不宜上承假設小句而有「則」義。味此段經文，亦不見此意。傳見篇首既有「四方民大和會」，此不應言民不靜，未戾厥心，故謂假令有之。吳氏未察其情實，曲申其說，經義反晦。

二二三 戾，定也（僞孔傳）。此申上句，故云其心未定。○未戾厥心，蔡傳：未能止其心之狠疾。案：酒誥成王罪紂「厥心疾很，不克畏死」，周誥諸篇絕不曾以紂罪罪殷百姓，多方告殷民曰「爾心未愛」，未愛猶未順；言其心未定，與此句同。朱彬經傳攷證（經解卷一三六三頁二）曰：「廣雅釋詁：戾，善也。言由民心之不善，故迪屢未同。」心不善，猶心狠疾。誤與蔡同。

一二三 迪，導也（參註一一九）。同，和也（僞孔傳）。全句，言啓導之屢屢矣猶未和同。○同，東坡書傳（卷十二頁十一）訓從，書纂言（卷四頁四八）訓齊，亦皆通。詩魯頌閟宮「……至于海邦，淮夷來同，莫不率從」，同謂和順從服也。以上三句，與多方「爾乃迪屢不靜，爾心未愛」大旨同。

一二四 爽惟，語詞。（參註一一五）二「其」，皆將然之辭。殛，誅責也。我，謂我周家也；此義尚書習見。（參註一二六）

一二五 厥，其也；厥罪，指我周家之罪。罪無在大，亦無在多，意謂罪行雖小，犯次雖少，總是罪也。○此二句句構與義蘊，猶上文「怨不在大，亦不在小」，一戒勿以怨小而結焉，一戒勿以罪小而犯焉。厥，有作語詞之例（詳經傳釋詞卷五），惟此「厥」字宜爲第一人稱代名詞所有格，然因自「爽惟」以下，句語倒置（詳註一二六），其貫連上下文義之功能不甚顯，疑似語詞也。

一二六 矧，語詞。曰，同「曰時敘」之曰，語詞。其，將然之詞。尚，上也（鄭玄書贊）。顯，昭著也。全句，言凡罪皆昭然爲上天所聞知也。「爽惟」下五句，語倒，言若爲我周家之罪，不論大小多寡，皆將上爲天所聞知；天將懲罰我周，我周將受之而無怨。○矧，舊訓況，尚書故（卷二頁一一四）始正訓「詞也」。尚、上古通，例證甚多。西伯戡黎「乃罪多參在上」，亦謂多罪上爲天所聞；酒誥「祀登聞于天」，登聞猶上聞。

王曰：「嗚呼！封。敬哉！無作怨（註一二七），勿用非謀非彝（註一二八）蔽時忱（註一二九），丕則敏德（註一三〇）。用康乃心（註一三一），顧乃德（註一三二），遠乃猷裕（註一三三），乃以民寧（註一三四），不汝瑕殄（註一三五）。」

釋文

一二七　無作怨，勿製造怨恨也。意謂勿出於偏私而構成怨恨（洪範「無有作惡」句義類此）。

一二八　彝，法也（參註七二）。非謀非彝，言不善之謀不當之法也。○非彝，尚書覈詁（卷三頁六九）曰：「與上文『自作不典』同。彝與典，皆法也。」說比舊解彝爲「常法」勝。（參註一二九）

一二九　蔽，斷也。時，是也；此也。忱，誠也。上及此句，謂毋行用不善之謀不當之法，而問審應一依此案之情實爲斷也。○忱，說文：誠也；誠謂實情。蔽，尚書集注音疏（經解卷三九五頁三九）據文選辯命論注引鄭玄論語注訓塞，且連上文解之，云「勿用……以蔽塞是誠」。案：本篇多及刑獄，此言「勿用非彝」，固亦指獄事，則蔽當如上文「丕蔽要囚」、「罰蔽殷彝」，皆訓斷，從僞孔、蔡傳於經義爲融。

一三〇　丕則，猶於是也。（詳註七〇）敏，疾速也。敏德，疾進於美德也。○敏，說文：疾也。書經注（卷八頁二九）曰：「敏德者，謂其進德之速。」是也。周禮地官師氏以三德教國子，一曰至德，二曰敏德，三曰孝德。敏德乃師氏施教科目，有其專義，諸家引以釋此經，失之。尚書大義（卷二頁六）據中庸注，釋此句曰：「斯則勉善。」案：上勿作怨、蔽時忱云云皆勉人爲善，不應至此又言斯乃勉善。

一三一 康，安也。尚書釋義（頁八三）：康，猶平和也。

一三二 顧，省也（僞孔傳）。德，行爲也。

一三三 遠，長遠也。猷裕，道也。（詳註一一〇）

一三四 以，猶「率領」也。（參大誥註三二）下「乃以殷民世享」之以同。

一三五 瑕，句中語氣詞，召誥「天既遐終大邦殷之命」之遐義同。殄，絕滅也。不汝瑕殄，不絕滅汝國家也，即上文「不廢在王命」及酒誥「永不忘在王家」之誼。〇不汝瑕珍，僞孔傳謂：「我不汝罪過，不絕亡汝。」釋瑕爲疵，引申爲罪過。案：下文云「無我殄享」，又云「汝乃以殷民世享」，事皆關乎國之存廢，而比「罪過」重大。且上言「瑕殄」，下省作「殄」，既可減省而於義無損，則瑕字非語詞即殄之複詞。考瑕、殄義不相似，不便構成複語，故瑕宜爲語詞。尚書釋義（頁八三）曰：「『不……瑕（或作遐）……』之語，詩經中屢見；瑕，語助詞也。」（說另詳書傭論學集頁一六八—一七〇詩三百篇成語零釋——不瑕）確不可易。尚書今古文注疏（卷十六頁五三）謂「國祚不以汝世遠而殄絕也」，殊牽強。

王曰：「嗚呼！肆汝小子封（註一三六）。惟命不于常（註一三七）；汝念哉！無我殄享（註一三八）。明乃服命（註一三九），高乃聽（註一四〇），用康乂民。」

釋文

一三六　肆，書經注（卷八頁三十）曰：「起語辭。」○肆，蔡傳曰：未詳。書蔡傳輯錄纂註（卷四頁六一）曰：「復齋董氏曰：『肆，語辭。如『肆徂厥敬勞』、『肆往姦宄』（立梓材文），皆語辭也。』（宋董琮，號復齋，著書傳疏義，書佚。）僞孔傳訓故，於上無所承；尚書全解（卷二八頁四十）訓今，於下蔑以施；尚書古注便讀（卷四中頁五）訓故今，則兼有孔、林二家之弊。尚書故（卷二頁一一五）曰：「肆，猶告也。肆，極也。說文：極，陳也。齊語『相陳以功』，注：陳，示也。示、告同義。」案：說文（六上木部）：極，棟也。不訓陳。且本篇王呼弟封告之，「封」上例無「告」類字。吳氏失檢。王安石曰：「小子從父兄奉令承教則拘，出而爲人君則肆。肆而罔念，或至于殄享，以天命無常故也。」（尚書全解卷二八頁四十引）如其說是武王斥責康叔放肆，然則上親愛之辭（「未有若汝封之心」云云）皆不應有。王說鑿甚！唯金、董說得之。董解梓材肆字，待商。

一三七　命，天命也。不于常，言隨時變易也。惟命不于常，即詩大雅文王「天命靡常」也。○于，尚書覈詁（卷三頁七十）曰：「猶有也。墨子非命上引書仲虺之誥『我聞于夏』，非命下『于』作『有』，于、有一聲之轉。」不有常即無常，亦即隨時變易，與大誥「天棐忱辭」、君奭「天難諶」同旨。左文十六年傳引此句，說之曰：「有德之謂。」左僖五年傳引周書曰「皇天無親，惟德是輔」，亦言天命與有德者。禮記大學篇引說之曰：「道善則得之，不善則失之矣。」鄭玄禮注云：「言不專祐一家也。」皆合武王戒康叔之意。

一三八 無，勿也。享，祀也。無我殄享，勿教我周室絕滅享祀；意謂周亡國。○上「不汝瑕殄」，謂能如是，朝廷將不滅汝國；此「無我殄享」，謂汝應念天命，勿使王國滅亡。二句句型同，類此型句，詩經習見；皆以「我、汝」爲賓語。舊多謂此殄享指滅康叔之國：蔡傳：「毋我殄絕所享之國也。」又謂「乃以殷民世享」對此文「殄享」而言。案：蔡氏倒賓語爲主語。尚書集注音疏（經解卷三九五頁三九）曰：「享，祭祀也。凡封諸侯必命之祭其封內之山川社稷，所謂『命祀』；國亡則絕其祀。故言女……毋殄絕我之命祀。」案：經言「享」，謂我之祭祀，非我所命汝之祭祀。江氏說命祀雖據彼禮經及鄭注，然非本經之義。

一三九 明，通孟；勉也。服，事也。命，政令也。服命，蓋當時成語，猶公事也。○明，古有勉義，詳洛誥註四四。惟此明舊解皆如字，不達經義。尚書古注便讀（卷四中頁五）始不然，曰：「明，勔也；字亦作𦬊，勉也。」得之。服命，宋陳大猷曰：「即所服受之誥命。」（書蔡傳輯錄纂註卷四頁六一引）可載以備考。餘說皆謬甚，不遑備錄。

一四○ 高，謂擴大也。○雙劍誃尚書新證（卷二頁十八）曰：「高，當即金文亯字，……亯字雖不可識，其意爲廣廓之義。高乃聽，言廣乃聽也。」書疏「高大汝所聽」，與于氏「廣乃聽」同；尚書集注音疏（經解卷三九五頁三九）謂之「毋偏聽」，堯典曰「達四聰」：皆謂擴大聽聞也。尚書全解（卷二八頁四一）謂「聽于古先」，尚書今古文注疏（卷十六頁五三）謂「敬聽我訓」，尚書古注便讀（卷四中頁五）謂「以高曠之道聽訟」：解「高乃聽」皆求之太深。

王若曰：「往哉！封。勿替敬（註一四一），典聽朕告（註一四二），汝乃以殷民世享（註一四三）。」

釋文

【一四一】替，衰弛也。勿替敬，勿怠弛於敬謹也。（參註一四二）

【一四二】典，常也。聽，順從也（僞孔傳）。○僞孔傳以「勿替敬典」、「聽朕告」各爲句，釋上句云：「勿廢所宜敬之常法。」陳櫟支持其斷句，云：「商民不孝不友，化之之本在于敬五典耳。勿替其所當敬之典，即前所謂『罔不克敬典』，篇終復申言之。」（書蔡傳纂疏卷四頁五三）案：酒誥云：「其爾典聽朕教」、篇末又云：「汝典聽朕毖」，與此句例涵義悉同，且皆爲告康叔之書，宜如其例，以「典聽朕告」爲句。尚書今古文注疏（卷十六頁五三）等家皆有說。陳氏所援上文，不若酒誥二句有力。

一四三 以，見註一三四。殷民，故殷國之民，非僅指定四年左傳所稱之殷民七族（詳拙著「周公旦未曾稱王考（下）」）。世享，世世祭祀也。（參註一三八江聲說）全句，謂汝乃能率領殷遺民永保汝之封國也。

三　酒誥義證

題解

酒誥書序亡佚（詳拙著書序通考）。史記衛康叔世家曰：「周公旦以成王命，興師伐殷，殺武庚祿父、管叔，放蔡叔，以武庚餘民封康叔，爲衛君，居河、淇間故商墟。周公旦……告以紂所以亡者，以淫於酒；酒之失，婦人是用，故紂之亂自此始。……故謂之……酒誥……以命之。」史記謂此篇戒酒之誥，作於武庚亂平後，爲成王命書，與書序同。論衡語增篇曰：「周公封康叔，告以紂用酒，期於悉極，欲以戒之也。」亦以爲成王封康叔，戒酒之誥。漢世傳本——歐陽容、夏侯勝、夏侯建、衛宏、賈逵、馬融、鄭玄、王肅本尚書，本篇「王若曰」之上皆有「成」字，是八家或以爲成王命書（詳拙作「周公旦未曾稱王考（下）」，孔孟學報二十九期。）。而僞孔傳、正義從之。朱子（語類卷七九）定爲武王之書，與康誥同；蔡沈書集傳因之。案：康誥爲武王封叔封於康之書，康故城在今河南省臨汝縣；而妹邦（本經首曰：「明大命于妹邦。」）遠在黄河之北（今河南省淇縣境），康叔初封範圍不及此。史記之說得之。

本篇所語，皆戒酒之事，吳棫以爲酒誥一書本是兩書，以其皆爲酒而誥，故誤合而爲一。自「王若曰：明大命于妹邦」以下，武王誥受故都之書也；自「王曰封，我西土棐徂邦君」以下，武王誥康叔之書也。其論據：「書之體，爲一人而作，則首稱其人；爲衆人而作，則首稱其眾；爲一方而作，則首稱一方；爲天下而作，則首稱天下。……今酒誥爲妹邦而作，故首言『明大命于妹邦』。其自爲一書無疑。」（蔡沈書集傳引）蔡氏斥之曰：「既謂專誥毖妹邦，不應有『乃穆考文王』之語，意酒誥專爲妹邦而作，而妹邦在康叔封圻之內；則明大命之責，康叔實任之，故篇首專以妹邦爲稱。至中篇始名康叔以致其誥曰『尚克用文王教』者，亦申言首章文王誥毖之意。其事則主於妹邦，其書則付之康叔。雖若二篇，而實爲一書；雖若二事，而實相首尾。」案：前言「乃穆考文王」，後屢呼「封」而戒之。則「乃」爲康叔，文王其父也。則酒誥本渾成一篇，吳氏妄生枝節。

本經「王曰：封！我西土棐徂邦君、御事、小子尚克用文王教，不腆于酒，故我至于今克受殷之命。」吳棫又據此以爲是武王誥書之證，曰：「凡稱我皆武王自謂也。余謂三篇皆武王書，觀此一節可以無疑矣。或者終謂周公代成王之言，何爲三篇（案：指康誥、酒誥、梓材。）無一言及武王。周公達孝，不應遽忘之若是也。若果周公之言，則『尚克用文王教，不腆于酒』之下，但繼以『故我至于今，克受殷之命』，乃周公受之，而武王不與也。無是理矣。」（書蔡傳輯錄纂註卷四頁六五引）陳櫟是其說（書蔡傳纂疏卷四頁五六）。許鴻磐（尚書札記，皇清經解卷一四一一頁十一——十二）斥爲「拘迂不通之論」，曰：「三篇言皆周公之言，而命則成王之命，故每冠以『王曰』以示意，『我』字周公代成王之言也。書經用『我』字多不指自己。微子曰：『我方興沈湎於酒』，非自我也，然猶謂其有所諱也；召誥日：『今我初服，宅新邑』，亦召公自我乎？……後文云『惟我一人弗恤』，非代成王自謂而何？……且是言也，正非武王之言；果武王之言，則但當云『克用文王教，不腆于酒，故我克受殷之命』，不必言『至于今』也。所謂至于今，正謂成王之世已隔武王一代，去文王已遠。故曰『尚克用文王教』，故曰『至于今』也。細玩文意自明。」案：周誥諸篇，多稱道文王德業，而少及武王，不得據謂不言武王者即武王命書。誥辭「我」字，常作「我國家」釋。許氏深知周公以成王命告叔封，所駁吳氏皆深中肯綮，其體會「至于今」一語，證非武王世口氣，尤其精卓。

近人或謂本篇天子呼「封」多次，若爲成王誥書，不應直呼其叔父之名，故應爲周公之言——周公稱王，篇中「王若曰」及「王曰」之「王」皆周公。余作「周公旦未曾稱王考（下）」，嘗考古人並不以稱名爲嫌，誥命之書明著受命者之名爲常。且康誥武王單稱康叔「封」者十二次，「小子」與「封」連稱者四次，單稱「小子」者亦得二次，是兄呼弟口吻。而酒誥稱康叔之名「封」者六次，絕不一及「小子」（酒誥亦嘗四著「小子」，然皆非呼康叔。）。康、酒二篇顯然非出於一人之口，後者果爲周公——康叔之兄——之言，亦應不避呼弟封爲小子。然則本篇誠成王命書，呼其名於命書上爲常，曰小子（或沖子、沖人、幼沖人、孺子）則非姪之宜稱叔也。

韓非子說林上篇曰：「紂以醉亡天下，而康誥曰：『毋彝酒。』彝酒者，常酒也。」案：

「毋彝酒」，本篇經文也，而謂之「康誥」者，段玉裁曰：「此酒誥而系之康誥者，蓋周時通以酒誥、梓材爲康誥也。」（古文尚書撰異，皇清經解卷五八四頁三）余考韓非子引尚書六次，直舉篇名才一次，「康誥」是也。蓋是時酒誥尚無篇名（百篇書序成書於秦末至伏生前），韓非但見本篇屢呼「封」，又曰「乃穆考文王」，知爲天子誥康叔封之書，因託以篇名曰「康誥」。非本篇舊名康誥也。

結論：本篇乃成王平武庚、管蔡、淮夷、奄人之亂，封康叔於衛稍後，誥妹邦及康叔戒酒之辭，亦史官所錄。尚書大傳謂周公攝政四年建侯衛。疑建康叔封于衛，即當此年。

王若曰（註一）：「明大命于妹邦（註二）：（下似有缺文「封！」）乃穆考文王（註三），肇國在西土（註四）；厥誥毖庶邦庶士（註五），越少正、御事（註六），朝夕曰：祀茲酒（註七）。

釋文

一　王若曰，今文尚書三家（歐陽容、夏侯勝、夏侯建）及衛宏、賈逵、馬融、鄭玄、王肅本皆作「成王若曰」。〇經典釋文曰：「『王若（曰）』馬本作『成王若曰』，（馬融）注云：『言成王者，未聞也。俗儒以爲成王骨節始成，故曰成王，或曰以成王爲少成二聖之功，生號曰成王，沒因爲謚。衛、賈以爲戒成康叔以愼酒，成就人之道也，故曰成。此三者，吾無取焉。吾以爲後錄書者加之，未敢專從，故曰未聞也。』」馬見尚書記王言，多止言「王曰」，或言「王若曰」，鮮有「王」上加「武」、「成」、「穆」者，而諸家說「成」字又復迂曲，故以爲「成」字後錄書所加。然成王誦實生稱成王，段玉裁據史記魯世家「管叔及羣弟流言於國曰：『周公將不利於成王』、『周公在豐，病將沒，曰：「必葬我成周，以明吾不敢離成王」。』」及齊人生稱田常爲田成子，謂成王乃生稱，如湯生稱武王之比也（古文尚書撰異，經解卷五八四頁二）。皮錫瑞是之，復舉詩周頌「成王不敢康」，以爲亦成王在世時所作（今文尚書攷證卷十五頁一）案：謚法之興，疑當在周共、懿王之後，其先諸王，若文、武、成、康、昭、穆皆號而非謚（據王國維觀堂集林卷十八頁七遹敦跋）。成既爲號，故得生稱。漢傳本多作「成王若曰」，詳拙著「周公旦未曾稱王考（下）」（第十五節）。

二　明，昭告也。大命，猶今言重要的命令。妹邦，地名，即詩鄘風桑中篇之沬鄉，在殷紂都城朝歌之近南，今河南省淇縣境。周成王時封康叔於衛。兼領鄘地。詩鄘風桑中「爰采唐矣，沬之鄉矣。云誰之思？姜孟姜矣。期我乎桑中，要我乎上宮，送我乎淇之上矣」，可爲佐證。〇妹，鄭玄曰：「沬邦，紂之都所處也，於詩國屬鄘。故其風有沬之鄉。」（詩桑中疏引）沬鄉在朝歌之南，鄭詩譜云：「自紂城而北謂之邶，南謂之鄘，東謂之衛。」據漢書地理志，河內本殷之舊都，周既滅殷，分其畿內爲三國，詩風邶、鄘、衛是也。說文云：「邶，故商邑，自河內朝歌以北是也。」邶在朝歌之北，則妹不得亦在朝歌之北，僞孔傳謂妹在朝歌之北，乃故與康成立異，書疏雖附會之，宜皆非也。馬融謂妹邦即牧養之地（經典釋文引），段玉裁（古文尚書撰異，經解卷五八四頁二）、陳喬樅（今文尚書經說攷卷十八頁三）謂季長所謂牧養之地，是指朝歌之南牧野而言。姑記于此，以俟知者。

三　乃：汝（在領位），謂康叔封。「乃」上經文疑脫「封」字。穆，美也。考，父也。文王，周文王姬昌也。○穆考文王，僞孔傳謂文王於廟次爲穆，疏據世本申之：始祖之後，父曰昭子曰穆，則周始祖后稷之子不窋廟次爲昭，不窋生鞠陶爲穆，鞠陶生公劉爲昭，公劉生慶節爲穆，遞傳十四世至季歷爲昭，季歷子昌爲穆。王鳴盛以爲計其年不合，曰：「后稷至文王千餘年，傳世僅十五，則必每世皆七、八十歲生子方合，恐無此理。蓋不窋失官，竄居戎翟，亡其譜牒。」（尚書後案，經解卷四一九頁四）唯仍謂此穆爲文王廟次，乃因襲祖制，曰：「然自後遂以此爲定，周頌載見篇云『率見昭考』，毛傳鄭箋皆以爲武王，是文王爲穆也。」案：昭考，猶云「顯考」；尚書康誥「惟乃丕顯考文王」，顯猶昭，「考」上「昭」、「顯」類字皆形容詞。詩大雅文王「穆穆文王」、周頌清廟「於穆清廟」與此穆考之「穆」，亦皆形容詞。而毛鄭訓（形容詞）美，則此穆字亦當訓美。王安石訓爲敬（林之奇尚書全解卷二九頁四引），蔡傳從之，蓋莫不以此穆字爲形容詞也。

四　肇，始開也（尚書集注音疏，經解卷三九五頁四一）。西土，謂岐（今陝西省岐山縣）豐一帶，地在妹邦之西，故云。○孫星衍曰：「西土謂豐邑，詩文王有聲云：『作邑於豐。』今陝西咸寧縣地。」（尚書今古文注疏卷十六頁五五）其說稍拘，不若從傳疏，傳疏謂始國在西土，西土岐周之地。林之奇申之曰：「周自后稷始封于邰，公劉遷于岐，則其國於西土也舊矣。……薛氏之言尤為明白，曰：『文王自大王王季有西土之國，則其誥毖臣民為此也。』」（尚書全解卷二九頁四）薛以周世居西土，而周天子誥毖臣民習用「西土」之稱，驗之周誥它篇，是也。詳拙作「周公旦未曾稱王考（下）」（第十三節）。

五　毖同義複詞。庶邦，眾國，謂諸侯。庶士，眾官員。庶邦庶士，謂眾諸侯及本國眾官員。○厥：其也，指文王。毖，告也（王念孫及皮錫瑞竝有說，見今文尚書攷證卷十五頁二）。誥、毖，王念孫訓為敕，有廣雅釋詁為據，復據酒誥「女典聽朕毖」，的知偽孔傳訓慎之為誤。林之奇訓戒（尚書全解卷二九頁四），金履祥曰：「毖，戒謹也。……朝夕戒勑之曰：……。」（書經注卷八頁三二）亦訓毖為戒敕。又曰：「此篇凡言戒酒，皆曰毖（敏案：謂此句及「汝劼（告）毖殷獻臣」、「汝典聽朕毖」句。），此必當時方言也。」金氏極有見地，王國維與友人論詩書中成語書二謂誥毖即誥教，古成語也（觀堂集林卷二頁三三）。諸家謂誥毖為誥教、誥戒、誥敕，或誥告（複詞），皆可通。文王亦諸侯，而得誥庶邦者，諸家多以為文王為西伯，故得總告眾國也。茲從之。

六　越，與也（廣雅、經傳釋詞）。少正，正官之副。御事，治事之臣也。○少正，宋王炎曰：「官正曰長，亞曰少。」（書蔡傳輯錄纂註卷四頁六三引）是已說少正為正官之副矣，王鳴盛曰：「蓋康誥正人為正官之首，則此少正乃正官之副。」（尚書後案，經解卷四一九頁四）孫星衍從其說（尚書今古文注疏卷十六頁五六）。

七　祀：借為已；止也（羣經平議卷五頁七）。○祀茲酒，傳疏謂惟祭祀乃用此酒，諸家莫不從之。惟俞樾不然，曰：「此祀字乃巳之假借字，周易損初九『巳事遄往』，釋文曰：『巳，虞作祀。』此假祀爲巳之證。巳茲酒者，止此酒也。」此義吳闓生是之（尚書大義卷二頁十一）。楊筠如以爲俞說非，仍當從傳疏說，曰：「……以下文考之，並非一律止酒。其祀之用酒，下有明文，則祀茲酒，謂祀乃酒也。」（尚書覈詁卷三頁七十）案：下「越庶國飲，惟祀，德將，無罪」，亦文王誥庶眾之辭，非一概止酒。且成王誥康叔父母設膳以勞其子服賈遠歸，及以酒食獻者君，竝得用酒，亦非一概禁絕。觀其後又屢言「不腆於酒」、「其敢崇飲」、「罔敢湎于酒」，……似通篇皆戒官民勿沈溺於酒，則楊說不爲無據。姑錄其說備考。

惟天降命肇我民（註八），惟元祀（註九）。天降威（註一〇），我民用大亂喪德（註一一），亦罔非酒惟行（註一二），越小大邦用喪（註一三），亦罔非酒惟辜（註一四）。文王誥教小子、有正、有事（註一五），無彝酒（註一六）。越庶國飲（註一七），惟祀（註一八），德將、無醉（註一九）。

釋文

八　惟，語詞。天降命，即天降命於君；謂付以天下也（觀堂集林卷一頁三與友人論詩書中成語書二）。肇我民，謂開國而有庶民也。禹貢「錫土姓，祗以德先」，義同此。○諸家多從僞孔傳「天下教命（降命），始令我民（肇我民）知作酒」義推釋，竝失之。

九　惟（有「爲」意）元祀，意謂開國改元（尚書釋義頁八四）。○元祀即元年，殷人祭祖，有「彡、翌、祭、壹、劦」五種經常祭祀，排列而祭之，一年恰祭完，故稱年爲祀。酒誥告妹邦，承用殷人習用語。僞孔傳訓祀爲祭祀，疏訓元爲大，及承其說者，竝失之。

一〇　天降威，言天降懲罰。

一一　用，義猶「因而」。

一二　惟，語助詞。行，衍之誤；衍，讀爲愆，與下「辜」互文。○行，俞樾曰：「（傳）以酒爲行，文義不明，行當作衍，字之誤也。淮南子泰族篇『不下廟堂而行四海』，今本『行』誤作衍，是其例矣。衍讀爲愆，昭二十一年左傳『豐愆』，釋文曰：愆本或作衍，是愆與衍古字通。『亦罔非酒惟愆』正與下文『亦罔非酒惟辜』一律。」（羣經平議卷五頁七）宋書顏延之傳「太祖與義康詔曰：『令思愆里閭』」。南史愆作衍。亦可爲佐證。

一三　越，語詞。

一四　辜，罪也。

一五　小子，猶今言年青人。有正，官長（正，周禮萍氏謹酒注引作政）；有事，一般官員。兩「有」字竝語詞，如「有夏」、「有扈氏」、「有衆」之「有」；說詳立政篇注。○小子，僞孔傳訓民之子孫，疏申之曰：「知小子謂民之子孫者，以下文二『我民迪小子』，又云『奔走事厥考厥長』，故知小子謂民之子孫也。」案：本篇下文一云「我民迪小子」，民當訓勉，而「奔走事厥考、長」，亦小子（年青人）之事。書疏非也。蔡傳云：「小子，少子之稱。以其血氣未定，尤易縱酒喪德，故文王專誥教之。」此說得之，康誥武王告弟康叔，曰「小子封」可證。案：政亦訓長，詳立政篇。

一六　無，毋也。彝，常也。無彝酒，謂勿常飲酒也。◯彝酒訓常酒，韓非子說林上篇引紹績昧對宋君曰：「康誥曰：『毋彝酒』，彝酒者，常酒也。」案：是時酒誥尚無篇名，韓非見篇中屢呼「封」，又曰「乃穆考文王」，知為天子誥康叔封之書，因託篇名曰「康誥」也。

一七　越，語詞。庶國，眾國，猶上文「小大邦」。謂庶邦之人。

一八　惟祀，言惟於祭祀時也。

一九　將，扶（持）也。無，勿也。德將無醉，言以美德相扶持，勿至於醉也（尚書今古文注疏卷十六頁五六－五七）。

惟曰（註二〇）：『我民廸小子惟土物愛（註二一），厥心臧（註二二），聰聽祖考之彝訓（註二三）。越小大德（註二四），小子惟一（註二五）。』

二〇　惟曰，（我，成王）今日亦祇如此說：（我，成王）如今亦不過意謂……。◯「惟曰」至

二

「小子惟一」，金履祥謂使其民各教導其子弟之辭（書經注卷八頁三二）。吳澄以爲是天子授康叔以往妹邦誥民之辭，「惟曰」者，云「今汝（康叔）之往，惟當言曰：……。」（書纂言卷四頁五一）其說鑿甚，茲竝不從。諸家絕多以爲文王之言，許鴻磐非之，曰：「此節孔蔡傳皆仍屬文王言，諸家說亦然。惟錢氏（敏案：時，融堂書解卷十三頁二）屬之周公，其說曰：『說者因「沬土嗣爾股肱」之語，遂謂「我民迪小子」至「小子惟一」皆文王之言。不知上文誥民及庶國，兩意已整整結斷，又再說「迪小子」，不特失之重複，且止言民而不言庶國，則太偏矣。「其藝黍稷」之語，正是連接「迪小子」一段話，直至「自洗腆，致用酒」，旨意方足。周公謂「文王之教小子、有正、事，無彝酒」，我今日亦惟曰「小子惟土物愛，厥心臧」耳。』錢氏以此節連下節皆爲周公之語。細玩文意，其說洵是。」（尚書札記，經解卷一四一一頁十）案：成王先引文王誥教小子及正、事無彝酒，繼以「惟曰」至「小子惟一」訓小子，復申告小子當純其藝黍稷，奔走事考、長。「庶士、有正越庶伯君子」至「永不忘在王家」一段，乃遙接上文王誥有正、有事，必克羞耇惟君及克羞饋祀，始得醉飽。語意完足，錢氏斷「惟曰」云云屬之周公（周公代成王言），是也。

我，成王自稱。民，讀爲敃，字亦作昬，勉也（尚書覈詁卷三頁七一）。迪，導也。土物，土地所生之物（僞孔傳），謂黍稷（尚書今古文注疏卷十六頁五七）。愛，惜也。○「民」上內野本、足利本皆有「化」字，段玉裁曰：「足利古本『我民』之上有『化』字，此依孔傳增之也，此等皆不可據。金氏輔之（榜）、臧氏在東（鏞堂）皆云山井鼎所舉宋本多善，所舉古本多不可信，是也（古文尚書撰異，經解卷五八四頁三）。案：段說蓋是，此因僞孔傳「文王化我民教導子孫」而妄增，書疏釋「惟曰我民迪小子」曰：「惟教其民曰：惟我民等當教導子孫小子」，「民」上亦無「化」字。古人以黍稷釀酒，節飲即所以愛土物，毋以酒醪糜穀物也。

二二　厥心，其（小子之）心。臧，善也。厥心臧，言教小子心善也。

二三　聰，明也。祖考，謂小子之父及祖先。彝訓，常教。言教小子明聽祖、父之常教。

二四　越，于也，猶言對於。德，行爲也。小大德，猶言小節大行。○蔡傳謂小德就謹酒而言，吳澄以爲小大德謂所行之善或小或大（書纂言卷四頁五一），皆視僞傳「小大之人皆念德」之說爲勝。

二五　一，專一。

妹土嗣爾股肱（註二六），純其藝黍稷（註二七），奔走事厥考厥長（註二八）。肇牽車牛遠服賈（註二九），用孝養厥父母（註三〇）。厥父母慶（註三一），自洗腆（註三二），致用酒。

釋文

二六 妹土，謂妹邦之人（僞孔傳）。嗣，通司；司，作也（尚書覈詁卷三頁七一）。股，膝上謂股；肱，由肩至肘曰肱。股肱，言股肱之臣。全句，言妹邦之民繼作汝（康叔）之臣民也。○嗣，諸家從僞孔傳訓繼，輾轉費事，不如楊氏之說爲勝。股肱，莊述祖訓臣下（尚書今古文攷證卷三頁十七，臯陶謨以元首對股肱言者三，元首爲君上，股肱當爲臣下。莊說有據。

二七 純，專也（文選七發注引國語晉語賈逵注）。藝，種也（僞孔傳）。全句謂專心致志種莊稼。

二八 奔走，意謂勤勉。長，尊長。○僞孔傳見厥長在厥考下，遂說長爲兄，恐非是。

二九 肇，始也（僞孔傳）。車牛，謂牛及牛所拖拉之車。服，事也（蔡傳）。賈，（做）買賣。全句，意謂農工既畢，始牽牛車遠行從事於商業也。○肇，蔡傳訓敏，據爾雅釋言，義亦可通。服，僞孔傳訓行，行與事義近。賈，白虎通商賈篇：「行曰商，止曰賈。」此後起之義，古行亦曰賈，王鳴盛（尚書後案，經解卷四一九頁七）辨此欲見留養父母之義，故不稱商而謂之賈，而段玉裁（古文尚書撰異，經解卷五八四頁四）力申其說，竝失之鑿。

三○ 用，以也。○江聲（尚書集注音疏，經解卷三九五頁四三）棄僞孔傳而從白虎通商賈篇引本篇以「用」字屬上讀，陳喬樅（今文尚書經說攷卷十八頁五）且引詩大雅（當作邶風谷風）「賈用不售」，亦以賈用連讀爲證。案：詩「賈用」之「用」，有「因而」義，非與上賈字連讀，喬樅以白虎通爲今文說，又誤用詩義，拘於家法，致失經旨。

三一　慶，喜也（蔡傳、尚書大義卷二頁八）。○僞孔傳慶訓善（蓋用詩大雅皇矣「則篤其慶」毛傳誼），云其父母善子之行，諸家多衍釋其說。喜、慶義近連用，國語魯語下：「固慶其喜，而弔其憂。」蔡傳訓喜有據，於經義爲尤洽，茲從之。

三二　洗，先也。腆，說文：「設膳腆腆多也。」○諸家莫不從僞孔傳訓洗爲潔滌字。惟經典釋文已音洗爲先典反。屈師翼鵬曰：「洗，讀爲先。易繫辭傳：『聖人以此洗心。』漢石經及京荀諸家洗皆作先，是洗先互通。」（尚書釋義頁八五）案：師說是，古「太子洗馬」，洗馬即先馬。馬融先訓盡（經典釋文引），亦未的。自洗腆，連下致用酒，言父母自設豐厚之膳食，以致用酒，則不在禁例也。僞孔傳謂自爲子，亦失經義。

庶士、有正越庶伯君子（註三三），其爾典聽朕教（註三四）。爾大克羞耇惟君（註三五），爾乃飲食醉飽。丕惟曰（註三六）：爾克永觀省（註三七），作稽中德（註三八）。爾尚克羞饋祀（註三九），爾乃自介用逸（註四〇）。茲乃允惟王正、事之臣（註四一），茲亦惟天若元德（註四二），永不忘在王家（註四三）。

三三 越，及也。庶，眾也。伯，長也。君子，有官位者。庶伯君子，眾有高位之官員也。○僞孔傳訓庶伯君子爲長官大夫，謂統庶士、有正者，義欠明確，且長官頗與上有正相似。林之奇（尚書全解卷二九頁八）、王鳴盛（尚書後案，經解卷四一九頁七）、孫星衍（尚書今古文注疏卷十六頁五七）大抵皆疑庶伯君子爲官長之賢者，恐亦未是。

三四 其（希冀之辭）爾，猶今語「（我）希望你們」。典，常也（僞孔傳）。○其爾，吳汝綸曰：「猶爾其，倒文也。」（尚書故卷二頁一一○）案：不必視爲爾其之倒文亦通。

三五 羞，進也（爾雅釋詁）。耇，老年人。惟，與也。君，君長也。全句，謂倘汝等能普徧以酒食進獻於老年人及君長，則……。○羞，諸家或從蔡傳訓養，羞耇謂養老，又有上「孝養厥父母」可資比較，其說本句似可通，然下句「爾克羞饋祀」，與此句句型同，其羞決無養義。不如並從僞孔傳訓爲進，則兩句文義無不順者矣。羞耇惟君，僞孔傳曰：「汝大能進老成人之道，則爲君矣。」是說決不可通。林之奇以惟君屬下讀，曰：「……則惟君使爾得以飲食醉飽也。」亦戾經義。江聲說惟君爲于君，于君即助君養老（尚書集注音疏，經解卷三九五頁四四），王鳴盛說惟君是君燕其臣：愈乖經義（尚書後案，經解卷四一九頁七）。吳闓生云：惟君，爲主人也（尚書大義卷二頁八），亦謬。蔡傳曰：「惟君，未詳。」陳大猷疑惟君上下有闕文（書蔡傳纂疏卷四頁五六引）。至金履祥此句始得正解，金曰：「羞耇惟君，惟猶與也。猶『羽毛惟木』之『惟』（敏案：見禹貢。），謂養老與羞于君所也。」（書經注卷八頁三三）俞樾說略同，曰：「耇即老也，君即長也。因耇君連文則不辭，故加『惟』字以成句。猶禹貢『齒、革、羽毛惟木』也。下文曰『又惟殷之迪諸臣惟工』，與此正同。『臣惟工者』，臣與工也。耇惟君者，耇與君也。」（羣經平議卷五頁八）又惟訓與，王引之經傳釋詞（卷三）集例甚多。

三六　丕，語詞。惟，猶乃也（經傳釋詞卷三）。丕惟，猶言於是。丕惟曰，猶今語「那就是說」。

三七　永，長久也。觀，察；省，視，蔡傳云反觀內省是也。

三八　作，則也（參皐陶謨「萬邦作乂」及洪範「潤下作鹹」等注）。稽，合也（鄭玄周禮小宰注引鄭眾注）。中德，中正之德行，而無過不及之差（參蔡傳）。○作稽中德，僞孔傳訓爲考中正之德，自是宋儒多訓作曰爲、稽曰考，竝於經義無當。江聲訓稽曰合，得之，惟訓作曰爲（尚書集注音疏，經解卷三九五頁四四），仍襲舊義。俞樾訓稽爲止，謂「所作所止，無不中德」即「作稽中德」之解，讀中如「從容中道」之中（羣經平議卷五頁八），殊非經義。

三九　尚，庶幾也（僞孔傳）。羞，進獻也（參上「大克羞耇惟君」注）。饋，謂酒食，全句謂汝庶幾能進獻酒食於祭祀，汝則……。○羞饋祀。屈師翼鵬曰：「羞，奉也。國策高注云：『吳謂食爲饋，祭鬼亦爲饋，古文通用。』是饋祀即祭祀也。」（尚書釋義頁八五）疑上下兩羞字竝作進訓，而饋取食義爲尤近經旨。

四〇 介，通匃，求也；乞也。逸，樂也。〇介，僞孔傳訓大，諸家多訓右助義（從詩豳風七月及小雅楚茨箋），皆於經義無當。金履祥似已知介有求義，曰：「介，介福也；逸，燕樂也。謂几（凡）爾士君子惟……祭祀事畢則可以受釐介福燕樂飲酒。」（書經注卷八頁三三）吳澄亦曰：「……爾乃可因而飲酒，自介景福，用以逸樂。」（書纂言卷四頁五二）于省吾始決此介爲乞義，曰：「介應讀匃，匃，乞也。詩七月『以介眉壽』，楚茨『以介景福』，不㲃毁『用匃多福』，召叔山父簠『用匃眉壽』，介、匃同聲相假。」（雙劍誃尚書新證卷二頁二十）楊筠如亦引克鼎「用介唐龢屯右眉壽永命霝終」，師奎父鼎「用匃眉壽黃耇吉康」、大司工簠「用匃眉壽」，謂介、匃相通，廣雅：匃，求也，此「自求用逸」與詩大雅文王「自求多福」文法同（尚書覈詁卷三頁七二）。祭祀後必燕飲，故此云自介用逸。（參尚書釋義頁八五）

四一 茲，如此。允，信也；誠（然）也。惟，猶爲也。正，猶言有正；官長也。事，猶言有事，一般官員也。〇允惟，僞孔傳訓允曰信任，而惟字蓋視爲虛字不釋。疏不之從。宋儒（如林之奇尚書全解卷二九頁九、蔡傳）多訓「允惟」曰「信爲」（即誠然是），得之。正事，僞孔傳曰：正事之大臣，林之奇曰治事之大臣，蔡傳從之。惟吳澄分正、事爲二，曰「如此乃眞可爲有正，有事之臣。」（書纂言卷四頁五二）孫星衍說同（尚書今古文注疏卷十六頁五八）。

四二 若，順也（僞孔傳）。元。善也。元德，猶言美德。〇元，周易乾文言「元者善之長也。」僞孔傳訓大，亦通。江聲若、元皆訓善，上爲動詞，云「天善其善德」（尚書集注音疏，經解卷三九五頁四四），紆曲難通。

四三　忘，義同亡（尚書大義卷二頁八）。王家，指周王室。全句謂永保其位，施及其子孫，永不絕滅於王室也。康誥「不汝瑕殄」，義同。○忘通亡，楊筠如曰：「忘與亡通。詩綠衣『曷維其亡』，謂曷維其忘也。大誥『茲不忘大功』，謂茲不亡（原誤作忘）大功也。此文『永不忘在王家』，謂永不亡在王家也。亡之言失也。猶言永不失在王家耳。」（尚書覈詁卷三頁七二）屈師翼鵬曰：「忘，亡通；謂絕滅也。言其國永不絕滅於王家也。」（尚書釋義頁八五）義尤顯白。

王曰：「封（註四四）！我西土棐徂邦君、御事、小子（註四五），尚克用文王教（註四六），不腆于酒（註四七），故我至于今，克受殷之命。」王曰：「封！我聞惟曰（註四八），在昔殷先哲王（註四九），廸畏天，顯小民（註五〇），經德秉哲（註五一）。自成湯咸至于帝乙（註五二），成王畏相（註五三），惟御事厥棐有恭（註五四），不敢自暇自逸（註五五），矧曰其敢崇飲？（註五六）越在外服侯、甸、男、衛、邦伯（註五七），越在內服百僚、庶尹惟亞惟服、宗工（註五八），越百姓、里居（註五九），罔敢湎于酒（註六〇）。不惟不敢，亦不暇。惟助成王德顯（註六一），越尹人祇辟（註六二）。

釋文

四四　封，君前稱名，故成王亦得呼其叔父之名。（詳召誥註五四）

四五　棐，通匪，彼也。徂，與金文習用之叡同，語詞。○棐，僞孔傳訓輔；徂則訓爲往。於經義固無當，蔡傳從之，新安胡氏以爲當闕義（書蔡傳輯錄纂註卷四頁六五引）。諸家知棐通匪，然猶訓匪爲非，徂則仍取舊義，曰「我西土非往遠事也。」（書經注卷八頁三四，羣經平議卷五頁八略從其說。）至張裕釗始訓匪曰彼，曰「彼往日之邦君」（尚書故卷二頁一一二引），義猶未盡洽。于省吾說匪徂最是，曰：「朱子從漢書顏師古注謂棐與匪通，孫詒讓以詩『其命匪諶』證大誥『天棐忱辭』，則棐之即匪無疑矣。……按匪、彼古同聲，詩『彼交匪敖』，詳經傳釋詞。徂即叡，語助。」（雙劍誃尚書新證卷二頁二十）

四六　尚，庶幾也。用，猶遵行也。

四七　腆，多也（尚書集注音疏，經解卷三九五頁五）。不腆于酒，猶言不沈湎於酒也。與下「荒腆于酒」義相反。○清魏源書古微（卷十頁五）曰：「以上皆懲管叔違文考之酒戒，以禍其家國，故痛戒西土之人，稱文考而不稱殷先哲王，知不爲妹土之人誥也。」

四八　惟，語詞。○尚書大傳引酒誥「王曰：封！唯曰若圭璧。」今本無「若圭璧」，或簡之脫。

陳壽祺謂或大傳所引，爲此句之異文（尚書大傳輯校卷二頁二二—二三）。

四九　哲，智也。殷先哲王，泛指殷朝賢明君主，如成湯、太甲、盤庚、武丁之屬，亦即下文「自成湯至于帝乙」間諸賢君。孟子（公孫丑上）所謂商「賢聖之君」，是也。諸家謂此哲王指成湯，非也。

五〇　迪，攸也，語詞，金文作逌。畏天，畏天威也。顯，明著也（僞孔傳）。顯小民，謂使百姓昭明（民之有才智者，舉之；其有疾苦者，承保之。）也。〇蔡傳以天顯連讀，云「畏天之明命」；小民自爲一句，曰「畏小民之難保」。（林之奇說略同，以天顯爲天道。）江聲（尚書集注音疏，經解卷三九五頁四五）、孫星衍（尚書今古文注疏卷十六頁五八）是之。案：此「畏天，顯小民」，蓋即康誥「（文王）……威威，顯民」之意，蔡氏以比多士「天顯民祗」，故從「顯」下絕句，非是（參多士註三七）。

五一　經，行也（孟子盡心下「經德不回」註，參孫星衍、吳闓生說）。德，謂美德。秉，持也（僞孔傳）。經、秉，互文；義近。

五二　成湯，湯名履；成，其美稱。咸，覃也；覃，延及也（尚書大義卷二頁八）。全句謂上起成湯下至帝乙。帝乙，帝辛（紂）之父。〇咸，訓皆（如書疏），在此不可通；訓徧（詳尚書集注音疏，經解卷三九五頁四五），亦未的。姑從吳氏說，吳蓋以咸、覃音近假借。周易乾鑿度：「孔子曰：自成湯至帝乙。」（漢學堂叢書本頁二五）陳喬樅據此，以爲今文尚書本至上無咸字（今文尚書經說攷卷十八頁七）。陳又云：「據乾鑿度文則此經咸字當在成王之上，謂自成湯至於帝乙，咸成王畏相。咸，皆也。」案：江聲先有此意，惟未敢質言（尚書集注音疏，經解卷三九五頁四五—四六）。然此說皆不足信，易乾鑿度無「成王畏相」四字，亦本無咸字。帝乙，周易泰卦及歸妹六五皆曰「帝乙妹歸」，易乾鑿度（頁二五、二六）皆以爲湯嫁妹；帝乙即湯。書多士曰：「自成湯至于帝乙」，多方：「乃惟成湯，以至于帝乙」，乾鑿度又曰：「是以因時變一用見帝乙之道，所以彰湯之美，明陰陽之義也。孔子曰：『自成湯至帝乙，帝乙湯之元孫之孫也。此帝乙即湯也。殷錄質以生日爲名，順天性也，元孫之孫，外絕恩矣，同以乙日生，疏可同名。湯以乙生嫁妹，本天地正夫婦，夫婦正，王道興矣。故曰：易之帝乙爲成湯，書之帝乙六世王，同名不害以明功。』」（頁二五—二六）以易之帝乙爲成湯，成湯生於乙日，以生日爲名（甲骨文稱湯爲大乙），易緯之說或是，以書之帝乙爲湯之元孫之孫，孫者通遠近言之，雖百世亦孫，故帝乙得爲湯之孫。帝乙爲湯六世（由湯下傳六世爲祖乙）以後之王，史記殷本紀曰：「帝太丁崩，子帝乙立。……帝乙崩，子辛立，……天下謂之紂。」賈、馬、鄭竝以書之帝乙爲紂父（見禮記檀弓疏引），與史記合，是也。（參江聲說，尚書集注音疏，經解卷三九五頁四五。）

五三 成王，謂成就王德（蔡傳說）。相，輔相之臣也。畏相，言敬畏大臣。○成王，僞孔傳云保成其王道，不如蔡說爲愈，下文「惟助成王德顯」，即顧上文成王而言。畏相，于省吾曰：「說文：相省視也。相、省二字義同古通。廣雅：畏，敬也。畏相言畏敬省察，謂克己之功。」（雙劍誃尚書新證卷二頁二十）亦通。三國魏徐幹中論譴交篇引作「成正畏相」，正字誤（參註六一）。

五四 惟，語詞。棐，通匪，非也。厥，其，指御事。恭，讀爲共，供給也。有恭，猶云能克盡厥職，即盤庚「恭爾事」之意。◯僞孔傳訓棐爲輔，恭爲敬，連下文解之，決難通。楊筠如（尚書覈詁卷三頁七二）、于省吾（雙劍誃尚書新證卷三頁二十）皆讀恭爲共。惟于說厥棐有恭，爲「彼（棐）有所供給」，楊則云「無所供職之時也」。竝未盡是。案：有恭（共），即下文「助成王德顯」之意。不敢自求暇逸，故能善盡職事；個人猶不敢逸豫，況聚朋（眾官員）飲酒乎？後又提內服、外服、百姓里居不暇湎于酒，正申此「厥棐有恭」至「其敢崇飲」三句之義。尚書釋義曰：「棐、匪、斐並通，文采貌；形容恭字。有，猶以也。」（頁八六）待考。

五五　不敢自暇自逸，不敢各求自身之閒暇安樂。◯全句意謂倘能善盡厥職，庶幾可自求逸豫，與上文「爾尚克羞饋祀，爾乃自介用逸」理同。

五六　矧，況也。崇，聚也（僞孔傳）。由「惟御事」至「其敢崇飲」，言眾官員倘非已善盡其職守，竝自求閒暇逸豫尚不敢，況敢朋聚飲樂乎？

五七　越，語詞。服，職事也。外服，在外治事之臣也，此謂下侯、甸、男、衛諸侯。侯、甸、男、衛，皆諸侯之國，其制莫詳。邦，猶國也。伯，君長也。邦伯，此言侯國之國君、甸國之國君、男國之國君及衛國之國君也。（參康誥註四）

五八　內服，在內治事之臣也。僚，官也。百僚，蓋言內服各機構之官員。尹，正也。庶尹，眾首長也。兩惟字，皆訓及（經傳釋詞卷三有說）。亞，次也；眾副首長也。服，職事，謂眾首長節制下之眾官員也。庶尹惟亞惟服，猶言庶尹及其亞及其服也。工，官也。尚書釋義（頁八六）：「宗工，宗人（與天子同姓者）之在官者。」

五九 越，及也。百姓里居，「謂百官致仕家居者」（尚書今古文注疏卷十六頁五九）。◯里居，屈師翼鵬疑當是里君之譌（尚書今註今譯頁一◯九），據金文而言也，史頌毀：「王在宗周，令史頌遹穌灋友里君、百生（姓）。」（奇觚室吉金文述卷四頁八）矢令彝：「諸尹眾里君，眾百工。」

六◯ 湎，沈溺也。

六一 助成王德顯，輔王使成就其德行之昭明也。

六二 越，與也。尹，治也。人，謂人民。祇，敬也。辟，法也。越尹人祇辟，奉上句，言亦輔王治民敬法也。◯全句，僞孔傳：「於正人之道，必正身敬法。」尹訓正，諸家多由其說推闡，未得經義。陳大猷辟訓君，尤乖經旨（書蔡傳輯錄纂註卷四頁六六引）。吳闓生謂尹人爲治人，得之。惟以顯字屬下讀，曰「明于治人敬法」（尚書大義卷二頁九），未安。惟于省吾說得之，雙劍誃尚書新證：「廣雅：越，與也。尹人猶多方之尹民。說文：尹，治也。言助成土（當作王）三事者，明德、治民、敬法也。」（卷二頁二一）

我聞亦惟曰（註六三），**在今後嗣王酣身**（註六四），**厥命罔顯于民**（註六五），**祇保越怨不易**（註六六）。**誕惟厥縱淫泆于非彝**（註六七），**用燕喪威儀**（註六八），民罔不衋傷心（註六九）。惟荒腆于酒（註七〇），不惟自息（註七一），乃逸（註七二）。厥心疾很（註七三），不克畏死（註七四）；辜在商邑（註七五），越殷國滅無罹（註七六）。弗惟德馨香，祀登聞于天（註七七），誕惟民怨。庶羣自酒（註七八），腥聞在上（註七九）。故天降喪于殷（註八〇），罔愛于殷（註八一）：惟逸（註八二）。天非虐，惟民自速辜（註八三）。」

釋　文

六三　亦，承上之詞。上段「我聞惟曰」，此段承之，故作「我聞亦惟曰」也。

六四　今，商亡未久，周初人追述紂事猶得稱「今」，且與「昔」（殷先哲王）對比。後嗣王，謂紂；繼承先王（帝乙）之王，故云。酣，說文：「酒樂也。」〇諸家從僞孔傳句解，無疑義。惟吳闓生訓酣爲極、身爲信，且以厥命連讀，曰：「極信其命，所謂我生不有命在天也。」（尚書大義卷二頁九）于省吾謂酣乃但（侃）之訛，侃，剛也。又讀身爲申。故酣身即剛申；酣身厥命即強申其命令（雙劍誃尚書新證卷二頁二一）。皆求之過深，使經義愈晦。

六五　厥命，其（帝紂之）命令。罔，無也。顯，昭著也。全句謂政令昏亂無可昭示於民者也。〇于省吾讀祇（祗）爲「哉」，以爲句末語助詞；吳闓生訓祇（祗）爲病「蓋以祇爲疷之借字」：以民祇連讀，竝不可從。

六六 祇：唐石經作祇，但也。保，安也。越，於也（竝林之奇尚書全解卷二九頁十八）。全句謂但安於（臣民之）怨而無所改易。○祇，僞孔傳訓敬，曰「所敬所安，皆在於怨，不可變易。」其說未盡當。祇當作祇，內野本正作祇。保越怨義猶下文「誕惟民怨」，林氏謂即「孟子所謂『安其危而利其菑，樂其所以亡者』（離婁上），保其怨之謂也。」是也。

六七 誕，語詞。誕惟蓋爾時習用語，義猶惟（但也，只也），下「誕惟民怨」字義同。厥，其也；謂紂。泆，本又作逸，亦作佚（經典釋文）；樂也。彝，常也；謂常法也。

六八 燕，宴飲也（書經注卷八頁三五）。喪，失也。威儀，容止也。○僞孔傳謂紂以燕安而喪其威儀，蔡傳從之。案：史記殷本紀云紂以酒爲池，以肉爲林，使男女倮逐於其間。論衡語增篇載傳語云紂沈湎於酒，牛飲者三千人。記紂醉酒失儀甚確。詩大雅蕩篇：「文王曰咨，咨汝殷商。天不湎爾以酒，不義從式。既愆爾止，靡明靡晦，式呼式號，俾晝作夜。」詩愆爾止，即書所云喪威儀。則燕宜訓燕飲，金說不可易，故江聲（尚書集注音疏，經解卷三九五頁四七）、陳喬樅（今文尚書經說攷卷十八頁八—九）輩皆舍傳說。

六九 盡，說文血部：「傷痛也」；玉篇皿部：「痛甚也。」盡、傷複詞。盡傷心，傷痛其心也（蔡傳）。○盡、傷義近。僞孔傳訓盡爲盡然（痛傷其心），以盡爲修飾語，修飾下傷字，不如蔡說之切。又自「誕惟厥縱淫」至「盡傷心」二十字，莊述祖曰：宜在『不惟自息，乃逸』下。『不惟』、『誕惟』文義相應，與下『弗惟』、『誕惟』文義同也。（尚書今古文攷證卷三頁十八）案：莊氏意謂：本段後兩小節「弗惟」云云及「誕惟民怨」云云，義承本段前兩小節「誕惟厥縱」云云及「不惟」云云而來。義既相承，行文次第亦應相承。前後皆當先「不（弗）惟」云云，而後「誕惟」云云，故曰「誕惟」宜在「不惟」之下。案：若依莊氏變移，則「厥心疾很」（言紂心疾很）上緊接「民罔不盡傷心」，文失條貫；且即令上「不惟」「誕惟」文義相同，後之承前，不必次第亦相同。莊氏失之。

七〇 惟，只也。荒，亂也。荒腆于酒，言迷亂沈湎于酒也。

七一 惟，句中語詞。息，止也。◯惟，蔡傳訓思，且以不惟自息乃（蔡訓其）逸作一句讀。案：惟作思解，于古有徵，第觀「不惟」與下「弗惟（德馨香）」、「（予）不惟（若茲）」義同，「弗惟」、「不惟」之「惟」，皆不宜訓思，而並當爲語詞（參看下註）。

七二 乃：僅也，只也。逸，樂也。乃逸，謂只顧淫樂。◯乃，蔡訓其（指紂），第三身稱代詞；用法稍生（尙書中乃多作第二身稱代詞用）。江聲據說文讀爲仍，云「仍然淫泆」。皆不如訓但只之尤切經義，史記項羽本紀：「至東城，乃有二十八騎。」乃有，但有也。

七三 厥心，指紂之心，疾，害也（書疏），猶言毒害，左宣十五年傳「山藪藏疾」，杜注：「山之有林藪，毒害者居之也。」很，狠；凶惡也。

七四 克，「猶肯也；克、肯古通用字」（尙書覈詁卷三頁七三）。◯克爲能，常訓也。「不能畏死」（僞孔傳），不詞之甚。故諸家說此句，於克字或則含混帶過，不予確義（如尙書全解卷二九頁十八）；或則解非其義，如蘇軾云「不復畏死」（東坡書傳卷十二頁十六），江聲云「不知畏死」（尙書集注音疏，經解卷三九五頁四七）。楊氏云克、肯古通用，姑從之，雖不詳其所本，然云「不克畏死」即（康誥）「暋不畏死」之義，則確甚。

七五 辜，罪行也。商邑，商國之城邑，猶云商國。○白虎通訓邑爲都，其京師篇曰：「京，大也；師，眾也。天子所居，故以大、眾言之。或曰夏曰夏邑，殷曰商邑，周曰京師。尚書曰『率割夏邑』，謂桀也；『在商邑』，謂殷也。」僞孔傳從之。遂別「商邑」與「殷國」爲二義，說者紛紛。吳澄云：「商邑，王畿十里之內；殷國，天下諸侯之國。」（書纂言卷四頁五四）俞樾曰：「商邑，以紂所都言；殷國蓋通指王畿千里之內。」（羣經平議卷五頁八）于省吾用孫詒讓說，謂「邑專屬國都，國則通全國言之。」（雙劍誃尚書新證卷二頁二三）皆不當經義。古稱邑即代表邦國，左僖三十三年傳：「鄭商人弦高……曰：『寡君聞吾子將步師出於敝邑，』」敝邑謂鄭國。僞孔傳既以此商邑爲紂都，因曰：「紂聚罪人在都邑而任之。」固非經義。而清今文家陳喬樅、皮錫瑞據白虎通節引「在商邑」三字，遂云辜當屬上讀，俞樾謂「不克畏死辜」即「不能畏死罪」，皆失之。

七六 越，於也。罹，「憂也，詩曰『逢此百罹』是也。」（尚書全解卷二九頁十八）全句謂紂於商國滅亡亦不憂也。○罹，孫星衍（尚書今古文注疏卷十六頁六十）、于省吾（雙劍誃尚書新證卷二頁二四）竝謂罹與離通，其義爲附麗，案：詩王風兔爰一章曰「我生之後，逢此百罹」，二章曰「我生之後，逢此百憂」，三章曰「我生之後，逢此百凶」，罹訓憂，凶義猶憂。于、孫不比較詩章文義，而遠求九家易注、託義假借，穿鑿附會，失經本義遠甚！

七七 馨，香之遠聞也（說文）。德馨香，猶馨香德，呂刑篇「罔有馨香德」可證。祀，巳之借字，巳、以古通用（羣經平議卷五頁八）。登，升也。弗惟二句，意謂不以芳美德行之氣，上升而爲天所嗅得也。○惟，僞孔傳訓念，俞樾訓有，竝失之。（參註六九）諸家或釋祀如字，或祀字屬上讀，皆謂不使美德於祀時上聞於天，亦可通。

七八　自，猶今言「自動地（去喝酒）」或「自己去（喝酒）」。篇中「自洗腆」、「自介用逸」、「不敢自暇自逸」、「不惟自息」、「惟民自速辜」之「自」義皆近。○自，僞孔傳據詩周頌執競毛傳訓爲用，於經義不協。焦循曰：「庶羣自飲，承上民怨，則自字不必他解。蓋謂民則怨矣，而紂之羣臣自沈于酒，而不顧民之盡也。」（尚書補疏，經解卷一一五○頁八）其說塙甚！又定本作自，俗本多誤爲嗜（書疏）。

七九　腥，穢惡之氣，此蓋指酒氣。「聞在上」義即前文「聞于天」。○腥及德馨香聞於上，故書咸就君德與國政發皇經義，國語周語上曰：「國之將興，……其德足以昭其馨香；……國之將亡，……其政腥臊（案：書呂刑篇「刑發聞惟腥」，亦此意。），馨香不登。」宋胡博士曰：「馨香人所樂好，腥臊人所厭惡。德有吉有凶，其發聞亦然。傳曰：『國之將興，其君齊明忠正，精潔惠和，其德足以昭馨香，神享而民聽；國之將亡，其君淫泆，其政腥臊，民神怨恫無所依懷。』」（林之奇尚書全解卷二九頁十九引）皆可輔釋本節書義，故引附於此。

八○　喪，猶言災禍。降喪，尚書中習用語。語亦見多士、君奭、多方三篇。

八一　罔愛，言不復愛顧。

八二　惟，有「就是爲了」之義。惟逸，言爲其逸樂也。

八三　民，言紂及其臣民。速，召（致）也（詩小雅伐木「以速諸父」箋、僞孔傳）。○民，諸家訓人，從無異辭，猶江聲曰：「民之言冥也。……言天降喪亡，天非虐也，惟冥冥昏亂自召辜爾。孝經援神契云：『民者，冥也。』鄭箋靈臺詩亦云然。」（尚書集注音疏，經解卷三九五頁四七）案：江氏蓋以爲天降亡國之禍，辜在紂及二三臣屬，不當徧咎人民，故別援孝經緯及大雅靈臺毛序「民始附也」鄭箋義爲說。考孝經緯及鄭箋以冥訓民，謂民無知，猶云蚩蚩之氓，今江氏推以己義，不過欲以「昏亂速辜」歸紂耳。曾不思此句天、民對舉，民即人，紂固人也，不煩曲爲之辭，已知速辜者爲時君及其朋從矣。魏源曰：「此述懲紂武庚父子違殷先哲王成湯帝乙之酒戒，以喪其國家，故痛戒妹土之人。稱殷先哲王不稱文王者，不爲西土之人誥也。」（書古微卷十頁五）。

王曰：「封！予不惟若茲多誥（註八四）。古人有言曰：『人無於水監，當於民監（註八五）。』今惟殷墜厥命（註八六），我其可不大監撫于時（註八七）！」

釋文

八四　惟，語詞（參註七一）。全句意謂予不再如此多誥。

八五　於，當作于，內野本正作于。監，甲骨文作[illegible]，金文作[illegible]（頌鼎），象一人立於盆側自監其容之狀，𠂤（臣）即目（參唐蘭殷虛文字記及尚書釋義頁八七）。後世作鑑（鑒，王叔岷師尚書斠證曰：「羣書治要引作監。」阮元曰：「古本監作鑒，下文民監、大監同。」），照也，察視也。○二於，唐石經同，段玉裁曰：「唐石經及版本皆作於。」（古文尚書撰異，經解卷五八四頁六）案：內野本作于，段氏蓋未見。考尚書廿九篇，關係詞（對于、在于、給于諸義）用于而不用於（於音烏，尚書用作嘆辭。），此二於當是誤字，內野本猶存其本眞。成王引昔賢語，以勵康叔，政之得失當於民察之，湯征曰：「人視水見形，視民知治不。」（史記殷本紀引）即此義；故下文曰「今惟殷墜厥命，我豈可不大監撫于時？」

八六　惟，語詞。命，國運也。

八七　撫，覽也；省察也。監、撫同義複詞。時，是（此）也，指殷紂淫泆滅國之故實。○撫，僞孔傳訓安，云「大視此爲戒，撫安天下於是」，蔡傳依之。金履祥訓治（書經注卷八頁三七），與孔、蔡無大別：皆分監、撫爲二義，紆曲難通。江聲訓循，謂監者，監紂也；循者，循商先王之道也（尚書集注音疏卷三九五頁四八）。孫星衍訓據，云「我其可不據此以爲大鑒戒乎？」（尚書今古文注疏卷十七頁六一）江說循商先王道，蓋臆度之言；孫（據曲禮鄭注）又變易經次以敷衍其詞，尤失經旨。吳澄始知此撫字有察視義，曰：「撫，猶以手案循而視之也。……今殷人自速辜，既墜命矣，我其可不大監視於是乎！」案：吳說甚塙，撫原義爲循（說文），引申爲循而省視之，文選宋玉神女賦：「於是撫心定氣，復見所夢。」李善注：撫，覽也。亦取其引申義。又吳氏已以監視連文竝舉，吳闓生與之同，其尚書大義曰：「監、撫連文；撫，覽也。」（卷二頁九）楊筠如亦謂監撫猶言監覽（尚書覈詁卷三頁七四）。

予惟曰：「汝劼毖殷獻臣、侯、甸、男、衛（註八八），矧太史友、內史友（註八九），越獻臣（註九〇），百宗工（註九一）；矧惟爾事（註九二），服休、服采（註九三）；矧惟若疇（註九四）：圻父薄違（註九五），農父若保（註九六），宏父定辟（註九七），矧汝剛制于酒（註九八）。厥或誥曰（註九九）：『羣飲。』汝勿佚（註一〇〇），盡執拘以歸于周（註一〇一），予其殺（註一〇二）。又惟殷之廸諸臣惟工（註一〇三），乃湎于酒（註一〇四），勿庸殺之（註一〇五），姑惟教之有斯明享（註一〇六）。乃不用我教辭（註一〇七），惟我一人弗恤（註一〇八），弗蠲乃事（註一〇九），時同于殺（註一一〇）。」

釋文

八八　劼，誥之誤字，王國維說（觀堂集林卷二頁三，與友人論詩書中成語書二），姑從之。毖，告也（參註五）。獻，賢也（東坡書傳卷十二頁十七）。侯、甸、男、衛，謂侯國、甸國、男國、衛國之國君也（參註五七）。○說文小徐本引無「汝」字（見古文尚書撰異，經解卷五八四頁六），僞孔傳據爾雅釋詁訓劼爲固、毖爲愼，云「汝當固愼殷之善臣信用之。」書疏見其說不詞，從而爲之詞曰：「汝當堅固愛愼殷之善臣。」增字以解，仍非經義。金履祥曰：「毖與誥毖語意同。」（書經注卷八頁三七）是知毖有誥意。王氏謂劼爲誥之誤，案：劼、誥形不甚似，難以致誤。不爾，則從蔡傳訓爲「用力」，亦通。

八九　矧，又也（經傳釋詞）；下三「矧」字同。太史、內史，掌記言記行（禮記玉藻疏引鄭玄說）；即左史、右史。友，（朋）輩也（參尚書大義卷二頁九）。○矧，吳澄（書纂言卷四頁五六）、吳闓生（尚書大義卷三頁九）皆訓與，亦通。太史、內史，禮記玉藻疏引熊安生疏曰：太史記動作之事，在君左廂記事，則太史爲左史也；內史所掌，在君之右，故爲右史。友，江聲（尚書集注音疏，經解卷三九五頁八）、孫星衍（尚書今古文注疏卷十七頁六一）皆讀爲右，非是。楊筠如訓僚友，謂太史、內史皆非一人，故云友（尚書覈詁卷三頁七四），與吳氏說同。

九〇　越，及也。

九一　百，言其多。宗工，宗人（姬姓）之在官者。○僞孔傳訓宗工爲尊官，諸家從之，皆非也。

九二　爾事，汝（康叔）之執事（之臣）（尚書集注音疏，經解卷三九五頁四八）。

九三　服休，燕息之近臣；服采，朝祭之近臣（竝鄭玄說，書疏引）。

九四　若，如此也，孟子梁惠王上「以若所爲，求若所欲」朱注。疇，類也（書經注卷八頁三七、吳澄書纂言卷四頁五五）○疇，王安石（尚書全解卷二九頁二四引）、蔡傳訓匹；匹亦類。僞孔傳訓若疇爲順咨，失之。

九五 圻父，司馬也；主封畿之事（鄭玄說，詩小雅祈父疏引）。薄違，迫逐違命者也。先舉其官名（圻父，下農父、宏父同例），後陳其所任之職也（下若保、定辟同例）。（王安石說，尚書全解卷二九頁二五引）

九六 農父，司徒也；主教民稼穡。若，善（爾雅釋詁）；保，養也。

九七 宏父，司空也；主土地居民之事。定辟，（司空）闢地居民而定其法也（亦王安石說）。○由「矧惟若疇」至此，鄭玄（見詩祈父箋）、僞孔傳皆自三「父」字絕句，定辟自爲句，至王安石始正（尚書全解卷二九頁二五—二六引），朱子曰：「古注從『父』字絕句，荊公則就違、保、辟絕句，敻出諸儒之表。」（朱子語類卷七九頁二七）其後蔡傳、書經注、書纂言，皆從之。許鴻磐（尚書札記，經解卷一四一一頁十二）及于省吾（雙劍誃尚書新證卷二頁二三）亦以爲然。

九八 剛制，強力斷戒也。

九九 厥，其。其或，猶今語「假如有人」。誥，告也。

一〇〇 佚，縱放也（參書纂言卷四頁五六）。○佚，段玉裁曰：「王伯厚漢藝文志攷云：『漢人引此句作羣飮女無失。』今未檢出何書。君奭『遏佚前人光』，王莽傳引書亦作失。」（古文尚書撰異，經解卷五八四頁七）江聲（尚書集注音疏，經解卷三九五頁四九）、王鳴盛（尚書後案，經解卷四一九頁十八）等竝訓縱。林之奇訓汝勿佚爲勿令逃佚（尚書全解卷二九頁二五），亦通。

一〇一　執拘，同義複詞，謂逮捕拘留；周，謂周之京師。〇拘，說文引作抲，撝也（撝意爲「手指撝」）（參古文尚書撰異，經解卷五八四頁八），尚書後案曰：「經言執，則必不重言拘，故當爲抲。」（經解卷四一九頁十八）案：尚書多雙音節合義複詞，王說不足據。

一〇二　其，將也。以上數語，指犯禁之周人言。〇劉氏奭曰：「康叔以國君治之，豈曰不可，而何必歸之于京師乎？執歸于周，亦恐康叔之專殺。」（書蔡傳輯錄纂註卷四頁六八引）。

一〇三　惟，語詞。又惟，猶「更有」。迪，句中語助詞（經傳釋詞）。諸臣，眾臣。惟，及也（書纂言卷四頁五六）。工，指宗工；宗人之在官者。〇迪，僞孔傳訓蹈，連下「諸臣」爲蹈惡俗之臣，諸家從之；吳闓生訓逃，而「諸」爲語詞（尚書大義卷二頁十）：皆非。經典習以「臣工」連稱，故江聲謂「惟」字衍文，臣工二字一義。（尚書集注音疏卷三九五頁五十）諸臣惟工，其義難說，俗本因改「惟工」爲「百工」。皆不可通。僞孔傳訓臣爲諸臣，工爲眾官，然臣與官仍無別。案：本篇上文兩見「宗工」，此「工」蓋省略「宗」子，言殷宗姓之在官者。吳澄謂「諸臣惟工」爲「眾臣及宗工」，是；惟以工爲官之尊者，則非也。

一〇四　乃，若也（書纂言卷四頁五六、經傳釋詞），下「乃不用」之「乃」同。〇或訓乃爲竟然，案：殷人嗜飲，湎于酒固常事，不足怪，此乃不應有竟然義。

一〇五　庸，用也。

一〇六　姑惟，猶姑且。有斯明享，夏氏曰：「有此酒者，將以明潔爲享祀之用，非爲羣飲設也；

如文王毖庶邦庶士，謂祀茲酒也。」（書蔡傳輯錄纂註卷四頁六八引）言有酒祭祀時方得用也。〇有，陳櫟訓于，曰：「有斯如左傳所謂『君若辱有寡君』。」（書蔡傳纂疏卷四頁五九）屈師翼鵬亦訓于，曰：「有，于也。明享，古習用語，謂祭祀也。服尊：『服肇夙夕明享。』是其證。……言姑惟教之於此祭祀時用酒也。」（尚書釋義頁八八）竊謂夏氏釋有如字，於全句義爲合。僞孔傳釋明享爲明訓以享國；江聲（尚書集注音疏，經解卷三九五頁四九）、孫星衍（尚書今古文注疏卷十七頁六二）用鄭玄書注（見經典釋文毛詩陳風墓門音義）義訓析，皆非經義。

一〇七　教辭，告教之言。

一〇八　我一人，天子（成王）自稱。恤，憂也（爾雅釋詁）：謂顧慮也。全句意謂不顧慮天子。〇惟我一人弗恤，蔡傳、江聲（尚書集注音疏卷三九五頁五十）、孫星衍（尚書今古文注疏卷十七頁六二）以「我一人」爲主語，皆失之。案：「我一人」爲賓語，上加「惟」字，提在句前以加強語氣，林之奇曰：「惟我一人之言曾不知恤。」（尚書全解卷二九頁二六）吳澄曰：「乃或不用我教辭，不恤我一人。」（書纂言卷四頁五六）得之。

一〇九　蠲，善也（尚書古注便讀卷四中頁九）。乃，指上諸臣宗工。

一一〇　時，是（僞孔傳）。同于殺，尚書釋義（頁八八）：「同，謂同于周人。于，猶以也。言視同周人之聚飲者以殺之也。」

王曰：「封！汝典聽朕毖（註一一一），勿辯乃司民湎于酒（註一一二）。」

釋文

一一一　典，常也（僞孔傳）。毖，告也（參註五、又經義述聞，經解卷一一八三頁五）。

一一二　辯，使也（僞孔傳）。乃司民，汝所司（管理，主管）之民（尚書大義卷二頁十）。○僞孔傳訓辯爲使，林之奇曰：「其辭不費，但不知辯之訓使何出耳。」（尚書全解卷二九頁二七）案：辯訓使，參看經義述聞（經解卷一一八三頁五—六），又司民，僞孔傳曰主民之吏，言宰人者當正身以帥民。亦通。

四　梓材義證

題解

陳壽祺尚書大傳輯校卷二爲「周傳」，傳内康誥、酒誥下，列梓材篇。篇内第一條，據世說新語排調篇注引尚書大傳曰：「伯禽與康叔見周公，三見而三笞之，康叔有駭色，謂伯禽曰：『有商子者，賢人也，與子見之。』乃見商子而問焉，商子曰：『南山之陽，有木焉，名喬，二三子往觀之。』見喬實高高然而上，反以告商子。商子曰：『喬者父道也。南山之陰，有木焉，名梓，二三子復往觀焉。』見梓實晉晉然而俯，反以告商子。商子曰：『梓者子道也。』二三子明日見周公，入門而趨，登堂而跪。周公迎，拂其首，勞而食之曰：『爾安見君子？』」（陳氏又引文選王文憲集序注一條，略同。）說苑建本篇亦有類似之文。論衡譴告篇約取此文，上有數語曰：「子弟傲慢，父兄教以謹敬。」是論衡以梓材篇爲周公誥子（伯禽）或弟（康叔）之書。金履祥以爲伏生大傳謂本篇周公命伯禽之書（書經注卷八頁四一），即據上引大傳文論定。孫星衍（尚書今古文注疏卷十七頁六三）亦引大傳，惟謂與經義絕不相同。案：梓材首曰：「王曰：封！」必非告伯禽之書；盧文弨以大傳此節入洛誥，蓋以爲王命周公後之傳，固亦無解於「封」之稱謂。陳喬樅不滿盧說，然亦不免牽引大傳文以說本篇，曰：「杍材一篇，周公誥康叔而並戒成王，皆欲父子相承繼業。大傳既載伯禽與康叔見商子，兩觀喬梓而知父子之道，因并載周公誡伯禽語。」（今文尚書經說攷卷十九頁八）案：本篇「若稽田」至「塗丹雘」一段，勉受誥者善終其事，陳氏因大傳文說爲「皆欲父子相承繼業」，且以概括全書義，失之；又曰「誥康叔而并戒成王」，尤非誥體之常。鄒漢勛謂「王曰封」之封，當是「王曰子才」。子，古文或借㞢爲之；才，近土。古文以㞢、木二字合爲㞷，遂爲康叔之名。子謂伯禽爲魯子，才蓋伯禽之名，取有材能則可禽獲醜虜也（今文尚書攷證卷十六頁一引）。竟因大傳而曲說經義至於害經。愚謂大傳誠如論衡說，乃父兄教子弟之書，葢相傳故事，伏氏取以說尚書某篇義；喬、梓非關本篇「梓材」之爲篇名（說詳下），亦與本篇內容無涉。棄而弗顧可也。

書序以本篇與康誥、酒誥共序，謂成王伐管、蔡後封康叔之命書（詳康、酒二篇），史記衞康叔世家謂周公旦懼康叔齒少，爲梓材示可法則。僞孔傳以爲此篇「告康叔以爲政之道」，林之奇謂成王欲康叔以德懷撫管、蔡、武庚之餘黨，無所用刑，作梓材（尚書全解卷二九頁二八—二九）。三說皆不能涵蓋本篇內容，然則本篇經文固有錯簡，宋人已備論之矣。

蘇軾謂自「汝若恆越曰」以下多不類，故解此文以意求之（東坡書傳卷十三頁二）。朱子謂「稽田垣墉之喻，卻與無相戕、無胥虐之類不相似。以至於欲至于萬年惟王，子子孫孫永保民，卻又似洛誥之文。」（朱子語類卷七九頁二六）其說本吳棫，書纂言引吳氏曰：「王啓監以後，若洛邑初成、諸侯畢至之時，周公進戒之辭，曰『中國民』，亦謂徙居於洛，在天地之中也。其曰『若稽田』、『作室家』、『作梓材』，皆爲作洛而言，欲其克終也。」（卷四頁六十）才老分梓材爲兩截，「後半截（案：即自「王啓監」以下，蔡傳亦有說；金履祥謂其斷自「王其效邦君」以下，失之。）不是梓材，緣其中多是勉君，乃臣告君之辭；未嘗如前一半，稱『王曰』，又稱『汝』，爲上告下之辭。」（書蔡傳輯錄纂註卷四頁六九轉引）蔡傳略師其說，曰：「自『今王惟曰』以下，若人臣進戒之辭。以書而推之，曰『今王惟曰』者，猶洛誥之『今王即命曰』也；『肆王惟德用』者，猶召誥之『肆王惟其疾敬德、王其德之用』也；『已，若茲監』者，猶無逸『肆王其監于茲』也；『惟王子子孫孫永保民』者，猶召誥『惟王受命無疆惟休』也。反覆參考，與周公、召公進戒之言若出一口。」蔡氏疑是斷簡爛編誤合爲一：前截爲武王誥康叔之書，後截乃周、召進戒成王之言。

至金履祥，綜合先儒之意，別立一說，以本篇爲成王七年三月廿一日周公誥侯甸男邦伯之書，與多士篇——誥庶殷之書——爲同時與同事而作。今本康誥篇首「惟三月」四十八字乃其敘言，後之人誤冠於康誥之首者。梓材前章——自「以厥庶民」至「監罔攸辟」皆周公咸勤諸侯之意；其後章——自「惟曰若稽田」以下，皆洪大誥治之辭。且以篇首「封」字爲衍文（書經注卷八頁四十）。吳澄略本其說，惟於原文大加改移（書纂言卷四頁五七——六十）。魏源（書古微卷九頁六）謂四十八字乃三篇總序，非專誥康叔一人。俞樾（羣經平議卷五頁八）謂四十八字與洛誥不相屬，而與梓材合，爲誥五服諸侯臣民之辭，篇首「封」字涉康、酒二誥而衍；其並非誥康叔之文。曾運乾亦引四十八字置於本篇篇首，如金、吳二家所爲（尚書正讀卷四頁一八一——一八二）。

案：四十八字非洛誥文，因洛誥乃「告卜往復，成王往來，周公留後」之文，非咸勤誥治之事（金氏、俞氏竝有說）。但亦非梓材敘言，金、俞二氏強作解人，以牽誥治、咸勤之意，大晦經旨。且周誥諸篇啓篇莫不先著受命者，大誥曰：「猷！大誥爾多邦」、康誥曰：「孟侯，朕其弟，小子封」、酒誥曰：「明大命于妹邦」、多士曰：「用告商王士」、多方曰：「告爾四國多方」、立政曰：「告嗣天子王矣」。「乃洪大誥治」云云，如同敘言；猶多士篇首「惟三月，周公初于新邑洛，用告商王士」。果梓材亦爲周公告（侯甸男邦伯）書，何不即於下文作「王若曰：爾庶邦君」？而竟突橫出「以厥庶民暨厥臣達大家」之文。（註）余以爲當略從吳棫斷分，自「王曰封」至「戕敗人宥」爲一篇。此篇乃成王戒康叔以治道——「以厥庶民」至「惟邦君」，言施政；「我有師師」至「戕敗人宥」言用刑。康叔嘗爲司寇，左僖三十三年傳、昭二十年傳引天子告康叔，皆與刑法有關；而尚書有關康叔三篇（康、酒、梓）亦頗言律法。意西周成、康之際天子告康叔之書頗多，此篇前七十餘字，蓋其中某篇之斷簡，後之編書者不察，誤與「王啓監」以下合爲一編（誤合之由，甚難言，蔡傳有說，可參酌。）。「王啓監」至「合由以容」以上，必缺「某某曰」類字，「無胥戕」云云，皆進戒者述王者啓監應有之宏綱要領，以引起下文「王其效邦君」（王可得要教導諸侯）一番辭語，至「塗丹艧」等譬喻爲止。其下更端爲言，曰「勤用明德」即後「肆王惟德用」，皆酷似臣諫君之辭；

末「欲至于萬年惟王，子子孫孫永保民」，似爲戒新君之辭。召誥召公已戒成王應如何爲君；洛誥周公戒王爲君之道不多。疑此篇自「王啓監」以下百八十字，皆周公進戒成王之詞。諸家或謂康叔戒成王（江聲）、或言康叔答武王（高本漢）之詞。案：口氣似召、周而不應屬之康叔（參蔡傳）；且數言「先王」，先王指文、武，其非戒武王無疑。吳闓生（尚書大義卷二頁十一）謂全篇本戒康叔，而託爲康叔進戒成王之詞，以故文體致爲奇變。簡朝亮（尚書集注述疏卷十七頁一）曰：「此康叔爲監，武王教以『監者告庶邦之辭』也。」皆不得其解而妄加肊度之言。

結論：本篇首至「戕敗人宥」，成王誥康叔理政明刑之書，當在親政後不久。「王啓監」以下，周公進戒成王之書，教以爲政之道首在教導邦君於民眾知所愛護；且勿懈于明德懷遠，則遠近臣服，永享國祚。時亦在成王即政後不久。

註 無逸篇先言君子無逸，次舉殷、周哲王無逸之例，及戒受誥者時，立即有「嗚呼！繼自今嗣王」，末復叮嚀曰：「嗣王其監于茲」。若本篇刪去篇首「封」字，下「汝若恆越曰」之汝即不知指何人，周之史官之「書法」應不致如此之疎也。

王曰：「封（註一）！以厥庶民暨厥臣達大家（註二），以厥臣達王（註三），惟邦君（註四）。

釋文

一　王，指周成王。封，康叔名（參康誥篇題解）。尚書大傳謂伯禽與康叔見周公，三見而三受笞。於是康叔與伯禽往見商子，商子教以父子之道（引文已詳題解）。金履祥據此，謂伏生以梓材篇爲周公命伯禽之書，曰：「梓材之書，本出伏生今文，而伏生大傳以爲周公命伯禽之書。」（書經注卷八頁四一）陳喬樅尚書大傳輯校從之列入梓材篇內（卷二頁二三），然金氏以梓材爲成王七年營洛周公告侯、甸、男邦伯之書，其敘即康誥「惟三月」至「乃洪大誥治」四十八字（詳題解），而斷今本梓材「王曰封」三字非其本文，曰：「然則篇首『王曰封』之語何也？曰：非梓材之本文也。何以知之？以伏生傳知之也。夫梓材之書，爲周公道王德意以誥諸侯之書，故伏生誤以爲周公命伯禽之書，則篇首當有『周公曰』之語，無『王曰封』之語矣。縱『王曰』之辭，容或有之，若『封』之一字，決所必無矣，此則安國以後誤之也。」（書經注卷八頁四二）又移康誥「惟三月」四十八字於梓材篇首，削去「王曰封」，而於「大誥治（曰）」下注曰：「孔氏傳作『王曰封』，按伏生今文作『周公曰』而無『封』字。」（書經注卷八頁四十）案：金氏推斷伏生原本篇首當爲「周公曰」，決不應有「封」字。然梓材非周公教伯禽之書，亦未必如史記、書序說爲周公教康叔之書，篇首「周公曰」固不應有；而亦非作洛誥諸侯之書，金說誤，已詳題解。俞樾亦疑康誥首四十八字當移梓材首，而「王曰封」則涉康誥、酒誥之文而誤衍「封」字（羣經平議卷五頁八—九），顯係沿金氏之失。

二 厥庶民，康叔封國之民眾。厥臣，康叔屬下眾臣。暨，及也。達，通也（說文）；無所不通謂之達（尚書全解卷二九頁三十）。下達字同。大家，即孟子離婁上篇所謂之巨室，如晉六卿、魯三桓、齊諸田、楚昭屈景之類（東坡書傳卷十三頁一）。○大家，孔疏云：「以大夫稱家對士庶有家而非大，故云。」宋儒幾皆以大家義即孟子之巨室，清人從之。茲棄孔疏之說。

三 厥臣，臣兼庶民、眾臣、大家而言。呂祖謙曰：「自康叔言之，有民有臣有大家；自王言之，則率土之濱莫非王臣，故止謂之臣。」（東萊書說卷二一頁十）王，天子也。○厥臣，僞孔傳訓其臣，書疏謂即卿大夫及都家（即上述之「大家」），尙書古注便讀曰：「上臣，謂眾臣。下臣，統大家而言。」（卷四中頁十）皆不連庶民。玩經文，當以呂說爲長。

四 惟，爲；是。邦君，國君，以指諸侯。○三句意謂使其民眾及眾臣之情通於巨室，復使民眾、眾臣、巨室之情通於天子，如此乃可以爲諸侯。又鄭玄曰：「於國，言達王與邦君。」（書疏引）江聲據之，以經文惟當作暨，暨與也，「王暨邦君」連讀。非是。宋儒於惟邦君，或曰「……此則邦君之任也。」（尙書全解卷二九頁三十）或曰：「……而邦君之責盡矣。」（書蔡傳輯錄纂注卷四頁六九引陳大猷說）而吳闓生曰：「是乃邦君之道也。」（尙書大義卷二頁十）皆近是。

汝若恆越曰（註五）：「我有師師（註六），司徒、司馬、司空、尹、旅（註七），曰：予罔厲殺人（註八），亦厥君先敬勞（註九），肆徂厥敬勞（註一〇）。肆往（註一一），姦宄、殺人、歷人（註一二），宥（註一三）；肆亦見厥君事（註一四），戕敗人（註一五），宥。」

釋文

五 若，猶其也（經傳釋詞），猶今語「將會」。恆，常。越，語詞（書纂言卷四頁四四康誥篇）。◯越，陳櫟訓發越（書蔡傳纂疏卷四頁六十）。西人理雅各（Legge）訓揚，意為宣揚，高本漢舉詩周頌清廟「對越在天」以支持其說（書經注釋頁六九六），疑皆非是。

六 上師，眾也；下師，長也（尚書今古文注疏卷十七頁六三）。眾長即下文「司徒」至「旅」。

七 尹，正也；正大夫也。旅，眾也；謂眾士也（尚書集注音疏，經解卷三九五頁五一）◯林之奇已訓尹為庶官之正，旅為眾士（尚書全解卷二九頁三一）。

八 予，司徒、司馬、司空、尹及旅自稱。罔，無……（之事）。厲，殺戮無辜曰厲（逸周書謚法解）。◯罔厲殺人，尚書全解（卷二九頁三三）曰：「論語曰：『君子信而後勞其民，未信則以為厲己也。』（子張篇）孟子曰：『滕有倉廩府庫，則是厲民（而）以自養也。』（滕文公上篇）以論語之所謂厲己、孟子之所謂厲民觀之，則厲殺人者，不以其罪而殺之也。」孫星衍亦引謚法解，惟說厲爲虐，與僞孔傳同（尚書今古文注疏卷十七頁六四）。

九 亦，語詞。敬勞，尚書故曰：敬讀爲矜。勞、勤同訓，閔也。敬勞，猶矜閔也（卷二頁一三一）。下同。○吳氏勤訓爲閔，詩豳風鴟鴞「恩斯勤斯」，疏引王肅勤訓惜。惜猶閔也。下文兩言宥罪，意謂矜閔而寬免罪人，則吳說得之。僞孔傳訓敬勞民，失經義。

一〇 肆，故也（僞孔傳），下同。徂，且也，語詞。（參酒誥「棐徂邦君」注）。厥，乃也（尚書大義卷二頁十一）。○徂，僞孔傳以下諸家絕多訓往，非也。孫氏訓且；惟曰且，此也，則非是。

一一 往，昔日。○往，僞孔傳曰：「汝往之國……」，義不可通。林之奇（尚書全解卷二九頁三二）、陳櫟（書蔡傳纂疏卷四頁六一）竝訓往日，是。

一二 姦宄，謂作姦宄爲禍他人。殺人，謂殺害他人。歷，亂也（尚書故卷二頁一三一）；歷人，謂擾亂他人。○歷，訓過，僞孔傳以下諸家多如此，絕非經義。尚書駢枝（頁十一）謂歷爲櫪之簡省，櫪乃束夾手指之刑具。案：既已戴刑具，下必不言寬宥，且姦宄、殺人皆就罪行言，不應歷人（依孫說爲戴刑具之人）語法特異，孫說非也。又說者多主姦宄爲姦宄之人，殺人爲殺人之人，竝乖經義。

一三 宥，言寬免之也。

一四 亦，承上啓下之辭。見，效也（尚書今古文注疏卷十七頁六四）。

一五 戕，殘（馬融說，見經典釋文）、敗，害也。戕敗人，謂加殘害於他人（參註一二）。戕敗人，宥：謂殘傷人不至於死，（亦效君上薄刑之意），而寬減之也。○自「予罔厲殺人」至

「戕敗人宥」，皆天子假設有師師之言如此，主寬刑，若論語子張：「孟氏使陽膚爲士師，問於曾子。曾子曰：『上失其道，民散久矣，如得其情，則哀矜而勿喜。』」又「狀敗人宥」，或引作「彊人有」，江聲謂「敗」字衍文，竝見下註一七。案：以上蓋成王誥康叔理政明刑之書。

王啓監（註一六），**厥亂為民**（註一七）。**曰：『無胥戕，無胥虐**（註一八），**至于敬寡**（註一九），**至於屬婦**（註二〇），**合由以容**（註二一）。』**王其效邦君越御事**（註二二），**厥命曷以引養引恬**（註二三）？**自古王若茲，監罔攸辟**（註二四）。

釋文

一六　王，泛言天子。啓，肇也，建立也。監，謂諸侯也。○上脫「某某曰」，說詳題解。啓監，尚書全解（卷二九頁三四）曰：「周官太宰曰：『乃施典于邦國，而建其牧，立其監。』注曰：『監謂公侯伯子男，各監一國。書曰：「王啓監，厥亂爲民。」』然則監者，蓋指諸侯而言，非三監之監也。啓監云者，正猶曰立其監也。言王者建立諸侯，使之各監一國。」案：啓，僞孔傳訓開置，近是。惟謂監爲監官，蔡傳謂「監，三監之監」，皆非經義。林氏說啓監得之，故江聲（尚書集注音疏，經解卷三九五頁五二）、王鳴盛（尚書後案，經解卷四二〇頁四—五）、吳汝綸（尚書故卷二頁一三二）、吳闓生（尚書大義卷二頁二）皆是之。王且評蔡傳曰：「此時武庚已誅，何監之有？」案：多方篇「今爾奔走臣我監五祀」，監亦指諸侯而言。又論衡引「王啓監」作「王開賢」，詳下註一七。又案：「王啓監」以下蓋周公進戒成王之書。

一七

厥，其也；將然之辭。亂，率之訛字：率，用也（詩商頌思文「帝命率育」毛傳）。爲，借爲化。〇「戕敗人宥，王啓監，厥亂爲民」，論衡效力篇引作「彊人有，王開賢，厥率化民」，惠棟以爲古宥字或作有。開本啓字，避漢帝諱，故作開。爲、化古字本相通（九經古義，經解卷三六二頁六）。江聲補惠氏所論之未備，曰：「戕聲近彊，宥聲同有而字亦相似，……監則以左傍臣而誤爲賢，古亂字或作〔古文字形〕，故誤作率。」（尚書集注音疏，經解卷三九五頁五三）敗則江氏以爲衍字。王鳴盛說同（尚書後案，經解卷四二〇頁四）。段玉裁說亦同，惟未以論衡所引爲誤。案：彊、有、開、賢、率，當如江氏所論，是誤字或諱改之字。化當如經義述聞（經解卷一一八三頁六）說，讀爲爲。至於亂，古文作〔古文字形〕（魏石經），而率，篆作〔古文字形〕，甲骨文作〔古文字形〕，金文作〔古文字形〕；亂、率古字形近易訛，以亂爲率之誤，江說得之。戕敗人之敗，以上殺人、歷人句型況之，應爲衍文。惟以「開賢」代「啓監」，由來已久，段氏曰：「漢舊儀，丞相御史大夫初拜策，皆曰『往悉乃心，和裕開賢』。此用今文尚書開賢字。」（古文尚書撰異，經解卷五八五頁一）皮錫瑞云：「鄭注尚書大傳云：天於不中之人，恆著其味，厚其毒，增以爲病，將以開賢代之也。亦用今文開賢字。」（今文尚書攷證

卷十六頁二）

一八　曰，臣下（周公）戒王以言也。無，毋也；勿也。胥，相也。戕，殘賊也。謂爲邦君勿殘虐民眾也。此至「合由以容」，乃天子建諸侯之宏綱要領，周公舉以告王，欲王教諸侯也。

一九　敬，書纂言（卷四頁五八）云：「敬當作矜，與鰥同。」敬寡即矜寡，亦即鰥寡。○古文尚書撰異曰：「尚書大傳梓材傳曰：『老而無妻謂之鰥，老而無夫謂之寡。……』此釋『至于矜寡』。蓋古文尚書作敬，今文尚書作矜，而矜亦作鰥。呂刑古文『哀敬折獄』，尚書大傳作哀矜，漢書于定國傳作哀鰥。正其比例。」（經解卷五八五頁一—二）案：古籍中敬、矜、鰥通用之例屢見，尚書後案以爲音轉相亂，或以致誤（經解卷四二〇頁六），蓋是。敬寡僞孔傳訓爲敬養寡弱，蔡傳訓哀敬寡弱，王鳴盛曰：「此經句皆作對，若上言敬養寡弱，下云至于㜷婦，文義偏側不得帖妥。」案：敬寡、屬婦皆名詞，下句「容」爲其動詞。

二〇　屬婦，惠棟曰：「孔鮒（小爾雅）云：『妾婦之賤者，謂之屬婦。屬，逮也；逮婦之名，言其微也。』」（九經古義，經解卷三六二頁六）○屬婦，僞孔傳訓妾婦，疏云：「以妾婦屬于人，故名屬婦。」與小爾雅說略同。小爾雅蓋晚出之書，說有比附僞孔傳者。說文引作㜷婦，曰婦人妊身也。尚書今古文注疏（卷十七頁十六）：「屬與㜷，聲之緩急，假借字。又說文有嬬，云：弱也，一曰下妻也。屬、嬬聲亦相近，疑亦弱也。」案：訓弱婦或孕婦，皆不如小爾雅說爲當。

二一　合，同也。由，用也。容，保（護）也。○合，東坡書傳（卷十三頁二）訓共，共、同一義。由，僞孔傳訓用。尚書今古文注疏（卷十七頁六五）：「合者，鄭注周禮云：同也。由

者，詩傳云：用也。」容有保義；容保連文同義，見周易臨卦大象傳。（參註一八）

二二 其，將然之詞。效，教也（尚書故卷二頁一三三）。越，及也。○效，僞孔傳釋全句曰：「王者其效實國君及於御治事者。」經義述聞（經解卷一一八三）謂：效實即考實。廣雅：效，考也。考實國君云云，未得經義。焦循（尚書補疏，經解卷一一五○頁八）、劉逢祿（尚書今古文集解卷十七頁二）及孫星衍（尚書今古文注疏卷十七頁六五）說同，竝失之。

二三 命，道也；養，治也。（尚書故卷二頁一三三）。二引字，皆訓長；恬，安也（竝僞孔傳）。言何以能長治久安之道也。○僞孔傳從「以」絕句，訓命爲教命，說頗迂曲。中庸：「天命之謂性，率性之謂道。」則命者道也。養訓治，周禮天官疾醫：「以五味、五穀、五藥養其病。」注：養猶治也。孟子盡心下：「養心莫善於寡欲。」注：養，治也。恬訓安見說文。

二四 監，與上「王啓監」之監同，亦謂諸侯。攸，所。辟，偏邪也。以上二句，書纂言（卷四頁五八）曰：「自古王者皆如此，故其所立之監，皆能遵上意而無有偏邪也。」○罔攸辟，尚書全解（卷二九頁三五）訓無所用刑，尚書集注音疏（經解卷三九五頁五三）、尚書今古文注疏（卷十七頁六五）說同，不如吳氏之說爲長。

惟曰：『若稽田（註二五），既勤敷菑（註二六），惟其陳修（註二七），為厥疆畎

（註二八），若作室家（註二九），既勤垣墉（註三〇），惟其塗塈茨（註三一）。若作梓材（註三二），既勤樸斲（註三三），惟其塗丹雘（註三四）。』

釋文

二五　稽，治也（蔡傳）。○稽訓考，常義，以稽田為考田，非此經義。于省吾謂稽為籍、藉、耤之借字，古有耤田之制，即稽田（雙劍誃尚書新證卷二頁二七），則又求之過深。

二六　敷菑，布種也（尚書大義卷二頁十一）。○敷訓布（偽孔傳），是。菑，訓發（偽孔傳），未的。或訓才耕田曰菑，或云田耕一歲曰菑（參尚書今古文注疏卷十七頁六五），皆不若訓種為當，周富美教授據說文通訓定聲、考工記輪人注，證菑借為植（大陸雜誌第三六卷六、七期合刊頁五二），植猶種。又尚書大傳酒誥傳有「王曰封唯曰若圭璧」，古文尚書撰異（經解卷五八五頁二）曰：「今酒誥無此語，而句法與『惟曰若稽田』正一例。」

二七　惟其，此猶言「那就應當去……」，下兩「惟其」同。陳、修：皆治也，複詞。○尚書今古文注疏（卷十七頁六五）、尚書今古文集解（卷十七頁二）及經義述聞（經解卷一一八三頁七）竝訓陳為治，述聞曰：「陳，治也。周官稍人注引小雅信南山篇『維禹敶之』，毛詩敶作甸，云甸，治也。多方曰『田爾田』，齊風甫田曰『無田甫田』。田、甸、畋、敶、陳古同聲而通用。……傳訓陳為列，失之。」

二八　為，猶治也（論語里仁「能以禮讓為國乎」皇侃疏）。疆，界也（說文）；謂田邊界也。

甽，田間溝也。〇尚書大義（卷二頁十一）謂陳、修、爲三字一義。是。甽，本作く，說文：水小流也。古文作𤰝。上四句，比喻一，與大誥「厥父菑」之喻同。

二九 室、家一義，指房屋而言。大誥云「若（考）作室」，「作室」猶「作室家」。

三〇 垣，牆也（說文）；墉，牆謂之墉（爾雅釋宮）。卑曰垣，高曰墉（經典釋文引馬融說）。

三一 塗，書古文訓（卷九頁十六）作敷，書疏作斁（下塗字竝同），說文臒下亦引作敷。塗爲敷或斁之訛。敷、斁、度通用，謀也。塈，以塈塗牆也。茨以茅葦蓋屋也。（尚書集注音疏據說文，經解卷三九五頁五四）。〇上三句，比喻二。塗，書疏作斁，謂即古塗字，塈（書疏作塈）亦塗也。是正義以爲塗、塈同義複詞。案：如所說是塗飾屋蓋，決非經義。尚書今古文注疏（卷十七頁六五）塗（涂）塈義皆塗，謂塗塞孔穴。案：宮室有孔穴待塞，則非新作，孫氏亦失之。尚書今古文集解（卷七頁二）曰：「正義二文皆云斁，即古塗字。夏竦古文四聲韻塗字下引籀作斁。莊云隸古定本塗本作斁。……說文：斁，終也。言塈茨丹雘所以終垣墉樸斲之事也。」案：劉訓斁曰終，實本正義。正義謂此段三譬喻曰：「此三者事別而喻同也，先遠而類疎者，乃漸漸以事近而切者次之，皆言既勤於初，乃言修治於未明。……皆詳而復言之。室、器皆云其事終，而考田止言疆甽、不云刈穫者，田以一種，但陳修終至收成，故開其初與下二文互也。」正義謂若稽田等三喻，先遠疎而近切，甚是。其推測稽田不及刈穫之故，則頗傷巧。至謂塗塈茨、丹雘爲作室器之終事，則非。蓋三「惟其」不過謂「於是乎」（那就），故其下之「塗塈茨」、「塗丹雘」，一如「陳修」云云之於疆甽，明非其事之終，劉氏誤也。羣經平議（卷五頁八）曰：「正義以塗塈爲一事，茨爲一事，塗丹雘共為一事，兩句不一律，兩塗字又異義，非經旨也。……按漢書張衡傳『惟盤逸之無斁』，注曰：斁，古度字。是度、斁通，說文丹部雘下引周書『惟其敷丹雘』，蓋壁中古文叚借為度，孔安國因漢時斁、度通用，故以斁字易之耳。爾雅釋詁曰：度，謀也。言既勤垣墉則惟謀塈茨之事，既勤樸斲，則惟謀丹雘之事也。說文土部塈，仰塗也；艸部茨，以茅葦蓋屋也，是塈茨為二事。塈者以土塗之，茨者以草蓋之也。丹雘亦為二事，……。」俞氏說大致得之。

三二　梓，木名，詩鄘風定之方中篇：「椅桐梓漆」，竝是木；即楸之疏理白色而生子者。材：木梃也（說文），木之勁直堪入於用者（徐鍇說文繫傳）；意猶材料。梓之材良美，宜製器，故此言作梓材。○梓，馬融本作杍（經典釋文引），宋郭忠恕汗簡、古文四聲韻皆云古尚書作杍（參古文尚書撰異，經解卷五八五頁三）。

三三　樸，木之質素（說文：樸，木素也）；此作動詞，謂去木皮以存質素也。斲，斫也。○樸，馬融曰：「未成器也。」（經典釋文引）謂皮已去，猶未製成器用，與說文略同。于省吾謂樸當作⿸厂菐或⿰菐戈（舉金文為證），義為伐，且曰：「馬融訓樸為未成器，孫星衍引說文樸木素也為證，均不諳文理，按樸斲與垣墉對文，二字義旨相仿，……若云既勤樸木斲削，則迂曲甚矣！」（雙劍誃尚書新證卷二頁二七）案：垣、墉皆以名詞作動詞用，樸亦如之，于氏過信彝器，不知經無伐砍之義，其自陷於迂曲而不自知也。

三四　丹，本為礦物，色赤（說文：丹，巴越之赤石也。）；此謂朱色。雘，丹之色青者，此謂青色。○丹，馬融曰：「善丹也。」（經典釋文引）鄭玄引山海經云：青丘之山多有青雘（書疏引）。當據鄭說別丹雘爲二色。上三句，比喻三。朱子疑稽田、垣墉之喻卻與無相戕、無胥虐之類不相似（朱子語類卷七九頁二六）。附記於此。

今王惟曰（註三五）**：先王既勤用明德**（註三六）**，懷為夾**（註三七）**。庶邦享作**（註三八）**，兄弟方來**（註三九）**；亦既用明德**（註四〇）**，后式典集**（註四一）**，庶邦丕享**（註四二）**。**

釋文

三五　今王，周天子，謂成王。惟曰，猶言「應該說」。〇本篇「今王惟曰」以下，眾論紛紛，卒無達詁。書疏曰：「今者王命惟告汝曰……」以爲戒康叔，然考下文曰「庶邦享作，兄弟方來」，曰「肆王惟德用」，皆非君戒臣之語，而似臣戒君之詞。正義順文敷衍，不足取。尚書札記（經解卷一四一一）衍其誤，云：「今王，周公對康叔謂成王也。」江聲（尚書集注音疏，經解卷三九五頁五五）疑此下爲康叔答戒成王，史官與王之誥詞同錄，而未皇識別。高本漢謂是康叔答武王之語（書經注釋頁七一三）。案：江謂康叔戒成王，玩經文不似康叔語氣。高云康叔答武王，然經文二稱先王，先王謂文、武，則非答武王審矣。王鳴盛謂此下「乃周公因誥康叔而並戒成王之詞，與康誥敘首（敏案：指「惟三月」至「大誥治」四十八字。）相爲起結，實三篇（敏案：康誥、酒誥及本篇）之大收束也。曰『今王』、曰『王』，謂成王，曰『先王』、曰『后』，謂文王、武王。」（尚書後案，經解卷四二〇頁十）。案：誥臣下又以兼戒幼君，諸誥無此例，（召誥召公告周公及成王，情形特殊，例外。）王說失之。皮錫瑞曰：「康誥篇首『王若曰』，鄭注云：總告諸侯。此以下當是總告諸侯之詞，蓋封康叔時，侯甸任國采衛諸侯皆在，故云『庶邦享作，兄弟方來』。『今王』，周公自謂；所謂命大事，則權代王也。公若以此自儆，而戒成王之意即在其中。」（今文尚書攷證卷十六頁三）案：皮以今王爲周公（攝位）自稱王，乃誤信王莽之說，害經誣聖，辨見拙作「周公旦未曾稱王考」。且謂封康叔之詞，兼以總告諸侯，已非誥體之正；又謂周公以此詞自儆，且以戒王。一詞而兼誥天下、臣下自儆及戒王三種功能，誠匪夷所思！吳棫最早疑本篇後半截不是梓材，緣其中多是勉君，乃臣告君之詞，未嘗如前一半稱王又稱汝，爲上告下之辭。又謂梓材前面是告戒臣下，其後都稱王，恐別是一篇。不應王告臣下不稱朕、予而自稱王（同上）。吳說可信，詳見題解。

三六　先王，文王昌、武王發也（僞孔傳）。用明德，謂依照美德行事。

三七　懷，懷柔諸侯使嚮慕而來也。夾，輔也。

三八　享，獻也（尚書集注音疏，經解卷三九五頁五五）。作，起也；興也（尚書釋義頁九十）。享作，言興起而進獻（貢）於王朝也。◯作，尚書今古文注疏（卷十七頁六六）訓始，享作謂始來享。案：「作享」倒作「享作」，尚書中無此句法，而作訓興起，謂進獻之事興作

（將「享」字提前），語法則古籍中習見。尚書大義（卷二頁十一）謂作爲胙，享作爲受位，失之。雙劍誃尚書新證（卷二頁二七）曰：「作、胙古通，左昭二七年傳：『進胙者莫不謗令尹。』呂覽愼行：『動作者莫不非令尹。』晉語：『命公胙侑。』注：『胙，賜祭肉也。』享作，來享賜胙，謂歸順也。」案：如于氏結論，庶邦享作是眾諸侯國賜天子祭肉。考本篇殊不見此義；且左傳「進胙」注云：國中祭祀也。亦無歸順之義。

三九 兄弟，言友愛也（蔡傳）。方，國也（僞孔傳）。兄弟方，猶言友邦。來，謂來歸附也。○方，易有鬼方，詩有徐方，甲骨文有羌方，方皆國。兄弟方與易（比卦彖傳）之不寧方、詩（大雅韓奕）之不庭方意義正相反，而皆三字相連。尚書今古文注疏（卷十七頁六六）訓方爲併（並），羣經平議（卷五頁八）從之，且以「作兄弟方來」爲句，云「使兄弟之國竝來朝享也」。案：上言「庶邦享」，下若更言「使來享」，語涉重複，必不然也。

四○ 亦，語詞。既，猶其也（尚書釋義頁九十）。其，將然之辭，猶言「要……」。○既、其古音近而通用之例：如詩大雅常武「徐方既來」，荀子議兵篇一本引「既」作「其」；書禹貢「嵎夷既略」，史記夏本紀「既」，一本作「其」。

四一 后，即堯典「羣后四朝」之后，謂諸侯也（尚書釋義頁九十）。式，語詞。典，常也（爾雅釋詁）。集，合也，謂來會合也。○諸家后訓君，謂即今王，於義不通，雙劍誃尚書新證（卷二頁二七—二八）謂后爲司爲反文；司，語詞。「司式典集」用常就也。與詩小雅小旻「是用不集」文例一致，而意有倒正。案：「今王惟曰」下七句所示者爲一事，即天子如勤用美德則四方來歸。而前四句云先王既勤用美德，故四方當來歸，乃引古事以戒今王，尚書中習見。後三句云今王（今王承上「今王惟曰」之今王，猶當前而省略。）亦應用美德，則諸侯來會，眾國獻貢矣。如于氏臆斷，決不可從。式，僞孔傳及蔡傳據爾雅釋言訓用，亦通。

四一　丕，語詞（尚書今古文注疏卷十七頁六六八）。享，與上「享作」之享同。

皇天既付中國民越厥疆土于先王（註四三），肆王惟德用和懌先後迷民，用懌先王受命（註四四）。

釋文

四三　付，與也（說文）。越，及也。◯付，馬融本作附（見經典釋文）。王應麟漢藝文志考曰：「漢人引皇天既附中國民。」見（今文尚書經說攷卷十九頁九）高宗肜日漢石經殘字「天既付（命正厥德）」（隸釋卷十四），史記殷本紀付作附。附、付二字古通用。此句長，朱子曰：「尚書句讀有長者，如『皇天既付中國民越厥疆土于先生』是一句。」（書蔡傳輯錄纂註卷四頁七一引）從之。天以土地民人付人君，亦見酒誥「惟天降命肇我民」。

四四　肆，故也（書蔡傳纂疏卷四頁六二）。用，以也。上懌，悅也（僞孔傳）。先，導於其前。

後，助於其後（書蔡傳纂疏卷四頁七一引陳大猷說）。迷，惑也。下懌，終也；謂完成也。全句謂故王依照美德（行事）使迷惑之民眾和悅，且導引之、幫助之也。○僞孔傳以肆屬上句，訓遂大。蔡傳訓肆爲今，皆未的。陳櫟曰：「訓肆爲今，不若云肆，故也，遂也。朱子謂承上起下之辭。書中肆字在句首者，如『肆類于上帝』、『肆嗣王丕承基緒』、『肆惟王其疾敬德』與上文『肆往姦宄』『肆亦見厥君事』，皆故與遂之意。舊讀肆字連上句者尤非。」案：此訓故，是。先後，僞孔傳訓教訓，正義曰：「若詩（大雅緜）云『予曰有先後』，謂於民心先未悟而啓之，已悟於後化成之。」與陳大猷說相近。大雅緜毛傳曰：「相道前後曰先後。」即陳說之所本。迷民，林之奇曰：「迷民，謂殷之餘民。……予嘗聞陳瑩中諫議之說，謂先迷民者，紂之民也；後迷民者，武庚之民也。蓋當紂之亂，殷罔不小大，好草竊姦宄，而紂又爲天下之逋逃主，萃淵藪，則其民之迷可謂甚矣。紂既滅而其餘民之尚存者，當武庚之叛，又皆蓄不軌之志，與之相挻而爲亂。惟其前有紂，而後有武庚，此所以謂之先後迷民也。竊謂此說爲勝於諸家。」（尚書全解卷二九頁四一）如其說則懌宜從孫星衍訓服（尚書今古文注疏卷十七頁六六）。

已！若茲監（註四五），惟曰：欲至于萬年惟王（註四六），子子孫孫永保民（註四七）。」

釋文

四五　已！嘆辭（書疏）。監，視也（蔡傳）；字義同鑑，猶言借鑑。若茲監，即監若茲，言以此爲借鑑也。◯全句，僞孔傳：「爲監所行已如此所陳法則」（孫星衍釋已從之），正義不盡以爲是，訓已爲嘆辭，諸家多用其說，得之。又此「若茲監」與上文「（王）若茲，監（罔攸辟）義不一，新安陳氏曰：「『已若茲監』與『自古王若茲監』相似而實不同。上文之監平聲，……此之監去聲；監觀之監。已乎！君其監觀于茲。」（書蔡傳輯錄纂註卷四頁七一引）

四六　惟曰：只不過是說，猶今「總而言之」。意謂：上舉進戒之言雖多，揆其用心只是……。

惟，爲也。

四七　子子孫孫，指天子之後裔。保民，謂保有此民（尙書集注音疏，經解卷三九五頁五六）；意謂保有天下。◯上二句，新安陳氏又曰：「臣所祈于君，惟曰：欲自今至于萬年，當爲天下王，王之子子孫孫永保民而已！」（書蔡傳輯錄纂註卷四頁七一引）得之。

五　召誥義證

題解

武王在世時，即有意營東都於雒邑，桓二年左傳曰：「武王克商，遷九鼎于雒邑。」杜注：「時但營洛邑，未有都城，至周公乃卒營雒邑。」武王欲以雒邑爲都，亦見於逸周書度邑篇，武王謂周公旦曰：「自雒汭延于伊汭，居易無固，其有夏之居。我南望過三塗，我北望過于嶽鄙，顧瞻過于有河，宛瞻延于伊雒，無遠天室。」史記周本紀用其說，且謂武王「營周居于雒邑而後去」。雖嘗遷鼎于雒（雒邑此前已有人居住），營度其地理位置，認新都宜宅于此，然未及營建，武王即已作古。成王承其遺志，命周、召二公營建之，逸周書作雒篇：「周公立，相天子。……周公敬念于後曰：『予畏周室不延，俾中天下。』及將致政，乃作大邑成周于土中，立城方千七百二十丈，郛方七十里，南繫于雒水，北因于郟山，以爲天下之大湊。」史記周本紀曰：「周公行政七年，成王長，周公反政成王，北面就羣臣之位。成王在豐，使召公復營洛邑，如武王之意。周公復卜，申視，卒營築，居九鼎焉。曰：『此天下之中，四方入貢道里均。』作召誥、洛誥。」案：「使召公復營洛邑」，可見武王嘗經營；「如武王之意」，可見營洛是繼志述事。漢書郊祀志：「禹收九牧之金，鑄九鼎，象九州。」

書序亦謂召、洛二誥，主要記述周、召二公營建洛邑事，召誥序曰：「成王在豐，欲宅洛邑，使召公先相宅，作召誥、洛誥。」洛誥序曰：「召公既相宅，周公往營成周，使來告卜，作洛誥。」與史記大致相合。檢召、洛二誥經文，知其所記，除書序及史記相宅、復卜、告卜、卒營之外，更有召公戒王與周公之辭、周公與成王在新邑對話、成王命公留後于洛邑及祭典：皆作册逸記錄。召誥敘事自二月既望起，因下篇洛誥而省略「七年」；洛誥末云：「惟十二月，惟周公誕保文武受命，惟七年。」則二公受命營洛，成王後亦至洛，周公攝政至此年十二月爲止，故史特言之。

營洛至周公歸政成王，皆攝政七年同一年內事。故逸周書曰：「及將致政，乃作大邑成周于土中」、史記周本紀曰：「周公行政七年，……周公反政成王」，使召公相宅，周公卒營築。（均已見上引）劉歆三統歷（漢書律歷志引）亦謂召誥、洛誥爲同一年事，洛誥末署「惟七年」，召誥固亦七年事。

惟尚書大傳曰：「周公攝政：一年救亂，二年克殷，三年踐奄，四年建侯衛，五年營成周，六年制禮作樂，七年致政成王。」以營洛與致政非一年內事。鄭玄從其說，曰：（召誥「惟三月丙午朏」鄭注）「是時周公居攝五年，越三日戊申，太保朝至於洛，卜宅，厥既得卜，則經營之。」（周禮地官大司徒「其畿方千里而封樹之」疏引）皮錫瑞曰：「史公、劉歆以作召誥、洛誥皆在七年，以經攷之，當以史記與劉歆之說爲合。……召誥與洛誥文勢相接，不得以爲相隔二年，鄭君過求分析，失之拘泥；雖用伏生之說，而非伏生之意。」（今文尚書攷證卷十七頁一）此評鄭君析召、洛誥爲相隔二年之事不當，得之。惟又爲大傳曲說則可議，其言曰：「大傳云：『四年建侯衛，五年營成周。』封康叔在四年，而康誥篇首已云『周公初基作新大邑于東國雒』者，蓋三監既平，遷邶鄘之民於洛邑，以殷餘民封康叔於衛，皆一時之事。故建侯衛、營成周於四五年連言之。基，謀也；營，亦謀也。公於四、五年定其謀，七年乃成其事，而作召誥、洛誥。營洛大事，非一時所能辦。大傳言其始，史記要其終，兩說可互相明，本無違異，伏生云五年營成周，不云五年作召誥。」案：康誥乃武王誥康叔之書，其篇首「周公初基作新大邑于東國洛」等四十八字，爲它篇錯簡；伏生誤據之，又見周公平定武庚亂後有徙封康叔于衛事，於是竝誤封康叔于衛當「基作新大邑于東國雒」同時而略早，故不得不言「五年營成周」。武王時已始營洛邑，此「初基」當爲複語，始也。初基作新邑，即始作新邑。且營洛之謀，武王、周公、成王無日不存於胸中，豈待四、五年而後有之？再就召、洛二誥觀之，太保以二月中下旬相宅，三月至洛，得卜即始經營。於是攻位于洛，周公通觀新邑之營，當月廿一日周公以書命庶殷：記營洛之經過甚詳，決非四、五年定其謀——謀而不動，而二年之後始付諸實施。洛邑雖稱大邑，究其實，初時所營建，恐不必如逸周書所言之範圍——立城方千百二十丈，郛方七十里。矧洛地早有居民，或已有城邑，此時特就舊城擴大之，既不須開闢基址，又毋煩大量增建宮室，則窮一國人力，盡一年之功，以圖區區一城，無虞時日不足。復考召誥周公戒王曰：「今王嗣受天命」、「王乃初服」，皆成王即將親政時語氣。鄭明指召誥爲成王五年作，果如其說，召公必不作此言語。

孫星衍尚書今古文注疏（卷十八頁六七）曰：「據經文云：『王朝步自周』，下文云：『周公朝至于洛』，周公至是不稱王。經文又云『錫周公』，又有『旦曰』，故知在反政之後也。」案：周公反政在七年十二月戊辰，營洛是同年二至十二月戊辰前事。周公始終位在冢宰，成王始終居王位。周公無從稱王，故召、洛兩誥無論召公稱周公、成王呼周公或史氏記錄，皆不稱周公爲王，而祗稱周公或公；成王從未一日失王，故兩誥載周公呼王、召公戒王及史官記錄，皆呼成王爲王。是時周公尚未反政。孫氏信王莽及鄭玄之説，遂謂周公稱王，乃竝營洛亦誤謂在歸政之後，實未諦也。

書序謂周公使人告卜於成王，更未明言成王當年曾至洛邑，史記略同。僞孔傳召誥「太保乃以庶邦冢君出取幣乃復入」曰：「諸侯公卿並覲於王；王與周公俱至洛。」第又於洛誥末「戊辰王在新邑」下曰：「成王既受周公誥以十二月戊辰晦到（洛）。」是又以爲此前周公、成王問答之語，皆使者傳送。蓋皆因周、召到洛，經有明文，而成王至洛則未見明文故也。林之奇確信成王先已至洛，謂篇內除有「予小子其退即辟于周」及「公定！予往矣」足證其叔姪相與問答之語，皆在洛邑。而周公曰「今王即命」云云，正成王即洛而命之也（尚書全解卷三十、三一）。愚案：洛誥篇中周公、成王拜手稽首而後言，一如召誥召公「拜手稽首」陳于王前，皆對面應答之辭。又周公告王曰「汝沖子」，王復言則必稱「公」，皆不類文書口氣。且由「公既定宅，伻來，來」，知成王應周公之請遂至雒。林說是也。

結論：周成王七年（即周公攝政七年）二月，王命召公、周公營建東都洛邑，召公先往，以庶殷攻位于洛。周公、成王後至。召公承王命錫幣予周公，因戒成王，此召誥所記。洛誥記周公與成王問答之辭，並祭典及命公留洛時典禮，以誥天下，時七年十二月。兩誥皆史逸所記。廿九篇尚書明著作者之名者，僅此二篇。

惟二月既望（註一），**越六日乙未**（註二），**王朝步自周，則至于豐**（註三）。

釋文

一　二月，周成王即位第七年之二月也（參題解）。望，月之十五日也。既望，已望；此指十六日也，以下「越六日乙未」逆推之，則此日爲庚寅。◯二月，鄭玄謂當作一月，下三月當作二月（詩大雅文王序疏引鄭尚書召誥注）。鄭又據尚書大傳「五年營成周」，謂召公於周公居攝五年營洛（參題解）。案：召誥與洛誥同爲一年內事，不惟逸周書作雒篇、史記周本紀、劉歆三統歷有明文（均詳題解），洛誥篇周公云：「予惟乙卯，朝至于洛師。」本篇云：「若翼日乙卯，周公朝至于洛。」兩乙卯皆指成王七年（即周公攝政七年）三月十二日；召誥因下篇洛誥（「惟七年」）而省年。大傳誤據康誥首四十八字，謂五年營洛，康成承之，亦已於題解辨之。鄭謂二、三月當作一、二月者，彼據曆法推之，如五年三月丙午朏（見本篇下段文），則七年十二月不得有戊辰，必二月乃可。今召誥既知非五年事，則其所推固亦不足據，矧史記魯世家亦明言周公於七年三月至洛。尚書古注便讀（卷四中頁十一）謂此七年二月爲成王即位之十年（當周公居攝五年）正月，尙書辨解（卷六頁一―二）謂當成王之六年，竝誤。望，僞孔傳、顧彪（書疏引）、書疏皆謂十五日日月相望，劉熙釋名釋天：「望，月滿之名也。月大十六日，小十五日，日在東，月在西，遙相望也。」今用常說，定爲十五日。尙書覈詁（卷四頁七七）謂十六至二十三日皆得通稱爲「既望」，周易小畜上九「月幾望」，孟喜云既望爲十六日。今亦祇用常說。

二　越，踰也（尙書今古文注疏據漢書注文穎云）。越六日，猶今語「過了六天」。自十六日順數六日，當二十一日乙未也。（參註三）〇此「越」及下「越三日」、「越五日」之「越」，僞孔傳皆訓「於」，下增「後」字，云：「於已望後六日」……，病添字，從孫說爲適。

三　王，周成王誦；當時史官記事稱之也。步，行也（僞孔傳）。周，謂宗周鎬京也，周武王都於此；在漢長安西南有昆明池北鎬陂（今陝西省長安縣西）是也。則，即也。豐，在今陝西省鄠縣，臨豐水；文王作、且都於此，在鎬之西二十五里。文王既卒，後人立其廟于此。此二句，謂成王早朝自鎬京出，到達豐也。〇周、豐，馬融曰：「周，鎬京也。豐，文王廟所在。」（史記魯周公世家集解引）往豐者，馬融、鄭玄（詩王城譜疏引）、傳、疏皆謂遷都大事，故往告文王廟遂告武王廟。是也。步，爾雅釋宮：「堂上謂之行，堂下謂之步，門外謂之趨，……」邢昺疏：「此皆人行步趨走之處。……堂上曰行，謂平行也；堂下曰步，白虎通云：『……人再舉足曰步』」鄭玄據此，謂：「豐、鎬異邑，而言步者，告武王廟即行，出廟入廟，不以爲遠，爲父恭也。」（史記魯周公世家集解引）案：甲骨文步作重止（足），或作𢓊（从行），故步訓徒步行走甚宜。惟成王以天子之尊，徒步五十里告廟，殊不合理。崔應榴吾亦廬稿（經解卷一三二三頁十一）引字書「輦行曰步」，疑車由人挽以行或有之。尚書故（卷二頁一三七）引戴鈞衡曰：「少儀『以散綏升執轡，然後步』，則車行亦謂之步也。」案：禮記少儀篇疏：「執轡然後步者，步猶行也；既升車執策分轡，而後行車也。」是車行亦得曰步。成王當時蓋乘車往來豐、鎬也。雙劍誃尚書新證（卷三頁一）曰：「殷虛書契前編卷二第八葉『王步于𩉨，王步于杞』，此例甲骨文習見，可互證。」逸周書世俘篇「王乃步自于周，征伐商王紂」，亦用步。語例既習見，則康成「爲父恭」云云，自難成立。

惟太保先周公相宅（註四）。越若來三月（註五），惟丙午朏（註六），越三日戊申（註七），太保朝至于洛，卜宅（註八）。厥既得卜，則經營（註九）。越三日庚戌（註一〇），太保乃以庶殷攻位于洛汭（註一一）；越五日甲寅（註一二），位成。若翼日乙卯，周公朝至于洛（註一三），則達觀于新邑營（註一四）。越三日丁巳（註一五），用牲于郊，牛二（註一六）。越翼日戊午（註一七），乃社于新邑，牛一、羊一、豕一（註一八）。越七日甲子（註一九），周公乃朝用書命庶殷——侯、甸、男邦伯（註二〇）。厥既命庶殷，庶殷丕作（註二一）。

釋文

四　惟，語詞。太保，官名（參顧命篇註八），三公之一，此謂召公奭也（詳君奭篇註一）。相，視、宅，居也（僞孔傳）；居謂將營之洛邑。○召公先周公相宅，乃奉成王之命，尚書大傳（尚書大傳輯校卷二頁二五）曰：「成王在豐，欲宅洛邑，使召公先相宅。」史記魯周公世家同。尚書故（卷二頁一三七）訓「惟」爲「使」。案：成王早已即位爲王，營洛乃大事，召公往洛相宅，乃承王命，史官不必特記「（王）使召公」，吳氏求之太深。書疏云：「此日王惟命太保召公先周公往洛水之旁相視所居之處。」訓「惟」曰「惟獨」，鑿尤甚！

五　越若，發語辭。來三月，次後于二月之三月也。○越若，舊訓於順，僞孔傳：「於順來三月」，疏：「於順來者，於二月之後，依順而來，次三月也。」宋林子和及薛博士謂召公順周公之德、陳鵬飛謂召公順王命以行事，且皆從「來」絕句（竝尚書全解卷三十頁六引）。蔡傳：「越若來，古語辭，言召公於豐迆邐而來也。」（以迆邐解越若，似仍以越若義爲順。）案：越，一作粵，越若或粵若猶堯典「曰若」，發語辭也。來，猶今語來年、來月、來日之來，次也、昱也。逸周書世俘篇：「維一月丙午，……越若來二月。」漢書律歷志引尚書武成篇：「粵若來三（二之誤）月。」周禮春官肆師：「泣卜來歲之芟。」鄭注：「卜者問後歲宜芟不？」（「來歲之戒、來歲之稼」倣此）禮記月令篇：「天子乃祈來年于天宗。」又曰：「以待來歲之宜。」皆可證。朱子召誥解曰：「劉諫議（安世）曰：越與粵同；粵若，發語聲也。來三月，猶言明月也。」（朱子大全集卷六五頁二三引）書纂言（卷四頁六一）曰：「越若，發語辭。來猶來年、來日之來，承上二月而言，故云來三月。」經義述聞（經解卷一一八三頁八）越若訓語辭（承宋人說），是；來訓至，失之。尚書古注便讀（卷四中頁十一）、尚書覈詁（卷四頁七七）竝承其誤；後者且釋越若爲「及」，尤無理。

六　朏，說文：「月未盛之明。」僞孔傳：「朏，明也；……月三日明生之名。」丙午朏，（周成王七年）三月三日丙午也。○朏，逸周書月令篇：「三日粵（曰）朏。」（見書疏引，原篇佚。）漢書律歷志：「召誥曰：『惟三月丙午朏。』古文月采篇曰：『三日曰朏。』」（段玉裁謂「古文月采篇」等十字乃漢魏人注語，唐顏師古時誤爲正文。案：以漢志上下文律之，段說是。）朏當同康誥「哉生魄」（詳彼註一），月之初二（承大月）、三（承小月）也。又律歷志約召誥「越若來三月，惟丙午朏」二句作「惟三月丙午朏」，尚書孔傳參正（卷二一頁二）謂今文尚書本「惟」在「三月」之上，失察。

七　越，踰也（詳註二，下倣此。）。戊申，三月五日也。

八　卜宅，以龜卜築洛之吉凶也。

九　厥，其也。下「厥既命庶殷」之厥同。得卜，得吉兆也。經，度也；營，表其位也（詩大雅靈臺鄭箋）。○經營，明王肯堂曰：「經營未是興工，只是定其處所。蓋經營定，纔攻之。」（書經傳說彙纂卷十四頁九引）國有大事則卜，洪範「謀及卜筮」。營遷國都乃大事，周禮春官大卜：「國大遷，大師則貞龜。」盤庚之遷殷（盤庚篇：「各非敢違卜。」），周太王遷岐（詩大雅緜：「爰始爰謀，爰契我龜。曰止曰時，築室于茲。」），衛文公之遷楚（詩鄘風定之方中：「定之方中，作于楚宮。……卜云其吉，終然云臧。」），未嘗不卜也。可證。

一〇　庚戌，三月七日也。

一一　以，有「帶領」義（參大誥註三一、九七）。庶殷，眾殷遺民也。攻，治也（僞孔傳）。位，謂即將構築之工程之位置也。攻位者，闢荊棘平高下以定所經營之位也（書蔡傳輯錄纂註卷五頁二引葉夢得說）洛，當作雒，本篇另二「洛」字同，參洛誥篇。汭，說文：「水相入也，从水从內。」洛汭，指雒水流入黃河其內側水岸（即北岸），夾在瀍水、澗水之間。○汭，鄭玄曰：「隈曲中也。」（書疏引）隈，說文：「水曲隩也。」徐箋：「厓內爲隩，指厓之曲中。」是鄭亦以水之內彎曲處爲汭。僞孔傳謂位於洛水北，尚書全解（卷三十頁七）曰：「禹貢導河，東過洛汭；而導洛東北入于河。則洛汭爲洛水之北，可知也。」其說甚確。書疏曰：「水內爲汭」，近是；惟又曰：「以人南面望水，則北爲內，故洛汭爲洛水之北」，不知人何以必須面向南以望。其說失之。

一二　甲寅，三月十一日也。

一三　若，發語辭（書纂言卷四頁六二）；同越。翼，昱之借字；昱，說文：「明日也。」乙卯，三月十二日也。○若翼日，逸周書世俘篇「若翼日丁未」、漢書律歷志引尚書武成篇「若翌日癸巳」、本篇下文「越翼日戊午」，越、若同，皆語詞，尚書覈詁（卷四頁七七）訓及（用王引之說），失之（參註一七）。翼（說文：狘也。）、翌，爾雅釋言云：明也。非其本義；爲昱之借字。吳澄云：「翼在身旁，故在旁之日謂之翼。」案：如其說昨日亦得爲在旁之日。此附會之說。周公此日至洛，召、洛二誥有明文（參題解及註一）。

一四　達，通也；言周徧也（僞孔傳）。無所不通曰達。○古文尚書撰異（經解卷五八六頁三）申傳意云：「達觀如今俗語云通看一徧。」羣經平議（卷六頁二）達訓同，謂周公與召公同觀。案：以文氣味之，俞說未諦。

一五　丁巳，三月十四日也。

一六　牲，犧牲也。郊，祭天也。牛二，以牛二隻也。○僞孔傳謂此郊乃告立郊位於天，正義申之曰：「知此用牲是告立郊位於天者，此郊與社於攻位之時已經營之，今非常祭之月，而特用牲祭天，知是郊位既定，告天使知，而今後常以此處祭天也。」尚書集注音疏（經解卷三九六頁四）謂若是正祭，王當以三月上旬行禮於鎬京，且引逸周書作雒篇「乃設丘兆于南郊，以祀上帝，配以后稷」以證本篇郊非正祭。案：僞孔等用後代禮書以證周初行事，已不足憑信；且作雒篇敍設丘以祀天，祀天並非爲告立郊位，江說失之。用牛二者，僞孔傳曰：「以后稷配，故二牛。」疏申之曰：「禮：郊用特牲；不應用二牛，以后稷配，故二牛也。」諸家亦據作雒篇（見上引）爲證。案：此經但言用牛二于郊；以后稷配則經師揣度之辭，不足信，且作雒篇下文更有「日月星辰先王皆與食」，是假定上帝與后稷各享一牛者非也。宋王博士謂郊祭天、地故用二牛（尚書全解卷三十頁八引），亦臆度之辭。

一七　越，語詞（詳註一三）。戊午，三月十五日也。

一八　社，祭社也。牛羊豕各一，用太牢也。○社，左昭二十九年傳：「共工氏有子曰句龍，爲后土；……后土爲社。」后土爲句龍所居之官，句龍有平水土之功，死則配食于社，故周禮大宗伯鄭注：「共工氏之子曰句龍，食于社。」鄭注又云：社爲土神。是也。僞孔傳直謂祀句龍爲社神，失之。作雒邑立社，亦見逸周書作雒篇：「封人社壝，諸侯受命于周，乃建大社于國中。」僞孔傳又謂此告立社稷之位，用太牢，而非祭社神，且以社、稷同牢。案：禮記郊特牲篇曰：「郊特牲而社、稷大牢。」考禮記王制篇曰：「天子（祭）社、稷皆大牢，諸侯社、稷皆少牢。」竝謂天子兩壇皆用太牢，乃書疏竟據前者以證社稷同牢，失之。又此爲祭社，非告立社之位（理由倣註一六）。書疏謂本經雖不言稷，然稷是社類，知其同告之。宋葉博士曰：「古之祭未有社而不及稷者，載芟『春籍田而祈社稷』、良耜『秋報社稷』，蓋祭社而稷從之，其來尚矣。」（尚書全解卷三十頁八引）案：葉氏引詩序，乃後起之義，不足證周初典禮。且此果兼祭稷，則經當曰牛二、羊二、豕二（用牲數據禮記），蓋因社固可省稷（姑取書疏經省文之說），而云一太牢爲二太牢之省，殊無此理。

一九　甲子，三月二十一日也。

二〇　書，戒命之辭，即公文。此公文即尚書多士篇，凡五七二字（據唐石經本）。周公承王命發布。庶殷，眾殷遺民也，此謂故殷之眾官員（詳多士篇題解），即下侯、甸、男邦伯。侯、甸、男皆諸侯之國；邦，國也。伯，君長也；總承侯、甸、男，謂侯國君長、甸國君長、男國君長也（參註二二及康誥註四、酒誥註五七）。○此書非謂普通圖書，當如詩小雅出車篇「豈不懷歸，畏此簡書」、尚書呂刑篇「明啓刑書胥占」之書，公文也。謂多士篇文即此命庶殷之「書」者，陳傅良、金履祥、陳櫟、吳澄、魏源皆有說（詳多士題解）。國有重大營建，每有役書，昭三十二年左傳諸侯承周敬王命城成周，云：「冬十一月，……己丑，士彌牟營成周，計丈數，揣高卑，度厚薄，仞溝洫，物土方，議遠邇，量事期，計徒庸，慮財用，書餱糧，以令役於諸侯，屬役賦丈，書以授帥，而效諸劉子，韓簡子臨之以爲成命。」即此比也。王安石謂周公以書命邦伯，而邦伯以周公命命諸侯（尙書全解卷三十頁九引），此不顧經文句構，徒逞胸臆。

二二 丕，於是也（詳康誥註七〇）。作，興起；謂趨事赴功也。〇丕，尙書故（卷二頁一三九）曰：「猶斯也。」斯，義猶乃、於是。

釋文

大保乃以庶邦冢君出取幣（註二二），乃復入（註二三），錫周公，曰（註二四）：「拜手稽首（註二五），旅王若公（註二六），誥告庶殷越自乃御事（註二七）。嗚呼！皇天上帝改厥元子茲大國殷之命（註二八）。惟王受命（註二九），無疆惟休，亦無疆惟恤（註三〇）。嗚呼！曷其奈何弗敬（註三一）？

二三 以，同註一一。冢，長也。冢君，即侯甸男邦之伯，君長也。幣，鄭玄曰：「所賜之幣，蓋璋以皮及寶玉大弓，此時所賜。」○書疏謂幣是玄纁束帛，與鄭異，經無明文，未定孰是。全句，先是太保率邦君入王之室，旋承王命出室取幣，（復入，錫周公。）（參註二三、二四）

二三　復入，取得幣後，再進入王之室。（參註二二）

二四　錫，給與也。謂召公承王命與周公幣也。（參註二六）曰，自此至篇末皆召公奭之言（中有引周公之語廿九字）。○尚書集釋：本篇所記，實爲二事：自開首至錫周公，記召公周公相宅及命庶殷營洛之事，其事在成王七年三月。自曰拜手稽首以下，乃召公告王之辭，因周公及庶殷及御事等咸在，故並呼而告之也。……前後兩事，皆與召公有關，故合爲一篇。……或錫周公與曰拜手稽首之間，今本有脫簡歟？錫，書疏訓賜，尚書商誼（卷二頁一）據禹貢「九江納錫大龜」，錫訓獻予。案：上予下、下予上，周初皆用錫（賜）字，不煩分析。召公稱（承）王命錫周公幣，傳、疏竝有說，後人多從之，今文尚書經說攷（卷二十頁九）更引後漢書宋意傳「昔周公懷聖人之法，有致太平之功，然後王曰『叔父』，加以賜幣。」及引何敞傳敞奏記宋由曰：「明君賜賚，宜有品制，忠臣受賞，亦應有度，是以夏禹元圭，周公束帛。」鄭玄（書疏引）、書疏皆謂周公即將返政，成王因大會顯周公之功，故錫以幣。乃尚書故（卷二頁一三九）謂「錫周公」爲言于周公，而於上「取幣」無說，尚書正讀（卷五頁一九二）師其說，謂「將欲陳言，先用幣帛將其誠敬也。」經義本明白，因二氏說轉晦。尚書集注述疏（卷十八頁十一）謂幣乃諸侯所獻成王者，引下文「惟恭奉幣用供王」爲證，尚書商誼用其意，進而謂召公陳此幣於成王及周公。案：本篇末召公曰：「我非敢勤，惟恭奉幣，用供王能祈天永命。」謂持幣供王祭祀（金縢篇可證），幣乃府庫常備之物，未必持諸侯之所貢。經文上「錫周公」，錫物也；下「旅王若公」在「曰」下，陳言也。二家曲解，誣妄甚矣！雙劍誃尚書新證（卷三頁一—四）謂此「錫周公」原作「錫周、、公、、曰」，周字公字應疊，後人誤挩，當作「錫周公，周公曰：」，云下「拜手稽首，旅王若公」以下皆周公之言，「若公」之公指召公。（高本漢竟爲所誤）案：其說甚謬，余已於拙作「周公旦未曾稱王考（上）註九」糾之，載孔孟學報二十八期。

二五　拜手，俯身下拜，先以兩手拱至地，頭乃至手也；稽首，俯身下拜，頭至地留時久也（參周禮春官大祝「稽首、空首」注及疏）。拜手稽首乃極敬之禮。◯「拜」上足利本、內野本竝有「敎」（敢）字。案：尚書言「拜手稽首」（或「拜稽首」）可別爲二類：一作文者記他人拜手稽首，一自言拜手稽首。前者固不著「敢」字於「拜」上，後者三條——洛誥成王曰「拜手稽首誨言」、立政周公曰「拜手稽首告嗣天子王矣」、周公又曰「拜手稽首后矣」，上亦不著「敢」字；蓋著則失立言之體。傳、疏云「敢拜手」，古抄者誤據以增。

二六　旅，陳也（僞孔傳）。王，周成王也。若，及也。公，周公旦也。◯於時召公既得覲王而陳事，則王已至洛，經不記王至者，鄭玄曰：「史不書王往者，王於相宅無事也。」（書疏引）案：「庶殷不作」以上無成王事，故不見史氏記述。若，舊訓順，宋陳氏訓及（朱子大全集卷六五頁二三引），始得正解。

二七　誥、告，複詞；告教也（詳酒誥註五）。越，及也。自，衍文，詩大雅思齊「刑于寡妻」云云鄭箋引書曰「越乃御事」，正無「自」字。御事，治事之臣也。◯上句，召公陳王及周公；下句，告庶殷及其御事：語本明了。「自」是衍文，集同類句比看便知：大誥「大誥爾多邦越爾御事」、「爾庶邦君越爾御事」、酒誥「厥誥毖庶邦庶士越少正御事」、……「越」下皆無「自」字。

二八　元子，首子（書疏引鄭玄說），即長子；指殷天子。改……命，革去其國命也（意謂滅絕其國）。參註三二〇。元子乃周人習用語，雙劍誃尚書新證（卷三頁四）曰；「番匊生壺：『用賸氏元子孟妃㚼。』是子之長者無男女均可稱元子。顧命『用敬保元子釗』、下文『有王雖小元子哉』，是元子周人例語。」周初周人習稱殷爲大國或大邦，而自稱小邦（大誥）或小國（多士）。眞德秀曰：「大明詩云『天位殷適，使不挾四方』，亦改厥元子大國殷命之意。」（書蔡傳輯錄纂註卷五頁三引）

二九　王，謂成王也。

三〇　無疆，謂無窮盡也。休，美也；恤，憂也（僞孔傳）。〇休，東坡書傳（卷十三頁七）訓福，亦通。

三一　曷其，義猶柰何。尙書故（卷二頁一四〇）謂曷其與奈何爲複語。姑用其說。〇曷其與奈何疊用，蔡傳以爲加強語氣，云：「於是嘆息言王曷其奈何弗敬乎？蓋深言不可以弗敬也。」經籍除此條外，別無連疊之例，豈「奈何」本爲「曷其」下小注，傳抄誤爲正文者乎？

天既遐終大邦殷之命（註三三一），茲殷多先哲王在天，越厥後王後民茲服厥命（註三三二）；厥終智藏瘝在（註三三四）。夫知抱保攜持厥婦子以哀籲天（註三三五），徂厥亡出執（註三三六）。

釋文

三三一　遐，遠也；謂永遠也。終，結束也。大邦殷之命，參註二八。○遐，尚書今古文注疏（卷十八頁七二）曰：「遐，俗字，當爲假，釋詁云：『假，已也。』」案：如孫說，是既、遐複詞，然考尚書它例，「既」下皆逕接動詞，概不作「既已」，孫說待商。遐訓遠，常義，書疏曰：「天既遠終殷命，言其去而不復反也。」殷命去而不反，謂永遠終結也。

三三三　越，語詞。厥，其；指殷先哲王。後王後民，謂哲王之後紂之前能守其位職不失之君臣（民）（參書疏）。茲，如此也。服，從也。厥命，先哲王之命。○越，舊多訓於，連下文解之，扞格難通；內野本越作粵，皆語詞。尚書故（卷二頁一四○）謂「茲」同「滋」，引張衡思玄賦注訓茂，復據爾雅訓茂爲勉。求之過深。蘇軾以爲大誥至洛誥及多士、多方八篇，大略以殷人心不服而作（多方篇註），其解此句亦同一機杼，云：「此所謂『無疆之憂』也。殷雖滅，其先哲王固在天也，其後王後民至于今茲猶服用其福祿，其心終不忘報怨以復國也；如武庚蓄謀以伺隙者多矣。」（東坡書傳卷十三頁八）眉山治經，喜生議論，召公戒王，庶殷具在，似不致出此言。

三四 厥終，殷之末世，謂紂在位時也。瘝，當作鰥，病（名詞）也（詳康誥註三五）。智藏瘝在，謂賢哲者退隱而佞邪者當道也。○厥終，僞孔傳：「後王之終，謂紂也。」亦通。鄭玄、王肅皆訓瘝爲病（書疏引）。智藏瘝在，朱子謂「賢智之人退藏，病民之人在位」（朱子大全集卷六五頁二三），以「瘝」爲外動詞。案：如其說，「智」當釋爲「賢智民之人」，斯則不辭矣。瘝病者在位，其所施爲，固皆病民之政。宋葉氏則謂：「至紂而愚，其智則藏，而獨病民之心存也。」（朱子引）說尤支離。

三五 夫，人也；謂人民也。知，說文矢部：「詞也；从口从矢。」說文繫傳校錄：「凡許所謂詞，即語助也。」保，讀爲褓，義同論語子路篇「襁負」，謂以布縷負小兒於背也。抱，懷抱（小兒）也。籲，呼也。○夫，王肅訓匹夫，書疏曰：「夫尤（猶）人人，言天下盡然也。」（尚書故引東京賦薛綜注「夫猶人人也」）案：立政篇「準人」下文作「準夫」（詳彼註四九），後世欲誇張紂惡，謂人人皆然，失之。尚書今古文注疏（卷十八頁七二）據鄭玄曲禮注夫訓丈夫。案：下云抱持「婦（妻）子（兒）」，則夫不但為丈夫亦為父也。知，尚書集注音疏（經解卷三九六頁六）訓匹（據爾雅釋詁），謂夫知乃夫之有匹偶者。案：夫既不得訓丈夫，江氏知之說解，遂失據。知更不得訓知識，書經稗疏（卷四頁三一）曰：「倘以爲知識之知，則抱子攜婦以籲天，亦何論知與不知？且業已籲之，豈但知乎？」因釋知爲主，引周易「乾知大始」及後世「知府、知縣」訓主爲證，謂「知」爲一家之主，殊牽強。保，江聲曰：「保讀爲緥，緥小兒衣也。」尚書釋義（頁九三）曰：「保，金文作㑭，象人負子而子有褓護之狀；即褓字，亦當有負義。」案：唐蘭殷虛文字記有𠭯字（甲骨文字集釋卷八引），亦即保，象人褓負其子，尤近圖形。

三六　徂，通阻。徂厥亡，謂阻止人民逃亡也。出執，謂逃出者被拘執也。○徂，尚書故（卷二頁一四○）曰：「徂、阻通借，莊子（則陽篇）『已死不可徂』，釋文作阻，是其證。韋昭晉語注：阻，古詛字。……徂厥亡，……言詛其死亡。」尚書駢枝（頁十三）謂徂、詛通，釋「徂厥亡」為詛祝暴君之亡，引無逸否則厥口詛祝為證。尚書覈詁用二家義。案：果為詛咒國君亡，如湯誓「時日曷喪」、西伯戡黎「天曷不降威」之類，則人不必保抱攜持其婦子；保抱攜持云云者，相偕出亡也。徂厥亡，阻其逃亡也。尚書今古文攷證（卷四頁一一）謂徂通狙，訓伺，言在位者伺民逃亡而出執之。亦不如訓阻其逃亡為安。舊訓徂為往，失之。

嗚呼！天亦哀于四方民（註三七），其眷命用懋（註三八），王其疾敬德（註三九）。相古先民有夏（註四○），天廸從子保（註四一）；面稽天（註四二），若今時既墜厥命（註四三）。今相有殷，天廸格保（註四四）；面稽天，若今時既墜厥命。今沖子嗣（註四五），則無遺壽耇（註四六），曰其稽我古人之德，矧曰其有能稽謀自天（註四七）。

釋文

三七 亦，語詞。哀，矜憫也。（參註三八）

三八 其，指天。眷，顧也。懋，勉也。全句，尚書孔傳參正（卷二一頁六）曰：「（天哀此民而欲拯救之），其眷顧而命我周者，非私我、以勉我也。」〇尚書釋義（頁九三）說此句曰：「言王其眷顧天命以黽勉爲之也。」釋「其」爲希冀之詞。案：下句「王其疾敬德」，召公冀望王敬德，此句承上句、其字代天。王說爲長。

三九 其，希冀之詞。疾，速也。〇敬德，乃一篇之綱領，召公屢以戒王。無逸、君奭二篇出自周公之口，亦用敬德，蓋周初習用語。

四〇 相，視也。〇周初人稱夏爲「古」，義詳立政註八二。召公戒王相夏，即所以監殷，尚書全解（卷三十頁十七）曰：「周之所繼者商也，周固當以商爲監；商之所監者夏也，商其可不以夏爲監乎？詩（大雅蕩）曰：『殷監不遠，在夏后之世。』則周之監其在殷之世也。」

四一 迪，語詞。「從子保」三字，爲「旅保」二字之訛。旅，廣雅釋詁一：「養也。」〇從子保，僞孔傳訓「（天）從而子安之」，甚牽強。經義述聞（經解卷一一八三頁八—九）曰：「子當讀爲慈，古字子與慈通。……天迪從子保者，言天用順從而慈保之也。」（孫星衍、高本漢竝是王說）案：王氏且引墨子、晏子、禮記證子得通慈，固有據，惟尚書曰「保乂」、「康保」、「應保」、「承保」、「懷保」，不作「子保」，且其上概無「從」。尚書正讀（卷五頁一九三）曰：「從子保，爲旅保兩字之譌。旅，說文古文作㫃，三體石經古文作㫃，古彝器銘如曾伯簠、𪎩簋、陳公子甗作㫃。……保，說文古文作𠍇，三體石經作𠍇，古彝器銘亦作𠍇。此從子保三字，古文尚書蓋本作㫃𠍇二字。㫃字上形缺泐則爲從，𠍇上之『王』誤讀爲子，成文則爲從子保三字，而義不可通。」案：說可從，惟旅保義猶保乂（即保養），曾氏旅訓神、靈，恐非是。

四二 面，讀爲偭，背也。稽，考謀也。面稽天，與下「（能）稽謀自天」義相反，謂不能考謀於天也（不能謀於天即背天）。○面，鄭玄曰：「尤（猶）回向也。」不言「向」而曰「回向」，則必非以「面向」釋此「面」，可以斷言，尚書今古文注疏（卷十八頁七二）曰：「漢書項籍傳云：『馬童面之。』（案：文亦見史記項羽本紀）注：『面謂背之不向也。』鄭云『回向』，回猶背也，言背而向之。」案：詩大雅常武「徐方不回」鄭箋：回，違也。違即背。雙劍誃尚書新證（卷三頁五）面讀爲偭，亦訓背，增引禮記少儀『尊壺者面其鼻』，面說文引作偭，及離騷『偭規矩而改錯』王注：偭，背也，以爲證。僞孔傳訓向，經義述聞讀爲勔，皆失之。稽，尚書釋義（頁九三）疑當讀爲旨訓是。案：以下「稽我古人之德」、「稽謀自天」例之，稽皆當訓考謀。尚書釋義從若絕句，若作語詞。案：若爲句末語詞，如周易豐卦六二「有孚發若」、尚書洪範「恆雨若」，「若」上所連皆爲動詞（康誥「弘（覆）于天若」，句實由「于天弘覆若」變成。康王之誥「誕受羑若」，若則訓善。），未有句尾「若」上連名詞之例，古書虛字集釋「若」連下讀，訓而，得之。足利本、內野本「面」上有「禽」字，禽乃「禽」之訛，即古文禹字（參阮元尚書校勘記），此字因僞孔傳「禹亦面考天心」而妄增，觀下文「面稽天若」句上無「湯」（或殷）可知。

四三　若，而也（詳註四二）。墜厥命，謂其國亡也。尙書習見。

四四　迪，語詞。格，神降臨也。詩書習見此義。格保，猶保佑也。○迪，王引之訓用（見註四二），從其說則經義反不暢。

四五　沖子，稚子也；謂成王。嗣，繼武王而有天下。（參註六九）

四六　無，勿也。耇，老也。無遺壽耇，謂勿棄老成之人而不任用也。○殷紂之覆亡，半由於「咈其耇長舊有位人」（微子篇），周初懲其弊失，故念念不忘於任用耇長。

四七　「曰」及「矧曰」，皆語氣辭，猶今語「且說」、「那麼」。二「其」字，皆希冀之辭。有，又也（僞孔傳）。稽謀，考詢咨謀也。自天，於天也（尙書故卷二頁一四二）。

嗚呼！有王（註四八）雖小，元子哉！其丕能諴于小民，今休（註四九）。王不敢後（註五〇），用顧畏于民碞（註五一）。

釋　文

四八　有，語詞。○有，傳疏竝訓有無字，尙書集注述疏（卷十頁二十）曰：「有王者，天下共有之王也；春秋所以誅無王也。」案：有家、有殷、有北、有眾類之有字皆語助詞（詳經傳釋詞）；左昭二十九年傳：「及有夏，孔甲擾（順）于有帝」「有帝」，與此「有王」義近，「有」皆語詞，舊說失之。

四九　其，期之辭也（蔡傳），猶今語「要是」。丕，語詞。諴，和也（僞孔傳）。諴于小民，謂使小民和協也。今，即也。○諴訓和，見說文。尚書全解（卷三十頁二一）云「以至諴感于小民」，諴訓誠，據僞古文大禹謨「至諴感神」，以解此經則不合。今訓即，詳註五九。

五○　不，毋也。後，遲緩也（東坡書傳十三頁九）。○僞孔傳從「用」絕句，曰：「王爲政當不敢後能用之士，必任之爲先。」此篇除「無遺壽耇」，皆不言用人，如此句所言爲用人，當連屬其下，今既不然，知傳斷句誤，訓詁亦失正。不訓毋（勿），尚書古注便讀（卷四中頁十三）、經傳釋詞竝說，釋詞且引詩大雅板、左昭三十二年傳及孟子滕文公篇爲證，甚確。後，尚書覈詁（卷四頁七九）曰：「說文：遲也。遲與上文『王其疾敬德』相反成義。多士『朕不敢有後』與此正同。」

五一　用，以也。碞，當作嵒，多言也。○碞，說文石部：「磛嵒也，从石品，周書曰：『畏于民碞。』讀與巖同。」碞與說文山部嵒字義略同，說文嵒下曰：「山巖也，从山品，讀若吟。」說文品部曰：「嵒，多言也，从品相連，春秋（僖元年）傳（傳字衍）：『次于嵒（今本春秋經作聶）北。』讀與聶同。」本句碞當作嵒，訓多言。惟王應麟困學紀聞（卷二頁一○六）曰：「說文『顧畏于民嵒』，多言也。（王氏原注：尼輒切。）」（王氏漢藝文志考同）與今本說文於「碞」下引周書「畏于民碞」且不作嵒大異。羣經平議（卷六頁二一）

謂王氏所見說文與今本不同。案：困學紀聞（卷二頁一七一）又云：「民之疾若常在目，故曰『顧畏于民嵒』」。其見說文嵒下所引為「嵒」，釋多言；見尚書本作嵒，據書引字，釋疾苦。俞說蓋是。殷虛書契前編卷七頁七有嵒字，或即說文嵒字。嵒舊訓僭差，東坡書傳（卷十三頁九）訓險，皆不可通此經之義。詩鄭將仲子：「將仲子，無踰我園，無折我樹檀，豈愛之，畏人之多言。仲可懷也，人之多言，亦可畏也。」

釋文

王來紹上帝（註五二），自服于土中（註五三）。旦曰（註五四）：『其作大邑，其自時配皇天（註五五）；毖祀于上下（註五六），其自時中乂（註五七）。王厥有成命（註五八），治民今休（註五九）。』王先服殷御事（註六〇），比介于我有周御事（註六一）。節性，惟日其邁（註六二）。王敬作所：不可不敬德（註六三）。

五二　紹，讀為卲，卜問也。紹上帝，義猶大誥「紹天明」（參彼註一八），卜問天也。○紹上帝，僞孔傳曰「繼天為治」，至吳汝綸父子始曰借為卲，訓卜，尚書正讀（卷五頁一九五）承之。章炳麟（書經注釋頁七四一引）謂紹同昭，尚書覈詁（卷四頁七九）謂紹與昭同，有佑助義，引文侯之命「克左右昭事厥辟」、詩大雅大明「昭事厥辟」爲證。案：此句謂王卜上天以營新邑於洛，云「繼天」、「事天」者皆失之。

五三 自，用也（書疏引鄭玄、王肅說）。下二「自時」之自同。服，治也（尚書集注音疏，經解卷三九六頁七）。土中，中土也；謂洛邑。◯鄭、王自訓用，據詩周頌執競「自彼成康」毛傳。史記周本紀述營洛曰：「此天下之中，四方入貢，道里均。」漢書婁敬傳：「成王即位，周公之屬傅相焉，迺營成周都雒，以爲此天下中，諸侯四方納貢職道里均矣。」白虎通京師篇曰：「王者必即土中何？所以均教道，平往來，使善易以聞，爲惡易以聞，明當懼慎，損於善惡。」洛邑當時位置適中，都之便於號令天下，或據周禮大司徒以土圭測日景，求地之中，而謂洛邑當地之正中，則拘矣。

五四 旦曰，召公引周公旦之言也。◯雙劍誃尚書新證（卷三頁三）突破傳統，謂此旦曰爲周公自言，召誥「旅王若公」以下皆周公自言（參註二四）。且云金縢、洛誥、君奭、立政「旦」字六見，皆周公自謂，此亦當如彼。案：金縢史氏讀周公之祝文，文中之「旦」固周公自稱，另三篇「旦」上皆有「予」，其爲自謂明甚，而此篇「旦曰」乃召公引周公之言，所以稱其名者，王肅曰：「旦，周公名也。禮：君前臣名。故稱『周公』之言爲『旦曰』。」（書疏引）王氏所謂禮云，曲禮上篇：「父前子名，君前臣名。」成十六年左傳載欒鍼稱其父（欒書）之名「書」於其君（晉厲公）之前，是其證。于說未的！

五五 周公所說三「其」字，皆將然之辭。二「時」字皆訓是，此也。配，謂配合天命。◯此及下自時，尚書故（卷二頁一四三）訓於此，配訓媲美（據詩大雅皇矣「天立厥配」毛傳），亦通。尚書古注便讀（卷四中頁十三）自訓始，云：「始治于土中」。案：有周治洛邑（土中）非始於此時，朱說失之。

五六 毖，告也（詳酒誥註五）。祭祀必祝告，故云毖祀。上下，天地也。上文「越三日丁巳，用牲于郊」，祭天也；「越翼日戊午，乃社于新邑」，祭地也。◯舊註毖曰愼，失之。

五七 乂，治也。自時中乂，與上「自服于土中」義同，謂用此天下之中以治也。◯舊釋中曰中土，尚書商誼（卷二頁二）曰：「白虎通云：中，和也。考工記注云：中，均也。則此『中』當以和均之誼釋之。」案：召公先言「王來紹上帝，自服于土中」，下引周公之言（「其自時中乂」）以印證其言，則「自服于土中」義即「自時中乂」，中即土中。王氏未會通此意，說失之。尚書釋義（頁九四）曰：「自時中乂，言用是使中土乂安也。」待考。

五八 厥，猶若也（古書虛字集釋）。成命，尚書釋義（頁九三）曰：「成，與明義通。成命，明命也。……此謂營雒之命令也。」◯成命，僞孔傳云王「有天之成命」，疏云「（天）降福與之」，尚書覈詁（卷四頁七九）據此，說此及下句云：「雒誥『其自時中乂，萬邦咸休』，正與此同。……成命，猶言休命。」案：清馬瑞辰毛詩傳箋通釋（卷二八頁八）周頌昊天有成命條曰：「古文明、成二字同義，爾雅釋詁：明，成也。臣工篇『將受厥明』，明亦成也。」是成命非休命，而本經篇末明言「王末有成命」（詳註八三），則命非天所降甚曉。

五九 今休，即休，猶今語「那就好了」。◯今有即義，見經傳釋詞，引本篇及爾雅孫炎注、呂覽、國策、史記，甚確。案：大誥二「今翼日」之今，亦訓即，可補證王氏之說。「今休」

上至「且曰」，書疏曰：「述周公之意」，是也。

六〇 服，治也。全句，召公戒王應先治故殷國治事之臣，（使……。）（參註六一）

六一 比，義同多士「比事臣我宗」之比，親也。介，當作尒，同邇，近也。比、尒，複詞。全句，謂（使殷臣）親近我周家治事之臣也。〇比介，傳訓「比近」，而尚書七「介」字，除秦誓「一介臣」之介僞孔傳似訓耿介外，餘皆訓大，此介竟訓近，似其所見本經字不作「介」。古文尚書撰異（經解卷五八六頁六）曰：「日本山井鼎云：足利古本介作迩。……玉裁按：……疑本作迩而譌，介字之誤也。迩，古文邇，見義雲章漢簡。」案：介蓋本作尒，形近誤爲介。尒，足利本作迩；尒、迩同。迩即邇，訓近。邇字誤介，莊十八年穀梁傳「不使戎邇于我也」、又十九年傳「不以難邇我國也」，經典釋文皆曰：本又作介。可證。至文十五年傳「不以難介我國」注：介，猶近也。蓋擬莊十九年傳「介」作「邇」之邇字義，並非介本有「近」之訓也。諸家介訓「副」，於此經不適。

六二 節，約制也。性，古作生，此謂嗜欲也。邁，與勱古音同，通假；勱，勉也。惟日其邁，猶惟日是勉也（參古書虛字集釋）。二句，「戒成王」勿放縱性情，應日日黽勉於此也。〇呂氏春秋重己篇末句「節乎性也」，而前文言先聖王園囿臺榭衣服飲食聲色儉約自適，則其言節性即約制嗜欲，義猶盤庚「克黜乃心」。雙劍誃尚書新證（卷三頁七—八）謂節乃人之誤字，性從古作生。節性，惟日其邁者，人生惟日其邁也。案：如其說，是召公嘆歲月不居。玩經文，確無此義。書疏謂節殷周臣人之性，尙書全解（卷三十頁二四）謂節殷御事之性，味上下文及參周誥諸篇，此節性之戒，戒成王也，尙書辨解（卷六頁四）云：「王乃縱性自恣，非所以進德也。王當節制其性，……勿恣喜怒，勿狎近習。」邁，尚書覈詁（卷四頁七九）曰：「左傳『皐陶邁種德』杜注：邁，勉也。其字本當作勱。說文：勱，勉力也。立政『用勱相我國家』，是也。」

六三　所，處（所）也。王敬作所，猶「王敬作者」也。下「不可不敬德」即王所當作之事也。○所，蔡傳訓處所，一切經音義引三蒼曰：所，處也。僞孔傳二句作一句，云：「王當敬所不可不敬之德」，迂曲難通。尚有它說，皆無當於經義，茲不著錄。

我不可不監于有夏，亦不可不監于有殷（註六四）。我不敢知，曰有夏服天命，惟有歷年（註六五）。我不敢知，曰不其延；惟不敬德，乃早墜厥命（註六六）。我不敢知，曰有殷受天命，惟有歷年。我不敢知，曰不其延；惟不敬德，乃早墜厥命。今王嗣受厥命，我亦惟茲二國命（註六七），嗣若功（註六八）。

六四　二「監」字，甲骨文、金文象一人立於盆水之側自照其容之狀（詳酒誥註八五），借鏡也。○監，後漢書崔駰傳引書曰：「鑒于有殷。」鑒同鑑，借鑑即借鏡。上文「相古先民有夏」、「今相有殷」，亦謂鑒於往古，與此義同。

六五　此段「我不敢知曰」四見，「曰」義皆如洪範「一曰水、二曰火」及「曰雨、曰暘」之曰，爲也；是也。服，受也；與下「有殷受天命」之受互文。惟，詞語。歷，久也。歷年，年代長久也。三句，意謂我所不敢知者，乃夏代受命有國年世長久之故；蓋天理幽微，不敢臆度也。（參註六六）○服，尚書古注便讀（卷四中頁十四）訓佩。案：服天命即下受天命，下更有「我受天命」云云，是服當訓受。歷年，僞孔傳訓「多歷年數」，考下文「上下勤恤，其曰我受天命，丕若有夏歷年，式勿替有殷歷年」，歷年顯謂久年，傳說得經大意，惟歷字本有久義，尚書今古文注疏（卷十八頁七）曰：「歷者，釋詁云：艾，歷也；詩傳云：艾，久也。是歷亦爲久也。」此段「我不敢知」云云數句，僞孔傳云：「以能敬德，故多歷年數：我不敢獨知，亦王所知。」（王肅說同）案：經決無「獨知」之意。東坡書傳（卷十三頁十）曰：「召公……又戒之曰：夏殷之所以多歷年與其所以不永延者，其受天命，皆非我所敢知也。」蘇說近是，惟「曰」字未解。又召公緣何不敢知亦未說，尚書全解（卷三十頁二六）嘗論之，甚允，曰：「古人之於天命，不以爲必有，不以爲必無，而每致於不可測知之域。惟人事之修，於昭昭赫赫之間者，則未嘗不盡言之也。故召公於夏、殷之有歷年及不其延，皆曰我不敢知者，疑之之辭也。」

六六　不其，猶不也。延，續也。「惟不敬厥德」上省略「我所知者」。四句，謂又我所不敢知者，夏代國運何以不能延續；而所可知者，夏人不敬謹於美德，於是早喪失國命。（參註六五）〇不其延，僞孔傳曰：「言桀不謀長久。」訓「其」爲「謀」，尚書補疏（經解卷一一五〇頁九）讀其爲基訓謀，引爾雅釋詁及禮記孔子閒居引詩周頌「夙夜基命」基作其爲證。案：其借爲基訓謀固有據，第非此經之義。尚書覈詁（卷四頁八十）曰：「不其，亦古語，盤庚『不其或稽』（敏案：本例待商；此其蓋訓或，與下「或」聯爲複語。），左傳『秦不其然』，皆其例也。」不其，義猶不，古書虛字集釋其訓語詞，固亦說「不其」爲「不」也。

六七　惟，思也（尚書集注音疏，經解卷三九六頁九）。惟茲二國命，謂思此二國興衰之氣數也。

六八　嗣，繼也。若，其（第三人稱代名詞複數）也（王念孫說，經傳釋詞引）；指夏、殷二國。功，奄有天下之功業也。〇論衡引此及上二句異，詳註六九。若，僞孔傳訓順，而功訓功德，云「繼順其功德者而法則之」，添許多字尚難通經。從王氏說爲正。

王乃初服（註六九）；嗚呼！若生子，罔不在厥初生，自貽哲命（註七〇）。今天其命哲，命吉凶，命歷年？知（註七一）。今我初服，宅新邑，肆惟王其疾敬德（註七二）。王其德之用，祈天永命（註七三）。其惟王勿以小民淫用非彝，亦敢殄戮（註七四）；用乂民，若有功（註七五）。其惟王位在德元，小民乃惟刑（註七六）；用于天下，越王顯（註七七）。上下勤恤（註七八），其曰我受天命，丕若有夏歷年，式勿替有殷歷年（註七九）；欲王以小民受天永命（註八〇）。」

釋文

六九　王，周成王也。乃，於是也；猶今語「這就」。初，始也。服，職事也。全句，謂成王即將親政也（參拙著周公旦未曾稱王考（上））。◯論衡率性篇曰：「召公戒成王曰：『今王初服厥命；嗚呼！若生子，罔不在厥初生。』」莊述祖以為此今文尚書，且云：「東晉古文脫『今厥命』三字，今文脫『乃』字，宜讀『今王乃初服厥命』句。」（尚書今古文攷證卷四頁一）今文尚書經說攷（卷二十頁十四）曰：「論衡引召誥作『今王初服厥命』，此蓋檃栝『今王嗣受厥命』至『王乃初服』二十字。古人引經多有此檃栝之詞。」王充不惟檃栝經文，且變更「服」字字義，釋為受（參註六五）；莊氏從之絕句，且判古今本脫誤，竝失之率。尚書正讀（卷四頁一九七）服訓事，云：初服者，始事也。得之。

七〇　厥，其也。厥初生，謂孩兒始出生也。貽，遺也（爾雅釋言）。哲，字通哲（洪範「明作哲」，本或作哲可證），說文：哲，明也。哲命，光明之命運也。此三句，意謂：幼兒習爲善，則遺己一生以美好之命運；爲治之始，如孩之初生，習行善政，則將遺其國以美好之命運。○論衡率性篇引「若生子，罔不在厥初生」，說「生子」爲年十五。江聲、王鳴盛皆是之。案：初生謂幼少；幼少習染，則終身難變，即「少成若天性，習貫成自然」（漢書賈誼傳誼上疏言教太子引孔子曰）之義，禮記內則篇云：「子能食，食教以右手。能言，男唯女俞。……六年，教之數與方名。七年，男女不同席，不共食。八年，出入門戶及即席飲食，必後長者，始教之讓。九年，教之數日。十年，出就外傳，居宿於外，學書記（計）。……十有三年，學樂誦詩舞勺，成童舞象學射御。」則孩童習事，早於年十五，王充說不足據。今文尚書攷證（卷十二頁七）謂左傳曰國君十五而生子，故王充以十五爲生子之時。非論衡本意，亦大失本經之義。尙書古注便讀（卷四中頁十四）若生子之生訓養，謂養育之使作善，而諸家又或以性善說此數語，皆求之過深。

七一　三「命」字，義猶賦予。其，疑未定之辭，猶今語「將會……呢？」知，義猶上段四「知」字。四句，謂今天將會賦予明哲（抑愚昧），賦予吉祥或凶險，賦予悠長（或短促）之國祚，（我不敢知），……。疑「知」上「年」下缺「我不敢」三字。○尚書孔傳參正（卷二一頁九）自「歷年」絕句，釋曰：「今天其命哲云云者，『其』是不定之詞，言天其命明哲，命吉，命凶，命歷年長短，皆非我所敢知。」（宋、明儒已有類似之說）案：王說近是，疑「命歷年」下有「我不敢知」一句，今脫其上三字，僅殘存「知」字，（尚書故謂知上省「不可」字，與上段句構不合。）而下「今我初服」至「王其疾敬德」省略「我所知者」類文，如上段兩「惟不敬厥德」之例（參註六六）。經言命哲不及愚，言命歷年不及短祚，而言命吉凶則正反兼舉者，書疏曰：「今天制此三命，有哲當有愚，有歷年當有不長；文不備者，以吉凶相反，言命吉凶則哲對愚、歷年對不長，可知矣。」

七二 我，謂我王也。句上省略「我所知者」類文（詳註七一）。肆，語詞。其，希冀之辭。三句，謂（我所知者，）我王將任政事，居新邑雒，願王疾速敬謹於美德。○知今我初服，僞孔傳曰：「天已知我王今初服政。」古謂天子受天之命治天下，成王親政，天豈有不知之理，何庸贅言？傳曲說。知，尚書今古文注疏（卷十八頁七五）曰：「知或語詞，說文云：知，詞也。案：說文㢭，亦詞也，俗矧字，與知字形相近。或當爲『矧今我初服』。」羣經平議（卷六頁二）從之，且謂本篇「知」字皆語辭。案：衡度上下文勢，「知」上當有缺文，「知」當作實字。尚書集注音疏（經解卷三九六頁一〇）知訓匹（據爾雅），云：「今天制此三命，匹配我王之初服而命之。」成王將親政，宅新邑，天即以哲愚吉凶久暫三命配之，是將欲福之又欲禍之，天何憒憒乃爾！惟，王其疾敬德，尚書故（卷二頁一四五）曰：「爾雅：惟、願，思也。韓詩：惟，念也。鄭詩箋：願，念也。是惟、願同訓。」案：吳氏釋「惟」字固有據，但句中「其」字則不釋；考此「其」字正願望之辭，而惟當作語詞。摯甫說雖得經義，於字訓則失之。

七三 其，與上「惟王其疾敬德」及下兩「其惟王」之其同，皆冀望之辭也。用，以也。王其德之用，義猶梓材「肆王惟德用」，冀王爲政以德也。祈，求也。永，長久。命，謂國運。行德

政於民，即所以祈天永命也。◯僞孔傳以「求天長命以歷年」說祈天永命。似謂永命爲長
壽。案：召公戒王以夏殷國命爲監，二國不敬德乃墜其命；篇中叮嚀再三，欲王敬德，則天
命歷年，王能行德政，天將賦予長久之國祚。祈永命非指成王自祈大年，明甚。宋儒論求國
命悠久之道，尙書全解（卷三十頁二八）曰：「祈非祈禱之祈也；敬德者，所以祈之也。蓋
敬德以祈之，其諸異乎人之祈之與！此所謂祈，正與詩『自求多福』之求同。……祈天永命
者，非天實延之也，在我者引而申之也，孟子曰：『禍福無不自己求之』者，此之謂也。」
案：詩大雅文王云「聿脩厥德」（猶此「德之用」）則能「永言配命」（猶此「永命」），
福吉乃自求之審矣。眞德秀語此尤簡要，云：「天命至公，不可以求而得也；曰祈者，蓋一
於用德，乃不祈之祈也。」（書蔡傳輯錄纂註卷五頁六引）雙劍誃尙書新證（卷三頁八）以
「王其德之」爲句，謂「德」乃「省」之譌，曰：「廣韻有惪字，訓省悟，當即省字。蓋晚
周繁畫字多从心也。金文『省』作[illegible]，陳侯因資鐘『合揚氏德』，德作[illegible]，隸古定尙書德字
作悳，亦與惪字易相渾也。……言王其省察之。」案：于氏新證，往往遷就彝銘，不顧上下
文意能否通貫，「王其省之」，與下「用祈天永命」不屬，謀及梓材及詩雅，義亦枘鑿。
七四 涇，過也（僞孔傳）；謂恣縱也。彝，法也。亦，而也。殄，絕也。戮，謂殺也。二句，
謂王勿因小百姓放恣違法而敢於殺滅之也。◯舊以「亦敢殄戮用乂民」連讀，大抵謂勿以
刑殺治民，失之。經義述聞（經解卷一一八三頁九）始從「殄戮」絕句，惟云召公爲此言，
勉王先教化而後刑罰也。竊謂此祇是戒王勿濫用刑戮，王說疏闊。亦，尙書斠證曰：「案：
『亦』，猶『而』也。『亦敢殄滅（戮）』者，『而敢殄滅（戮）』也。管子法禁篇引書泰

誓云：『紂有臣億萬人，亦有億萬之心；武王有臣三千，而一心。』……亦、而互文，亦猶而也。日本古鈔卷子本淮南子兵略篇：『故紂之卒百萬，而有百萬之心；武王之卒三千人，皆專而爲一。』……即本泰誓，亦正作而。史記滑稽列傳：『對曰：「臣飲一斗亦醉，一石亦醉。」威王曰：「先生飲一斗而醉，惡能飲一石哉？」』上言『一斗亦醉』，下言『一斗而醉』，明亦與而同義。……」王師考證精確。

七五　乂，治也。用乂民，以此治民。（參註七四）若，乃也（經義述聞，經解卷一一八三頁九）。二句，謂王不以苛刑治民，乃有功也。○乂，尚書古注便讀（卷四中頁十四）、尚書故（卷二頁一四五）訓芟刈，且連上讀。案：殄戮即殺滅，若乂亦訓斬殺，又連上句，則語重複。若，舊訓順，王引之訓乃，引小爾雅及國語周語注。案：下文「其惟王位在德元」至「用于天下」與此「其惟王勿以小民」至「用乂民」句構相似，其結句句型亦同。後結語「越王顯」，於是王昭顯也；前結語「若有功」，於是有功也。「乃」即於是之義。

七六　位，古通立。在，於也。德元，德之首也（僞孔傳）。刑，同型，謂取法也。○位，僞孔傳訓居，作動詞，適經義。雙劍誃尚書新證（卷三頁九）謂位、立古通，是位本是動詞，云：「位、立古通，金文位不从人，頌鼎、克鼎『即立』，即位也。」在訓於，常義，尚書故（卷二頁一四五）引呂覽期賢篇「於吾所」高注「於猶在也」爲證，甚確。位在德元，東坡書傳（卷十三頁十一）謂「王之位，民德之先倡」，猶言王爲天下楷模，蘇氏扣緊字訓說經義，比諸說優勝。惟刑，僞孔傳曰「用法」，是刑訓律法。疏破之曰：「小民乃惟法則於王。」是刑訓取法。考宋葉氏曰：「刑，儀刑也。」（朱子大全集卷六五頁二四引）儀刑見詩大雅文王「儀刑文王，萬邦作孚」，謂天下共法文王，與此「刑」同。吳闓生（尚書大義卷二頁十五）舍其父汝綸注謂刑、型同字，亦訓取法。是經本義。

七七　越，通聿，於是也（尚書覈詁卷四頁七九）。越王顯，王於是昭顯也。（參註七五）

七八　恤，憂也。上下勤恤，謂上至天子下至庶民皆勤勞關切國事也。

七九　其，將然之辭。曰，是也；爲也。（參註六五）其曰，猶今語「那就會（是）」。丕，語詞。若，如也。式，語詞。替，陵替之替，謂差減也。「丕若」二句，謂國祚將如夏朝長久，至少亦不致比商朝短淺也。○丕若，書纂言（卷四頁六八）云「期於過之」，尚書商誼（卷二頁二）若訓過，引老子王注爲證。案：若字訓爲如，然召公實有期於超過有夏歷年之意。替，說文：「暜，一偏下也。」段注：「相竝而一邊庳下，其勢必至同下；所謂陵夷也。」諸家取「廢」義，難通經旨，應解作一偏下。式勿替，書纂言云期於過之，妙得語意。

八〇　以，猶率領也。（參註一一）○尚書中以字，舊絕多訓與，愚則釋率領，屢言之矣。此句以字茲義尤顯，朱子曰：「以字如『以其師』之以。」（朱子大全集卷六五頁二四）左僖二十六年傳：「凡師能左右之曰『以』。」以即率領之義。潛夫論巫列篇引此句論之云：「人君身修正，賞罰明者，國治而民安；民安樂者，天悅喜而增歷數，故書曰：『王以小民受天永命。』」

拜手稽首，曰（註八一）：「予小臣敢以王之讎民、百君子越友民保受王威命明德（註八二）。王末有成命（註八三），王亦顯（註八四）。我非敢勤，惟恭奉幣用供王，能祈天永命（註八五）。」

釋文

八一　拜手稽首，史官記召公既拜乃言，與上「拜手稽首」之爲召公口中所言不同。（參註二五）◯書纂言（卷四頁六九）曰：「此（拜手稽首）四字，召公又贊庶邦君同拜也。」吳說甚允，下召公言「敢以王之讎民、百君子」云云正謂引進庶眾同拜王前。

八二　予小臣，召公自謂（書疏引鄭玄、王肅說）；謙辭也。讎，敵對也；讎民，謂殷遺民也。君子，同酒誥「君子」，皆謂官員；百君子，眾官員也。越，及也。友民，相對讎民而言，謂周民也。保，保任也。受，承受也。保受，謂奉行不渝也。威命，猶言嚴命（書纂言卷四頁六九）。明德，昭顯之德。◯讎民百君子，僞孔傳連讀，云：「王之匹民百君子；治民者非一人，言民在下，自上匹之。」江聲、洪頤煊、楊筠如皆取傳意。案：讎民、友民對舉，讎民非百君子之修飾語，經文甚明。尚書今古文注疏（卷十八頁七五）釋讎爲稠，讎民曰眾民。案：此亦無以解友、讎對舉（孫氏於「百君子越友民」曰：「百官之有民者」，避越字而不釋，強以百君子與友民合爲同一片語，大失。）。尚書今古文攷證（卷四頁二）讎亦訓匹，謂讎民是夏、商二王之後。案：營洛無夏後。莊氏失之。惟宋人指讎民爲殷遺民，友民爲周民（如東坡書傳、尚書全解、蔡傳）。然前言庶殷既作，至此言民又分讎、友者，東萊書說（卷二二頁十）曰：「前自心而言，後自勢而言也。自心言之，一視同仁，合商周而爲一；自勢言之，所謂讎民者，……化猶未純正，將隨其宜而撫摩教迪之。謂之讎者，欲成王知商民尚伺闕失乘間投隙，其勢可畏。」百君子，或謂殷御事，或謂殷周御事，或謂庶邦君，鄭玄謂「王之諸侯與羣吏」（書疏引）。案：鄭說近是，惟酒誥眾諸侯（庶伯）與羣吏（庶君子）分別舉稱，故此君子亦應獨指官員。保受，蔡傳曰：「保者，保而不失；受者，受而無拒。」

八三　末，終也（僞孔傳）。成命，明命也。王末有成命，顧上「王厥有成命」言也。上周公於營洛之命尚未發之前，故曰若有明命；此時則宅洛之議已決，營作之命既頒，故召公曰王終於有明命也。若有成命，則治民即美善（見註五八）；終有成命，王得昭顯於天下也。

八四　亦，語詞。王亦顯，見註八三。

八五　勤，勞也；謂任事也。我非敢勤，召公自謙不敢擔任重大職事，（惟恭奉幣……。）能，義如顧命「柔遠能邇」之能，而也。惟恭奉幣用供王，言奉幣以供王祭祀之用也。祈天永命，見註七三。○我非敢勤，僞孔傳曰：「言我非敢獨勤而已，……必上下勤恤，乃與小民受天永命。」案：非敢獨勤而已，甚不辭；矧召公何德何權令上下皆勤？蓋數句本召公謙不敢任事，如僞孔說則爲飭王等勤勞，大失經義。陳經曰：「我非敢勤者，召公不敢自以爲功勞也。」（尚書詳解卷三二頁十八）義似可通，竝下「惟恭奉幣」云云解之，則不能連貫。

逸周書克殷篇武王祀社，羣臣畢從，「召公奭贊采（史記周本紀同）。」采即幣，贊采即奉幣，供王祭祀也。能，尚書故（卷二頁一四七）亦訓而，引呂覽高注爲證。得之。

六　洛誥義證

題解

已見召誥篇首。

周公拜手稽首，曰（註一）：「朕復子明辟（註二）：王如弗敢及天基命定命（註三），予乃胤保（註四），大相東土（註五），其基作民明辟（註六）。予惟乙卯（註七），朝至于洛師（註八）。我卜河朔黎水（註九），我乃卜澗水東、瀍水西（註一〇），惟洛食（註一一）。我又卜瀍水東（註一二），亦惟洛食。伻來以圖（註一三），及獻卜（註一四）。」

釋文

一　拜手稽首，俯身下拜手至地頭亦至地也。（詳召誥註二五）。

二　朕，予也；周公自稱。復，白也；報告也。子，對面親暱之稱，猶云吾子。明，明哲；義猶後「昭子」之昭。辟，君也（僞孔傳）。○復，僞孔傳、疏皆訓還，謂「朕復子明辟」義爲周公還政於成王，清儒頗是其說，宋儒則多非之。王安石曰：「復如復逆之復。成王命周公往營成周，周公得卜，復命于成王。」（尚書全解卷三一頁四引）葉夢得曰：「復如孟子有復於王之復。」（見朱子大全集卷六五頁二五洛誥解，下簡稱「朱子解」。）金履祥曰：「復，反命也；……如『願有復也』之復。蓋告也。」（書經注卷九頁十二）尚書今古文集解（卷十九頁一）曰：「莊云：復，白也。」王國維雒誥解（觀堂集林卷一頁七，下簡稱雒誥解）曰：「復，白也。周禮：大僕掌諸侯之復逆，小臣掌三公及諸侯之復逆，御僕掌羣吏之逆及庶民之復。先鄭司農曰：復，謂奏事也。……時成王繼周公相宅至於雒，故周公白之。」案：復、白、報古聲母近，義通。俞樾謂漢人已釋復爲逆復之復，曰：「漢書元后傳曰：成王加元服，周公則致政。書曰：『朕復子明辟。』周公常稱王命，專行不報，故云我復子明君也。是漢儒亦以復爲逆復之復。」（羣經平議卷六頁三）漢人是否以「報」釋「復」，尚難確說。淮南子氾論訓曰：「成王既壯，周公屬籍致政，北面委質而臣事之，請而後爲，復而後行。」高誘注復爲白，高本漢亦以爲漢人已有意釋「復子明辟」之復爲白（書經注釋頁七六五）。案：高誘注非直接釋經，姑附於此。故復訓白、報，仍當斷自宋人始。雙劍誃尚書新證（卷三頁十一—十一）謂復訓又，復子猶言又子，義亦猶子（姪子）。朕復子者，云朕之（我之）姪子，其說甚鑿，茲不從。稱子者，王安石謂親之也。蘇軾與王說略同，曰：「曰子者，叔父家人之辭。」（東坡書傳卷十三頁十三）後人多從之。

三　如，若（尚書全解卷三一頁六）；猶今言「好像」。敢，語詞，猶召誥四「我不敢知曰」之敢。及，義猶論語季氏篇「見善如不及」之及，亦猶今語「來不及」之及。基，始也（爾雅釋詁）。基命，謂文王始受天命之時。定命，謂武王克殷定天下之時。全句謂成王求治心切，有如不能及（意謂急欲及之）天命周創業及克殷之先王也（尚書釋義頁九六）。○如，僞孔傳訓往（日），尚書今古文注疏（卷十九頁七七）訓而，雒誥解訓汝，皆非經義。林之奇訓若，尚書集注音疏（經解卷三九六頁十二）從之。及，僞孔傳云「及知」，正義云「與知」，非也。案：弗敢及：意謂急欲及之，尚書今古文集解（卷十九頁一）謂即詩周頌昊天有成命「夙夜宥密」之意，尚書大義（卷二頁十六）云：急詞也。竝是。基命，詩大雅大明篇云：「有命自天，命此文王。」故以爲文王創業時；定命，詩周頌昊天有成命云：「昊天有成命，二后受之。成王不敢康，夙夜基命宥密。」二后，謂文、武，是武王亦受天命，繼文王之事克殷而有天下，故以定命爲武王時事（參江聲說）。或謂周基命應上溯至太王，援詩魯頌閟宮爲證，亦通。此句周公褒美成王者。

四　胤，繼也（僞孔傳）。保，猶云輔佑。尚書釋義（頁九六）曰：「周公初保文武，此又保成王，故云胤保。」○保，蔡傳謂即太保，指召公奭言；胤保，繼太保而往（相洛）。吳澄（書纂言卷四頁七十）、許鴻磐（尚書札記，經解卷一四一〇頁二二）從之。案：顧命篇「同召太保奭」，以太保奭連稱；書君奭序「召公爲保」，亦召公保竝擧。古書中未有單擧保而意指召公奭者，蔡氏誤解。

五　相，視察也。東土，洛邑，地在豐鎬之東，故云。

六　其，指相土宅洛，承上句言。基，謀也（尚書集注音疏，經解卷三九六頁十二）。

七　乙卯，成王七年三月十二日也（參召誥「若翼日乙卯」註，又參下註一四。）。

八　師，眾也（鄭玄說，詳註一〇）；謂人眾之處也。洛師，猶京師之比。〇諸家莫不訓師爲眾，正義云：時庶殷已集于洛邑，故曰洛師。屈師翼鵬則云：西人明義士（James M. Menjize）柏根氏舊藏甲骨文字考釋云：「師，疑㡀之訛。」㡀即次；次，猶止舍之處（王國維增訂殷虛書契考釋卷中頁十三有說）。

九　河朔，黃河之北也。黎水，黎陽也（東坡書傳卷十三頁十三），王鳴盛曰：「河朔黎水者，河北黎水交流之內，謂黎陽也。……其故城在今河南衛輝府濬縣東北。」（尚書後案，經解卷四二二頁四）〇敦煌本「黎水」之下有「上」字，據僞孔傳及疏，經文本有「上」字（王師叔岷尚書斠證）。三卜，僞孔傳皆謂周公使人卜，疏謂使召公卜，而非自卜，即召誥「太保朝至于洛，卜宅。厥既得卜」之卜，所卜三處，皆一時之事。尚書集注音疏（經解卷三九六頁十三）、尚書後案（經解卷四二二頁三）推鄭注（註一〇引），謂周公所卜者爲河朔黎水及瀍水東，皆欲以遷殷頑民。玩經文意，知其說皆誤。（參註一〇、一一及一二）

一〇　我乃（於是也）卜，周公自謂卜河北黎水既不吉，於是卜（澗東、瀍西）也。澗水，源出今河南省澠池縣，至雒陽入雒。瀍水，源出今河南省孟津縣，至偃師入雒。（竝見尚書釋義頁三二）〇我乃卜，江聲據哀十年左傳趙鞅封齊不更卜之事，引以況此召公既得吉卜，周公不煩更卜，以證此「我乃卜」者，言占視召公之吉兆，非周公重卜也。又推鄭注之意謂三卜惟澗東瀍西爲召公所卜（尚書集注音疏，經解卷三九六頁十三），王鳴盛說略同。竊謂三卜皆周公自爲，葉夢得曰：「求吉不過乎三，既卜黎水，又卜澗水東，又卜瀍水西（敏案：疑當作東），則三矣。皆曰惟洛食者，以召公之卜而復以三地求吉，皆不食而食洛，是以卒從召公之卜爲定也。」（朱子解引）其說足以釋眾疑，且於理爲不悖。又此澗東瀍西及下瀍東，鄭玄曰：「我以乙卯日至於洛邑之眾，觀召公所卜之處，皆可長久居民，使服田相食。瀍水東既成，名曰成周，今洛陽縣是也。召公所卜處名曰王城，今河南縣是也。」（詩王城譜正義引）馬融謂東都王城，今河南縣是也（江聲云出周禮大司徒注）。案：漢書地理志已謂成周爲雒陽，王城在河南縣，曰：「河南郡……雒陽，周公遷殷民，是爲成周，春秋昭公二十一年（當作三十二年）晉合諸侯于狄泉，以其地大，成周之城居敬王。……河南（縣），故郟鄏地，周武王遷九鼎，周公致太平，營以爲都，是爲王城，至平王居之。」僞孔傳從之。正義申之曰：「澗瀍之間，……今河南城也，基趾仍在可驗。……洛陽即成周，敬王自王城遷而都之，春秋昭三十二年城成周是也。」後多用其說，而或稱所營成周（雒陽）爲下都，將以居殷民（蔡傳），而魏源從之（書古微卷十頁十）。案：周、召二公數卜定宅，即澗水東、瀍水西雒邑，時並未於瀍水東別營一成周。召、洛二誥經文甚明確。

二　食，吉兆也（尚書故卷二頁一四九）。○鄭玄訓口食之食，俞樾改訓用（羣經平議卷六頁三），舉證雖多，皆未得經義。文選張衡東京賦：「召伯相宅，卜惟洛食。」注：「食謂吉兆。」可證。尚書集釋頁一八○：甲骨文吉字與食字形近，食字或吉之訛。

三　我又卜，仍爲周公自卜。○隋顧彪述鄭注之意曰：「先卜河北黎水者，近於紂都，爲其懷土重遷，故先卜近以悅之。」（書疏引）正義則曰：「先卜黎水上者，以帝王所都，不常厥邑，夏、殷皆在河北，所以博求吉地，故令先卜河北；不吉，乃卜河南也。」俞樾因評二家之說，論宅洛之故，曰：「帝王所都，既不常厥邑，何必以夏、殷舊都而輒往從之乎？若謂先卜近以悅之，則是愚其民並誣其神矣。是二說皆非也。史記周本紀載武王之言曰：『我南望三途，北望嶽鄙，顧瞻有河，粵瞻洛伊，毋遠天室。』周書度邑篇亦有此文，大略相近。周公先卜黎水；即武王顧瞻有河之意，故不曰黎水，而必曰河朔黎水；繫黎水於河，其意在河也。黎水不吉，改卜澗水、瀍水，則舍河而就洛矣。既得吉卜，乃詳其所在，曰澗水東、瀍水西，曰瀍水東，而要皆以洛爲主，即武王粵瞻洛伊之意。故兩言惟洛，其意在洛也。」（羣經平議卷六頁三）案：周本紀又云：「成王在豐，使召公復營洛邑，如武王之意。」武王欲營新都於洛，周公、成王承其意（詳題解），俞論得之。

一三　伻，使也（僞孔傳），下同，圖，謀也。謂請成王來洛，共商營宅之事也。○伻，漢書劉向傳曰：「書曰：『伻來㠯圖。』孟康曰：『伻，使也。……』」（見漢書王先謙補注）爾雅釋詁抨釋使，伻、抨音近義同。（參註一四）

一四　及獻卜，謂以卜兆面陳成王也。○諸家泥于召洛二誥書序之說，多以爲成王當營洛時未嘗至洛（至十二月戊辰命周公時始至洛），而二誥召公誥王及周公、成王問答之辭，皆因使者書而互達。故釋伻爲「遣使」，以圖爲地圖（漢書劉向傳向曰：「天文難以相曉，臣雖圖上，猶須口說，然後可知，願賜清燕之閒，指圖陳狀。」且前引書「伻來以圖」爲證。是向訓此圖爲地圖。）至林之奇始排解羣疑，一本經意，考成王嘗蒞新邑洛，與於營宅之事（詳見題解）。然其釋伻猶不免蹈襲舊說之失，至王靜安撰雒誥解，伻來及獻卜事之眞象始白，而經文亦多得其正解，王氏曰：「乙卯，三月十二日（見召誥）。日而不月者，成王至雒與周公相見，時在五月乙卯以前故也（敏案：此說存疑。）。伻，使、圖，謀也。俾成王來雒，以謀定都之事，且獻卜兆於王。此周公所復者，皆追述王至雒以前事也。」

王拜手稽首，曰（註一五）：「公！不敢不敬天之休（註一六），來相宅，其作周匹休（註一七）。公既定宅，伻來（註一八）；來（註一九）。視予卜——休、恆吉——（註二〇），我二人共貞（註二一）；公其以予萬億年（註二二）。敬天之休，拜手稽首誨言（註二三）。」

釋文

一五 王，指成王誦，下皆同。成王禮敬周公，故荅以拜手稽首（僞孔傳）。○書疏謂拜手稽首，施於極敬，引哀十七年左傳云：「非天子寡君無所稽首，諸侯小事大尚不稽首，況於臣乎？」且曰：成王尊敬周公，荅言（二字一作故荅）其拜手稽首而受其言。孫星衍亦據聘禮、曲禮，明君於臣止有拜手之禮，而此天子於臣稽首者，於周公盡敬，非常禮也（尚書今古文注疏卷十九頁七八）。

一六 公，周公也。休，美也（爾雅釋詁）；福慶也（參尚書大義卷二頁十七）。全句，成王謂：（我）不敢不敬謹於天所賜之福慶；意即不敢不敬謹於國事也（參尚書釋義頁九六）。○

雙劍誃尚書新證（卷三頁一一三）謂公指召公。案：尚書中單稱「公」而不著名號者，除費誓、秦誓外，皆指周公旦，而召公奭不單稱公。于說謬甚！詳拙作「周公旦未曾稱王考（上）」，載孔孟學報廿八期（頁一三八）」。僞孔傳以「公不敢不敬天之休」連下「來相宅」作一句，自班固已如此，白虎通京師篇曰：「聖人承天而制作，尚書曰：『公不敢不敬天之休來相宅。』」蓋竝以成王時未嘗至洛相宅，故誤讀經文。又此句成王稱美周公，然而曰公敬天之休足矣，必曰不敢不敬者，東萊書說（卷二三頁四）曰：「蓋明見王命之當然，而不得不然也。」是。

一七　其，指營洛邑之事。作，爲也（爾雅釋言）；此猶言建立也。匹，配也（僞孔傳）。全句意謂（營洛以）成立周家王業而上配天所賜之福祥也（參尚書全解卷三一頁八）。

一八　伻來，使（我——成王自稱）來洛地。（參註一九）

一九　來，成王自謂來到洛地也。○伻來：來：鄭玄曰：「伻來來者，使二人（原作入，誤。）也。」（書疏引）諸家從之者，多謂周、召二公各派一使，故疊來字，而羣經平議（卷六頁三）非之，曰：「鄭義亦有未安，倘使三人，豈當疊三來字乎？」因疑上來字爲本字，下賚之借字。俞說亦失之，唯雒誥解得之，云：「上來，謂周公使（之）來；下來，成王自謂己來也。」

二〇　視，示也；漢藝文志考謂漢世諸儒所引異字視作示。休，言美命也。恆，徧也（尚書故卷二頁一五〇）；義見詩大雅生民「恆之秬秠」傳。全句，謂公以占得休美而一切皆吉之卜兆出示於我。○蔡傳變僞孔傳舊解訓視爲示，陳櫟申之曰：「愚案：視與示同，古字通用，漢書凡示字例作視。」（書蔡傳纂疏卷五頁九）王鳴盛舉經注為證，曰：「視古示字，禮記士昏記云：『視諸衿鞶。』鄭注云：『示之以衿鞶者，皆託戒使識之也。』視乃正子，今作示，俗誤。」（尚書後案，經解卷四二三頁五）孫星衍亦舉禮經、注為證，云：「視同示，曲禮云：『幼子常視毋誑。』注：『視，今之示字。』」（尚書今古文注疏卷十九頁八十）

二二　我，成王自稱。我二人，成王、周公也。貞，當也（經典釋文引馬融云）；猶言擔當也（理雅各氏Legge說，書經注釋頁七六一引）。全句謂我二人共同擔當此重責。

三一　其，將（會）也。以，與也（尚書故卷二頁一五〇引戴鈞衡說）。億，十萬也（說文）。謂公將與予千秋萬世（意謂子孫萬代）共享此福慶也。〇以訓與，見廣雅釋詁，詩召南江有汜「之子歸，不我以」，箋：以猶與也。鄭於此以字似亦訓與，詩大雅下武「受天之祜，四方來賀，於萬斯年，不遐有佐」，箋云：「武王受此萬年之壽，……其輔佐之臣，亦蒙其餘福也。書曰：『公其以予萬億年』，亦君臣同福祿也。」詩、書可互證。

二三　拜手稽首，成王自述前拜手稽首也（參注一五）。誨，古謀字。謀，咨也。謀言，即咨問之言。〇蔡傳謂周公又拜手稽首以謝周公告卜之誨言，江聲非之，曰：「上拜手稽首（曰）是史官所記，……史官記成王于是頫身下拜而言也。此拜手稽首誨言，是成王之語；既拜起而為是言。經雖兩見拜手稽首之文，其實只一拜。」（尚書集注音疏，經解卷三九六頁十四）諸家於誨言，絕多訓教誨義，謂成王求教誨之言於周公，雙劍誃尚書新證（卷三頁十二—十三）曰：「舊皆讀誨為教誨之誨，又須增求字為訓，非是。吳大澂謂古謀字从言从每，是也。王孫鐘『誨猷不飤』可證。謀言猶云咨言、問言，說文：謀事曰咨。」敦煌本伯二七四八「拜」上有「王」字。

周公曰：「王肇稱殷禮（註二四），祀于新邑，咸秩無文（註二五）。予齊百工（註二六），伻從王于周（註二七）；予惟曰，庶有事（註二八）。今王即命曰（註二九）：『記功宗（註三〇），以功作元祀（註三一）。』惟命曰（註三二）：『汝受命篤弼（註三三）；丕視功載（註三四），乃汝其悉自教工（註三五）。』孺子其朋（註三六），孺子其朋，其往（註三七）。無若火，始燄燄（註三八），厥攸灼（註三九），敘弗其絕（註四〇）。厥若彝及撫事（註四一）。如予唯以在周工（註四二），往新邑。伻嚮即有僚（註四三），明作有功（註四四），惇大成裕（註四五），汝永有辭（註四六）。」

釋文

二四　肇，始也。稱，舉也（爾雅釋言）；行也。殷禮，殷代之禮儀。全句謂王首次用殷禮祭祀也。◯雒誥解謂成王至雒，始舉此禮，非有故事，故曰肇稱。蓋是。以周人而行殷禮者，鄭玄云：「王者未制禮樂，恆用先王之禮樂。」（書疏引）白虎通禮樂篇云：「王者始起，何用正民，以為且用先代之禮樂，天下太平，乃更制作焉。」案：禮記明堂位及尚書大傳（尚書大傳輯校卷二頁二七）皆言周公六年制禮作樂。今（七年）禮樂既成，而仍用殷禮者，鄭玄曰：「至成王即位，乃用周禮。」（禮記明堂位疏引）是康成以周公歸授王事在七年，此前用殷禮。書疏則云：「於時制禮已訖，而云殷禮者，此殷禮即周公所制禮也。雖有損益，以其從殷而來，故稱殷禮。」如正義言，則殷因夏禮而損益之，則當稱夏禮，而舉凡後之制度因襲損益於前者，莫不當用舊名。其說絕不可通。愚謂：是時周之祭禮未備，故後文云：「四方迪亂未定；于宗禮，亦未克敉公功。」以故祭祀不免以殷制，諸家揣測之說，甚害經義。王安石（尚書全解卷三一頁十引）、蘇軾（東坡書傳卷十三頁十四）皆謂殷禮言盛禮。然康誥「罰蔽殷彝」、「師茲殷罰」，殷義皆為朝代甚顯。王、蘇新說亦不可從。

一二五

咸，皆也。秩，序也。文，紊為假借字；亂也（王引之說）。◯咸秩無文，尚書集注音疏（經解卷三九六頁十五）曰：「（王舉殷禮，祀于新邑，）徧以尊卑次豑之，无有文也。殷尚質；用殷禮，故无文。」雙劍誃尚書新證（卷三頁十二）申其說，謂秩為豑之借字，咸豑即咸夷。夷，平（易）也，與下「文」義相反。案：江說非是，後文云「惇宗將禮，稱秩元祀」，亦接以「咸秩無文」，以上下文語氣體之，此「文」不與「質」相對取義。僞孔傳曰：「皆次秩不在禮文者而祀之。」經義述聞（經解卷一一八三）非之曰：「不在禮文，則是祀典所無矣。祀典所無而祀之，何以異於淫祀乎？傳義非也。今案：文當讀為紊。紊，亂也。盤庚曰：『若網在綱，有條而不紊。』釋文：紊，徐音文。是紊與文古同音，故借文爲紊。」且舉漢書翟方進傳「……咸秩亡文」及風俗通山澤篇轉引尚書「咸秩無文」注釋，以爲「文」皆爲「紊」義，今文尚書攷證（卷十八頁二一—三）增引漢書郊祀志及魏封孔羨碑，考王說正確。足利本無作罔。

二六　齊，同也；聚合也。百工，百官也。（參註二八）○齊，尚書故（卷二頁一五一）曰：「速也。」速，召也。亦通。

二七　伻，使也（已見註一三）。周，宗周鎬京也。（參下註）○孫星衍（尚書今古文注疏卷十九頁八十）、許鴻磐（尚書札記，經解卷一四一一頁二五）皆謂此周即新邑洛，其誤由於不明洛誥事實。

二八　庶，庶幾；猶言「該會（有）……」。有事，謂有祭祀之事。「予齊百工」以下，雒誥解云：「周公本意，欲使百官從王歸宗周以行此禮，故曰予惟曰庶有事。」○有事，每指祀事，如僖九年左傳曰：「天子有事于文武。」杜注：「有祭事也。」昭十五年經曰：「有事于武宮。」左傳：「春，將禘于武公，戒百官。」

二九　即，就也。全句，謂於今王就洛而命我曰（尚書全解卷三一頁十一、尚書大義卷二頁十七）。

三○　功，此成雒邑之功也（雒誥解）。宗，尊也；猶言重大。記功宗者，謂記此營雒之功之重大者。（參註三一）尚書釋義（頁九七）宗訓崇，且自爲句。

三一　功，亦言營成雒邑之功。元祀，祭天建元之禮。○「今王即命」以下三句，雒誥解曰：「周公述成王之言也，功謂成雒邑之功。殷人謂年爲祀。元祀者，謂祀天而改元，因謂是年曰元祀矣。時雒邑既成，天下大定。周公欲王行祀天建元之禮於宗周，王則歸功於雒邑之成，故即命曰『記功宗，以功作元祀』，意欲於雒邑行之也。」

三一 周公謂汝（成王）又命我曰。

三二 汝，指周公。受命，受武王之臨終之命也（尚書故卷二頁一五二、尚書大義卷二頁十七）。

三三 篤，純壹也。弼，輔也（說文）。篤弼，忠實輔佐也（尚書釋義頁九七）。◯僞孔傳謂受命爲受天命，且訓篤爲厚，從其字絕句，案：尚書言受天命爲天子，未云受天命佐天子。其說皆不可通。朱子解、尚書集注音疏（經解卷三九六頁十六）皆謂周公受命於先王，得之。輔謂佐王室，江聲亦有說，得經義。

三四 丕，語詞。視，察閱也。功，事也（于省吾說）。載，亦事也（雒誥解），功、載同義爲複詞。全句謂：予（成王）視察營洛之工事也。◯功訓事，雙劍誃尚書新證（卷三頁十二）舉堯典「惟時亮天功」，史記作「惟時相天事」爲證，確當。其下經文「其悉自教工」，有「工」字，故前「功載」不言而知爲營建之工事。載，堯典「熙帝之載」，僞孔傳載訓事，可證。功載，蔡傳訓記功之載籍，且說視爲示，稍失經義，後多從申之，皆失。

三五 汝，合周公及營雒諸臣言之。悉，盡也。自，猶言「自動地」。教，尚書大傳作學，自注（？）曰：學，效也（尚書大傳輯校卷二頁二五）。全句，謂乃汝等盡皆自效力於此工事也。◯學，古文作斆。斆、效古音近義通。又學訓效，見廣雅釋詁。教工，僞孔傳訓教衆官，失之。

三六　孺，幼少之稱（書疏引鄭注）。孺子，謂成王。其，猶言「應該……」。朋，「友之也；謂友羣臣也。」（金履祥書經注卷九頁十五）意謂當與臣屬融洽。（參註三七）

三七　其往，自今已（以）往（後）也（僞孔傳）。○「孺子」以下三句，後漢書爰延傳延上封事曰：「臣聞之：帝左右者，所目咨政德也。故周公戒成王曰：『其朋！其朋！』言慎所與也。」三國志魏書何晏奏略同。同書蔣濟傳濟上疏曰：「昔……周公輔政，慎於其朋。」皆以慎其交友說書「其朋」，義甚顯明。僞孔傳亦增慎字為說，曰：「少子慎朋黨」云云。乃李賢爰傳注曰：「尚書周公戒成王曰：『孺子其朋！孺子其朋！慎其往。』」蓋誤以所增訓詁字為經本字。而足利本、內野本、敦煌本伯二七四八亦竝於「其往」上多慎字。古文尚書撰異（經解卷五八七頁三）疑為妄增，當是。羣經平議（卷六頁四）謂朋當讀為倗，倗，不也。言王欲周公自稽考百工，公不敢當，故力辭之曰孺子其朋！猶曰孺子其無然！俞說諸義皆謬。

三八　倓倓，火初燃光微弱貌。（參註四○）○倓倓，說文：火行微倓倓然也。漢書梅福傳引作庸庸，注：微小貌。

三九　厥，其也，指火。攸，語詞。灼，火熾烈光盛也。（參註四○）○灼：敦煌本作焯。立政「灼見三有俊心」，說文引灼作焯；「我其克灼知厥若」，敦煌今字本灼作焯（尚書斠證）。案：灼、焯古通，說文：焯，明也。

四○　敘，緒也（爾雅釋詁）；謂火之蔓延也（尚書釋義頁九七）。其，將然之詞。弗其絕，即其弗絕；謂將不可遏絕也。○敘，僞孔傳訓序，云：「灼然有次序，不其絕事。」蔡傳曰：

「始雖燄燄尙微，而其灼爍，將次第延爇，不可得而撲滅矣」。竝迂曲難通。又「無若火」至此，諸家多謂承上「孺子其朋」言，以火之始微終盛，卒難撲滅爲喻，以戒成王初服，宜絕黨私。唯金履祥曰：「燄，小明也。此戒其以明察自用也。火始燄燄，自是彰灼，次第不可撲遏。人君以小明自用，機熟而日熾，則不可救矣。」（書經注卷九頁十五）其說視諸家爲勝。

四一　厥，其也；猶「應該……」。若，順也。彝，常道也（竝僞孔傳）。及，與盤庚「朕及篤敬」之及義同，猶汲汲也。撫，按治也（尙書釋義頁九八）。○諸家多訓及爲與共字，且以「如予」連上讀，謂順常及撫事當如予（周公）（尙書集注音疏，經解卷三九六頁十七），其說若可通，然下文「唯以在周工」，則無所施。知非經義。撫，書疏曰撫循，蘇軾曰鎭撫，說皆非經義。書經注（卷九頁十五）曰「撫治政事」，近是。案：撫有以手按止之義，解爲按治，誠是。

四二　如，猶而也（尙書釋義頁九八）。以，帶領（與金縢「大雷電以風」之以義極近）。周，鎬京也。工，官員。在周工，謂諸臣之原在鎬京（而今已隨周公來東營雒）者。○如、而古音近義通，左隱七年傳：「及鄭伯盟，歃如忘。」服虔注：「如，而也。」說文引如作而。例證甚多。詳見經傳釋詞卷七如字及而字條。以周工，僞孔傳說用在周之百官，經無此義。雒誥解說使在宗周之百官皆往新邑，近是。

四三　伻，使也；謂使在雒之諸臣……。嚮，向也。即，就也。有，讀爲友。僚，同官爲僚（儀禮士冠禮「主人之僚友」疏）。友僚，猶今言同事也。全句謂使在雒之眾官員和衷共濟也。○

有僚，僞孔傳訓有官，有字未解。正義謂所有之官。向就所有之官，不合經義。尚書今古文注疏（卷十九頁八一）始通友而說之。雒誥解云：「有讀爲友。酒誥曰：『矧太史友、內史友。』毛公鼎曰：『及茲卿事寮、大史寮。』」案：寮、僚通，左文七年傳「同官爲僚」，經典釋文曰：寮，本又作僚。友僚義近，爲複詞。

四四 明，勉也。下「茲予其明農哉」、「明保予沖子」之明，義竝同此。有，語詞；或訓於，亦通。○明作有功，僞孔傳云「明爲有功」，幾同於未解。尚書集注音疏（經解卷三九六頁十七）云「明爲其事，乃有功效」，亦隨文敷衍，絕非經義。王念孫曰：「爾雅：孟，勉也。孟與明古同聲而通用，……顧命曰：『爾尚明時朕言』，言當勉承朕言也。……」（經義述聞引，見經解卷一一八二頁二七）其後孫星衍（尚書今古文注疏卷十九頁八一）、吳闓生（尚書大義卷二頁十八）等竝用其說。

四五 惇，厚也（僞孔傳）。成，盛也。裕，富足。惇大成裕，謂國基深厚博大、國力強盛富足。○惇、大、成、裕，四字駢列，皆形容詞，就周家王業言。成、盛音近通用，公羊莊公八年傳：「夏師及齊師圍成，成降于齊師。成者何？盛也。盛則曷爲謂之成，諱滅同姓也。」何休注：「因魯有成邑，同聲相似，故云爾。」成有盛義，見釋名釋言語。僞孔傳說成裕爲成寬裕之德，以成爲動詞，誤。尚書今古文注疏（卷十九頁八一）訓裕曰道，云「厚大成道」，不詞。于省吾以裕屬下讀，訓欲（詳下），甚鑿。

四六 汝，謂成王。辭，當作嗣；嗣，繼也。永有嗣，謂子孫世守王業而不絕也。○此辭當訓嗣，孫星衍始說，云：「辭與詞通，周禮大行人注：鄭司農云：辭當爲詞。釋名云：詞，嗣也。……汝長有嗣世之慶矣。」王叔岷師謂此辭借爲嗣，舉堯典「弗嗣」，今文嗣作怡及史記周本紀「怡悅婦人」，集解引徐廣曰：怡，一作辭，證怡並可通辭、嗣，則辭亦可通嗣（尚書斠證）。案：此辭蓋誤字，原作𤔔（說文古文嗣），以形近誤爲𤔲（此說文籀文辭，而金文則作𤔲），又誤更爲辭（參尚書釋義頁九八）。僞孔傳訓辭爲嘆譽之辭，稍失經義；雙劍誃尚書新證（卷三頁十四—十五）訓辭爲懌，謂上裕即欲，「汝永有辭」，謂汝長有所悅懌，乖舛殊甚。

公曰：「已（註四七）！汝惟沖子，惟終（註四八）。汝其敬識百辟享（註四九），亦識其有不享。享多儀（註五〇）；儀不及物（註五一），惟曰不享（註五二）。惟不役志于享（註五三）。凡民惟曰不享（註五四），惟事其爽侮（註五五）。乃惟孺子頒（註五六），朕不暇聽（註五七）。朕教汝于棐民彝（註五八）。汝乃是不蘉（註五九），乃時惟不永哉（註六〇）。篤敘乃正、父（註六一），罔不若（註六二）。予不敢廢乃命（註六三）。汝往（註六四），敬哉！茲予其明農哉（註六五）！彼裕我民（註六六），無遠用戾（註六七）。」

釋文

四七 已，嘆詞，噫也；尚書習用「已」，凡八見。

四八 終，意同詩大雅蕩「靡不有初，鮮克有終」之終，謂善其終也。○惟終意謂善終，朱子解曰：「惟其終，猶伊尹言愼厥終也。」案：僞古文尚書仲虺之誥曰：「愼厥終，惟其始。」又僞伊訓及太甲三篇屢言謹終。朱子取義與詩蕩略同。羣經平議（卷六頁四）謂終、崇聲近義通，崇猶尊也。言汝雖沖幼，然女位甚尊，故宜敬識百辟享也。案俞氏牽合下文，強說經義，不可從。

四九 識，記也（書疏）。辟，君也（僞孔傳）。百辟，諸侯也；諸侯各君其國，故云百辟（尚書集注音疏，經解卷三九六頁十七—十八）。享，獻也（書疏）。

五〇 儀，禮節。享多儀，謂進獻之儀節繁多也。

五一 儀不及物，謂禮節疎簡不及貢物之豐厚也。（參註五二）

五二 曰，聿也；語詞。下「凡民惟曰不享」之曰同。惟曰不享，猶言「視爲未進獻」。○儀少物豐則曰不享者，孟子告子下篇尚書「享多儀」云云，曰：「爲其不成享也。」趙注：「儀不及事（物），謂有闕也。故曰不成享。」鄭玄曰：「……儀不及物，所謂貢篚多而威儀簡也。威儀既簡，亦是不享也。」（書疏引）林之奇申其義曰：「儀，禮也；物，幣也。考之覲禮，諸侯之朝王，皆有束帛加璧庭實，所謂物也。其辭遜、升降之容，所謂儀也。……苟儀不足而幣有餘，則雖享覲於王，與不享無以異也。蓋不享固爲非禮，享而儀不足，是亦非禮，故與不享同也。」（尚書全解卷三一頁十四）朱子解曰：「幣有餘而禮不及者，往往有輕上之心，以爲可以幣交也，曰：吾幣足矣，何以禮爲？如是者，猶不享也。」金履祥曰：「使其於儀不及其物，是謂不享，蓋其輕傲存於中，則情容見於外。」（書經注卷九頁十八）金氏說尤切中旨要。漢書郊祀志谷永說上引「儀不及物」顏師古注，以爲不爲神所享，蓋主祭祀而言，斷章取義，不得援以解此經也。又孟子及桓寬鹽鐵論散不足篇引「儀不及物」下，並無「惟」字，古人引經，常因便刪省，江聲決「惟」爲衍字，非是；谷永引經猶存其舊，可證也。

五三　役志，用心也（書經注卷九頁十七）。◯役，書疏訓用，孫星衍據國語鄭語韋昭注訓營（尚書今古文注疏卷十九頁八一）。營志、用心義同。

五四　凡，總括言之也；「大凡」常連用。◯凡民，僞孔傳訓凡人，曰「……則凡人化之」，似以爲平民。案：此句承上百辟不役志于享而言，故民包百辟及一般人民而言，如語譯則爲「人們」。

五五　事，政事，亦即國事。其，將會。爽，差錯（僞孔傳）。侮，借爲瞀；瞀，亂也（楚辭九章惜誦「中悶瞀之忳忳」王逸注）。◯侮，僞孔傳訓慢；於全句，則云「政事其差錯侮慢，不可治理。」政事侮慢，不合文法。蘇軾則云「……則諸侯慢而王室輕矣。」（東坡書傳卷十三頁十六）易以諸侯爲句主，又拆輕慢一義爲二，此臆說也。江聲（尚書集注音疏，經解卷三九六頁十八）據訛本說文訓侮爲傷（說文：侮，傷也。傷誤作傷，見段注。），云「事其爽差傷害」。雙劍誃尚書新證（卷三頁十五）讀侮爲每，借爲謀，謂「事其爽差於謀畫」，牽合勉強，仍不可通。尚書故（卷二頁一五五）訓爽侮爲敗瞀。瞀、侮古音近，通假。爽失、瞀亂爲同義複詞，連上政事說之，文理亦順。

五六　頒，分也；謂分辨也（尚書商誼卷二頁四）。○頒，說文攽下引作攽，从攴分聲。敦煌本伯二七四八作攽。經典釋文：「頒，音班，徐甫云反。馬云：猶也。」段玉裁謂馬融「猶」下當脫一「分」字（古文尚書撰異，經解卷五八七頁五），是。僞孔傳及正義亦訓頒爲分，唯訓分爲分取，且從不暇絕句，云「分取我之不暇而行之」，語難通。清人亦多訓頒爲分，且知從說文於頒字絕句，如尚書今古文注疏（卷十九頁八二）：「頒者，鄭注祭禮云：頒之言分也。……言聽政之事繁多，孺子分其任，我有所不違也。」案：說分爲分其任，仍沿傳疏之失。蓋既曰有所不違，下又言「朕教汝于棐民彝」，是自爲矛盾，經義必不如此。說分爲辨別，謂上舉享不享及政有失亂，應由汝自行分辨，我則無暇過問矣。（參註五七、五八）得之。

五七　聽，即聽政之聽（孫星衍說）；意謂過問（尚書釋義頁九八）。

五八　棐，輔（佐）也（僞孔傳）。彝，常法也。

五九　乃，猶若也（經傳釋詞）。蕽，勉也（經典釋文引馬融說）。○蕽（亦寫作蕽），鄭玄、王肅（書疏引）亦竝訓勉，傳、疏承之。爾雅、說文竝無此字。玉篇茻部有蕽。

六〇　時，謂在王位之歲月。

六一　篤，厚也（僞孔傳）。敘，謂敘次官爵。正、父，雒誥解云：「正、父皆官之長也。酒誥曰：庶士有正。又曰：有正有事。又曰：矧惟若疇圻父，薄違農父，若保宏父。」○正，謂機關首長，此義尚書習見。父，除上述圻父等，見於尚書者外，詩小雅有祈父。逸周書成開篇有言父、顯父、正父、譏父，連上下文觀之。知「父」上皆爲官職，清朱右曾釋曰：「盧（文弨）曰：父者，尊之之詞。言父蓋宗伯之屬，顯父司徒之官，正父司馬之官，譏父師氏保氏之職。」盧說父爲官之尊者，是。至以正父爲司馬之官與此正、父不同者，蓋逸周書正父爲官職，是專稱；此正此父謂諸官之首長，泛言之耳。尚書常用有正，亦指官之長。諸家謂正父爲武王，云「言其（武王）德正，故曰正父。」（書疏）此與詩召南何彼襛矣「平王」，傳箋爲文王，曰文王德能正天下故云，其誤同。尚書今古文注疏（卷十九頁八二）謂此父亦指天子之同姓諸侯，亦失之。（文侯之命「父義和」，父謂同姓諸侯；與此句法不同，不宜混爲一談。）

六二　若，順也（僞孔傳）。罔不若，謂能如此則眾官長無有不順者矣。（參註六三）

六三　全句，周公自謂不敢廢棄汝（成王）之命令也（意謂遵守王命）。○僞孔傳自予字斷句，說此二句曰：「（汝）無不順我所爲，則天下不敢棄汝命常奉之。」案：必於人臣（周公）之意而順之，天下始不棄王命。此解不唯害經義，亦污衊周公。蔡傳若訓如，解不敢廢乃命訛與僞孔同。

六四　往，自今以後。同上「其往」。○往，諸家多從僞孔傳訓往茲新邑，不知成王君臣時正在新邑洛也。（參註一四）

六五　茲，謂此後。其，將然之詞。明，勉也（參註四四）。農，勉也（廣雅釋詁三）。明、農，同義複詞。○茲予明農云云，僞孔傳曰：「如此予其退老，明教農人以義」，江聲（尚書集注音疏，經解卷三九六頁十九）申之，謂周先公世修農業，故公託言欲退修明先世之業。孫星衍據尚書大傳，謂周公致仕則爲上老，稱父師，故欲明農（尚書今古文注疏卷十九頁八二）。案：周公欲退歸鄉里，傳農事，非事實。且大傳（見尚書大傳輯校卷三頁五）謂大夫、士七十致仕，老於鄉里，大夫爲父師、士爲少師，冬至四十五日後出傳農事。大傳所云乃大夫、士退老之事，非周公所當爲。孫氏說亦不足據。古文尚書撰異（經解卷五八七頁六）疑廣雅農訓勉即尚書此句農字之訓。是也。

六六　彼，通被（經典釋文作被，皮寄、皮美二反。）；覆也。裕，容也（尚書今古文注疏卷十九頁八二）。彼裕，謂覆被容保之也（尚書故卷二頁一五七）。

六七　無，勿也。用，以也。戾，止也。全句言勿因民居遠方以止其被裕之惠也（尚書釋義頁九八）。即堯典「柔遠能邇」之誼。

王若曰：「公！明保予沖子（註六八），公稱丕顯德（註六九），以予小子揚文武烈（註七〇）。奉荅天命（註七一），和恒四方民（註七二），居師（註七三）。惇宗將禮（註七四），稱秩元祀（註七五），咸秩無文（註七六）。惟公德明（註七七），光于上下（註七八），勤施于四方（註七九），旁作穆穆（註八〇），迓衡不迷文武勤教（註八一），予沖子夙夜毖祀（註八二）。」

釋文

六八 明，勉也（詳注四四）。○全句，成王呼周公此後應勉力輔保之。尚書全解（卷三一頁十七）謂是稱美周公居攝之功，而尚書集注音疏從之（經解卷三九六頁二十）。失之。

六九 稱，亦揚也（尚書集注音疏卷三九六頁二十）。丕，語詞。顯德，明德也。

七〇 以，使也，揚。發揚。義同上「稱丕顯德」之稱，變文以偶舉。烈，功業。

七一 荅，尚書大傳作對（尚書大傳輯校卷二頁二六）；對，配也。奉荅天命，猶云上配天命也。○荅，或訓報荅，義稱遠。雙劍誃尚書新證（卷三頁十六）曰：「英倫隸古定本答作畣，即享字。多方『享天之命』，英倫本亦作畣。然天命固可言享矣。」案：多方曰：「爾曷不夾介乂我周王，享天之命？」誥殷人曷不輔我周室，共享天賜之福祚？故下又誥其當宅其宅、畋其田，以熙（樂）天之命。而本篇記成王即將親政，營新邑以匹天休，周公前既屢言之矣，故成王此云「揚文武烈，奉荅天命」。荅即上「作周匹休」之匹義，僞孔傳訓當，當即對，亦即匹配。于氏徵引古本，不足據也。

七二 恒、順通訓（尚書故卷二頁一五七）。○恒，諸家訓久，未協經義。恒，或訓安，周禮夏官司弓矢有恒矢，鄭注安居之矢，是恒古有安義。和安四方民，亦通。

七三　師，即上「洛師」之省，尚書故（卷二頁一五七）曰：「洛師單文稱師，猶周京單文稱京也。」居師，謂定居於洛也。

七四　惇，厚也。宗，猶言重大（參註三〇）；惇、宗義近，是複詞。將，行也。

七五　稱，舉也（參註二四）。秩，敘也；動詞。稱秩，猶今語舉行也。元祀，祭天建元之禮（詳註三一）。

七六　咸秩無文，皆有條而不紊也（詳見註二五）。〇以上三句，陳櫟曰：「此蓋王述已行之事之辭，即荅公所謂『王肇稱殷禮，祀於新邑，咸秩無文』也。」（書蔡傳纂疏卷五頁十一）是。

七七　德明，德行昭顯。〇內野本「德明」作「明德」，旁注小字「德明」。蓋時有一本誤據僞孔傳「言公明德」云云妄改經文，日人不審，遂以誤爲正。

七八　光，明也（尚書大傳，見尚書大傳輯校卷二頁二六）。上，上天；下，人間。（僞孔傳訓上下爲天地，義同。）

七九　勤，勞也；此作名詞用，謂勞績也。〇于，訓「對於」爲常解，字亦通「與」（經傳釋詞）。勤施于四方，說爲勞績（僞孔傳訓勤政，同。）施與四方，甚合經義。

八〇　旁，溥也。作，爲也。穆穆，美也（皆尚書集注音疏說，見經解卷三九六頁二一）。〇宋人（如朱子解、蔡傳）穆訓和敬，亦通。

八一　迓，當作御。御，操執也。衡，平也。御衡，言操執天下之平，即詩小雅節南山「秉國之均」爲秉均。全句言周公當初代王執政不迷失文武殷勤之教也。〇迓衡：古本作御衡，衛包據僞孔傳訓「迎迓」改御爲迓。馬融、鄭玄及王肅本迓皆作魚據反之御（見經典釋文）。三國志魏書魏文帝本紀裴松之注引延康元年詔迓衡亦作御衡。（見今文尚書攷證卷十八頁六）敦煌本伯二七四八迓衡作卸衡，卸通御。衡，平也（書君奭「保衡」及詩商頌長發「阿衡」鄭注）。引申義「執平」謂之「秉政」（詩「秉均」之均，毛傳：平也。）。衡，又爲鐘柄（周禮考工記鳧氏：「舞上謂之甬，甬上謂之衡」，鄭玄注：此二名者鐘柄。），故古謂執政爲「執衡」（文選曹冏六代論曰：「奄豎執衡」。），今習稱執政，或曰柄政。

八一　毖，愼也（或訓告，亦通）。全句，言予稚子惟早晚愼於祭祀而已；意謂政化由周公立，己則可以無爲也（參僞孔傳）。〇予沖子夙夜毖祀，正義申僞孔傳說曰：「……惟典祭祀，以政事委公。襄二十六年左傳云：『衛獻公使與甯喜言曰：苟得反國，政由甯氏，祭則寡人。』亦猶是也。」長沙馬王堆出土帛書春秋事語：「衛獻公出亡，公子浮□□（寧）召子在立（位）。獻公使公子段胄（謂）寧召子曰：『後（苟）入我□，正（政）必（寧）之門出，蔡（祭）則我也。』」陸機豪士賦序：「且夫政由甯氏，忠臣所爲慷慨；祭則寡人，人主所不久堪。是以君奭鞅鞅，不悅公旦之舉，……而成王不遣嫌吝於懷。」以度成王、召奭之心，果如是乎？

王曰：「公功棐廸篤（註八三），罔不若時（註八四）。」

釋文

八三　棐，當讀爲斐，文彩貌（尚書釋義頁九九）。迪，語助詞。篤，厚也；大也。

八四　時，是也；此也。罔不若時，謂無不如以上所稱也（朱子解）。○若，僞孔傳訓順，謂罔不如此曰：「天下無不順而是公之功。」案：經句承上言公功，謂無不如上（「惟公德明」至「文武勤教」）所云，傳增「天下」，且謂無不順公之功，非是。清儒多誤從之。

王曰：「公！予小子其退即辟于周（註八五），命公後（註八六）。四方迪亂未定（註八七）；于宗禮（註八八），亦未克敉公功（註八九）。迪將其後（註九〇），監我士、師、工（註九一），誕保文武受民（註九二），亂為四輔（註九三）。」

釋文

八五　其，將然之辭。退，歸也（儀禮士冠禮「主人退」注）。即，就也。辟，君也；謂君位也。周，宗周鎬京也。全句，成王言己將歸鎬京行天子之政也。○書疏申僞孔傳之義，謂此句成王言：我退朝之後，便就君位於洛邑。訓周爲洛邑，又以時成王在宗周。皆誤。（參看註八六）

八六　後，留後也。與下文「惟告周公其後」及「王命周公後」之「後」同義。命公後，成王命周公留守新邑洛也。◯命公後，鄭玄以爲封周公之子伯禽於魯（詳註一三六），傳疏從之。清儒多是此說，皮錫瑞引公羊文公十三年傳及注、禮記明堂位、說苑敬愼篇、漢書申屠剛傳剛對策及東觀記，但無一字足證成王於即政之年封伯禽於魯（皮說見今文尚書攷證卷十八頁六）。詩魯頌閟宮曰：「（成）王曰叔父，建爾元子，俾侯于魯」，亦未及伯禽受封之年。許鴻磐引左莊三十二年傳「公疾問後於叔牙」，證此「後」亦當如左傳訓「封其後裔」解（尚書札記，經解卷一四一一頁三十）。案：左傳「後」，應訓「繼承者」，是名詞。本篇「告周公其後」、「命公後」及「命周公後」，「後」皆爲動詞。許氏引喻失義。且下「迪將其後」云云，王告周公留後主持洛邑事務，爲義甚顯，與末段「告周公其後」正相呼應，且決不可訓爲封後裔。據此，知鄭玄、傳疏均誤。雒誥解云：「予小子其退以下，則又成王將歸宗周，命公留守新邑之辭也。後者，王先歸宗周，周公留雒，則爲後矣。」此說得之，惟非王氏先發，尙書全解曰：「周公之歸政，而成王之留公，蓋在洛邑。其曰退即辟于周者，蓋我將退而即明辟之政于宗周，則命公留居于洛也。其曰命公後者，若近世留守、留後之類。詳考此篇之意，蓋周公留成周以遷殷頑民，使密邇王室，式化厥訓。成王祀于新邑，將歸鎬京，留周公于洛以鎭撫殷民，故成王之言曰：『其退即辟于周，命公後。』又曰：『公定，予往已！』皆言成王往而周公留也。王往，周公留，故以周公之留爲命公後。」（卷三一頁十九—二十）朱子解是之，語類又曰：「史丞相說書亦有好處，如命公後，……云：『成王既歸，命周公在後，看「公定，予往已」一言，便覺得是周公且在後之意。』」

（書蔡傳輯錄纂註卷五頁十四引）又傳疏謂成王言：予既封其子於魯，則公當續留佑我，林氏又考伯禽之封在前，而成王亦不至以封其子要周公續輔政，曰：「伯禽與太公望相先後而報政，其言見於傳記甚詳，則其就封於魯爲周公後也，固已久矣，非在於洛邑既成之後也。夫必待封伯禽於魯，然後肯留以輔成王，此則淺丈夫要君射利之爲也，豈所以待周公哉！」（案：伯禽蓋周公攝政四年受封於魯，見定四年左傳，說詳拙著「周公旦未曾稱王考」。）其說甚確。

八七　迪，語詞。○僞孔傳迪訓道，亂訓治，且連下「于宗禮」爲句，曰：「四方雖道治，猶未定于宗禮。」細審本段經文，成王因四方亂未定，及于宗禮，「亦」未克敉公功，故命公留洛（「迪將其後」），決無「四方雖道治」之義。王引之以「四方迪亂未定」爲一句，「于宗禮亦未克敉公功」爲一句（尚書今古文注疏卷十九頁八四引）。近是。尚書覈詁（卷四頁八四）謂迪與猶通，「四方迪亂」，猶云四方尙亂。案：尚書文字簡古，於苟、猶類關係詞多省略。楊說恐未盡然。且句中有未字，義即今語「尙未」，故迪作語詞看，於句義完足無缺。

八八　宗禮，祭祀祖宗之禮。○余疑宗禮謂尊禮，尊禮即大禮，猶今言重要之禮度。若宗祀之禮，非關至大，成王新位似不必於此時特言之。

八九　克，能；敉，終也（雒誥解）。全句，言公制宗禮之工作，亦尚未完結也。○敉，王國維曰：「敉之言彌，終也。大誥曰：『敉寧武圖功。』又曰：『肆予曷敢不越卬，敉寧王大命。』立政亦曰：『亦越武王，率惟敉功。』敉皆謂終。」案：敉，彌古音近義通。彌，爾雅釋言：終也。僞孔傳敉訓撫，云撫順公之大功，非經義。足利本敉作撫，蓋誤據傳改字。

九〇 迪，用也。將，主也（皆見尚書故卷二頁一六〇）。迪將其後，言以（周公）主持洛（將其後，義詳註八六）事也。

九一 監，督也。士、師、工，皆官也（參朱子解）；謂在雒之百官也。〇士、工，官也，尚書習見。師，爾雅釋詁四曰：官也。王氏雒誥解亦謂三者皆官，是。士，僞孔傳訓政事，而以師工連讀，說爲眾官。尚書集注音疏（經解卷三九六頁二二）推其說，謂士師工爲執事之眾官，乖誕難信。

九二 誕，語詞。保，即下文「承保」，誕是語詞，可省略。受民，所受於天之民（蔡傳、書纂言卷四頁七四）。〇受民，雒誥解曰：「謂受於天之民。」與宋元人說同。王氏且舉立政及盂鼎文爲證，曰：「立政曰：『相我受民』，又曰：『以乂我受民』。盂鼎曰：『粤我其勸，相先王受民』。」案：受民即受命民之簡省，故下文公荅王，曰：「王命予來承保乃文祖受命民。」

九三 亂，率之訛字；率，用也（詳梓材註一七，原載書目季刊八卷四期。）。四輔，猶言四方之屏藩。〇僞孔傳於尚書亂訓治，多不通，此亦然。又謂四輔爲四維之輔，亦費解。疏謂即四方之輔，且節引禮記文王世子爲證。案：文王世子篇曰：「記曰：虞夏商周有師保有疑丞，設四輔及三公。」禮疏引尚書大傳四鄰（前疑、後丞、左輔、右弼）釋四輔。大戴禮千乘篇曰：「國有四輔；輔，卿也。」而保傅篇謂成王前有周公爲道，後有史佚爲承，左有太公爲充，右有召公爲弼。漢書谷永傳永對曰：「四輔既備，成王靡有過。」漢人置官議事多取禮書四輔之義，以四輔爲四人。至朱子尚承其說，謂四輔即四鄰（皋陶謨有「欽四鄰」）。及蔡傳始變舊說，謂周公居洛，治爲宗周之四輔；漢三輔（京兆、左馮翊、右扶風三郡爲之），蓋本諸此。是以四輔爲宗周四方之屏藩。

王曰：「公定（註九四），予往已（註九五）！公功肅（註九六），將祇歡（註九七），公無困哉（註九八）！我惟無斁（註九九），其康事（註一〇〇）。公勿替刑（註一〇一），四方其世享（註一〇二）。」

釋文

九四 定，蔡傳曰：「爾雅曰：止也。」成王囑公留止於雒也。○僞孔傳訓定爲安，曰：「公留以安定我。」其不知公與王皆在洛，故誤。（參註九五）

九五 已，嘆詞，同「矣」。予往已，成王言己將回歸鎬京。○諸家不知成王時在洛，或從僞孔傳，謂「往」爲「往洛」，皆誤。林之奇解此二句始得其事實，曰：「言公定居於此，我當往歸鎬京也。」（尚書全解卷三一頁二二）朱子解謂此正成王在洛之明證，曰：「此正與公訣別而歸之言也。公定居洛，予往歸周。」

九六 肅，縮也（尚書釋義頁一〇〇）；猶言減少也。公功肅，謂周公（今後留雒）公務將減少也。〇肅，詩豳風七月：「九月肅霜。」毛傳：「肅，縮也；霜降而收縮萬物。」禮記月令篇：「季春行冬令，則寒氣時發，草木皆縮。」鄭注「肅謂枝葉縮栗。」皆訓縮。僞孔傳據爾雅釋詁肅訓進，失經義。

九七 祗，當讀爲厎；厎，致也。將祗歡，言將致於歡樂也（亦尚書釋義說）。〇祗歡，僞孔傳訓敬樂，後人多從此義推衍，然皆委曲難通。雙劍誃尚書新證（卷三頁十七—十八），謂歡本應作雚，與灌祭之灌通。祗歡，即敬恭灌禮。案：于氏以歡輾轉通灌，已極牽強，其解「公定」至「祗歡」，曰：「王曰：公其留止，予往祀，以公功告廟，謹恪將事，敬恭灌禮。」其說皆誣經，尤不可信，以公功告廟，于氏以臆言之。

九八 困，倦也（王炎說，書蔡傳輯錄纂註卷五頁十四引）。無，毋也；漢書引作毋（詳後）。公無困哉，成王勉周公勿倦於國事。〇公無困哉，僞孔傳曰：「公必留無去，以困我哉！」困下哉上多一我字，吳棫曰：「前漢書兩引公無困哉，皆以哉作我。」（蔡傳引）漢書元后傳上報（王）鳳曰：書不云乎？公毋困我。杜欽傳欽說王鳳引書同。此蓋吳氏所謂前漢書兩引之也。又劉昭祭祀志引東觀書載章帝賜臣書暗用尚書文亦同。逸周書祭公篇則作公無困我哉。案：周公代王行政七年，倦而求去，誠有之，下成王勉其「勿替刑」，亦足證明。唯退意並非十分堅決，此由上「予不敢廢乃命」、「茲予其明農哉」得證。如依漢人引書，作公無困我，是公堅決求去，成王恚怒形於辭色，必非經義。逸周書蓋衍一我字，諸家哉則誤爲我。羣經平議（卷六頁四）謂「我惟無斁」之「我」爲衍文，因：「夫周公將歸政，故成王有無斁之語，若云我惟無斁，則成王於安天下事，豈宜有所厭倦，此又何必道哉？」其說可從。

九九　我，衍文，詳上註俞樾說，斁，厭倦也（朱子解，詩經亦習見此義）。成王謂惟周公不倦於國政，則……。

一〇〇　康，安也。事，國事也。其康事，謂政事將安和也。

一〇一　替，廢也。刑，儀刑也（東坡書傳卷十三頁十九）：即典型、表率之義。公勿替刑，成王勉公勿即引退以廢除世人所景仰之典型也。

一〇二　享，義同上「百辟享」之享：進獻也。全句，言四方之國將世世進獻於周也。〇四方世享，僞孔傳謂四方世世享公之德。享公之德，增字（之德）說解，猶未可通。正義改享義爲負荷，謂世蒙受周公之德，義稍勝。享訓進獻，既與上文一致，與上下文義亦連貫。

周公拜手稽首，曰：「王命予來承保乃文祖受命民（註一〇三），越乃光烈考武王弘朕恭（註一〇四）。孺子來相宅，其大惇典殷獻民（註一〇五），亂為四方新辟（註一〇六）。作周（註一〇七），恭先（註一〇八）。曰（註一〇九），其自時中乂（註一一〇），萬邦咸休（註一一一），惟王有成績（註一一二）。予旦以多子越御事篤前人成烈（註一一三），荅其師（註一一四）；作周，孚先（註一一五）。考朕昭子刑（註一一六），乃單文祖德（註一一七）。伻來毖殷（註一一八），乃命寧予（註一一九）；以秬鬯二卣（註一二〇），曰：『明禋（註一二一），拜手稽首休享（註一二二）。』予不敢宿（註一二三），則禋于文王、武王（註一二四）。惠篤敘（註一二五），無有遘自疾（註一二六），萬年猒于乃德（註一二七），殷乃引考（註一二八）。王伻殷乃承敘（註一二九），萬年其永觀朕子懷德（註一三〇）。」

釋文

一〇三　承保，猶周易臨卦大象傳之「容保」；保護也。文祖，指文王昌，由下句續及「光烈考武王」可證；下「乃單文祖德」之文祖義同。受命民，受於天之民（詳註九二）。

一〇四　越，於也（僞孔傳）。烈，光也（爾雅釋詁）。光烈，同義複詞。弘，大也。朕，伕（一作伕）之誤字；伕，訓也。大訓，謂武王營洛之遺訓。恭，共（供）也，猶言「辦理」。全句，意謂（王命我）於汝昭顯之先父武王之大訓是執行。〇朕爲伕之誤字，莊述祖曰：「朕，當作訓。說文人部云：伕，古文以爲訓字。尙書當是本作伕，後改作朕字耳。作雒本武王之意，見逸周書（敏案：見度邑解，史記周本紀亦有說。），故曰『（宏）訓共』

也。」（古文尚書撰異引，經解卷五八七頁九，又尚書今古文注疏卷十九頁八五及尚書今古文集解卷十九頁六亦引，略同。）案：莊說亦見其所著尚書今古文攷證卷四頁五。尚書大傳洛誥篇「以揚武王之大訓」，可作本篇「宏訓恭」註釋。王先謙以爲「宏訓（朕）共（恭）」，乃「共宏訓」之倒裝文法（尚書孔傳參正卷二二頁一〇）。案：「共」爲動詞，當在此小句之首，「共宏訓」意謂完成偉大之教訓。王氏以常態句型解之，非也。此句「越乃光烈考武王宏朕恭」，以關係詞「越」（於也，書義習見。）」字將「乃光烈考武王宏朕」提在上，動詞「恭」在下，謂「恭於……」也。又「光烈」，僞孔傳訓「大業」，諸家鮮有異議，然此說非是。蓋文王創業之功大，上但稱之曰「文祖」，而未及其功業；不應此獨美武王功業。詩周頌載見：「載見辟王，曰求厥章。龍旂陽陽，和鈴央央，鞗革有鶬，休有烈光。」烈亦光也，詩義甚明。

一〇五　其，將然之辭。大，擴大。惇，優厚。典，作動詞，錄用也（于省吾說）。獻，賢也。全句，公戒成王應重用殷才俊之士也。〇典，僞孔傳訓常，蔡傳訓典章，皆以名詞解之，其說不可通。尚書大義（卷二頁二十）訓典爲鎭撫，本篇絕無鎭撫殷民之義，雙劍誃尚書新證（卷三頁十八）曰：「弓鎛：『箕其先舊』。簡冊以竹爲之，故典亦作箕。典其先舊者，謂冊錄其先舊也。蓋典爲簡冊，易爲動詞，猶言冊錄。克盨：『王命尹氏友史趛典善夫克田人』，言冊錄其田人也。……其大惇典殷獻民者，……言其厚錄殷之賢人也。……冊錄猶今人言錄用；用之必先錄之也。」其說視舊義爲勝。

一〇六　亂，當作率；率，用也。（參註九三）辟，君也；諸侯也（詩大雅假樂「百辟君子」，箋：百辟，畿內諸侯也。）。全句，謂用殷才俊爲四方新立之諸侯也。◯簡擇殷人入政，爲周立國初年一貫政策，如多方曰：「爾乃自時洛邑，尚永力畋爾田，天惟畀矜爾。我有周惟其大介賚爾，迪簡在王庭，尚爾事；有服在大僚。」

一〇七　作周，建立周室也；義同詩大雅文王篇序「文王受命作周」之作周。（參註一七）

一〇八　恭先，以恭敬爲首要也。（參註一一五）◯作周，恭先，僞孔傳曰：「……爲周家見恭敬之王，後世所推先也。」謂周公勉成王爲恭敬之王，以爲後世推重也。案：凡詩、書言「周」，皆指周室，未有特指周某王者。傳誤。蘇軾（東坡書傳卷十三頁十九）、陳櫟（書蔡傳纂疏卷五頁十三）竝謂成王爲周家恭敬之王之先。案：周家恭敬之王，是文王在先，詩大雅文王篇曰：「穆穆文王，於緝熙敬止。」可知蘇、陳之說非是。至江聲始說中經義，其曰：「作立周邦，以龔（恭）敬爲先。」（尚書集注音疏，經解卷三九六頁二四）

一〇九　曰，「語之更端，故又加一『曰』字。」（尚書全解卷三一頁二四）

一一〇　自時中乂，用是（此）中土（洛邑）以治。（參召誥「自服于土中」及「自時中乂」註）

一一一　休，喜也（廣雅釋詁一）。

一一二　惟，語詞；猶「則」。績，功也。

一一三　：以，率領。多，眾也。子，男子之美稱；此指官員。多子，猶大誥之「多士」（或「庶士」），眾高級官員也（詳下說）。篤，厚也；作動詞，言增廣之也。成烈，已完成之功業。◯多子，即多士，此由大誥常以庶士與御事連稱知之，大誥曰：「肆予告我友邦君越尹氏、庶士、御事」、「爾庶邦君越庶士、御事罔不反曰艱大」。大誥又曰：「義爾邦君越爾多士、尹氏、御事……」。此多士即上兩引之庶士。多、庶，爾雅釋詁皆訓眾。御事，一般治事之官員也。大誥多士（或庶士）既皆在御事之上，時而擢居諸職之上，其爲眾高級官員無疑。僞孔傳以多士爲眾卿大夫，似亦以之爲眾高級官員。召誥召公曰：「予小臣敢以王之讎民、百君子越友民保受王威命明德。」百君子疑猶洛誥之多子，召奭率以聽受王命者也。屈師翼鵬疑多子是周公諸子。案：周公之元子伯禽，封於魯，在營洛之前。其餘六子分別封於凡、蔣、邢、茅、胙、祭，其封時，左僖二十四年傳曰：「昔周公弔二叔之不咸，故封建親戚以藩屛周……凡、蔣、邢、茅、胙、祭，周公之胤也。」似亦在營洛之先。史記魯周公世家索隱謂周公有次子留相王室。據此，周公子八人，時多有封國，在洛者曾無一人。篤，吳闓生據廣雅釋詁訓理（尚書大義卷二頁二十）。案：廣雅蓋以篤爲督之借字。督，方言六：理也。不如依吳澄（書纂言卷四頁七五）取篤之引申義，說爲增廣，毋煩假借，且於經義尤合。

一一四　荅，副也。師，眾也；指殷民言。荅其師，書纂言（卷四頁七五）曰：「……副荅民眾之望。」（江聲說略同）○荅其師，僞孔傳訓當其眾心，非是。雙劍誃尚書新證（卷三頁十八—十九）據吳汝綸說，謂荅爲合之借字。荅其師，合其眾也。案：合其眾於上下文均無施，吳說難信。

一一五　孚，大信也（左莊十年傳「小信未孚」注）。孚先，以孚信爲首要也。（參註一〇八）〇作周，孚先：僞孔傳云：「……爲周家立信者之所推先。」東坡書傳（卷十三頁十九）

曰：「後世言周之信臣者，以周公爲先也。」皆誤。

一二六 考，成（就）也（詩周頌維天之命「文王之德之純」疏引鄭玄注）。昭子，明子（鄭玄說）；猶上文「子明辟」。刑，法度（亦鄭玄說）；此謂典型也。○昭子，以爲即明辟，蔡傳先言之。不曰昭辟而曰昭子者，蓋子爲叔父家人之辭，親愛之也。書纂言（卷四頁七六）舉君奭篇「昭文王」、「昭武王」，謂昭子刑爲昭明子之儀刑。失之。

一二七 單，動詞，大也（說文）。單文祖德，言光大周已故祖先之德也。○單，諸家絕多訓盡（同殫）。鄭玄謂單文祖德，爲盡明堂之德。僞孔傳雖謂文祖爲文王（案：如上「文祖受命民」之文祖，亦通。），但仍從鄭氏謂盡文王之德，爲典禮之事。說頗穿鑿。馬融訓單爲信（見經典釋文，云馬丁但反。），亦不可通。

一二八 伻，使也（參註一三）。伻來，謂王在宗周使使者來雒也。毖，告也。殷，指殷遺民。○毖訓誥，見酒誥。僞孔傳訓慎，又於句中增「告」字，云「慎告殷」，不如訓告爲直截，參酒誥諸「毖」字註。

一二九 乃，又且也（裴學海古書虛字集釋）。寧，存問也（雒誥解）。寧予，問候予也。○寧，鄭玄以爲文王，又云武王亦得稱寧王（詩召南何彼襛矣「平王之孫」疏引）。僞孔傳及顧彪（書疏引）訓寧曰安，謂周公自言受文武之命以來安民（此蓋師法鄭義）。案：周公秉武王遺意營雒，而文王不與。諸說竝失之。吳汝綸始訓寧爲存問（尚書故卷二頁一六三），雒誥解申之，云：「寧，安也。詩（周南葛覃）曰：『歸寧父母。』盂鼎云：『王初□于成周，王命盂寧鄧伯。』是上下相存問通稱寧也。」僞孔傳以「予」屬下讀，失之。

二一〇 秬，黑黍也。鬯，暢也。秬鬯，黑黍酒也。以黑黍釀酒，築鬱金之草煮而和之，使之氣味香入，芬芳條暢，謂之秬鬯。祭祀以秬鬯灌地（參註一四〇）。卣，酒器，爾雅釋器曰：「卣，中尊也。」郭璞注：「不大不小者。」○詩大雅江漢周宣王錫召穆公虎曰：「釐爾圭瓚、秬鬯一卣。」書文侯之命周平王錫晉文侯仇秬鬯一卣。左僖二十八年傳記周襄王賜晉文公重耳秬鬯一卣。彼賜皆一卣，此獨二卣者，書疏曰：「此一告文王，一告武王。彼王賜臣，使告其太祖，故惟一卣耳。」案：正義說是，江漢下文明言賜酒之故曰：「告于文人。」文人即先祖。文侯之命僞孔傳亦謂王賜酒使告其始祖，左僖廿八年傳疏亦引詩江漢鄭箋謂賜酒所以祭其宗廟，告其先祖。而本篇下文明言「則禋于文王、武王」。據此則正義是也。雒誥解謂王以秬鬯寧周公，公嘉王賜，故禋於文武。失之。

二一一 明，潔淨也。禋：祭祀名，其法：積柴，加牲於其上，燎之，使煙達於天上（參堯典「禋于六宗」註）。「明禋，拜手稽首休享」，皆使者以成王命告周公之辭。○禋，鄭玄曰：芬芳之祭（周禮春官大宗伯疏引），蓋謂燎牲之煙氣芬芳上聞於天也。明禋，鄭玄曰：「六典成，祭於明堂，告五帝太皥之屬也。」（書疏引）是以明爲明堂。然於下文「則禋于文王武王」，則又曰：「既告明堂，則復禋于文武之廟，告成洛邑。」案：此段經文，先是成王賜酒命周公祭文武，云「明禋，拜手稽首休享」，公「則禋于文王、武王」，觀「則」之一字，上「明禋」爲王命公禋二先王，甚顯。且禋於明堂，言「禋明」可矣，何必倒文以作明禋乎？王鳴盛祖鄭之失（尚書後案，經解卷四二三頁二十一一二），又從而爲之辭。竝失經本義。

一二二 休，美也；謂妥善也。享，獻也；祭也。全句，成王戒周公應拜手稽首妥祭文王武王也。

一二三 宿，經宿也（僞孔傳）；義猶禮記曲禮上「凡爲君使者，已受命君言，不宿於家」之宿，謂當日行事，不使延至明日也。

一二四 則，承上之詞，猶云「於是就……」。禋于文王、武王，言禋祭於文武之廟也。〇雒邑有文、武廟，逸周書作雒解曰：「乃位五宮：大廟、宗宮、考宮、路寢、明堂。」朱右曾解曰：「宗宮，文王廟。考宮，武王廟。」

一二五 惠，語詞，維（惟）也（參堯典「亮采惠疇」註）。篤，安也。敘，順也。（皆尚書大義卷二頁二十說）〇由此至「殷乃引考」，周公祝而願之之詞（參尚書全解卷三一頁二七）。

一二六 遘，遇也（爾雅釋詁）。自，於也（尚書大義）。疾，病。〇全句，僞孔傳謂無有遇用患疾之道者。患疾之道，正義說爲虐政。其說皆不可通。尚書集注音疏（經解卷三九六頁二六）云：「（厚敘其臣民，）使無有遘隙用相疾惡者。」江氏加「隙」，又謂疾爲相疾惡，皆臆說。莊述祖謂自是辠之誤，曰：「自當作辠，周書祭公篇曰：『女無以戾（反）罪疾。』……」（尚書今古文集解卷十九頁七引）友人朱廷獻君以自爲辠之壞字（尚書虛字集釋頁九二），錄存於此。

一二七 萬年，猶永久也。猒，同厭，猶云滿足也。全句，言神永遠滿意汝（成王）之美德也。毛公鼎：「皇天弘猒厥德。」與此句義近。〇猒，通作厭，馬融訓飫（經典釋文引），書疏訓飽，義皆同饜，引申爲滿足。唐石經、古本、岳本「猒」上竝有「于」字。案：有「于」字義較圓足。

一二八 殷，盛也（尚書大義卷二頁二十）。乃，而也（經傳釋詞）。引，長也。考，壽也。全句謂神靈將佑汝昌盛而壽考也。此義詩閟宮習見。◯殷乃引考，僞孔傳訓殷爲國名，考爲成，云「殷乃長成爲周。」宋人（如蘇軾、林之奇）變古注，訓引考爲長壽，得之。惟殷訓仍沿舊解，非經義。雙劍誃尚書新證（卷三頁十九）以引爲弘之形誤，考讀孝（皆依據金文），謂弘孝是周人成語。案：衡諸上下文，周公不應於此突言殷人孝道，于說未是。

一二九 敘，順也。承敘，承順也。（皆經義述聞說，經解卷一一八二頁十）全句，謂王使殷人聽受順從也。

一三〇 永，長也。朕子，猶云「吾子」，指成王；亦親暱之稱。全句，謂（殷人）將永遠觀吾子之法度，而感懷其德也。◯僞孔傳訓懷德爲歸其德，義亦可通。至謂觀朕子，爲觀我子孫，則失經旨。尚書大義（卷二頁二一）觀訓示，待考。

戊辰（註一三一），王在新邑（註一三二），烝、祭歲（註一三三）：文王騂牛一（註一三四），武王騂牛一。王命作冊逸祝冊（註一三五），惟告周公其後（註一三六）。王賓（註一三七），殺、禋（註一三八），咸格（註一三九），王入太室祼（註一四〇）。王命周公後（註一四一），作冊逸誥（註一四二），在十有二月（註一四三），惟周公誕保文武受命（註一四四），惟七年（註一四五）。

釋文

一三一　戊辰，周成王七年十二月之晦也。（參註一三三）〇戊辰，漢書（卷二一下）律歷志下引劉歆三統歷曰：「周公（攝政）七年……二月乙亥朔，庚寅望，後六日得乙未，故召誥曰『惟二月既望，粵六日乙未』。又其三月甲辰朔，三月丙午，召誥曰『惟三月丙午朏』。古文月采篇曰：『三日曰朏。』是歲十二月戊辰晦，周公以反政，故洛誥篇曰：『戊辰，王在新邑，烝，祭歲，命作策，惟周公誕保文武受命，惟七年。』」是劉歆以召、洛誥所敘為同一年中之事（案：召誥曰：「若翼日乙卯，周公朝至于洛」，洛誥周公曰：「予惟乙卯，朝至于洛師」。兩乙卯，皆七年三月乙卯也，是同一年內事，故略某年不言也。），此戊辰即成王七年十二月晦也。七年三月三日為丙午，則當年必有閏月，否則十二月無戊辰，書疏推九月閏小（錢大昕推閏九月大，見王先謙漢書律歷志補注引，下同。）。十二月己亥朔大（錢氏推十二月庚子朔小）。吳澄據漢志推是年正月乙巳朔小，二月乙亥朔小，……十一月庚子朔大，閏（十一）月庚午朔小，十有二月己亥朔大，則當月戊辰，晦（原誤作朔）日也（書纂言卷四頁七九）。王鳴盛非之，以為「古歷歸餘于終，閏月皆在十二月後。」（尚書後案，經解卷四二二頁二五）。因據尚書大傳謂召誥營洛之事在居攝五年，洛誥在七年，非一年內之事，又據鄭玄說謂召誥之二月、三月當為一月、二月，以推至七年十二月方有戊辰。又謂此戊辰為七年十二月之某日，而不得確為晦日，曰：「偽傳以戊辰為十二月，是矣，以為晦，則非也。……知戊辰是十二月者，以是日烝祭，晏子春秋云：天子以下至士皆祭以首時，首時謂孟月也。十二月于周為季冬，于夏正為孟冬，是首時也。」江聲說與之略同（尚書集注音疏，經解卷三九六頁二六─二七）。宋人亦多主戊辰在七年十二月某日，而不確為晦日。案：王氏引晏子春秋，乃後起之義，不得據以證周初禮制，王者之祭不必在首時，大傳「周公攝政五年營成周」，謂謀建成周，非謂召誥召公相宅、卜宅、改位、營作之事，不宜混為一談。若鄭玄以召誥二、三月當作一、二月，以臆改經，不可從。至於置閏，殷代已行歲中置閏之法，非皆在十二月後。郭氏甲骨文字研究（釋歲頁十），謂：「洛誥之一例本稱『在十有二月』，然此乃『十有三月』之誤文也。因當年三月三日有『丙午』，十二月不應有戊辰。前人或有以閏月說之。然周初置閏當在年末，周代彝器猶屢見十三月之文可證也。」（趞卣（周成王時器物）：「隹十又三月辛卯，王在厈，易趞采曰𧻚，易貝五朋。」）案：郭說周人歲末置閏，未為定論。

一三一　王在新邑，謂成王於七年十二月戊辰日已在新邑雒也。○王在新邑，謂成王是冬十二月在雒，諸家決無異說。惟偽孔傳以成王十二月戊辰（晦）到雒，林之奇非之，曰：「先儒以爲戊辰日到洛，則不可。使王果以是日至洛，則其文當如召誥『越三日戊申，太保朝至于洛』、『翼日乙卯，周公朝至于洛』，不當言『王在新邑』也。」（尚書全解卷三一頁二八）王鳴盛亦難傳說，曰：「經言『王在』，則王到已非一日，經特未見其文耳。今解爲王到，到與在絕異，傳何據而知王以戊辰到邪？」案：僞孔傳拘泥序說，堅持成王前此未嘗在洛，洎既受周公誥辭，始自鎬京東來，而於戊辰蒞雒。故不惜曲解「在」義爲「來」，以曲成其周公、成王問答皆使者往返之辭之說。

一三三

烝、祭歲：烝，冬祭也（爾雅釋天）。祭歲，祈年也（尚書故卷二頁一六五、尚書大義卷二頁二十）詩大雅雲漢：「祈年孔夙。」鄭箋：「祈豐年甚早。」此謂成王早於本年歲暮，祈來年穀豐也。○鄭玄以「烝」字屬上讀（見經典釋文），江聲從之，且引傳記以爲成王於新邑行冬祭（尚書集注音疏，經解卷三九六頁二六—二七）。鄭又以「歲」爲成王另一祭，時在次年正月朔，曰：「歲是成王元年正月朔日特告文武封周公也。」（書疏引）其意蓋謂新君即位，先以朝享之禮祭於祖考，告嗣位；其後，更以二牛祭文武，告封周公之後，命作冊逸祝書告神。是康成以烝與歲爲兩事，不相蒙承，江聲、王鳴盛、陳喬樅（今文尚書經說攷卷二一）皆曲通鄭說，然鄭非也：其一、鄭誤據三統歷，謂成王親政元年己巳朔封伯禽於魯爲侯，其實是時並無命魯侯之事（參註八六及註一三六）。其二、烝、祭歲固一日之事。殷周間記事之體，先書日、次書月、後年，殷卜辭及庚申父丁角、戊辰彝皆然。周初之器，或先月後日，然年皆在文末（本雒誥解，參今文尚書攷證卷十八頁九）。據此，經文戊辰、十二月、七年，七年十二月戊辰日也。其間所敘祗一事，文氣連屬，血脈貫通，不得強分爲二年二事。又僞孔傳既以成王戊辰始到洛，戒日致齋，須假時日，故謂烝祭在次月（建子之月，即夏歷十一月仲冬）某日行之。案：如依上述文獻，烝祭當於冬行之，而子月爲周之春正月，不得以一國大典，反假夏歷以行事，傳說妄也。綜之，洛誥一篇記祭祀四次—成王三次：一於到洛後，即「王肇稱殷禮，祀于新邑，咸秩無文」（下「惇宗將禮，稱秩元祀，咸秩無文」爲同一事。）所示，祀天建元也；二爲十二月晦之烝祭；三爲殺牲、禋祀，入太室祼，亦在十二月晦。周公一次，以秬鬯二卣禋祀文武者是。而朱子謂歲末烝祭即前「肇稱殷禮」之祭，陳櫟非之（書蔡傳纂疏卷五頁九），是也。近人唐蘭天壤閣甲骨文存考釋（頁三十—三一）謂烝，登新米之祭也。歲，割牲以祭也。未知確否，存以備考。

一三四 騂牛，赤色牛也。謂告祭文王廟用騂牛一隻也（下句倣此）。◯尚書集注音疏：「騂，赤色，周尚赤，故用騂牛。……禮記檀弓云：『周人尚赤，大事斂用日出，……牲用騂。』」（經解卷三九六頁二八）

一三五 作冊，職官名，古蓋屬史官。逸，人名。祝，於神前宣讀。祝冊，猶今語「唸冊子上的文字」。金縢「冊祝」義同。◯冊，《漢書》律歷志作策、敦煌本伯二七四八作筴，用字不同，義則無異。作冊，原始意義爲撰作冊文，用之既久，義變爲「撰作冊文者」，遂取爲官名，雒誥解曰：「作冊，官名。逸，人名。顧命『命作冊度』，……彝器多稱作冊某，或云作冊內史某，或但云內史某，其長云作冊尹，亦曰內史尹，亦單稱尹氏，皆掌冊命臣工之事。此命作冊逸，猶他書云史佚、尹佚矣。」自鄭玄訓作冊爲所作冊祝之書，後人遂以王命作冊爲句，逸祝冊爲另句。不知若用此說，於下文「作冊逸」已不可通解，況顧命「丁卯，命作冊度。越七日癸酉，伯相命士須材。」「度」下句絕，「度」上「作冊」，絕不得說爲「所作冊祝之書」甚明。

一三六 惟，猶爲也。告，祭告於文武也。告周公其後，告周公將留守新邑雒之事於神也。○告周公其後，三統歷、鄭玄（見書疏、詩魯頌譜）皆謂周公返政，成王立其後爲魯侯，用牲告於文武廟。清儒多沿襲舊說，且引魯頌閟宮（見註八六引）及公羊十三年傳封魯公（即伯禽）於魯爲證。案：伯禽封於魯在周公攝政四年，參註八六。

一三七 賓，讀爲儐，迎導也；義如堯典「寅賓出日」之賓。王賓，言成王迎請文武之神靈也。○賓，王肅（書疏引）、僞孔傳及疏，皆謂成王尊異周公不敢臣之，故以之爲賓。是以賓爲周公。蘇軾、林之奇、江聲諸家皆以賓爲諸侯之助祭者，蔡傳云：「王賓，猶虞賓、杞、宋之屬；助祭諸侯也。」竝誤。孫詒讓讀儐，然謂王令宗伯擯（義同賓）詔周公魯公進就位受命（尚書駢枝頁十六），則非。雒誥解曰：「王賓，謂文王武王。死而賓之，因謂之賓。殷人卜文屢云『卜貞王賓某某』，『王賓』以下皆殷先王名。如此王賓即謂文武矣。」王氏似謂成王所賓（迎請）者文武。金履祥謂王賓爲王迎牲（書經注卷九頁二二），禮記郊特牲有「既灌然後迎牲」，金說或是。

一三八 殺，殺牲（傳疏）。禋，禋祀；實牲於柴而燎之，使煙徹於上。殷人祀人鬼亦用此禮（雒誥解）。（參註一二一）

一三九 咸，皆也。格，謂神（文王武王）皆降臨也。○格，請神而神來至，書義習見。諸家訓至，不誤，惟或云成王皆至二王之廟親告（如傳、疏），或云王之賓（諸侯）皆至廟，或以王、或以諸侯爲「咸格」之主語，遂致訛謬。

一四〇　太，大也。太室，宗廟中央之大室。祼，同灌，以圭瓚酌秬鬯灌（澆）地也。全句，謂成王分別入文王、武王廟灌祭也。〇太室，馬融曰：「廟中之夾室。」（經典釋文引）夾室之言旁室、次室，而非至室，馬說誤。王肅云：「太室，清廟中央之室。清廟神之所在，故王入太室祼。」詩周頌清廟序謂清廟爲文王之廟。本篇既載成王兼祀文武，則王氏所言之清廟，當指周家宗廟。書疏曰：「（清廟，）廟有五室，中央曰太室。」諸家多用正義說。至王國維詳考其制，略以：古代宗廟，其制如明堂。明堂之制，中央太室之外，四方四堂亦各有一室，宗廟亦然。四方四堂之左右兩側各有一室，即馬融所言之夾室。據彝器，周代成王、康王、穆王諸廟皆有太室，不獨文武廟（觀堂集林卷三頁一—十一明堂廟寢通考）。禮書多記祼禮：禮記郊特牲云：「周人尚臭，灌用鬯臭，鬱合鬯臭，陰達於淵泉，灌以圭璋，用玉氣也。既灌然後迎牲，致陰氣也。」此先灌，次迎牲，既迎牲然後殺之，燎禋在末。與本篇先殺牲，次燎禋，末祼不同。江聲（尚書集注音疏，經解卷三九六頁二九）、王鳴盛（尚書後案，經解卷四二二頁十八）皆謂郊特牲爲始時灌地降神之灌。案：鄭注郊特牲云：「以圭瓚酌鬯，始獻神也。」孔安國論語八佾「禘自既灌」注曰：「酌鬱鬯灌於太祖，以降神也。」與江、王二家說同。周禮大宗伯曰：「以肆獻祼，享先王。」鄭注：「肆者，進所解牲體。……獻，獻醴。祼之言灌，灌以鬱鬯，謂始獻尸求神時也。」進牲體（時牲已殺）在祼前，與本篇先殺後祼合。江、王謂是獻尸之灌。案：鄭注周禮春官司尊彝「祼用虎彝」曰：「祼謂以圭瓚酌鬱鬯，始獻尸也。」禮記祭統曰：「君執圭瓚祼尸。」是江、王之說有據。疑本篇亦如周禮及禮記祭統之說，爲獻尸之祼，而效特牲迎牲後於灌，當如雒誥解所說，爲後起之禮。又禮經及注疏皆言以圭瓚酌秬鬯灌，茲從之。

一四一 成王命周公留守雒邑也。（參註一三六）

一四二 誥，同告。謂以周公留雒事告文武也。◯金履祥以爲：上「冊」，史逸告文武之冊；此「作冊逸誥」，史逸讀冊以命周公於廟也。（書經注卷九頁二一及尚書表注卷下頁二九）。陳櫟申之曰：「上言逸祝冊，告文武之冊也；下言作冊逸誥，告命周公之冊也。重其事，故既廟祭而冊祝先王，又因廟祭而冊命周公也。」（書蔡傳纂疏卷五頁十四——十五）案：上「王命作冊逸祝冊，惟告周公其後」，概述成王因留周公治雒，有告文武之事；下即備載王命公留後之典禮：賓，殺、禋，祼，而後命公，由作冊逸誥於文武。首尾所敘祗一事，所誥祗文武，而皆於二王廟中行之。陳氏云「重其事」，是也，然謂告有二冊，則誤。

一四三 十有二月，成王七年十二月也。（參註一三一及一四五）◯成王於七年歲莫祭二先王廟，史官記其事「在十有二月」，僞孔傳曰：「言周公攝政盡此十有二月。」是也。

一四四 受命，義與上「受民」及「受命民」同，謂受於天之民也。雒誥解曰：「『誕保文武受命』，即上成王所謂誕保文武受民，周公所謂承保乃文祖受命民，皆指留守新邑之事。』」（參註一四五）

一四五　惟，語詞，維也。惟七年，周公代成王執政之第七年，亦即成王七年也。◯自召誥「惟二月既望」至此，皆同一年內記事，故史逸於其末總結曰「惟七年」，猶洪範「惟十有三祀」、金縢「既克商二年」也。第周初記事，或先月後日（如召誥「惟二月既望，越六日乙未」、「越若來三月，越三日戊申」。），或先日後月（如本篇「戊辰……在十有二月」），然年皆在文末。如觮尊云：「惟王來正人方，惟王廿有五祀。」而洪範、金縢非周初著成，不復承用古法，是以記年皆弁於文首，曰「惟十有三祀，……」、曰「既克商二年，……」又案：周公行政之第七年，成王即政，周公攝政，鄭玄謂與文王、武王受命各皆七年，見經典釋文引，詩大雅文王序疏引鄭洛誥注云：「文王得赤雀，武王俯取白魚，皆七年。」周禮天官冢宰「惟王建國」疏引鄭注洛誥「誕保文武受命惟七年」鄭注曰：「以文武受命七年而崩，周公不敢過其數也。」案：赤雀云云，據緯書中候；白魚云云，據逸太誓。皆不足信。鄭蓋以「惟七年」屬上讀，又牽引雜說，與周公不敢過文王受命之數之義，不免厚誣古人。吳棫亦以「惟周公誕保文武受命惟七年」為句，竟謂「周公自留洛之後，凡七年而薨也。」（蔡傳引）案：此誥當時作成。若如吳氏說，史官於七年後始作，不然則逆知周公將於留洛後七年薨。絕無是理。

七　多士義證

題解

多，衆也；士，官員也。篇中或稱多士（四見），或稱殷多士（三見），因以「多士」名篇。此篇之所以作，書序曰：「成周既成，遷殷頑民，周公以王命誥，作多士。」史記周本紀述營洛作召誥、洛誥之後，乃曰：「成王既遷殷遺民，周公以王命告，作多士、無佚。」（案：此「無佚」是衍文。）（註）是書序、史記皆以此篇爲成王親政後遷殷民於洛，周公承王命誥之之辭。序曰「殷頑民」、史曰「殷遺民」，即本篇經文之「商王士」——故殷朝之官員也。經文又曰：「予惟時其遷居西爾」，書疏曰：「從殷（朝歌）適洛，南行而西迴，故爲居西也。」經文又曰：「爾厥有幹有年于茲洛。」據此，是自朝歌徙殷官員於新邑洛也。漢書地理志及賈逵左傳注皆以遷邶、鄘之民於成周，邶、鄘在朝歌附近（竝書疏引），說與序、史略同。

書序、史記既主此篇爲親政後事，諸本又次洛誥之後，故舊皆以爲成王即政之次年（書疏引鄭玄說，僞孔傳等皆然。）作。宋吳棫始異其論，曰：「武王已有都洛之志，故周公黜殷之後，以殷頑民反覆難制，即遷于洛。至是，建成周，造廬舍，定疆埸，乃告命與之更始焉爾，此多士之所以作也。由是而推，則召誥攻位之庶殷，其已遷洛之民歟！不然，則受都今衛州也，洛邑今西京也，相去四百餘里，召公安得舍近之友民，而役遠之讎民哉！」（蔡沈書集傳引）吳氏謂「黜殷之後，既遷（殷頑民）于洛」，似謂遷事在攝政三、四年。又謂召誥營洛之前，已「建成周，造廬舍，定疆場」，遂告命與之更始——此告命即此多士篇。吳說殆皆臆決，未有確據；然謂多士非營洛後著成，則予後人啓示頗大。

召誥篇：「越若來三月，……乙卯（十二日），周公朝至于洛，……甲子（二十一日），周公乃朝用書命庶殷——侯、甸、男邦伯。厥既命庶殷，庶殷丕作。」此命殷官員效力作洛，與多士篇首「惟三月，周公初于新邑洛，用告商王士」之「三月」相合。且云「新邑洛」，與召誥記新營洛邑事亦符。宋人因是以多士篇經文五百七十二字即召誥周公「用書命庶殷」之「書」——即公文書也。宋陳傅良曰：「此（敏案：謂洛誥、多士兩篇。）二篇皆稱『王若曰』，則是相宅年之三月作之，不待辨而知也。」（元董鼎書蔡傳輯錄纂註卷五頁十七多士篇「惟三月」下引。亦見元陳櫟書蔡傳纂疏卷五頁十六引。）陳氏說固是，然其詳則不得而知矣。金履祥曰：「惟三月，七年之三月也。……周公以三月乙卯至新邑，以書命庶殷。……而舊說以爲明年之書，失之矣。周公營洛至成王烝于新邑，命周公留後于洛矣，奚爲明年而曰『初于』，又何爲周公營洛與初政于洛二年之間，皆以三月？然則謂明年之書者，孔氏之失也，亦書序誤之也。」（書經注卷九頁二四多士「惟三月」下）金氏又於召誥「朝用書命庶殷」下注曰：「（書）即多士之書也，蓋以王命爲書誥命庶殷。」（書經注卷九頁二）因繫本篇於周成王七年，且采錄經文。（見所著通鑑前編）其說吳澄（書纂言卷四頁八十）、魏源

（書古微卷十頁十）皆是之。陳櫟且申之曰：「蔡氏從孔氏，以此三月爲祀洛次年之三月，皆以書之篇次意之耳。按召誥、洛誥及脱簡在康誥之日月，周公正以七年三月至洛，此之三月即彼之三月也。得卜經營之時，便告商士，此專爲告商士而作，故史自錄爲一書，而次之洛誥之後。七年無兩七年，三月亦無兩三月也。」（書蔡傳纂疏卷五頁十五）

案：金氏、陳櫟之說甚確。今就本篇經文考之，「今朕作大邑于茲洛」，明言今正作大邑於洛之時，若次於八年三月，洛邑已營成，誥辭安得言之？「爾乃尚有爾土，爾乃尚寧幹止」、「今惟爾時宅爾邑，繼爾居」，下總曰：「爾乃有幹有年于茲洛」：皆預許殷眾士得有其土田居處於斯新邑營成之後。又由「爾小子乃興從爾遷」語推之，此蓋周人安頓殷民於洛之初步，後當續遷；此戒眾士安於新邑，以影響「小子」服從徙置之命。凡此，皆與營洛當時情勢合。固不得不棄書序，興從宋人之說矣！

結論：本篇爲周成王七年（即周公攝政之七年）三月二十一日（甲子）朝周公旦以成王命告殷眾官員之公文書（本篇著成時代參拙著「尚書多方篇著成於多士篇之前辨」，載國立臺灣大學文史哲學報第二十二期，民國六十三年六月出版。），戒殷士聽服王命，安於新邑。

註　史記魯周公世家曰：「周公（自楚）歸，恐成王壯，治有所淫佚，乃作多士，作毋逸。」案：作多士，史遷誤。說詳無逸篇。

惟三月（註一），周公初于新邑洛（註二），用告商王士（註三）。

釋文

一　三月，成王七年（亦即周公行政之第七年）之三月。（參註三）

二　初，謂首次。于，關係詞，於也。洛，當作雒。（亦參註三）

三　士，指官員（參題解）。商王士，商代王朝之眾官員也。◯以上三句，鄭玄承書序意，以爲三月是周公致政之次年三月，此年爲成王改元元年。是月，周公自王城初次往成周（即洛邑，參洛誥註九）之邑，用成王命告殷之眾士（書疏引）。案：鄭訓于爲往，非是。尚書于字極多，皆訓「在於」。且召誥曰：「王朝步自周，則至于豐」、「大保朝至于洛」，洛誥曰：「予惟乙卯朝至于洛師」，述自一地至另一地，皆作「至于」某地，不作「于」某地。又當時所營，祇瀍水東、瀍水西、雒水北一地（即今之河南省雒陽縣），並無所謂成周、王城之分，書經文義甚顯。召公、周公、成王先後於七年至洛，祀天改元（參洛誥註一四及七五），周公稍先於此年三月甲子（二十一日）「朝用書命庶殷（庶殷即多士，亦即侯、甸、男邦伯，皆殷王朝之官員）。」（召誥文）命庶殷之「書」，即多士篇全文。此陳傅良、金履祥之說也，而吳澄、陳櫟、魏源皆是之（已詳題解）。案：本篇述遷殷民於雒，「予惟時其遷居西爾」、「今朕作大邑于茲洛」、「今爾惟時宅爾邑，繼爾居，爾厥有幹有年于茲洛」又觀「爾小子乃興從爾遷」云云，知此遷於雒者，亦祇部分殷民，命作營建之勞力（由召誥「太保乃以庶殷攻位于洛……庶殷丕作」可見）。金氏說得之。羣經平議（卷六頁四）以「王士」連文，猶周易言「王臣」，春秋書「王人」，周書世俘篇「（殷俘）『王士』百人」，茲從之。

王若曰：「爾殷遺多士（註四）！弗弔（註五），旻天大降喪于殷（註六）；我有周佑命（註七），將天明威（註八），致王罰（註九），勑殷命終于帝（註一〇）。肆爾多士（註一一）！非我小國敢弋殷命（註一二），惟天不畀允罔固亂（註一三），弼我（註一四）；我其敢求位（註一五）？惟帝不畀（註一六），惟我下民秉為（註一七），惟天明畏（註一八）。

釋文

四　多士，眾官員；即召誥書告之侯、甸、男邦伯。（參題解及註三）

五　弗弔，猶云不幸也（書經注卷八頁七）。（參註六）

六　旻天，猶今語「老天」。降喪于殷，謂天命殷國喪亂國亡也。〇弗弔，金文弔作𠂇，叔（淑）作𠦒，王國維云古弔、淑同字，疑非是。（參大誥註五）旻天，爾雅釋天曰：「秋爲旻天。」

馬融據此注書云：「秋日旻天，秋氣殺也。方言：『降喪故稱旻天也。』」（書疏引）三月為春建寅之月，而曰旻天者，諸家多從偽孔傳以「愍」釋旻天。案：詩小雅小旻「旻天疾威」，朱傳：旻，幽遠之意。則旻天義如堯典之「昊天」（昊，元氣廣大也。），猶皇天也。不必如馬注，迂曲難通。孫星衍引王引之說（見尚書今古文注疏卷二十頁九二）以「弗弔旻天」連句，言此不祥善之旻天也。案：詩小雅節南山三、六兩章「不弔昊天」，即「旻天不弔」，詩人倒文以美其文辭，句型與同篇它章「昊天不傭，昊天不惠、昊天不平」一致，可證。左傳哀公十六年公誄孔子「旻天不弔」，即取詩句。大誥「弗弔，天降割于我家」，與此句義近；君奭「弗弔，天降喪于殷」，與此句法同，義亦同。皆應從弗弔絕句。王說失之。

七　佑，與右通，借為「有」（參金縢「敷佑四方」註）。佑命，即有命；猶受（天）命也。○佑命，偽孔傳曰：「受天佑助之命」，佑，訓助。吳汝綸見其說難通，改訓佑為配（尚書故卷三頁一）。子闓生云：「佑，配也。配命，猶言當運。」（尚書大義卷二頁二一）案：佑訓配，於字書無徵。當為有之借字，君奭篇首，周公若曰：「君奭！弗弔，天降喪于殷，殷既墜厥命，我有周既受。」與本篇篇首「王若曰」至此句章法及意義酷似。其「我有周既受（敏案：承上「墜厥命」省「命」字）」與此「我有周佑命」義同；佑命即受命，何疑？

八　將，行也（偽古文胤征篇「奉將天罰」傳）。明，揚善；威，懲惡。將天明威，執行皇天顯善罰惡之命令。○威，敦煌本作畏。畏，通威，下文作「惟天明畏」，可證。全句，疏申傳意云「奉天明白之威」，亦勉彊可通。

九　致，推行；義與上句「將」同。王罰，王者之罰。○致王罰與將天（明）威句法一律，東坡書傳（卷十四頁一）：「明威、王罰一也。在天則明威，在人則王罰。」是。

一〇 勑，字通敕，令飭也。殷命，殷國國運。終于帝，由上帝結束之。〇勑，僞孔傳訓正，云「正（原誤作王）黜殷命，終周于帝王。」疏云：「……言殷祚終而歸於周。」語支離不可通。蔡傳云：「敕正殷命而革之，以終上帝之事。」愈不可通矣。雙劍誃尚書新證（卷三頁二十—二一）謂勑，金文作諫、諫或敕，訓戒。以勑連上讀，下別爲句。且舉召誥「天既遐終大邦殷之命」，以爲與此「殷命終于帝」語例同。案：召誥「天既遐」云云與西伯戡黎「天既訖我殷命」、召誥「皇天上帝改大國殷之命」及「皇天改大邦殷之命」句型意義皆同，已爲完整句。但「殷命終于帝」則不同，其上如無一動詞，則意義不完足，故勑字不應連上讀。下文「（天）惟廢元命，降致罰，乃命爾先祖成湯革夏。」「乃命」之命，義猶此「勑」。于說不可從。

一一 肆，語詞。（參康誥註一三六）「肆爾多士」與上「爾殷遺多士」皆呼殷民而告之。〇肆，僞孔傳訓「故」，正義以爲「辭無所結」。王安石曰：「肆爾多士者，肆之而不誅也。與『眚災肆赦』……之肆同意。」（尚書全解卷三二頁四引）依王說，肆當訓則，「則爾多士」；上無所承，下無可施。必不是。江聲（尚書集注音疏，經解卷三九六頁三一）訓今。案：經文成王所敘弋殷弼周，莫非舊事，而冠「今」義於句端，顯然不倫。蔡傳曰：「肆與康誥『肆汝小子封』同，……呼多士語之。」而於康誥「肆汝小子封」下注曰：「肆，未詳。」肆作句首語詞，除上述康誥一例外，盤庚「肆上帝將復我高祖之德」、大誥「肆予沖人永思艱」，肆義亦同。

二二　小國，成王自稱己國。弋，取也；言有心於取之也（蔡傳）。○自稱小國於殷人，尚書集注音疏（經解卷三九六頁三二）謂周起於百里，故言小國。案：如此則成湯以七十里起（見孟子公孫丑上），其國尤小，則周王何以數稱之「天（大）邑商」（多士後文）、「大邦殷」（顧命）？尚書全解（卷三二頁五）以爲是謙辭，春秋諸侯多稱「敝邑」，正此類也。案：春秋交戰盟會，兩國互謙稱敝邑，固屬常禮。此於亡國之民不當屢示卑小（大誥曰：「天休于寧王，興我小邦周。」另一例。），所以然者，東坡書傳（卷十四頁一）曰：「不論勢而論理，曰小國，非有勝商之形。」無勝商之形而有克商之理，故周人以此理屢示殷人以撫安之；意殷以天下亡，周以百里昌者，天也。又以示國人，國大不可久恃，即周誥「天匪諶辭」之意也。弋。馬融本作翼，且與僞孔傳同訓取（經典釋文引）。鄭玄、王肅本亦作翼，王亦訓取，鄭訓驅（書疏引）。弋、翼古音同，義近，周易小過六五：「公弋取彼在穴。」弋訓取據此；康成訓驅，未安。雙劍誃尚書新證（卷三頁二一）謂翼爲昚之譌，昚通有，「敢有殷命」與君奭之「受有殷命」句例同。案：于蓋臆斷，君奭「受有殷命」之有爲語詞，猶有夏、有周之有，此「弋」字爲動詞，句例決不相同。章太炎謂翼爲革之借字，翼命即革命（古文尚書拾遺卷一頁九），高本漢疑翼爲冀之誤，冀訓希求，蓋皆曲說。不如遵古說爲是。

二三　畀，給與也。允，佞也（爾雅釋詁）。罔，誣也。固，蔽也。亂，惑也。（四義皆見尚書今古文注疏卷二十頁九三）言天不以天下給與佞誣蔽惑之人也。（參註四○）○此句，僞孔傳云：惟天不與信無堅固治者。江聲用薛季宣書古文訓說，固作怘（通怙），云「惟天不畀信咼而怙亂者。」（尚書集注音疏，經解卷三九六頁三二）薛本頗多臆定，據之非是。莊述祖引多方「惟天不畀純」句例，謂此當從「允」絕句，咼固亂則取江義爲說。（尚書今古文集解卷二十頁一引）。亦失之。孫詒讓謂亂借爲率，屬之下讀。又據君奭「則有固命，厥亂明我新造邦」，謂與「允咼固，亂弼我」義相反而文例同（頁十七），不過牽合兩篇，失經義益甚。雙劍誃尚書新證（卷三頁二一）讀畀、咼爲句，且以亂爲嗣之誤，咼通亡，嗣，嗣通，固通故。「允咼」者，信乎喪亡；「固亂弼我」者，故繼續輔弼於我也。案：經無嗣續弼周之義，于氏妄斷。

一四 弼我，輔佑我周人。詩大雅皇矣：「（天）乃眷西顧，此維與宅。」即天以天下與我西（周）人之意。（參註一三）

一五 其，豈。言我周人豈希求君天下之位。

一六 惟帝不畀，與上「惟天不畀」義同；謂天不以天下續與殷人也。

一七 秉，順也。爲，化也。（說竝見尚書故卷三頁二）全句，謂（天不以天下與殷，而與我者，）祇因我周人能承順教化。○爲，與化古音近，借爲化。堯典「平秩南訛」，訛，从化聲，讀爲「爲」。梓材「厥亂爲民」，爲借爲「化」。可證。秉爲，僞孔傳訓秉心爲我。失之。

一八 畏，通威。天明威，見註八。

我聞曰：『上帝引逸（註一九）。』有夏不適逸（註二〇），則惟帝降格（註二一），嚮于時夏（註二二）。弗克庸帝、大淫泆（註二三），有辭（註二四）；惟時天罔念聞（註二五），厥惟廢元命（註二六），降致罰（註二七）。乃命爾先祖成湯革夏（註二八），俊民甸四方（註二九）。自成湯至于帝乙，罔不明德恤祀（註三〇）；亦惟天丕建、保乂有殷（註三一）；殷王亦罔敢失帝（註三二），罔不配天，其澤（註三三）。在今後嗣王誕罔顯于天（註三四），矧曰其有聽念于先王勤家（註三五）？誕淫厥泆（註三六），罔顧于天顯、民祇（註三七）。惟時上帝不保（註三八），降若茲大喪（註三九）。惟天不畀不明厥德（註四〇）；凡四方小大邦喪（註四一），罔非有辭于罰（註四二）。」

釋文

一九　引，導也。逸，安也（蔡傳）。言上帝導民於安樂也。（參註二二）

二〇　不，讀爲丕，語詞也。適，合度。全句，謂夏朝人享樂恰如其分。（參註二二）

二一　帝，上帝。格，至也（僞孔傳）。帝降格，神降臨人間；謂神降福於人也。（參註二二）

一二一 嚮，趨而至也（書纂言卷四頁八二）。時夏，逢時之夏（尙書今註今譯頁一三二）。◯上帝引逸，蓋古成語。連下二句，僞孔傳解曰：「言上天欲民長逸樂，有夏桀爲政，不之逸樂，故天下至戒以譴告之。……不背棄。」訓引爲長，則「上帝引逸」句無動詞，謂帝「欲民」長逸樂，是傳者添附。且長逸樂非所以爲政，傳義大失。論衡自然篇曰：「周公曰：『上帝引佚』，上帝謂舜禹也；舜禹承安繼治，任賢使能，恭己無爲而天下治。」又語增篇亦引此經而釋之，其說略同。江聲（尙書集注音疏，經解卷三九六頁三二）據此，謂引逸，引進遺佚之賢；不適逸，不進賢也；帝降格，嚮于時，神下災異以譴告桀也。是說王鳴盛、孫星衍、皮錫瑞從之。羣經平議（卷六頁四）以爲論衡失經義，曰：「無爲而治，豈易言邪？謂桀以不能無爲而治遂致滅亡，于義更非矣。」書纂言（卷四頁八一—八二）則曰：「上帝於人君之好逸樂者，引而去之。」此釋上帝引逸。又謂夏賢君不適于逸，故上帝降格眷佑之，趨而至之。俞樾據素問注訓引爲牽引使收斂；又據呂覽訓適爲節（制）。旨義與吳同。屈師翼鵬始讀不爲語詞；解嚮于時夏，與吳氏略同，曰：「言上帝嚮往于（逢時之）夏；意猶詩皇矣所謂『乃眷四顧，此維與宅』也。」（尙書釋義頁一〇三）是經義。

一二二 庸，用也。庸帝，遵行帝命。大，太（甚）也。淫，過分。泆，同佚、逸，樂也。大淫泆與上適逸義相反。◯帝，莊述祖謂適之壞字（尙書今古文集解卷二十頁二引）。案：帝篆作帝。適，篆作適。金文適作啇（師酉敦），不从辵。此帝蓋適壞去偏旁，抄書者見承上文有帝字，遂不察其誤。弗克庸適，言享逸樂不能恰如其分（意謂過分）也。經典釋文引馬融本泆作屑，馬且注曰：過也。大淫屑，謂過度作惡。或如多方例，以「屑（屑）有辭」連讀

（參多方註五一）。

二四　辭，罪狀也（尚書今古文注疏卷二十頁九四）。○有辭，僞孔傳曰：桀有惡辭。東坡書傳（卷十四頁一）云：桀有釋非之辭。孫星衍曰：「辭者，說文云：訟也。有辭，言有罪狀。呂刑『鰥寡有辭于苗』，春秋左氏襄二十三年傳云：『臧孫曰：無辭。』言己無罪可指斥也。」案：其說是，多方「屑有辭」、呂刑「罔差有辭」，辭皆訓罪狀。舊說非是。

二五　惟時，猶於是。念，眷顧。聞，恤問也。念、聞義近，爲複詞。○聞，諸家多據書疏之說，訓聽。失之。尚書釋義（頁一○四）曰：「聞，讀如詩葛藟『亦莫我聞』之聞；恤問也。」案：師說是，王念孫釋葛藟「亦莫我聞」之聞爲恤問，見經義述聞（經解卷一一八四頁二一）引。

二六　元，大也。元命，大命；猶言國運。廢元命，書疏曰：「（天）欲奪其王位也。」○元命，即君奭「其集大命于厥躬」、「乘茲大命」及顧命「用克達殷集大命」之大命，義皆爲國運。詩大雅蕩「咨女殷商，……曾是莫聽，大命以傾。」大命以傾，即元命以廢也。尚書集注音疏（經解卷三九六頁三四）謂元命爲始時之命，稍拘字義。

二七　降致罰，言天降以懲罰也。

二八　成湯，殷商第一位君王，名履；「成」，其美稱（參酒誥註五二）。革，更改也。革夏，謂革夏之命也（即滅夏國）。下文「殷革夏命」可證。○書纂言（卷四頁八二）以「俊民甸四方」連上爲一句，曰：「……成湯改革夏之俊民，爲殷之俊民。」此妄說。僞孔傳訓革爲更代，亦通。

二九 俊，才智之士（參臯陶謨「俊乂在官」註）。甸，治也（僞孔傳）。全句，言（湯既有天下，）任用才俊治國也。○湯任使才俊，孟子離婁下曰：「湯執中，立賢無方。」而下文成王引殷人申辯之言，謂湯黜夏命，於夏遺民「迪簡在王庭，有服在百僚。」皆其明證。

三○ 帝乙，帝辛（紂）父（詳酒誥註五二）。明德，昭明其美德。下文「不明厥德」義相反，可作旁證。恤，愼也（尚書大義卷二頁二一）。○明德所以恤祀，左氏僖公五年傳：「（宮之奇）曰：臣聞之：鬼神非人實親，惟德是依。故周書曰：『皇天無親，惟德是輔。』又曰：『黍稷非馨，明德惟馨。』……如是則非德民不和神不享矣。神所憑依，將在德矣。」宋范祖禹謂明德爲恤祀之本（欽定書經傳說彙纂卷十五頁二三引）。是。恤祀，于省吾引晉姜鼎「經離明德」、邾公釛鐘「用敬卹盟祀」及邾公華鐘「以卹其祭祀盟祀」，謂明德卹祀皆周人成語（雙劍誃尚書新證卷三頁二一）。史記魯周公世家易「明德恤祀」爲「率祀明德」，失經義。又自湯至帝乙，僻君代作，無逸篇謂殷高宗、中宗、祖甲三王之外，其後立王，生則逸。史記殷本紀曰：「武乙無道，爲偶人，謂之天神。與之博，令人爲行。天神不勝，乃僇辱之。……」是帝乙以上非無僻王，而酒誥曰「自成湯咸至于帝乙，成王畏相」，本篇亦謂帝乙以上諸王皆能明德恤祀者，書疏曰：「立文之法，辭有抑揚。方說紂之不善，盛言前世皆賢，正以守位不失，故得美而言之。」尚書全解（卷三二頁七）善孔說，申之曰：「昔魯莊公丹楹刻桷，御孫諫曰：『先君有共德而君納諸大惡，無乃不可乎？』夫桓公固不足道也，而以爲有共德，立文抑揚之法，自當如是，古之人皆然也。」論語子張篇子貢曰：「紂之不善，不如是之甚也，是以君子惡居下流，天下之惡皆歸焉。」金履祥則以爲：「自成湯至于帝乙，其間聖賢，分量雖有不同，大抵皆明其明德，憂宗恤祀。此則其一代之大略也。」（書經注卷九頁二七）合孔、林、金三家之說，經義遂明。孫星衍謂武乙在帝乙之前，非令君，不合謂之明德恤祀；帝乙當作祖乙，由成湯至祖乙皆賢君，其後則不然。孟子公孫丑上篇：「由湯至于武丁，聖賢之君六七作。」是孟子以爲湯至武丁間，亦有不賢之君也。（尚書今古文注疏卷二十頁九四）案：祖乙以上殷王，雍己立，殷道衰；河亶甲立，殷復衰，皆非令主。孫說失之。

三一　亦惟，猶今語「也就因此」。丕，語詞。保乂，猶保護。○尚書五見「保乂」：二以天保乂人，訓保護，本篇及君奭「天壽平格，保乂有殷」是也；二以人臣保乂君國，訓保護輔相，君奭「率惟茲有陳，保乂有殷」及顧命「則亦以熊羆之士不二心之臣保乂王家」是也；一以君保乂民，康誥「用保乂民」是也。僞孔傳訓安治、尚書大義訓此乂爲相，稍失。

三二　失帝，違失上帝之意旨也。

三三　澤，德惠也。其澤，殷王（施於民人）之德澤。「罔不配天，其澤」，是倒句，即「其澤罔不配天」。○其澤，僞孔傳連上句解曰：殷家諸王無不配天，布其德澤。尚書集注音疏（經解卷三九六頁三四）曰：殷先王無不配天而享其澤。案：其澤，無布澤、享澤之義。雙劍誃尚書新證（卷三頁二二）澤訓終（讀爲斁），且以其澤連下句，云：「其終在今後嗣王，謂紂也。」案：以周人言「在今後嗣王誕罔顯于天」，責殷末王紂之辭也。酒誥成王曰：「在今後嗣王酣身」，亦罪紂。于氏以「其終」加句上，文義反晦。且上言人君配天，下多言所以配之者，此詩書常例，若連其澤於下句，義便不完足。尚書今註今譯（頁一三二）據經傳釋詞訓其爲乃，謂乃澤爲國勢光潤。似不如簡朝亮以倒文說之爲勝，尚書集注述疏（卷二十頁八）曰：「澤者，德澤也。其澤者，猶詩序言『先王之澤也』。此猶曰『其澤罔不配天』，蓋倒文也。易曰：『大哉乾元，萬物資始，乃統天。雲行雨施，品物流形。』此天之澤，所以澤乎萬物也。而君德配天者，其澤可知矣。……倒文之例，古多有之矣。」下文「罔顧于天顯民祇」，若引申之，即罪紂不配天澤民之義也。

三四　在今後嗣王，謂紂也（參召誥「後王後民」註及酒誥註六四）。誕，語詞，下「誕淫厥泆」之誕同。罔顯于天，謂紂之德（行爲）不能昭聞於上帝。◯顯聞于天，僞孔傳曰：「無明于天道，行昏虐。」蓋臆說。康誥曰：「罪無在大，亦無在多，矧曰其尚顯聞于天。」顯聞于天與此顯于天義同。

三五　矧，況也。有，讀爲又。（詳大誥註一一）聽，察也（尚書故卷三頁四）。聽、念義近，爲複詞。家，謂王家（或國家）；周誥諸篇此義習見。全句，言（紂德尚不能昭聞於天，）況紂又何能察念于其先王勤勞國政之故實乎？◯聽訓察，戰國策秦策「王何不聽乎」注。諸家訓耳聽，失之。

三六　厥，其也。

三七　顯，法度也。罔顧于天顯，與康誥（註八八）「弗念天顯」義同，云不念天道（或天理）也。民祇，猶民病也（尚書故卷三頁五）。◯祇（或作祗），疷之借字。疷，詩小雅白華「俾我疷兮」，傳疷訓病。全句，馬融曰：「（紂）無所能顧念於天施顯道於民而敬之也。」（史記魯周公世家集解引）訓祇爲敬之，且別作一語，殊怪異。僞孔傳曰：「無顧于天，無能明人爲敬。」以顯民祗爲句，尤不成文理。史記魯周公世家曰：「（紂）不顧天及民之從也。」以動詞「顧」通貫「天」、「民」而言，比馬孔說爲長。

三八　時，是也。不保，謂不復保護殷國。

三九　若茲大喪，謂殷之亡國。

四〇　不明厥德，謂不能昭明其美德之人（隱指紂）。此句與上「惟天不畀允罔固亂」義近。

四一　凡四方小大邦喪，孫星衍引逸周書世俘篇「武王遂征四方，凡憝國九十有九國。」又引孟子滕文公下篇「周公相武王，誅紂伐奄三年，討其君，驅飛廉於海隅而戮之，滅國者五十。」尚書今古文注疏（卷二十頁九四）意此文非泛言而擬紂，而應有所實指。

四二　辭，罪狀。（詳註二四）全句，言有應受懲治之罪狀也。〇有辭于罰，書疏曰：「皆有惡辭聞于天。」尚書集注音疏（經解卷三九六頁三四）曰：「言皆有可數之辠，致罰之由。」皆解辭爲罪，而不若孫說明確。

王若曰：「爾殷多士！今惟我周王丕靈承帝事（註四三）。有命曰（註四四）：『割殷（註四五）！』告勑于帝（註四六）。惟我事不貳適（註四七），惟爾王家我適（註四八）。予其曰惟爾洪無度（註四九）；我不爾動（註五〇），自乃邑（註五一）。予亦念天即于殷大戾（註五二），肆不正（註五三）。」

釋文

四三 周王，指文王昌、武王發（僞孔傳）。或曰此但指武王（尚書集注音疏，經解卷三九六頁三五）。丕，語詞，靈，善也（尚書全解卷三二頁八）。帝事，上天命行之事（即下割殷之事）。靈承帝事，謂善爲奉行上天所命之事也。○丕靈承帝事，僞孔傳曰：「大神奉天事；言明德恤祀。」其義不明。正義申之曰：「謂以天爲神，而勤奉事之；勞身敬神，言亦如湯明德恤祀也。」疏非傳義，尤失經旨。靈不當訓神。詩鄘風定之方中「靈雨既零」，箋：靈，善也。多方既責夏「不克靈承于旅」，又曰「惟我周王靈承于旅」。靈亦皆訓善。自林之奇有說，蔡傳及清儒多用其解。

四四 有命，謂上天有命令。

四五 割，剝奪也（參尚書今古文注疏卷二十頁九五）。割殷，謂剝奪殷之國運也。○于省吾牽引魏石經古文創，謂割殷本應作創殷，言懲創於殷也（雙劍誃尚書新證卷三頁二三）。失經義。

四六 告，同誥，戒命也。勑，飭令也。告、勑，同義複詞。于，在於。全句，謂割殷之命發自上天也（參尚書釋義頁一〇四）。○告勑于帝，僞孔傳云克殷後柴於牧野告正于天，仍訓勑爲正。正義引僞武成文以申之。案：由下文「予亦念天即于殷大戾，肆不正」觀之，則割殷在告勑于帝之後。傳疏誤。蘇軾（東坡書傳卷十四頁二）謂：「將有割殷之事，必告正于天而後行。」林之奇、蔡傳竝從之，謂此告正上帝在征殷之前，吳澄且申之曰：「（周）遂告勑殷之事于帝，如湯將伐桀，用玄牡昭告于帝也。」（書纂言卷四頁八三）案：宋元人訓勑爲正，尚沿舊說，非是。至斷告天當在征伐前，得之。屈師翼鵬釋告勑于帝謂勑告由上帝所頒，尚書中似無此類句法。暫從之，竝錄宋人之說，以備考證。

四七　我事，我周王所承於上天之任務（參尚書集注述疏卷二十頁九）。貳，猶今語「別的」。適，往也。（參註四八）

四八　爾王家，汝殷王之國也。○上二句，謂我周王往討伐者，非它處所，只是往伐汝殷國。語本平易，惟諸家愈深求，愈失經義。僞孔傳曰：「言天下事已之我周矣，不貳之佗；惟汝殷王家已之我，不復有變。」此臆說，似全不顧上下文義。東坡書傳（卷十四頁二）訓貳適爲再往。尚書集注音疏（經解卷三九六頁三五）訓適皆曰敵，敵指武庚叛。尚書今古文注疏（卷二十頁九五）從之，且訓貳爲疑。竝乖經義。

四九　予其曰，猶今語「我可要說」。洪，大也。度，法度。

五〇　動，擾動也（書纂言卷四頁八三）。爾動，動爾也。

五一　自乃邑，句上承上省略「動」字；謂擾動由汝商國起。○（動）自乃邑，僞孔傳曰：「言自召禍。」尚書全解（卷三二頁十）申之，曰：「商之喪亡，非禍端自周而動也，其亂從而起矣。孟子曰：『人必自侮，然後人侮之；國必自伐，然後人伐之。』紂乃自伐也，故周伐之，此所以曰『我不爾動，自乃邑』。」尚書常稱「邑」爲國都，殷、周皆然，盤庚曰：

「不常厥邑」、洛誥曰：「祀于新邑」。邑既爲國都，故稱邑亦所以稱國，湯誓曰：「率割夏邑」，夏邑即夏國。是夏亦以邑爲國都。王鳴盛（尚書後案，經解卷四二三頁六）據白虎通京師篇及三正篇與春秋繁露三代改制質文篇，謂天子所都，夏商曰邑，周曰京師，而孟子（滕文公下）引周書「惟臣附于大邑周」及此篇與召誥、洛誥稱國都爲「邑」者，時禮未制，用先代故禮也。是說皮錫瑞是之（今文尚書攷證卷十九頁三）。案：尚書無「京」字，「師」多作眾解。詩經「京師」連稱兩見（曹風下泉及大雅民勞各一見），師亦當訓京。周人稱國都爲京（詩大雅文王有聲「宅是鎬京」）。班固、董子所說，乃後起之義，不足據也。

五二 即，就也。戾，罪也（竝僞孔傳）。天即于殷大戾，天就殷國而加之大罪也。○即于殷大戾，無動詞，句法特殊；即下連于，尚書無有它例。尚書覈詁（卷四頁八八）疑于當作予，義同與，據康誥「天惟與我民彝大泯亂」爲證。案：尚書「予」字，皆作我予字。楊說非是。

五三 肆，故也（僞孔傳）。不，語詞；讀爲丕。正，讀爲征；義同湯誓「割正夏」之正。○肆不正，僞孔傳曰：「故以紂不能正身念法，」無結辭。尚書集注音疏（經解卷三九六頁三五）謂：洪無度者，武庚也。武庚之叛，是天就于殷而大拂戾之，非爾多士之由，故不正（江訓殺）多士，而遷之於西。孫星衍是之（孫訓正據周禮大司馬注「執而治其罪」。）。案：本篇大致舉殷國所以喪亡，莫非殷人（特指紂）自取，周人不過奉行天罰，而與武庚作亂事無直接關聯。本段上既曰「割殷」，又曰「惟我事不貳適，惟爾王家我適。」下「肆不正」當訓「故征殷紂」無疑。且武庚之封國，焉得稱「王家」？江、孫之說非也。董綜謂肆不正曰：「言赦其罪而不正治其餘黨類也。」（書蔡傳輯錄纂註卷五頁十九引）誤與江、孫略同。

王曰：「猷（註五四），告爾多士（註五五），予惟時其遷居西爾（註五六）。非我一人奉德不康寧（註五七），時惟天命（註五八）。無違（註五九）！朕不敢有後（註六〇），無我怨（註六一）。惟爾知惟殷先人有冊有典、殷革夏命（註六二）。今爾又曰（註六三）：『夏迪簡在王庭（註六四），有服在百僚（註六五）。』予一人惟聽用德（註六六），肆予敢求爾于天邑商（註六七）。予惟率肆矜爾（註六八）；非予罪，時惟天命（註六九）。」

釋文

五四　猷，語詞。

五五　「爾」下當有「殷」字，今本脫去。○敦煌本伯二七四八此句作「告尒殷多士」，尚書斠證曰：「據上文『爾殷多士』，下文『告爾殷多士』，則有『殷』字是。」案：多方呼殷人而告之曰：「猷，告爾（有方多士暨）殷多士！」亦用「殷」字。

五六 惟時，於是。其，乃也（經傳釋詞）。西，雒邑在朝歌西南，故云。遷居西爾，徙汝於西，使汝定居於此也。○先遷後居，立語之常序，如盤庚曰：「盤庚既遷，奠厥攸居」。惟此句結構非常，疑居、西誤倒。尚書集注音疏（經解卷三九六頁三六）訓西爲棲止，云：「西本爲止息之誼，假借以爲東西字爾。必知此經西字不作東西誼者，殷民本在紂城朝歌之地，今遷之于成周，是從東北遷于西南，非正向西。以西爲西方，不若以爲西息，于誼尤允協。」案：江說不確，古人說方位，指其大槩，由朝歌南行至黃河，濟而西至雒，經曰「遷居西爾」，誰曰不然？又案：牧誓、大誥、康誥、酒誥、顧命告周人皆曰「西土」，西土指豐、鎬、岐周之地，自與此告殷人單用一「西」字有別。

五七 我一人，成王自稱，下「予一人」同。奉，秉持。奉德，秉持之德行；意指當前所推行（遷殷民）之政令。康、寧，複詞，安靜也。不康寧，言不使殷民安靜也（參僞孔傳）。○尚書集注音疏（經解卷三九六頁三五）謂奉德爲所秉之德性（意謂天性），稍迂遠。

五八 時，是也。

五九 無違，毋違背我命令。○無違，尚書集注音疏（經解卷三九六頁三六）謂毋違法去此遷所（雒邑）。上言時乃天命，而我所執行者。此云無違，自是勿違我命令，何等直捷明白！江氏想像之說，斷不可從。

六〇 後，緩也（書纂言卷四頁八四）。有，或也（經傳釋詞）。全句，謂（天命遷爾於此，）我不敢片刻遲緩（而不執行）也。○僞孔傳於句下增「誅」字，謂我不敢有後誅（以後不致誅殷多士）。蔡傳則於句下添「命」字，謂「有後命」即「有它罰」。唐石經初刻「後」下有一字漫滅，江聲（尚書集注音疏，經解卷三九六頁三八）疑即「命」字，因據蔡傳爲說。其實所漫滅者爲「誅」字，蓋初據僞孔傳增字，後摩去重刻，刪去此字。宋人林之奇（尚書全解卷三二頁十一）、呂祖謙（東萊書說卷二四頁七）等皆謂遷洛之事不敢稽延，惟均未確說後字有緩義。說文：後，遲也。遲、緩同義。于省吾（雙劍誃尚書新證卷三頁二三）謂「有」字衍文，曰：「王靜安謂三體石經作『朕不敢後』，是也。按召誥『今休，王不敢後』可證。」案：王氏蓋以句中「有」字難解，故引魏石經，證古本無此字。于氏又引召誥同類句以爲佐證。然而非也。有訓或，王念孫引古書例證多條。尚書集注述疏（卷二十頁十一）曰：「有後，猶或後也。……詩天保箋云：或之言有也。」不敢或後，極言天命不敢稍延，比召誥不敢後語意加強，事有急緩，出辭有強弱，不可一槩而論也。三字石經蓋脫一字，或以臆刪此，豈足據哉！

六一　無，勿也。

六二　下「惟」字，語詞。冊，篆作𠕋，象其竹簡，一長一短，中有二編。典，从冊在丌上，大冊也（皆據說文）。冊典，皆謂書籍。殷革夏命，猶言殷滅夏國也（參註二八）。召誥召公曰：「皇天上帝改厥元子茲大國殷之命。」誼同。全句大意謂爾知爾先人有書籍、亦知此書籍中有關殷滅夏國之紀載。○冊，冊書；典，典籍：僞孔傳說。是以冊典爲書籍。然顧錫疇謂藏府曰冊，頒行曰典（欽定書經傳說彙纂卷十五頁二六引）。尚書集注述疏（卷二十頁十二）曰：「冊爲書記，典爲常經。」竝後起之義。

六三 又，借爲有；有，或也。○此「又曰」無繼前承上之義，當爲有之借字，周易繫辭下「又以尚賢也」，經典釋文曰：又，鄭本作有。尚書大義（卷二頁二三）：「又，或也。」

六四 迪，進也（爾雅釋詁）。簡，擇也（詩簡兮篇「簡兮」箋）；言選用也。迪、簡義近，爲複詞，謂進用也。王庭，殷王之朝廷也。全句，言商方滅夏，進用夏朝官員於商朝廷中。○僞孔傳簡訓大，迪訓道，謂夏之衆士蹈道在殷王廷。其說難從。尚書全解（卷三二頁十一）始以迪簡爲進用。經傳釋詞迪訓用，尚書釋義（頁一〇五）以迪爲語詞，亦通。

六五 服，職事也。百僚，猶百官也（竝參僞孔傳說）。

六六 聽，順從也。用德，任用有德之人也（書疏）。全句，成王謂順從輿論，進用殷有德之人也。○聽用有德，林之奇曰：「（蓋我一人所）聽察而任用者，惟其德而已。」（尚書全解卷三二頁十一）聽訓察，亦通。洛誥周公誥成王曰：「孺子來相宅，其大惇典殷獻民，亂爲四方新辟。」同此誼。

六七 肆，故也。求，訪取也。天，大也。天邑商，大邑商；謂故殷舊都朝歌也。全句，謂故予敢訪求汝諸臣於商大城朝歌（而遷于此，將任用之）也。○求，尚書大義（卷二頁二三）訓俘取。非所以言安撫殷遺民，茲不取其說。天邑商，鄭玄云：「言天邑商者，亦本天之所建。」（書疏引）案：鄭說非也，周都亦天命所建，未有天邑之稱。召誥曰：「其作大邑，其自時配皇天。」是營雒邑亦天命之，乃亦不稱天邑雒。王肅曰：「言商我（周）之天邑。」此妄說。文選班固典引篇（亦見後漢書卷七十下班彪傳附班固傳載）：「革滅天邑。」蔡邕注：「天邑，天子邑也。」尚書集注述疏（卷二十頁十二）衍其義，云：「天邑商者，從商爲天子之舊稱也。」亦於理乖謬。尚書全解（卷三二頁十一）釋作大邑商。廣雅釋詁一：天，大也。天邑，召誥及本篇下文作大邑，義同。王國維謂大邑誤爲天邑，龜板中多有大邑字，于省吾曰：「王說非是。甲骨文大邑商與天邑商互見（于氏自注：殷虛書契前編卷三·二七·有大邑商，商龜甲獸骨文字卷一·二七有天邑商。）又謂天、大古通，曰：「大豐毀：『王祀于天室。』天室即大室。大邑商與孟子滕文公篇引佚書之大邑周、禮記緇衣引尹告佚文之西邑夏語例同。」（竝見雙劍誃尚書新證卷三頁二四）其說信而有徵。

六八　率，用也（經義述聞引王念孫說，經解卷一一八二頁十）。肆，語辭（羣經平議卷六頁四）。矜，憐也。◯肆，俞樾曰：「論衡雷虛篇：『紂至惡也，武王將誅，哀而憐之。故尚書曰：「予惟率夷憐爾。」』是今文尚書肆作夷，……。段玉裁謂皆同部字。是也。……周官行夫職注曰：『夷，發聲。』然則夷乃語辭。……肆亦語辭。」案：君奭篇「予惟用閔于天越民」，用閔猶此率矜。此肆爲語辭，故彼省略之。僞孔傳訓率爲循，肆爲故事，曰「循殷故事憐愍汝」，尚書全解（卷三二頁十一）說肆爲肆赦爾罪（據堯典「眚災肆赦」），皆誤。

六九　時，是也。

王曰（註七〇）：「多士（註七一）！昔朕來自奄（註七二），予大降爾四國民命（註七三）。我乃明致天罰，移爾遐逖（註七四）；比事臣我宗（註七五），多遜（註七六）。」

釋文

七〇　王曰，成王曰也。○皮錫瑞謂下「昔朕」之「朕」爲周公；周公於成王言中雜以己述往事，失之。說詳拙著「尚書多方篇著成於多士篇之前辨」一文。

七一　「多士」上，漢石經多「告爾」（見隸釋卷十四）二字。

七二　奄，殷末周初諸侯國名，在魯曲阜（今山東省曲阜），亦詳拙文「尚書多方篇著成於多士篇之前辨」。昔朕來自奄，成王自謂己於三年（即周公攝政三年）五月丁亥日自奄國歸至宗周也。（參註七三、題解及多方篇題解與註三）

七三　大，猶偏也（禮記郊特牲「大報天而主日」注）。降，下也；謂頒布也。（參多方註八）爾四國民，汝四方之國（天下）之民眾也。命，朝廷之命令；即「多方」篇文。○昔朕來自奄，即尚書大傳所謂周公攝政三年踐奄之事（尚書大傳輯校卷二頁二七）。僞孔傳曰：「昔我來從奄，先誅三監，後伐奄、淮夷。」得之，正義申之曰：「金縢之篇說周公東征，言『居東二年，罪人斯得』，則昔我來從奄者，謂攝政三年時也。於時王不親行，而王言『來自奄』者，周公以王命誅四國，周公師還，亦是王來還也。一舉而誅四國，獨言『來自奄』者，謂先誅三監，後伐奄與淮夷。奄誅在後，誅奄即來，故言『來自奄』也。」案：「昔朕來自奄，予大降爾四國民命」，即追述多方之「惟五月丁亥，王來自奄，……我惟大降爾四國民命」，則本篇著成時代當在多方篇之後。先儒已有說，詳多方篇。奄，書成王政序云：「成王東伐淮夷，遂踐奄。」將蒲姑序云：「成王踐奄，將遷其君於蒲姑。」多方序云：「成王歸自奄，在宗周，誥庶邦。」史記周本紀集解引鄭玄曰：「奄國，在淮夷之北。」左昭九年傳：「王使詹桓伯辭於晉，曰：……及武王克商，蒲姑、商奄，吾東土也。」疏引服虔曰：「蒲姑、商奄，濱東海者也。蒲姑，齊也。商奄，魯也。」又定四年左傳：「因商奄之民，命以伯禽。」杜預注：「商奄，國名也。與四國流言，或迸散在魯，皆令即屬魯懷柔之。」疏曰：「商奄是東方之國，近魯之地也。昭元年傳云：『周有徐奄』，杜以彼奄與此奄爲一，故土地名奄。商奄二名，共爲一國。此注言商奄國名，以商奄二字爲國名也。」據此，奄一稱商奄，本自爲國，後併於魯，故說文曰：「郁，周公所誅奄國，在魯。」其地當在魯南淮夷北。唐魏王李泰括地志曰：「兗州曲阜縣奄里，即奄國之地也。」（史記周本紀集解引）是也。四國，書疏謂管、蔡、商（指武庚）、奄四國，詩豳風破斧「周公東征，四國是皇」傳同。大降爾四國民命，僞孔傳曰：「民命，謂君也。大下汝民命，謂誅四國君。」正義曰：「大黜下汝管、蔡、商、奄四國民命。民之性命，死生在君，誅殺其君，是下民命。」又引王肅曰：「君爲民命，爲君不能順民意，故誅之。」是傳、疏以爲「民之性命」即君之性命，故「下（黜殺）民命」即誅國君。案：其說謬甚，下文「予惟時命有申」，命即此命，而僞孔傳訓教命。蔡傳降訓下減，云：「降猶今法降等云者，言……汝四國之民罪皆應死，我降爾命，不忍誅戮，乃明致天罰，移爾遠居于洛。」尚書集注述疏（卷二十頁十四）非之曰：「民罪可降等矣，民命可降等乎？」薛季宣（書古文訓卷十頁十七）以爲四國者四方之國，正舊說之失；多方篇既言「四國多方」，又言「以爾多方」，明四國猶言天下，下連多方言，謂天下之諸國。吳澄曰：「大降下爾四國民以教命。」（書纂言卷四頁八四）清儒多從其說。案：多方「大降爾命」與此義同。吳說是也。

七四　遐、逖，皆遠也（書疏）。「自洛而視殷之故地，則殷爲遠。」（尚書全解卷三二頁十二）○逖，說文：遠也，古文作逷。敦煌本伯二七四八、書古文訓逖作逷。上二句猶言移爾遐逖，比于罰（參盤庚篇）。移爾遐逖，僞孔傳曰：「今移徙汝於洛邑，使汝遠於惡俗。」案：徙殷民於洛，欲其近周人，習爲多遜，此義下文及多方篇屢言之，傳說稍疎。

七五　比，親也（書經注卷九頁三十）。事，奉侍也。臣，服也。事、臣，複詞。我宗，尚書釋義（頁一〇五）：「謂我姬氏；即我周也。」全句，意謂親近服侍我周家。○僞孔傳訓比爲近，近同親。臣，義同多方篇「今爾奔走臣我監」之臣，竝爲動詞，而諸家多草草帶過。宗，僞孔傳訓宗周。徙之洛邑而日比事臣我鎬京，於理未通。尚書全解（卷三二頁十二）謂我宗即我家。我家，我周家也。

七六　多遜，多多習爲順從之事。○王先謙以「宗多遜」爲句，意謂尊崇我周，並多服從（尚書孔傳參正卷二三頁七）。其說非也，「臣我宗，多遜」猶下文「臣我，多遜」，「我」即「我宗」之省簡，宗當連上讀無疑。如依王說甚迂曲。尚書釋義（頁一〇五）曰：「多遜，意謂應多多遜順也。」案：此與下文「亦惟爾多士攸服，奔走臣我，多遜」，皆期望殷士多習爲順從之事。師說待考。

王曰：「告爾殷多士！今予惟不爾殺，予惟時命有申（註七七）。今朕作大邑于茲洛，予惟四方罔攸賓（註七八）。亦惟爾多士攸服（註七九），奔走臣我（註八〇），多遜。爾乃尚有爾土（註八一），爾乃尚寧幹止（註八二）。爾克敬（註八三），天惟畀矜爾（註八四）；爾不克敬，爾不啻不有爾土（註八五），予亦致天之罰于爾躬。今爾惟時宅爾邑（註八六），繼爾居（註八七），爾厥有幹有年于茲洛（註八八）。爾小子乃興從爾遷（註八九）。」

釋文

七七　時，是也。有，又也。申，重也（爾雅釋詁），與堯典「申命羲叔」之申義同。荀子富國篇：「爵服慶賞，以申重之。」楊倞注：「再令曰申。」時命，即上述「予大降爾四國民命」之命，所命之事，即「移爾遐逖」云云；此命初發於成王三年五月丁亥（見多方篇篇首），而此時（成王七年三月廿一日，見召誥篇。）則前令又重申也。

七八 惟，猶「爲」也。攸，敦煌本伯二七四八、內野本竝作逌，語詞也。賓，服也（雙劍誃尚書新證卷三頁二四）。〇賓，馬融訓卻（經典釋文引）。尚書集注音疏（經解卷三九六頁三八）曰：「如馬誼，則賓讀爲擯也。……（今）我于四方无所擯却，豈獨擯外爾多士乎？」僞孔傳訓爲賓外，蓋取馬義。尚書全解（卷三二頁十二）及蔡傳皆訓爲賓禮，云所以營洛者，以四方諸侯無所賓禮之地。案：漢、宋儒說皆誤。于省吾曰：「爾雅釋詁：『賓，服也。』（國語）楚語：『其不賓也久矣。』注：『賓，服也。』言予作大邑于茲洛，念四方之無所服，亦惟爾多士用服從，奔走臣我多遜順也。用亦惟二字承上無以服言。且上文言予惟時命有申，下文言寧幹、克敬、宅爾邑、繼爾居，意惟恐其不服。蓋建都遷居係大事，故以四方之未能服爲言也。」上云攸賓，下言攸服，賓服同義何疑？

七九 惟，義同註七八。攸，語詞；敦煌本伯二七四八、內野本亦竝作逌。全句，謂（予所以營此雒邑，）亦爲汝多士能服從我周家。〇此與上句「予惟四方罔攸賓」句型同，僅否定與肯定之不一。「亦惟」承上「惟」言，兩「惟」字義同。

八〇 奔走，意謂勤勉（參酒誥註二八）。臣，服也（參註七五）。

八一 尚，猶也。下「乃尚寧幹止」之尚同。（書經稗疏卷四頁二三）有，保有也（東萊書說卷二四頁十）。有爾土，謂居洛保有其土地也。〇尚有爾土，僞孔傳曰：「庶幾還有汝本土，……以反所生誘之。」尚書全解（卷三二頁十二—十三）訓「爾庶幾有此新土」，且非僞孔傳曰：「先儒以爲還有本土，非也。其遷之也，將使密邇王室，式化厥訓，豈又還有本土哉！」

八二 寧，安也。幹，尚書今古文注疏（卷二十頁九八）：「楚詞招魂云：『去君之恆幹』，注云：體也。則寧幹謂安其身體。」止，句末語氣詞。左昭二十五年傳：「唯是楄柎所以藉幹者。」幹，亦謂身體。◯敦煌本伯二七四八無「爾」字，疑脫字。寧幹止，僞孔傳訓安汝故事，止居。案：諸家或引周易乾卦文言傳「貞固足以幹事」以疏有幹義當爲有事。然易「幹事」義爲「辦事」，則有幹當訓有辦。傳說無據，而諸家比附失倫。許鴻磐據詩詁，曰：「木正生者爲幹，幹者所以立也；幹止，謂有所立而止於此也。」（尚書札記，經解卷一四一二）其說亦委曲難通。雙劍誃尚書新證（卷三頁二四）據經典謂幹通翰，讀尚爲常，曰：「爾乃常安寧有以屏翰之也。」去經旨尤遠。下文先言宅爾邑，繼爾居，後言有幹（保其軀幹）、有年（永其年世），皆言保身安居，而與事（職事、事業）無關。（參註八五）止，作語氣詞，經典習見。幹，當作榦，古文尚書撰異（經解卷五八八頁四）有說。

八三 敬，謹也。

八四 畀，賜與，矜，憐憫。◯上述使殷民有土寧幹，皆天之所畀矜者，而林之奇（尚書全解卷三二頁十三）曰：「畀矜者，迪簡而在百僚也。……蓋殷士之敬，則是遷善遠罪，故天畀矜而使周用之也。」濶遠非經義。

八五 啻，但也。（參無逸註六八）◯上云「爾乃尚有爾土，尚寧幹止」，下云「爾惟時宅爾邑，爾厥有幹有年于茲洛」：正面說，皆兼及保土安身。而此但云「有爾土」，似未及安身之事，然觀下句「亦致天之罰于爾躬」，意謂爾軀幹不僅不得其安，且將受天之懲。是此

「躬」義同上下二「幹」字，經義固無憾也。

八六 時，是也。宅，居也。

八七 繼爾居，繼續擁有汝自己之住所。

八八 有幹，保全其軀幹（參註八二）。有年，久永其年世。○王肅亦訓有幹爲有事（書疏引），僞孔傳訓有年爲豐年，竝誤。（參註八二）

八九 爾小子，汝等殷家之青年子孫。興，起也。興從爾遷，言起而從汝等遷來洛邑也。○僞孔傳訓遷爲遷善，曰：「……則子孫乃起從汝化而遷善。」本篇自「遷居西爾」之下，皆因徙殷多士於洛而發，無從化遷善之義。小子，謂其子孫，尚書全解（卷三二頁十三）有說。

王曰：又曰（註九〇）：「時予乃或言（註九一），爾攸居（註九二）。」

釋文

九〇 王曰下有闕文。○王曰下無辭即緊繼以「又曰」（當是王又曰），書疏曰：「王之所云，又復稱曰：『汝當是我，勿非我也。……』……凡言『王曰』，皆是史官錄辭，非王語也。今史錄稱王之言曰，以前事未終，故言『又曰』也。」案：前事未終，即以又日領起，述王之言可也，何必贅一王曰？故如孔言，則此「王曰」不當有（不然王語不應闕），否則「又曰」二字爲衍文（莊述祖以爲又曰衍文，見尚書今古文攷證卷四頁十）。然焦循（尚書補疏，經解卷一一五〇頁十一）曰：「揆正義蓋謂『王曰、又曰』即王言、又言；王曰指以上所言，又曰謂以下所言也。推多方篇末亦有王曰云云、又曰云云，則王曰不指以上所已言。竊謂：『時予乃或言爾攸居』八字，王兩次重疊言之。有異辭，則多方云『王曰：我不惟多誥』云云，又曰『時惟爾初不克敬于和』云云。此無異辭，則不必疊書之，而但以『王曰、又曰』標明之。如疊書之，則宜云『王曰時予乃或言爾攸居』、『又曰時予乃或言爾攸居』。古史簡而有法，但以『王曰、又曰』自明其爲疊言矣。」案：焦氏評書疏得之，唯謂王疊言「時予乃或言爾攸居」，則謬甚！如洛誥周公疊言「孺子其朋」，何不作「周公曰、又曰：『孺子其朋』」？且「時予乃或言爾攸居」乃一篇之結語，而非警語，正不必疊說。許鴻磐（尚書札記，經解卷一四一二頁五）從之，誤。宋錢時曰：「王曰乃史氏所書，以明更端。又曰二字卻是當時啓諭之語，與上文『今爾又曰』正同。」（融堂書解卷十五頁五）案：尚書更端之辭，皆作「曰」（如洪範「曰，皇極之敷言」之類），決不作又曰，且上「今爾又曰」，又當讀有，錢氏誤。此篇爲一時之誥命，東坡書傳（卷十四頁五）曰：「非一日之言，故以『又曰』別之。」亦誤。宋薛博士疑王曰、又曰有誤，陳鵬飛則謂有缺文，曰：「『王曰』之下當有文，其簡脫矣。『又曰』者，承上文而言之也。多方之末曰：『王曰：我不惟多誥，我惟祇告爾命』、『又曰：時惟爾初，不克敬于和，則無我怨』，用是知『王曰』之下，當有文也。」（薛、陳說竝見尚書全解卷三二頁十三引）此後宋王炎（書蔡傳纂疏卷五頁十九引）、蔡傳等竝謂「王曰」下有缺文，江聲（尚書集注音疏，經解卷三九六頁三九）承其說。案：陳鵬飛等謂有脫簡是。考尚書中「又曰」七見：康誥「非汝封又曰劓刵人」、多士「今爾又曰」、君奭「又曰無能往來茲迪彝教」之「又」，皆讀有，義爲「或」，與此「王曰、又曰」有闕文與否之討論無關。而康誥「王曰：『外事，汝陳時臬司，師茲殷罰有倫。』又曰：『要囚，服念五、六日，……。』」、君奭「周公若曰：『君奭！弗弔，天降喪于殷。……』又曰：『天不可信，……。』」、多方末「王曰」云云「又曰」云云（上陳鵬飛引）及本篇「王曰又曰」云云。它篇「王曰」下「又曰」上，皆有辭，而本篇獨缺，簡脫無疑。王柏移多方「我不惟多誥，我惟祗告爾命」以補於此「王曰」下、「又曰」上（書疑卷七），吳澄是之（書纂言卷四頁八七），金履祥曰：「『王曰、又曰』之間，以多方例求之，闕有間矣。然多士之末，其辭婉，而多方之終，其辭嚴，所以言之時異也。若其諄勤反覆之意則同。」（書經注卷九頁三一—三二）金氏誠卓識，兩篇辭氣不一，多方在先，周人嚴辭以戒飭之；多士在後，婉辭以撫安之，其勢不得不爾。尚書駢枝（頁十八）、章炳麟（書經注釋頁八三四引）訓又曰爲有曰，如上舉七例之前三例，竝失之。

九一 時，是也；此也。予，成王自稱。乃，語助詞，禮記雜記下「祝稱卜葬虞，子孫曰哀，夫曰乃。」疏：「乃者，言之助也。」或，有也（僞孔傳）。「或」下「言」上原有「誨」字，今脫去。全句，語譯爲：此上我所說的教誨之言，……。（參註九二）〇「或」下脫「誨」字，古文尚書撰異（經解卷五八八頁四）曰：「唐石經『或言』二字，初刻是三字，摩去重刻，致每行十字者成九字矣，初刻隱然可辨，『或』、『言』之間多一字，諦視則是「誨」

字，與傳『教誨』之言合。雒誥亦有『誨言』二字也。」尚書斠證曰：「僞孔傳：『我乃有教誨之言，……。』段氏據傳以證諦視正文之誨字，是也。孔疏亦云：『我乃有教誨之言。』誨，古文作䛗，敦煌本『或』、『言』之間正有䛗字，（僞古文說命上：「朝夕納誨，」敦煌本誨亦作䛗。）可證成段說。」「或」訓有，書疏曰：「鄭玄論語注云：『或之言有。』」尚書後案（經解卷四二三頁十一）舉洪範「無有作好」、「無有作惡」呂覽引有作或，並舉詩小雅天保「無不爾或承」箋，證或訓有。是也。

九二 攸，所也。居，安也（見呂氏春秋上農篇「無有居心」注）。爾攸居，謂（我所誨汝之言，）汝等所當遵之以安也。◯上二句因簡編斷殘，難解。僞孔傳時訓是非之是，曰：「汝眾士當是我勿非我也，我乃有教誨之言，則汝所當居行。」居行，正義曰：「令其居於心而行用之。」與經義不合。而諸家所論，亦不足取。余訓是爲此者，竊以爲一篇結語當有「此上所言，汝當遵行」云云，唯未敢以爲必然。

八　無逸義證

題解

無，尚書大傳（困學紀聞卷二引）、漢石經（「毋劮于遊田」）、史記魯周公世家及論衡儒增篇竝作毋；敦煌本（伯二七四八）、內野本、漢書梅福傳與漢書翼奉、鄭崇、杜欽、谷永四傳顏師古注引及薛季宣書古文訓（卷十一）皆作亡。逸，史記周本紀、論衡儒增篇引（「君子所其毋佚」）竝作佚；漢石經作劮，書古文訓作佾。毋、無字通，說文：毋，止之也。（無、亡亦通）今本尚書「無」，絕多作「毋」義。佚，史記魯周公世家曰：「周公……恐成王壯，治有所淫佚，乃作……毋逸。」佚、逸互文，通用。劮，廣雅釋詁三：「媱、愓、嬉、劮、遊、遨、契，戲也。」王念孫疏證曰：「劮，經傳通作佚，又作逸。」是劮通逸，亦作佚，遊嬉逸豫之義也。佾，蓋佾之譌字。佾通逸，僞古文尚書五子之歌經典釋文曰：「逸，本又作佾。」是其證。書序作無逸篇，僞孔傳從之。

無逸，勿逸豫也。史記魯周公世家曰：「及成王用事，人或譖周公，周公奔楚。……周公歸，恐成王壯，治有所淫佚，乃作多士，作毋逸。」是史公以多士、無逸皆周公以勿逸豫戒成王之辭。唯史記周本紀又曰：「成王既遷殷頑民，周公以王命告，作多士、無佚。」是又謂多士、無逸皆告殷頑民之辭矣。段玉裁曰：「本紀言作多士而兼舉無逸，世家言作無逸而兼舉多士。」（古文尚書撰異，皇清經解卷五九九頁三五）案：多士、無逸所記，截然二事，史公必不於兩傳兼舉之。段說非是。陳喬樅曰：「此二篇周公同時所作，故連及之。」（今文尚書經說攷卷三二下頁三三）案：史記述尚書各篇之所以作，凡兩篇或兩篇以上同屬一事者，上總言其事，下則曰作某篇、某篇，如先敍營洛之事，後曰：「作召誥、洛誥。」其法略同百篇書序。僅時次相及而不同屬一事之兩篇或多篇，則先敍某事發生之時代，再言作某篇、次作某篇、次又作某篇，如周公討管、蔡，三年畢定，初作大誥、次作微子之命、次歸禾、……。據此，知陳氏說亦謁。書多士、無逸二序相連：多士序曰：「成周既成，遷殷頑民，周公以王命告，作多士。」無逸序曰：「周公作無逸。」（註）史公蓋誤據書序，於周本紀衍「無佚」二字，於魯周公世家衍「多士」二字。則是史記以本篇爲周公戒成王之辭。鄭玄說同（首「嗚呼」下疏引）。

書疏謂本篇是成王即政之初，周公恐其逸豫，故作以戒之。宋人多是之。惟胡宏皇王大紀謂爲周公絕筆。考於君奭、立政、洛誥諸篇於成王皆有沖、孺之稱，此篇不然，故知其最後也。因繫於成王十一年之下，而通鑑前編從之。屈師翼鵬曰：「篇中言長壽之君，於周則但言文王而不及武王；且於時王但稱嗣王（敏案：「繼自今嗣王」、「嗣王其監于茲」。尚書稱時君爲嗣王者，僅此二條。）而無沖子、孺子等語。以是覘之，疑是周公進戒武王之辭也。」愚案：篇中周公歷舉殷三王及周文王無逸，是以享國久永；其它殷君則耽好逸樂，故享祚短促，以訓時王，其爲周公戒天子之辭無疑。惟篇中周公戒時王又曰：「則其無淫于觀、于逸、于遊、于田，以萬民惟正之供。」武王克殷，初有天下，四方未定，不暇自佚，周公似不致以此戒之。周公戒之者又曰：「無若殷王受之迷亂，酗于酒德哉！」紂酗酒亂德而致國亡，武王知之最稔，周公似不須復以此戒之。疑此篇爲成王即政後數年，禮樂初制，天下大定，漸耽嗜逸樂，故周公引故事以戒之也。其篇第當在立政之後，胡宏之說殆是。至於長壽享國久永之君，於周不及武王，蓋偶未及；或武王事近，成王習於見聞，不須舉以示之；或武王壽雖長但享國短淺，故未便竝舉，亦未可知也。

結論：此周公戒成王治天下勿耽嗜逸豫，時在成王親政後數年。據篇中「周公曰」，斷係史官記錄，非周公自著。

註

書之序有直言其所作之人而不言其所作之事者，尙書全解曰：「周公作無逸、立政是也。司馬侍講曰：『本篇論無逸之事，文義已明白易曉，故孔子作序但云「周公作無逸」』，而薛博士亦曰：『無逸之義昭矣，於其序之也，正其名而已，故曰周公作無逸。』」（卷三三頁十六）此種認識先段玉裁而發，段說詳立政篇。

周公曰：「嗚呼！君子所其無逸（註一）！先知稼穡之艱難，乃逸；則知小人之依（註二）。相小人（註三），厥父母勤勞稼穡，厥子乃不知稼穡之艱

難，乃逸乃諺既誕（註四）。否則侮厥父母曰（註五）：『昔之人，無聞知（註六）！』」

釋　文

一　君子，有官位者；此兼指人君。所，句中語詞。其，希冀之辭。無逸，勿逸樂也。〇君子，鄭玄曰：「止謂在官長者。」其說未盡。據本篇下文歷舉殷三君及周文王無逸與殷後王耽逸，知君子當兼指人君。所，諸家多訓處所，東萊書說（卷二五頁二）訓居，朱子疑此句有脫文（朱子語類卷七九頁二九），皆失之。書纂言（卷四頁八八）曰：「所，語辭也。」經傳釋詞亦說爲語助辭。案：吳、王說得之。尚書所字作語辭，亦用在句末，如召誥「王敬作所」、君奭「多歷年所」。其，尚書故（卷三頁十）謂基之借字，訓謀。案：無逸不待籌謀，吳說失之。雙劍誃尚書新證（卷三頁二四）謂所爲啓之譌（金文啓或不從口，與所形近）。說全句亦難通。

二　小人，民眾也；相對上君子（在位者）而言。依，隱也；謂痛苦也。〇依，諸家多訓依怙、依賴，經義述聞（經解卷一一八三頁十一）不然，曰：「依，隱也。（自注：古音微與殷通，故依、隱同聲。說文：衣，依也。白虎通義：衣者，隱也。）……周語：『勤恤民隱。』韋注曰：『隱，痛也。』小人之隱，即上文稼穡之艱難，下文所謂小人之勞也。云隱者，猶今人言苦衷也。」尚書今古文注疏（卷二一頁九九）從之。

三　相，視也。相小人，謂觀彼民衆之不孝者。

四　諺，漢石經作憲；憲猶欣也，喜樂之意（尚書集注音疏，經解卷三九七頁二）。誕，放也；謂放縱也。◯諺，僞孔傳訓喭，蓋據論語先進篇「由也喭（一作諺）」爲說。東坡書傳（卷十四頁六）訓戲侮，竝於經義不合。本句言小人耽於逸樂，殊無叛、侮之義。字本作憲（如漢石經），借爲諺。詩大雅板：「天之方難，無然憲憲。」傳：憲憲猶欣欣。誕，大也；奢也（史記魯周公世家曰：「毋逸稱爲人父母，爲業至長久，子孫驕奢。」蓋以奢訓誕。），此常訓。此訓放（與大、奢義近）縱，謂小人由逸、諺，既而放縱，尤密契經義。

五　否，借爲丕，語詞。丕則，猶「於是」也。下「時人『丕則』」、「民『否則』」之丕則、否則義竝同。◯否，甲骨文有不無否，金文否通作不（漢石經尚書殘字「否則」作「不則」。），亦作否（毛公鼎）。丕，金文亦作不（盂鼎、頌鼎重文。）。否、丕、不古音近，否借爲丕。尚書大義（卷二頁二四）曰：「否讀爲丕；丕則，斯則也。此篇否則皆讀丕則。」羣經平議（卷六頁五）亦有說。僞孔傳曰：「（若）不欺，則輕侮其父母。」據此說以解此句，勉可通；然以之解下二「否則」則不可，知傳說誤也。

六　昔，往古也。昔之人，猶今語「過了時的人」。無聞知，猶今語「不懂得什麼」。

周公曰：「嗚呼！我聞曰：昔在殷王中宗（註七），嚴恭寅畏（註八），天命自度（註九），治民祗懼（註一〇），不敢荒寧（註一一），肆中宗之享國七十有五年（註一二）。其在高宗（註一三），時舊勞于外（註一四），爰暨小人（註一五）。作其即位（註一六），乃或亮陰（註一七），三年不言（註一八）。其惟不言（註一九），言乃雍（註二〇）。不敢荒寧，嘉靖殷邦（註二一）。至于小大（註二二），無時或怨（註二三），肆高宗之享國五十有九年（註二四）。其在祖甲（註二五），不義惟王（註二六），舊為小人（註二七），作其即位，爰知小人之依（註二八）；能保惠于庶民（註二九），不敢侮鰥寡，肆祖甲之享國三十有三年。自時厥後（註三〇），立王生則逸；生則逸，不知稼穡之艱難，不聞小人之勞，惟耽樂之從（註三一）。自時厥後，亦罔或克壽（註三二）：或十年，或七、八年，或五、六年，或四、三年（註三三）。」

釋　文

七　殷王中宗，殷帝祖乙（名滕）也。○昔在，徐幹中論夭壽篇作在昔。殷王中宗，史記殷本紀曰：「帝太庚崩，子帝小甲立；帝小甲崩，弟雍己立，是爲帝雍己。殷道衰，諸侯或不至。帝雍己崩，弟太戊立。是爲帝太戊。帝太戊立，伊陟爲相。亳有祥桑榖共生於朝，一暮大拱，帝太戊懼，問伊陟。伊陟曰：臣聞妖不勝德，帝之政其有闕與！帝其修德。太戊從之，而祥桑枯死而去。……殷復興，諸侯歸之，故稱中宗。」是史公以中宗爲太戊，鄭玄從之，曰：「中宗，謂太戊也。」（詩商頌譜正義引）僞孔傳曰：「（中宗，）太戊也。殷家中世尊其德，故稱宗。」正義申之，曰：「中宗廟號；太戊，王名。商自成湯已後，政教漸衰，至此王而中興之。王者祖有功宗有德。殷家中世尊其德，其廟不毀，故稱中宗。」自後尚書家莫不以中宗爲太戊。王國維據戩壽堂所藏殷墟文字斷片「中宗祖乙，牛吉？」及太平御覽卷八十三引竹書紀年「祖乙滕即位，是爲中宗，居庇。」並徵之卜辭，太甲（太甲稱太宗，見史記殷本紀。）、祖乙往往并祭，而太戊不與焉。因定中宗爲祖乙滕（見觀堂集林卷九頁十八殷卜辭中所見先公先王續考）。案：太戊、祖乙皆殷賢君，尚書君奭及史記殷本紀竝有說，史公誤以中宗爲太戊廟號。漢石經「殷王」與「中宗」之間多三十八字。

八　嚴，矜莊貌（尚書集注音疏，經解卷三九七頁二）。寅，敬也。金履祥（書經注卷九頁三四）曰：「嚴恭，敬之齊於外也；寅畏，敬之存於中也。」

九　度，度量也。◯漢石經度作亮，古文尚書撰異（經解卷五九八頁三）曰：「度與亮音不相涉，亮與量音同。自量猶自度也。」

一◯　祗，敬謹也。懼，戒也。

一一　荒，怠惰。寧，逸樂。◯不敢荒寧，毛公鼎「毋敢妄寧」、晉姜鼎「不叚妄寧」與此義近。

妄、荒音近相假（參雙劍誃尚書新證卷三頁二七）。

一二　肆，故也。享國，言在帝位。下高宗、祖甲、文王「享國」義同。○享，史記魯周公世家作饗。享、饗義皆爲受。

一三　殷高宗武丁也。

一四　時，謂武丁爲太子之時也。舊，久也；史記作久。（參註一五）○時，或訓是，或據中論夭壽篇引作寔（實）爲說，疑皆失之。觀下「作其即位」，知此「時」指武丁爲太子之時，馬融（見下句）、書疏竝有說。

一五　爰，於是也。暨，及也；與也。小人，謂民眾也。上及此句，馬融曰：「武丁爲太子時，其父小乙使行役；有所勞役于外，與小人從事。」（史記魯周公世家集解引）○爰暨二字史記作爲與，孫星衍曰：「爰暨作爲與者，爰與爲形相近，古文或作爲字。」（尚書今古文注疏卷二一頁一〇一）

一六　作，及也（經傳釋詞）。

一七　或，語詞。亮，信也；猶今語「的確」。陰，默也。（竝左隱元年傳疏引馬融說）全句，謂殷高宗即位慎於言也。○亮陰，論語憲問篇引作諒陰，論衡儒增篇引同。禮記喪服四制引作諒闇，白虎通爵篇引同。尚書大傳引作梁闇（尚書大傳輯校卷二頁二九）。漢書五行志作涼陰。（詳參今文尚書經說攷卷二三頁七—九及今文尚書攷證卷二一頁三）段玉裁曰：「諒、涼、亮、梁古四字同音，不分平仄也；闇、陰古二字同音，在侵韵不分侵覃也。」（古文尚書撰異，經解卷五八九頁四）案：段說近是，其字音近古通用。此及下句，論語憲問篇：

「子張曰：書云『高宗諒陰，三年不言。』何謂也！子曰：『何必高宗！古之人皆然。君薨，百官總己以聽於冢宰三年。』」是孔子以此爲高宗居喪不言。禮記喪服四制曰：「三年之喪，君不言，書云：『高宗諒闇，三年不言。』此之謂也。」說同論語。尚書大傳曰：「……傳曰：高宗居倚廬，三年不言，百官總己以聽於冢宰而莫之違，此之謂梁闇。」謂此爲三年之喪，亦同論語。鄭玄曰：「諒闇轉作梁闇，楣謂之梁；闇，廬也。小乙崩，武丁立，憂喪三年之禮，居凶廬柱楣，不言政事。」（詩商頌譜疏引，禮記喪服四制鄭注略同。）漢人皆用論語之說，不煩畢舉。國語楚語上：「殷武丁能聳其德，自河徂亳，於是乎三年默以思道。」韋昭注：「默，諒闇也。」是已釋諒闇爲沈默。尚書專注，須至呂祖謙始謂不言爲不輕言，而稍異傳注（東萊書說卷二五頁四）。惟呂氏春秋已釋爲愼言，重言篇曰：「二曰人主之言不可不愼。高宗，天子也，即位諒闇，三年不言。卿大夫恐懼患之。高宗乃言曰：『以余一人正四方，余唯恐言之不類也，茲故不言。』古之天子，其重言如此，故言無遺者。」案：以下文「其惟不言，言乃雍」度之，疑呂覽、呂書之說得之。

一八　三年不言，參註一七及一九。

一九　其，指殷高宗。全句，謂高宗惟祇不言而已。◯今文尚書經說攷（卷二三頁十）據伏生大傳、史記魯周公世家、白虎通、詩商頌譜、論衡及中論所引，今文尚書攷證（卷二一頁三）據論語憲問、禮記檀弓及喪服四制所引，謂「其惟不言」四字，係僞古文作者據禮記坊記所引，竄入尚書者。案：坊記曰：「論語曰：『三年無改於父之道，可謂孝矣。』高宗云：『三年其惟不言，言乃讙。』」鄭注：「高宗，殷王武丁也，名篇在尚書。」陳、皮二家謂

「三年其惟不言，言乃讙」是逸尚書高宗之訓文，而非無逸文，尚待論定。而諸家節取無逸之文，因不著「其惟不言」，尤不得援以證本經。矧書疏引鄭注此及下句曰：「其不言之時，時有所言，則羣臣皆和諧。」足證鄭本有此四字。僞古文尚書說命上篇：「王宅憂，亮陰三祀，既免喪，其惟弗言。」蓋僞作者據傳本無逸篇改不爲弗。皮氏又謂有此四字則「文義複沓難通」。愚謂去此四字，則語脈不屬。意皮氏執亮陰不言爲居喪不語之義，既三年不語矣，而又著「其惟不言」，故視爲衍增之文。非也。

二〇　雍，和也（僞孔傳）。（參註一九）。

二一　嘉，美（善）也。靖，安也。

二二　小大，臣民也；謂無間卑尊。〇小大，鄭玄曰：「小大謂萬人，上及羣臣；言人臣小大皆無怨王也。」詩魯頌泮水：「無小無大，從公于邁。」小大亦指臣民。僞孔傳訓小大之政，且於下句增文釋之曰：「人無是有怨者。」疑其非是。尚書釋義（頁一〇七）訓幼長（其釋微子篇「殷罔不小大」同），亦較傳義爲長。

二三　時，是也；之也；指高宗。無時或怨，無或怨之者。

二四　〇五十九年，史記魯周公世家作五十五年，尚書斠證曰：「史記『五年』，疑本作『九年』，涉上五字而誤；或九誤爲×，復易爲五耳。×，古文五字。（此文「五十」，敦煌本作「又十」，又乃×之誤。）」案：史記「五十五年」，下「五」字當作「九」，或涉上文而誤，或九誤爲×（九古作ㄋ，似×），疑當如師說。惟敦煌本「五十有九年」作「乂十有九年」，「乂」非「×」之誤，因其無逸篇它「五」字皆作「乂」。五，古亦寫作又（見古籀補），唐寫「𠬶」，下加點以與「又」別，且敦煌本禹貢、君奭等篇「又」皆作「又」（下無一點），故知此「𠬶」非誤字。又漢石經謂高宗饗國百年，論衡氣壽篇同。案：本段歷述殷王享國及享年，以傳次及久暫爲先後次序（觀下或十年、或七八年、或五六年、或四三年尤顯。），百年之說蓋誤。至漢書五行志等謂高宗致百年之壽，實誤以「享國」爲享壽，下有「文王受命惟中身，厥享國五十年。」可見受命即位而後始得謂之享國。皮錫瑞力持本篇所稱「享國」之年爲單舉在位之年，曰：「周公舉三宗饗國之年，……皆舉在位之年，故云饗國。若高宗並數生年，則與上太宗、中宗不一例。若謂太宗、中宗亦數生年，則太甲（敏案：皮氏以此祖甲當是太甲。）壽止三十三，何云克壽？」（今文尚書攷證卷二十頁五）皮說是。

二五　祖甲，武丁之子，祖庚之弟，而廩辛之父也。即位是爲帝甲。（見史記殷本紀）（參註二六、二七）

二六　惟，爲也。不義惟王，言祖甲以立己爲王不義也。（參註二七）

二七　舊，久也。小人，謂平民也。此及上二句，馬融曰：「祖甲有兄祖庚，而祖甲賢，武丁欲立之，祖甲以王廢長立少不義，逃亡民間，故曰『不義惟王，久爲小人』也。武丁死，祖庚立；祖庚死，祖甲立。」（史記魯周公世家集解引）鄭玄說同（書疏引）。○此及上二句，漢王舜與劉歆以祖甲爲太甲，漢書韋玄成傳載王、劉奏議曰：「……苟有功德，則宗之不可預爲設數，故於殷太甲爲太宗，太戊曰中宗，武丁曰高宗。周公爲毋逸之戒，舉殷三宗，已勸成王。」王肅亦以祖甲爲太甲（書疏引），且曰：「先中宗後祖甲，先盛德後有過也。」

（史記魯周公世家集解引）僞孔傳亦謂祖甲爲湯孫太甲，且謂太甲爲王不義、久爲小人之行，伊尹放之桐。又謂：「此以德優劣、立年多少爲先後，故祖甲在下，殷家亦祖其功，故稱祖。」正義申之，且非鄭玄曰：「殷本紀云：武丁崩，子祖庚立；祖庚崩，子祖甲立，是爲帝甲。淫亂，殷道復衰。國語說殷事云：帝甲亂之，七代而殞。（敏案：略見周語。）則帝甲是淫亂之主，起亡殷之源，寧當與二宗齊名擧之，以戒無逸？武丁賢王，祖庚復賢。以武丁之明，無容廢長立少；祖庚之賢，誰所傳說？武丁廢子事，出何書？」蘇軾謂祖甲即太甲，於本篇先中宗、高宗而後太甲，則曰：「此書方論享國之長短，故先論享國之最長者；非世次也。」（東坡書傳卷十四頁七）案：以祖甲爲太甲非也。王肅謂先盛德而後有過，段玉裁斥之曰：「後文自殷王中宗及高宗及祖甲及我周文王，豈先盛德後有過之云乎？」（古文尚書撰異，經解卷五八九頁七）僞孔傳釋小人以德行言，蔡傳曰：「所謂小人者，皆指微賤而言，非謂憸小之人也。」王鳴盛曰：「孔傳之意，以『不義惟王』與太甲『茲乃不義』爲一，彼僞文固不足信。且此小人言其位非言其德，乃云太甲爲小人之行，不亦妄乎？」（尚書後案，經解卷四二四頁十一）「小人」，本篇八見及康誥一見，皆訓民眾，猶言小民。僞孔傳「殷家祖其功，故稱祖甲」，正義已疑之，曰「諸書皆言太甲，此言祖甲者，殷家亦祖其功，故稱之祖甲，與二宗爲類，惟見此篇。必言祖其功，亦未知其然。殷之先君，有祖乙、祖辛、祖丁，稱祖多矣，或可號之爲祖，未必祖其功而存其廟也。」蔡傳曰：「殷世二十有九，以甲名者五帝，以太以小以沃以陽以祖別之，不應二人俱稱祖甲。」又本篇敍殷君享國，兼顧世次前後與在位久暫，蔡傳曰：「下文周公言：『自殷王中宗及高宗及祖甲及我周文王。』『及』云者，因其先後次第而枚舉之辭也。則祖甲之爲祖甲，而非太甲明矣。」陳師凱申之曰：「考之經文，則祖甲享國下即云：『自時厥後，立王生則逸。』又云：『亦罔或克壽。』既以祖甲爲太甲，則中宗、高宗皆太甲後人，安得言生則逸、罔或壽邪？既云不論世次，則不可言自時厥後矣。以兩自時厥後詳之，則蔡傳所考不可破。」（書蔡傳旁通卷五頁十三）至諸家謂祖甲淫亂之主，不得與二宗並舉，用戒無逸，所據爲殷本紀。蓋史公誤用國語周語，或以祖甲能讓，且知小人之依，見稱於周公，是古人不求備之道（尙書今古文注疏卷二一頁一〇三），故魯周公世家又用尙書文，記祖甲享國久而能保民。漢石經「肆高宗之饗國百年」下緊接「自時厥後」，而無「其在祖甲」至「肆祖甲之享國三十有三年」共四十四字，古文尙書撰異（經解卷五八九頁七）：「漢石經『高宗之饗國百年。自時厥後』，隸釋（卷十四）所載殘碑，緊接不隔一字（敏案：表示「年」下「自」上無闕文。），洪氏云：此碑獨闕祖甲，計其字蓋在中宗之上（原注：云計其字者，謂以每行若干字計之。洪於殘石，得睾校每行字數也。），以傳序爲次也。……考殷本紀太甲稱太宗，太戊稱中宗，武丁廟爲高宗。（敏案：下引王舜、劉歆奏議，已見前。）……儻非尙書有『太宗』二字，司馬（遷）、王、劉不能肊造。……據此，則今文尙書『祖甲』二字作『太宗』二字，其文之次，當云：『昔在殷王太宗；其在中宗；其在高宗』。不則，今文家末由倒易其次第也。今本史記（殷本紀）同古文尙書者，蓋或淺人用古文尙書改之。」案：漢石經所據爲小夏侯本（據漢石經殘字集證序），「其在祖甲（或作太宗）」一段在「中宗」之前，宜如段氏所推測。疑淺人據史記殷本紀「帝甲淫亂」，以爲不得與二宗併舉，據殷本紀「太甲稱太宗」，又誤以無逸此段經文敍殷宗僅以傳次爲序，遂改祖甲爲太甲，且移其文于中宗之上，而劉歆、王舜用此譌本爲說。考魯周公世家索隱引竹書紀年太甲唯得十二年。享國十二年殊暫，故周公必不與高宗、中宗併舉，以是知此祖甲非彼太甲。帝王世紀（太平御覽卷八十三引）云：「太甲一名祖甲，享國三十三年。」造僞亂經，決不可信。（殷本紀集解引書無逸太甲享國三十三年，亦妄改經文。）馬、鄭說近理，從之。

二八　依，同註二。〇僞孔傳上「依」訓怙，此謂依仁政，竝失之。

二九　惠，愛也。

三〇　厥，猶「之」也（經傳釋詞）。全句，謂從祖甲之後也。〇自時厥後，連下句「立王生則逸」，僞孔傳曰：「從是三王各承其後而立者。」謂或自中宗之後之王（如沃甲、南庚等，據史記，餘類推。），或自高宗之後之王，及或自祖甲之後之王也。此說宋、元人是之，尚書全解（卷三二頁二六）曰：「自時厥後，謂繼三宗而立者，或在中宗之後，或在高宗之後，或在祖甲之後也。」書纂言（卷四頁九一）曰：「自時厥後，夏氏以爲或自中宗之後，或自高宗之後，或自祖甲之後，是也。……澄案：史（書）記中宗之後，仲丁十三年，仲壬十五年，所謂十年者也；河亶甲九年，陽甲七年，所謂或七、八年者也；高宗、祖甲之後，廩辛六年，所謂或五、六年者也；武乙四年，大丁三年，所謂或四、三年者也。」案：僞孔、林、夏二氏之說，以經文字義求之當如是。吳氏所舉商王享國年數，不知何所據，即就竹書紀年（太平御覽卷八十三引）所引殷帝在位之年，亦頗與吳氏所說不合。且仲丁、仲壬（即外壬）世次在中宗祖乙之前。故吳說不能成立。

三一 耽樂，過樂也（僞孔傳）。從，逐也（詩齊風還篇「並驅從兩肩兮」傳）；此謂追求。

三二 罔或克壽，謂無有得高壽者。林之奇曰：「惟其逸豫如此，則所以伐性殞壽者多矣，故其享國高者十年、短者三年而已。」（尚書全解卷三二頁二七）

三三 四、三年，謂在位僅三、四年也。（上或十年，或七、八年，或五、六年同例。）○或四、三年，中論夭壽篇引作或三、四年。今本四、三，疑爲三、四之誤倒，傳寫之失。漢書杜欽傳欽說王鳳引作「或四、三年」，蓋據譌本轉寫。簡朝亮謂作「四、三年」者，蓋古史變文，以見八七、六五之例（尚書集注述疏卷二一頁三），恐非是。

周公曰：「嗚呼！厥亦惟我周太王、王季（註三四），克自抑畏（註三五）。文王卑服（註三六），即康功田功（註三七）。徽柔懿恭（註三八），懷保小民，惠鮮鰥寡（註三九）。自朝至于日中昃（註四〇），不遑暇食（註四一），用咸和萬民（註四二）。文王不敢盤于遊、田（註四三），以庶邦惟正之供（註四四）。文王受命惟中身（註四五），厥享國五十年（註四六）。」

釋文

三四　太王，公叔祖類之子，王季之父，名古公亶父，其後人追尊爲太王。王季，古公亶父之少子，文王昌之父，名季歷，又稱公季，其後人追尊爲王季。（竝據史記周本紀）

三五　抑，謙抑也（尚書集注音疏，經解卷三九七頁五）。尚書古注便讀（卷四中頁二四）曰：「抑，猶言自貶自屈也，故稱謙抑。」畏，謂敬畏天命；尚書中習見此義。

三六　卑服，蔡傳：「猶禹所謂惡衣服也。」（參註三五）◯卑，馬融本作俾，訓使（經典釋文）。不可通。尚書集注音疏（經解卷三九七頁五）卑服，訓卑下之事，而以康連上讀，謂文王即安于卑下之事；功田功爲句，謂就功于田功。案：田功難謂爲卑下之事。江氏割裂經句，解之義亦非是。羣經平議（卷六頁五）謂卑借爲比，卑服即比敍其事。下言即康功田功，上言比敍其事，於義無取，俞說失之。僞孔傳謂文王儉卑其衣服，正義云卑薄其衣服，皆訓卑爲粗下。論語泰伯篇：「禹……菲飲食而致孝乎鬼神，惡衣服而致美乎黻冕，卑宮室而盡力乎溝洫。」菲、惡、卑義近，互文，皆有卑下之義。蔡傳舉其一句以證書，得之。

三七　即，謂往而就也。康，古通荒；謂山澤荒地。功，事也。此及上句，謂文王衣惡衣服，親理農事也。◯康功，諸家多從僞孔傳釋爲安人之功。案：康功與田功，事相近而文相對，傳謂前功安人，則後功尤足以安人，必不疊出。尚書覈詁（卷四頁九一）曰：「康，疑當讀爲荒，古康、荒可通，故甗字亦作甗。周易泰釋文引鄭注：『荒讀爲康』，即其明證。說文荒，一曰艸淹地也。則荒功與田功對文，蓋謂山澤荒地耳。」尚書今古文注疏（卷二二頁一〇五）謂康同康，康功爲居屋之事。案：經言君子不可不先知稼穡之難，首段乃一篇之總綱，次段述殷後王享國短暫，亦以不知稼穡責之。不應本段述文王，突轉說居屋之事。孫說非也。

三八　徽，善、懿，美也。（竝爾雅釋詁）柔，和也。恭，敬謹也。

三九　惠，愛也。鮮，善也（尚書今古文注疏卷二二頁一〇五）。〇鮮，僞孔傳訓乏，謂加惠鮮乏鰥寡之人。案：經鰥寡即窮乏無依之人，是鮮無乏義。書纂言（卷四頁九二）曰：「惠鮮，謂惠利而甦鮮之，使有生意也。」（略本蔡傳）說殊怪異。羣經平議（卷六頁五）謂：鮮與賜及斯古音近，惠鮮猶云惠賜。漢石經、漢書谷永傳引鮮竝作于，古文尙書撰異（經解卷五八九頁十）曰：「惠鮮恐是惠于之誤，于字與羊字略相似，又因下文鰥字魚旁誤增之也。」案：惠鮮，謂愛之善（待）之，二字複詞，與上「懷保」對文。立政篇「知恤鮮哉」，鮮亦訓善；文侯之命篇「惠康小民」，句型與此同。俞氏惠賜之解、古本作惠于，皆誤。

四〇　日中昃，謂日中、日昃也。日中，日（太陽）在中；謂中午。昃，或作仄，日西斜也；謂黃昏。全句，意謂自清晨至中午，甚至自中午至黃昏，（不暇一食也。）〇昃，說文作𣅔，曰：「日在西方時側也。」周易豐卦彖傳「日中則昃。」謂日既中而後斜昃也。全句，書疏曰：「言文王勤於政事，從朝不食，或至於日中，或至於日昃，猶不暇食，故經中、昃並言之。」蔡傳曰：「自朝至于日之中，自中至于日之昃，一食之頃，有不遑暇。」是也。

四一　遑，暇也。〇書疏曰：「遑亦暇也。重言之者，古人自有複語，猶云『艱難』也。」案：正義說是，詩召南殷其靁及小雅四牡傳皆訓遑爲暇。尙書斠證曰：「『不遑暇食，疑本作『不遑食』。遑猶暇也。僞孔傳：『從朝至日昳，不暇食。』正以暇詁遑。御覽引尸子作『不暇飲食』；史記（魯周公世家）作『不暇食』。史記用書，多易字以說之。今此文遑下有暇字，疑後人據史記旁注暇字而竄入者。」案：疑本作「不遑暇食」，漢書董仲舒傳、後漢書黃瓊傳、風俗通過譽篇竝謂文王（日昃）不暇食，蓋皆取本句大義，非本句原文，國語楚語上左史倚相云：「周書曰：『文王至於日中昃，不皇暇食，惠於小民，唯政之恭。』」皇（通遑）暇連用，與今本同。

四二 咸，和也；讀爲諴。咸、和複詞。○咸，僞孔傳訓皆，尙書集注音疏（經解卷三九七頁六）訓徧。案：徧和、皆和萬民，竝不辭。羣經平議（卷六頁五）：「咸亦和也。詩（小雅）常棣篇（序）箋曰：『周公弔二叔之不咸，』正義曰：『咸，和也。』蓋咸即諴字之省。說文言部：諴，和也。」（俞氏古書疑義舉例亦讀咸爲諴，訓和。）案：俞說是。召誥：「其丕能諴于小民。」僞孔傳諴訓和。

四三 盤（般），樂也（爾雅釋詁）。田，謂畋獵。○盤于遊田，晏子春秋諫下篇曰：「昔文王不敢盤游于田。」于、遊二字易次。後漢書光武帝本紀郭憚諫曰：「昔文王不敢盤游于田。」與晏子合，亦于、遊互易。案：盤于遊田，謂盤于遊、盤于田；盤作動詞，貫下遊、田二字，猶下文淫于觀、于逸、于遊、于田，淫字亦貫下觀、逸、遊、田而有之。漢石經下文有「（毋）劮于遊田」（詳註四九），「劮（同佚、逸）于遊田」，義猶此「盤于遊田」。亦以遊、田爲二事。羅振玉所見魏石經殘字拓本盤于遊田作「□于遊于田」，下「于」字疑爲衍文，則亦以遊、田分言，作「盤于遊田」。晏子春秋以盤游連文，與諸本不同，質之經義亦難通，誤倒無疑。後漢書郅惲傳、東觀漢記（卷十五）皆載郅上書竝作「盤（郅傳作槃）於遊（郅傳作游）田。」尚與今本尚書合。後漢書光武帝紀誤倒，亦何疑？

四四 以，猶言率領（今語「帶著」）。正，國語楚語上引作「政」；政謂政事。供，行也。全句，謂文王率眾諸侯國惟祇政事是行也。○以，經義述聞（經解卷一一八三頁十二）訓與（詳經傳釋詞卷一）。案：下文「以萬民惟正之供」，以萬民，言率萬民，與此以庶邦義同。大誥「予惟以爾庶邦于伐殷逋播臣」、「肆朕誕以爾東征」之以，此義尤顯。似較王說爲勝。又國語楚語上引周書「惟政之共」之上無「以庶邦」三字（引文具見註四一），而漢石經、漢書谷永傳引下文「惟正之共」之上亦無「以萬民」三字，尚書集注音疏（經解卷三九七頁六、七）、今文尚書攷證（卷二十頁八）謂「以庶邦」爲衍文。以文勢衡之，「以庶邦」及下「以萬民」不應有。（參註四九）第莊述祖曰：「石經『自亮以民』即『以萬民惟政之恭』義。此『庶邦』與上『萬民』互錯耳。」（尚書今古文攷證卷四頁十三）案：漢石經上文中宗下曰：「嚴恭寅畏天命自亮以民祇懼。」亮音同量；量，度也。治、以古音同部（均段玉裁說）。當以「天命自亮」、「以民祇懼」爲句，且皆無「以萬民惟政之恭」義。莊氏曲說不可通。

四五 文王受命，謂文王承受天命繼王季之位爲周君也。惟，猶爲也。中，均也。中身，謂約爲其年壽之半（四十七歲）也。（參註四六）○文王受命，康誥：「天乃大命文王，殪戎殷，誕受厥命」，尚書大傳曰：「……故曰：『天乃大命文王』。文王受命，一年斷虞芮之質，二年伐于，三年伐密須，四年伐畎夷，五年伐耆，六年伐崇，七年而崩。」（尚書大傳輯校卷二頁二一）史記周本紀曰：「（帝紂）乃赦西伯，賜之弓矢斧鉞，使西伯得征伐。……西伯陰行善，諸侯皆來決平。於是虞芮之人有獄不能決，乃如周，入界，耕者皆讓畔，民俗皆讓長。虞芮之人未見西伯，皆慙相謂曰：吾所爭，周人所恥，何往爲？……遂還，俱讓而去。諸侯聞之，曰：西伯蓋受命之君也。明年（西伯）伐犬戎，明年伐密須，明年敗耆國，……明年伐邘，明年伐崇侯虎，……明年西伯崩。」是大傳及史記皆以斷虞、芮之質之年爲文王受命之元年，至第七年而文王崩。劉歆三統歷（漢書律歷志引）則謂文王受命九年而崩，賈逵、馬融、王肅、韋昭、皇甫謐皆悉同之（詩大雅文王序正義述）。案：本篇言文王受命（時文王不足五十歲），大傳、史記、三統歷之所謂受命（時文王約九十歲，詳下。），遠在其後，故非同一事。是以鄭玄「文王受命惟中身」注曰：「中身，謂中年；受命，謂受殷王嗣立之命。」（詩大雅文王序疏引，書疏引略同。）是以爲諸侯受天子之命也。鄭玄詩大雅文王有聲「文王受命，有此武功」云云，箋曰：「武功謂伐四國及崇之功也。」則亦謂以諸侯受商王之命得專征也。書疏則曰：「殷之末世，政教已衰，諸侯嗣位，何必皆待王命？受先君之命亦可也。」案：大傳、史記、劉歆諸家以爲受命爲受天命，誠是；然以斷虞、芮質爲受天命之元年則非。鄭以史記紂賜弓矢，文王得以五征爲受商王之命，是誤會史遷之意，周本紀「諸侯聞之，曰：西伯受命之君也。」與下文「紂曰：不有天命乎」對舉，則受命顯謂受天命。又鄭謂受殷王嗣立之命，孔（穎達）謂受先王命以立，竝失經義。禮記文王世子篇謂文王九十七而終：「文王謂武王曰：女何夢矣？武王對曰：夢帝與我九齡。文王曰：女以爲何也？武王曰：西方有九國焉，君王其終撫諸！文王曰：非也。古者謂年齡，齒亦齡也。我百爾九十，吾與爾三焉。文王九十七乃終，武王九十三而終。」（禮記文王世子）本篇謂文王受命惟中身，九十七折半，則受命約當文王四十八歲時。君奭謂「天不庸釋于我文王受命」；康誥（已見上引）謂天命文王殪戎（大）殷，當殷國勢未衰之時；而大雅文王「周雖舊邦，其命維新」，文王受天命繼爲周君之義甚顯。時周人已視之爲受天命代殷，不必俟紂國淫亂始得謂之受天命也。文王詩序鄭箋謂文王受天命而王天下，得之。

四六　享國五十年，呂氏春秋制樂篇：「周文王立國八年，歲六月，文王寢疾，五日而地動。……（改行重善，）無幾何，疾乃止。文王即位八年而地動，已動之後四十三年，凡文王立國五十一年而終。」韓詩外傳（卷三）說亦同。五十一年，蓋竝首末二年均計之，謂在位五十一個年頭也。（參註四五）

周公曰：「嗚呼！繼自今（註四七），嗣王則其無淫于觀、于逸、于遊、于田（註四八），以萬民惟正之供（註四九）。無皇曰（註五〇）：『今日耽樂！』乃非民攸訓（註五一），非天攸若（註五二），時人丕則有愆（註五三）。無若殷王受之迷亂（註五四），酗于酒德哉！」。

釋文

四七 繼自今，猶言從今以後。（參註四八、四九）

四八 嗣王，繼位之王。則，語詞。其，庶幾也。無，勿也。淫，恣縱也。觀，尚書古注便讀（卷四中頁二四）曰：「觀，壹榭之樂也。」上及此句，言從今以後，各繼位之王皆不可放縱於臺榭、安逸、遊嬉、田獵之樂。（參註四九）○尚書以「繼自今」弁句首者，凡五見，其下必遙以一「其」字應，餘四條均見立政篇：曰：「繼自今，我其立政、立事。」又曰：「繼自今，文子文孫其勿誤于庶獄、庶慎。」又曰：「繼自今，立政其勿以憸人，其惟吉士。」又曰：「繼自今，後王立政其惟克用常人。」「繼自今，……其……」，蓋當時習用語，「其」上「則」字爲語詞，立政篇四句例皆從略。僞孔傳曰：「繼從今以往（之）嗣位之王。」正義曰：「先言繼者，謂繼此後人；即從今以後嗣世之王也。」繼無承往先之意，傳疏不與下「其」字合看，說竝失之。蔡傳謂：則訓法，其指文王，言自今日以往，嗣王其法文王。案：蔡說失之。上文言文王不敢盤于遊、田，而未及觀、逸，此不當以「法其」承之。

四九 以萬民惟正之供，與上「以庶邦惟正之供」義同。（見註四四）○本篇兩惟正之供，蔡傳略據林之奇說，供訓貢賦，謂於正數之外無橫斂。此說失經義。又「繼自今」至「惟正之供」二十四字，漢石經殘碑有「……酒，毋劮于遊、田，維……共」，漢書谷永傳永引「經曰」：「繼自今，嗣王其毋淫于酒，毋逸于游、田，惟正之共」。意漢石經全碑此段當如谷永傳引經，與今本大異。案：下文有「無若殷王受之迷亂，酗于酒德哉」，上無所承，疑本當如漢石經，作「其毋淫于酒」。觀疑爲酒之誤。觀，說文古文作[illegible]从[illegible]。酒金文作[illegible]。下半形近觀。人以爲觀之壞字，遂誤作。王應麟引古文尚書亦作「毋淫于酒，毋逸于遊、田」（漢藝文志考卷一），可證今古文本竝不作觀。

五〇 皇，遽也（尚書故卷三頁十八）。下「皇自敬德」之皇同。〇皇，僞孔傳訓暇，謂無敢自暇曰。於義未安。漢石經作兄，古通況。王肅況訓滋益（詳下「皇自敬德」）。案：無益曰，亦不成詞。

五一 攸，所也。訓，順也。下「人乃訓之」之訓同義。〇訓，僞孔傳釋教，謂非所以教命。蔡傳釋（取）法，謂非民之所法。二說於本句勉可通。案：訓、若互文，竝當釋順，宋胡寅曰：「姑爲今日之樂，則是逸意已萌。民心不從，天意不順。」（書經傳說彙纂卷十六頁十一引）以從順釋訓若。尚書今古文集解（卷一頁五）云訓、順古通。羣經平議（卷六頁五）曰：「若，順也。訓，亦順也。廣雅釋詁曰：訓，順也。非民攸訓，言非民所順也；非天攸若，謂非天所順也。文異而義實不異。枚氏於洪範篇諸訓字皆以順字釋之。」

五二 若，順也。（參註五一）

五三 時，是。丕則，猶於是。（已見康誥註七〇、一三〇）愆，過也。

五四 受，紂名。（已見牧誓）

周公曰：「嗚呼！我聞曰：『古之人猶胥訓告（註五五），胥保惠（註五六），胥教誨。民無或胥譸張為幻（註五七）。』此厥不聽（註五八），人乃訓之；乃變亂先王之正刑（註五九），至于小大（註六〇）。民否則厥心違怨（註六一），否則厥口詛祝（註六二）。」

釋文

五五　胥，相也。下三「胥」字同。訓告，猶言告誡也。

五六　惠，愛也。

五七　無或，猶今言「一點也沒有」。譸張，誑也（爾雅釋訓）。爲，讀爲僞。幻，相詐惑也（說文）。○譸，爾雅釋訓郭璞注引作侜，詩陳風防有鵲巢：「誰侜予美。」箋云：「誰侜張誑欺我所美之人乎？」說侜、譸義同。爲，今文尚書攷證（卷二十頁一）曰：「爲與僞通，漢書王莽傳引堯典作南僞，史記索隱本作南爲。是其證。侜張爲幻，蓋即侜張僞幻，四字平列爲義，與上訓告、保惠、教誨皆二字平列義同。」案：譸張義同、幻爲義同，各爲複詞。皮說是。尚書大義（卷二頁二六）是之。說文兩引（見譸、幻下）、爾雅郭注一引、一切經音義三引（參陳壽祺左海經辨，經解卷一三五二頁十六—十七）皆作「無或譸（侜）張爲幻」，竝無胥、民二字。古文尚書撰異（經解卷五八九頁十四）曰：「此句無胥字爲是。上文三胥字皆君臣相與之詞，此胥字不倫。下文人乃或譸張爲幻，亦無胥字。蓋因僞孔傳有相字而增之也。」段說是，惟上三胥字不必泥以爲君臣相與之詞。民無或胥譸張爲幻，以下文「人乃或譸張爲幻」比之，則民字不當缺。字書乃節引，或竟以民人從上絕句。莊述祖以爲民及胥皆衍文（尚書今古文攷證卷四頁十三），非也。

五八　厥，猶之也（經傳釋詞）。聽，察也（尚書大義卷二頁二六）。全句，言君王若於上述古人之美德不察而行之，則……。○聽，宋劉敞（七經小傳卷上頁九）謂此及下二聽字皆德字形近之誤。惟其取義，未有說。漢石經作聖。案：古聽、聖同源，石經聖即聽字。莊述祖（尚書今古文攷證卷四頁十三）謂不聽當爲否聖，引詩小雅小旻「或聖或否」爲證。又謂訓借爲馴。竝失之。人，尚書今註今譯（頁一四〇）譯爲「官員」，蓋與下「民」字分別言之。案：疑「人乃訓之」，義如上「民攸訓」，皆謂臣下（包括民眾），民、人不予區別。亦通。

五九　正，同政（尚書大義卷二頁二六）。政刑，猶言政制刑法。

六〇　至于小大，言政刑之大者小者，（皆爲其所變亂也。）○宋眞德秀曰：「兩『至于小大』，當作一義。上言『至于小大，無時或怨』，下言『至于小大，民否則厥心違怨』，蓋皆爲民而言。」（書蔡傳纂疏卷五頁二四引）簡朝亮非之，曰：「蓋小大者，承上文正刑而言也。眞氏云：『篇中兩至于小大，蓋皆爲民而言。』非也。至于小大，無時惑怨，如以民言之，猶可也。至于小大，民否則厥心違怨，如以民言之，則當從民絕句矣，然以例上文，則句不一例也。今從大絕句，則民之爲言，不亦綴旒乎？」（尚書集注述疏卷二一頁十九—二十）

六一　否則，同丕則；猶「於是」也。（詳註五）違，恨也。○民，尚書集注音疏（經解卷三九七頁八）云：「疑衍字也。……小大既該臣民，則不應復言民，故以民爲衍字。」亦誤以此小大爲民而言（詳註六○），故竝疑民爲衍文，失之。違，王念孫曰：「違亦怨也。……廣雅：怨、愇、很，恨也。愇與違同。班固幽通賦：『違世業之可懷。』曹大家注曰：『違，恨也。』邶風谷風篇：『中心有違。』韓詩曰：『違，很也。』很亦恨也。厥心違怨，違與怨同。義猶厥口詛祝，詛與祝同義耳。」（經義述聞引，經解卷一一八二頁十二）

六二　詛祝，詛咒也。書疏：「詛祝，謂告神明令加殃咎也。以言告神謂之祝，請神加殃謂之詛。」

周公曰：「嗚呼！自殷王中宗，及高宗，及祖甲，及我周文王，茲四人廸哲（註六三）。厥或告之曰：『小人怨汝詈汝（註六四）。』則皇自敬德（註六五）。厥愆（註六六），曰：『朕之愆，允若時（註六七）。』不啻不敢含怒（註六八）。此厥不聽，人乃或譸張為幻。曰（註六九）：『小人怨汝詈汝。』則信之，則若時，不永念厥辟（註七○），不寬綽厥心（註七一）；亂罰無罪（註七二），殺無辜。怨有同（註七三），是叢于厥身（註七四）。」

釋文

六三　迪，通攸，語詞。哲，明智也。○尚書集注音疏（經解卷五九七頁八）迪訓作，尚書集注述疏（卷二二頁二十）迪訓導，竝於經義未融。尚書大義（卷二頁二六）訓迪誠，於故訓無據。

六四　詈，罵也（說文）。

六五　皇，遽也（參註五〇）。全句，謂迅疾敬謹於自身之行為也。○皇自，隸釋（卷十四）載漢石經作「兄自」，宋黃伯思東觀餘論（卷上頁三五）載漢石經則作「兄自」。案：皇，諸家依石經作兄，讀為況（參註五〇），王肅本作況，云：「況滋益用敬德。」（書疏引，王訓自為用。）古文「曰」字作「𡆧」，與「自」字省文「𦣹」相似，江聲（尚書集注音疏，經解卷三九七頁八）等謂「曰」為「自」之誤。古文尚書撰異（經解卷五八九頁十五）等又謂東觀餘論「自」當作「曰」，以隸釋為正，皮錫瑞申之，云：「此與上文『毋兄曰今日耽樂』文法正同。韋昭注國語云：兄，益也。兄曰敬德，即益曰敬德也。」（今文尚書攷證卷二十頁十一）案：皮氏強合前後兩文，曲為比較，失之。「皇自敬德」，敦煌本作「皇自疾敬德」，疑「疾」字本為「皇」字之釋文，亂為正經，又與「自」字誤倒。疾，遽也。召誥兩「疾敬德」皆可證。諸家說此句疑皆失之。

六六　厥，其；愆，過也。厥愆，指上述四王之過失。（參註六七、六八）

六七　允，信也；誠然也。時，是也。允若時，與皐陶謨「咸（借爲諴；諴，誠也。）若時」義同。此及上句乃周公引四哲王之言。

六八　不啻，不但也。○此及上三句，僞孔傳謂厥愆指民之愆；允若是，則添文釋之曰：「信如是怨詈」云云。正義申之曰：「其民有過，則曰是我之過。民信有如是怨詈，則不啻不敢含怒，以罪彼人。……。」案：厥，周公所指爲四王；朕，周公引四王自稱之詞。傳、疏大失，故諸家無有從之者。又「不啻不敢含怒」爲倒句，此數句意謂四哲王聞小人加詈，不啻不敢含怒，尚自承其過曰：「朕之愆，允若時。」鄭玄云：『不但不敢含怒』者，乃欲屢聞之，以知己政得失之源也（書疏引）。」得之。惟經文作帝，鄭改以訓詁字徑作但，則非是。

六九　「曰」上蒙上省略「厥或告之」。

七〇　永，深也（尚書大義卷二頁二六）。辟，法也（尚書今古文注疏卷二三頁一〇八）。○永，僞孔傳訓長，爾雅釋詁文。吳氏訓深，漢書董仲舒傳：「永惟萬事之統，」師古注：「永，深也。」永思同永念。辟，王肅訓刑辟（書疏引），刑辟猶刑法。僞孔傳訓君，且添文釋句曰：「不長念爲君之道。」蔡傳同。如不添文則爲「不長念其君」，則是告臣非告君矣（參簡朝亮說）。尚書集注音疏訓辠（經解卷五九七頁九）。檢上文，王實無辠，經必不謂永念其辠；而下文「罰無罪，殺無辜」，正其不念刑法之具體說明。江說失之。

七一　綽，寬也（曹植洛神賦「柔情綽態」李善注）。寬、綽，複詞。不寬綽厥心，謂含怒（僞孔傳）。〇諸家據詩衛風淇奧「寬兮綽兮」毛傳之訓緩以釋此綽字。亦通。尚書集注述疏（卷二一頁二二）據孟子「豈不綽綽然有餘裕」，訓寬裕。裕義亦爲寬。

七二 亂，古文作𤔔，與率形近易於互訛。此亂爲率之誤字。（參梓材註一七）率，語助詞（參經傳釋詞及尚書大義）。〇亂，諸家絕多以實字解之，如蔡傳解此句，曰：「……以誑誕無實之言，羅織疑似，亂罰無罪。」案：罰無罪，其義已足，上不須有亂，句當如下殺無辜。吳澄見蔡說有病，遂變其說曰：「于是羅織疑事，刑戮妄亂，及于無辜、罪之人。」（書纂言卷四頁九五）割裂經句，以曲就己意，愈不可通。

七三 有，語詞。同，猶聚也（詩小雅吉日「獸之所同」箋）。

七四 叢，聚也（僞孔傳）。

周公曰：「嗚呼！嗣王其監于茲（註七五）！」

釋文

七五 其者，期望之意；茲者，如此以上所陳也（書纂言卷四頁九五）。監于茲，周人成語。君奭「肆其監于茲」、呂刑「監于茲祥刑」，古之人惕厲自省蓋如此，亦可覘其爲德無暇之有由然也（雙劍誃尚書新證卷三頁三十）。（參君奭註九一）

九　君奭義證　附文一篇

題解

君，尊稱也；奭，召（康）公名也。君奭，篇中四及之，因取以名篇。

此篇，一說周公致政成王後，召公不悅周公，周公作，以書序爲早。書序既列本篇於召、洛二誥後，曰：「召公爲保，周公爲師，相成王爲左右。召公不說（悅），周公作君奭。」鄭玄、王肅曰：周公既攝王政，不宜復列于臣職，故不說（書疏引）。馬融始明言召不悅周，曰：「召公以周公既攝政，致太平，功配文武，不宜復列在臣位，故不說；以爲周公苟貪寵也。」（史記燕召公世家集解引）謂召公不悅周公貪寵，自馬融作俑，徐幹中論承之，曰：「召公見周公之既反政而猶不知，疑其貪位，周公爲之作君奭，然後悅。」（智行篇）是皆以本篇爲周公致政成王之後，召公疑周公不宜復相王在臣位，周公因作是篇以喻之。書疏、禮記緇衣篇疏及後漢書申屠剛傳李賢注同。

一說周公攝政時召公疑周公、或云召公不悅周公，周公作此篇，此說史記肇始，燕召公世家曰：「成王既幼，周公攝政，當國踐阼，召公疑之，（周公）作君奭。」漢書王莽傳引本篇經文，後著「說者」曰：「周公服天子之冕，南面而朝羣臣，發號施令，常稱王命。召公賢人，不知聖人之意，故不悅也。」後漢書申屠剛傳、嵇康文集管蔡論（見嚴可均輯全三國文卷五十）及列子楊朱篇，均謂召公不悅周公當攝政之時。

案：諸家言召公所以不悅周公，爲歸政後周公不應復列于臣位，實由書序作者臆度，清許鴻磐非之曰：「自風雷示儆之後，上下之疑俱釋，二公同德同心以輔少主，召公有何不悅？若謂歸政後當引身而去，不宜再留輔相之職，然『復子明辟』，成王諄諄留之而後許，召公豈不知耶？且聖人行事，惟義所安，何必沾沾自剖；凡覼縷自明，皆內不足者也。周公豈其人也？」（尚書札記，皇清經解卷一四一二頁十二）其說據金縢、洛誥，推明召公不致因周公留相而不悅得之。至馬季長謂召公不悅周公貪寵，不過就序文敷衍，乃臆中之臆，江聲竟然信而申之，曰：「周公既攝王政，不宜復在臣位，乃甘自卑詘不退避，謂爲苟貪事權也。經云：『我不以後人迷。』是周公表明己意，不以子孫之故迷攣不捨，則可知召公不說之意，實疑周公貪寵。」（尚書集注音疏，經解卷四〇〇頁二七）案：江說有三失：伊尹放太甲於桐，攝王政三年，歸政後復在臣位，周公何爲不宜復居臣位？此其一。洛誥成王曰：「四方迪亂未定，于宗禮，亦未克敉公功」，言公雖致政，然迫於時勢，須要續輔，時召公在側，親聆此言，何至退而責周公迷攣貪權？此其二。「我不以後人迷」，非如江氏誤解。此其三。

又案：諸家謂召公疑周公攝政當國踐阼，蘇軾斥之曰：「方周公攝政，管蔡流言，周公晏然不自疑，當時大臣亦莫之疑者，何獨召公也。今已復子明辟，召公復何疑乎？」蘇謂此篇反政後作得之，惟謂管蔡流言時，莫之疑周公則非；雖然，召公知周公最深，未嘗疑周公。乃王莽、劉歆輩竟篡改史記之文，誣周公常稱王命。考周公踐阼攝政，成王始終在王位，召公與周公位爲輔相（亦詳拙著「周公旦未曾稱王考」），何由疑之？

王安石見舊說不可通曉，別立一怪說，曰：「成王非有過人之聰明，而出於文武之後，人習至治之時，爲難繼，故召公於其親政之始，有不悅也。」（尚書全解卷三三頁五引）林之奇非之，曰：「此篇之言，皆是周公以天命之難諶，懼成王之弗克負荷，以忝前人之成憲，故已雖致政，而不敢告歸。若王氏之說，召公既以致政爲憂矣，周公當言成王之德可以光大文武之緒，乃能解召公之憂，不當又以是爲言矣。」案：林據本篇斥王說是矣，然猶未盡。召誥召公戒成王親政後當敬承天命，鑒夏、殷之所以亡墜，爲四方儀刑，決無憂而不說之之語。蘇轍又謂召公不悅周公之歸政（亦尚書全解引），而俞樾似受少蘇氏影響，益發爲奇論，其達齋書說（見曲園雜纂二頁十一）曰：「召公所以不說者，蓋由武王既沒，成王幼弱，天下大亂，召公以爲國賴長君，己與周公區區奉一孺子，而欲戡定四方，其勢有所甚難。又習見殷家故事，兄終弟及，以爲武王既沒，周公便可纂成大統，乃拘守經常，不早定大策，此其所以不說也。周公歷稱殷時賢臣皆有大勳勞，而無不以臣節始終，則己之不敢涉天位，意在言外。此召公所以說也。曰：『我則鳴鳥不聞，矧曰其又能格』，周公謙讓未遑之意，昭然若揭。又曰：『君！肆其監于茲，我受命無彊（疆）惟休，亦大惟艱』，公之不敢起僭天命，意更顯矣。厥後史錄其辭，藏之策府，若顯言召公有勸進之意，則召公似有虧人臣之節，故但以『不說』二字隱之，而此篇之義晦矣。」俞釋本篇五句文義，皆未安；其計度周、召之心，咸失實。且當日召公果有勸進之意，何以成王不知，非但親政之後仍舊畀以大任，且末以嗣君剆託之？必不如俞説矣。伊川程子謂召公初升太保，與周公同列，故不説（亦見尚書全解引）。案：據金縢，武王時周、召已輔大政，召誥言召公爲太保，是早已「升太保」，與周公並列，何待成王親政之後方始不説？魏源竊其義，以爲此「不説」義猶堯典「舜讓于德不台」之不台（怡），謂召公深思謙讓引退不敢安位也（書古微卷十一頁四）。竝失之。

召公無疑、不悦之意，既如上所詳辨。然則此篇當如程伊川言，「看此一篇是周公留召公之意」，宋人多師其説，而朱子論此尤簡當，曰：「召公不悦，只是小序恁地説，裏面卻無此意。這只是召公要去，後周公留他，説道：『朝廷不可無老臣。』」（朱子語類卷七九頁二九）事在親政之初，然皇王大紀用舊（史記等）説，繫之攝政元年，書纂言（卷四頁九五）謂周公東征歸後作，皆失之。

結論：本篇當是成王親政之後，召公以盛滿欲告歸，周公勉其續留共輔成王，史氏記其言以成篇。篇中著「周公若曰」、「公曰」，知非公旦自撰。

周公若曰：「君奭（註一），弗弔（註二），天降喪于殷（註三），殷既墜厥命（註四），我有周既受。我不敢知（註五），曰厥基永孚于休（註六）；若天棐忱（註七），我亦不敢知，曰其終出于不祥（註八）。

釋文

一　君，尊稱也（僞孔傳）。奭，召公名。蔡傳曰：「古人尚質，相與語，多名之。」召公奭，姬周之同姓，武王既克殷，封之於北燕，見史記燕召公世家。◯君，尚書全解（卷三三頁六）曰：「曰君奭者，尊之之稱；君陳、君牙皆尊之，故曰君也。尊之爲君，正如棄謂之后稷，曰后、曰君一也。」案：君，疑當如堯典「伯夷」之「伯」（堯典凡二見），皆尊稱，或下不連名，單稱曰「君」，下文凡六見。林說非是。說文奭下曰：「此燕召公名，讀若郝，史篇名醜。」「史篇」，蓋謂史籀大篆十五篇。九經古義（經解卷三六二頁八）曰：「奭與奭相似，說文云：䀠，古文以爲醜字。皆从䀠，故史篇以爲召公名醜。」惠說待考。奭、郝，廣韻同作施隻切，古讀音同。白虎通王者不臣篇又謂召公爲文王之子，然左傳僖公二十四年富辰言文王之子十六人封國，無名奭者。論衡氣壽篇謂召公爲周公之兄，案：觀本篇周公謂召公曰：「我則鳴鳥不聞，矧曰其有能格？」召公似少於周公。穀梁莊三十年傳：「燕，周之分子也。」集解：「燕，周大保召康公之後，成王所封。分子，謂周之別子孫也。」禮記大傳云：「別子爲祖。」注：「別子謂公子。」惠棟云：「繼體者爲世子，別於世子者爲別子，則召公其文王長庶歟！」（今文尚書攷證卷二一頁二引）尚書今古文注疏（卷二二頁一〇九）據以謂召公是文王之從子。尚書後案（經解卷四二五一頁一）謂召公「或出太王，或出王季之別，皆未可知。」譙周謂召公是周之支族（史記集解引）。案：金縢召公欲爲武王疾事穆卜，周公曰：「未可以戚我先王。」似召公與三王血緣不若周公親近，惠氏長庶、孫氏從子、王氏或出太王王季之別之說，恐皆未必得其實。不如從史記及漢書古今人表，衹作周之同姓爲宜也。

二 弗弔，不善也（詳大誥註四）。〇大誥周公傳成王命告國人，曰：「弗弔，天降割于我家」，則憫勞之辭耳；「今周公之告召公，周家大臣自相與語，亦首曰弗弔。蓋聖賢以天下爲心，不幸而遇武王克殷，天下未集而崩，故云；多士成王告殷民，曰：「弗弔，旻天大降喪于殷」，則喪亂，又不幸而任此責，豈其所樂哉！」（東萊書說卷二六頁二）其說蓋得周、召之心。

三 義見多士註六。

四 墜厥命，猶言失其國。前已數見。

五 不敢知，謂天命不可逆知也。（參召誥「我不敢知」註）〇鄭玄（書疏引）、書疏竝謂周公言殷家興亡之迹，與君奭同知，周公不敢獨知。失之。尚書全解（卷三三頁六）曰：「不敢知者，疑之之辭。以爲必有不可也，以爲必無不可也。雖天之吉凶禍福，若影響然，未嘗有毫釐之差，然不可知其所以然之故。」所論近理。不從尚書釋義（頁一一一）「敢」訓語詞；而以「曰」連下讀，亦通。

六 曰，語詞。厥基，謂周家之基業（尚書全解卷三三頁六）。孚，讀爲符，合也（尚書故卷三頁二一）。休，吉祥也。下文反說，而云「不祥」，可證。此義尚書習見。全句謂（我不能預知，）其王業是否能長遠合于吉祥。○基，尚書覈詁（卷四頁九二）訓業，見淮南子主術篇注。僞孔傳基孚休，訓始信于美道，又謂厥指殷家。東坡書傳（卷十五頁二）始稍正其謬。案：上既言殷墜厥命，我有周既受，下「我不敢知」云云，乃周公謂我周室能否永受休祥之命，實難測度。以諭召公，勉其留輔王室。

七　若，通越（大誥作「越天匪忱」可證）；語詞。天棐忱，猶言天命不可信賴。（詳大誥註七○）

八　出於不祥，猶言進至不吉之運道也。○全句，僞孔傳云：「（殷紂其終墜厥命，）以出於不善之故。」失之。（參註六）

嗚呼！君！已曰時我（註九）。我亦不敢寧于上帝命（註一○），弗永遠念天威越我民（註一一）；罔尤違，惟人（註一二）。在我後嗣子孫（註一三），大弗克恭上下（註一四），遏佚前人光在家（註一五）；不知天命不易（註一六），天難諶（註一七），乃其墜命（註一八），弗克經歷嗣前人恭明德（註一九）。在今予小子旦，非克有正（註二○）；廸惟前人光施于我沖子（註二一）。」

釋文

九　時，善也（廣雅釋詁）。已曰時我，（承上）謂天既已善待我周室。（參註一二）

一〇　寧，安也；意謂安享也。全句，言我亦不敢安享上帝之命（以爲上帝必佑我周室）。（參註一二）

一一　句上省略「而」字。永，長遠。越，及也。全句，謂（我亦不敢）不永遠顧念天之威怒及我國民。（參註一二）

一二　罔，無也。尤，怨也。違，恨也。尤違與無逸「厥心違怨」之違怨義同。惟，語詞。罔尤違，惟人：謂（如此則）人無有怨恨。○自「君已曰」至「惟人」，說者紛紛，似皆未得其正，而首、末二句，諸家意見尤其紛歧。首句，僞孔傳曰：「君也當是我之留。」末句，則於「越我民」訓「勤化於我民」，使無過違之闕。又以「惟人」屬下讀。尚書全解（卷三三頁七）謂「君已曰時我」指召誥召公所陳之言，而尚書集注音疏（經解卷三九七頁十一）亦謂此追召公舊時之言；且據漢書王莽傳引尚書「我嗣事孫」，以「惟人在」爲句，在屬上讀。諸家又頗以「惟在人而已」訓「惟人」。皆大失經義，不煩詳辨。東坡書傳（卷十五頁二）始從「惟人」絕句，考酒誥「在昔殷先哲王」、「在今後嗣王」與多士「在今後嗣王誕罔顧于天」，與本篇「在我後嗣子孫」句型同，「在」皆當屬下讀，莽傳斷句，不得援以證此句讀。朱子讀「弗永」以下共十二字爲長句，曰：「諸誥多是長句，如『弗永遠念天威越我民罔尤違』，越只是及，罔尤違，是總說上天與民之意。」（書蔡傳纂疏卷五頁二六引）案：朱子斷句，與越訓及，皆比舊說爲勝。書纂言（卷四頁九六）略變其意，云：「我亦不敢安于上帝之命，而不永遠思念天威及我民之無尤無違者，惟在於得人也。」案：吳氏罔訓無，與尚書它例合。第「惟在於得人」，仍不免拘執周公留召公之義以爲說。曾運乾（尚書正讀頁二二七）謂「時我」之我，乃召公之自我；下「惟人」，曾氏曰：「文中省一『曰』字，上文『亦』字足以明之。『亦』有兩相須之意，有加甚之意。猶云君已曰時我，我亦不敢曰惟人矣。」案：曾說甚巧，然「亦」字承上天命周室代殷一節要義，云我亦不敢苟安于天命，亦非以啓下文於「惟」上省略「曰」字。吳澄以「君」爲句，周公呼召公之辭，以下文四例徵之誠是。尚書釋義（頁一一一）謂「已曰時我」爲「天善我周室」（案：時訓是，「天以我周爲是」，亦合。）；謂「罔尤違，惟人」爲「人無有怨恨之者」，從之。惟「越我民」與「天威」連讀，文氣尤貫，當依朱子。

一三　後嗣子孫，泛指周家諸後王。〇在，東坡書傳（卷十五頁二）訓察，又指後嗣子孫爲成王。案：酒誥、多士「在今後嗣王」云云（參註一二），與上下文並看，在皆不訓察；本篇「在予小子旦」，在無察義，例尤顯明。又自「大弗克恭」至「天難諶」句，乃假設之辭（僞孔傳有說），而以「後嗣子孫」，弁諸其上，既爲設辭，其非特指成王可知也。

一四　句上省略「假若」字，下三句句上同。（參註一三）恭，敬謹。上下，天地也；謂天神地祇也。此義尚書習見。

一五　遏，絕也。佚，失也（竝僞孔傳說）。光，昭顯之德業。在家，於王家也；酒誥「永不忘在王家」可證。全句，意謂絕失其家（周室）之前王之功烈也；語倒。○佚，漢書王莽傳引作失，字通用。尚書集注音疏（經解卷三九七頁十一）訓忽，於經義未合。僞孔傳以「在家不知」爲句，屬下讀，云「我（周公）老在家則不得知。」案：「在家」當屬上讀，酒誥同類句型（見上引）可證；猶云「在家遏佚前人光」，語倒。傳失之。莊述祖（尚書今古文攷證卷四頁十五）始從「在家」絕句屬上，得之。

一六 天命不易，猶言得國不容易也。（參大誥註九八）○詩大雅文王「命之不易」、周頌敬之「命不易哉」，皆謂得天命之難。

一七 諶，信也；敦煌本作忱。天難諶與大誥（註七○）及上文「天棐忱」義極近。

一八 乃其，猶乃也（參經傳釋詞）。

一九 經，常也；猶長也。歷，久也。經、歷複詞。恭、明德，恭懿之德與昭明之德。全句，言不能長久繼承先王恭懿昭明之德。（竝參尚書今古文注疏卷二三頁一一○）○蔡傳引吳棫論上文與此句文字結構，曰：「弗克恭，故不能嗣前人之恭德；遏佚前人光，故不能嗣前人之明德。」分文析字而不失經義。

二○ 正，善也（尚書故卷三頁十四）。○正，諸家多訓改正。案：儀禮士喪禮：「決用正王棘若檡棘。」註：「正，善也。」又士冠禮：「以歲之正，以月之令，咸加爾服。」注：「正，猶善也。」吳訓善有據，且視舊說爲勝。

二一 迪，語詞。施，延及也（書纂言卷四頁九七）。沖子，幼子也；此指周成王。全句，謂（予）祇能以先王之輝光延及于我沖子。○下文「我道惟寧王德延」即「迪惟我前人光，施于我沖子」之義，故吳氏施訓延及，得之。

又曰（註二二）：「天不可信，我道惟寧王德延（註二三）；天不庸釋于文王受命（註二四）。」

釋文

二二 又曰：周公承上文天棐忱、以前人光施之沖子，申告之，史官錄其辭也。○鄭玄謂此「又曰」爲人又云，以爲是周公稱人之言（書疏引）。案：經不言「人曰」，且周誥它篇多「又曰」之例，竝非稱人之言。王肅謂又曰周公重言天不可信，蔡傳因之。是。曾運乾（尚書正讀頁二二七—二二八）曰：「周公誥命多複語。……康誥『非汝封又曰』及本篇『有若泰顚，有若南宮括又曰』之類，皆是。原文必是注二字于字旁以爲識，史官讀之，或書出原文，或易爲『又曰』。其重複語羌無實義，惟在讀者善審神恉而已。」案：「又曰」謂上出言者，又有言也。周誥皆當時檔案，詔行天下，注二字于旁爲識，理有未適。重複語旨在強調或更申明上言，苟無實義，史氏何必著於竹帛？

二三 道，當作迪；馬融本（見經典釋文）、魏石經作迪。迪惟，見註二一。寧王，字當作文王

（詳大誥註一八）。德，義猶上「前人光」之光；謂功業。○諸家不知「道」爲誤字，紛紛曲說，而卒不可通。立政「古之人迪惟有夏」，可爲古本作迪之佐證。今文尚書攷證（卷二一頁三）曰：「此（迪惟）與上迪維（惟）義同，因傳訓迪爲道，遂誤作道耳。」皮說是（經義述聞說同）。德，莊述祖謂通得，於經義未合。

一四　庸，謂用意也。釋，舍也。（參多方註四九）文王受命，文王所受之天命（國運）也。

公曰：「君奭！我聞在昔，成湯既受命，時則有若伊尹（註二五），格于皇天（註二六）。在太甲（註二七），時則有若保衡（註二八）、在太戊（註二九），時則有若伊陟、臣扈（註三〇），格于上帝（註三一）；巫咸乂王家（註三二）。在祖乙，時則有若巫賢（註三三）、在武丁，時則有若甘盤（註三四），率惟茲有陳（註三五），保乂有殷（註三六），故殷禮陟配天（註三七），多歷年所（註三八）。天惟純佑命（註三九），則商實百姓、王人罔不秉德明恤（註四〇）；小臣屏侯甸矧咸奔走（註四一）。惟茲惟德稱（註四二），用乂厥辟（註四三）。故一人有事于四方（註四四），若卜筮，罔不是孚（註四五）。」公曰：「君奭！天壽平格（註四六），保乂有殷（註四七）；有殷嗣（註四八），天滅威（註四九）。今汝永念（註五〇），則有固命（註五一），厥亂明我新造邦（註五二）。」

釋文

二五 伊尹：殷賢大臣，輔佐湯及湯孫太甲。姓伊，名尹，字衡。稱號阿衡，一稱保衡。○伊尹姓尹者，呂氏春秋本味篇：「有侁氏女子采桑，得嬰兒于空桑中，獻之；其君令烰人養之。察其所以然，曰：『其母居伊水之上，孕，夢有神告曰：「臼出水而東走，毋顧。」明日視臼出水，告其鄰，東走十里，顧其邑盡爲水，身因化爲空桑，故命之曰伊尹。』」此謂伊是水名，本其所生處爲姓也。鄭玄曰：「伊尹名摯，湯以爲阿衡，以治天下，故曰伊尹。」（詩大雅蕩疏引）鄭亦以伊爲其姓（說文伊下曰：「殷聖人阿衡，尹治天下者，从人从尹。」以尹治義釋伊。疑與伊尹之姓伊無關。）。鄭謂伊尹名摯，亦見孫子用間篇、墨子尙賢中篇、離騷、天問。蓋據以爲說。又謂以治天下故曰尹。皆非是。案：孟子萬章上篇：「伊尹耕於有莘之野而樂堯舜之道焉。」明其未相湯時已名尹矣。禮記緇衣篇：「尹吉曰：『惟尹躬天（先）見于西邑夏。』」伊尹既自稱尹，是尹爲其名。（僞古文尙書太甲上篇疏：「孫武兵書及呂氏春秋皆云伊尹名摯，則尹非名也。今自稱尹者，蓋湯得之使尹正天下，故號曰伊尹。人既呼之爲尹，故亦以尹自稱。」蓋臆度之言。）伊尹與下文保衡（參註二八）指同一人，保衡亦稱阿衡。鄭玄曰：「伊尹，……湯以爲阿衡。……至太甲改爲保衡。」（詩大雅蕩疏引）又詩商頌長發：「昔在中葉，有震且業。允也天子，降予卿士：實維阿衡，實左右商王。」毛傳亦謂阿衡爲伊尹。書序：「沃丁既葬伊尹于亳，咎單遂訓伊尹事，作沃丁。」伊尹輔太甲見史記，據書序，則終太甲之世，伊尹相之。伊尹稱阿衡者，詩長發鄭箋曰：「阿，伊、衡，平也。伊尹湯所依倚而取平，故以爲官名。」漢書王莽傳：「伊尹爲阿衡，周公爲太宰。」亦以阿衡爲官名。書疏引鄭注曰：「（阿衡，）……至太甲改爲保衡。」僞孔傳曰：「保衡，言天下所取安所取平。」僞孔傳似襲鄭意，以保衡亦官名。據此，是他人以官名稱伊尹也。羣經平議（卷六頁五）論伊尹姓名及字，曰：「阿、保一字也。㛂即妿之叚字，說文女部：妿，女師也。讀若阿。古書即以阿爲之。史記范睢傳曰：『居深宮之中，不離阿保之手。』列女傳貞順傳曰：『下堂必從傅母阿保。』竝以阿保連文，可知阿猶保也。伊尹爲太保，故謂之保衡。保衡猶保奭也，保其官，奭其名；保衡者，保其官，衡其字。蓋伊氏尹名而衡字也。鄭康成謂伊陟伊尹之子，則伊是其氏明矣。……尹之義爲正，衡之義爲平。楚屈原名平，而離騷曰『名余曰正則』，是平與正同，故名尹字衡也。詩謂之阿衡，書謂之保衡；阿、保字異而義同。……此經先稱伊尹，後稱保衡，其氏其官其名其字，具見于此矣。」俞說甚當。衡爲伊尹之字，加阿、保於其上而呼之。

二六　格，至也；謂感召也。格于皇天猶下「格于上帝」，皆謂德行感動天帝也。（參註三一）。

二七　大甲，商帝，湯之孫，太丁之子。（參註二八）

二八 保，官名。衡，伊尹之字。（詳註二五）◯尚書釋義（頁一一二）疑保衡未必爲伊尹。案：師蓋以爲周公稱商賢臣，於太戊、祖乙、武丁朝皆不複舉，不應於湯世及太甲世重舉伊尹，而又異其稱謂，故疑非一人。史記燕召公世家無「在太甲，時則有若保衡」，史公以伊尹、保衡爲一人，不當於太甲之世重舉之，故黜之弗入史篇。

二九 太戊，商帝，太甲之孫，太庚之子。◯史記殷本紀以太戊爲中宗，誤。（詳無逸註七）

三◯ 伊陟，伊尹之子（詩大雅蕩疏引鄭玄說）。蓋名陟。相太戊（見書咸乂序及史記殷本紀）。臣扈，亦太戊時賢大臣。與湯臣臣扈同名異人。◯書序：「湯既勝夏，欲遷其社，不可。作夏社、疑至、臣扈。」是湯臣有臣扈者。書疏曰：「湯初有臣扈，已爲大臣矣，不得至今仍在、與伊尹之子同時立功，蓋二人名同，或兩字一誤也。案：春秋范武子光輔五君，或臣扈事湯又事太戊也。」尚書集注音疏（經解卷三九七頁十四）據竹書紀年，計自湯至太戊元年，有八十四年。則臣扈若逮事之，壽將百數十歲。因疑此臣扈別是一人，而未能定。宋儒亦多疑此非湯時臣扈。惟蔡傳確言此與湯世臣扈二人而同名者也。尚書集注述疏（卷二二頁八）是之，爲說曰：「……湯之臣扈豈必不以大年遞事太戊邪，今必以爲二人，何也？蓋使臣扈一人而光輔九君也，則周公必特言之，史必特書之矣。一人分書，不有伊尹、保衡之例在乎？今既不然，陳氏經謂若詩與春秋家父同名是也。」案：簡說甚是。春秋莊元年有單伯，而文十四年又書單伯；左桓三年晉有梁弘，而僖三十三年又有梁弘：此皆歷年之多。恐亦名同而非一人。左宣十二年傳楚有屈蕩，而襄二十五年又有屈蕩，杜預定爲二人。（參尚書全解卷三三頁十一）皆可爲佐證。

三一　格于上帝，義猶格于皇天（參註二六）。謂保衡、伊陟、臣扈，皆能感動天神也。○書疏謂「在太甲時則有若保衡」下不言「格于皇天」者，因保衡即伊尹。伊尹之下已言格于皇天，保衡之下不言，從可知也。案：疑正義失之。太甲之保衡當與下太戊之伊陟、臣扈共爲「格于上帝」之主語，經無省略語。「皇天與上帝，俱是天也；變其文爾。」（書疏）東萊書說（卷二六頁五）曰：「自其徧體包含言之，則謂之天；自其主宰言之，則謂之帝。……初非二也。」（案：此本程伊川說）尚書集注述疏（卷二二頁七）是之，曰：「言皇天又言上帝者，備其稱也。……召誥曰『皇天上帝』、多士曰『旻天』，而再言之曰『上帝』，其爲文同也。」鄭玄謂皇天，北極天帝也；上帝，太微中其所統也（竝史記燕召公世家集解引）。乃後起之義。

三二　巫，官職。咸，人名。巫咸，原義爲巫名咸者。職名連稱既久，人不察辨，遂誤以巫爲其姓氏。巫咸，太戊賢大臣（參史記殷本紀及燕召公世家）。○傳疏竝以巫爲氏，書經稗疏（卷四頁四三）曰：「大夫賜氏，始於周，黃帝至殷，唯分族姓而不以氏顯。巫，官也。殷道尚鬼，故巫列於大臣，而卜筮、醫藥一統於巫。山海經言九巫采藥，楚辭言巫占夢，皆其徵已。」經義述聞（經解卷一一八三頁十三）謂今文尚書作巫戊，曰：「白虎通曰：『殷……於民臣亦得以生日名子何？不使亦不止也。以尚書道殷臣有巫咸有祖己也。』據此，則巫咸當作巫戊。……白虎通用今文尚書。」章炳麟謂漢代文獻中，戊字有一異文作咸，與咸形近，因誤爲咸（書經注釋頁八七六引）。案：莊子天運、離騷、後漢書張衡傳皆作巫咸，本經下文巫賢，亦不以十干爲名。王、章說殆不可從。

三三

祖乙，殷帝，仲丁之子（觀堂集林卷九頁二十據卜辭，而殷本紀則作河亶甲之子。），祖辛之父（參無逸註七）。巫賢，帝祖乙之賢大臣。巫，官職；賢，其名。○僞孔傳謂巫賢爲巫咸之子，東坡書傳（卷十五頁三）謂賢是巫咸之子孫。皆臆度之言。（參註三二）

三四

武丁，殷高宗也，小乙之子，祖庚之父（參高宗肜日註）。甘盤，帝武丁之賢大臣。○僞孔傳曰：「高宗即位，甘盤佐之，後有傅說。」正義引僞古文尚書說命中篇「台小子，舊學于甘盤，既乃遯于荒野」，云高宗未立之前，已有甘盤。尚書後案（經解卷四三四頁五七）引汲冢古文謂小乙六年武丁學于甘盤。案：僞經僞傳既不可信，王氏所引竹書紀年爲後人僞託，亦不可從。武丁之賢臣，尚有傅說，而周公此不稱者，尚書集注音疏（經解卷三九七頁十四）謂盤（史記作般）爾雅釋詁訓樂，同說，意傅說、甘盤爲一人。案：盤、說即通訓，然甘盤不作傅盤，不得爲一人矣。漢書古今人表傅、甘竝列，明乃二人。孟子（公孫丑上篇）云：「由湯至于武丁，聖賢之君六、七作。」而周公此舉殷聖君，由湯至武丁五，非悉舉；意其言殷賢臣亦祇舉其大略。江說非也。

三五

率，用也；猶言由于。茲，此也。有，義如有司之有。陳，謂位列（尚書故卷三頁二五）。有陳，猶言在官位者。茲有陳，謂上述之伊尹（保衡）、伊陟、臣扈、巫咸、巫賢及甘盤六臣也。○全句，僞孔傳：「循惟此道，有陳列之功。」王肅說略同（史記燕召公世家集解引）。經病添字，矧其說不可通乎？尚書札記（經解卷一四一二頁九）陳訓舊，謂是老成人。案：六臣之見用於五君，非盡以其爲舊臣之故。許說失之。尚書集注述疏（卷二二頁十三）率訓皆。案：下文有「故」云云，不如訓「由于」爲勝。

三六　乂，古通艾；艾，安也（左哀十六年傳「若見君面，是得艾也」注）。

三七　殷禮，殷人之祀禮（尚書集注音疏，經解卷三九七頁十五）。陟，升也。竹書紀年於帝王之終皆曰陟（羣經平議卷六頁五）。謂其神靈升於天也。配天，謂祀天而以先王配也（亦江聲說）。

三八　歷，經也。所，語詞。○所，書疏訓次所，未安。清庫勒納等日講書經解義（卷十頁六）訓語辭。高本漢讀所爲許，引詩小雅伐木「伐木許許」，說文引作「伐木所所」，以證所、許古同讀（書經注釋頁八七九）。案：大誥「天閟毖我成功所」、召誥「王敬作所」，竝句末語詞，皆不宜訓數量詞許。

三九　純，專一也。佑，助也。全句，謂天命令殷國人臣專一輔助（其君王）。○純佑命，尚書釋義（頁一一二）曰：「純佑，古成語。金文作屯右，克鼎、頌毀皆見之。按：純，專也。……佑，助也。此純佑，作名詞用，謂輔佐之臣。命，意謂與之也。」案：下句云「則商實百姓、王人罔不秉德」，下言文王之賢臣亦曰：「亦惟純佑秉德，迪知天威」，似天以「純佑」命人臣，故既曰「天惟純佑命」，又曰「迪知天威」。師謂輔佐之臣，疑與經義未合。

四○　則，故也（古書虛字集釋）。實，同寔，寔一作是；是，之也。百姓，百官也。王人，王之族人，同姓之臣也（尚書集注音疏，經解卷三九七頁十五）。明，瞭解也。恤，憂也。○實，王樹枏尚書商誼（卷二頁十）曰：「實、是同字，與之通借。」尚書大義（卷二頁二八）曰：「實、寔同，猶之也。」雙劍誃尚書新證（卷三頁三三）、古書虛字集釋亦有說。

僞孔傳訓豐實，劉逢祿（尚書今古文集解卷二二頁二）謂實古通室（高本漢已謂二字古韵不通），皆失之。王人，僖公八年春秋經：王人與齊侯、宋公等盟于洮，公羊傳曰：「王人者何，微者也。」蔡沈傳書據此，訓王人爲王臣之微者。尚書札記（經解卷一四一二頁九）非之，曰：「是特在盟所，故別於諸侯而稱王人；若在王朝，則無此稱也。且如蔡說，則王人即在百官族姓之中，四字作句。殊覺重複。」案：王人非微臣，下文「小臣屏侯甸」可證；亦與百官有異，江聲曰：「詩天保傳云：百姓，百官族姓也。則百姓非王之同族，故云百姓異姓之臣。王人對百姓言，明非異姓。」

四一 小臣，臣之微者（書疏引王肅說）。屏，及也（尚書商誼卷二頁十）。侯甸，侯服、甸服，諸侯也。矧，猶亦也（經傳釋詞）。奔走，謂勤勉也（同酒誥註二八）。◯王氏讀屏爲并（或作併），訓及。雙劍誃尚書新證（卷三頁三三）曰：「魏三體石經古文屏作𠀤，即并字。」尚書正讀（頁二二八）屏讀併。均是也。

四二 茲，謂上述之百姓、王人、小臣及侯甸也。稱，舉也，行也。全句，謂眾臣實行美德也。

四三 乂，安也（詳註三六）。辟，君也；指殷王。◯尚書集注音疏（經解卷三九七頁十五）讀乂爲艾，艾，相也（用爾雅釋詁義）。亦通。

四四 一人，謂天子也（僞孔傳）。四方，天下也。（參註四五）

四五 孚，信也。自「故一人」至此，謂天子如須行政令於天下，而臣民奉之如奉卜筮之結果，無不信之也。

四六 壽，「當讀爲疇昔之疇，疇猶昔也。」平，「疑當作丕，漢書王莽傳注平或爲丕，是其證也。」（竝尚書覈詁卷四頁九四說）丕，語詞。格，至也。全句，謂天帝疇昔降臨（於殷國）也。○壽，金文作𠷎，中間作𢀛，與甲骨文疇作𢀛，說文疇字或體𢀛形皆近，是壽、疇同一字源，古音同在一部，自可通假。平，丕之誤。尙書釋義（頁一一三）曰：「丕字古作不，而不字隸書作不，故易訛爲平字（平，隸書作乎）。」尙書斠證曰：「平疑本作來，來，隸書作𣓤，平蓋𣓤之壞字。多方：『惟帝降格于夏，』『來格』猶『降格』也。」案：尙書稱上帝降格之例，多士曰：「惟帝降格，嚮于時夏」，呂刑曰：「罔有降格」。降格一作來格，如皐陶謨「祖考來格」。從王師亦通。諸家壽訓壽考，平格訓平治，鄭玄謂天使有平治之臣壽，以保乂有殷。僞孔傳謂專指君言，王肅謂兼君臣皆壽之。皆失之。

四七　保乂有殷，謂天（往昔）保安殷國也。（參註三六、四六）。

四八　嗣，繼也。有殷嗣，謂殷繼夏而有天下也。（參註四九）

四九　天滅威，書經稗疏（卷四頁四三）曰：「滅謂無所用之也。……有殷……爲君，而天不降之以刑威也。」○王船山解甚當，上文云天疇昔降格（猶言降福）于殷；故殷遂嗣夏有天下，而天彼時固不降刑威于殷也。然至其末世，……。爾雅釋詁：「滅，絕也。」絕威，猶不以威也。

五○　永念，謂長遠顧念天威也（參註一一）。

五一　固，定也。固命，固定之國運。○固命，書疏申傳義曰：「……則有堅固（之）王命；王族必不傾壞」。蔡傳曰：「固命者，不墜之天命。」大旨皆同。

五二　厥，其也。亂，率之訛（詳梓材註一七）。率，用也。明，顯也（書纂言卷四頁九九）新造邦，新成國也。書疏曰：「周自武王伐紂至此，年歲未多，對殷而言，故爲新國。」○厥亂，僞孔傳訓其治理，於上文無承。明，尙書大義（卷二頁二九）訓成，案：周人已造國，不應周公又云成我新成國。

公曰：「君奭！在昔（註五三）上帝割申勸寧王之德（註五四），其集大命于厥躬（註五五）。惟文王尚克修和我有夏（註五六），亦惟有若虢叔（註五七），有若閎夭（註五八），有若散宜生（註五九），有若泰顛（註六〇），有若南宮括（註六一）。又曰（註六二）：無能往來茲廸彝教（註六三），文王蔑德降于國人（註六四）。亦惟純佑秉德（註六五），廸知天威（註六六），乃惟時昭文王（註六七）；廸見冒聞于上帝（註六八），惟時受有殷命（註六九）。

釋文

五三　○在昔，宋本禮記緇衣篇引作昔在，古文尚書撰異（經解卷五九〇頁三）曰：「今本（禮記）在昔，宋本（禮記）昔在，（禮記）疏云：『往昔之時，在上天。』則宜从昔在。」

案：尙書昔在、在昔竝用，洪範：「我聞在昔」（君奭同）、酒誥：「在昔殷先哲王」、無逸：「昔在殷王中宗」，段說待考。

五四　割，本當作害，古字無偏旁。害，義如孟子引書「時日害喪」之害，曷也，何也，爲疑詞。申，重也，猶今語「一再」。勸，觀之訛，禮記緇衣引作觀。觀，察也。寧，古字形與「文」近，爲「文」之訛字（詳大誥註一八）。寧王，當作文王，緇衣引正作文王；姬昌也。全句，上帝何以一再觀察文王之德？（因上帝將集大命于其身也。）○割申勸文王之德，禮記緇衣引本篇經文作周田觀文王之德，鄭玄緇衣注曰：「古文（尙書）周田觀文王之德爲割申勸寧王之德，今博士（今文尙書）讀厥亂勸寧王之德。」緇衣疏曰：「此周字古文爲割，此田字古文作申，……皆字體相涉，今古錯亂。……古文周、田爲割、申，近於義理。」禮疏意周田爲割申之形訛，金履祥曰：「割申勸，……又作周田觀（案：田觀金書原誤刻作申勸。）。按周字似害；割从害而多刀，聲亦近似，當作害，音曷；何也。」（尙書表注卷下頁三五）周爲害之誤，古文尙書撰異曰：「古字割、害通用，如堯典『方割』，割，害也。大誥『降割』，馬本作害。害與周篆體略相似。此古文作害，記緇衣作周之理也。」案：害篆作□，周篆作□，形近。金文害作□（師害毁）、周作□（宰辟父毁），形亦近。申作田、觀作勸皆形近之誤。鄭訓割爲蓋，不如金氏說爲當。書疏訓勸爲勸勉，云：「文王既已有德，上天佑助而重勸勉文王順天之意。」失之。今文誤割爲厥者，割、厥古音極近（皆在祭部，竝爲見母字。），博士誤讀。申誤爲亂，則不詳其故。新出土郭店楚簡引緇衣「割申勸寧王之德」，作「戠（割）紳（申）觀文王悳（德）」。古本眞正，今本「勸

寧」誤，又衍之字。（詳拙另文郭店上博楚簡緇衣引書考，輔仁大學中國文學先秦兩漢學術十一期，二〇〇九年三月）

五五 其，將也。集，鳥落於樹曰集；此猶今語落到……之上也（尚書釋義頁一一三）。大命，國運也，尚書習見。躬，郭店楚簡本、敦煌本伯二七四八、內野本竝作身。厥躬，謂文王之身也。◯詩大雅：「皇矣上帝，臨下有赫，監觀四方，求民之莫，維此二國，其政不獲，維彼四國，爰究爰度，上帝耆之，憎其式廓，乃眷西顧，此維與宅。」

五六 修和，修治和洽。有夏，謂周也（尚書故說，詳立政註四一）。全句，謂文王所以尚能修治和洽我周國者，（亦以有如虢叔等賢臣之輔佐也。）

五七 虢叔，文王同母弟（此時已卒，詳註七一。）；虢，封國名，蓋即西虢。◯虢叔爲文王同母弟，僖五年左傳曰：「虢仲、虢叔，王季之穆也。」杜注：「虢仲、虢叔，王季之子，文王之母弟也。」以叔爲字，僖五年左傳杜注及尚書僞孔傳竝有說。虢叔輔文王，左傳又曰：「虢仲、虢叔，……爲文王卿士，勳在王室。」國語晉語四曰：「文王……孝友二號。……及其即位也，……咨于二虢，度於閎夭，而謀於南宮。」宋王俅嘯堂集古錄（卷下頁九八）周文王命癘鼎銘云：「惟三年四月庚午，王在豐，王呼虢叔召癘。」亦可證。

五八 閎，氏；夭，名（僞孔傳）。閎夭，文王賢臣。◯閎夭佐文王，見上引國語晉語。墨子尚賢上篇曰：「文王舉閎夭、泰顚于罝罔之中，授之政。」尚書大傳（見尚書大傳輯校卷一頁二九—三十）謂閎夭、南宮括、散宜生學于太公望。又以閎、南、散、太公爲四友；四友獻寶于紂而免文王羑里之囚。史記周本紀謂太顚、閎夭、散宜生往歸文王。又與殷本紀均有四友

獻寶之記載。（參註五九）

五九　散，氏；宜生，名。亦文王賢臣。（參註五八）○僞孔傳曰：「散、泰、南宮皆氏，宜生、顚、括皆名。」尚書後案（經解卷四二五頁十五）曰：「趙明誠金石錄散季敦銘引考古圖說，以太初歷推爲武王器。武王時散氏惟有宜生，季疑其字。……但大戴禮記卷七帝繫篇，堯娶于散宜氏之女，謂之女皇。古今人表：女皇，堯妃，散宜氏女。然則散宜乃氏，傳云散氏非也。」雙劍誃尚書新證（卷三頁三六）據彝器證散、虢、南宮皆氏。茲從之。

六〇　泰，氏；顚名。亦文王賢臣。（參註五八、五九）○墨子非攻下篇曰：「天命周文王伐殷有國，泰顚來賓。」皮錫瑞用宋吳仁傑兩漢刊誤疑而未定之說，謂泰顚與太公望爲一人。泰，史記周本紀、漢書古今人表皆作大（太），太公望本名尚；尚，通上。顚，上也（今文尚書攷證卷二一頁六一七）。案：皮說非是。墨子非攻下篇謂泰顚來賓，與史記齊世家文王遇太公於渭陽之說不合，且尚賢上篇謂文王舉泰顚於罝網之中，與史記文王得太公情節尤異。皮氏蓋以周公稱文王時賢臣，太公功高，不應捨之，故強合二人爲一。（周公何以不舉太公，詳註六一。）

六一　南宮，氏；括，名。亦文王賢臣。○南宮，馬融本作南君（經典釋文引）。「君字當是轉寫之譌」（今文尚書經說攷卷二四頁九）。周公舉文王賢臣而不及太公望，鄭玄曰：「不及呂望者，太公致文王以大德，周公謙不可以自比。」（書疏引）蘇軾曰：「不及太公望者，太公專治兵事，功臣非周公所法也。」東萊書說（卷二六頁十）：「師尚父之事文武，烈莫盛焉，不預五臣之列，蓋一時議論，或詳或略，隨意而言，主於留召公，而非欲爲人物之評也。」諸說皆不無可議之處，竊意惟金氏說得之，尚書表注（卷下頁二八）曰：「或謂太公歷相文武，世德之臣，莫重焉，此言四人而不及太公何也？蓋太公其時尚在也。聖賢之意，錄死勉生，相期於無窮，其不生頌太公之功，意蓋爲此。」案：此五臣此時已卒，參註七一。書集傳纂疏（卷五頁二八）曰：「此言以武王之聖，猶不可無四臣之助也。上言殷先王猶有賴于六臣，此二章言周文武猶有賴於五臣、四臣，召公可不鑒之而遽求去乎？留之之意也。」

六二　又曰，猶「有曰」，後世習作「或曰」；設或人之言也。（參註六四）

六三　句上省略「假若」字。往來，猶勤勉。茲，如此。迪，導也。彝教，常教也。（參註六四）

六四　句上略「則」字。蔑，無也。德，惠也。「又曰」至此句，（周公云：）或謂若五臣不克勤勉推行常教，則文王將無德惠下施於其國人也。◯又曰，僞孔傳曰：「有五賢臣，猶曰其少，無所能往來。」訓又曰爲猶曰，是文王之言，而周公述之。案：此於經上下文不適。尚書集注音疏（經解卷三九七頁十七）從僞孔傳蔑訓精微，謂此二句是「五臣又自謂无能往來，言其自視若不足也。由此爲文王道其常教，故文王精微之悳，降于國人。」案：傳疏訓蔑爲精微，鄭玄訓小（書疏引）（逸周書祭公篇「茲申予小子追學於文武之蔑」，孔鼂注蔑訓微德。），江氏據之。然所釋非書義。莊述祖謂「有若虢叔」至「有若南宮括」當重讀，「又曰」二字衍。劉逢祿則云無能往來句當重讀（均見尚書今古文集解卷二三頁三─四）。案：莊劉二家蓋以「又曰」本「南宮括」下「無能往來」上之原注文，注明上數句（或下句）當重讀。尚書正讀（頁二三◯）謂「又曰」爲「有若」二字之重文，原文蓋記二字於

「有若」旁，史官讀爲又曰。案：三家蓋皆臆說，尙書七用「又曰」，皆無旁注之例，其它重文，亦無旁注「又曰」之例。尙書駢枝（頁二十）又曰訓有曰，從之。宋夏僎說「無能往來」二句，最合經義：「若此五（臣）者，不能爲文王往來奔走於此導迪其常教，則文王亦無德降及於國人矣。」（尙書詳解卷二一頁十二）尙書正讀茲讀爲孜，雙劍誃尙書新證（卷三頁三七）謂蔑當作威，訛爲威，又借爲蔑，皆輾轉費解，自不必從。

六五 純佑，詳註三九。秉德，操持美德。此及下二句，皆以五臣爲主語。經省文。

六六 迪，語詞。威，刑罰。

六七 惟時，猶言以此（「此」指五臣）。昭，讀爲爾雅釋詁「昭亮左右」之昭，相導也（經義述聞，經解卷一一八三頁一）下「昭武王」之昭，義同。◯尙書今註今譯（頁一四五）惟時訓於是。竊謂下文「惟茲四人昭武王」與此句義既同，句型亦同。此「惟時」猶彼「惟茲四人」。昭，清人多訓輔助。與引之同。雙劍誃尙書新證（卷三頁三七）曰：「凡昭，金文作邵或召，毛公鼎『仰邵皇天』、席害𣪘『以召其辟』，邵、召均輔助之義。」

六八 迪，用也（尙書正讀頁二三二），猶「因而」也。見，猶今語被也。冒聞，上聞也（參康誥註一六）。全句，謂五賢臣篤輔文王之事上爲天帝聞知也。◯冒，馬融本作勖，曰：勉也（經典釋文引）。胡廣侍中箴曰：「昔在周文，創德西鄰。勖聞上帝，賴茲四臣。」（載古文苑卷十六）經義述聞（經解卷一一八三頁一）從馬本訓懋勉，且從此絕句，釋此及上句云：「言左右文王，用顯懋勉也。」以下文「惟茲四人昭武王，惟冒」比較之，王說亦通。

六九 惟時，猶言以此。

哉武王（註七〇），惟茲四人尚廸有祿（註七一），後曁武王誕將天威（註七二），咸劉厥敵（註七三）。惟茲四人昭武王（註七四），惟冒（註七五），丕單稱德（註七六）。

釋文

七〇 哉，通在。○尚書正讀（頁二三一）曰：「哉，古文當本作才。今文尚書泰誓『茂哉茂哉』祗作『茂才』可證。漢儒讀爲哉，聲之誤也；當讀爲在。立政『是罔顯在厥世』，漢石經『在』亦作『哉』也。哉武王，猶言在武王時也。下文今在予小子旦，正與此在字相對。漢儒哉上屬爲句，非是。」在、哉古蓋皆从才得聲，字通用。上文「在太甲、在太戊、……」句法相似，此哉當屬下讀，如曾氏言。

七一 四人，謂閎夭、散宜生、泰顚、南宮括。時虢叔已卒。迪，語詞。有祿，今文尚書攷證（卷二二頁八）曰：「古稱死爲不祿，爲無祿；則生者爲有祿。」○餘四人，鄭玄疑不知誰已死。曰：「至武王時，虢叔等有死者，餘四人也。」正義曰：「以是文王之弟，其年應長，故言先死也。」所疏疑非傳意。王鳴盛故曰四人。」正義曰：「以是文王之弟，其年應長，故言先死也。」（書疏引）而僞孔傳曰：「虢叔先死，（尚書後案，經解卷四二五頁十七）據說苑權謀篇記武王伐紂散宜生與師；史記周本紀記武王克商散宜生、太顚、閎夭皆執劍衛武王，武王命南宮括散財發粟，命閎夭封比干墓；逸周書克殷解言武王克商泰顚等事與史記略同；墨子尚賢下篇記武王有閎夭、泰顚、散宜生、南宮括；馬融論語泰伯篇「武王亂臣十人」注無虢叔及孔叢子記義篇記虢叔卒，四人爲之服，斷僞孔傳說有據。迪，尙書今古文注疏（卷二二頁一一四）訓猶，亦通。祿，猶云福。不祿，猶言不幸；引申爲死義。禮記曲禮下、公羊隱三年傳、國語晉語三，皆謂士死曰不祿（曲禮注：不祿，不終其祿。），或後起之義。不祿，亦作無祿。

七二 誕，語詞。將，奉（行）也（尙書集注述疏卷二三頁二四）。

七三 咸，借爲𢦏（㦰）；𢦏，絕也。劉，殺也。咸、劉複詞。○咸，舊訓皆。咸劉厥敵，謂皆殺其敵，似可通。然漢書律歷志引書武成篇「咸劉商王紂」、逸周書世俘篇「咸劉商王紂」，咸如竝訓皆，於文義未適。經義述聞（經解卷一一八三頁十四）曰：「咸者，絕滅之名，說文曰：㦰，絕也，讀若咸。聲同而義亦相近，故君奭曰：『……咸劉厥敵』，咸、劉皆滅也，猶言遏劉、虔劉也。」尙書今古文注疏（卷二二頁一一五）、尙書正讀（頁二三一）竝用其說。朱右曾逸周書集訓校釋（卷六）亦讀咸爲𢦏。

七四 昭，相導也。（詳註六七）。

七五 冒，借爲懋，又通勖；懋、勖皆勉也。（參註六八、八一）謂四人黽勉相導武王也。○敦煌石室發現王莽詔書「冒哉！冒哉！」

七六 丕，語詞；有「乃」義。單，大也。稱，行也。德，惠也。全句，謂武王乃大施其惠於民也。○惟冒丕單稱德，蔡傳：「……遂覆冒天下，天下大盡稱武王之德。」義亦可通。

今在予小子旦（註七七），若游大川（註七八），予往暨汝奭其濟（註七九）。小子同未（註八〇），在位誕無我責收（註八一）。罔勗不及（註八二），耇造德不降（註八三）；我則鳴鳥不聞（註八四），矧曰其有能格（註八五）？」

釋文

七七 ○據孫海波所作魏石經碑圖，「予小子若游」連文，無旦字。

七八 游，尚書全解（卷三三頁十六）：「游者，涉水也。詩曰：『就其淺矣，泳之游之。』」○林氏所釋甚是，大誥曰：「若涉淵水」，即「若游大川」。尚書集注述疏（卷二二頁二五）：「游，謂浮行也。」義亦同。

七九 往，義猶「此後」、「來日」。其，將然之辭，義猶「才能夠」。濟，渡過。○予往（暨汝奭）其濟，與大誥「予惟往（求）朕攸濟」義近。

八〇 同，借爲侗；侗，猶言幼稚無知也。未，借爲昧。小子同未，周公自謙之辭。○僞孔傳以小子同未在位連讀，曰：「成王同於未在位即政時。」以小子爲稱成王，書經稗疏（卷四頁四三）曰：「上言予小子旦，則公既以小子自稱，此乃以小子爲成王，此傳註家之大謬也。公固嘗呼王爲孺子矣，孺子但以年言之，小子則狎褻之詞也，況菲薄其無所能而曰同未在位，則是蔑之爲不足比數也。」其後許鴻磐（尚書札記，經解卷一四一二頁十一）、皮錫瑞亦同王說，皮氏今文尚書攷證（卷二一頁八）曰：「小子同未在位與予小子同義，……以小子同未在位（之）小子當屬成王，不知一簡之中，不應兩小子前後異義。且成王在位，而謂其同於未在位，似有鞅鞅非少主臣之意，非所以爲周公。」同未，尚書正讀（頁二三二）曰：「同讀爲侗，莊子：侗乎其無識。未讀若昧，釋名：未之言昧也。同未，猶檮昧也。」侗，論語泰伯篇：「侗而不愿。」集解：「孔曰：侗，未成器之人。」侗義爲僮（童），幼稚無知之謂，顧命「在後之侗」，侗，尚書古注便讀曰：「僮也；猶言沖人孺子也。」（卷四下頁十三）尚書故（卷三頁三一）曰：「同未者，詷昧也。……小子詷昧者，周公自謙之詞。」詷，說文訓共，引周書「在夏后之詷」（案：顧命侗馬融本作詷），是詷借爲侗。吳說亦通，但稍曲繞。章太炎以未乃昧之省體，而同借爲恫（書經注釋頁八九五引）。案：恫，說文：痛也。唐何超晉書音義中始有「無知貌」之訓。是不如捨章說從曾說爲得古義。

八一　在位，在官之人；謂與其（周公）同官之人。誕，語詞。收，借爲糾；糾，正也。〇收，金履祥連罔勗不及讀，曰：「召公收身而退，不勉其所不及。」（書經注卷十頁六）訓收爲斂退，於句義未適。僞孔傳曰：「欲收教無自勉不及道義者。」以收教連文爲義近是。收、糾皆从丩得聲，收借爲糾（見說文通訓定聲）。章太炎（書經注釋頁八九五—八九六引）謂此收是糾之借字。說得之。收，尚書駢枝（頁二十）疑爲攸形近之訛；攸，語詞。案：尚書攸作語詞用，絕無弁句首或綴語末之例（洪範「攸好德」，攸義爲修。）。孫說待考。

八二　罔，謂無人。勗，勉勵也。不及，不周至之處。罔勗不及，文倒，不及罔勗也；周公言己之所不及，（亦）無人勗勉之也。（參註八六）〇尚書正讀（頁二三二）曰：「收罔，爽之合音，猶尚也。如之乎爲諸、者焉爲旃之例。」其說「收罔勗不及」，曰：「勗勉從事，尚虞不逮。」度皆以臆解經。

八三 耇，老也；造，成也（三國志魏書管寧傳注引鄭玄說）。耇、造，複詞。德，惠也。全句，周公謂己老邁而德惠尚不能降下於民也。〇全句，鄭玄云：「老成德之人不降志與我竝在位。」病添字而義亦未適，而傳疏從之。尚書正讀（頁二三二）曰：「耇造，老成也。降，和同也。……和同亦降之合音也。……意言此時耇造不和，……。」支離其說，難從。

八四 全句，周公謂己衰老欠聰，鳥鳴不能聞也。〇諸家絕多以鳥爲鳳皇，謂周人則鳴鳳不得聞，猶言祥瑞不至。王夫之非之，曰：「謂鳴鳥爲鳳者，不知所本。……鳥皆能鳴，豈但鳳然哉！……且鳴鳳之聞，實天休所錫，則既能有格而後可以致鳳。今云鳴鳳不聞，矧能有格，則是有格難而鳴鳳易聞也。豈鳳既至而尚不可謂有格乎？經文但言鳥而不言鳳，其言鳴而不聞者，特不聞而非不鳴也。」案：上言「耇造」，謂老至；此云「鳴鳥不聞」，謂愈老至於耳聵也。老至尚且無德惠於民，而今愈老，則力不能感召天帝明矣。王說當理。

八五 矧，況也。有，又也。格，感召也；謂感動天神使之降臨也。此及上句，周公言己衰邁，竝鳥鳴亦不能聞，況言又能感召天神乎？〇大誥：「矧曰其有能格，知天命」與此句義同。

公曰：「嗚呼！君！肆其監于茲（註八六）。我受命無疆惟休（註八七），亦大惟艱（註八八）。告君乃猷裕（註八九），我不以後人迷（註九〇）。」

釋文

八六　肆，語詞。其，希冀之詞。監，視也。茲，此（上文所告）也。（參無逸註七五）○肆，尚書今古文注疏（卷二二頁一一六）據爾雅釋詁訓今。案：無逸末簡「（嗣王）其監于茲」，句型及意義與此同，而無肆字；以其爲語詞，故省簡。孫說非是。僞孔傳訓爲故，亦謬。

八七　無疆，無窮盡。惟，猶「之」也。休，福祥也。（參召誥「無疆惟休」註）○惟猶「之」者，召誥「亦無疆惟恤」，本篇下文「無疆之恤」，可證。

八八　惟，語詞。艱，難也。大惟艱，義猶召誥「無疆惟恤」及本篇下文「無疆之恤」也。言天命不易保（上文「天命不易」，「天難諶」。），其業至艱也。

八九　乃，篆作㠯。㢟，金文作㇇。此乃字蓋㢟之形訛。㢟（居月切）、厥古通（敦煌隸古定尚書厥多作㢟）。厥，其也。猷裕，道也。（詳康誥註一一〇）○古書虛字集釋謂乃猶其，舉周禮小宰、詩大田與臣工文及本篇下文「公曰：前人敷乃心」爲證。又舉書盤庚「各長于厥居，勉出乃力」，謂此條厥、乃互文，皆訓其。而不以爲字誤。亦通。

九〇　以，使也（尚書大義卷二頁三十）。後人，尚書全解（卷三三頁十八）曰：「後人，指成王也。下言前人，謂武王；則後人之爲成王必矣。」（參註九一）○此篇周公勉召公留輔之書，言後人指成王，較諸家謂泛指後世子孫爲親切。而信史記等召公不悅周公貪寵者，則謂周公語召公：己不以子孫之故而迷于祿位（如江聲），失經義尤遠。

公曰：「前人敷乃心（註九一），乃悉命汝，作汝民極（註九二）。曰（註九三）：『汝明勗偶王（註九四），在亶（註九五），乘茲大命（註九六）。惟文王德丕承，無疆之恤（註九七）。』

釋文

九一　前人，武王也。敷，布也。乃，其也（詳註八九）。◯蘇氏謂前人指武王，曰：「周公與召公同受武王顧命輔成王，故周公曰前人敷其心腹，以命汝位三公，以爲民極。且曰：『……。』」（東坡書傳卷十五頁七）尚書集注音疏（經解卷三九七頁二十）申之曰：「前人謂武王也者，當成王之世，而偁前人遺命，自是謂武王矣。」案：下周公述前王之顧命曰：「惟文王德丕承」，既命召公輔嗣君，而又云承文王德，則前人爲武王無疑。僞孔傳以前人爲文王武王，以「汝明勗」至「之恤」爲周公勉召公之言，非是。又訓敷乃心爲布其乃心，不知乃便有其義。雙劍誃尚書新證（卷三頁三七）曰：「盤庚：『今予其敷心（腹腎腸）』，弓鎛：『余既尃（敷）乃心』，是『敷心』古人成語。」

九二　悉，詳盡也（說文）。作，造成。作汝，猶言「使汝成爲」。極，標準。（書經注卷十頁七）（參看盤庚「予亦拙謀，作乃逸」。）◯極訓標準，朱子有說詳之（參皇極辨）。前此，諸家訓中正，均失之。

九三　曰，周公稱引武王遺命。◯曰，高本漢書經注釋（頁九◯◯）釋同越，語詞。案：揆之上下文理，此「曰」當如洛誥「今王即命曰」及其下「惟命曰」，「曰」下皆周公直接稱引他人之言。諸家謂「汝明勗」以下二十一字爲武王遺言（參註九一），意其得之。

九四　明，勉也；明勗，黽勉也。偶，通耦；耦，侑也（尚書今古文注疏卷二三頁一一六）；猶云輔佐也。◯案：偶王，尚書集注音疏（經解卷三九七頁二十）謂周、召二公竝受武王命「俱侍成王」也。尚書正讀（頁二三三）亦謂武王同命二公，故云偶王；偶者，猶言夾輔也。案：細繹經文，似是獨命奭之言，而周公引之以勉留召公者。

九五　亶，誠也（僞孔傳）。在亶，謂應誠篤輔相成王也。◯雙劍誃尚書新證（卷三頁三七）以在屬上讀，通哉；以亶通單讀殫，訓盡，云「亶乘茲大命」，盡承此大命也。案：堯典舜命契爲司徒，曰：「汝作司徒，敬敷五教，在寬。」與此同爲命辭。在寬，帝命契敷教應寬容，與此句法相似。且盤庚「話（會）民之弗率，誕告用亶」。用，以也；用亶義猶在亶。其義甚白。如依于說，反晦。

九六　乘，通承（尚書今古文攷證卷四頁十六）。大命，謂天命也。◯乘，僞孔傳訓行，尚書正讀（頁二三三）訓載，於經義皆不適。尚書大義（卷二頁三一）訓守，不知所據。尚書集注音疏（經解卷三九七頁二十）以丕乘屬上讀，乘訓承，曰：「孟子第三篇（滕文公）下引書曰：『丕顯哉文王謨，丕承哉武王烈。』……言武王承文王之悳也。今乘武王大命，則當繼武王之承文王，故讀惟文王德丕承爲句。」尙書今古文注疏（卷二二頁一一六）乘亦訓承，據顏氏家訓音辭篇引劉昌宗周官晉讀乘若承爲證。尙書古注便讀（卷四中頁二八）讀乘爲丞，訓翼輔，不如莊、江、孫說義勝。

九七　恤，憂也。全句，言責任重大，無竟之憂也。

公曰：「君！告汝朕允（註九八）。保奭（註九九）！其汝克敬以予監于殷喪大否（註一〇〇），肆念我天威（註一〇一）。予不允惟若茲誥（註一〇二），予惟曰襄我二人（註一〇三）。汝有合哉（註一〇四），言曰（註一〇五）：『在時二人（註一〇六）。』天休滋至（註一〇七），惟時二人弗戡（註一〇八）。其汝克敬德，明我俊民（註一〇九），在讓後人于丕時（註一一〇）。」

釋文

九八　允，誠信也（僞孔傳）。○莊述祖謂朕當作佚，古訓字（尙書今古文攷證卷四頁十七）。

案：佚，說文作佾，云：古文以爲訓字。莊氏蓋據盤庚「予告汝訓」，斷朕爲佚之訛字。不知此句猶盤庚「今予其敷心腹腎腸，歷告爾百姓于朕志」及「誕告用亶」，皆謂以己之誠意告人。莊說非也。

九九 保，官名；太保之簡稱。○召公奭官太保，顧命篇有明文。其官職，禮記文王世子篇云：「保也者，愼其身以輔翼之，而歸諸道者也。」呼其名而又稱其官者，江聲云：「欲其思所任也。」（尚書集注音疏，經解卷三九七頁二○）章太炎（書經注釋頁九○二引）、于省吾（雙劍誃尚書新證卷三頁三八）皆據魏石經，謂此允當作兄，又據白虎通王者不臣篇、論衡氣壽篇以召公爲文王之子，周公呼之爲兄，故「朕兄保奭」爲一句。案：諸本允竝不作兄，三字石經誤。召公非文王之子，且年似少於周公（說詳註一），章、于說經好立異論，不可輕從。

一○○ 其，希冀之辭。其汝，猶湯誓「爾尚輔予一人」之爾尚，希望汝也。以，猶與也（尚書集注音疏，經解卷三九七頁二十）。否，不善也。監于殷商大否，謂監于殷國滅亡之大不善也。○否，經義述聞（經解卷一一八三頁十四）據太玄范望注訓不善。尙書正讀（頁二三三）引王葵園曰：「大否者，易天地交爲泰，天地不交而萬物不通爲否。殷之末世，天地閉塞，是大否也。」其說亦近理。

一○一 肆，長也（詩大雅崧高傳）。我天威：殷大否，故上天威罰之，使之喪亡；若我周亦有大不善，則天亦降之以威罰也。○無逸曰：「不永念厥辟」，本篇上文曰：「弗永遠念天威」、「今汝永念」，永念猶肆念，謂長念也。肆如泛作語詞解說，恐終失經義。

一○二 允，疑承上「告汝朕允」之允衍文。惟，語詞。○允，僞孔傳訓信，義絕不可通。章太炎、于省吾據魏石經，謂允當作兄（參註九九），讀爲皇（遑），「不允惟若茲誥」，意謂不暇多誥也。案：此解謬甚！「若茲誥」，謂如上所誥也。上既誥矣，此又曰不暇誥，決非經義。予不惟（若茲誥），……予惟曰：猶云予不復如此（多）誥，……予祗告汝以要點。蓋當時成語，周誥多有之，酒誥曰：「予不惟若茲多誥」、本篇下文曰：「予不惠若茲多誥」。惟、惠皆語詞（參堯典「亮采惠疇」），其上竝無附加語，故疑此允爲衍文。尙書釋義（頁一一五）用尙書覈詁說允訓用，似未的。莊述祖（尙書今古文攷證卷四頁十六）讀不爲丕，作語詞，則「予如此誥」，下接「予惟曰」云云，成何文理？若以釋「予不惠若茲多誥」曰「予若茲多誥」，下接「予惟用」云云，益扞格難通。

一〇三　襄，義同皐陶謨「思曰贊贊襄哉」之襄，輔也。我二人，周公（我）與召公也。全句，予惟曰我二人（應）輔佐（成王）而已。〇周公語召公曰「我二人」，則二人爲己與召奭，何疑？然僞孔傳襄訓因，我二人作文王武王，曰：「當因我文武之道而行之。」不唯在此句難通，且下「時（是）二人」兩見，竝指生人（二公），而與死者（文武）無關。東坡書傳（卷十五頁八）知二人爲周、召，然襄訓成，曰：「予惟曰王業之成在我與汝二人而已。」案：如蘇氏說，周公不免矜伐。書纂言（卷四頁一〇二）解此句曰：「予惟曰勤力輔治者，我二人也。襄字義如皐陶謨『襄哉』之襄。」其說近是。

一〇四　合，言意見相合。全句，謂汝聞我上述言論而心意與我相合，（則必將言曰：「在時二人。」）（參東坡書傳卷十五頁八）

一〇五　言曰，召公之言也。

一〇六　時，是也，此也。在時二人（輔佐成王，果如公言），責在你我二人也。

一〇七　休，福祥也。滋，多也。（參註八七）

一〇八　惟時二人，意謂祇我二人也。戡，勝也（僞孔傳）；通堪。弗戡，不克勝任也。（故希望他人助之，下文要求召公「明我俊民」，又云：「篤棐時二人」云云，皆其義證。）案：自「襄我二人」至此，義殊費解，諸家說多歧異。拙註多出臆度，未知當於經義否。

一〇九　明，義同堯典「明明揚側陋」之第一明字，顯揚（意謂舉用）也。俊，義同皐陶謨「俊乂在官」之俊，才智（馬融、鄭玄、王肅皆謂才德過千人者爲俊，詳彼篇正義引。）也。明我俊民，此望召公舉賢也（尚書故卷三頁三三）。

一一〇　讓，古通襄；襄，成也。後人，成王也（詳註九〇）。丕，語詞。時，善也。全句，言（舉用俊民）旨在襄成成王至於善也。◎僞孔傳以「在讓」連上讀，云：「明我賢人在禮讓。」考尚書諸篇論舉用賢俊文獻甚多，未見以禮讓明推舉之義，傳說失之。諸家又多訓讓爲推遜，謂他日盛大之時，讓職於後之賢俊。案：後人對前人（武王）言，當指成王。又如諸家意似謂明俊民在日後儲才，稍嫌迂濶。雙劍誃尚書新證（卷三頁三九）讀在爲哉，屬上爲句尾詞，尚書無相同例證。又云：「此讓字，……左定十五年傳『不克襄事』注：襄，成也。『後人』讀如『佑啓我後人』之後人。丕猶斯也。……言襄成後人于斯時也。後人謂成王。」案：丕義猶斯，於經傳無徵。尚書覈詁（卷四頁九五）曰：「丕時，古成語。詩（大雅）文王：『有周丕顯，帝命不時。』不顯，即丕顯；不時，即丕時也。……詩傳：時，善也。」其說得之。

公曰（註一一一）：「嗚呼！篤棐時二人（註一一二），我式克至于今日休（註一一三）。我咸成文王功于不怠（註一一四），丕冒（註一一五）：海隅出日（註一一六），罔不率俾（註一一七）。」

釋文

一一一　「公曰」二字，據古本增補。○此「嗚呼」之上，敦煌本伯二七四八、內野本竝有「公曰」二字。阮元尚書校勘記亦曰：「古本首有『公曰』二字。」古文尚書撰異（經解卷五九○頁六）曰：「盧氏文弨據（尚書）正義云『周公言而嘆曰』補『公曰』二字於『烏呼』上。」尚書斠證曰：「……敦煌本首正有『公曰』二字。上下文『嗚呼』上皆有『公曰』二字，此亦當有。孔疏：『周公言而嘆曰：嗚呼！我厚輔是二人之道而行之，』是所據本亦有『公曰』二字。」第顧廣圻曰：「玩『言而嘆之』云，則知與『烏呼君已』同，不當有『公曰』也。」（亦古文尚書撰異引）案：顧說非也。無逸「周公曰：嗚呼！繼自今嗣王，」正義曰：「周公又言而嘆曰：……」同篇「周公曰：嗚呼！自殷王中宗……，」正義曰：「周公言而嘆曰：……」，知正義凡言「周公言而嘆曰」，其嗚呼之嘆辭上絕多有「周公曰」（或「公曰」）字。唐石經本、書古文訓本皆從誤本，缺「公曰」二字。

一一二　篤，誠也。棐，輔也（僞孔傳）。（參註一一三）

一一三　我，言我周家。式，用也（僞孔傳）。上及此句，謂由於賢俊誠篤輔助你我二人，故我周家能到達目前之美好境地。○棐，洛誥曰：「朕教汝于棐民彝」，棐，輔也。又曰：「汝受命篤弼」，篤弼即篤棐。然雙劍誃尚書新證（卷三頁三九）曰：「篤猶誠也，棐即非，時是也。言誠非是二人，我用能至于今日休乎？……周初文字，句尾多不用虛字，而揣其語氣駿邁，固如是也。」案：周公以宰輔之重，不應自出矜伐之言，付之國史，形諸誥辭。且「我式克至于今日休」果爲詰問語氣，不應作「式克」；「式克」猶「因而能」，爲肯定語氣甚明。于氏單釋篤、棐、時之義雖有據，然以說此二句，則失經旨。

一一四　我，周公謂己、召公及諸臣也。咸，皆也。怠，懈也。

一一五　丕，語詞。冒，勉勵也。丕冒義同惟冒（參註七五）。○諸家多從僞孔傳，冒訓覆，謂周之德教大覆冒天下；合下聯海隅出日，罔不率俾，義似通，唯於上「不怠」義無所屬，不如訓勉爲勝。

一一六　海隅出日，謂海濱日所出之地。○海隅出日，言其地甚遠也，所以然者，尚書後案（經解卷四二五頁二二）曰：「虞、周聖人竝都西北，以東南爲遠，故云然。」案：舜蓋都蒲坂，地約當今山西省永濟縣，在西，故以濱海地爲遠，虞書皐陶謨篇曰：「禹曰：俞哉！帝！光天之下，至于海隅蒼生，萬邦黎獻，共惟帝臣。」王說是也。

一一七　率，循也，順也。俾，從也（爾雅釋詁）。罔不率俾，猶大戴禮五帝德篇「莫不從順」。○鄭玄率訓循，俾訓使，云：「四海之隅，日出所照，無不循度而可使也。」（三國志魏書武帝紀建安十八年策命魏公注引）經義述聞（經解卷一一八三頁十五）據文侯之命「罔不率從」、秦誓「惟受責俾如流」、詩魯頌閟宮「莫不率從」等文獻，訓俾爲從。案：率俾，同義複詞，猶云順從。鄭說未盡是。

公曰：「君！予不惠若茲多誥（註一一八），予惟用閔于天越民（註一一九）。」

公曰：「嗚呼！君！唯乃知民德（註一二〇），亦罔不能厥初，惟其終（註一二一）。祇若茲（註一二二），往敬用治（註一二三）。」

釋文

一一八　惠，惟也，語詞。

一一九　閔，憂也（尚書全解卷三三頁二十）。越，及也（東坡書傳卷十五頁九）。全句，謂憂天命、人心之不常也（書纂言卷四頁一二〇）。○閔天越民，僞孔傳讀閔爲勉，云：「勉于天道加於民。」其說大失！東坡書傳曰：「哀天命之不終及民之無辜也。」民未嘗無辜受戮，周公何緣哀之？蘇說未安。尚書集注音疏（經解卷三九七頁二二）曰：「言悲憫天命民心之不易保。」夫民向善之心不易保，公固悲之；若爲惡之心不保，公喜之不暇，何悲之有？江說亦失之。周公憂天命不常，猶篇首「若天棐忱」，此義周誥諸篇習見；公又憂民心不易守常，即下文民德不易善終之義。吳說得之。

二二〇 德，性情行爲也。周公以召公踐歷諳練之久，故知民之德（蔡傳）。〇德，周禮地官師氏「以三德教國子」，鄭注：「德、行內、外之稱，在心爲德，施之爲行。」鄭玄言周公微諷召公，故有「惟乃知民德」之語，曰：「召公是時意說周公，恐其復不說，故依違託言民德以剴切之。」尚書正讀（卷五頁二三四）是之，曰：「（亦罔）二句，）本勉召公，而言民德，蓋託言也。」案：民德即下「厥初」二句，詩大雅蕩篇「天生烝民，其命匪諶。靡不有初，鮮克有終。」皆直指民性，無所寄託，且經不載召公荅辭，安知保奭意悅？康成拘泥序說而有此失。

二二一 厥，其也。罔不能厥初，謂民衆於事之初始無不能善之者。惟其終，意謂惟在能善事之終竟者爲貴（參江聲說）。

二二二 祗，但只也。祗若茲，尚書集注音疏（卷三九七頁二三）曰：「我所告祗如此而已。」

二二三 往，自今以後（參僞孔傳說）。用，以也。〇周公之誥語繁重，史家爲說其故，三國志（卷三五）蜀書諸葛亮傳：「論者或怪亮文彩不豔，而過於丁寧周至。臣愚以爲咎繇大賢也，周公聖人也；考之尚書，咎繇之謨略而雅，周公之誥煩而悉。何則？咎繇與舜、禹共談，周公與羣下矢誓故也。」

〔附九〕尚書君奭篇「在昔上帝割申勸寧王之德其集大命于厥躬」新證

目次

二、比讀前後文義篇

（一）呂夏袁金朱五家說之啓發

（二）通考君奭全篇證「寧王」即「文王」兩兩相照

三、考甄文王事實以斷案篇

（一）計文王以盛德受命知「天觀文王德」始授之命

（二）書它篇詩銘記子史與傳注載天申觀文王德、集命于文王

總結論

引用書要目

一　校勘異字篇

（一）揭示「在昔割申勸寧其集」三句經文

尚書君奭篇周公告召公曰：「在昔，上帝割申勸寧王之德？其集大命于厥躬。惟文王尚克修和我有夏，亦惟有若虢叔，有若閎夭，有若散宜生，有若泰顛，有若南宮括。又曰，無能往來茲迪彝教，文王蔑德降于國人。亦惟純佑秉德，迪知天威，乃惟時昭文王，迪見冒聞于上帝，惟時受有殷命。哉武王，惟茲四人，尚迪有祿；後暨武王，誕將天威，咸劉厥敵。」（清嘉慶二十年江西南昌府學重栞宋本尚書注疏本，下同）

「在昔」至「厥躬」三句，有異文、譌字，問題最多，說法分歧，若不詳予釐清證成，爭議胡底？

（二）「在昔」與「昔在」校證

三句，羣經及其他先秦著成之文獻皆不見稱引，獨幸小戴記一引、明著篇名，極富考據價值，

禮記緇衣篇：「君奭曰：『昔在上帝，周田觀文王之德？其集大命于厥躬。』」（板本

同上尚書）

「昔在上帝」昔在，清阮元禮記校勘記（皇清經解卷九三六，下同）曰：「惠棟校宋本、宋監本、石經、岳本、嘉靖本同；考文引古本、足利本同；閩、監、毛本『昔在』二字倒；衛氏集說同石經。考文提要云：宋大字本、宋本九經、南宋巾箱本、余仁仲本、劉叔剛本並作『昔在』。」清段玉裁（一七三五—一八一五）古文尚書撰異（皇清經解卷五九〇，下同）：「禮記緇衣篇『君奭曰「昔在」』，今本『在昔』，宋本『昔在』，（孔穎達）疏云：『往昔之時在上天。』則宜从『昔在』。」敏案：孔疏上文猶有「昔在上帝者」，前四字冒上述禮記原文，是孔氏所據本正作「昔在」，閩、監、毛本誠誤倒。唯尚書君奭篇本經作「在昔」，僞孔傳：「在昔上天。」（正義同）確是上「在」下「昔」。內野本尚書、書古文訓亦竝作「在昔」。禮記所據尙書，合漢世今文本；僞孔本尙書，古文本也（論點見下）。類似辭句，見諸西周著成之其它文獻，或作「在昔」，同此古文本；或作「昔在」，如彼今文本（謹案：禮記緇衣之作者，先秦人，彼時經無今古文之分，說詳下），

尚書酒誥篇：「在昔，殷先哲王迪畏天顯小民。」

君奭篇上文：「我聞在昔，成湯既受命。」（洪範篇：「我聞在昔，鯀陻洪水。」句型模倣此篇）

師𩰫簋：「才[在]昔，先王小學。」（兩周金文辭大系釋文頁一四九：宣王時器）

尚書無逸篇：「昔在殷王中宗，嚴恭寅畏。」（詩商頌長發：「昔在中葉，有震且業。」尚書堯典篇序：「昔在帝堯，聰明文思。」竝模仿此句型。）

何尊：「昔才(在)爾考公氏克逨玟(文)王。」（嚴一萍何尊與周初的年代：成王時器）

案：觀上列八事，除詩一事下接以時間詞「中葉」勿論外，皆爲人名作主語之句而上無論冒以「在昔」或「昔在」文理皆可通解；傳本異殊如此，竟不知今古文本孰得其正矣。

（三）鄭孔注禮校書言「割申勸寧其集」二句異文及其討論

「割申、其集」二句上句之「割申勸寧」，諸本盡同，唯此緇衣引作「周田觀文」，漢唐人禮說併下句而論之，

漢鄭玄注：「古文『周田觀文王之德』爲『割申勸寧王之德』，今博士讀爲『厥亂勸寧王之德』（註一），三者皆異，古文似近之。割之言蓋也，言文王有誠信之德，天蓋申勸之。集大命於其身，謂命之使王天下也。」

唐孔穎達疏：「周田觀文王之德，『周』當爲『割』、『田』當爲『申』、『觀』當爲『勸』，言文王有誠信之德，故上天蓋申重獎勸文王之德。」

孔疏又曰：「云古文『周田觀文王之德』爲『割申勸寧王之德』者，以伏生所傳、歐陽夏侯所注者爲今文尚書，以衛（宏）賈（逵）馬（融）所注者元從壁中所出之古文即鄭

注尚書是也。此『周』字古文爲『割』、此『田』字古文作『申』、此『觀』字古文爲『勸』，皆字體相涉，今古錯亂；此『文』（王）尚書爲『寧』王，亦義相涉也。云今博士讀爲『厥亂勸寧王之德』者，謂今文尚書讀此『周田觀文王之德』爲『厥亂勸寧王之德』也。云三者皆異、古文似近之者，三者謂此禮記及古文尚書並今博士讀者，三者其文各異，而古文『周田』爲『割申』，其字近於義理，故云『古文似近之』。云『割之言蓋也』，割、蓋聲相近，故割讀爲蓋，謂天蓋申勸之。禮（孔之誤）尚書猶爲割，謂『割制其義』（註一），與此不同。」

(1)論尚書今古文板本

尚書今、古文板本及今博士「讀爲」問題，討說於下：

宋項安世項氏家說卷三「割申勸寧王之德」條：「……今博士即漢之今文尚書伏生所傳也，古文即孔安國所傳今尚書是也。」

古文尚書撰異：「……此謂記所引『周田觀文王』古文尚書作『割申勸寧王』，其句法與漢書注『古文隔爲擊』、古文『台爲嗣』正同。今博士讀者，謂夏侯、歐陽尚書也。讀、猶習也，謂博士所習也；此於『讀』字逗、與他注言『讀爲』者不同。不云『今文尚書』而云『今博士讀』者，漢時謂伏生本爲尚書，謂孔壁本爲古文尚書，無『今文尚書』名目也。」

（清陳喬樅今文尚書經說攷卷二四既擇引孔疏「伏生」至「即鄭注尚書是也」與節引「今博士讀者」至「其字近於義理」，又全引段氏撰異上文，而咸無案斷。）

說文「讀」字段玉裁注：「籀書也。……人所誦習曰『讀』，如禮記注云『周田觀文王之德』，博士讀爲『厥亂勸寧王之德』是也。」清劉台拱（一七五一——一八〇五）漢學拾遺卷一：「伏生壁內所藏二十九篇，本經具在，顧又使其女傳言教錯何也？曰：此所謂『受讀』者也。漢初六藝之文有經無注，音讀訓詁學者以口相傳，謂之『受讀』。故史記正義引衛宏此文云『徵之，老不能行，遣太常掌故鼂錯往讀之』；而（漢書）劉歆傳亦云『尚書初出於屋壁，朽析散絕，今其書見在，時師傳讀而已』。鼂錯所受之讀與歐陽大小夏侯所傳之讀一也。『周田觀文王之德』讀爲『厥亂勸寧王之德』，是其一事矣。東漢之初，此法猶存，河南緱氏杜子春能通周禮之讀，鄭眾、賈逵往受之；漢書始出，馬融伏於閣下從班昭受讀是也。馬鄭以後，始就經爲注，口說絕矣。魏晉閒人作尚書序以謂『伏生失其本經，口以傳授』，此由不解衛宏之言而傳致其事。夏蟲不可以語冰，郢書燕說，大氐皆類此也。」

案：鄭注「古文」，孔疏釋爲「古文尚書」，謂即「元從壁中所出之古文」。夫孔壁發得古文，劉歆移太常博士書（載漢書楚元王傳附劉歆傳）：「及魯恭王壞孔子宅，欲以爲宮，而得古文於壞壁之中……（逸）書十六篇。」漢書藝文志：「古文尚書者，出孔子壁中。」漢志即著錄尚書古文經四十六卷（以篇爲卷。凡本經四十五篇，加百篇書序總爲一篇）。則孔疏、段撰異是也。今僞孔傳本此篇，據伏生傳今文尚書本也，亦作「割申勸寧」同孔壁古文本，而項氏（？—一二〇八）南宋人，尚不知今本爲僞書，以爲古文即彼西漢安國所傳之本。

又案：後漢衛宏著尚書訓旨、賈逵著古文尚書訓等、馬融著古文尚書注、鄭玄著古文尚書注（皆據清姚振宗後漢藝文志；隋志著錄馬、鄭尚書注，不名「古文尚書注」），四子竝古文尚書家，而所據殆即孔壁古文本，則孔疏亦是也。

三案：史記儒林傳：「孔氏有古文尚書，而安國以今文讀之，因以起其家。」（漢書儒林傳同，「今文」下多「字」）尚書始有今文之稱。漢志著錄，凡屬古文經標明「古文」，其不標者概屬今文，則明以伏生、歐陽、大小夏侯與孔壁古文相對爲今文；劉向以中古文校歐陽、大小夏侯三家經文，誠亦以今、古文尚書相校。洎許慎作五經異義，稱「古尚書說」、「今尚書歐陽說」、「今尚書夏侯說」（參看清陳壽祺五經異義疏證），「古尚書」即「古文尚書」、「今尚書」自即「今文尚書」，竝省「文」字而已；則「今文尚書」之名，鄭玄前已行。乃段氏撰異云「漢時謂伏生本爲尚書，無今文尚書名目」，甚矣失考。故秦博士伏生自藏尚書存二十九篇，遞授與歐陽高、夏侯勝、夏侯建，下三家分別于武帝、宣帝時立學官設博士（據史記儒林傳、漢書藝文志、漢書儒林傳），皆有尚書專著，則孔疏「伏生所傳、歐陽夏侯所注者爲今文尚書」、「云今博士讀爲者，謂今文尚書讀此也」，說無悖史實，——則「今文尚書讀」良即「今（文）博士讀」，段氏撰異強分，甚無謂也。

四案：今僞孔傳本「割申勸寧」，當係祖承伏生本者；伏本遞傳博士歐陽、二夏侯，則下三家之本固亦同此。今文博士「割申」借作「厥亂」，故鄭注云「今博士讀爲厥亂」，易「割」爲「厥」、「申」爲「亂」，正合段氏另文周禮漢讀考序「讀爲讀曰者，易其字也」（皇清經解卷六三四），即通常謂之「假借」是矣。唯孔疏謂今博士三家讀己之「周田觀文」之今文本爲「厥亂勸寧」；而段氏撰異於今文三家本經此句如何作無有明言，及審其說文注，方知彼從孔疏亦以「周田觀文」句爲今文三家本。「周田」，無論形音義，均難論爲假借作「厥亂」，段氏有鑒及此，故特變鄭注「讀爲」之「讀」義、釋爲「習」，云博士所習受之於師法家法作「割申」，非「周田」得借爲其字也。夫小戴禮記漢不立博士，則鄭此「今博士讀爲」決謂讀尚書「割申」而斷非讀戴記所引之「周田」。孔既誤會鄭意，段亦未深考漢世官學，因重失康成此「讀爲」之正義。劉氏謂鼂錯歐陽二夏侯讀「周田觀文」爲「厥亂勸寍」，誤會鄭意，亦同孔段。又謂博士（尚書今文三家）所傳讀亦憑口授，未著竹帛。夫漢書藝文志著錄尚書歐陽章句、大小夏侯章句解故，周易章句及三家詩故亦見著錄，立於學官以傳博士弟子員，是「就經爲注」不必俟後漢馬鄭也審矣。惟認兩本當正作「割申」本與「厥亂」本字異，初由於口傳，攸關漢博士當時語言，尚可取，說詳下第（四）章。

五案：作「周田觀文」之本，鄭注未嘗明斷其爲今文尚書；孔疏則已明言其爲今文三家本（參看上第「四案」），且又云周與割、田與申、觀與勸之異，乃「今（文）古（文）錯亂」。夫禮記緇衣篇者，先秦已成書，爾時經學無今古文之分，故所引「周田觀文」，以理論之，不可定爲今文本。第余考禮記引尚書它篇亦有與漢今文家本相合者，如引「呂刑」作「甫刑」（註三）。夫春秋列國時，經雖無今古學之分，但因經書傳寫而致一本作「周田觀文」、一本作「割申勸寧」，而下爲漢人分別承用仍舊，前者今文家所承用，以漢名——今文尚書施諸先秦本尚書，推溯宗祖而言，斯亦無害。皮錫瑞云列國時今古文已有異本，意在斯乎！

(2)東晉以下人論「割申勸寧其集」是是非非

鄭不言「周田觀文」當爲「割申勸寧」，但云後者「近於義理」而已。孔疏前三字，一面守注，謂古文「近於義理」；一面又斷爲形誤，但未舉古今字形相照，特以「割」、「周」二字形體非近，似乎了不相涉。注於此「文」彼「寧」，不以爲彼誤，疏以彼此「亦義相涉」故異，則注疏竝以「文王」得稱之爲「寧王」，施義不同耳（鄭說見詩何彼襛矣正義載）。云割借爲蓋語辭，觀誤爲勸，竝失之。云申誤爲田，是。二家解「割申、其集」二句，亦不合經誼。故古注舊疏於正「寧王」爲「文王」，裨益匪大。說具下文。

尚書「割申勸寧」、禮記引作「周田觀文」，四字兩兩相異，晉、唐、宋、元、明、清、近人踵武鄭注，更加討論，茲稽其說如下：

①論鄭注「割」借爲「蓋」發語辭

鄭注云「古文（割申勸寧）似近之」，又云「割之言蓋也，天蓋申勸之」。孔疏云古文「割申」字近於義理，又云割、蓋音近，本作蓋借割爲之。孔又斷「周田觀」乃「割申勸」之誤字云「周當爲割，田當爲申，觀當爲勸」。（周禮漢讀考序：「當爲者，定爲字之誤聲之誤而改其字也。……形近而譌，謂之字之誤。聲近而譌，謂之聲之誤。字誤聲誤而正之，皆謂之當爲。」）。是鄭、孔皆訓蓋爲句首語辭，而申爲重，勸爲勉。茲討其說於下：

尚書僞孔傳君奭：「割制其義，重勸文王之德。……」（正義：「斷割其義，重勸文王之德。……割制，謂切割絕斷之意。……」）

不從鄭禮注，義又絕不可通，故孔禮疏不從，評曰：「謂『割制其義』，與此不同」。

經典釋文卷十四禮記音義：「周田觀文，依注讀爲割申勸寧。」釋文不依禮經所引「周田觀文」，而從鄭注讀「割申勸寧」，但並未明言割爲蓋之借字。宋以後人頗有討論此割蓋借讀者，

項氏家說卷三：「鄭氏訓割爲盖，于古讀爲通。古字多假借，如此類甚多，如曷爲害、胡爲瑕、安爲焉、何亦爲曷爲瑕。今人曲爲割之申之勸之之說，皆不若鄭氏之簡明也。」

元吳澄書纂言卷四：「禮記緇衣篇引此『割申勸寧王』作『周田觀文王』。今詳『割』字無義，『周』字疑當作『用』；『田觀』當從書作『申勸』；『寧王』當從禮記作『文王』。申，重也，再三丁寧之意；勸猶褒賞之也，言天意用以厚報文王之德，所以集大命于其躬。」

古文尚書撰異：鄭玄云「割之言蓋」，然則「蓋」是詞助。（參下引）

清朱駿聲（一七八八—一八五八）尚書古注便讀卷四中：「割，蓋也，發語之詞也。申，猶緟也。勸，勉也。」

清王樹枏（一八六一—一九三六）尚書商誼卷二：「鄭君云『割之言蓋也』，顏注漢書（禮樂志郊祀歌）云：『蓋，語辭也。』」

屈師翼鵬尚書集釋頁二〇八引鄭注「割之言蓋」，云：「此言上帝蓋重複觀察文王之德也」。（敏案：是亦以爲語辭。）

瑞典高本漢書經注釋頁八八八：「鄭玄禮記注……以『割』（*kât），假借爲『蓋』（*kâd），是一個副詞（意思是：「即」、「就是」），但是在這裏卻不好講，此說實在不太可靠。」（陳舜政先生譯，下同）

案：申，重也（爾雅釋詁下）。孔疏申訓重，得鄭意。僞孔傳亦訓申。朱氏「申猶緟也」，緟，說文：「增益也。」段注：「增益之曰緟，經傳統叚重爲之。」是緟義即重。勸寧當是觀文之誤字，詳下。，義後文有說。

又案：項氏謂割、盖通叚字，觀其下文舉「曷爲害、胡爲瑕、安爲焉、何亦爲曷爲瑕」，皆疑問語辭相假借，實亦略如鄭注「割之言蓋」之蓋以爲語辭。吳氏云「割字無義」，則徑以割字爲語辭，不煩假借與鄭異，但體認此句首字爲語辭竟同。段、朱、王三氏明謂蓋爲語辭，脗合鄭意。高本漢標示上古音，明割、蓋同聲得相借（董同龢先生上古音韵表稿割*kât蓋*kâd，音近亦得通假）。唯鄭注「蓋」爲語辭，無「即」、「就是」義；若如高氏說「天就是申勸之」，稍失辭理。

三案：清皮錫瑞今文尚書攷證卷二二評鄭曰：「鄭君讀割爲蓋，而尚書二十九篇無用蓋字爲語辭者，則鄭說亦未可據。」許錟輝先生先秦典籍引尚書考頁七七：「鄭讀割爲蓋，則尚書二十九篇無用蓋爲語辭之例，亦有未妥。」說文：「蓋，苫也。」段注：「引伸之爲發端語詞。」蓋作語助，東周以後著成之經典始習見，如詩正月「謂山蓋卑、謂天蓋高」、易繫辭下「蓋取諸離、蓋取諸夬」之倫。西周初年無有也，如金文有「蓋」一概不作語助，尚書止一「蓋」（呂刑篇「鰥寡無蓋」），借爲「傷害」字，則西周初年「蓋」尚無語助義。皮攷得之。

②金氏校注「周」當作「害」，「申」譌爲「田」，證韙與「勸寧」應依禮引作「觀文」質成緇衣鄭孔注疏從古文本「割申勸」爲正，宋元人疑之，

宋王柏書疑卷八：「在昔上帝，割申勸寧王之德，禮記乃曰昔在上帝，周田觀文王之

德，蓋各有得失。當曰昔在上帝，割周申勸寧王之德。此處未說到我王；割周者，言羑里之厄也。」敏案：武之誤字。

元陳櫟（一二五二—一三三四）書蔡氏傳纂疏卷五：「『有殷嗣，天滅威』與『割申勸』，皆不可通。記緇衣作『周田觀文王之德』，記固有訛矣！書果是乎？孔註以爲文王，蔡氏以爲武王，此處必有訛缺。」

案：書疑「昔在」，從禮記；「割周申勸」，又取禮「周」字增入句中，餘依古文本，故云「各有得失」。以文王羑里之難即「上帝割周」，此陰評蔡沈書集傳（卷五）以「申勸寧王」寧王爲武王者。纂疏以書、禮此句，各皆未必盡是，其意殆謂合兩本之長乃得，允爲卓識，惜彼不暇深考詳言。

祥（一二三二—一三〇三）先陳櫟已有說：

謂割借爲害，周是害之誤字，害義同曷何、爲疑問語辭，而田當作申，王柏之弟子元金履

書經注卷十：「割申勸，傳記引此，或作『周田觀』。周字似害，必害字也。害，何也；如『時日害喪』之害。寧王，武王也。」

又尚書表注卷下：「……周字似害，割從害而多刀、聲亦近似，當作害音曷、何也。言上帝何爲而申勸武王之德、集大命于其身哉？惟文王能修和諸夏，亦惟有虢叔等五臣助之，往來導達德化，又能純一佑助秉持其德，實知天命之可畏，乃惟時昭明文王，迪導

其德，見冐于民升聞于天，惟時受有殷命。至武王時，虢叔死矣，四人者尚在祿位，後及武王共伐商受，又昭武王之德冐于天下，而天下頌之：此上帝所以申勸武王而集大命也。」（註四）

又曰：「割，音曷。」

金氏謂「寧王，武王也」、「上帝集大命於武王」及不以「勸」爲誤字，皆失之（詳下說）。彼雖未明指田爲申之誤字，然結末作「申勸」云云，誠亦以田譌申正。彼以經文原本作害，形誤爲周，害訓爲何，今傳本字借作割，曷、何也：均是其創發。下將取證成之。

清儒治學，精於校勘，注重小學，而考證君奭此條，竟不知金氏此卓見，漢宋門戶之弊一至於斯乎，

王夫之（一六一九—一六九二）禮記章句卷三三：「周，徧也。田，當作申，詳也。上天鑒觀文王之德，周詳省視，終始如一，而後降以天命也。」（在船山遺書全集，中國船山學會、自由出版社影印本）（民國王夢鷗先生禮記今註今譯頁七二二用其說）

李調元（乾隆進士）禮記補註卷四：「此句鄭（玄）氏謂：……（中略所引鄭注二十五字）古文宜從之。按：割申勸，古文篆字似周田觀。」

古文尚書撰異：「集韵十四太：『刣，居太切，制斷也。書「刣申勸寧王之德」，鄭康成讀』。玉裁按：鄭注緇衣：……蓋是詞助。集韵謂割有居太切，鄭康成讀，則可；易

割爲刣，訓斷制，入太韵，而云鄭康成讀則不可。鄭尚書何嘗有刣字？宋次道家古文尚書及汗簡乃有之。集韵入聲十二曷：『割，古作衎。』按：衎乃㑌之譌，㑌即太韵之㑌字，從人亡，人亡者，匄字也。太韵作刣，形亦誤。古字割害通用，如堯典『方割』割，害也；大誥『降割』，馬本作害。害與周篆體略相似，此古文作害、記緇衣作周之理也。若作刣則與周絕遠，此宋次道家古文尚書之不可信也。王伯厚藝文志攷說漢世諸儒所引異字有『刣申勸寧王之德』，按此句見集韵，非漢儒所引也。」

臧庸（一七六七—一八一一）拜經日記（皇清經解卷一一七五，下同）（孟子）「謨蓋都君咸我績」條：「……尚書堯典『湯湯洪水方割』，孔傳：『割，害也。言大水正方方（敏案：疑衍）爲害。』輾轉相訓，是害爲割，割亦爲害也。禮記緇衣君奭曰『在昔，上帝周田觀文王之德？其集大命于厥躬』，注云：……（中略所引鄭注七十字）。據古文尚書作割，知禮記周爲害字之誤。郭注爾雅釋畜云：『公羊傳曰「靈公有害狗謂之獒」』，今公羊傳宣六年作『周狗』，何注以爲『比周之狗』，此其證。大誥『天降割于我家』，孔傳訓割爲害，釋文謂馬融本割作害。據緇衣知古文尚書本作害，以割與害義同，且割亦从害，故或作割。」

牟庭（一七五九—一八三二）同文尚書卷十七：割誤爲周，申誤爲田，觀誤爲勸。（詳下引全段文）

又卷十五於大誥「民養其勸弗救」徑改「勸」爲「觀」，云：「勸，當爲觀字形誤，緇衣引君奭『周田觀文王之德』，古文今文觀皆作勸，此書家勸、觀相溷之證也。此經言：若武王有親友之人伐其子以兵，武王之愛子，不啻愛友也，而武王之吏民廝養其可曰受伐者子而伐者友，將皆旁觀其勝負而不救乎？」

又卷十六於多方「乃勸厥民刑」亦徑改「勸」爲「觀」，云：「乃勸厥民刑，當讀爲乃觀厥民行。緇衣引君奭曰『在昔，上帝周田觀文王之德』，注曰：『古文爲「割申勸寧王之德」，今博士讀爲「厥亂勸寧王之德」』。……緇衣所据最古本作觀，而漢末所見古今文皆作勸，則知書中觀誤爲勸者多矣。況此經一觀四勸，文相連比，更令寫者易爲溷淆，今据文義知此非勸字也。」

尚書古注便讀卷四中：「……或曰『割申勸』句，宜從禮記緇衣作『周田觀文王之德』，田當作由，周、由疊韻連語，猶離騷『周流觀乎上下』也。存參。」

俞樾（一八二一——一九〇六）禮記鄭讀考（皇清經解續編卷一三五六）：「割字古或省作害，書大誥篇『天降割于我家』，馬本作害，是也。害，篆書作[illegible]，故與周相似而誤。勸與觀左旁相似，列子楊朱篇『故不爲名所勸』，釋文曰：『勸一本作觀』，是亦相似而誤也。田與申則聲相近，『輮鼓』之爲『田鼓』、『陳氏』之爲『田氏』，並其例也。」

案：綜論上列金王李段臧牟俞七家之說朱氏之說容下討論如下：

割申勸，小篆作𠜂申勸，周田觀，小篆作周田觀，如易「割」爲「害」，則六字得兩兩形近而譌。因有金氏「周字似害，必害字也」、王氏「田當作申」、段氏「害與周篆體略相似，此古文（尚書）作害，記緇衣作周之理也」，臧氏「禮記周爲害字之誤」、牟氏「割形誤爲周，申形誤爲田，觀形誤爲勸」、俞氏依篆體害與周勸與觀皆形似而誤，而李氏「古文篆字」當指古代之文字——小篆而言，云割申勸似周田觀，亦是也。牟氏肯定勸乃觀之形誤，前人尚未有明言，惜未舉示字形加以說明；所舉大誥勸爲觀誤，得之，改多方勸爲觀，則失經義。唯此二事竟與于氏新證說不謀而合，併詳下說。

段氏臧氏舉尚書堯典與大誥及俞氏舉大誥異文或傳注，明割、害古通用；臧氏又舉公羊傳異文，明周、害易淆誤，誠金氏之功臣。而俞氏舉列子異文，明勸、觀因形似而誤，可爲牟氏說立一佐證。

後周郭忠恕汗簡有𠜂（割），清鄭珍汗簡箋正：「薛本同。……玉篇割古文作剑從合（敏案：見卷十七字作刽從㕣）。」薛本殆謂季宣書古文訓，考其書卷十一君奭割正作創。王應麟漢藝文志考證卷一錄漢儒所引異字君奭割作剑（段此謂伯厚引作创）。汗簡既亦載此字，薛本應前有所本，或係存隸古定尚書本之舊，要非虛構；王氏所稱漢儒引異字，前有玉篇古文佐證，則不宜遽謂其出自集韵。君奭割字如爲創，鄭亦得讀爲助詞蓋，但訓「制斷」非鄭意，且去刀之創——㐰，無緣因形轉誤爲害又誤爲周耳。

義有未盡者，將併下引民國諸說討論之。

民國（含西人）論「割申勸寧」與「周田觀文」字之正誤者七家，茲記其說，並論列於下：

吳闓生尚書大義頁七九：「……當依緇衣作『周田觀文王之德』，田即『俊民甸四方』（多士）、『奄甸萬姓』（立政）之甸。太玄『天甸其道』范望注：『甸猶挺也。』周甸猶周徧也。周徧觀文王之德，即皇矣詩『監觀四方，求民之莫，乃眷西顧，此維與宅』之意。」

于省吾雙劍誃尚書新證卷三：「（割申勸寧，）勸作觀、寧作文，皆以形似而譌，禮記所引是也。惟『割申』作『周田』則非，蓋周即害之譌，亦作割，格伯毁周作[illegible]、師害毁害作[illegible]，形似易渾；堯典『洪水方割』，鄭詩譜疏引作害（原注：管子幼官「信利周而無私」，劉績云：「周當依後圖作害。」）。害申一作田，實乃由之譌（原注：管子立政「由田之事也」，王念孫云：「由即田字之誤。」幼官「由守不愼」，俞樾云：「由，疑申之誤，漢書儒林傳『申章昌』，晉灼：『申章』作『由章。』」）。害讀曷，由以也，其猶乃也，詳經傳釋詞。言在昔上帝，曷以觀文王之德？乃集大命于其躬。」

曾運乾尚書正讀卷五：「今定爲『害申勸文王之德』。文意言：在昔上帝曷其申勸文王之德、集大命于其躬乎——問辭；惟文王尚克修和我有夏——答辭。」

楊筠如尚書覈詁卷四：「寧王，當從禮記作文王。今本割當作害，害周以形近而譌。古害、蓋通用，說文：㚖大也，讀若蓋。則害亦大也。申讀爲陳，古陳字作陣，詩商頌『申錫無疆』、大雅『陳錫哉周』，因可知『申錫、陳錫』爲一語。勸當爲觀。」

王夢鷗先生大小戴記選注頁一五四：「割，古文作害，『害申勸』與『周田觀』字形相似而訛也。」

屈師翼鵬尚書集釋頁二〇八：「……周乃害字之誤。……割、害古通。緇衣鄭注云：『割之言蓋也。』田，當爲申之誤。……勸，當依緇衣作觀。寧，當依緇衣作文。此言上帝蓋重複觀察文王之德也。其，猶乃也。……集，說文：『羣鳥在木上也。』即今落在……上之意。大命，國運也。厥，指文王言。」

先秦典籍引尚書考頁七七：「緇衣引君奭『周田觀文王之德』，古文尚書作『割申勸寧王之德』。割从害聲，形聲字多以聲母爲初文，割、古即以害爲之，猶說命，學記、緇衣作兌命也。害、周形近，故相譌用，猶秦誓个譌爲介也。田與申、觀與勸，亦形近而譌，孔穎達所謂字體相涉、古今錯亂是也。」

書經注釋頁八八八—八八九：「禮記緇衣引此句作『上帝周田觀文王之德』，意思就是說：『上帝在周的田地裏觀察文王的德行』。因爲禮記的編訂，是在西漢時代，這個時候尚書此句還沒有被人據古文經而改寫，我們可以肯定地認爲它代表著早期漢人的傳統板本，當然也是時代最早的可信經文。古文經的『割』字，在周人書寫的文獻中，當是沒有部首只作『害』。而在周人的文字中，『害』與『周』的形體非常近似，很容易發生混淆：『周』作『□』，『害』作『□』。『田』字與『申』字的容易譌誤，也是很明顯可見的。再說『勸』字，周代的尚書原文本來只作『雚』，沒有部首，後來只憑解經者的意見而寫成『勸』或『觀』。……當然，我們總會覺得上帝特別要在『周田』來『觀文王之德』有些奇怪。不過，我們應該知道，這句話是直接指上一篇無逸中的『文王卑服，即康功、田功』（注意『田功』對君奭篇此句的意義）而說的。」

案：割、害古通用，于氏增舉孔穎達鄭詩譜疏引堯典割作害爲證。許氏以害爲割之初文，曾氏定割爲害、楊氏「今本割當作害」、王氏「割，古文作害」、高氏謂割在周人書寫之文獻中當是無部首但作害，皆自成字先後推度，同許氏：咸的當。害、周古字形近相淆，前人未舉金文爲證，高氏、于氏始舉，後者且增舉管子及其說解，定周誤爲害。愚考害師害毀害一作□，周，善鼎作□毛公鼎作□，二者形尤近，易相淆。而書本文獻害字誤爲周字之例，余檢又得逸周書度邑：「問：害不寢？」清盧文弨校逸周書卷五曰：「害，……舊作周，以形近致訛。」

又案：金氏「割音曷」，又曰「害音曷、何也」。考割（*kât）曷（*ɣât）音近而不盡同音，害（*ɣâd）、何（*ɣâ）、曷三者亦止音近：音近固得通假。金說可從。清王引之經傳釋詞：「曷，何也。……字亦作害。詩葛覃曰：『害澣害否？』是也。」公羊傳宣公十五年：

「莊王怒曰：……子曷爲告之？」並其例也。唯金氏此舉湯誓（乃據孟子所引）「時日害喪」害，義爲「何時」，小差。曾氏、于氏並確以「害」係疑辭，義同「何以」，得之（說詳下）。

三案：上引王柏以「周」爲周文王，文王厄羑里爲「割周」，若是則「割周」者「殷紂」、非「上帝」也。船山不以「周」是誤字而訓「周」曰「徧」、楊氏以「周」初當作「害」訓介大，則於此並不作疑問句，非也；曾氏以「在昔」云云一句爲疑問句，但說尚未盡是（並詳後說）。

四案：田爲申誤，鄭、孔、陸、王（柏）、金、吳、王（夫之）、李、牟、曾氏皆已確認。夫申，金文大抵作乚（丙申角）、乙形；田，金文大抵作田（舀鼎）、田（作且乙簋）（皆據金文詁林），似無緣相誤。亦偶有作申（兄癸卣，宋王俅嘯堂集古錄卷上）者，則申壞字得訛爲田。二字篆隸形近，更勿論矣。申（*śien）田（*d'ien）陳（*d'ien）上古音同屬眞部，俞氏楊氏並以爲聲近得相假，而不謂形誤，則田有申義、申有陳義。夫古漢語同音音近之字甚多，苟明是形誤，則不煩仍以假借通其義。且大雅文王「陳錫哉周」陳，申也（清馬瑞辰毛詩傳箋通釋卷二四），即「重」義，此楊氏蓋依箋說「陳」爲「敷」——大敷觀文王之德，不如依本字作申重義爲安。王夫之謂田字爲申誤，申、詳也，周、偏也，曰「周詳省視」，吳闓生舉詩「監觀四方」四句，明上帝周徧觀文王之德，強執詩意，謂天徧觀四方尚可，謂周詳大觀文王之德，則不見此意，楊說與相近：三氏皆失尚書、禮記本義。金文由作 ⊕（史墻盤銘㽙字偏旁）得誤爲田，篆隸以下更勿需論，故朱氏引或曰及于氏竝以爲田乃由誤。于氏由訓以，然如其說，上句問「曷以觀文王之德」？下承答「乃集大命于其躬」，不成文理（說詳下）；朱氏由訓周，謂二字（由*djǒg、周*tjog）韵疊連語義同，則句非問答式。且此周公之意，「天將降授天命與文王之前，再三觀察其德行」（說詳下），則「申」字不可易，明矣。

五案：禮記篇者，出記百三十一篇（見漢書藝文志），初爲先秦古文字寫本，漢人隸定，高氏執謂它「是時代最早的可信經文」，正未必可盡信。尚書無逸篇周公稱文王親就田野事，而此篇周公告召公天申重觀察文王之德，義不相涉。且周誥諸篇，原爲公文檔案，後世編集，故兩篇今雖相連，周公不及指彼證此。高氏非常異議，洵可怪也！

六案：古文「申勸」勸，鄭禮注、書僞孔傳竝謂字正，故後世說尚書者多不敢遽易；「周田觀」觀，元陳櫟始疑兩本互有得失，後牟氏、吳闓生、楊氏、屈先生、高氏咸謂字正，第及據經籍與彝銘證勸字果誤者，僅于省吾一家，

雙劍誃尚書新證卷二：「（大誥「民養其勸」之）勸，乃觀之譌。凡尚書勸多應作觀，君奭『割申勸寧王之德』、多方『不克終日勸于帝之迪』，勸皆觀之譌文。金文觀作雚，漢人遂寫作勸也。迺尊『王在小圃雚京』、效卣『王雚于嘗，公東宮』，山海經西山經『觀水』呂覽本味作『雚水』。葢雚爲初文，从見爲觀、从力爲勸、从水爲灌，乃

後起字。」（卷三論君奭「割申勸寧」亦云：「勸作觀、寧作文，皆以形似而譌，禮記所引是也。」）

又於卷四多方「不克終日勸于帝之迪」、「慎厥麗，乃勸；厥民刑，用勸」、「亦克用勸」云：「勸，舊讀如字，非是；勸皆觀之譌，君奭『割申勸』之勸，禮記作觀。金文觀作雚，勸、觀形近聲亦通。迪即由，『不克終日勸于帝之迪』，言不克終日觀于上帝之所由也。下之『乃勸、用勸』，應作『乃觀、用觀』，觀讀去聲。（周禮考工記㮚氏）嘉量銘：『以觀四國。』（經典）釋文：『觀，示也。』」

案：甲骨文有雚（[illegible]）無从見之觀，依卜辭上下文，知彼雚爲觀（察）義（註五）。金文从見之觀才一見（中山王譽壺：「明[illegible]之于壺而旹時[illegible]焉。」），當是戰國時器銘（註六）。雚字則四見，如效卣：「王[illegible]于嘗。」此「雚」，專家多釋爲「觀」（註七）。夫殷甲周金文雖竝未見有从力之勸，或雚作勸勉義者，但尚書西周著成之盤誥篇勸字凡十一見，其中九字是勉義（于氏所舉多方四勸字義——勉于上帝之道、上謹刑，民乃勉於爲善、加之刑懲，民亦勉於爲善、上明德慎罰，民亦能勉爲善行也，在內）。則尚書「觀察」觀、「勸勉」勸，西周初葉未經改寫之器物文獻義有別而字無殊，只作一「雚」字（一若後世圖、鄙二字殊義，金文只作一啚字），後（大概東周以來）「雚」凡有「勉」義者旁加「力」、凡有「察」義者旁加「見」。大誥「民養其勸弗救」及此「割申勸」勸，皆當於「雚」旁加「見」（註八）；但以誤識爲「勉」義，故竟加「力」造成譌字。呂覽「藿水」藿，乃初文，山海經加「見」作成「觀」，太平御覽卷九三九引呂覽作成「灌」——則加「水」之版本也。是觀誤爲勸，因誤加偏旁，非篆隸以下之觀、勸形近致譌也。二字古音（觀*kwân、勸*k'i̯ăn）皆在元部，故于氏曰「聲亦通」，朱氏說文通訓定聲以爲相假借。余謂明是增旁致誤，乃用通假，說既曲繞，又致經義晦昧，不必從也。

此篇及大誥八「寧王」，清吳大澂清卿（一八三五—一九〇二）之前、自西漢末王莽以下，不乏說爲「文王」者，但確指「寧」是「文」之形誤、且舉示器文，肇端自吳氏（註九），而孫詒讓（一八四八—一九〇八）、方濬益（？—一八九九）繼其後。民國以來，眾議以爲定論，詳拙著「尚書寧王寧武寧考前寧人寧人前文人解之衍成及其史的觀察——併考周文武受命稱王」（下簡稱「寧王解衍成」），此只錄早期三家之說，

吳氏說文古籀補自敘：「許氏以壁中書爲古文，疑皆周末七國時所作，言語異聲、文字異形，非復孔子六經之舊簡，雖存篆籀之跡，實多譌僞之形。……百餘年來，古金文字日出不窮，援甲證乙，眞贋犁然。……然則郡國所出鼎彝，許氏實未之見，而魯恭王所得壁經，又皆戰國時詭更變亂之字，至以文考、文王、文人讀爲寍考、寍王、寍人，宜許氏之不獲見古籀眞跡也。」

又字說頁二九「文字說」曰：「書文侯之命『追孝于前文人』，詩江漢『告於文人』毛

傳云：『文人，文德之人也。』濰縣陳壽卿編修介祺所藏兮仲鐘云『其用追孝于皇考已伯，用侃喜前文人』，知『前文人』三字爲周時習見語。乃大誥誤文爲寍，曰『予曷其不于前寍人圖功攸終』、曰『予曷其（敏案：當作敢）不于前寍人攸受休畢』、曰『天亦惟休于前寍人』、曰『率寍人有指疆土』，『前寍人』實『前文人』之誤。葢因古文『文』字有從心者，或作[illegible]或作[illegible]，或又作[illegible][illegible]。壁中古文大誥篇其『文』字必與『寍』字相似，漢儒遂誤釋爲寍。其實大誥乃武王伐殷大誥天下之文，『寍王』即『文王』、『寍考』即『文考』、『民獻有十夫』即武王之『亂臣十人』也。『寍王遺我大寶龜』鄭注：『受命曰寍王。』此不得其解而強爲之說也。既以『寍考』爲『武王』，遂以大誥爲成王之誥。不見古器，不識眞古文，安知『寍』字爲『文』之誤哉？」

又窓齋集古錄總頁三一兮仲鐘釋文：「前文人，見書文侯之命『追孝于前文人』、詩江漢『告於文人』毛傳云：『文人，文德之人也。』書大誥『前寍人』皆當作『前文人』，古[illegible]字有與寍字相類者，漢儒誤釋爲寍也。叔氏鐘云『用喜侃皇考』、此鐘云『用侃喜前文人』，皆追享之詞，即邵鐘『樂我先祖』之意也。」

孫氏尚書駢枝自敍：「……書自經秦火，簡札殽亂，今古文諸大師之所傳，漢博士之所讀，所以隸古定者，或以私肊更易，展轉傳授，舛牾益孳。漆書古文葢多叚借，如……

『文』多作『忞』（原注：古文箸心於「文」中，今所傳鐘鼎款識咸如是。），今絕無『忞』字，而有譌作『寧』者，則因釋爲『安』而存其形似也。」

尚書駢枝頁六大誥：「寧王、寧武，即文王、文武之譌，古鐘鼎款識文皆作忞（即忞字），與寧絕相似，故此經文王、武王皆作寧，後文寧考、寧人亦並文考、文人之誤。」

又頁十八君奭：「君奭云『又曰「天不可信，我道惟寧王德延（原注：王引之从馬融本作「迪惟」，是也，當據校正。）」；天不庸釋于文王受命」』，言有人曰：天命無常、不可信，則我亦惟文王德之延長爲可信也。」

方氏綴遺齋彝器攷釋卷一吳生鐘：「『前文人』即周書大誥君奭等篇之『前寍人』（敏案：尚書周書僅大誥有前寧人，君奭無有，方氏偶失檢），古『文』字作忞或作忞，其緐文則作忞，史喜鼎、君夫敨諸器忞字可證也。漢世尚書出於壁藏，學者罕識古篆，誤以忞爲寍，於是『前文人』之『文』均譌爲『寍』，而『文考』爲『寍考』，『文王』爲『寍王』矣。」

案：吳氏前謂此文王等之文戰國時已譌爲「寍」，後易其說，謂是漢儒誤識，孫氏同其後說；後說得之（詳拙著「寧王解衍成」）。吳氏不及舉君奭「寧王」，孫、方雖及，猶不遑深論，唯三家定「寧王、前寧人」寧爲「文」誤，舉彝銘確鑿，推度其意，亦必以君奭「寧王」爲「文王」之誤也。故民國以來言二篇寧王、前寧人者，咸取正於吳氏，稔成治經學小學之掌故

（亦詳拙著「寧王解衍成」）。

（四）「割申」漢博士讀爲「厥亂」辨形定聲

古文「割申」，漢今文尚書博士讀爲「厥亂」，有清以來學者，始鄭重予以討論，大抵欲循小學途徑，求其端的，茲稽其說於下：

先秦典籍引尚書考頁七七：「若夫博士讀爲『厥亂勸寧王之德』，周與厥、亂與田，形體、聲韻皆相去甚遠，無由通借，亦無從譌亂。蓋漢初轉寫之際，涉上文『厥亂（明）我新造邦』而誤，博士因依譌本爲說。」

案：博士所據本爲尙書（非禮記所引之尙書文，上文已申論），其讀「割申勸寧王之德」七字，祇「割申」爲「厥亂」，餘無殊。求割與厥、申與亂兩兩音際，牟氏、朱氏論其攸關，

同文尚書卷十七：「……鄭讀非也。厥亂當從今博士，觀文當從緇衣。厥之聲誤爲割，割又形誤爲周也。亂當讀爲始，始之聲誤爲申，申又形誤爲田也。觀之形誤爲勸，其証在書尤多。而文王誤爲寧王，則注家誤以意定之也。今據文意，當讀爲『厥始觀文王之德』，言在昔上帝，其始觀見文王之德，其當遲迴審顧，終期降集大命於其躬身也。天之降命不輕易也。於其躬，身也。」

說文通訓定聲卷十三「割」：「……古文尚書作『割申』，……博士或作『厥

亂』，……割、厥亦聲近。」

案：割*kât、厥*kiwăt上古同在祭部，音近得通假。亂*lwân元部、始*śi̯əg之部，音遠固不得相借，但牟氏讀亂爲治如尚書微子篇「亂正四方」，同文尙書卷十一：「說文乙部：『亂，治也。』亂正，微子世家作治正，此爲眞孔古文。」，又讀治爲始君奭「厥亂明我新造邦」，同文尙書卷十七徑改經字亂爲治，進而釋治爲始，曰：「汝乃始明之乎？我是新造之邦，始受天命。」；治*d̑'i̯əg、始*śi̯əg同部音近可借，亂既通治，則亦通始矣。此乃以甲字之訓義——乙字與丙字通，復定甲字亦得借爲丙字。夫若是則九千三百五十三字莫不可通假矣。牟氏亂小學害經義，學者愼勿從誤。牟氏厥訓代詞其——上帝，故結言「在昔上帝，其始觀見文王之德」云云，始觀斯人之德，不應即「降集大命於其躬身」，彼固知己說不可通，乃添增「其當遲迴審顧，終期」諸字，重失經義！

清王引之經義述聞（皇清經解卷一一八三）「厥亂爲民、厥亂勸寧王德」等條：「率，詞也，湯誓『率遏眾力、率割夏邑、有眾率怠弗協』之類是也。字通作亂，梓材『厥亂爲民』，論衡效力篇引作『厥率化民』，……亂者率之借字也。亂字古音在元部，率字古音在術部，而率字得通作亂者，古元術二部音讀相通。……又君奭曰『厥亂明我新造邦』，厥率明我新造邦也；……『割申勸寧王之德』，今博士讀爲『厥亂勸寧王（之）德』，厥亂勸寧王德者，厥率勸寧王德也。雒誥曰『亂爲四輔』，率爲四輔也。又曰『亂爲四方新辟』，率爲四方新辟也。今文尚書立政曰『亂謀面用丕訓德原注：見隸釋漢石經尙書殘碑。』，率謀面用丕訓德也，下文『率惟謀從容德』，文義正相合也。亂與率同，皆語詞而無意

義。」（清皮錫瑞今文尚書攷證卷二二從述聞；清吳汝綸尚書故亦徑謂亂爲語辭、尚書商誼卷二謂亂與率古通借，說詳下引文）

案：率*swət微部，段玉裁六書音韵表十五部，亂元部，段表十四部，但微、元不轉；述聞云二部音讀相通，甚勉強。亂，古文作□（魏石經），敦煌本作□，內野本作□；而率，金文作□、小篆作□，故亂、率形似易淆。梓材「厥亂」亂當作率（詳拙著尚書梓材篇義證，書目季刊八卷四期），故論衡引作率。述聞所舉立政「亂謀」亂，亦當作率，與下文率，竝語辭也，湯誓三率字，前二亦得爲語詞。又「厥亂爲」、「厥亂明」及兩「亂爲四」亂，亦皆率之誤，訓用。併此博士讀爲之「厥亂」亂，固亦率之誤，揆其意亦當訓用，以也。博士謂「其上帝所以勸寧王之德者，將集大命于其躬也」。述聞此「亂」作語詞，而皮、吳從之，皆失解。

拜經日記：「今文尚書讀『割申』爲『厥亂』，則當『在昔上帝厥亂』爲句。厥，其也；亂，治也，言上帝求治之道，勸文王之德，集大命于其身也。」

尚書故（桐城吳先生全書經說二之三）：「博士讀是『厥亂』，猶上經之言『厥亂』，語辭也。廣雅：勸，助也。古文『申、亂』皆從乚，蓋簡策漫滅，各以意讀之。」（吳氏注上經「厥亂明」句，云：「王引之云：亂者率之借字也，率，詞也。」而其子闓生

案：臧氏持反訓亂爲治，言「上帝求治之道」云云三句，文理不順，不待深辨而明，置之可也。

尚書大義頁七九遵之。）

案：厥亂非語詞，已詳上辨。亂，小篆作[glyph]、古文作[glyph]，汗簡作[glyph]或[glyph]，中有[glyph]，吳氏謂是幺；申，金文大體作[glyph]說文古文作[glyph]，當即吳氏以爲幺者。亂、申可能相譌意讀?難言也。吳氏上謂二字相借，此又謂字體漫滅以意屬讀，蓋尚未有定見也。

尚書商誼卷二：「申當爲用字之誤。禮記緇衣注云『割申勸』，今博士讀爲『厥亂勸』。亂與率古通借，梓材『厥亂爲民』，論衡作『厥率爲民』，是也。詩傳云：『率，用也。』上文『厥亂明我新造邦』，即『厥用明我新造邦』也。博士讀爲亂，則古文當爲用可知。申、田皆與用形相近，故譌爲申，又譌爲田。鄭君云『割之言蓋也』，顏注漢書云：『蓋，語辭也。』『厥』亦語辭，割、厥、蓋同音相借。」

案：割*kât、厥kiwăt、蓋kâd音近，可互借，但西周初年「蓋」不作語助用，而博士義「厥」爲「其」：說均已詳上文。用，金文作[glyph]不嬰簋[glyph]尊，形近田（[glyph]卣），得致誤；申，金文有作[glyph]者，形略似用，或可相誤。第謂博士讀爲「厥亂」亂與率通，即亂、率異文，則申、田果係它形誤致之字，當自亂、率求之，不當轉於率之訓詁字——「用」求之。王氏小學迂怪；云「蓋用勸勉寧王之德，其集大命于厥躬」，非經義，亦非漢博士意也。

綜上所論證，厥借爲割，聲近也；亂、申關係，舊說支離，無有可通者。愚謂：亂，率之誤字（已詳上文）。今文尚書本原作「申」，博士讀爲「率」，疑亦聲近致借也。何則?率

*swət微部，申*sjen眞部，先秦雖不可通假，但吾人可於漢人口音求解。若漢博士口讀果爲當時音，則割、厥皆屬漢韻祭部，一如先秦，可通無變。先秦眞部、文部，至兩漢合爲眞部，則申、先秦兩漢皆在眞部。先秦脂部、微部，至兩漢合爲脂部，則率、先秦原在微部，兩漢則屬脂部。先秦脂部與眞部可陰陽對轉，微部與文部可陰陽對轉，但當時申在眞部、率在微部，故不得對轉；至兩漢，先秦之脂、微兩部合爲脂部，而先秦之眞、文兩部合爲眞部，則此時在脂部之「率」自得與在眞部之「申」通假矣（註一〇）。借「厥率」爲「割申」訓「其用」（用，以也，所以也），斯博士之說而鄭玄注禮述之者也。

二　比讀前後文義篇

（一）呂夏袁金朱五家說之啓發

自開卷至此，凡所引述眾說，抒發己意，議論多般，要在字形相淆、音讀通假，雖設定該句經文爲「害申觀文王之德」，第此句確義、與上下文關係、天屢察文王及文王以德受命諸節，未遑詳言，下將從檢校篇文、甄尋文王事迹，證成向之設定。

說大誥寧王爲文王，自王莽大誥始；以大誥及此寧王爲文王，初見鄭玄說，惟時以寧王兼指文武；至宋有指寧王專爲武王者，如蘇軾（東坡書傳）、葉夢得（蔡沈書經集傳引）、林之

奇（尚書全解）等。後人雖多因承前說，但克知檢點篇文，勘校上下，究二王事迹，用決取舍者，才得五家焉，

宋呂祖謙（一一三七—一一八一）東萊書說：「……上帝之相文王，……申重勸勉以日新其德，以集大命於其躬，……文王既集大命，則任天下之責，故其心庶幾能修和於諸夏，以盡其職分。……所謂修和，蓋本於割申勸以修己之和，推而放之於諸夏也。……文王之所以內進厥德，外和有夏，合內外之道者，蓋亦有賢哲之輔焉。虢叔、閎夭、散宜生、泰顛、南宮括，是五臣者，皆胥附先後以輔文王，可謂盛矣。文王猶慊然未足，……自視蔑有少德降于國人；賢已眾而視之若寡，德已盛而視之若無。……文王既不已如此，亦惟五臣者純一佐佑，秉德不移，蹈履至到，實知天威，以顯其君，而受殷命，故曰『乃惟時昭文王，迪見冒聞于上帝，惟時受有殷命哉』！」

夏僎尚書詳解卷二一：「甯王謂武王，今以此篇觀之，則甯王乃兼文、武也。周公欲詳言文、武得人之事所，先總說謂在昔皇天上帝斷然申勸文、武之德，而使莫大之命集于其躬。其意蓋謂天以大命集于文、武者，以文、武得人之助，故天以是而申勸之也。……蓋以是勸文王又以是勸武王，故謂之申勸，如詩（大雅大明序）言『文王有聖德，故天復命武王』者，即申勸之謂也。周公上既總說大意，下乃詳言謂惟文王之興所以庶幾能修治燮和我所有之諸夏者，亦惟有如虢叔（閎夭、散宜生、泰顛、南宮括）

者，以文王能修和有夏，皆由得此五人之用也。……又反前意而言曰：若此五者不能爲文王往來奔走於此，導迪其常教，則文王亦無德降及于國人。……又正言：……。謂……五人……乃明文王道迪之，使其德著見于上而覆冒于下，遂能聞于上天，惟是之故，遂能受有殷之天命。」

袁燮（一一四四—一二二四）絜齋家塾書鈔卷十二：「割喪殷家而申勸寧王之德。寧王通文、武而言，文王一怒而安天下之民，武王亦一怒而安天下之民，皆安天下之王也。」

書經注卷十：「此……舉文王五臣歷相武王以勉召公也。……寧王，武王也。……周公謂：前日上帝曷爲而申勸武王之德、集大命於其身？蓋惟文王能修和諸夏，亦惟有虢叔等五人者助之。向無五人爲之往來宣導彝教，則文王豈能自使治化下達國人？亦惟五人純一佑助，秉持其德，實知天理之可畏，乃惟昭明文王以迪導其德，見冒於民，升聞于天，惟時文王已受有殷命。至武王時，虢叔死矣，四臣者尚在祿位，後暨武王共伐商受，又昭武王之德，以冒於天下，而天下盡頌武王之德。是則武王之興，亦賴文王之德與世德之臣也。」（尚書表注卷下義同，已見前引）

尚書古注便讀卷四中：「申，猶緟也。勸，勉也。寧王，武王也。……按：此節爲倒敘之文。下文『武王惟茲四人，尚迪有祿』，即天之壽此賢聖，既勉文王之德，又重勉武王之德也。下文『後暨武王誕將天威，咸劉厥敵』，即所謂『集大命于其躬』也。」

案：朱氏「便讀」勘校前後文，以爲：此一大段，是後文——「文王尚克」至「丕單稱德」闡明前文——「在昔」至「厥躬」者。後文「武王尚迪」二句，乃天壽耇茲閎夭等四臣，使重再勸勉寧王（武王）之德；而虢叔等五臣則先已「勉文王進建功業」（即後文「文王尚克」至「受有殷命」一段旨要）矣。後文「後暨咸劉」二句，正說明天「集大命于厥（指寧王之，即武王之）躬」。於是前「集大命」是天命寧王（武王），後「受有殷命」則另是文王受殷命：前寧王（武王）、後文王判然二人。夫上言降命，授之武王矣，下言受命，受者竟乃文王，天一命耳，降與子者也，而父先已受之，成何體統耶？又悍然將述武王事功之經文（即「武王惟茲」至「丕單稱德」所列）併入前文作爲闡敍「割申」二句者，令周公之口先美子武王後乃及父文王，泯亂彝倫。凡此曲說，皆緣固執舊說寧王爲武王，故不惜遷之就之也。

又案：夏袁兩氏通度經文前後，知「惟文王」至「殷命哉」確述文王事實，而「武王惟茲」至「丕單稱德」則明言武王殲商，屹然竝不可移；第又狃於「寧」訓「安」及鄭玄寧王兼文武說，故亦曲解本經以從。夫孟子（梁惠王下）言武王一怒安天下謂殲劉戎殷，意不及受命暨王德，與本經言「勸德」、「集命」不合，是袁說非也。謂「勸寧王德」、「集大命」是總說文武，下則依次分別詳說文王（至「殷命哉」止）、武王（「武王惟」至「單稱德」）。夷考「申勸」云者，重再勸勉一王，二之非也；「集命厥躬」，授命與一人之身而已，且所謂分別詳說部分，但反覆宣明文王以德受天命，而絕不及武王以德膺天命情事，則夏說雖巧，乃亦非也。

三案：金氏以爲：首揭示武王受命，尾乃言其伐商，遙相承應；中間夾述文王德命及其五賢臣佐國，因「武王之興，亦賴文王之德與世德之臣」，故先置於尾文之前也。周誥敍事，無此文理。且尾文「至武王時」以下，單言子發事迹，不唯與首文「申勸寧王」漠不相干，即輔相大臣已非盡「文王五臣」。金說失之。

四案：呂氏貫穿全段（止「殷命哉」），以勸德、天命授受爲眉目，謂下文王「修和」即本諸上「割申勸」以修己；謂文王克成其盛德者，亦有五臣弼輔之功；而天所以集命於寧王（文王）、文王終受殷命者，皆賴其謹德與賢哲襄贊之力。彼呂氏勘察上下文，知下文王即上寧王，皆指姬昌，此事良是也。

（二）通考君奭全篇證「寧王」即「文王」兩兩相照

余通觀此篇周公告召公全文：首言天命靡常，道善則得之，不善則失之矣。次言前人具有恭明德，今我所當務者，惟將寧王之德延傳于沖子——成王，則天將不棄文王所受之命：前人、寧王、文王同指一人——文王姬昌是也（參看拙著「寧王解衍成」）。其次先舉殷五王得賢臣舊人匡弼而獲天休。既而言天以文王具美德故授之命，乃亦因五賢輔相，故其德惠降施於國人，受有殷命；上「寧王之德」，即下「文王修和西土」（協和庶邦之德）及「文王德降施」，則下三言「文王」事迹，即用申詳上「寧王」以德受命者，故「寧王」必「文王」之誤。更下小段（「哉（才、在）」連下爲句），乃專述武王得四老臣襄助，奉天命誅商，實行其美德，與上大段釐然爲二，則上之「寧王」斷非此之「武王」，而乃「文王」之誤，灼然無可疑也。簡述武王事既已，漸次導入時王——成王朝政情。周公述自昔殷王與賢良、而周文王與五股肱、而武王與四舊臣，而己與召奭刻正夾輔之成王，脈絡屬貫，陳事清晰；若如舊清人說，謂公述武王（寧王）置於文王之前，而述文王事既畢，又及武王，失卻條理矣。

三　考甄文王事實以斷案篇

（一）計文王以盛德受命知「天觀文王德」始授之命

文獻盛稱文王昌之德，罕言武王發之德；極頌父昌以德受天命——與此君奭篇所屢揭者同，而止言子發以兵受天命——又與此君奭篇所示者契，然則此篇「割申勸寧王」寧王決是文王昌矣，茲剋就此事疏證如下：

文王之德，歸納文獻稱載，約有十六目，曰懿、敬、恤惠鰥寡、保民、協和、任人、則天、揆理、教、順、服善、納諫、酒、政、刑、勤德（詳拙著「寧王解衍成」），引要簡論如尚書無逸：「文王……徽柔懿恭，懷保小民，惠鮮鰥寡。……咸和萬民。」——懿、敬、保民、恤惠、協和德。

又梓材周公戒成王曰：「今王惟曰，先王既勤用明德，懷爲夾，庶邦享作，兄弟方來；亦既用明德，后式典集，庶邦丕享。」——明德。先王謂文王。

論語泰伯孔子曰：「三分天下有其二，以服事殷，周之德可謂至德也已矣。」——德。謂文王之盛德。

周易繫辭下：「易之興也，其當殷之末世、周之盛德邪？當文王與紂之事邪？」——盛德。

逸周書大匡武王告弟管叔曰：「嗚呼！在昔文考戰戰，惟時祇祇。」（孔晁注：「文王唯敬是道。」）——敬德。

淮南子道應：「文王砥德脩政，三年而天下二垂歸之。」——德，亦謂文王之盛德，同上論語泰伯孔子曰。

下：

文王以德受天命，引要簡論如下：

尚書康誥武王誥其弟康叔曰：「惟乃丕顯考文王，克明德愼罰，不敢侮鰥寡，庸庸、祇祇、威威、顯民。……惟時怙，冒聞于上帝，帝休。天乃大命文王殪戎殷，誕受厥命。」文王以明、刑、惠恤、勤、敬諸德受天命。

尚書酒誥：「文王誥教小子、有正、有事，無彝酒。越庶國飲，惟祀，德將，無醉。……我西土棐徂邦君、御事、小子，尚克用文王教，故我至于今，克受殷之命。」——以酒德受命。

詩大雅文王：「穆穆文王，於緝熙敬止。……商之孫子，其麗不億。上帝既命，侯于周服。」——以敬德受命。

又皇矣：「維此王季（敏案：王季，文王之誤。），帝度其心，貊其德音。其德克明，克明克類，克長克君。王此大邦，克順克比。比于文王，其德靡悔。既受帝祉，施于孫子。」——以明、勤、教、刑、順、服善諸德受命。

毛公鼎宣王曰：天以文王德乃授之命（詳下引）。

墨子天志中：「詩（皇矣）道之曰『帝謂文王：……不識不知，順帝之則』。帝善其順法則也，故舉殷以賞之，使貴爲天子，富有天下。」——以則天之德受命。

淮南子繆稱：「文王聞善如不及，宿不善如不詳，非爲日不足也，其憂尋推之也。故詩曰：『周雖舊邦，其命惟新。』」——以服善德受命也。

文獻稱武王德，僅五見，悉陳於下：

尚書君奭：「惟茲四人昭武王，惟冒，丕單稱德。」

又立政周公言文王不干預獄訟——有刑德，既已，乃又曰：「亦越武王，率惟敉功，不敢替厥義德；率惟謀從容（睿）德，以竝受此丕丕基。」

毛公鼎：「（宣）王若曰：『父厝，丕顯文武，皇天弘猒氒德，配我有周，雁(膺)受大命。』」（近人郭沫若兩周金文辭大系釋文頁一三五）

尚書文侯之命平王曰：「丕顯文武，克愼明德。」

案：言子武王有刑德、明德、以德受天命，皆上連父文王竝予稱美，蓋裔孫推尊顯祖文武，有時不便獨遺武王，非武果有是德也；且文王修德動天人，武王「丕(乃)單(大)稱(行)德」於民者，以四臣勖相，非若文王德自具又得五臣昭亮因以降諸國人也。

（二）書(它篇)詩銘記子史與傳注載天申觀文王德、集命于文王

漢今文古尚書竝作「勸（寧王）」，而禮緇衣引作「觀（文王）」。依引作「觀」，或謂形誤、或未言依違之故者，前述雖有王夫之、牟庭、朱駿聲（載或曰）、吳闓生（雖引詩皇矣，但說甚支離）、于省吾、曾運乾、楊筠如、高本漢及屈師翼鵬，但別據文獻，明皇天屢屢觀察文王之德，方始集大命于文王者則尚無有也。

夫詩義通書，語文王受命，天先觀其德者，大明、皇矣二篇最為昭灼，經師亦津津樂道，

大雅大明：「明明在下，赫赫在上。天難忱斯，不易維王。天立殷適，使不挾四方。大任有身，生此文王。維此文王，小心翼翼，昭事上帝，聿懷多福。厥德不回，以受方國。天監在下，有命既集。」

毛傳：「明明，察也；文王之德，明明於下，故赫赫然著見於天。」「天難」四句，謂天命靡常，使殷紂教令不克行於天下，而周文王於是以德受國。監：象人張目臨于水器上照容之形（金文頌鼎作[illegible]）；說文：「監，臨下也。」視也（詩小雅節南山「何用不監」毛傳）；合而有居高監觀下物之意，尚書微子：「（天）降監殷民。」僞孔傳：「（天）下視殷民。」集：鳥在木上（金文毛公鼎作[illegible]）；小篆作[illegible]，羣鳥在木上。鳥就木上曰集，故集訓就（廣雅釋詁三及此詩毛傳），尚書覈詁卷四：「集，詩葛覃『集于灌木』，毛傳：止也。謂飛而止於其上也。」尚書集釋頁二〇八：「集，說文『羣鳥在木上也』，即今落在……上之意。」鳥之將下也，必「翔而後集」（論語鄉黨），何晏集解：「周（氏）曰：迴翔審觀而後下止。」是此「天監命集」二句，謂天臨下屢觀文王之德，然後就而命之也。僞古文尚書太甲上陰襲之以說成湯受命以德，云：「先王顧諟天之明命……天監厥德，用集大命，撫綏萬方。」（僞孔傳：「監，視也；天視湯德，集王命於其身，撫安天下。」）大義竝與「割申觀文王之德，其集大命于厥躬」同，日人竹添光鴻援以發揮，尚克切要，錄以廣斯義焉，

毛詩會箋卷十六：「天命必有所厭，後有所集。以六百年之商，將欲改其命而新之，非

監觀之久，而眷顧之深，固不輕集。凡鳥止謂集，必審擇之定，所謂『翔而後集』也，君奭曰：『其集大命于厥躬』。」（大雅大明「天監在下，有命既集」）

天授命文王，用辭作「集命」，余另檢得三事，論之以證暢本篇「集命」義，

尚書顧命：「昔君文、武，宣重光，奠麗陳教則肄；肄不違，用克達殷集大命。」

毛公鼎：「（宣）王若曰：『父厝，不顯文、武，……雁膺受大命。……唯天𡕪將集乓命，亦唯先正𧠳襄辥乂乓辟。……』」

尚書文侯之命周平王命晉文侯曰：「丕顯文、武，克愼明德，昭升于上，敷聞在下，惟時上帝集厥命于文王。」

案：毛公鼎「將」，讀爲尚書盤庚「將多于前功」及詩鄭風「將仲子」將，語辭也。「天集厥命」即文侯之命「上帝集厥命」。撻（達）殷集大命，謂伐殷就受天命。周人子孫追述先祖，往往文武連稱，其實受天命始建周國者文王（詳參上文及拙著「寧王解衍成」），故此平王上言文武有明德（其實武王並無明德，說已詳上），及言集命則但歸文王（註一一），宋、元人說良是，

宋孫氏曰：「周家之業，集於文王、定於武王，故集命自以文王言，明德則文武兼言。」（元王天與尚書纂傳卷四四引，纂傳元世祖至元二十五年戊子著成）

元吳澄書纂言卷四：「周家之命，集于文王、定于武王，故集命則以文王言，明德則兼

文武言之。」

眷（說文：「顧也，從目𢍏聲。」）、顧（說文：「還視也，从頁。」頁（𦣻），象人面目。段注說文：「檜風箋云『迴首曰顧』，析言之爲凡『視』之偁。」）與監、觀一皆察視義。四字，詩同篇錯出，表示天監下民，卒授命文王，

大雅皇矣：「皇矣上帝，臨下有赫，監觀四方，求民之莫。維此二國，其政不獲，維彼四國，爰究爰度。上帝耆之，憎其式廓。乃眷西顧，此維與宅。……帝遷明德，串夷載路。天立厥配，受命既固。」（小序：「皇矣，美周也。天監代殷，莫若周；周世世脩德，莫若文王。」）

經與小序鄭箋：

天視四方，可以代殷王天下者，維有周爾；世世脩行道德，維有文王盛爾。……天之視天下，赫然甚明；以殷紂之暴亂，乃監察天下之眾國，求民之定，謂所歸就也。……天……乃眷然運視西顧，見文王之德而與之居，言天意常在文正（王之誤）所。……天既顧文王，又爲之生賢妃，……其受命之道已堅固也。

漢人引此詩者三氏，咸以天西顧文王，去殷而與之居也，

淮南子氾論訓：「詩云『乃眷西顧，此惟與宅』，言去殷而遷于周也。」（漢高誘注：「文王國于岐周在西，天乃眷然顧西上（土之誤）；此唯居周，言我宅也。」）

漢書郊祀志五下載匡衡、張譚奏議曰：「詩（周頌敬之篇）曰：『……陟降厥士，日監在茲』，言天之日監王者之處也；又曰『乃眷西顧，此維予宅』，言天以文王之都爲居也。」

又谷永傳永對問曰：「（歷數紂罪，）（紂）終不改寤，惡洽變備，（天）不復譴告，更命有德，詩云『乃眷西顧，此惟予宅』。（唐顏師古注：「言天以殷紂爲惡不變，乃眷然西顧，見文王之德，而與之宅居也。」）夫去惡奪弱，遷命賢聖，天地之常經，百王之所同也。」（敏案：賢聖，謂文王；上更命有德，即此遷命賢聖也。）

清人解此詩者三家，亦同時推明此義，

陳啓源毛詩稽古編（皇清經解卷七七）：「（鄭玄、匡衡）皆以爲天居之，下章『帝遷（明德）』，即此義、遷而就文王與之居也。……始則顧之，既而宅之，語意相應。……言『與宅』，不言何所宅，正連上『西顧』爲文，謂宅西也。」

胡承珙毛詩後箋卷二三：「紂……肆其暴虐，上帝於是惡之，憎其殘害下民，乃眷然回視西顧，見文王之德而與之居，言天去殷而歸就文王也。」

陳奐詩毛氏傳疏卷二三：「四國，即天監之四方。西顧、顧西土者，康誥云『我西土，惟時怙，冒聞于上帝，帝休，天乃大命文王』，即其義也。……西土有安居下民之道，故天眷而與之。」

陳碩甫引書證詩誼，夫詩、書竝及天眷文王，可相發明，書多方篇「顧天」唐正義申之用明詩旨云：

顧，謂迴視有聖德者，天迴視之，詩所謂「乃眷西顧，此惟與宅」，與彼「顧」同，言天顧文王而與之居，即此意也。

案：天將降命文王建國西土以代殷紂，先察視其德，至于再三，詩雅明文，彝銘參驗，六書字義，與夫秦漢晉唐宋清近人推論，及書、詩所言，若合符契，則君奭三句之「勸」當依緇衣作「觀」奚疑？

總結論

至此，尚書君奭篇此三句經文當正作

在昔，上帝害申觀文王之德？其集大命于厥躬（註一一）。

上「害申」句周公自設問辭，下「其集」句，周公自作答辭。乃從來尚書家多作直述句譯解，僅金履祥、于省吾、曾運乾三氏解作疑、答句，奈何不免疵病，

金氏書經注卷十：「上帝曷為而申勸武王之德、集大命於其身？蓋惟文王能修和諸夏，亦惟有虢叔等五人者助之。」

又尚書表注卷下：「言上帝何為而申勸武王之德、集大命于其身哉？惟文王能和諸夏，

亦惟有虢叔等五臣助之。」

案：武王當易作文王。金氏合前兩句共以爲疑詞，「惟文王」以下爲答語；但後答不克對應前問，即答非所問。經文「其集大命」其字，將然之辭（註一三），金氏竟略去不釋，若予補足此「其」字併釋，則「其集大命于厥躬」非作答句以稱應上「曷爲」句不可。

曾氏尚書正讀卷五：「……文意言：……上帝曷其申勸文王之德、集大命于其躬乎——問辭；惟文王尚克修和我有夏——答辭。」

案：勸宜易作觀。曾氏亦合「曷其、集命」共爲疑辭，第將「其集大命」「其」字上移「曷」下聯爲「曷其（其音箕）」；曷其，疑問語助詞（尙書微子「顚隮若之何其？」是）。則「其」字未解，猶金氏也。答非所問，誤亦如金氏。

于氏雙劍誃尚書新證卷三：「申，……實乃由之譌；……由，以也。上帝曷以觀文王之德？乃集大命于其躬。」

案：由當易作申，申訓「再三」。其，經傳釋詞訓乃，于氏因之。夫「乃」，有繼之詞也，尙書常義爲「於是乎就……」（「丕乃、丕則」、「否則」同）。「於是集大命于文王」，持以對應上句發問，不協，周公之語安得如此支離？于氏誤甚！

三句正譯，當爲

在昔，上帝何爲再三觀察文王之德行？由於將降授滅殷立周之命于其身也。

附註

一　阮元禮記校勘記：「今博士讀爲『厥亂勸寧王之德』，閩、監、毛本、岳本、嘉靖本同；段玉裁校云：『宋監本無「之」字。』」段氏古文尚書撰異：「厥亂勸寧王之德，傳是樓所藏宋本禮記——岳珂所謂舊監本也——作『厥亂勸寧王德』，無『之』字。」案：今古文各本尚書此句皆有「之」字（唯敦煌本尚書伯字二七四八脫「之」字），漢博士所據本亦當有「之」字，舊監鄭注禮記本脫字。

二　阮元禮記校勘記：「禮尚書猶爲割，閩、監、毛本作禮，浦鏜校云：『禮，當孔字之誤。』」案：此本禮作礼，與孔字形相近。」敏案：此禮記緇衣篇引尚書君奭作周不作割，孔尚書——謂（僞）孔安國本尚書——正作割、僞孔傳訓「割制其義」如此緇衣孔疏所稱述同。則「禮尚書」當作「孔尚書」，浦、阮校是。

三　詳拙著尚書呂刑篇之著成，清華學報新十五卷一、二期合刊，民國七十二年十二月。

四　余曩撰「金履祥和他的遺著（下）」（書和人第九十期，民國五十七年八月十日）、尚書君奭篇義證（國立編譯館館刊五卷一期，民國六十五年六月），均曾討論金氏此說。

五　據李師陸琦甲骨文字集釋卷四萑、雚及卷八觀字下。

六　見張政烺中山王譽壺及鼎銘考釋，載古文字研究第一輯。

七　清方濬益綴遺齋彝器攷釋卷十二：「疑雚當釋觀，嘗爲地名。」近人楊樹達積微居金文說卷四效卣跋從之。郭沫若兩周金文辭大系釋文頁一〇二孝王時器：「雚殆觀省，又疑叚爲館，嘗當是地名。」

八　大誥勸爲觀誤，參看拙著尚書大誥義證，國立編譯館館刊四卷一期，民國六十四年六月。

九　鄭玄禮注曰「古文——寧王——似近之」，而下文曰「言文王有誠信之德」，是以「寧、文」字皆不誤，因文王「受命曰寧王，承平曰平王」，故君奭寧王乃文王（詩何彼襛矣正義引鄭尚書大誥注）。孔穎達禮疏謂緇衣作「文」、君奭作「寧」者，「義相涉也」，非關字體正誤，旨同鄭注。牟庭生卒皆甚早於吳大澂，其同文尚書卷十七君奭：「文王誤爲寧王，則注家誤以意定之也。」謂鄭孔等注家意文王爲受命安天下之王，故定爲寧王，固亦不以寧形誤爲文也。

一〇　先秦微部與文部及脂部與眞部對轉，見董同龢先生漢語音韻學頁二六〇。先秦與兩漢韻部演變，見羅常培等漢魏晉南北朝韻部演變研究頁十三比較表，又羅氏此書頁三十曰：「我們再從陰陽對轉的關係來看，……詩經音脂、微兩部的陽聲韻——眞、文兩部，在兩漢時期也是合爲一部的；結果，陰陽入三聲的演變完全一致：脂微質術眞文。」

一一　尚書故（桐城吳先生全書經說二之三）：「集厥命於文王，史記（晉世家）文王作文、武。（吳）汝綸案：此承『丕顯文、武』爲文，當依史記；作『文王』者誤字也。」此司馬遷誤解前後文臆改，吳說失之。前文連言文武，後文單言文王，它例如尚書立政周公告成王曰：「亦越文王、武王，克知三有宅心，灼見三有俊心，以敬事上帝，立民長伯。……文王惟克厥宅心，乃克立茲常事司牧人，以克俊有德。……自古、商人，亦越我周文王立政：立事、牧夫、準人，則克宅之，克由繹之，茲乃俾乂國。」融堂書解卷十七曰：「周家立政用人，實自文王始，所以此書推原文王者最詳。前『克知、灼見』一節，雖總論文、武，至于『克厥宅心、以克俊有德』，以至『罔兼、罔知』，以至『文子文孫』，以至『克由繹、覲耿光』，皆以文王爲言。」或謂「武王」乃衍文，徑刪立政經文，同文尙書卷十八：「『武王』二字誤衍，以經文考之，武王不自立官政，故下經曰『文王惟克厥宅心』，又曰『文王罔攸（攸）兼於庶言』，又曰『文王罔敢知於茲』：俱不兼武王言之也，明此經無『武王』也。下經又曰『亦越武王』，『亦越』是更端之辭，惟此經無『武王』，下經更端及之而云『亦越』也。下經又曰『自古商人，亦越我周文王立政』，亦不兼言武王，此武王不立官政之明驗也。武王不立官政，則此經不得有『武王』矣；蓋傳寫衍字，當刪去。」繹迹經文上下，明武王不立官政，甚付心力。

一二　「厥躬」躬，敦煌本伯字二七四八、內野本竝作身，字義相通。

一三　「其」作「將」義，周易否卦九五：「其亡其亡。」尙書堯典：「我其試哉！」金縢：「我其爲王穆卜。」大誥：「今天其相民。」洛誥：「茲予其明農哉！」詩唐風蟋蟀：「日月其除。」（其它經典見者甚多，不煩更舉）。

引用書要目

尚書注疏，僞孔安國傳，唐孔穎達疏，清嘉慶二十年江西南昌府學重栞宋本尚書注疏本。

東坡書傳，宋蘇軾，學津討原本。

書古文訓，宋薛季宣，通志堂經解本。

增修東萊書說，宋呂祖謙，宋時瀾修定，通志堂經解本。

尚書詳解，宋夏僎，清武英殿聚珍版叢書本。

絜齋家塾書鈔，宋袁燮，商務印書館影印四庫全書珍本初集本。

書經集傳，宋蔡沈，臺北世界書局影印五經讀本本。

書疑，宋王柏，通志堂經解本。

書經注，元金履祥，十萬卷樓叢書本。

尚書表注，元金履祥，通志堂經解本。

尚書纂傳，元王天與，通志堂經解本。

書纂言，元吳澄，通志堂經解本。

書蔡氏傳纂疏，元陳櫟，通志堂經解本。

古文尚書撰異，清段玉裁，皇清經解本。

同文尚書，清牟庭，齊魯書社影印山左先喆遺書本。

尚書古注便讀，清朱駿聲，臺北廣文書局據民國二十四年成都華西協合大學活字本影印本。

尚書駢枝，清孫詒讓，鉛印本。

今文尚書經說攷，清陳喬樅，皇清經解續編本。

尚書故，清吳汝綸，桐城吳先生全書本。

今文尚書攷證，清皮錫瑞，臺北藝文印書館影印本。

尚書大義，民國吳闓生，臺北中華書局民國五十九年影印本。

尚書商誼，清王樹枏，陶廬叢刻本。

雙劍誃尚書新證，民國于省吾，臺北藝文印書館影印本。

尚書正讀，民國曾運乾，臺北宏業書局影印本。

尚書覈詁，民國楊筠如，北強學社鉛排本。

尚書集釋，民國屈萬里，臺北聯經出版公司民國七十二年排印本。

書經注釋，瑞典高本漢，民國陳舜政譯，中華叢書民國五十九年排印本。

先秦典籍引尚書考，民國許錟輝，打字影印本。

尚書大誥義證，民國程元敏，國立編譯館館刊四卷一期，民國六十四年六月。

尚書康誥義證，民國程元敏，國立編譯館館刊四卷一期，民國六十四年六月。

尚書君奭篇義證，民國程元敏，國立編譯館館刊五卷一期，民國六十五年六月。

尚書梓材篇義證，民國程元敏，書目季刊八卷四期，民國六十四年三月。

尚書呂刑篇之著成，民國程元敏，清華學報新十五卷一、二期合刊，民國七十二年十二月。

尚書寧王寧武寧考前寧人寧人前文人解之衍成及其史的觀察——併考周文武受命稱王，民國程元敏，手稿本。

詩經注疏，漢毛公傳、鄭玄箋，唐孔穎達疏，清嘉慶二十年江西南昌府學重栞宋本詩經注疏本。

毛詩稽古編，清陳啓源，皇清經解本。

毛詩後箋，清胡承珙，皇清經解續編本。

詩毛氏傳疏，清陳奐，皇清經解續編本。

毛詩會箋，日竹添光鴻，臺北大通書局影印本。

周禮漢讀考，清段玉裁，皇清經解本。

禮記注疏，漢鄭玄注，唐孔穎達疏，清嘉慶二十年江西南昌府學重栞宋本禮記注疏本。

禮記章句，清王夫之，中國船山學會等影印船山遺書全集本。

禮記補注，清李調元，函海本。
禮記鄭讀考，清俞樾，皇清經解續編本。
大小戴記選注，民國王夢鷗，臺北正中書局民國六十年鉛排本。
論語注疏，魏何晏集解，宋邢昺疏，清嘉慶二十年江西南昌府學重栞宋本論語注疏本。
經典釋文，唐陸德明，通志堂經解本。
經義述聞，清王引之，皇清經解本。
經傳釋詞，清王引之，皇清經解本。
五經異義疏證，清陳壽祺，皇清經解本。
拜經日記，清臧庸，皇清經解本。
玉篇，南朝梁顧野王，四部叢刊本。
說文解字注，清段玉裁，臺北藝文印書館影印經韵樓刻本。
說文古籀補，清吳大澂，清光緒刊本。
說文通訓定聲，清朱駿聲，臺北京華書局影印本。
字說，清吳大澂，臺北藝文印書館影印清光緒十九年思賢講舍重刊本。
上古音韵表稿，民國董同龢，臺北台聯國風出版社排印本。
漢魏晉南北朝韻部演變研究，民國羅常培等，大陸鉛排本。

逸周書，皇清經解朱右曾集訓校釋本。
史記，漢司馬遷，臺北藝文印書館影印日本瀧川資言會注考證本。
漢書，漢班固，臺北藝文印書館影印長沙王氏虛受堂校刊本。
漢藝文志考證，宋王應麟，臺灣開明書店二十五史補編本。
後漢藝文志，清姚振宗，臺灣開明書店二十五史補編本。
汗簡箋正，五代郭忠恕，清鄭珍箋正，臺北廣文書局影印光緒十五年廣雅書局刻本。
嘯堂集古錄，宋王俅，臺北信誼書局影印本。
愙齋集古錄，清吳大澂，臺北台聯國風出版社影印本。
綴遺齋彝器攷釋，清方濬益，臺北台聯國風出版社影印本。
金文編金文續編，民國容庚，臺北洪氏出版社影印本。
積微居金文說，民國楊樹達，臺灣大通書局影印本。
兩周金文辭大系，民國郭沫若，臺灣大通書局影印本。
甲骨文字集釋，民國李孝定，中央研究院歷史語言研究所專刊（民國五十九年十月）。
金文詁林、金文詁林補，民國周法高，香港中文大學影印本、中央研究院歷史語言研究所影印本。
中山王譽壺及鼎銘考釋，民國張政烺，古文字研究第一輯。

何尊與周初的年代，民國嚴一萍，董作賓先生逝世十四周年紀念刊，民國六十七年三月。

墨子，周墨翟，臺北世界書局諸子集成本。

淮南子，漢劉安，臺北世界書局諸子集成本。

項氏家說，宋項安世，清文淵閣四庫全書本。

金履祥和他的遺著（下），民國程元敏，國語日報書和人第九十期，民國五十七年八月十日。

原載臺大中文學報第三期，民國七十八年十二月

十　多方義證　附文一篇

題解

多，眾也；方，國也。古稱「國」曰「方」，如周易既濟九三之「鬼方」、詩經大雅常武之「徐方」及韓奕之「不庭方」，而此義甲骨文中尤其習見，如稱「羌方」、「尸方」及「鬼方」等。此篇有「猷，告爾四國多方」，因取以命篇。審其所告對象，除四國多方外，更有殷侯尹民。

書序曰：「成王歸自奄，在宗周，誥庶邦，作多方。」序蓋據經文「惟五月丁亥，王來自奄，至于宗周」及「告爾四國多方」爲言。雖不言成王歸至宗周發誥之年歲，然觀其次篇于召誥、洛誥、多士、無逸、君奭之後，知序以爲此成王營洛親政後作。史記承其說，周本紀述營洛作召洛二誥之後，曰：「召公爲保，周公爲師，東伐淮夷殘奄，遷其君薄姑。成王自奄歸，在宗周，作多方。」是謂成王及周、召二公同軍伐淮夷，踐（殘義同）奄，當成王七年致政之後。

奄，在今山東曲阜，周公攝政初，嘗與淮夷從武庚叛，尚書大傳曰：「武王死，成王幼，周公盛養成王，使召公奭爲傅，周公身居位，聽天下爲政，管叔疑周公，流言于國曰：『公將不利于王。』奄君、薄姑謂祿父曰：『武王死矣，今王尚幼矣，周公見疑矣，此世之將亂也。』然後祿父及三監叛也，周公以成王之命殺祿父，遂踐奄。踐之云者，謂殺其身，執其家，儲其宮。」（見尚書大傳輯校卷二頁十八引）大傳另一條，則明言踐奄之年歲，曰：「周公攝政：一年救亂，二年克殷，三年踐奄。」（見尚書大傳輯校卷二頁二七）至淮夷同叛，大誥篇書序曰：「武王崩，三監及淮夷叛，……。」

大傳雖謂周公攝政三年嘗踐奄，然未明言本篇「王來自奄」即三年踐奄回歸宗周之事，詩經毛傳亦然，豳風破斧「周公東征，四國是皇」下曰：「四國，管、蔡、商、奄也。」（註）惟鄭玄確指此「王來自奄」爲周公居攝時代管、蔡、踐奄歸宗周，曰：「奄國在淮夷之傍，周公居攝之時亦叛，王與周公征之，三年滅之，自此而來歸。」亦叛，謂奄人、淮夷與管、蔡等皆叛；居攝之時征之，明謂成王三年征之也。鄭說見詩豳風譜疏引其多方篇「惟五月」云云注。復檢鄭君成王政篇序注曰：「謂此伐淮夷與踐奄是攝政三年伐管、蔡時事，其編篇於此，即云未聞。」（書疏引）案：書成王政序曰：「成王東伐淮夷，遂踐奄。」其次將蒲姑序曰：「成王既踐奄，將遷其居於蒲姑，周公告召公，作將蒲姑。」再次則本篇。三篇皆編于召誥、洛誥、多士、無逸、君奭、蔡仲之命篇之後，盡皆成王三年事，不應編列于召、洛二誥之下，故曰「未聞」，謂不知書序編列之理由也。江聲曰：「成王政、將蒲姑、多方、周官之敘事相承，當在一年之內，鄭于成王政敘注云：……。又鄭志趙商問『成王周官是攝政三年伐管蔡時事』，此鄭誼也。然則鄭注成王政序所云，是最括成王政、將蒲姑、多方、周官四篇言之也。」（尚書集注音疏，皇清經解卷三九七頁二三—二四。）

大傳及鄭玄說，僞孔傳不信（說詳下）。至宋胡宏，因察多士當在多方篇之後，考多方當作於成王四年，其皇王大紀曰：「周公東征，三年而歸。明年奉王東伐淮夷，遂踐奄，還歸于豐，而作多方。及營洛邑成周成，反政于王，分正東郊，而作多士。以多士在多方之前，既無大義，而時不可逆，是以正之也。」（卷二十頁一）（案：胡氏謂多士營洛後作，失之，說詳彼篇。）吳棫說同（書纂言卷四頁一〇三引）。案：胡、吳二家何以認爲伐武庚、管、蔡時不滅淮夷、踐奄，而不從大傳及鄭注，無可考據。然謂次年復東征淮夷，似謂前一年不及討之，故來年復往。斯說不近情理，且無實據。惟宋儒頗多信其多方宜在多士之前意見，且不乏從大傳、鄭君，定多方作於成王三年（其說甚繁，當別爲文詳之。）者。清人則江聲（尚書集注音疏）、王鳴盛（尚書後案，皇清經解卷四二三頁九及卷四二六頁一—四）、魏源（書古微卷十頁一）……亦是。惟孫星衍頗是史記成王親政後踐奄之說，然又不敢質言大傳、鄭君非是，故說頗支離（見尚書今古文注疏卷二十頁九六—九七及卷二三頁一—二），皮錫瑞已詳正其失。

皮錫瑞以爲：伐奄本非一次：一是周公踐奄，即大傳三年踐奄；二是成王踐奄，即史記周本紀所言；三是孟子滕文公下篇「誅紂伐奄，三年討其君」以周公相武王伐奄。又謂周公踐奄，在攝政期間，成王不親行，多士篇「昔朕來自奄」，是周公在代王言時，於王之言辭中雜以自述往事——昔朕來自奄，周公言己於攝政三年（即大傳所說）曾自奄來也，而與多方篇之「惟五月丁亥，王來自奄」無涉。多士篇，皮氏以爲成王即政元年之事；而多方篇，皮以謂即成王踐奄（即史記所說），是時王已親政，奄人又叛，故王親征之。（皮說散見於其今文尚書攷證卷十九頁一、三、四，卷二二頁一、三。）案：皮氏素尊大傳，不敢非一辭，故不便否認周公三年踐奄事，但不謂即多方之踐奄，蓋多方有「周公曰：『王若曰』」，若認爲成王即政前作，則其一貫主張——周公稱王說便全然失據。周公於三年本承王命伐奄，皮於多士「昔朕」之朕，若釋爲成王，則大誥篇之王亦非周公自稱，則又與其周公稱王說牴牾。故不得不生造怪論，謂周公代王言告多士，又夾以己之回憶錄。固不足信。

僞孔傳謂「惟五月丁亥，王來自奄，至于宗周」曰：「周公歸政之明年，淮夷、奄又叛。魯征淮夷，作費誓。王親征奄，滅其國，五月還至鎬京。」蔡傳承其說。案：奄人無再叛情事，可以確定。惟據史記、定四年左傳，伯禽與康叔大約同時，分封於魯、衛，皆在平管蔡商奄亂後，且左傳明言分魯土田等，因商奄之民。是成王即政之明年，奄地早屬魯國。奄叛即魯叛，成王征魯乎？此未有之事。余就尚書多方、多士兩篇經文，博考諸家之說，證明多士「昔朕來自奄」即追述多方「王來自奄」；多士命庶殷之事情，多爲疇昔多方之已命，而今再加申命者；且文脈語氣亦頗銜接。多方在多士前作，即成王三年事無疑。已別爲文說之（見本篇末附尚書多方篇著成多士篇之前辨），此不及論。至費誓，非伯禽之書，僞孔氏誤，說詳彼篇。

明郝敬據「今爾奔走臣我監五祀」，曰：「監，牧伯也。五祀即五年，謂自洛邑成後，周公留治，今五年也。」（尚書辨解卷七頁九）謂本篇乃成王十一年作。楊筠如尚書覈詁同。愚案：監，指諸侯言；武王克殷，立管叔、蔡叔于殷故地，以傅相紂子武庚（史記衛世家），監殷民，故曰監。武王克殷之年封管、蔡，二年崩，次年武庚叛，周公往征，首尾三年，歸自奄，其年五月發多方，上距立管蔡時正五年。（亦詳另文）

結論：本篇周公傳成王命，告四國多方及殷民之書，戒其當服從王命，夾輔周室，時成王三年（即周公攝政三年）五月丁亥日。亦史官記錄之辭。

註 鄭箋曰：「周公既反攝政，東伐此四國，誅其君罪，正其民而已。」似謂親政後成王伐四國。

惟五月丁亥（註一），王來自奄（註二），至于宗周（註三）。

釋文

一 五月丁亥，成王三年（即周公攝政三年）五月丁亥日也。（參多士註七二及本篇題解）

二 王來自奄，成王自奄國歸來也。（亦參多士註七二及本篇題解）

三 宗周，鎬京也（僞孔傳）。◯僞孔傳以宗周爲鎬京者，詩小雅正月「赫赫宗周」毛傳云：「宗周，鎬京也。」小雅雨無正「周宗既滅」，鄭箋：「周宗，鎬京也。」又洛邑一名宗周，禮記祭統曰：「衛孔悝之鼎銘曰：『……成公乃命莊叔，隨難于漢陽，即宮于宗周。』」鄭注：

「周既去鎬京，猶名王城（敏案：鄭以爲在河南縣）爲宗周也。」呂祖謙曰：「是時（敏案：謂衛孔悝之鼎銘作時）鎬已封秦，宗周蓋指洛也。然則宗周初無定名，隨王者所都而名耳。」（東萊書說卷二八頁二）本篇作時，洛邑營未成，故此宗周必不指東都。又孫海波魏石經碑圖「至」上有「王」字，案：召誥篇首「惟二月既望，越六月乙未，王朝步自周，則至于豐。」「則至」上無「王」字，又僞古文湯誥「王歸自克夏至于亳」、武成「王來自商至于豐」、畢命「王朝步自宗周至于豐」，「至」上竝無「王」字，僞古文經句多據今文諸篇造作，可見魏晉古本「至」上原無「王」字，且各本亦竝無。魏石經誤衍一字耳。

周公曰：「王若曰（註四）：『猷（註五），告爾四國多方（註六），惟爾殷侯尹民（註七）。我惟大降爾命（註八），爾罔不知。洪維圖天之命（註九），弗永寅念于祀（註一〇）。惟帝降格于夏（註一一），有夏誕厥逸（註一二），不肯感言于民（註一三）；乃大淫昏（註一四），不克終日勸于帝之廸（註一五）：乃爾攸聞（註一六）。厥圖帝之命，不克開于民之麗（註一七）；乃大降罰（註一八），崇亂有夏（註一九），因甲于內亂（註二〇）。不克靈承于旅（註二一），罔丕惟進之恭（註二二），洪舒于民（註二三）。亦惟有夏之民叨懫日欽（註二四），劓割夏邑（註二五）。天惟時求民主（註二六），乃大降顯休命于成湯（註二七），刑殄有夏（註二八）。

釋文

四　周公傳王之命，故冠「周公曰」於「王若曰」之上。○大誥與本篇皆周公攝政以成王命告天下，然大誥等但直稱作「王曰」或「王若曰」而不加「周公曰」於其上者，東萊書說（卷二八頁二）曰：「先曰周公曰而復曰王若曰何也？明周公傳王命而非周公之命也。周公之命誥終於此篇，故發例於終以見大誥、康誥、多士諸篇凡稱『王曰』者，無非周公傳成王之命也。」呂說失之。多方比多士、酒誥早作，非「周公命誥」之終篇。且周公命誥誠終於本篇，然方大誥、多士諸篇撰作時，史官又安能逆知數年後必有多方之作而將於斯篇發例乎？王肅曰：「周公攝政稱成王命以告，及還政稱『王曰』，嫌自成王辭，故加『周公以明之』。然多士之篇『王若曰』之上不加『周公曰』者，以彼上句云：『周公初于新邑洛，用告』，知是周公故也。」（書疏引）案：周公攝政時，稱王命以告，應「嫌自成王辭」而上冠「周公曰」，及歸政成王，大誥天下，天下莫不知者，此後稱「王曰」，即成王言，若加「周公曰」於上，反啓人猜疑，孰謂周史如是之愚乎？案：史官作書，體制不如後世想像之嚴謹，冠「周公曰」與否，並無定例，後人不必求之過深。

五　猷，語詞（參多士註五四）。

六　四國，四方之國；此猶言天下也。多，眾，方，國也。四國多方連稱，謂天下眾國也。（參多士註七三）語雖普告天下，意實在畿內殷餘民。○古稱國曰「方」，如周易既濟九三之「鬼方」、詩經大雅常武之「徐方」及韓奕之「不庭方」，而此義甲骨文中尤習見，如稱羌方、尸方、鬼方等。四國，四方之國；多方，眾國也。四國、多方義同。持「管蔡商奄」為四國義者，失之。雙劍誃尚書新證（卷四頁一—五）論四國多方甚詳，可供參擇。

七　惟，與也（經傳釋詞）。殷侯，殷之諸侯（偽孔傳）。尹，治也（尚書故卷三頁三五引戴鈞衡說）。全句，謂及汝故殷諸侯治下之民也。○上言四國多方，即已包殷國，此更舉殷民者，以殷人最難服，故重提其國以特申告之。諸家多從偽孔傳訓尹為正，正義曰：「諸侯為民之主，民所取正，故謂之正民。」迂曲難通。說文：「尹，治也。」戴氏訓治有據，於經義亦適。

八　大，猶徧。降，下也；謂頒布也。爾，汝等；指上四國多方及殷民。（參多士註七三）命，命令。全句，謂我嘗普徧頒發命令予汝等也。○我，主語。降，動詞。爾，賓語；命，補語。句與多士「予大降爾四國民命」同型。偽孔傳訓「降四國民命」為誅四國君（多士註七三），此「降爾命」為誅紂。蔡傳訓兩「降命」皆為減罪而不誅，竝大謬。

九　洪惟，發語詞（尚書集注音疏，經解卷三九七頁二五）。與大誥「洪惟我幼沖人」之洪惟同義，詳大誥註七。圖，古與啚、鄙同字，此讀為鄙棄、鄙賤字。（參大誥註二八）下「厥圖帝之命」、「大淫圖天之命」、「圖忱于正」及二「圖厥政」之圖，皆讀為鄙。（參註一〇）○

洪，尚書今古文注疏（卷二三頁二）訓代，謂周公代王出誥。僞孔傳訓大，圖訓謀，曰：「大惟爲王謀天之命。」竝肊說。尚書大義（卷二頁三二）訓鄙曰敗斁，於古無徵。雙劍誃尚書新證（卷四頁五—六）據金文及古籍，解本篇五圖字，得經義，曰：「僞孔傳訓圖爲謀，於義未安。既云圖謀天之命，何以下言弗永寅念于祀乎？既云圖謀上帝之命，何以下言不克開于民之麗乎？此篇言圖均係責殷之詞，與大誥稱文武圖事圖功不同。按此篇圖字皆啚之譌字。雝伯啚鼎啚作[glyph]，……散盤圖作[glyph]，……徐灝云：『今官文書都鄙字作啚，正是古習相傳之正字，而俗吏誤讀爲圖，以爲圖之省體也。』按：徐說是也。……此文啚訛爲圖，蓋經文之顚倒，由來尚矣。魏鄭文公碑，圖史之圖作啚，管子七法篇審於地圖，宋本圖作啚，可資佐證。左昭十六年傳夫猶鄙我，注：鄙，賤也。樂記是以君子賤之也，疏：賤謂棄而不用也。鄙賤猶言鄙棄。洪惟圖天之命、厥圖帝之命，言鄙棄天命、帝命也。」本句原無圖字，阮元校勘記曰：「諸本天上有圖字，此誤脫也。」茲據以補字。

一〇 永，長久。寅，敬也。（竝僞孔傳說）〇以上二句，僞孔傳謂指夏桀，尚書集注音疏（經解卷三九七頁二六）不以爲然，曰：「案：下文『畀圖帝之命』，乃謂夏桀，此『圖天之命』，若謂夏桀，則毋乃與下文重纍乎？其說非也。」蔡傳謂是責商奄之辭，尚書札記（經解卷一四一二頁十四）不以爲然，曰：「此二句若專屬商奄，則下降格于夏，未免突如其來，此蔡傳所以疑有缺文也。」案：此二句如爲責商奄，則「圖天命」云云之上必不乏爾汝之辭，本篇句例極多。蔡說未是。江聲以爲：此二句是泛說，无所專指，將備言夏殷之不善圖天命，以至滅亡，而先言此以發其端。簡朝亮是其說而論尤諦，曰：「蓋下文言殷紂因言夏桀者，皆圖天之命而殄祀者也，故先爲起下文之辭，而四國圖天之命而殄祀者，不斥言之，則自明矣。何誥辭之善也！」（尚書集注述疏卷二三頁七）據此，下斥言夏殷之罪，則不覺突如其來。

一一　帝，上帝。格，至也。全句，謂神降福于夏國也。（參多士註二一）○王安石曰：「『帝降格于夏』與多士『則惟帝降格嚮于時夏』同意。」是。（書蔡傳纂疏卷五頁三四引）蔡傳疑此句之上有闕文，明王樵曰：「諸篇例，先言夏先后而後言桀，而此章便言桀，故蔡氏疑其有闕文。」（尚書日記卷十四頁四）案：蔡傳以上二句爲罪商奄，又說「帝降格于夏」爲帝降災異以譴告桀，故疑此句上當有如召誥「相古先民有夏，天迪從子保；面稽天，若今時既墜厥命」類文。其實經義完足無缺，元余芑舒曰：「眞氏乀記云：『降格者，言帝本降格也。』如此則不必言有闕文矣。」（書蔡傳輯錄纂註卷五頁三七）眞氏、余氏說得之。

一二　誕，語詞。厥，其也。逸，豫樂也。○諸家莫不訓誕爲大，考酒誥「誕惟厥縱淫泆于非彝」、多士「誕淫厥泆」，與此句義近，而誕皆在句首不宜訓大，此雖在句中，然下文云「乃大淫昏」如誕亦爲大，則義相重複，不如作語詞爲宜。

一三　感，憂也（僞孔傳）。言，語辭（書纂言卷四頁一〇五）。全句，謂不肯憂恤人民也。○言，諸家多訓言語，僞孔傳曰：「不肯憂言於民，無憂民之言。」其說不可通，蔡傳曲通其義曰：「憂民之言尚不肯出諸口，況望其有憂民之實乎？」經病添字，蔡說非也。尚書集注音疏（經解卷三九七頁二六）雖亦誤訓言爲言語，惟解句義則曰：「言不卹民也。」得之。言作語詞，詩經多例證，第「言」下皆連動詞，而如本篇下連關係詞之例則無，吳訓語詞，暫從之。

一四 乃，有「竟然」義。大，太過。淫昏，淫佚昏亂。◯乃大淫昏者，夏桀也，大戴禮少閒篇云：「禹崩十七世，乃有末孫桀，即位，……德昏政亂。」宣三年左傳曰：「桀有昏德。」皆可證此經之義。

一五 終日，竟日也。勸，勉也（書疏）。迪，道也。全句，謂桀不能長期勉行天道。◯終，蘇軾取論語里仁篇「有能一日用其力於仁矣乎」云云之義爲說，東坡書傳（卷十五頁十二）曰：「桀未嘗肯以一日之力勉行順天之道。」稍拘。迪，馬融本作攸，訓所（見經典釋文）。案：疑此迪本作逌，形誤。逌、攸古同，故馬本作攸。

一六 攸，所也。乃爾攸聞，此汝等所聞而知之之事也。◯自「惟帝降格」至下「刑殄有夏」，歷言夏亡殷興者，尚書集注音疏（經解卷三九七頁二五）曰：「欲以商之伐夏，況周之伐商，昭武王與湯同道。」書纂言（卷四頁一〇五）曰：「周之伐殷，猶殷之伐夏也。故先舉夏亡殷興之事，次及殷亡周興之事，以喻殷民，使之知天命也。」

一七 厥，其也。圖，讀爲啚，棄也。圖帝之命與上圖天之命義同。（參註九）開，釋也。麗，讀爲羅；羅，鳥罟也（爾雅釋器），引申義爲法網。全句，桀不能釋開刑民之法網（意謂桀刑罰嚴峻）。◯麗，僞孔傳訓施，蘇軾訓著（東坡書傳卷十五頁十二），蔡傳訓依，皆不能通句意。葉夢得始度此麗與刑罪有關，曰：「麗附於罪法也。古者治獄，以附罪爲麗，故秋官稱各麗其法以議獄訟。」書蔡傳纂疏（卷五頁三五）引其說而韙之，曰：「愚謂開民之麗，眾說惟葉氏的當，既與『乃大降罰』相貫，又與下文『愼厥麗，乃勸；厥民刑，用勸』等語皆相應。」葉氏說經多卓識，孫星衍蓋參其說申之，曰：「麗者，麗於獄也。周禮小司寇職『以八辟麗邦法附刑罰』注：『杜子春讀麗爲羅。』疏云：『羅則入羅網，當在刑書。』呂刑云：『越茲麗刑。』又云：『苗民匪察于獄之麗。』是也。（桀）不知天之愛民，不能開釋于民之麗于罪網者，乃大下誅罰。」（尚書今古文注疏卷二三頁二）孫猶訓麗爲動詞，未諦。案：周易繫辭下傳：「作結繩而爲罔罟，……蓋取諸離。」離謂羅，與麗通，皆網罟也。大雅瞻卬刺幽王曰：「罪罟不收，靡有夷瘳」，大旨與此句髣髴。

一八　乃大降罰，謂天乃重降懲於夏也。〇乃大降罰，僞孔傳謂桀降罰於民。案：以上「乃大淫昏」例之，傳似得經義，然而非也。尚書凡言降罪罰，除盤庚謂祖先所降（僅三條），其餘皆謂天所降，而絕無人君降罰於民之義。多士言紂淫泆，故天廢其元命「降致罰」，亦此義。且此言天大降罰（奪殷國命），下文曰：「（天惟時求民主，）乃大降顯休民於成湯。」反正成義，賞罰皆天之所降明甚！書纂言（卷四頁一〇五）曰：「天降罰而增崇其亂于有夏國。國之治者，天福之也；國之亂者，天罰之也。」議論確當。

一九　崇，重也（僞孔傳）。有，語詞。崇亂有夏，謂天使夏國發生嚴重禍亂也。

二〇　因，由也。甲，狎也（爾雅釋言），習也。全句謂夏國因而經常發生內亂也。〇甲于內亂，書疏曰：「鄭、王皆以甲爲狎。王云：『狎習災異於內外爲禍亂。』鄭云：『習爲鳥獸之行於內爲淫亂。』」案：詩衛風芄蘭：「雖則佩韘，能不我甲。」毛傳：「甲，狎也。」經典釋文引韓詩甲作狎。康成、子雍甲訓狎有據。狎，習也，亦見爾雅郭注。唯內亂不必如鄭王之說。僞孔傳甲訓夾，謂夾於二亂之內。東坡書傳（卷十五頁十三）甲訓始，云亂自內起，竝失。

二二 靈，善也。承，受（天命）而保之。（參多士註四三）旅，眾也（僞孔傳）。全句，謂夏王不能善爲承保其民眾也。◯旅，書纂言（卷四頁一〇五）訓祭名，引周禮爲證。雙劍誃尚書新證（卷四頁七）訓嘉休。案：此句及下文「惟我周王靈承于旅」，皆說經國保民事，吳于此句謂善承帝事，于謂善受于嘉休，皆不如從古注爲直捷。

二三 罔，無。丕，讀爲不。進，讀爲賮，財也。恭，通共，供也。全句，謂民無不惟貨財是供給也（意謂夏王苛斂）。◯此句解者紛紛，皆扞格難通，姑從孫氏之說，未敢以爲是。尚書今古文注疏（卷二三頁三）曰：「罔丕者，釋言云：罔，無也。丕與不通。進者，史記呂不韋傳云：進用不饒。索隱引小顏云：財也。漢書高帝紀云：蕭何主進。注師古曰：進字本作賮。恭與共通。」（尚書今古文攷證卷四頁十七同）英倫隸古定本（雙劍誃尚書新證卷四頁七引）、內野本進下竝無之字。案：足利本、上圖本（影天正本）、唐石經本皆有「之」字，有之字義較完順。

二三 洪，大也（僞孔傳）。舒，古通荼；荼，毒苦也。◯舒，書古文訓（卷十一頁十六）作荼，訓毒（困學紀聞卷二總頁二一三引存其說）。古文尚書撰異（經解卷五九一頁一）以爲是宋次道家古文本。古籍荼、舒通用之例：禮記玉藻：「天子搢珽方正於天下也，諸侯荼前詘後，直讓於天子也。」鄭注：「荼讀如舒遲之舒。」周禮考工記弓人：「寬緩以荼。」鄭注：「荼，古文舒。」詩魯頌閟宮：「荊舒是懲。」史記舒作荼。洪範「豫」，一作舒，又一作荼。其它例證甚多，不及備舉。

二四　亦惟，猶今語「也就為此」。叨，說文「饕」之重文；云：「饕，貪也。」懫，說文引作墊；云：「墊，忿戾也。」欽，與廞通；爾雅釋詁：「廞，興也。」（參莊述祖尚書今古文攷證卷四頁十七及孫星衍尚書今古文注疏卷二三頁三）全句，謂夏民貪婪忿戾之風日起。○有夏之民，說文墊下引作有夏氏之民，多一「氏」字。案：各本皆無「氏」，尚書稱有夏，不稱有夏氏（稱有殷、有周同例）。氏字與上國名連稱，僅湯誓一見，曰：「夏氏有罪」，而亦不作「有夏氏」，說文蓋誤引。懫，北堂書鈔卷三十引作躓。

二五　劓，本義為割鼻之刑（見呂刑篇），引申為殘毀。割，害也。劓割夏邑，謂殘賊戕害夏國也。○偽孔傳以「日欽劓割夏邑」為句，曰：「日尊敬其能劓割夏邑者。」尚書集注音疏（卷三九七頁二七）絕句同，曰：「日欽欽然思劓割夏國。」竝誤。（參註二四）

二六　時，是也，此也。惟時，猶今語「因此」。民主，人民之主；謂國君。（參註二七）

二七　顯，昭明。休，美也。顯、休義近，為複詞。（參註一八）○曰天求民主降休命者，呂祖謙論曰：「曰求曰降，豈眞有求之降之哉？天下無統，渙散漫流，勢不得不歸其所聚，而湯之一德，乃所謂顯休命之實，一眾離而聚之者也。民不得不聚于湯，湯不得不受斯民之聚，是豈人為之私哉？故曰天求之天降之也。」（東萊書說卷二八頁五）

二八　刑，誅責。殄，絕滅。刑殄有夏，謂天滅亡夏國也。○皐陶謨篇禹言丹朱淫慢「用殄厥世」，與此句同旨。偽孔傳謂天命湯刑殄有夏，案：古謂王者奉天命而興，湯承天命殄夏，湯滅夏即天滅夏，其義一也。

惟天不畀純（註二九），乃惟以爾多方之義民不克永于多享（註三〇）。惟夏之恭多士（註三一），大不克明保享于民（註三二），乃胥惟虐于民（註三三），至于百為（註三四），大不克開（註三五）。乃惟成湯克以爾多方簡代夏作民主（註三六），慎厥麗（註三七），乃勸（註三八）；厥民刑（註三九），用勸（註四〇）。以至于帝乙（註四一），罔不明德慎罰（註四二），亦克用勸（註四三）。要囚、殄戮多罪（註四四），亦克用勸。開釋無辜，亦克用勸。今至于爾辟（註四五），弗克以爾多方享天之命（註四六）。』」

釋文

二九　畀，賜與。純，善也（雙劍誃尚書新證卷四頁九）。天不畀純，謂天不復賜福祥（國運）與彼夏桀也。〇僞孔傳純訓大，曰：「天不與桀亦已大！」此肊解。君奭篇曰：「天惟純佑命」、「亦惟純佑秉德」，純皆訓專一，尚書今古文集解（卷二三頁二）以爲此純字義亦如彼。「不畀專一」，不詞之甚！葉夢得曰：「天佑之，則曰純佑命；不畀之，則曰不畀純。」（書蔡傳輯錄纂註卷五頁三七引）蓋以不畀純爲不畀國命。合經旨。尚書今古文注疏（卷二三頁四）據方言訓純曰好。好、善，此皆指國運。

三〇　乃惟，猶今語「就爲此」。「乃惟」下省略「夏桀」二字。以，猶今語「帶著」或「率領著」；與盤庚中篇首簡「盤庚作，惟涉河以民遷」及康誥篇末簡「乃以殷民世享」之以義同。義民，善良之百姓。爾多方之義民：多方，指發此誥命當時之眾國；義民，指此眾國昔日（夏桀時）之良民。享，謂享受天賜之爵祿。全句，謂：就爲此，桀再不能率領汝眾國之良民長享許多祿位。○此句當與下「乃惟成湯克以爾多方簡代夏作民主」、「今至于爾辟，弗克以爾多方享天之命」及「乃惟爾辟以爾多方大淫圖天之命」並看，字訓必須通三句而解之。僞孔傳以訓用，於第三句用汝眾方大鄙天之命，不通。尚書集注音疏（經解卷三九七頁二七）以訓使，亦於第三句不可通，曰使汝多方鄙天之命，豈紂不鄙天命，專使他人鄙天命乎？雙劍誃尚書新證（卷四頁九）以訓與，於第一句難通，蓋代夏有天下作民主者湯一人也，班固典引「肇命民主」，蔡邕注曰：「民主者，天子也。」而曰與多方共代夏作民主，非也。至僞孔傳及江聲說用（或使），入第一句尤不可通，此不待辨而知者也。以訓率領，於本篇諸句皆通順，且第二句「今至于爾辟，弗克以爾多方享天之命」，以字此義最顯，而與本句義同，僅句法稍異。如將本句「不克」上移於「以爾」之上，則句型無異矣。羣經平議（卷六頁六）用王念孫解立政「義民」爲「衺民」之說。案：成王誥庶邦而直呼其先民爲衺民，著於典籍，必無此理。

三一　恭，通共；供也。恭多士，謂供職（在位）之眾官員。（參尚書今古文注疏卷二三頁四及尚書大義卷二頁三二）○恭多士，僞孔傳添「人」字訓恭人眾士。尚書恭字無此義。東坡書傳（卷十五頁十三）謂桀之所尊用者。非此文義。書經注（卷十頁十七）按字釋義，謂夏所敬用之多士。既爲敬用之多士，而大不克保民，於理未當。

三二 明，勉也（參洛誥註四四、六八）。保，保護。享，養也（尚書大義卷二頁三二）。〇明保享于民，正義申傳意曰：「用明道安存享於衆民。」明訓勉，尚書習見此義。享，廣雅釋詁：養也。傳疏誤。尚書今古文注疏（卷二三頁三）明訓勉得之，惟以「于民」屬下讀，「于民乃胥惟虐于民」爲句，古今無此句法。

三三 胥，相也。惟，語詞。虐是動詞。乃胥惟虐于民，反而相與暴虐於百姓也。

三四 爲，作爲；此謂施政。百爲，謂種種政法措施（莫不暴虐）。

三五 大不克開，「不克開于民之麗」之省文（尚書古注便讀卷四下頁三及孫星衍竝有說）；謂刑網嚴密，不寬疎也。

三六 以，率領著（詳註三〇）。簡，通閒；閒，代也（爾雅釋詁、詩周頌桓篇「皇以閒之」傳）。義與多方「有邦閒之」、立政「時則勿有閒之」之閒同。簡、代爲複詞。〇簡，尚書今古文注疏（卷二三頁四）謂同簡，訓代。羣經平議（卷六頁六）曰：「皐陶謨『笙鏞以閒』，枚傳曰：閒，迭也。簡與閒古字通用。簡代夏作民主，謂迭代夏作民主也。」尚書大義（卷二頁三二）簡訓更。案：代、迭、更義同，謂代某而有之。簡古通閒，莊子天運篇：「食于苟簡之田」，釋文云：「簡，司馬本作閒。」孫星衍謂簡、代既同義，則代字不當有，疑後人增。案：盤庚「予其懋簡相爾」、多士「夏迪簡在王庭」及本篇下文「簡畀殷民」、「迪簡在王庭」，簡皆訓擇，此簡與諸簡字義異，意作者恐彼此混淆，故特作連文複詞以分別其義有所不同也。孫氏不必疑。英倫隸古定本簡作柬，字通；代作伐，誤。僞孔傳、王肅（書疏引）簡訓大，誤。

三七 麗，刑罰（參註一七）。愼厥麗，謂湯謹其刑罰也。

三八 乃勸，言百姓乃勉於爲善也。

三九 厥民刑，湯之民受刑；言湯施刑罰於其百姓也（參註四〇）。

四〇 用，由也。用勸，言民由於被刑而勉爲善也。下三「克用勸」義悉同。〇句不作「厥刑民」而作「厥民刑」者，尙書集注述疏（卷二三頁十一）曰：「厥刑民，自湯刑之於民言之，是湯用勸也，則未知其民之果勸否也。厥民刑，自民之於湯刑言之，是民用勸也。猶孝經言『民用和睦也』，則其民之果勸也。」尙書釋義（頁一一七）則曰：「用勸，謂用以勉民爲善也。」案：此正是自湯刑之於民言之，以勉民爲善爲施刑之目的。然以此說解下三「亦克用勸」，曰「亦能用以勉民爲善」則稍嫌窒礙。且上言「（湯）愼厥麗」，民乃勸；而下商諸王亦「愼厥麗」（義同「愼罰」），則當倣上「（民）乃勸」之例釋「亦克用勸」爲「民亦能由於其天子謹刑而勉爲善行」。其勸者皆民，非君欲民勸也。（參註四二）

四一 殷帝太丁之子，紂父。（詳酒誥註五二）

四二 明德，昭顯其品德。愼罰，謹愼其刑罰。（參康誥註一〇）〇明德、愼罰，重在愼罰。段玉裁味傳疏，疑「罔」上有脫誤，曰：「傳云：『言成湯至于帝乙，皆能成其王道，畏愼輔相，無不明有德，愼去刑罰。』據此，則經文『罔不』之上，原有『成王畏相』四字，與酒誥篇同。但釋文云：『輔相，息亮反』不釋經而釋傳，何也？而正義云：『自湯至於帝乙，皆能成其王道，無不顯用有德，畏愼刑罰。』又疑經文有『成王』二字，無『畏相』二字，俟明者考定之。」（古文尚書撰異，經解卷五九一頁二一—二三）案：傳釋酒誥「成王畏相」曰：「保成其王道，畏敬輔相之臣。」與此傳「皆能成其王道，畏愼輔相」不同，意經本無「成王畏相」四字，傳但取酒誥四字，以補證帝乙以上賢君之德；釋文釋傳「相」（酒誥釋文此同）讀去聲，經不必釋，故不釋。孔疏取傳「成其王道」，以其說近情；而以傳「畏愼輔相」與下「愼罰」牴牾，且亦不近情理，故不取。僞傳添文釋經，往往不倫，段氏竟因而疑有缺文，難辭失察之咎。

四三　亦，今語「也」。亦克用勸，承上「乃勸、用勸」，言帝乙等賢君愼其刑罰，其時百姓亦能黽勉爲善也。

四四　要囚，幽囚；今謂「監禁」。（詳康誥註六八）殄，絕；戮殺。殄戮，殺死也；今謂「處極刑」。多罪，意謂犯重大罪刑者。全句，謂雖監禁處死，民亦能黽勉嚮善也。

四五　爾辟，汝等之君；謂紂辛也。

四六　享天之命，謂享受天賜之爵祿也。（全句參註三〇）

嗚呼！王若曰（註四七）：「誥告爾多方（註四八），非天庸釋有夏（註四九），非天庸釋有殷。乃惟爾辟以爾多方大淫圖天之命（註五〇），屑有辭（註五一）。

釋文

四七　「言嗚呼而乃言王若曰者，史言周公傳王命而情見乎辭，至于嘆息也。」（尚書集注音疏卷二三頁十二）

四八　誥，謂誥戒之辭。誥告，以誥辭告之也（書蔡傳輯錄纂註卷五頁三八引夏氏說）。〇此本作「誥爾多方告」，「告」當在「誥」下「爾」上，阮元校勘記未予校出。諸內野本、足利本、上圖本（影天正本、八行本）書古文訓本、唐石經本皆作「誥告」，唯敦煌本（斯二〇七四）脫「告」字。王叔岷師曰：「告字疑涉誥字右旁而衍。僞孔傳：『歎而順其事，以告汝眾方。』蓋詁誥爲告；孔疏：『以言語人謂之誥，我告汝眾方諸侯，』是證正文本作『誥爾多方』矣。」（尚書斠證）案：召誥篇召公曰：「誥告庶殷越自乃御事。」僞孔傳未釋「誥告」，而孔疏曰：「我爲言誥以告汝庶殷之諸侯下自汝御事。」孔疏釋「誥」字爲「以言告人」或「爲言誥（以告）」義同。而其下，「我告汝眾方諸侯」（多方）、「以告汝庶殷」（召誥）正說兩篇經文「誥」下之「告」字。師說待議。

四九　庸，用也；謂用意也（東萊書說卷二八頁八）。釋，舍（棄）也（書經注卷十頁十八）。全句，謂非天有意捨棄夏國而使之亡也。〇諸家於庸字或訓用；或不釋，作語辭帶過：皆未達經旨。宋儒多訓有心、用意，得之。尚書大義（卷二頁三三）訓庸釋爲易改，失之。

五〇　爾辟，指殷國末君紂。以，詳註三〇。大、淫，皆過分之義。圖，鄙棄也（詳註九）。〇許鴻磐謂爾辟兼指桀紂，蔡傳疑句上有缺文：辨說竝詳註五八。

五一　屑，雜碎眾多之貌（荀子儒效篇「屑然藏千溢之寶」注）。辭，罪狀也（詳多士註二四）。屑有辭，謂屑然多罪也。○屑，說文有屑，即此字。多士「大淫泆有辭」，馬融本泆作屑，訓過。屑有辭，解爲過多之罪狀，亦通。（參多士註二四）

乃惟有夏圖厥政（註五二），不集于享（註五三）。天降時喪（註五四），有邦間之（註五五）。乃惟爾商後王逸厥逸（註五六），圖厥政（註五七），不蠲烝（註五八）；天惟降時喪。

釋文

五二　圖，鄙棄其國事（詳註九）。

五三　集，就也（尙書集注音疏，經解卷三九七頁三十）。享，謂（享受）爵祿。不集于享，意謂有天賜之爵祿不就之而享受也。（與上「不克永于多享」、「弗克（以爾多方）享天之命」意旨同）○享，諸家誤爲祭享，蔡傳訓享有。以本篇其它六享字義度之（另「保享于民」與此義不同。），蔡說是。東萊書說（卷二八頁八）曰：「集乃積集之集，享乃享國之享。治世之政，聚其所以興，所謂集于享也。」其說亦通。

五四　時，是也。喪，謂亡國之禍。下「天惟降時喪」義同。

五五　有邦，有國也；指殷國。間，代也（僞孔傳）。（參註三六）立政「時則勿有間之」之間義同。

五六　後王，指紂言。上逸字，過度也。厥，其；指紂。下逸字，安樂也。逸厥逸，僞孔傳：「言縱恣無度。」得之。○尚書中，周人言後王或後嗣王，除立政「繼自今後王」及召誥「越厥後王後民」外，餘皆謂商最後之國君紂，如酒誥「在今後嗣王酣身」、多士「在今後嗣王誕罔顯于天」，而本篇則明指「商後王」，皆竝數其罪。逸厥逸，尚書全解（卷三四頁七）云：「甚言其逸若『醇乎醇』之謂也。」

五七　圖厥政，同註五二。

五八　蠲，潔也（僞孔傳）。烝，祭也。不蠲烝，宋沈貴瑤曰：「不蠲潔以烝祭也。」（書蔡傳纂疏卷五頁三六引）○蠲烝，僞孔傳訓潔進，謂紂不潔進于善，失之。馬融訓明升（經典釋文引），似以蠲烝爲祭事。書纂言（卷四頁一〇七）烝訓冬祭（據爾雅；參洛誥註一三三）曰：「詩（小雅天保）曰：『吉蠲爲饎，（是用孝享。）』烝，冬祭名。不蠲烝，若（牧誓）所謂『昬棄厥肆祀弗荅』也。」案：本篇上文成王舉昔王之罪曰：「弗永寅念于祀。」之正與此相應，沈、吳之說得之。又蔡傳曰：「以下二章推之，此章（即「乃惟爾辟」章）之上，當有缺文。」蓋以爲上總提非天有意捨夏殷，下二章分以「有夏圖厥政」、「商後王逸厥逸」依次接之，不應其間插入數句專責紂，而當如下例，於「乃惟爾辟」云云上原有責夏之辭數句。許鴻磐謂「乃惟爾辟」兼指桀紂，曰：「乃惟爾辟，孔傳蔡傳皆指紂言，竊以爲非也。上用夏殷雙提，下仍以夏殷對接，乃於中間或專指紂而言，古人無此雜亂無章之文。前至于今爾辟，專指紂；此今（敏案：當作乃）惟爾辟，兼桀紂言也。何以知之？即以經上文證而知之。上文云『惟天不畀純，乃惟以爾多方之義民不克永于多享，惟夏之恭多士』云云，是以爾多方屬之夏也。又云『乃惟成湯，克以爾多方簡』，是又以爾多方屬之殷也。爾多方既可分屬之夏殷，則爾多方辟，即可兼言乎桀紂。」（尚書札記，經解卷一四一二頁十五）許說非也。「爾多方之義民」，爾多方指殷多方（詳註三〇）。且本段上以夏殷雙提，而以殷單接者，尚書大義（卷二頁三三）曰：「并有夏言之者，藉以收束上文，即於殷事中帶敍出之，亦文章參敍歷落爲奇處也。」吳氏又謂下「乃惟有夏」、「乃惟商後王」乃總結上二節之文，非雙接上雙提。尚書集注述疏（卷二三頁十三）亦謂上段以殷爲主，非有闕文。

「惟聖罔念作狂（註五九），惟狂克念作聖（註六〇）。」天惟五年須暇之子孫（註六一），誕作民主（註六二），罔可念聽（註六三）。天惟求爾多方（註六四），大動以威（註六五），開厥顧天（註六六）。惟爾多方罔堪顧之（註六七）。惟我周王天惟式教我用休（註六八），克堪用德（註六九），惟典神天（註七〇）。天惟式教我用休（註七一），簡畀殷命（註七二），尹爾多方（註七三）。

釋文

五九　惟，語詞。下「惟狂」之惟同。聖，通明也（蔡傳）。念，思慮。作，則也；義同洪範「思曰睿，……睿作聖」之作。（參皐陶謨「萬邦作乂」）狂，昏惑也（書纂言卷四頁一〇七）。〇後世尊文武周孔爲聖人，謂最完美之人，彼聖字意義與此不盡同。洪範五事貌曰思；思，念也。念與不念實聖、狂之所以分。五事又曰思曰睿，睿作聖，念之則聖；而庶徵咎徵曰蒙（蒙，昏昧也。），則不念之過也。孟子（告子上篇）曰：「心之官則思，思則得之，不思則不得也。」亦此義也。林光朝、朱子以爲此下二句與上下文不似，朱子語類（卷七九頁二九）曰：「（林）艾軒云：『文字只看易曉處，如尚書惟聖罔念作狂，惟狂克念作聖，下面便不可曉。只看這兩句。』（或錄云：「此兩句不與上下文相似，上下文多不可曉。」）書經注謂此二句蓋古語。（卷十頁十九）案：尚書多引前人成語，盤庚引遲任之言，此顯而易見者。洪範「無偏無黨」六韻語及此二句，亦古之格言大訓，蓋相傳既久，不知其爲伊誰所言；或斯語出處，人習知之，故不須著某某之言。既爲成語，故與前後文不一也。

六〇　克，能夠也。（句詳註五九）

六一 惟，語詞。五年，自周武王克殷之當年（即武王十一年）上數五年，武王第七年也。須，待也（書疏）。暇，寬假也（尚書故卷三頁四一）。之，是也，此也；猶詩周南桃夭「之子于歸」之之（參書纂言卷四頁一〇七）。子孫，謂紂。全句，謂天意不使武王遽亡殷，等待寬緩五年，以冀紂之悔改也。〇五年者，詩大雅皇矣「上帝耆之」云云疏引鄭玄尚書注曰：「夏之言暇，天覬紂能改，故待暇其終至五年，欲使復傳子孫。五年者，文王八年至十三年也。」周頌武篇「耆定爾功」疏引鄭玄尚書注曰：「天待暇其終至五年。……五年者，文王受命八年至十三年。」是鄭以爲：（一）文王受命七年而崩（洛誥鄭注同，見詩大雅文王序正義引）；（二）次（八）年，武王即位，不改元，承文王之年數；（三）從文王八年下數至文王十三年帀五年；（四）文王十三年，武王伐殷克之。案：（一）大傳、史記皆以斷虞芮之訟（事見大雅緜）爲文王受命之元年。然大傳謂文王受命七年而崩（見尚書大傳輯校卷二頁二一），鄭玄即用其說；劉歆三統歷（漢書律歷志引）謂文王受命九年崩，賈逵、馬融、王肅、皇甫謐、韋昭同之（見詩大雅文王疏引）。而史記周本紀又以文王受命後十年而崩。未詳孰是。（二）武王即位不冒文王之年爲年，鄭說非是。（三）、（四）書泰誓序、史記齊世家皆謂武王十一年正月伐殷，與尚書洪範、金縢說合，唯三統歷謂十三年伐殷訪箕子，鄭玄據此，以爲從八年下數至十三年，正克殷之年，誤也。書疏申傳意，曰：「五年者，以武王討紂初立即應伐之，故從武王初立之年，數至伐紂爲五年。文王受命九年而崩（案：從劉歆說。），其年武王嗣立，服喪三年，未得征伐。十一年服闋，乃觀兵於孟津，十三年方始殺紂。從九年至十三年，是五年也。」據史記九年會諸侯於孟津，後二年伐紂，則克殷正十一年。書疏誤也。當從武王克殷之年起數，逆推五年，歷武王十一、十、九、八、七年，非謂五足年如鄭玄之說也。又王柏謂五年爲武王克商後五年（書疑卷九頁六），劉逢祿（尚書今古文集解卷二三頁三）說與略同，疑皆非是。暇，詩皇矣箋云：「天須假此二國」，是鄭玄已訓爲假矣。詩武疏引「之」上有「湯」字，疑非古本。諸家多訓之爲其，劉逢祿從之字絕句，待考。

六二　誕，語詞。作民主，謂天仍使紂作國君也。

六三　罔可念聽，言此五年間，紂仍肆行無道，無可爲天之顧念、聽從之作爲也。○高本漢（書經注釋頁九三八）以「聽」爲「聖」之訛，非是。尚書釋義（頁一一八）謂紂不顧念聽從天命。於可字無說。

六四　求，尚書釋義（頁一一八）曰：「如詩（大雅）江漢『淮夷來求』之求，有問罪之義。」

六五　動，言驚警之也。動威，謂降災異（詩譜序「克堪顧天」疏引）。○金縢「天動威」，義與此句同。紂時災異，墨子非攻下篇云：「遝至乎商王紂，天不序其德，祀用失時，兼夜中十日雨土于薄，九鼎遷止，婦妖宵出，有鬼宵吟，有女爲男，天雨肉，棘生乎國道。」

六六　開，啓發也。厥，其；謂「爾多方」。顧天，眷念天命也；義猶逸尚書太甲篇「顧諟天之明命」（禮記大學引）。○此上二句，鄭玄曰：「顧，由（猶）視念也。其意言天下災異之威，動天下之心，開其能爲天以視念者。」多方顧天，非多方爲天所顧。下「罔堪顧之」，「之」指天，而其句上「多方」爲主語，可證。鄭蓋據詩大雅皇矣「上帝耆之，……乃眷西顧」，以爲詩書言顧義同，而不深察其句型及文理，初非相若也。

六七　堪，勝也（蔡傳）；猶能也。全句，言汝多方不能眷念天命也。（參註六六）〇全句，僞孔傳曰：「眾方之中，無堪顧天之道者。」得之。乃正義誤用鄭注破此注曰：「惟汝眾方之君，悉皆無德，無堪使天顧之。」不可從。

六八　靈承于旅，義見註二一。

六九　克，能也。克、堪，同義複詞。（參註六七）

七〇　惟典神天，尚書釋義（頁一一八）曰：「典，法也。言惟以神天爲法也。」〇諸家莫不訓典爲主，謂主神天之祀。案：下文始言簡畀殷命衡之，此不當先已主神天之祀（主祀，天子之事）。師說爲長。

七一　式，用也（僞孔傳）。教，告導也。用，以也。休，福祥之道。

七二　簡，擇也（參多士註六四）。畀，賜與也。簡畀殷命，謂選擇我周而賜以殷國國運也。

七三　尹，治也（尚書集注音疏，經解卷三九七頁三十）。

今我曷敢多誥？我惟大降爾四國民命（註七四），爾曷不忱裕之于爾多方（註七五）？爾曷不夾介乂我周王（註七六），享天之命。今爾尚宅爾宅（註七七），畋爾田（註七八），爾曷不惠王熙天之命（註七九）？爾乃迪屢不靜（註八〇），爾心未愛（註八一）。爾乃不大宅天命（註八二），爾乃屑播天命（註八三），爾乃自作不典（註八四），圖忱于正（註八五）。我惟時其教告之（註八六），我惟時其戰要囚之（註八七），至于再、至于三（註八八）。乃有不用我降爾命（註八九），我乃其大罰殛之（註九〇）。非我有周秉德不康寧（註九一），乃惟爾自速辜（註九二）。」

釋文

七四　全句，我祇是普徧頒布朝廷命令與汝四國民眾（參多士註七三）。

七五　爾，指眾國諸侯，下倣此。忱，言也。裕，道也。之，指上述成王告教之內容。○忱，从心冘聲（說文），通冘。冘與猶古通，後漢書竇武傳：「武復數白誅曹節等，太后冘豫未忍。」猶通作猷。猷，言也（爾雅釋詁）。裕，方言三曰：「道也，東齊曰裕。」全句，謂汝等何不將予之教命道告于汝國之民？諸家忱裕訓誠寬，其說難通。

七六　夾，輔也。介，助也。（竝東坡書傳卷十五頁十五）乂，安也。○夾介，僞孔傳訓近大，曰：「汝何不近大見治於我周王。」羣經平議非之，且申蘇說曰：「一切經音義卷十二引倉頡曰：『夾，輔也。』爾雅釋詁曰：『介，助也。』然則夾介猶言輔助也。哀十六年左傳：

『是得艾也。』杜注：艾，安也。乂、艾古通。……枚以夾為近，不辭殊甚！又訓乂為治而加見字以成其義，亦非經旨。」尚書集注音疏（經解卷三九七頁三十）訓持善。皆非是。

七七　上宅字動詞，下宅字名詞。○宅爾宅及下畋爾田，尚書全解（卷三四頁十五）曰：「謂多方諸侯奄有其舊之封疆，食其舊之田畝也。」多士曰：「爾乃尚有爾土，爾乃尚寧幹止。……今爾惟時宅爾邑，繼爾居，爾厥有幹有年于茲洛。」所謂有土，有洛之土，宅邑，居洛之地，不過安其身家而已，豈謂保有其舊封於數百里外之朝歌哉？且下文曰：「爾乃自時洛邑，尚永力畋爾田」，明非「食其舊之田畝」。林氏失檢至此！

七八　畋，治田也。畋爾田，謂殷民在洛尚耕種己之田畝也。（參註七七）○畋，書疏曰：「治田謂之畋，猶捕魚謂之漁。」孔說甚覈，說文：「畋，平田也。」平，治也。詩齊風甫田篇「無田甫田」，上田字動詞，治田也；而正義引多方畋作田。古字多無偏旁，是田、畋通。

七九　惠，順也（偽孔傳）。熙，光顯也（書纂言卷四頁一〇八）。

八〇　迪，導也（尚書集注音疏，經解卷三九七頁三十），靜，安靖也（書纂言卷四頁一〇八）。言屢率導之而猶不安靖也。○迪，尚書釋義（頁一一九）作語詞，案：義如康誥「今惟民不靜，……迪屢未同」之迪，竝當訓導。

八一　愛，說文作㤅，曰：惠也。惠，爾雅釋言曰：順也。（參尚書今古文注疏卷二三頁六）○愛，偽孔傳訓喜愛（我周），蔡傳訓自愛，東坡書傳（卷十五頁十六）訓仁，竝無當於經義。上誥殷民「爾曷不惠王熙天之命」，此遂曰「爾心未愛」，是惠、愛互文，皆訓順。孫氏說得之。

八二　宅，內野本作厇；厇古文宅；厇，度也。（詳康誥註二九）宅天命，度量天命也；義同康誥「宅天命」。○宅，諸家訓居，失之，尚書集注音疏（經解卷三九七頁三十）訓度。

八三　屑，通泆、佚，過度也（參註五一馬融說）。播，棄也（僞孔傳）。

八四　典，法也。（尚書集注音疏，經解卷三九七頁三十）與康誥「自作不典」義同。

八五　圖，謀也。忱，當讀爲盤庚「恐沈于眾」之沈，亦即抌字之假。說文：「告言不正曰抌。」義猶惑亂也。（尚書釋義頁一一九）正，正道（僞孔傳）。○忱，諸家從僞孔傳訓信，以說句義，皆不可通。尚書大義（卷二頁三四）曰：「忱、沈同字，斁壞於政。」吳氏圖、忱借爲斁沈，又訓正爲政。其說亦可通。

八六　惟時，猶「於是」。其，猶今語「就」。

八七　戰，通殫；殫，盡也。要囚，幽囚也。（參註四四及康誥註六八）全句，言將不服之殷頑民盡監禁之。○戰，雙劍誃尚書新證（卷四頁十）曰：「戰……應讀如洛誥『乃單文祖德』之單，訓盡。王念孫謂國語『戰以錞于丁甯』，戰讀爲憚。蓋單、殫、戰、憚古並通。我惟時其戰要囚之者，我惟時其盡幽囚之也。」尚書覈詁（卷四頁一〇〇）曰：「戰，疑當作單。公伐郐鐘『公戰無敵』，戰字作單，是其明證。」案：于、楊說蓋得之。然尚書大傳曰：「戰者，憚警之也。」（尚書大傳輯校卷三頁十一）已讀戰爲憚。蔡傳、尚書集注音疏（經解卷三九七頁三一）等訓戒懼，亦通。僞孔傳及疏以戰爲征伐，失之。（參題解及註八八）

八八　至于再、至于三，謂教告、囚禁殷民至于二次、三次也。○僞孔傳及疏謂武王伐紂，一戰；周公攝政之初伐三監淮夷，再戰；成王即政後，奄與淮夷又叛，成王親征，此三戰。故此經日教告之、戰要囚之，至于再、三也。傳疏主奄淮夷再叛，故不惜迂曲其義，以就其說。案：再叛之說，於史無徵，下文「乃（假若）有不用我降爾命」，命即上「教告」之謂；「我乃其大罰殛之」，比上「要囚」處罰加重，亦相承接。論衡譴告篇曰：「管蔡篡畔，周公告教之，至於再三。」固不以奄等有再叛之事也。奄無再叛事，詳下附拙著「尚書多方篇著成於多士篇之前辨」一文。書纂言（卷四頁一〇九）以此連下二句釋之，云：「若至再至三又不用我所降之教命，我乃大罰殛汝。」失之。

八九 乃，若也。乃有，若有人。我降爾命，我所降予汝等之命令也。句義與酒誥「乃不用我教辭」近。○吳澄（書纂言卷四頁一〇九）、吳闓生（尚書大義卷二頁三四）皆讀有爲又，亦通。

九〇 殛，誅也。大罰殛，謂殺戮，猶今法語「處死刑」。○書纂言（卷四頁一〇九）曰：「罰猶上文天罰之罰，殛猶殛鯀之殛，謂遷徙流放也。」吳說殊謬！殛固得訓誅而非殺，然大罰殛義當爲殺戮，猶呂刑之大辟。上云「要囚」，若此爲流徙；則刑反輕，決非經義。且據本經明已徙殷多士而告於洛，而又云若不聽命則將遷汝，必無是理。

九一 秉，持也。康，安也。

九二 速，召（致）也。自速辜，詳酒誥註八三。

王曰：「嗚呼！猷，告爾有方多士暨殷多士（註九三），今爾奔走臣我監五祀（註九四），越惟有胥伯小大多正（註九五），爾罔不克臬（註九六）。自作不和（註九七），爾惟和哉（註九八）！爾室不睦（註九九），爾惟和哉！爾邑克明（註一〇〇），爾惟克勤乃事（註一〇一）。爾尚不忌于凶德（註一〇二），亦則以穆穆在乃位（註一〇三），克閱于乃邑（註一〇四），謀介（註一〇五），爾乃自時洛邑（註一〇六），尚永力畋爾田（註一〇七）；天惟畀矜爾（註一〇八）。我有周惟其大介賚爾（註一〇九），迪簡在王庭（註一一〇），尚爾事（註一一一），有服在大僚（註一一二）。」

釋文

九三　有，語詞。方，國也。有方，猶上「有邦間之」之有邦，亦即多方，謂諸國也。有方多士，諸國之眾官員也。殷多士，故殷國之眾官員也。○尚書曰有夏、有殷、有周，國名之上加有字，有爲語詞，普通名詞之上加有字，亦有時作語詞（經傳釋詞有說，唯舉例未盡是。），如上舉有方、有邦及立政「乃有室大競」之有字。有方，書疏破傳「眾方」之解，云：「在此所有四方之多士。」失之。

九四 奔走，勤勉也（見酒誥註二八）。臣，服也（見多士註八〇）。監，動詞作名詞用，諸侯也；此指管叔及蔡叔。武王克殷，立管叔、蔡叔于殷故地，以傅相紂子武庚，（史記衛康叔世家）監殷民，故曰監。（參梓材註一六）五祀，五年也；自立管蔡至今（周公攝政、亦即成王三年）五年也。全句，謂汝等勤勉服事我所立監管汝等之諸侯，至今五年矣。〇五祀，自武王十一年克殷立管、蔡于殷，下數至成王三年計五年（六個年頭）。眾說皆誤。說詳拙作「尚書多方篇著成於多士篇之前辨」一文。祀而不年者，尚書集注音疏（經解卷三九七頁三二）曰：「祀，年也。商曰祀，周曰年，告殷民，故曰祀。」其說非是，別詳洪範註一。

九五 越惟，語詞。胥，繇（徭）役。伯，讀為貟，賦稅也。正，通征；義與湯誓「而割正夏」之正同。全句，謂對於差傜賦稅等大小諸般之徵調。〇胥謂繇役者，周禮天官敘官云：「胥十有二人，徒百有二十人。」鄭注：「此民給傜役者。」小司徒曰：「凡起徒役，毋過家一人，以其餘為羨，唯田與追胥竭作。」是胥實為傜役之名。（參尚書集注音疏卷三九七頁三二）尚書大傳（尚書大傳輯校卷二頁三二）引伯作賦、正作政，曰：「古者十稅一，多於十稅一，謂之大桀小桀，少於十稅一，謂之大貊小貊。……故書曰：『越維有胥賦小大多政。』」伏生正作政，字通；伯作賦者，雙劍誃尚書新證（卷四頁十一—十一）曰：「大傳作『越維有胥賦小大多政』，與毛公鼎『埶小大楚賦』文例相類。孫詒讓疑楚與胥通，胥讀糈。王靜安謂胥、楚、伯、賦古同聲通用，多正之正，讀征調之征。按伯本應作貟或賁，从白、从帛一也，見石鼓文。師寰毀：『㳄淮夷繇我貟晦臣。』兮伯毀：『獻賁。』貟即賁。……當作从貝白聲。兮伯盤：『毋敢不出其負其積。』是負當爲財賦之義。大傳作賦，義固無殊也。後又衍作伯，以其字之从白，音固未轉也。」尚書集注述疏（卷二三頁二五—二六）疑從周禮胥訓徭役、從大傳伯爲賦稅爲解。與上下經文不貫，因據蔡傳等並參禮書，謂胥、伯皆官職。案：遷殷民於洛，營作土功，亟需財賦力役，周公稱其往日之善以誘導庶殷，豈無所謂而爲是言？簡氏不當疑而疑。

九六 克，能夠。臬，法也（僞孔傳）。罔不克臬，謂無人不奉法也。◯臬，馬融本作劓（經典釋文引）。臬訓法，見廣雅釋詁。江聲訓準，克訓任，謂「爾无不任繇賦之準頟。」亦通。

九七 和，和協；和睦。下二和一睦字義同。自作不和，與盤庚「自作弗靖」義近，謂有方多士及殷多士自己造成之不和協（情勢）。◯此句及下句，僞孔傳曰：「大小不正自爲不和，汝有方多士當和之哉！」案：傳以上文大小多正爲官名，故遂以爲此句主語，以上文「自作不典」例之，此指多士而言；「自」與下三「爾」字，所指相同。

九八 爾惟和哉，冀多士和協也。

九九 室，謂家庭內。

一〇〇 邑，指殷人所居之城邑。明，盛也（尚書大義卷二頁三四）。（參註一〇一）

一〇一 上及此句，謂汝等欲所居之城邑繁榮，則汝等惟有勤勉其職事之一途。◯此上二句，書纂言（卷四頁八六）曰：「（爾）居爾之邑，而能至于光顯，由爾能勤其事之所致。」其說近是。

一〇二 尚，庶幾也；希冀之詞。爾尚，猶尚爾，湯誓「爾尚輔予一人致天之罰」之爾尚，與此用法同。忌，說文引作諅；諅、諆竝从言其聲，古通義。諆，說文：欺也。凶德，謂惡德（行）之人。全句，謂期望汝等不爲邪惡之人所欺誑。（參書經注卷十頁二三）○正義申僞孔傳說此句曰：「汝能庶幾不自相怨忌入於凶德。」添字仍不可通。融堂書解（卷十六頁九）：「至今日，（爾）尚不以昔之凶德爲忌耶？」以此句爲反詰語。尚書「爾尚」連用，尚皆訓庶幾，錢說非也。

一〇三　亦，承上之詞。穆穆，美也。全句，猶今語因此也就得以美善地保有你們的職位（謂不予廢黜）。

一〇四　閱，歷也；謂歷久也。

一〇五　介，與上「夾介乂我周王」之介義同，助也。○介，僞孔傳訓大，蓋以下文「大介」連詞合義，遂意此介義亦爲大。尚書集注音疏（經解卷三九七頁三三）訓善。皆失經義。

一〇六　自，用；時，是（此）也（竝僞孔傳）。

一〇七　尚，庶幾也；希冀之詞。永，長久。畋，治田也（參註七八）。

一〇八　天惟畀矜爾，見多士註八四。

一〇九　大介，當作夰；夰，大也。○俞樾古書疑義舉例（卷五頁十二）「一字誤爲二字例」曰：「……枚氏因大介連文而以大大賜汝釋之，不詞甚矣。說文大部：『夰，大也，从大，介聲，讀若蓋。凡經傳訓大之介皆其假字也。此經疑用本字，其文曰：『我有周惟其夰賚爾』，夰賚即大賚也。後人罕見夰字，遂誤分爲大介二字。」案：俞說甚是。

一一〇　迪簡在王庭，見多士註六四。

一一一　尚，上也。事，職事也。尚爾事，言尊尚汝等之職事也。（參尚書集注音疏，經解卷三九七頁三二）○尚書今古文注疏（卷二三頁八）尚訓加。加以職事，亦通。

一一二　服，猶言職位。僚，官也（僞孔傳）。全句，言俾殷人以高官也。

王曰：「嗚呼！多士！爾不克勸忱我命（註一一三），爾亦則惟不克享（註一一四），凡民惟曰不享（註一一五）。爾乃惟逸惟頗（註一一六），大遠王命（註一一七），則惟爾多方探天之威（註一一八），我則致天之罰，離逖爾土（註一一九）。」

釋文

一一三　勸，勸勉也。忱，信從也。（參書疏）全句，謂若汝等不能相勸勉以信從我教命也。

一一四　享，享受福祚。（參僞孔傳）

一一五　享，義同上註。全句，謂民眾亦不獲享受福祚。○此及上「享」字，尚書全解（卷三四頁二十）訓奉上，解猶洛誥（註五四）「凡民惟曰不享」之享，失之。

一一六　逸，放泆也（尚書集注音疏，經解卷三九七頁三四）。頗，邪僻也。

一一七　遠，離也；謂背棄也。

一一八　探，觸犯也（王樹枏尚書商誼卷二頁一五據廣雅）。威，猶言刑威也。○探，僞孔傳訓取，「取天之威」不詞。雙劍誃尚書新證（卷四頁十二）云：「探天之威，探乃罙之譌，从年爲後人所增。商頌殷武：『罙入其阻。』毛傳：罙，深。鄭箋：罙，冒也。……釋文引說文作冒也。……易繫辭上傳：『冒天下之道。』虞注：冒，觸也。則『惟爾多方罙天之威』者，則惟爾多方觸天之威也。」結論與王樹枏說同。

一一九　逖，遠也。離逖爾土，使遠離其舊居（朝歌）也；與多士「移爾遐逖」義同，謂徙殷民于洛邑也。

王曰：「我不惟多誥（註一二〇），我惟祇告爾命（註一二一）。」又曰（註一二二）：「時惟爾初（註一二三），不克敬于和（註一二四），則無我怨（註一二五）。」

釋文

一二〇　○王叔岷師尚書斠證曰：「敦煌今字本誥下旁補女字。僞孔傳：『我不惟多誥汝而已，』孔疏：『不惟多爲言誥汝而已，』似正文本作『我不惟多誥女。』」案：誥下不當補女字，酒誥「予不惟若茲多誥」、多士「予不惠若茲多誥」，誥下皆當前省略女字。傳疏作「誥汝」，添字解經，非經文誥下原有女字始得如此解。內野本、足利本等各本「誥」下均無「女」字。

二一一　祗，敬也。命，謂天命。○祗，尚書集注音疏（經解卷三九七頁三四）訓語詞，不詳所據，尚書它篇亦無此用法。命，東萊書說（卷二八頁十六）、蔡傳竝謂即本篇上述之誥命。案：誥辭之末總結一「命」字，舉出一篇之要旨，尚書札記（經解卷一四一二頁一七）謂如蔡傳之解則無力，誠是。然又取僞孔傳，謂「迪簡在王庭，有服在大僚」，是所謂吉命；「致天之罰，離逖爾土」，是所謂凶命。其說支離。當如宋陳經說：「我惟敬告汝以天命。……故此篇言天帝尤詳。」（尚書詳解卷三八頁一七）孫星衍（尚書今古文注疏卷二三頁九）從之，竝得之。

二二一　又曰：成王又言曰也。周公述成王命既終又申言王意以丁寧之也。○莊述祖謂「又曰」二字衍，當重讀「我不惟多誥」句（尚書今古文集解卷二三頁六引），其誤與焦循略同（詳多士註九〇）。尚書大義（卷二頁三五）指「又曰」爲更端之詞，案：檢尚書諸更端之詞祗作「曰」而無「又曰」之例。此「又曰」，呂祖謙所論最是，其東萊書說（卷二八頁十六）曰：「又曰二字，所以形容周公之惓惓斯民，會已畢，而猶有餘情；誥已終，而猶有餘語。顧盼之光，猶曄然而溢於簡冊也。」故三國志云：「周公之誥煩而悉。」（尚書集注述疏卷二三頁三十引）即若斯之類。

二三一　時，是也。全句，書纂言（卷四頁一〇九）曰：「是惟爾之一初，乃爾去惡從善改舊爲新

之時。」（參註一二五）

一二四　克，能也。敬，謹也。和，睦也。全句，謂汝等若不敬謹致力於和睦也。（參註一二六）○于，經傳釋詞訓「與」，通越，謂敬于和，敬與和也。尚書大義（卷二頁三五）用其說，亦通。

一二五　則無我怨，上省略「罰及爾身」類文，謂刑罰及身則毋怨我也。○時惟爾初至此三句，僞孔傳初訓當初，曰：「是惟汝初不能敬于和道，故誅汝，汝無我怨。」尚書今古文注疏（卷二三頁八）用其義，曰：「是惟始不能敬和，故今遷居，則無怨我也。」尚書集注述疏（卷二三頁三一）議其不當，曰：「孫氏讀曰『時惟爾初不克敬于和』，蓋以爲今遷之故也。是誥已終矣，而又以一言追責之，彼聞者何以堪乎？是失其誥辭之善也。且如其讀，經當如多士之言遷者曰『無我怨』可矣，『則』之爲言，於文未適也。『則無我怨』者，毖後云爾，豈懲前者邪？僞傳云：『是惟汝初不能敬于和道，故誅汝，汝無我怨。』蓋孫氏言遷不言誅，而讀與傳同，傳固遺乎『則』之爲言矣。」

〔附十〕尚書多方篇著成於多士篇之前辨

一　淮夷、奄、蒲姑之地望

周武王發及周成王誦東伐，與淮夷、奄、蒲姑三地區有關。淮夷之地非一，此謂淮水之北，在古徐州之夷。其地約在今江蘇省北部邳縣，東至海、南至淮水、北入山東省南鄙（參看陳槃菴先生春秋大事表列國爵姓及存滅表譔異頁五二五—五二七）。

奄，昭元年左傳曰：「周有徐、奄。」徐與奄連文，似謂奄地與徐地接壤。「海岱及淮惟徐州」（尚書禹貢篇），奄既近徐，地亦當在淮北至海。昭九年左傳曰：「王使詹桓伯辭於晉，曰：『我自夏以后稷，魏、駘、芮、岐、畢，吾西土也；及武王克商，蒲姑、商奄，吾東土也。』」奄在商朝時爲國，故亦曰商奄。奄既在淮北至海，是岐周之「東土」矣。鄭玄曰：「奄國在淮夷之傍。」（詩經豳風詩譜疏引其尚書多方篇注）「傍」指「北」而言，故鄭又曰：「奄國，在淮夷之北。」（史記周本紀「東伐淮夷殘奄」集解引）說文邑部「郁」下曰：「郁，……在魯。」（奄通郁）魯正在淮夷之北。定四年左傳曰：「分魯公以大路大旂，……

因商奄之民，命以伯禽。」伯禽受成王封於魯，傳云「因商奄之民」，是奄人本居魯，因以封之。史記周本紀正義引括地志曰：「兗州曲阜縣奄里，即奄國之地也。」焦循孟子正義謂「今山東曲阜縣縣城東二里有奄城。」（滕文公篇下）春秋大事表譔異（頁六四四）說同。王國維亦考奄在魯（觀堂集林卷十八）。商奄一作商蓋，焦循又曰：「（說文）大部云：奄，覆也。爾雅云：弇，蓋也。故商奄亦呼商蓋。」且引韓非子說林及墨子耕柱篇稱「商蓋」爲證（詳下）（註一）。

文獻記載淮夷、奄與武庚、管叔、蔡叔夥叛，亦記蒲姑教唆武庚叛周。成王既誅武庚，殺管叔，放蔡叔，踐奄，乃遷奄君於蒲姑（詳下）。蒲姑，國名，一作薄姑。蒲、薄一作博。其地，昭九年左傳謂是岐周之「東土」（已見上引），史記周本紀「遷其君薄姑」正義引括地志曰：「薄姑故城，在青州博昌縣東北六十里。」青州博昌縣今屬山東省博興縣治。春秋大事表譔異（頁六六二）謂博興縣東北十五里有蒲姑城。程發軔先生春秋左氏傳地名圖考（頁二一五）據續考古錄謂博興縣東北十里許有奄城，俗曰嫌城，即奄君所遷。案：地在曲阜東北約四百餘里。漢書地理志八下二曰：「齊地，……殷末有薄姑氏，……爲諸侯國，此地至周成王時，薄姑氏與四國共作亂，成王滅之，𠨘封師尚父。」馬融謂薄姑爲「齊地」（史記周本記集解引），言其後屬齊國也。

二　周公旦輔相武王伐奄

孟子滕文公下篇曰：「及紂之身，天下又大亂，周公相武王，誅紂，伐奄，三年討其君，驅飛廉於海隅而戮之，滅國者五十，驅虎豹犀象而遠之，天下大悅。」趙岐注：「奄，東方無道國，武王伐紂，至于孟津，還歸二年，復伐，前後三年也。飛廉，紂諛臣，驅之海隅而戮之。……滅與紂共爲亂政者五十國也。奄大國，故特伐之。」趙注「三年」蓋據史記周本紀或當時傳本尚書泰誓篇，所謂武王九年觀兵於盟津，十一年伐紂；而此「三年討其君」指由伐紂至討奄君計三年。趙注殊牽強。

趙注雖不盡妥貼，然確認伐奄滅國五十等皆爲武王時事，則與本經「周公相武王」尚合，故朱子孟子集注是之。顧炎武不然，曰：「伐奄成王時事，上言『相武王』，因誅紂而連言之耳。」（日知錄卷二「王來自奄」條自注）顧氏讀「周公相武王，誅紂」句（翟灝四書考異引明陳士元（？）孟子雜記先已如此讀），謂下「伐奄，三年討其君」之主語爲「周公」——承上文而省略；而下「驅飛廉」二十六字又爲武王事。孔廣森是其說，曰：「……奄非武王所滅，故說者謂『三年討其君』二句專指伐奄，則『誅紂』二字當屬上『周公相武王』句，『伐奄』二字屬下『三年討其君』句。蓋『三年討其君』二句，不得既爲武王伐紂之三年，又爲成王踐奄之三年也。」（孟子正義引孔經學卮言）後世頗因顧、孔二氏說，而考武王世似無伐奄事，乃於其說疑信參半（註二）。

毛奇齡非難顧氏說，云：「周公伐奄有三：一是周公相武王時伐奄，孟子所云『誅紂，伐奄，三年討其君』是也；是時奄助紂爲虐，故伐之：蓋武王時事。……孟子伐奄與誅紂連文，其所云『三年』者，趙岐註謂……此正與誅紂是一時事。若註（敏案：趙注。）又引多方『王來自奄』，此證後誥多方時亦伐奄，非謂即誥多方時伐奄也。不然戮飛廉，滅國五十，皆武王誅紂所及，而忽攙成王伐奄于其中，將所云『相武王』、『丕承哉！武王烈』，皆不可通矣。此亂經之談也。」（經問，皇清經解卷一七五頁四。）案：毛謂周公伐奄有三次，此不確，辨詳後；而從趙氏三年討其君註，亦失之，已詳上辨。餘說皆精當，容下詳論之。而申毛氏說者，倪思寬云：「……相武王時伐奄，孟子本文也，何得因他經書無考，而轉孟子『伐奄』亦是成王時事？且據事理論之，當時助紂爲虐，惟奄爲最大之國，豈有既誅紂而可以不伐奄之理，豈有討紂而不討奄君之理？」（讀書記，亦孟子正義引。）焦循雖諸說並陳，然終從趙注及毛、倪說，斷此伐奄爲武王時事。

余從孟子舊注，謂毛、倪二氏之說近實。其理由：（一）奄本商朝國都，盤庚自奄遷殷後，奄地蓋爲一封國，位東方，地位重要，國力強大，昭元年左傳曰：「虞有三苗，夏有觀、扈，商有姺、邳，周有徐、奄。」三苗、觀、扈、姺、邳皆古大國諸侯，今徐、奄與之並提，可見其在殷、周之世固亦大國。武王既殺紂，益東進，多滅國（詳下文），應無不討奄之理，趙注「奄，大國，故（武王）特伐之」，得之。（二）史記秦本紀曰：「自太戊以下，中衍之後，遂世有功，以佐殷國，故嬴姓多顯，遂爲諸侯。其玄孫曰中潏，在西戎，保西垂，生蜚（飛）廉。蜚廉生惡來。惡來有力，蜚廉善走，父子俱以材力事殷紂。周武王之伐紂，並殺惡來。是時蜚廉爲紂石（槨）北方，還無所報，爲壇霍太山而報，得石，……死，遂葬於霍太山。」此記飛廉父子爲紂之倖臣，雖言飛廉之死簡略，然以常理衡之，孟子謂爲武王追之於東海之鄙而殺之，應有其事。逸周書世俘篇記武王既克殷，曰：「武王狩，禽虎二十有二、貓二、麋五千二百三十五、犀十有二、氂七百二十有一、熊百五十有一、羆百一十有八、豕三百五十有二、貉十有八、麈十有六、麝五十、麋三十、鹿三千五百有八。」朱右曾釋曰：「此孟子所謂驅虎豹犀象而遠之者也。」朱說是。世俘篇既又曰：「武王遂征四方，凡憝國九十有九國，馘磨億有十萬七千七百七十有九，俘人三億萬有二百三十，凡服國六百五十有二。」既言征四方，是東方諸國自在征列，憝、服之國凡七百五十有一，則孟子所云滅五十國與伐奄，當在其數。據此，毛說「戮飛廉、滅國五十」，皆誅紂所及，是。「驅飛廉」以下二十六字所指既與誅紂同爲周公相武王事，若中間雜入周公成王時事，文理殊不可通。（三）孟子此段記事，其上弁以「及紂之身，天下又大亂」，明殷末周初事，倪謂「何得因他經書無考，而轉孟子『伐奄』亦是成王時事」，指顧氏之失，得之。（四）武王十一年一月殺紂，遂即四征，凡歷三年，至十三年歸，問箕子洪範（尙書洪範篇：「惟十有三祀，王訪于箕子。」），於是有疾（尚書金縢篇：「既克殷二年，王有疾。」）。武王克紂至伐奄歷年，與周公平武庚亂至踐奄歷年皆三，亦後人致誤一因。其實此周公踐奄，乃相成王而非相武王。

三　周公旦奉成王命伐武庚祿父、管叔鮮、蔡叔度、淮夷，踐（殘）奄

武王崩，成王幼少，周公旦相成王，攝行政事。紂子武庚祿父與管叔、蔡叔叛，周公奉成王命，興師東伐，誅殺武庚、管叔，放蔡叔，見尚書大誥篇、逸周書、先秦諸子書、書序、史記，此吾人習知之史實。惟同時而叛者，尚有淮夷、奄國及其它小國諸侯，茲據先秦兩漢文獻將有關資料條列如下：

（一）左定四年傳：「因商奄之民，命以伯禽。」（案：命伯禽蓋在成王四年，當三年踐奄之後。）

（二）逸周書作雒篇：「周公立，相天子，三叔及殷、東、徐、奄及熊、盈以畔（一作略）。周公、召公內弭父兄，外撫諸侯。元年夏六月，葬武王于畢，二年又作師旅臨衛攻（一作政）殷，殷大震潰，降辟三叔，王子祿父北奔，管叔經而卒，乃囚蔡叔于郭淩。凡所征熊、盈族十有七國，俘維九邑，俘殷獻民遷于九畢。俾康叔宇于殷，俾中旄父宇于東。」

（三）韓非子說林上篇：「周公旦已勝殷，將攻商蓋。辛公甲曰：『大難攻，小易服，不

如服衆小以劫大，乃攻九夷，而商蓋服矣。』」

（四）呂氏春秋察微篇：「……故智士賢者相與積心愁慮以求之，猶尚有管叔、蔡叔之事，與東夷八國不聽之謀。」

（五）尚書大誥序：「武王崩，三監及淮夷叛，周公相成王，將黜殷，作大誥。」

（六）尚書成王政序：「成王東伐淮夷，遂踐奄，作成王政。」

（七）尚書將蒲姑序：「成王既踐奄，將遷其君於蒲姑，周公告召公，作將蒲姑。」

（八）尚書多方序：「成王歸自奄，在宗周誥庶邦，作多方。」

（九）尚書周官序：「成王既黜殷命，滅淮夷，還歸在豐，作周官。」

（一〇）尚書肅愼之命序：「成王既伐東夷，肅愼來賀，王俾榮伯作肅愼之命。」

（一一）尚書大傳：「武王死，成王幼，周公盛養成王，使召公奭爲傅，周公身居位，聽天下爲政。管叔疑周公，流言于國曰：『公將不利于王。』奄君、薄姑謂（武庚）祿父曰：『武王死矣，今王尚幼矣，周公見疑矣，此世之將亂也。』然後祿父及三監叛也。周公以成王之命殺祿父，遂踐奄。『踐』之云者，謂殺其身，執其家，瀦其宮。」（陳壽祺尚書大傳輯校卷二頁十八）

（一二）尚書大傳：「周公攝政：一年救亂，二年克殷，三年踐奄，四年建侯衛，五年營成周，……七年致政成王。」（尚書大傳輯校卷二頁二七）

（一三）詩經豳風破斧篇「周公東征，四國是皇」毛傳：「四國，管、蔡、商、奄也。」

（一四）淮南子齊俗篇：「周公踐東宮，履乘石，攝天子之位，……放蔡叔，誅管叔，克殷，殘商。」（案：既言克殷，又云殘商，是殘商殆即踐奄；文獻但作商奄，不作殷奄；但作踐商（奄），而不作踐殷。）

（一五）史記周本紀：「召公爲保，周公爲師，東伐淮夷，殘奄，遷其君薄姑。」

（一六）史記齊太公世家：「及周成王少時，管、蔡作亂，淮夷畔周。」

（一七）史記魯周公世家：「管、蔡、武庚等果率淮夷而反，周公乃奉成王命，興師東伐，作大誥。遂誅管叔，殺武庚，放蔡叔，……寧淮夷東土。」

（一八）漢書地理志二十八下二：「殷末有薄姑氏，皆爲諸侯國。此地至周成王時，薄姑氏與四國共作亂，成王滅之。」（案：四國，管、蔡、商（武庚）、奄也。）

（一九）鄭玄尚書多方篇「惟五月丁亥」云云注曰：「奄國在淮夷之傍，周公居攝之時亦叛，王與周公征之，三年滅之，自此而來歸。」（詩經豳風譜疏引）

（二〇）鄭玄尚書成王政序注曰：「謂此淮夷與踐奄是攝政三年伐管、蔡時事。」（尚書序孔穎達疏引）

（二一）鄭玄另注將蒲姑、多方、周官三篇之「踐奄」、「將遷其君於蒲姑」、「成王歸自奄」、「成王既黜殷命，滅淮夷」，以爲皆成王三年（即周公攝政三年），清江聲曰：「成王政、將蒲姑、多方、周官之敍事相承，當在一年之內，鄭于成王政敍注云……。又鄭志趙商問『成王周官是攝政三年伐管、蔡時事』，此鄭誼也。然則鄭注成王政序所云，是最括成王政、將蒲姑、多方、周官四篇言之也。」（尚書集注音疏，皇清經解卷三九七頁二三—二四。）清王鳴盛謂鄭以此四篇同爲周公攝政三年時作，與江氏說同，見皇清經解卷四二六頁二尚書後案。

（二二）〔附〕尚書大傳之序，有嘉禾篇、揜誥篇（見困學紀聞卷二總頁九八）。嘉禾，書逸，百篇書序有；揜誥，書逸，在百篇書序之外。孫星衍疑「揜」即「奄」（尚書今古文注疏卷二十總頁九七）。案：奄，甲骨文作弇（鐵雲藏龜一八六：「王入于弇。」等），孳乳爲「揜」，路史國名紀乙作「掩」（四部備要本），同揜。疑爲周公奉成王命伐奄，誓師之辭。

上引廿二條資料，除（一〇）爲成王親政後事不計，及書序所屬之（六）、（七）、（八）與史記所屬之（一五）條而外，餘皆周公攝政一至三年內事，茲分析其結果如下：其

一、所誅伐諸侯國有：（下附資料號碼，以便檢省。）

（a）奄——（一）、（二）、（三）、（一一）、（一二）、（一三）、（一四）、（一八）、（一九）、（二〇）、（二一）、（二二）。

（b）東夷八國——（四）。（註三）

（c）九夷——（三）。（註四）

（d）殷——指殷故都朝歌，資料極多，茲不枚舉。

（e）東——（二）。（註五）

（f）徐——（二）。（註六）

（g）熊——（二）。（註七）

（h）盈——（二）。（見註六）

（i）淮夷——（五）、（九）、（一六）、（一七）、（一九）、（二〇）、（二一）。

（j）薄姑——（一一）、（一八）、（二一）。

（k）東土——（一七）。（見註五）

（l）維九邑——（二）。（註八）

此役所征討除殷外，悉皆淮北、魯南一帶諸侯，俱附從武庚及二叔叛亂者，而奄爲大國，故文獻多明舉其國名。

其二，明謂奄與武庚等同時而叛者，爲資料（二）、（三）、（一一）、（一二）、（一三）、（一四）、（一九）、（二〇）、（二一）九條，其中（二）、（二〇）、（二一）謂淮夷亦從叛。（一一）、（二一）謂薄姑亦附叛。又（九），但謂淮夷從叛而不及其它；（一八）謂薄姑從叛而亦不及其它。而絕無明言奄、淮夷、薄姑未從武庚等叛者。彼等既與武庚等同時起叛，則伐之當在周公攝政一至三年之內。

其三、據資料（一），伐奄、淮夷、薄姑不得遲至周公攝政四年；據（二），則征伐最早在二年之後；據（一二）、（二〇）、（二一），則在攝政三年伐奄等國，此與史記周本紀「周公討之，三年而畢定」、詩經豳風東山篇「自我不見，于今三年」合，皆謂首尾三個年頭，至周公攝政第三年乃敉平全部叛亂。至金縢篇云「周公居東二年」、史記魯周公世家云「寧淮夷東土，二年而畢定」，謂歷二整年。彼此並無矛盾。亦皆與西周金文合，說詳下。

其四、先秦文獻，除書序外（書序謂「周公相成王」征伐（五）），皆直言周公東征（見資料（二）、（三）及（一三））；漢以後文獻，尚書大傳、史記謂「周公乃奉成王命興師東伐」（一一）、（一七），或謂「周公攝政」時（一二）、或「攝位時」（一四）征討。其實當時成王幼少，未嘗親征，誥命乃周公以成王之命發布，誥命中之「王」皆爲成王（參看拙作「周公旦未曾稱王考」），故言周公相成王、周公以成王命或周公攝政征伐武庚等皆通，尚書周官序曰「成王既黜殷命，滅淮夷」，而大誥序「周公相成王，將黜殷」，同一黜殷，或謂周公相而伐之，或謂成王伐之者，蓋誥命既用成王名義發，謂成王親征，亦無不可，故書序、史記（見周本紀）如此作。征伐既自天子出令，漢書地理志直謂成王滅奄及薄姑（一八），合春秋大義。鄭玄明知成王幼少未嘗親征，惟因多方篇首「惟五月丁亥，王來自奄」及多士「昔朕來自奄」，「王」指成王、「朕」為成王自稱，乃作調停之說——「（成）王與周公征之，三年滅之」（一九），翻失史實。

其五、書序、史記皆謂踐奄僅衹一次，即當成王親政之後（即成王改元之第一年）。故書序次「成王政」、「將蒲姑」、「多方」（六）、（七）、（八）三篇於召、洛二誥（此二誥皆成王七年十二月著成）之後，且以為是役成王親征；而史記（一五）亦載踐奄、遷其君薄姑於建洛作召、洛二誥之後，惟以為周、召同征，而成王不與此役。案：伐奄僅一次，當如諸家所說，在攝政三年，書序敍於親政後，蓋亦見成王既幼少不親征，多方「王來自奄」之王又的指成王（書序斷然不認為周公稱王！），故不得不謂成王踐奄為親政後年長時事，而降有關三篇——成王政、將蒲姑、多方於召、洛二誥之後，此其致誤之因。史記（一五）因尚書成王政、將蒲姑二序而以踐奄、遷其君薄姑屬之親政之後（註九）；又采逸周書（二）「周公、召公外撫諸侯，征殷、熊」云云，定為二公共征。後世遂生出成王親政後奄人又叛之論，下將引之，且逐漸破其說。

四　奄人再叛說之檢討

（甲）持奄人再叛說者之論據

奄為殷末諸侯，於周為敵國，周公相武王伐之，是攻敵而非討叛。紂滅後，奄為周朝屬國，而與武庚、二叔、淮夷等作亂，周公以成王命往征，方是討叛。周公攝政三年叛亂全平，王師自東國回歸宗周，用書誥四國多方與殷侯尹民作多方篇。該篇首著發誥之時，曰：「惟五月丁亥，王來自奄，至于宗周。」五月，成王七年五月也；王，成王也；宗周，鎬京也。來自奄，謂征奄方還也。而多士篇（成王七年作，詳後。）「昔朕來自奄」云云，即追述四年前征奄回歸降四國民誥命之事。自書序、史記屬多方時代於召誥、洛誥及多士之後，僞孔傳乃首倡奄人再叛之說（註一〇）。其傳多方「惟五月丁亥」云云，曰：

周公歸政之明年，淮夷、奄又叛，魯征淮夷作費誓。（成）王親征奄，滅其國，五月還至鎬京。

孔穎達疏曰：

自武王伐紂，及成王即政，新封建者甚少，天下諸侯多是殷之舊國，其心未服周家，由是奄君重叛。今因滅奄，故告天下諸侯以興亡之戒。

以洛誥言歸政之事，多士之篇次之；多士是歸政明年之事，故知此篇亦歸政明年之事。事猶不明，故取費誓爲證。以成王政（政原誤作「以」）之序言「成王東伐淮夷」、費誓之篇言「淮夷徐戎竝興」，俱言淮夷，明是一事。故言「魯征淮夷作費誓」，「王親征（此處原衍「之」字）奄，滅其國」，以明二者爲一時之事也。

僞孔氏於成王政序傳曰：

成王即政，淮夷、奄國又叛，王親征之，遂滅奄而徙之；以其數反覆。

孔疏曰：

周公攝政之初，奄與淮夷從管、蔡作亂，周公征而定之。成王即政之初，淮夷與奄又叛，成王親往征之。成王東伐淮夷，遂踐滅奄國，以其數叛，徙奄民，作誥命之辭。

多方之篇責殷臣云：「我惟時其戰要囚之，至于再，至于三。」若武王伐紂之後，惟攝政三年之一叛，正可至于再爾，安得至于三乎？故知是成王即政又叛也。

多方本經「戰要囚之，至于再，至于三」僞孔傳曰：

戰要囚之，謂討其倡亂，執其朋黨。「再」，謂三監、淮夷叛時；「三」，謂成王即政又叛：言「迪屢不靜」。

孔疏曰：

其戰要囚之：其用戰伐要察囚繫之。至于再，至于三：以伐紂爲一；故「再」謂攝政之初，三監與淮夷叛時也；「三」謂成王即政又叛也，言上「迪屢不靜」之事。

傳、疏奄人再叛之說，宋林之奇（尙書全解卷三四頁二）、夏僎（尙書詳解卷二一頁二九）、蔡沈（書經集傳卷五）及近人曾運乾（尙書正讀卷五總頁二三六—二三七）承之。惟其論據不出傳、疏範圍，不須具引。宋薛季宣亦主奄人再叛，曰：

三監之亂，淮夷、奄夷固嘗動矣，周公遷民洛邑，已有「朕來自奄」（多士文）之語。多方戒以「自時洛邑」，則成王淮夷之役（敏案：薛氏意，包括奄夷。），在於洛成之後。（書古文訓卷十一頁二十）

明郝敬謂成王十一年（即親政後五年）奄人再叛，曰：

多方者，周公再奉成王討奄歸至洛而布告四方之辭，稱「臣我監五祀」，蓋周公治洛之五年也。奄人再叛，時成王在位十有一年。（尚書辨解卷七頁五）

近人楊筠如頗取郝氏說，曰：

篇中有「奔走臣我監五祀」一語，疑是周公監雒後五年之事，應即成王即位之十一年也。……史記殘奄在營雒之後，僞孔傳淮夷又叛之說，或有所據。（尚書覈詁卷四頁九七）

毛奇齡支持僞孔再叛再征之說，其所示重要理由：

周公攝政初年，奄與淮夷同三監再叛（敏案：再叛，毛氏用語大不妥。），時又伐奄，多士所云「昔朕來自奄，予大降爾四國民命」是也。是時管、蔡以殷叛，而奄與淮夷從之。周公東征，但取四國君而不及其民，故于遷殷時作誥多士，備述往時愛民之義以爲言。此述前伐奄，非敍後踐奄也。……東征伐奄，是周公事，故稱「朕來自奄」；成王不東征，焉得有「朕來」之文。且成王踐奄在營洛遷頑之後，爾時管、蔡已誅，武庚已

戮，安所得四國而云四國民命我將降之？（經問，皇清經解卷一七五頁五—六）

皮錫瑞以爲伐奄共三次：一是周公相武王伐奄，見孟子滕文公下篇；二是周公踐奄，即尚書大傳攝政三年踐奄，成王不親征；三是成王親自踐奄，在周公歸政後一、二年。多士篇，皮氏以爲成王即政元年事，其篇云「昔朕來自奄」之「朕」，是周公自稱，周公於多士篇代成王言時，於王之言辭中雜以自述之語，自述往事——言己於攝政三年（敏案：即大傳所說）曾自奄來，而與多方篇之「惟五月丁亥，王來自奄」無關（註一一）也。

孫星衍謂周公七年還政之後，奄人譖周公，成王踐奄，曰：

及七年反政，有譖（周）公者，成王疑之，公乃奔楚，成王開金縢悟，迎周公歸，乃作多士、毋逸，故此篇述「朕昔（敏案：朕昔當作昔朕。）來自奄」也。管、蔡流言時，奄君亦與知，尚書大傳載其事，其時未及誅奄君也。及反政後，又有譖公者，當即奄君，故蒙恬云「殺言者而反周公旦」，當謂成王踐奄也。（尚書今古文注疏卷二十總頁九七）

考上述僞孔傳、孔穎達、林之奇、夏僎、蔡沈、曾運乾、薛季宣、郝敬、楊筠如、毛奇齡、皮錫瑞及孫星衍十二家之說，得要點九條：

第一、成王親政之次年，淮夷、奄第二次叛周，魯伯禽征淮夷，作費誓；而成王親征奄，多方篇「王來自奄」，即謂是年征奄自奄地歸來；

第二、多方篇「我惟時其戰要囚之，至于再，至于三」，謂前後三次討（案：戰，彼訓戰爭；謂征討。）奄，且執其人而囚之；

第三、因多方篇書序次洛誥之後，知是歸政明年之事；

第四、歸政後奄人叛，成王親征，而攝政三年之叛，則周公征之，成王未嘗與於彼役；

第五、多方篇戒奄人有「自時洛邑」，可見著於洛邑建成之後；

第六、多方篇「奔走臣我監五祀」，自周公監洛後起數，據此以定其篇乃成王十一年作成；

第七、多士「大降爾四國民命」之特別解釋；

第八、多士篇周公述成王語中雜有周公言語；

第九、奄人於歸政後譖周公，而成王親往討之。

下小節將逐事論難之。

（乙）「奄人再叛說」駁義

尙書費誓篇曰：「徂茲淮夷，徐戎並興。……甲戌，我惟征淮夷。」淮夷，即淮水之北，古徐州之夷（詳第一節），時（與徐戎）又叛，經籍有明文。此叛當春秋魯僖公十六年，費誓「甲戌」，爲其年十二月二日：近人余永梁「粊誓的時代考」（載古史辨冊二頁七五—八一）、楊筠如尚書覈詁、屈師翼鵬尚書釋義（頁一三四—一三五）與曾伯霖簠考釋（載書傭論學集頁三八三—四一一）已予論定。奄人與淮夷再叛，經籍無有明文，而成王壽不至春秋之世，何及往伐奄？且伯禽受封于魯，在伐武庚後不久，當周公攝政時，左定四年傳、史記魯周公世家等皆說，亦非歸政之明年。書序謂費誓伯禽伐徐夷作，誤；史記魯周公世家則謂徐戎、淮夷與管、蔡並反，伯禽伐之作費誓，益誤；而僞孔傳等臆添奄人同叛，又據劉歆三統歷（漢書律歷志一下引）成王改元元年（即親政之次年）封伯禽于魯，謂成王征奄之重叛，即在此年。皆顯然謬誤。——駁第一條。

多方篇周公以成王命戒四國多方及殷侯尹民曰：「我惟時其教告之，我惟時其戰要囚之，至于再，至于三」，要囚一句：要囚，幽囚也。戰，于省吾雙劍誃尚書新證（卷四頁十）曰：「戰，……應讀如洛誥『乃單文祖德』之單，訓盡。王念孫謂國語『戰以錞于丁甯』，戰讀爲憚。蓋單、殫、戰、憚古並通。我惟時其戰要囚之者，我惟是其盡幽囚之也。」僞孔等戰訓討伐，連下要囚，文義甚難通。如從于氏說，竝上「我惟時其教告之」及下「至于再，至于三」義亦遂暢；謂教告、幽囚殷民至于二次、三次也。且下文「乃（假若）有不用我降爾命」，命即上文「教告」之謂；又「我乃其大罰殛之」，比上「要囚」處罰加重，文亦相承接。「教告之」與「要囚之」二句皆貫下文解之，論衡譴告篇曰：「管、蔡篡畔，周公告教之，至於再三。」清任啓運曰：「『至再，至三』本非實數，大意我之數汝至再至三而汝猶不從，則將大罰殛之耳。」（清芬樓遺稿卷三頁二三）江聲曰：「我教告爾以至再至三矣，乃有不用我所下于爾之教命者，我乃大誅罰之。」（尚書集注音疏，皇清經解卷三九七頁三一）僞孔氏等曲解「再、三」爲二戰伐、三戰伐，且牽引所謂周公與成王誅叛事分屬之，已大失經義；矧多方篇雖告天下諸國，實爲殷民再三不服而發，若摘其中數語，以專屬之征奄事，尤其荒誕！決不可從。——駁第二條。

今載僞孔本各篇首之所謂百篇書序，始堯典，終秦誓，知作序者按各篇記事之時代編敘。其周書召誥以下，依次爲洛誥、多士、無逸、君奭、蔡仲之命、成王政、將蒲姑、多方、立政、周官、……。以成王政次洛誥後，鄭玄曰：「其編篇於此，即云未聞。」（書疏引成王政序鄭注）多方與立政、周官，鄭亦以爲竝是成王三年事，不應次於此（已詳第三節資料（二一））。僞孔氏等沿書序之失次，而誤認奄人於歸政後又叛，日知錄（卷二）曰：「孔傳以爲奄再叛者，拘於篇之先後，而強爲之說。」崔述曰：「僞孔傳又謂成王之世奄凡再叛，乃因多方、多士篇第失次而誤。」（豐鎬考信錄卷四頁十九—二十）探其致誤緣由，皆甚允。——駁第三條。

由書序用語，知其於所謂成王征伐與周公相成王征伐，暗加區別，惟尚未明言，且不甚嚴格（註一二）。雖然，鄭玄已爲所惑（註一三）。至僞孔氏始明著「親征」之語於所謂伐奄之役解說中，而孔疏申之。成王誠未親征奄，然誥命皆由王發，故多士篇史官記三年黜武庚、伐淮夷、踐奄之往事，「（成）王曰：多士，昔朕來自奄，予大降爾四國民命」，朕，成王自稱。所以然者，孔疏解釋曰：「於時王不親行，而王言『我（朕）來自奄』者，周公以王命誅四國，周公師還亦是王來還也。」是無異承認：在周公攝政期間，凡國家行事，雖由周公執行，而朝廷公文得記爲成王親理。此不僅書本文獻可徵，西周彝器銘文記周公攝政時征討商及其東方國，或曰「王克商」，或徑曰「成王伐商」，或一器之中「王」與「周公」前後並舉（均詳下節引銘文），尤爲明證。皮錫瑞堅持周公稱王說（亦詳拙著周公旦未曾稱王考），又因尚書大傳言周公於三年踐奄無法否認，而多士篇之「王曰」又確爲成王之言，乃生造怪論，謂周公代王之言中夾以自己之回憶錄；成王未曾親征，「朕」是周公自稱。案：國家正式誥命固無此種體制，亦根本非事實。皮說如斯紕謬！毛奇齡謂成王未親征三監及奄，然多士「朕來」明乃成王言，毛卻強指爲周公自言，更無解說，牴牾衝突，不待辨而知其謬矣。——駁第四及第八條。

武王在世時，即有意營東都於雒邑，桓二年左傳曰：「武王克商，遷九鼎于雒邑。」杜注：「時但營洛邑，未有都城，至周公乃卒營雒邑。」武王欲以雒邑爲都，亦見於逸周書度邑篇，武王謂周公旦曰：「自雒汭延于伊汭，居易無固，其有夏之居。我南望過三塗，我北望過于嶽鄙，顧瞻過于有河，宛瞻延于伊雒，無遠天室。」史記周本記用其說，且謂武王「營周居于雒邑而後去」。雖嘗遷鼎于雒（雒邑此前已有人居住（註一四），），營度其地理位置，認新都宜宅于此，然未及營建，武王即已作古。成王承其遺志，命周、召二公營建之，逸周書作雒篇亦有說。正式營作洛邑在攝政七年，然預作安排布置，則早已進行，而先遷部分殷民於洛，即其經營計劃之一。觀逸周書作雒篇「凡所征熊盈族十有七國，俘維九邑；俘殷獻民，遷于九畢」（註一五）及左定四年傳分「殷民六族」予魯伯禽，知武庚、二叔亂平後，嘗妥按計劃遷徙殷民。遷殷民於洛，當在此一時期——攝政三至四年之間。時既已有殷遷民，故多方篇曰：「爾乃自時洛邑（註一六），尚永力畋爾田。」於此，清陳喬樅先得我心，曰：「此（多方篇）誥多方在攝政三年，而云『自時洛邑』者，蓋成周之營，本爲安集所遷之殷民（敏案：安集殷民乃目的之一，陳說未盡。），多方作於克殷踐奄以後，此時將遷殷民於雒，故先誥之。召誥云：『厥既命庶殷，庶殷丕作。』是殷民早已先集雒邑，知遷殷在封衛之前，而非在營雒之後也。」（今文尙書經說攷卷二五頁十一）清莊述祖（劉逢祿書序述聞頁四一—四二述引）謂「爾乃自時洛邑」云云與攝政三年著成之多方不相容，乃說爲錯簡（本宋人說），移置多士篇，其不明洛地早有居人，而遷殷民早在洛邑作成之前，誤因與薛季宣氏同。——駁第五條。

多方「今爾奔走臣我監五祀」，關係本篇著成時代甚大，茲略述古今重要說法，並逐條討論如下。僞孔傳曰：

監謂成周之監，此指謂所遷頑民殷衆士，今汝奔走來徙臣我（敏案：原衍一「我」

字。）監五年，無過則得（敏案：原誤作是。）還本土。

孔穎達疏曰：

五年再閏，天道有成，故期以五年，無過則得還本土。以民性重遷，設期以誘之。

案：傳、疏妄解，王鳴盛破其說，曰：

傳意以「五祀」爲虛設之言，謂若能五年相安，即可以復還本土矣。翫下節（王）肅注則此乃王義也（註一七）。愚謂此特王肅臆見，經無此意。若果如此，適所以擾亂殷民，非所以安集之也。蓋遷眾殷民，其親族昏姻相從俱遷，無所復戀于故土，且成周非荒遠之區，又非磽薄不毛之地，五年之後，則又土著重遷矣，誰復懷故土乎？若欲遷之，是非復也，是再遷也，彼頑民其能聽從乎？（尚書後案，皇清經解卷四二六頁十三—十四）

林之奇據經文以究其失，尤能深中肯綮，曰：

多士曰：「爾厥有幹有年于茲洛」，此（多方）篇曰：「乃自時洛邑，尚永力畋爾田」。曰「有年」，曰「永力」，皆謂其能遷善遠罪，則其子子孫孫永居洛邑而不絕，不然則「離逖爾土」矣，尚安得有年乎？安得永力乎？（尚書全解卷三四頁十七—十八）

薛季宣、元金履祥、元朱祖義皆謂「五祀」自三監叛之年順數五年，下至發多方之年。薛氏書古文訓（卷十一頁二十）曰：

五祀，三監叛後之年也。

金氏書經注（卷十頁二二）曰：

監五祀者，監即三監，謂其從三監以叛，於今五年也。

成王元年三監叛，下數五年爲成王五年，故金氏通鑑前編（卷七）繫多方篇於該年。朱氏尙書句解（卷十頁八）曰：

今爾等多士，自周公東征，奔走臣服我所立之監已五年矣。監爲諸侯監民者。

案：周公東征之年，即三監叛之年，朝廷方務討叛，不暇立監，朱說無據。薛氏似與金氏同，釋「奔走臣我監」爲從三監奔走叛亂。夷考「奔走」，詩書義皆爲「勤勉」，並無勤勉於叛亂爲惡之例。尙書「奔走」例三見，另二例：

酒誥篇曰：「奔走事厥考厥長。」——勤勉事奉其父親及長上也。

多士篇曰：「亦惟爾多士攸服，奔走臣我，多遜。」——亦爲汝多士能服從我，勤勉工作，多多順遜也。

金氏不知闕疑，強爲之解，大乖經義。

宋黃度、清許鴻磐、近人曾運乾皆自誅三監叛年數起。黃氏曰：

監，察也。爾奔走臣我，我監察汝五年矣。周公居東三年，罪人斯得，於是置監，至今

五年。（尚書說卷六頁十四）

許氏曰：

竊謂自三叛既誅以後，則衛地豈無官以監之？……今成王八年矣，自三年誅叛設監至今，正是五年。（尚書札記，皇清經解卷一四一二頁十七）

曾氏曰：

周公攝政三年踐奄，至成王即政元年，適五祀也。（尚書正讀卷五總頁二四三）

案：成王七年作洛前，一因安集殷民，一因需要勞力，頗遷殷都及其附近殷民。至徙封康叔于衛，其地民情漸定，而後洛邑亦成，似不需再大事強遷殷民。三家之說不甚近情理。

蔡沈書經集傳（卷五）則曰：

監，監洛邑之遷民者也。……言商士遷洛，奔走臣我監於今五年矣。

案：蔡氏謂多方成王即政之明年作，逆推五年，則商士遷於成王四年，是年始監之。上引郝敬、楊筠如亦謂監爲監洛邑，惟云自周公監洛之年（即成王七年）起數。考本經「爾乃自時洛邑」云云，明始遷於洛以辭戒之，既爲始遷來洛，何得謂監之於洛已歷五年？故此三家說亦皆失實。

曰：

江聲、陳喬樅皆自武王立監之年起數。江氏尚書集注音疏（皇清經解卷三九七頁三一）

武王命三叔監殷，殷民皆臣服，于茲十年矣。言五祀，本其未叛時言也。……臣我監者，俑其往日之善以誘道之。

陳氏今文尚書經說攷（卷二五頁十一——十二）曰：

武王克殷而立武庚，命三叔監之，越五年而武王崩。三監之叛，在周公居攝之初，距立監時有八年矣。惟起始五年之閒，殷民未萌畔志，乃爲臣服。經言五祀者，是本其未畔時言也。

案：本經「今爾奔走臣我監五祀」，明謂臣我監至今五年，不云「昔爾臣我監五年」，非就其未叛時言甚曉。且謂武王立監五年而崩，於文獻亦無據（說詳下）。故江陳之說又不可盡從。——以上駁第六條及其有關諸說。

余謂：臣，服也（廣雅釋詁一）。「監」當訓「諸侯」，林之奇曰：「周官太宰曰：『乃施典于邦國，而建其牧，立其監。』注曰：『監謂公侯伯子男，各監一國，書曰：「王啓監，厥亂爲民。」』然則監者，蓋指諸侯而言。……啓監云者，正猶曰立其監也。言王者建立諸侯，使之各監一國。」（尚書全解卷二九頁三四梓材篇「王啓監」下）此「我監」，謂「我周人所立之諸侯」——管叔、蔡叔（註一八）。多士篇成王戒遷洛之殷頑民曰：「我乃明致天罰，移爾遐逖，比事臣我宗，多遜。」我宗，謂我姬氏，即我周也（尚書釋義頁一〇五）。下「奔走臣我」，臣我，亦猶臣我周。我周，謂我周王室，與「我監」之指我所立之諸侯異。武王十一年克殷，當年立二叔爲監，後二年（十三年）卒（註一九），次年（即攝政元年）武庚、二叔及奄、淮夷叛，周公奉王命往伐，攝政三年亂平，自奄地歸宗周，遂發多方，遷殷民于洛。自立二監至此，歷時五年（六個年頭），故本經曰「今爾奔走臣我監五祀，越惟有胥伯小大多正，爾罔不克臬。」正江氏聲所謂「稱其往日之善以誘道之」也。

多士篇曰：「昔朕來自奄，予大降爾四國民命。」

多方篇曰：「我惟大降爾四國民命。」

僞孔氏多方傳曰：「我惟大下汝四國民命；謂誅管、蔡、商、奄之君。」孔疏曰：「我惟大下黜汝管、蔡、商、奄四國之君也。民命，謂民以君爲命，謂誅殺四國之君也。」（多士傳及疏略同）毛奇齡四國降命之說，依傳疏。然而非也。四國，王肅已訓四方之國（多方疏引）（註二〇），謂天下；降命，謂頒布朝命。大降爾四國民命，謂徧頒汝四方國之民眾以王命也。多方上文「我惟大降爾命」、下文「乃有不用我降爾命」，降命亦皆謂下頒朝命，不容曲解。——此駁第七條。

史記蒙恬傳曰：「蒙恬曰：……及成王有病甚殆，公旦自揃其爪，以沈於河曰：『王未有識，是旦執事有罪殃，旦受其不祥。』乃書而藏之記府，可謂信矣。及王能治國，有賊臣言周公旦欲爲亂久矣，王若不備，必有大事。王乃大怒，周公旦走而奔於楚，成王觀於記府，得周公旦沈書，乃流涕曰：『孰謂周公旦欲爲亂乎？』殺言之者，而反周公旦。」（魯周公世家亦記此事而簡略）愚案：此蓋金縢周公禱神欲代武王死事之誤傳，周公避流言於東國誤作奔楚。奄人嘗教唆武庚興叛（見大傳），至成王即政時，早已國滅君遷，安得復譖周公，且以待罪之身，遠在東鄙，而其言爲成王取信，竟如斯之易，必不然矣。孫氏漫取其事；矧蒙傳「殺言者」，不過謂誅讒人，則三、五臣衛足制其命，何必整師旅，勞王親征於千里之外，孫說純出肊度，亂經者也。——此駮末第九條。

五　申論奄人不復叛

周成王方克商伐淮踐奄歸，殷民——特以居殷故都者——心猶不甚服，多方篇「爾乃迪屢不靜，爾心未愛，爾乃大不宅天命，爾乃屑播天命，爾乃自作不典，圖忱于正」，皆對此類「頑民」而發，說者援爲奄人再叛再征之證驗，識者所不取。矧僞孔奄人再叛說本無所據，茍謂之有，則晉皇甫謐帝王世紀耳。世紀（卷一頁四一）謂：「（成）王既營都洛邑，復居酆、鎬，淮夷、徐戎及商奄又叛，王乃大蒐于岐陽，東伐淮夷。」愚考僞古文及傳，明梅鷟已疑皆皇甫謐僞製（見尚書考異）；既同出一手，即無所謂依據矣。若謂呂氏春秋古樂篇「商人服象爲虐于東夷，周公遂以師逐之，至于江南」，與所謂成王再征奄叛爲一事，余誠恐後之好事者將舉一切周公、成王東伐附會爲踐奄之役矣。

奄與淮北海東之夷地壤鄰接，攝政之初與叛，成王滅其國，尋以其地封魯伯禽；遷其君於蒲姑，受制於齊。其地既屬魯，若果奄地再叛，是魯叛，則成王當征魯，而不應言成王踐奄；若果奄人叛魯，則當由伯禽征之。故彝器銘文「屢記淮夷叛亂之事」（尙書覈詁卷四頁九七）（註二一），而所謂奄人復叛，則未嘗一記。惟或者將援一、二器物，指某銘記成王伐奄，某銘載周公東征，似若可信，其實非也。茲據陳夢家西周銅器斷代所錄成王時有關器物，並略依其考，辨之如下。

小臣單觶：「王後坙克商，才成𠂤，周公易小臣單貝十朋，用作宝䵼彝。」

案：坙，黜也。才，在也。𠂤，即師。易，即錫（賜）。王，謂成王。單，臣名。王後坙商，謂成王伐武庚；武王前克商，故此云後黜。成師，地名。周公錫單貝，大臣賜物小臣，此類事，彝銘常見。此銘既以王與周公先後並列，是王自成王；周公自公。又成王幼少不親黜商，而此云『王後坙克商』，是周公攝政期間，成王未親行征討，而文獻亦得記王親行，上節之（乙）小節已言之。

康侯毀：「王朿伐商邑，祉令康侯圖于衛，渣辭土逘眔圖，乍氒考䵼彝。」

案：康侯，康叔封也。王，成王。朿，即刺。刺伐商邑，謂伐武庚。……成王不親征，而得記其刺伐，此又一證。

宜侯夨毀：「隹四月辰才丁未，□□珷王。成王伐商圖，遂省東或圖。王卜於（于）宜，齊侯□鄉。王令虞侯夨曰：『□侯于宜』；易䙴鬯一卣、……宜侯夨揚王休，乍虞公父丁𠊩彝。」

案：隹，即惟，語詞。四月辰才丁未，記月日。□□珷王，言祭祀武王；將征伐，先告廟也。省，至也。或，即國。卜，赴也。「成王」二句，陳夢家曰：「兩『圖』字應讀作邊鄙之鄙；圖之作鄙，猶金文國之或作郕。銘記成王伐商鄙，則武庚之叛，成王東踐奄之事，乃是事實。此商鄙當指商奄或商丘之鄙。因伐商奄或商丘之鄙，遂省於東國之鄙——即宜。」此器明言成王伐商鄙，至東國，與逸周書作雒篇「東」、呂覽察微篇「東夷八國」，皆應包奄國在內，雖史記魯周公世家亦言武庚叛時，周公奉王命「寧淮夷、東土」（詳第三節資料）。由書本文獻證以地下材料，踐奄實成王三年事。成王雖不親行，銘文得言成王伐之，此又一明證。

𡌬方鼎：「隹周公于征伐東尸、豐白、尃古，咸𢦏。公歸𩞁於周廟。戊辰，㱃秦㱃，公賞𡌬貝百朋，用乍𠊩彝。」

案：尸，即夷；意者東尸，指淮夷。豐白，地名，今山東省濟寧縣，在曲阜西南，近曲阜。尃古，即薄（蒲）姑。淮夷、奄、薄姑共武庚等叛，書本文獻（逸周書、韓非子、尚書大傳、呂氏春秋等）載周公東征伐淮夷、薄姑，踐奄，與此同屬一事。宜侯夨毀記成王伐商鄙，至東國，此謂周公東伐，同屬一役。此記周公伐，謂師由公帥領；前器記成王伐，因令自王出，雖王不親行，亦得稱之。周廟，宗周之廟，與多方「王來自奄至于宗周」尚合。又銘文曰「周公征伐」、「公歸祭」、「公錫貝」，是器記當時事，足證時周公不稱王。

禽毀：「王伐䕌医，周公某，禽祝，禽又敐祝，王易金百寽，禽用乍寶彝。」

案：䕌医即蓋侯，即墨子耕柱及韓非子說林篇所述周公征伐之「商蓋」，亦即商奄（已詳第一、三節）。周公，謂旦。二「禽」字皆謂伯禽。則此又記成王伐奄。

岡刼尊：「王征䕌，易岡劫貝朋，用作朕高且缶𪜯彝。」

案：陳夢家曰：「此尊，……與禽毀同，都是成王所伐的奄。」

據陳氏所錄西周銅器，絕無一器銘文明載奄人復叛者。此其一。據上述有關六器，東伐武庚、淮夷、奄、薄姑等國，銘文或言周公、或記王、有時且直記「成王」征之。以事實論，東伐爲周公，成王幼不親行；若以發誥命者言，東伐爲成王，故彝銘亦得稱之。此其二。同爲記載周公攝政期間事情之器物，周公、成王雜見；且時而一器之中「王」與「周公」竝列：明周公非王，王非周公也。

六　尚書多士篇著成時代

據彝器銘文與書本文獻，奄人不復叛，踐奄乃周公攝政三年、而非成王親政後事。踐奄既祇一次，尚書多士篇「昔朕來自奄」之「昔」，自係追述三年踐奄之往事；而多方篇第自應次多士之前，如鄭玄所言者矣。茲先論多士著成時代。

多士篇之所以作，書序曰：「成周既成，遷殷頑民，周公以王命誥，作多士。」史記周本紀述營洛作召誥、洛誥之後，乃曰：「成王既遷殷遺民，周公以王命告，作多士、無佚。」（案：「無佚」是衍文（註二二）。）是書序、史記皆以此篇爲成王親政後遷殷民於洛，周公承王命誥之之辭。序曰「殷頑民」、史曰「殷遺民」，即本篇經文之「商王士」——故殷朝之官員也。經文又曰：「予惟時其遷居西爾」，書疏曰：「從殷（朝歌）適洛，南行而西迴，故爲居西也。」經文又曰：「爾厥有幹有年于茲洛。」據此，是自朝歌徙殷官員於新邑洛也。漢書地理志及賈逵左傳注（書疏引）皆以遷邶、鄘之民於成周，邶、鄘在朝歌附近，說與序、史略同。

書序、史記既主此篇爲親政後事，諸本又次洛誥之後，故舊皆以爲成王即政之次年（書疏引鄭玄說、僞孔傳等皆然。）作。宋吳棫始作異論，曰：「武王已有都洛之志，故周公黜殷之後，以殷頑民反覆難制，即遷于洛。至是，建成周，造廬舍，定疆場，乃告命與之更始焉爾，此多士之所以作也。由是而推，則召誥攻位之庶殷，其已遷洛之民歟！不然，則受都今衛州也，洛邑今西京也，相去四百餘里，召公安得舍近之友民，而役遠之讎民哉！」（蔡沈書經集傳卷五引）吳氏謂「黜殷之後，既遷（殷頑民）于洛」，似謂遷事在攝政三、四年。又謂召誥營洛之前，已「建成周，造廬舍，定疆場」，遂告命與之更始——此告命即此多士篇。吳說殆皆肊決，未有確據；然謂多士非營洛後著成，則予後人啓示頗大。

召誥篇：「越若來三月，……乙卯（十二日），周公朝至于洛，……甲子（二十一日），周公乃朝用書命庶殷——侯、甸、男邦伯。厥既命庶殷，庶殷丕作。」此命殷官員效力作洛，與多士篇首「惟三月，周公初于新邑洛，用告商王士」之「三月」相合。且云「新邑洛」，與召誥記新營建洛邑事亦符。宋人因是以多士篇經文五百七十二字即召誥周公「用書命庶殷」之「書」——即公文書也。宋陳傅良曰：「此（多士）二篇皆稱『王若曰』，則是相宅年之三月作之，不待辨而知也。」（元董鼎書蔡傳輯錄纂註卷五頁十七多士篇「惟三月」下引）陳氏說固是，然其詳則不得而知矣。金履祥曰：「惟三月，七年之三月也。……周公以三月乙卯至新邑，以書命庶殷。……而舊說以爲明年之書，失之矣。周公營洛至成王烝于新邑，命周公留後于洛矣，奚爲明年而曰『初于』，又何爲周公營洛與初政于洛二年之間，皆以三月？然則謂明年之書者，孔氏之失也，亦書序誤之也。」（書經注卷九頁二四多士「惟三月」下）金氏又於召誥「朝用書命庶殷」下注曰：「（書）即多士之書也，蓋以王命爲書誥命庶殷。」（書經注卷九頁二）因繫本篇于周成王七年，且采錄經文附於其下（見所著通鑑前編）。其說吳澄（書纂言卷四頁八十）、魏源（書古微卷十頁十）皆是之。陳櫟且申之曰：「蔡氏從孔氏，以此三月爲祀洛次年之三月，皆以書之編次意之耳。按召誥、洛誥及脫簡在康誥之日月，周公正以七年三月至洛，此之三月即彼之三月也。得卜經營之時，便告商士，此專爲告商士而作，故史自錄爲一書，而次之洛誥之後。七年無兩七年，三月亦無兩三月也。」（書蔡傳纂疏卷五頁十五）

案：金氏、陳櫟之說甚確。今就本篇經文考之，「今朕作大邑于茲洛」，明言今正作大邑于洛之時，若次之于八年三月，洛邑已營成，誥辭安得言之？「爾乃尚有爾土，爾乃尚寧幹止」、「今惟爾時宅爾邑，繼爾居」，下總曰：「爾乃有幹有年于茲洛」：皆預許殷眾士得有其土田居處於斯新邑營成之後。又由「爾小子乃興從爾遷」語推之，此蓋周人安頓殷民于洛之初步，後當續遷；此戒眾士安于新邑，以影響「小子」亦皆服從徙置之命。凡此，皆與營洛當時情勢合。固不得不棄書序，與從宋人之說矣！

結論：多士篇爲周成王七年（即周公攝政之七年）三月二十一日（甲子）朝周公旦以成王命告殷眾官員之公文書。

七　由多方多士經文求兩篇關係

洛邑成而周公歸政，多士撰作在其先；多士稱述多方之敍事，則多方更在多士之先，其非成王親政之明年成書顯然。第欲確認多方、多士關係，莫若求之兩篇經文；先儒治書，頗知用工於此。余茲斟酌諸家之說，裁汰複重，刪黜疑似，附以拙見，理爲五類，條引本經，疏明兩篇關係，以定其先後之次第。

（甲）多士申多方之命

多方與多士或係同一史官所撰，元胡士行曰：

（多方）與多士辭，一口出入。（尚書詳解卷十頁六）

即或不爾，作多士之史官必按據多方檔卷（註二三）作書。多方乃初誥，多士則爲申誥。多士「今予惟不爾殺，予惟時命有申」，吳澄曰：

今我惟不欲殺汝，故惟以是昔日誥多方之命又重言以告爾殷士。（書纂言卷四頁八六）

清簡朝亮曰：

蓋自昔言之，至今爲信，故曰「今予惟不爾殺」；時命者，是昔來自奄之降命也。即多方所命四國殷多士者也。申，重也。蓋昔惟初命，今惟申命也。（尚書集注述疏卷二十頁十四—十五）

多士之誥，自多方之誥而申之也。（同上頁十七）

初命、申命，二家皆未舉出經文，清王夫之則予列舉，曰：

多方曰：「我惟大降爾四國（民）命」，又曰：「今爾尚宅爾宅，畋爾田」：皆初告之詞。多士曰：「昔朕來自奄，（予）大降爾四國民命」，……又曰：「爾乃尚有爾土，爾乃尚寧幹止原注：「今尚之尚，庶幾也；乃尚之尚，猶也。」：則皆申告之語。」（書經稗疏卷四頁二三）

案：多方曰「爾乃自是洛邑」，誥始遷之民今而後當以此洛土爲宅，耕此洛土，故下文曰：「尙永力畋爾田」，「尙」爲希冀之詞。多士「乃尙有」、「乃尙寧」，尙當訓猶，乃申告之語。船山說大致得之。

（乙）多方之「（今）來」即多士之「昔來」

二篇皆著降命于民之語，何以徵兩命之後、先？吳棫曰：

「來自奄」稱「昔」者，遠日之辭也；「作大邑」稱「今」者，近日之辭也。（元董鼎書蔡傳輯錄纂註卷五頁二十引）

吳才老所謂「遠日之辭」，指多方「王來自奄」，此由彼主張多方在多士之前知其意（註一四）。王柏會集兩篇有關「降命」語句作比較，曰：

多方當在前，多士當在後。多方曰：「告爾四國多方，惟爾殷侯尹民，我惟大降爾四國民命，爾罔不知。」又曰：「我惟大降爾（四國民）命。」多士曰：「昔朕來自奄，予大降爾四國民命。」此可以知其先後也。（書疑卷七頁三）

其徒金履祥申之，曰：

多方敍云：「王來自奄」，（多方）書云：「我惟大降示（爾）四國民命」。而多士之書曰：「昔朕來自奄，我惟大降爾四國民命」。則此（多方）篇當在多士諸篇之前也。

（尚書表注卷下頁三七）

清人亦發類似之言，而益明確，莊述祖曰：

「昔朕來自奄，予大降爾四國民命」云云，此言成王黜殷命，殺武庚，誥庶邦之事，即多方是也。（劉逢祿書序述聞頁四二述引）

江聲解多方「王來自奄」曰：

鄭康成曰：「郇國，……周公居攝時亦叛，王與周公征之，三年滅之，自此而來歸。」聲謂：多士云「昔朕來自郇」，即謂此時；然則多方在多士前，且不比也。……多士篇云「昔朕來自郇，予大降爾四國民命」，即此（指多方「王來自奄」）下文所云「誥爾四國多方，我惟大降爾命」是也。（尚書集注音疏，皇清經解卷三九七頁二三）

即皮錫瑞亦無法否認經文「昔朕來自奄」云云，爲周公追述攝政三年踐奄，大降四國民命之事（今文尚書攷證卷十九頁四）。

案：多方云：「猷，告爾四國多方，……我惟大降爾命」，語在誥辭之首，故特致其詳明；至篇中重提首語，則稍簡略，曰：「今我曷敢多誥？我惟大降爾四國民命」。迨多士申前降誥之事，於篇中（非篇首）則更濃縮爲「予大降爾四國民命」，上增「昔來自奄」，以指實其爲往事。「四國多方」等於「四國」；「惟」，語詞，可有可無。雖其句型變易，然出自因承顯然。

（丙）多士記事與詞氣因承多方

不惟「今」、「昔」可確據以定二書之後先，即由二篇詞氣與記事相因，亦可覘其早晚：

多方曰：「……我則致天之罰，離逖爾土。」多士承多方書，述當年飭遷之事曰：

「……我乃明致天罰，移爾遐逖。」

多方曰：「時惟爾初；不克敬于和，則無我怨。」初謂始遷于洛，乃其去惡從善改舊爲新之基始；若不克敬于和，（我將懲處之，）則毋我怨。多士承之，記周人續遷殷民（即對殷人之懲處）曰：「予惟時其遷居西爾，……時惟天命，……無我怨。」

多方曰：「今爾奔走臣我監五祀」，言汝等疇昔奔走臣我矣，多士承之，曰：「奔走臣我，多遜」，言今後汝等更應多多服事我周家也。

（丁）兩篇敘事繁簡、辭氣嚴寬皆有別

多士、多方所誥事情多雷同，要旨亦無殊。而多方文繁，多士文簡，江聲嘗舉多方「惟帝降格于夏，有夏誕厥逸，不肯慼言于民；乃大淫昏，不克終日勸于帝之迪，乃爾攸聞」，與多士「（有夏不適逸），則惟帝降格，嚮于時夏，弗克庸帝，大淫泆，有辭」對比，言其所以詳略之故曰：

……是以斥言有夏，多士云「有夏不適佚」，則又云「（夏）弗克庸帝」，是亦斥言夏，與此篇（多方，下同。）稱夏同意。……若然，多士篇在前，則此誼當于多士發之；今乃于此篇發之者，以此篇之文詳于多士，而誥多方又前于誥多士，故于此發之。而多士之誼，即于此（多方）互見焉。（尚書集注音疏，皇清經解卷三九七頁二五）

案：多士五百七十二字，多方七百九十一字（竝據唐石經本），多方果詳于多士。多方在前，辭意多已周備；多士在後，於承敍類似情事，每約取其文意，故簡（參本節之（乙）小節末段）。此點江氏開示有功。

莊述祖又體會多方、多士兩篇辭氣，覺其有寬、嚴之別，論曰：

多方作于成王三年，商邑甫定，辭駿厲而嚴肅；多士作于成王八年（敏案：此稍失。），成周既成，辭和風而甘雨。（劉逢祿書序述聞頁四二引）

莊氏未舉出駿厲者何辭，甘和者何辭，劉逢祿用其舅氏之說，亦未舉實證（見尚書今古文集解卷二十頁五）。幸早先金履祥已見及此，且舉兩篇末簡爲證，曰：

多士之末，其辭婉；而多方之終，其辭嚴：所以言之時異也。若其諄勤反覆之意則同。（書經注卷九頁三二）

案：多士末「王曰……：『時予乃或（誨）言，爾攸居』」，確比多方「又曰：『時惟爾初；不克敬于和，（此處蓋省「罰及爾身」類句）則無我怨』」辭氣爲溫婉。檢兩篇經文，尚有它例，足證成金、莊二家意見。如多士成王解釋周人伐殷於殷民，曰：

今惟我周王，丕靈承帝事。有命曰：「割殷！」告勑于帝。惟我事不貳適，惟爾王家我適。

末二句謂不得已割商，語至婉謹，幾不似勝國君王誥亡國餘民之辭。多方則不然，曰：

……非天庸釋有殷，乃惟爾辟以爾多方大淫圖天之命，屑有辭。……乃惟爾商後王，逸厥逸，圖厥政，不蠲烝，天惟降時喪！

案：周誥諸篇絕多將亡殷之罪悉歸紂王，上文不但辭氣嚴厲，且聲斥受誥之殷民「罪大而多」（「大淫圖天之命」、「屑有辭」。）。多方當大亂之後發布，須以兵威刑律抑制殷頑，故措辭駿厲。多方又面責殷民曰：

爾乃惟逸惟頗，大違王命！

爾乃迪屢不靜，……爾乃大不宅天命，爾乃屑播天命，爾乃自作不典！

「爾乃」下連言其罪狀，言汝等竟然……，竟然……。既又質問殷民曰：

爾曷不忱裕之于爾多方？爾曷不介夾乂我周王、享天之命？……爾曷不惠王熙天之命？

詰責殷民，辭迫而傲，非成王親政後命誥氣象；而多士篇不見。

(戊) 多方多士用字詞特殊

多方與多士頗同用特殊字詞，而此類字詞，尙書它篇不之用。此非尋常，應加探討。

多方篇：「非我有周秉德不康寧」，——多士篇：「非我一人奉德不康寧」。——第一組。

案：奉義同秉。「奉德不康寧」，廿九篇尙書祗此二見（「康寧」雖另一見於洪範，然意義大不同。），且二句幾乎全同。

多方篇：「迪簡在王庭，尚爾事，有服在大僚」。——多士篇：「迪簡在王庭，有服在百僚」。——第二組。

案：此組用字亦幾乎全同（多方乃告殷民，故多「尙爾事」；多士此二句乃設爲殷民自述，故不必有之。）。「迪簡」，它篇不見。

多方篇：「天惟畀矜爾」，——多士篇：「天惟畀矜爾」。——第三組。

案：二句字盡同，它篇無此句；「畀矜」一詞，廿九篇尙書亦祗此二見。

多方與多士篇舉有夏事爲鑒，皆曰：「惟帝降格」。——第四組。

案：它篇皆不用「惟帝降格」。

多方、多士兩篇用語相似之處（如「宅爾宅」之類），此不暇畢舉。上所舉四組，均屬兩篇用語自同而它篇不用之例。此現象之形成，余測其故有三：兩篇敍類似事情，遣詞用字，固易於雷同：此其一。後篇作者根據舊案卷（前篇）草撰新誥辭：此其二。其三、兩篇均爲同一人作；此點請再添一佐證如下：

尙書大誥（含）以下十二篇，以「爾」、「汝」作第二人稱代名詞，計：

篇名	汝	爾	附註
（一）大誥	○	十四	
（二）康誥	十九	○	本篇兩用「爾」，皆非人稱代名詞。
（三）酒誥	四	八	
（四）梓材	一	○	
（五）召誥	○	○	
（六）洛誥	八	○	
（七）多士	○	三十四	
（八）無逸	四	○	
（九）君奭	九	○	

（十）多方	○	五十二	
（十一）立政	○	二	
（十二）顧命	二	四	合康王之誥篇。

案：武王、成王、康王之世，「爾」、「汝」並作二身人稱詞，由上「汝」字四十七見、「爾」字一百十四見，且各種位均有可知。（二）、（六）、（八）、（九）及（五）（（五）召誥召公告成王，概稱之「王」，且與洛誥同為史逸撰，應與洛誥法度一致。（四）梓材孤證，舍之弗論。）皆衹用「汝」，而不用「爾」。（三）、（四）皆「爾」、「汝」並用。獨大誥、多士、多方三篇衹用「爾」而不用「汝」（（十一）立政衹二例，且均在領位，亦舍之弗論。），其中多方、多士既用於每種位，又用例最多，二篇作者顯有用「爾」之習慣，其出於一手，極有可能。則其人先作多方，在成王三年；四年之後，復作多士，則當成王七年也。

八　結論

武王崩，成王幼少即位，周公攝政第一年，紂子武庚祿父、管叔、蔡叔及淮夷、蒲姑、奄等地壤毗鄰之東鄙諸國皆叛，周公以成王命東征。攝政第三年，敉平叛亂，自奄歸，書告天下，作多方篇（今編入尚書），書本文獻及器物資料，備載其事。

自書序次多方於召誥、洛誥、多士之後，史記因之；而僞孔傳倡奄人再叛成王即政後親征之說，以曲徇書序及史記之意。今考周公東征平亂後，奄地分封予伯禽，隸屬魯國，且先秦兩漢典籍固未嘗記奄人再叛；彝器亦無成王親政後征奄之銘文。後人察不及此，輕信僞孔，又堅持攝政三年成王未嘗親征，多方果爲彼時作，不得著「王來自奄」之語，以助僞孔之肊說。及其它似是而非之論，今皆逐一破之。

奄人既不再叛，則周室（成王時）踐奄僅祇一次，故多方「惟五月丁亥，王來自奄」，五月乃攝政三年五月；而多士（成王七年三月廿一日作）「昔朕來自奄」，惟有指爲多方之「朕來自奄」，其義始通，然則多方先多士成書，固絕不得遲至洛邑作成之後。復體會經文，知兩篇記事相類，詞氣因仍，語脈銜接，而遣詞用字與尚書它篇殊異，蓋出於一手。其作多士在後，故語多申前誥——多方之言也。

附註

一 墨子耕柱篇：「古者周公旦非關（管）叔，辭三公，東處於商蓋。」

二 崔述豐鎬考信錄（卷四頁十九）以「周公相武王誅紂」爲句，「伐奄三年討其君」爲句，謂孟子伐奄非武王時事，誤略同顧氏。陳夢家西周銅器斷代（一）引孟子「周公相武王誅紂」至

「滅國者五十」，而認爲「奄」是「因管、蔡、武庚之叛而同時叛周的東方國族」之一，但未說明理由，無從評判。

三　東夷八國，高誘注曰：「（管、蔡）流言作亂，東夷八國附從二叔，周公居攝三年伐奄——八國之中最大，著在尚書。」餘七小國逸周書所言熊、盈之屬。

四　九，多數。九夷，蓋東方眾夷族諸侯。既與「商蓋」竝舉，知不包括奄國。

五　東，蓋指東方諸小國。下東土蓋同。

六　徐，與奄皆大國。盈姓之國，朱右曾謂在安徽泗州東南。是亦淮夷。

七　熊國，朱右曾謂在山東曲阜，不詳所本。

八　維，陳夢家西周銅器斷代（一）曰：「漢書地理志『維』或作『濰』，或作『淮』。」據此，陳氏以爲此當爲淮水傍之九夷。是亦淮夷矣。

九　孫星衍（尚書今古文注疏卷二十總頁九七—九八）謂史遷次伐淮夷踐奄於多士、無逸之後，用孔安國古文說，將無實據。

一〇　詩豳風破斧「周公東征，四國是皇」，毛傳：「四國，管、蔡、商、奄」，鄭箋：「周公既反攝政，東伐此四國。」康成一再主張攝政三年「（成）王周公踐奄」（詳第二節），此謂反攝政後東伐奄等四國，時管、蔡已滅，不知其何以致此巨失！

一一　皮氏說散見於其今文尚書攷證卷十九頁一、三、四及卷二二頁一、三。

一二　見第三節資料（五）至（一〇），但（九）當如（五）言「周公相成王既黜殷命，滅淮夷」，而云「成王黜殷命」，知其不嚴格。竝參看同節後分析論難之「其四」。

一三 亦見第三節分析論難之「其四」。

一四 史記衛康叔世家曰：「管叔、蔡叔疑周公，乃與武庚祿父作亂，欲攻成周。」成周，謂日後建成之洛邑。時已有人居住，管、蔡搆難，欲先攻據之，以便西進鎬京，南制諸藩，東結淮、奄。

一五 畢，在今陝西省咸陽縣北，春秋大事表譔異（頁三三〇）有說。畢蓋又稱九畢。

一六 洛邑之名，因雒（俗作洛）水得名，蓋早已有之。

一七 「永力畋爾田」下孔疏引王肅曰：「其無成，雖五年亦不得反也。」知僞孔傳與王說一致。

一八 三監，應從王引之經義述聞說，爲管、蔡、武庚，而不數霍叔。又上引朱祖義說，已指監爲諸侯監民者。于省吾雙劍誃尚書新證（卷四頁十）曰：「仲幾父𣪕：『仲幾父使于諸侯、諸監。』是諸監與諸侯並列。」案：既並列，是諸監亦諸侯之類也。

一九 武王克殷後二年（當武王十三年）訪箕子（洪範「惟十有三祀」可證。），當年疾病（見金縢），蓋瘳而後卒，故史記封禪書謂其「克殷二年，天下未寧而崩。」從之。有關武王卒年，頗多異說，詳瀧川資言史記會注考證卷四。

二〇 詩豳風「四國是皇」，毛傳：四國，管、蔡、商、奄也。考周公東征不止此四國；四國亦當指天下。

二一 淮水海東之夷叛，書本文獻有記周天子伐之，詩經大雅常武篇曰：「王謂尹氏，命程伯休父，左右陳行，戒我師旅，率彼淮浦，省此徐土。」宣王時事。至費誓魯僖公伐淮夷，則春秋世事。

一二 史記魯周公世家曰：「周公（自楚）歸，恐成王壯，治有所淫佚，仍作多士，作毋逸。」案：多士告殷遺民，彼本紀誤衍「無佚」；毋逸戒成王勿淫佚，此魯世家又誤衍「作多士」。

一三 尚書周書大誥以下十三篇皆朝廷檔案。

一四 書纂言（卷四頁一〇三）引吳棫說及宋胡宏皇王大紀（卷二十頁一）皆謂多方次第應在多士之前。唯竝謂周公東征三年而歸，次年奉成王東伐淮夷，遂踐奄。與尚書大傳等文獻皆不合，茲不用其說。

部分引用書目（以本文出現先後為次）

春秋大事表列國爵姓及存滅表譔異，陳槃，中央研究院歷史語言研究所專刊之五十二。
春秋左氏傳地名圖考，程發軔，臺北廣文書局排印、影圖本。
經問，毛奇齡，皇清經解本。
尚書大傳輯校，陳壽祺，皇清經解續編本。
尚書集注音疏，江聲，皇清經解本。
尚書後案，王鳴盛，皇清經解本。
困學紀聞，王應麟，商務印書館排印本。
尚書今古文注疏，孫星衍，廣文書局影印本。

路史，羅泌，四部備要本。

尚書全解，林之奇，通志堂經解本。

尚書詳解，夏僎，武英殿聚珍版叢書本。

尚書正讀，曾運乾，臺北宏業書局影印本。

書古文訓，薛季宣，通志堂經解本。

尚書辨解，郝敬，湖北叢書本。

尚書覈詁，楊筠如，北強學社鉛印本。

今文尚書攷證，皮錫瑞，臺北藝文印書館影印本。

尚書釋義，屈翼鵬先生，中華文化事業出版委員會排印本。

書傭論學集，屈翼鵬先生，臺北開明書店排印本。

雙劍誃尚書新證，于省吾，藝文印書館影印本。

清芬樓遺稿，任啓運，清光緒十四年刊本。

豐鎬考信錄，崔述，臺北世界書局影印本。

今文尚書經說攷，陳喬樅，皇清經解續編本。

書序述聞，劉逢祿，皇清經解續編本。

書經注，金履祥，十萬卷樓叢書本。

尚書句解，朱祖義，通志堂經解本。
尚書說，黃度，通志堂經解本。
尚書札記，許鴻磐，皇清經解本。
帝王世紀，皇甫謐，指海本。
書蔡傳輯錄纂註，董鼎，通志堂經解本。
通鑑前編，金履祥，金仁山遺書本。
書纂言，吳澄，通志堂經解本。
書古微，魏源，皇清經解續編本。
書蔡傳纂疏，陳櫟，通志堂經解本。
尚書詳解，胡士行，通志堂經解本。
尚書集注述疏，簡朝亮，清光緒三十三年刊本。
書經稗疏，王夫之，船山學會影印本。
書疑，王柏，通志堂經解本。
尚書表注，金履祥，金仁山遺書本。
皇王大紀，胡宏，鈔本。

原載國立臺灣大學文史哲學報第二十三期，民國六十三年十月

十一　立政義證

題解

立政篇何爲而作也？此與題意有關。僞孔傳釋政爲政治，曰：「周公既致政民王，恐其怠忽，故以君臣立政爲戒。」又曰：「言用臣當共立政，故以名篇。」後學絕多從之。經義述聞（皇清經解卷一一八二頁三四）非之，而訓長，云：「政與正同；正，長也。立政，謂建立長官也。篇內所言皆官人之道，故以立政名篇，所謂『惟正是乂之』也。」案：史記先已以立政爲立官，魯周公世家曰：「成王在豐，天下已安，周之官政未次序，於是周公作『周官』；官別其宜，作『立政』。以便百姓，百姓悅。」次序官職，猶今語建立用人制度；官別其宜，則猶言「職位分類」也：所言皆關人事，故合而言之。然則立政，立官也。史遷固訓政爲官矣。

本篇有「立民長伯」，長伯猶云官長，即下文所舉諸官。又其所言皆任人之道，文義顯然，讀之自見，故書序說此篇特簡，僅「周公作立政」一句耳。段玉裁古文尚書撰異（皇清經解卷五九九頁三七）曰：「（書序）凡言『咎單作明居、伊尹作咸有一德、周公作無逸、周公作立政』，皆讀尚書而義自見者也。」故僞孔傳雖誤釋篇目之義，然亦知全篇所言皆用臣之事，而疏申之曰：「成王尚幼少，周公恐其怠忽政事，任非其人，故告以用臣之法。」又云：「此篇所言，皆立官之事。」

本篇所言皆官人之道，諸家無異辭，惟吳闓生尚書大義（卷二頁三五—三六）曰：「此篇以勿虞庶獄爲主，以今語詮之，所以保全司法獨立之精神，特申明其權限，而懼王及左右亂之也。故戒王而兼及羣臣，乃至綴衣虎賁之屬，特加意焉。以此等近侍暬御，其熒惑王之見聞，而撓亂刑獄，爲彌易也，故繁複其詞，以庶習憸人爲戒，而要之以克用常人。又恐言之而王或不察也，復召司寇蘇公于前而顯命之，使自愼其官守；詔蘇公即所以警王也。」案：立政全文約六百六十字，「以克俊有德」以上約三百四十字，皆言立官之道，且舉禹、湯用賢興邦，桀、紂任暴失國，用戒成王，而無一字及獄政。「文王罔有兼于庶言」以下，約三百二十字，中約有百三十字涉及庶獄（其中尚有衍文十二字，當另爲文說之。），然不過舉文、武未嘗過問一般獄政，以警少君；其餘多勉成王斥拒憸人任用吉士，以揚文武之大烈。吳氏謂此篇以庶獄爲主，旨在保全司法獨立，殊失考。至謂周公戒王勿虞庶獄而兼戒羣臣，經文既無此意，且周公所慮者天子干預司法，猶今言行政干涉司法，與羣臣何有？又夷、微、盧、烝，監蠻戎之國者，遠在四裔，非「近侍暬御」，不能「熒惑王之見聞」，何必亦兼戒之？吳氏所見未當，不可從也。

書序（據僞孔傳本敍載）列本篇第八十八，居周官（第八十九）之前，史記魯世家則次周官之後（已見上引文）。堯典篇題下正義曰：「孔以周官在立政後，第八十八，鄭以爲在立政前八十六。」是鄭本與史記同：先周官而後作立政。當從史記及鄭本爲正。惟鄭以爲周官是攝政三年時事（註），未的。皮錫瑞辨之甚詳，其今文尚書攷證（卷三十頁三十）曰：「史記以周官、立政二篇相接文爲義，則二篇是一時所作，何得分周官爲攝政三年事，立政爲七年致政事乎？史記云：天下已安，官政未次序，於是周公作周官、立政。若攝政三年，時方踐奄，日不暇給，尚未建侯營洛，何得云天下已安？……史公以作周官、立政列於周公反政之後，在豐病將歿之前，則今文家說必不以作周官爲攝政時事矣。」案：書序次本篇與周官（書已佚）於召、洛二誥之後，史記魯周公世家記二篇事，亦在營洛之後。而召、洛二誥乃成王營洛、周公還政成王之書，在周公攝政七年，則此篇當作於此後。篇中數言「孺子王矣」，可證是時成王已親政。風俗通十反篇曰：「周公將歿，戒王以左右常伯、常任、準人、綴衣、虎賁。言此五官存亡之幾，不可不謹也。」案：是以本篇爲周公絕筆，不知何所據。豈以立政次周官後，見下篇不復有周公之書，故作此言？然亦臆度，不可輕信，仍以書序、史記爲是。

結論：此篇周公戒成王以任人之道，篇中雖皆周公語氣（「予旦已受人之徽言咸告」之類），然經文有「周公曰」、「周公若曰」，固亦史官記錄，非公自作也。其時約在成王八、九年（即周公還政後一、二年）。

註

周禮疏引鄭志趙商問有云：「成王周官是攝政三年時事。」尚書後案（皇清經解卷四三三頁四九）曰：「此語必本於康成。」是。

周公若曰：「拜手稽首（註一），告嗣天子王矣（註二）。」用咸戒于王曰王左右常伯、常任、準人、綴衣、虎賁（註三）。周公曰：「嗚呼！休茲（註四）！知恤鮮哉（註五）！古之人迪惟有夏（註六），乃有室大競（註七），籲俊尊上帝（註八）。迪知忱恂于九德之行（註九），乃敢告教厥后曰（註一〇）：『拜手稽首，后矣（註一一）！』曰：『宅乃事（註一二），宅乃牧（註一三），宅乃準（註一四），茲惟后矣（註一五）。謀面用丕訓德（註一六），則乃宅人（註一七），茲乃三宅無義民（註一八）。』

釋文

一 拜手稽首，詳召誥「拜手稽首」註。○拜手稽首，王肅以爲於時周公會群臣共戒成王，其言曰「拜手稽首」者，是周公讚（贊）羣臣之辭（書疏引）。王氏蓋誤釋下「咸戒」之咸爲皆，以爲群臣與周公皆進戒成王。案：召誥召公曰：「拜手稽首，旅王若公」，亦公自陳己意，非贊群臣，語意甚明。書疏曰：「周公既拜手稽首而後發言，還自言拜手稽首，示己重其事，欲立受其言，故盡禮致敬以告王也。」此說最當。

二 嗣天子，謂成王。成王繼武王位爲天子，故云。王矣，意謂已親政爲天下王矣。（參註六七）

王，作動詞。○周公輔其兄武王，又相武王子成王，下文周公三言「孺子王矣」，知此「嗣天子」即下「孺子」，皆謂成王而非相武王時之言。

三

用，猶「於是（就）」、「因而」。咸，借爲鹹，鹹古通箴；箴，誡也。曰，以也。左右，謂常伯等五官爲王左右之臣也。常伯，牧民之長，後文稱牧或牧夫、牧人；常任，任事之公卿，後文稱「事」或「任人」；準人，有守法之有司，後文稱準或準夫、準人。（竝參東坡書傳卷十六頁一）。此三官即下所謂三事，蓋大臣之在王左右者也。綴衣，掌服器之官。虎賁，護衛天子之武臣。此二官蓋近臣之在王左右者也。○用咸戒于王，僞孔傳曰：「周公用王所立政之事，皆戒於王。」於「曰王左右」至「虎賁」，則添字解之云：「……（五官）皆左右近臣，宜得其人。」案：上既呼王而告之，下即引出所告之旨要——立常伯等五官之事，故此「用」爲承上之詞，當釋「於是」、「因」……。咸，不當訓皆（已詳註一）。尚書集注述疏（卷二四頁十）訓徧，謂周公統以常伯諸臣徧戒于王。案：後「予旦已受人之徽言咸告」，周公所告于王者各皆一事，不當言「徧告」。尚書大義（卷二頁三六）亦取咸徧義，謂周公戒於王及（吳氏云：「曰、越通借；曰王左右，及王左右也。」）王左右五臣。案：本篇周公首呼嗣天子而告之，下文又再三呼（孺子王矣）而告之，又言「繼自今後王立政」，皆似告時君，而無一字戒臣下者。（末呼太史、司寇蘇公敬慎刑獄，與戒王立官非一事。）。吳氏說非也。咸與鹹、箴古音近通假；曰，古有「以」義，風俗通十反篇云：「周公將歿，戒成王以左右常伯、常任、準人、綴衣、虎賁，言此五官存亡之機，不可不謹也。」曰作以，可證。用咸戒于王曰王左右常伯、常任、準人、綴衣、虎賁，句構同「予旦已（以）受（前）人之徽言咸告」，惟此句因承接上文「咸戒于王」提上，微有不同耳。常伯、常任，傳疏謂即三公六卿，王鳴盛等以漢官況之，以爲皆侍中，引證雖多，皆非關緊要，茲不從其說。準人，蓋獄官之長，古皐陶爲之。漢石經準作辟，辟，法也。辟人即準人。雙劍誃尚書新證（卷四頁十三）謂本篇五「準」字，皆「淮」字之訛（內野本、足利本、九條本、上圖本、敦煌本斯二〇七四皆同作準，惟敦煌本伯二六三〇作准，亦同準）。淮人與下文牧夫，皆夷人𬋩民之賢俊入使爲臣者。敏案：下文言文王惟有司之牧夫是訓，又言文、武時已立準夫，豈牧野之戰之前已有牧夫，未伐淮夷之先，已有夷人𬋩民入爲周臣？于氏不思之甚！綴衣者，尚書集注述疏（卷二四頁二）曰：「聯綴室衣，若周官幕人之職也。顧命曰：『狄設黼扆綴衣。』」綴衣，帷幄之類。蓋亦掌天子衣服，顧命又曰：「出綴衣于庭。」禮記喪大記云：「疾病，……徹褻衣，加新衣。」職如周禮司服之類。蘇東坡謂掌器服之官，是也。虎賁，周禮夏官虎賁氏曰：「虎賁氏掌先後王而趨以卒伍，軍旅會同亦如之，舍則守王閑，王在國則守王宮，國有大故則守王門，大喪亦如之。」

四　休，美也；茲，句尾嘆詞，猶哉（書疏）。休茲，陳鵬飛謂當此休美之時（尚書全解卷三五頁六引）。

五　恤，愼也（尚書大義卷二頁三六）。鮮，少也。知恤鮮哉，謂（雖際此盈成之世，休美之時），知愼於用人者少也。〇鮮，尚書集注音疏（經解卷三九七頁三五）訓善，後多從之。案：下文贊文武克知三有宅心，又云我克知厥（厥指準人、牧夫）若，其意皆在戒王愼于用人，則此句似謂愼于用人者少，以爲一篇之綱領，以戒新君也。鮮本魚名，經傳借爲尟少字，而不作匙。尚書正讀（卷六頁二四八）以「休知恤鮮哉」作一句，又云：「周初文言休、恤相對成義，召誥言『無疆惟休，亦無疆惟恤』及此，皆是也。休茲知恤，言居安而思危者，鮮矣。」案：曾說於本篇要旨不甚合，茲不從。

六　迪，語詞，下「迪知忱恂」之迪同。有夏，謂夏禹之時（僞孔傳）。○迪，畢以田曰：「二迪字當訓爲適，迪即由字；由，適也，亦語詞，……迪惟有夏，猶云適惟有夏也，下迪知同。」（尚書今古文注疏卷二四頁十引）僞孔傳迪訓道，失之。此有夏指大禹之世，王肅亦云（書疏引）。考下文周公言受用庶習逸德之人，以與成湯盛世之用人對比；而亦舉桀之暴德，與其前知人善任之朝對比，則此朝非禹之世而何？

七　乃，其也（詳君奭註八九）。有室，室也；謂卿大夫之室，此指卿大夫言。競，彊也（爾雅釋言）。全句，謂禹之卿大夫力爭上游也。○室謂卿大夫之室者，尚書集注音疏（經解卷三九七頁三七）曰：「趙岐注孟子離婁篇云：『巨室，大家也，謂賢卿大夫之家人所則效者。』此有室猶孟子所云巨室。……釋宮云：『宮謂之室，室謂之宮，牖戶之間謂之扆，其內謂之家。』則室、家通名也。」江說是，皋陶謨曰：「日宣三德，夙夜浚明有家。」有家，謂卿大夫有其采邑也。尚書正讀（卷六頁二四八）曰：「有室，諸侯也。大誥『王宮邦君室』可證。」亦通。尚書全解（卷三五頁七—八）曰：「室，王室也；有室，猶言有天下也。」下文「乃敢告教厥后」，言臣下告教厥后，則此有室當指卿大夫（或諸侯），非「有天下」之義明甚！（參註八）

八　籲，呼也。俊，謂才智之士。籲俊尊上帝，猶言擢用賢士共襄國事，蓋天工人其代之，事天即所以事人也。

九 迪，語詞（詳註六）。忱，信也；恂，誠也（竝僞孔傳）。九德，義未詳。全句，意謂知篤行於九德。〇九德，正義申傳曰：「經典之文，更無九德之事，惟有皐陶謀九德。皐陶所謀者，即寬而栗、柔而立、愿而恭、亂而敬、擾而毅、直而溫、簡而廉、剛而塞、強而義是也。」經師多取傳疏之說，謂此九德即皐陶謨篇皐陶所告禹者。今文尚書攷證（卷二三頁二）且曰：「論衡語增篇以多士『上帝引逸』爲虞舜，是今文家有以上帝爲古帝之義。此云上帝，義亦當爲虞舜，九德即咎繇謨所云九德，尊當讀爲遵。言有夏籲俊，乃遵虞帝故事，迪知誠信于九德之行也。」皮氏曲解上帝之義，以就其說，非是。東萊書說（卷二九頁三）曰：「自皐陶以九德授禹，夏之先后蓋世守之以爲知人之法矣。」呂說予人頗多啓示。疑夏代以九德爲用人考核之依據，其內容周公時人尚熟知之，故於本篇引以戒王。迨戰國初葉，周人作皐陶謨篇，見書本文獻著夏人忱恂于九德之行，而其九目已失傳，遂因堯典「直而溫、寬而栗、剛而無虐」衍爲九德，託皐陶之口以授禹。（參註一一）

一〇 教，吳棫曰：「古者凡以善言語人，皆謂之教，不必自上教下而後謂之教也。」（蔡傳引）后，君也，謂帝禹也。（參註一一）

一一 后，君也，意謂禹已作君主矣。后，作動詞用。（參註二）〇自「迪知忱恂于九德之行」至「后矣」，與皐陶謨篇「亦行有九德」至「載采采」句構頗似，意後者取義於前者。

一二 宅，度（古文作厇）之誤。下「宅」字誤竝同。事，上所謂常任也（東坡書傳卷十六頁二）宅乃事，謂度量如何選用汝常任之官也。（參註一四）。〇宅，柯鳳蓀（尚書故卷三頁五十引）以爲度之訛，孫星衍（尚書今古文注疏卷二四頁十）謂與度通。案：內野本作庀（本篇十一「宅」，內野本俱作「庀」），下文「茲乃三宅」、「文王惟克厥宅心」之宅，漢石經竝作度，疑宅是誤字。僞孔傳據宅爲訓曰居，於經義未洽。（參康誥註二九）

一三 牧，上所謂常伯也（亦蘇軾說）。（參註一四）

一四 準，即上所謂準人也（亦見東坡書傳）。○事，周禮夏官大司馬曰：「以任邦國。」鄭注：「任猶事也。」牧、伯皆有「長」義。宅牧、宅事、宅準，下文謂之三宅，而後段言成湯克用三宅，其次言文武克知三有宅心，又以任人、準夫、牧爲三事；及言當世，周公復勉王立事、準人、牧夫，應克知厥若。可見三宅所宅者：任人即所謂常任，亦稱事；牧即所謂常伯，亦稱牧夫、牧人；而準即前之準人、後之準夫。東坡且云：「一篇之中，所論宅俊者參差不齊，然大要不出是三者，其餘則皆小臣百執事也。」所見甚是。

一五 茲，如此也。惟，猶爲也。茲惟后矣，言能如此（謂能三宅）始得爲君王而無忝也。

一六 謀面，黽勉也（尚書故卷二頁五一）。用，以也。丕，語詞。訓，順也（僞孔傳）。言黽勉以順美德而行也。○謀面，舊絕多訓謀面見，於經義絕不可通。王引之面讀爲勔，訓勉（經義述聞，經解卷一一八三頁九）。雙劍誃尚書新證（卷四頁十四）謂謀面借爲黽勉，其釋此句曰：「謀，金文作誨或每或某，从每从某，其聲一也。……面即勔。謀面即爾雅釋詁之蠠沒，詩小雅十月之交之黽勉，漢書劉向傳之密勿，皆同聲叚字也。……謀面用丕訓德者，黽勉用以順德也。詩下武『應侯順德。』是順德周人語例。」尚書覈詁（卷四頁一〇〇—一〇一）申之曰：「謀，古通敏，中庸『人道敏政』，注，敏，猶勉也；敏或爲謀。

是其證。面與勔通。釋詁：勔，勉也。謀面、黽勉皆疊韻連綿字。詩谷風『黽勉同心』，文選注引韓詩作『密勿同心』。又文賦『在有無而僶俛』。釋詁注：蠠沒，猶僶勉。皆同爲一語，無定字也。」于、楊二家之說得之。「謀」上漢石經有亂字，蓋率之訛；率，語詞：亦于、楊二家說。

一七　乃，猶能也（尚書故卷三頁五一）。則乃宅人，謂量才用爲官也。

一八　茲乃，如此就。三宅，指上宅事、宅牧、宅準。（參註一四）義，古音近俄，訓通。俄，邪也。全句，意謂如此則量人爲常任、常伯、準人三官，無有邪惡之人倖進也。〇僞孔傳宅概訓居，訓無義民爲無義之民，且用堯典「五宅三居」馬融說，謂居此無義民於四裔、九州或中國之外。竝失之。當以經義述聞（經解卷一一八三頁十五—十六）所釋爲正，其說曰：「家大人曰：說文曰：俄，行頃也（頃與傾同。說文又曰：義從我；我，傾頓也。我、義、俄，古竝同聲。）。小雅賓之初筵篇『側弁之俄』，鄭箋曰：俄，傾貌。廣雅曰：俄，衺也。古音俄、義同聲，故俄或通作義。立政曰：『……茲乃三宅無義民。』義與俄同，邪也。言……三宅皆無傾衺之民也。」阮元尚書校勘記曰：「古本義作誼，下『義德』同，案：足利本、內野本、敦煌本伯二六三〇、書古文訓義竝作誼，疑後人妄改而諸本誤從之。

桀德（註一九），惟乃弗作往任（註二〇），是惟暴德（註二一），罔後（註二二）。亦越成湯陟（註二三），丕釐上帝之耿命（註二四），乃用三有宅（註二五），克即宅（註二六）；曰三有俊（註二七），克即俊（註二八）。嚴惟丕式（註二九），克用三宅三俊（註三〇），其在商邑（註三一），用協于厥邑（註三二）；其在四方（註三三），用丕式見德（註三四）。

釋文

一九　德，升也（尚書大義卷二頁三六）；謂夏桀登位也。○桀德，僞孔傳云：「桀之爲德」，下「是惟暴德」，則說桀是暴德之人。案：以「桀德」爲桀之德行，其德行即「惟乃弗作往任」，說已勉強；且首既言桀德，下又言其爲暴德之人，文涉煩複。矧本篇主旨在論用人，周公不應支離其辭，轉而論君王善惡。又僅弗作往任一失，即以暴德罪之，亦太重矣！蔡傳解「是惟暴德」曰：「所任者，乃惟暴德之人。」與上句意相聯屬，得之。第德字仍沿舊說之失，訓惡德。考說文德，升也（道悳之悳从直从心）。桀德及下文受德之德，義當如本篇「成湯陟」之陟，升也，登也，謂此三帝升位也。（參註二三）尚書正讀（卷六頁二五〇）與尚書故（卷三頁五二）德皆訓升，唯說此經義甚略，故爲補證如上。

二〇　惟，語詞。弗作，不爲也。往，昔日也。任，用人之道。往任，謂禹時用人之道也。（參尚書全解卷三五頁八）○弗作往任，僞孔傳曰：「不爲其先王之法，往所委任。」大旨與經義不悖，惟說往義未當。莊述祖（尚書今古文攷證卷五頁一）往訓徂，云往任，君所任使往來也，言亂世所用無常人也。又從弗絕句，云弗通拂，戾也。皆肊說。

二二 是惟暴德，謂所任用者，惟暴虐之人也。（參註一九）〇是惟暴德，承上桀就君位弗任賢俊語脈，省略「而所任用者」類語，此由下「其在受德，暋惟羞刑暴德之人，同于厥邦」云云可證，舊以爲夏桀，失之。

二三 罔後，謂國滅世絕也。〇罔後，尚書今古文注疏（卷二四頁十）曰：「不顧其後。」案：盤庚曰：「今其有今罔後。」罔後，謂將來無法生存。又本篇下文述紂用暴德之人，因致滅國，云：「……帝欽罰之，乃伻我有夏，式商受命，奄甸萬姓。」其言罔後之義甚明。孫氏失察。莊述祖謂後爲俊之訛字（尚書今古文攷證卷五頁一），亦誤。

二四 亦越，承上啓下之詞（經傳釋詞），下三「亦越」同，惟因上下文而意義不一。此猶「及至」也。陟，升也；謂升（登）位爲天子也（參蔡傳）。〇亦越者，蔡傳曰：「繼前之辭也。」尚書今古文注疏（卷二四頁十一）曰：「陟同勑，皐陶謨『勑天之命』，史記作陟。」連下讀，且以丕爲語詞。案：丕作語詞，介在副詞（陟，訓勤或謹）與動詞之間，尚書無此例，孫氏說難以成立。「成湯陟」與上「桀德」句型同，以「亦越」二字連接前「德（升）」與後「陟（升）」，用示時間之先後，而啓下文「其在受德（升）」。陟訓升位之升，何疑？諸家或云成湯之德得升聞于天，失之。（參註一九）

丕，句首語詞。釐，理也（尚書集注音疏，經解卷三九七頁三八）。耿，光也（僞孔傳）；耿命，義與太甲篇（大學引）「顧諟天之明命」之明命同，言顯命也。（參註二三）

二五　用，從事也。有，助詞（尚書故卷三頁五二）。下「三有俊」之有同。用三宅，謂從事於度常伯、度常任、度準人也。〇用三有宅，下文作用三宅，「有」爲語詞故省簡；曰三有俊，下文作用……三俊，「有」字亦以語詞省略。（參註二八）

二六　克，能、即，就也。克即宅，謂於此三官之所度者皆宜也。

二七　曰，通越，與也。俊，與上「籲俊」之俊同義，才智之士也。曰三有俊，「曰」下「三」上省「用」字，承上文故也（下「克用……三俊」爲塙證）。謂就此三官選取人才也。〇用三有宅、三有俊，釋義者紛紛，皆似未的。尚書故（卷三頁五二）曰：「以事、牧、準三者度人，謂之三宅；以三者進人，謂之三俊。」案：此句以成湯爲主語，三宅謂度此三官，三俊謂選取人才以充此三職。吳氏說未盡洽經義。

二八　克即俊，謂於此三官之所選拔，莫非才俊也。

二九　嚴，古通儼，謂儼然，論語子張篇「望之儼然」，威重之貌也。惟，猶「爲」也。丕，語詞，下「丕式」之丕同。式，法也。全句，謂湯儼然爲天下法式者，……（參僞孔傳及尚書釋義說）。〇嚴、儼古音近通用，論語子張篇「望之儼然」，皇侃義疏本、經典釋文引或本竝作嚴。尚書全解（卷三五頁十一）謂嚴者恭己之謂，論語朱注儼訓莊；恭己即莊義。以說本篇亦通。

三〇　克用三宅三俊，承上謂：以湯能度量此三官得其宜及能選拔才俊任三官之職也。

三一　其，謂湯也。商邑，蓋指商都畿內之地。〇尚書言夏邑者二：湯誓、多方各一次；而言商邑者，除本篇此例外，牧誓、酒誥各一見，其「邑」字除本篇此例，皆當如多士「天邑商」之邑，訓國。此邑與下四方對舉，四方蓋指諸侯國，猶言天下；而邑當指畿內之地。尚書今註今譯（頁一五七）謂指殷都言似稍拘。

三二 用，以也；猶「因而」也。協，和也。

三三 方，國也（詳多方題解及註）。四方，四國；謂諸侯之國也（參註三一）。

三四 用，見註三一。丕，語詞。見德，顯現其（指湯）美德也。上及此句，謂湯在天下，因而成爲法式顯現其美德也。

嗚呼！其在受德（註三五），暋惟羞刑暴德之人（註三六），同于厥邦（註三七）。乃惟庶習逸德之人（註三八），同于厥政（註三九）。帝欽罰之（註四〇），乃伻我有夏式商受命（註四一），奄甸萬姓（註四二）。亦越文王、武王（註四三），克知三有宅心（註四四），灼見三有俊心（註四五），以敬事上帝（註四六），立民長伯（註四七）。立政（註四八）：任人、準夫、牧（註四九）作三事（註五〇），虎賁、綴衣、趣馬、小尹、左右攜僕、百司、庶府（註五一）；大都、小伯、藝人、表臣、百司（註五二）、太史、尹伯、庶常吉士（註五三）；司徒、司馬、司空、亞、旅（註五四）；夷、微、盧、烝、三亳、阪、尹（註五五）。文王惟克厥宅心（註五六），乃克立茲常事、司牧人（註五七），以克俊有德（註五八）。

釋文

三五 受，殷帝乙之子紂之名。德，升也（詳註一九）。其在受德，謂當紂登位之時也。○其在某君，即言在（當）某君之時也。無逸曰：「昔在殷王中宗」、「其在高宗」、「其在祖甲」，謂當中宗、高宗、祖甲之時，與「其在受德」語例同。受當是紂之本名，因生于辛日故稱辛（猶湯生于乙日，稱太乙，其本名履。），及立爲帝，殘虐淫亂，天下謂之紂（參史記殷本紀）。唯逸周書克殷解曰：「殷末孫受德，迷先成湯之明。」呂氏春秋當務篇曰：「紂之同母三人：其長曰微子啓、其次曰仲衍、其次曰受德；受德乃紂也。」孔晁逸周書注謂紂字受德。鄭玄尚書西伯戡黎序注曰：「紂帝乙之少子，名辛，帝乙愛而欲立焉，號曰受德。時人傳聲，轉作紂也。」（書疏引）立政僞孔傳曰：「受德，紂字，帝乙愛焉，爲作善字。」西伯戡黎序僞孔傳又云：「受，紂也；音相亂。」兩說相牴牾。據此，呂覽以受德爲紂名，逸周書似同。而孔（晁）、鄭玄、僞孔傳竝以爲紂字。案：牧誓：「今商王受惟婦言是用。」無逸曰：「無若殷王受之迷亂酗于酒德哉！」皆呼受而不稱受德，書西伯戡黎序亦祇稱紂爲受。書立政疏曰：「泰誓三篇（案：僞古文）惟單言受而此云受德者，則德本配受，共爲一人，故知受德共爲紂字，而經或言受或言受德者，呼之有單復爾！」受、德與紂音不相近，不致轉受德之音作紂，鄭誤，當以史記，紂作受號爲正。見於尚書篇，武王或周公于夏商末代君王皆呼桀、受；桀、受皆其名（桀是名，見史記夏本紀索隱。），示疾惡之甚。本篇桀德與受德，德皆作升解，呂覽、逸周書似皆誤會書立政義（參註一九），諸家委曲其說，皆失之。馬融曰：「受德，受所爲德也。」（經典釋文引）亦誤。

三六　暋，讀爲勉。羞，尙書古注便讀（卷四下頁六）曰：「狃也；猶習也。」羞刑，謂慣用刑罰之人。暴德，行爲暴虐也。全句，謂所奮勉者惟慣用刑罰行爲暴虐之人，……○暋，僞孔傳訓強，連上爲句。紂德果強，人不得以惡盡歸之。尙書大義（卷二頁三七）訓代，於經籍無據。當連下讀。義同康誥「暋不畏死」之「暋」，勉也。盤庚「惰農自安，不昏（當作昏）作勞」之昏，鄭玄讀爲暋，訓勉。羞，僞孔傳訓進用，謂進用刑（罰）與暴德之人，經義述聞（經解卷一一八三頁十六）羞亦訓進用。羣經平議（卷六頁七）羞訓進，刑訓庸（同用），謂進用暴德之人。案：此與下「同于厥邦」爲一完整句，謂惟羞刑暴德之人，同理國政。是此完整句之主要動詞爲「同」字，若羞字訓進用或庸（用），便涉重複，且下文「乃惟庶習逸德之人」亦無動詞如「進用」之類。僞傳、俞氏說非也。羞宜作「習」說，如下文「庶習」之習，諸家多表同意。尙書覈證曰：「羞借爲修，修，習也。禮記學記：『藏焉，脩焉，』鄭玄注：『脩，習也。』脩與修同。『羞刑暴德之人，』猶云『習法暴德之人，』與下文『庶習逸德之人』對言。」案：狃（習也）、羞古韻母近，朱氏謂羞訓狃，亦通。尙書正讀（卷六頁二五一）謂羞爲敃聲之誤，敃訓任。皆不詳其所本。（參註三八）牧誓武王數紂之罪曰：「今商王受……乃惟四方之多罪逋逃，是崇是長，是信是使，以爲大夫卿士，俾暴虐于百姓，以姦宄于商邑。」與此言受之罪略合。

三七 同于厥邦，同處一國；謂共理國事也。與下「同于厥政」互文同義。

三八 乃，猶「又」也。庶，眾也。習，慣也。逸德，猶失德也（尚書正讀卷六頁二五一）。全句，謂又惟慣於作惡之人，……〇乃，古書虛字集釋謂猶「又」，舉此句爲例。尚書斠證曰：「乃猶又也，史記匈奴列傳：『東胡以爲冒頓畏之，乃使使謂冒頓，欲得單于一閼氏。』通鑑漢紀三乃作又，是其證。」庶，諸家絕多訓眾，東萊書說（卷二九頁六）庶訓眾醜，云：「庶習者，備諳眾醜者也。」增字解經，又「備習眾醜者」與「逸德之人」語義重疊。呂說失之。尚書斠證謂庶借爲法度之度，庶習逸德之人即法習逸德之人，而於上羞刑釋爲「習法」，與此庶習對言。案：經義述聞已釋上文刑爲效法。唯彼云效法暴德之人，此云效法逸德之人，竝於經義無當。

三九 同于厥政，猶云同治其國事也。

四〇 欽，嚴也。〇欽，僞孔傳訓敬，正義曰：「言天知其惡熟，詳審下罰，故言敬罰也。」又引王肅云：「敬罰者，謂須暇五年。」如傳疏言，是天將懲暴，觀察審度，遲不即施行。然下文「乃伻我有夏」云云，語氣決斷，舊注非也。尚書集注音疏（經解卷三九七頁三九）曰：「欽猶重也。……欽之言敬，敬則必不輕傷，故云欽猶重也。」固曲爲古注迴護。東坡書傳（卷十六頁四）曰：「帝欽我而罰紂。」然下文「乃伻我有夏」云云，是命令之而非欽敬之。東坡妄說。尚書今古文注疏（卷二四頁十一）曰：「欽與廞通，釋詁云：興也。」案：尚書言興作者，多爲下民，未見記帝天懲暴，亦言天帝興作者。多方曰：「（帝）乃大降罰，崇亂有夏。」可證。此「罰」上加詞，當爲副詞，如「大降罰」大之類，尚書覈詁（卷四頁一〇二）讀爲淫，訓大，近是。然不如從莊述祖，其曰：「欽，嚴也。嶔、嚴同聲轉注，字本通也。」（尚書今古文攷證卷五頁二）案：嶔嚴常連用（如公羊僖三十三年傳），義同。欽通嶔，嚴通嚴，是欽有嚴義，嚴，重也。尚書正讀（卷六頁二五一）欽訓崇，蓋訓崇爲重。

四一　伻，使也（僞孔傳）。有，語詞。夏，猶言西也。有夏，謂周故國也。式，用也（僞孔傳）；以也。式商受命，以商之土地受天命（而治之）也。〇我有夏，僞孔傳云：「（乃使）我周家王有華夏。」又其釋君奭「我有夏」曰：「我所有諸夏。」釋康誥「我區夏」曰：「我區域諸夏。」有夏皆說爲夏國，有則訓有無字。竝違經義。尚書覈詁（卷四頁一〇二）曰：「有夏，即謂有周；蓋取中夏之義。」取義於中夏，與有周何涉，楊氏語焉不詳。尚書故（卷三頁五四）曰：「有夏，謂周也。岐周在西，左傳陳公子少西字夏，鄭公孫夏字子西：是古以西土爲夏矣。」尚書正讀（卷六頁二五一）曰：「有夏，周舊地稱。康誥『用肇造我區夏，……以修我西土』、君奭『惟文王克修和我有夏』，左傳爲之歌秦，季札曰：『此之謂夏聲。』是也。故秦在西土，秦聲、夏聲皆西聲也。」式，章太炎謂代之誤（書經注釋頁九六三引），待考。

四二　奄，包覆而有之（書纂言卷四頁一一二）。甸，治也（僞孔傳，據小雅信南山傳）。萬姓，萬民也。〇奄，或訓同，或訓大，雙劍誃尚書新證（卷四頁一五）用詩大雅韓奕傳義訓撫，於經義皆未適。詩魯頌閟宮「奄有下國」、「奄有龜蒙」，奄鄭箋皆曰覆，吳澄此注蓋用鄭義。萬姓，于省吾曰：「姓，金文作生，沇兒鐘『龢濇百生』，百生即百姓；秦公鐘『萬生是敕』，萬生即萬姓。是百生、萬生皆周人語例。萬姓謂萬民。」案：萬姓，即萬民，尚書凡三見：盤庚「汝萬民乃不生生」、無逸「用咸和萬民」及「以萬民惟正之供」是也。

四三 參註二三。○東萊書說（卷二九頁七）曰：「論成湯文武，皆以『亦越』發語端，蓋與上文相參也。桀之時若不可爲矣，亦於成湯而遽如是焉；紂之時若不可爲矣，亦於文武而遽如是焉。是非有天下也，治亂同機而異發，聖狂同心而異念，賢才同世而異用，人君盍於此而深省乎？」古人善用虛字，多於文章緊要處見之，誠如呂氏所論。

四四 心，道理也。全句，能知度量常伯、常任、準人而選用之之道也。○心，謂度官用人之道，諸家謂文武能知此三官之心，如尚書正讀（卷六頁二五一）曰：「克知三有宅心，言能知事、牧、準三宅之心而使在官。」參以前後文，其說未當。（下克知三有宅心倣此）。

四五 灼，明也（廣雅釋訓）。說文「焯」下引本篇作焯，亦訓明。全句，明見選用才智之士以任此三官之道也。○灼、焯同音同義。汗簡云古文尚書作焯，敦煌本斯二○七四、九條本、上圖八行本、內野本、書古文訓均作焯，敦煌本伯二六三○、足利本、上圖影天正本、唐石經本則皆作灼。

四六 ○傳疏竝以敬事上帝爲祀天，尚書全解（卷三五頁十四）曰：「夫文武之敬事上帝，即禹之尊事上帝，湯之丕釐景命。蓋言事天之道，莫大於得賢，而乃以爲郊祀之禮，不亦迂乎？」案：傳疏以立長伯爲建諸侯（詳註四七），故誤此「事上帝」爲祀天立諸侯之禮；而於上文「尊上帝」則曰「尊事上帝」，得之。

四七　伯，亦長也。長、伯複詞，猶云官長；冒下文所舉各官也。（參尚書正讀卷六頁二五一）○僞孔傳長伯訓正長，立民長伯，謂是建諸侯。案：長伯即下文自「任人」至「阪、尹」，皆非諸侯，僞孔氏非也。（參註四八）

四八　立政，立官也（詳題解）。○下「任人」至「阪、尹」皆所立之官，可證政當訓長，引申爲官長之意，從而可知其上「長伯」當訓官長。

四九　任，事也。任人即上文「常任」。夫，人也；準夫即上文「準人」。牧，即上文「常伯」。此三者爲朝廷要職，故先舉之，且又一再舉之。○牧，王肅謂諸侯之長（書疏引），書疏以爲九州牧。案：牧與任人、準夫駢列，必非四岳州牧，且下文「大都」以下乃指都邑之官，「司徒」以下方指諸侯之官，由近而遠，自王朝而邦國，次第分明。王孔說失之。

五〇　作，爲也。三事，疑即三公。○事，蔡傳曰：「以職言，故曰事。」詩小雅十月之交「擇三有事」、雨無正「三事大夫」、大雅常武「三事就緒」，此三事當如雨無正，謂天子之三公也（據鄭箋）。尚書今古文注疏（卷二四頁十二）以「立政任人」爲一句，云「文武立政以任人也。」又以「準夫牧作三事」爲句，謂即上文「宅乃事」、「宅乃準」、「宅乃牧」之倒文。是孫釋此「事」爲官名。皆望文生義，其謬顯然。僞孔傳以作三事爲治天地人之事，尤謬。

五一　趣馬，掌馬政之官也。尹，正也；小尹，小官之正也（參尚書全解卷三五頁十五引王安石說，案：正，長也。）。左右攜僕，天子左右攜持器物之僕，謂寺人內小臣等也（傳疏）。百，猶下「庶」府之庶眾，尚書正讀（卷六頁二五二）曰：「言百言庶，皆凡最之詞也。」

百司，若禮記曲禮天子之六府曰司土司木司水司草司器司貨是也。庶府，如周禮大府、王府、內府、外府、泉府、天府之屬。（尚書集注音疏，經解卷三九七頁四十）。司、府皆主財貨券器之官。虎賁至庶府七官，皆天子近御之臣。◯趣馬，亦見詩小雅十月之交及大雅雲漢，蓋即周禮校人之屬，夏官序官校人注：「主馬者必仍校視之。校人，馬官之長。」小尹，尚書今古文注疏（卷二四頁十二）謂即周禮圉師（亦見夏官序官）之類。案：孫氏以趣馬小尹連讀，謂小尹即趣馬之屬官，尚書正讀（卷六頁二五二）說同，皆無實據，不如用王氏說，有經字可據也。左右攜僕，尚書正讀申江聲之說曰：「江聲云：蓋若周禮大僕射人也。鄭注周禮射人云：射人與僕人，俱掌王之朝位也。按：攜者，提攜之謂，禮檀弓扶君，僕人師扶右，射人師扶左，是其職也。」存以備參。書纂言（卷四頁一一三）謂左、右爲車左、車右，攜僕爲執轡御車者，蓋以此與上趣馬連類言之，非是。尚書今古文集解（卷二四頁四）謂虎賁、綴衣、趣馬各數百人，而立小尹（正）以統之；又以左右攜僕百司爲句。案：虎賁以下諸官，彼此無統屬關係，劉氏說失之。「任人」至「庶府」，皆王朝官員。

五二一 都，城邑。伯，長也。大都、小伯，猶言大都、小都之伯；「小」下「都」字承上省略。周禮地官載師「以小都之田任縣地，以大都之田任畺地」注：「小都卿之采地；大都公之采地，王子弟所食邑也。」藝，讀爲暬，同褻；褻，近也。藝人，暬御之人也（羣經平議卷六頁七）。表，封之訛字；表臣，即封人。周禮地官封人掌設社壝及樹置疆界之事。百司，都邑之百司也（上百司，王朝之百司。）。◯僞孔傳以小伯爲大都邑之小長，至陳鵬飛始異其說，曰：「大都小伯者，……猶言小大都伯也；都邑之眾，各有伯常長，故以小大二言該之。（案：下引周官載師注以釋大小都，已詳上。）」東萊書說（卷二九頁八）曰：「大都小伯者，大都、小都之長也。大都言都不言伯，小伯言伯不言都，互見之也。」尚書覈詁（卷四頁一〇二）曰：「小伯與大都對文，疑即小都之長。都、伯互稱，乃變文也。」案：陳氏以下諸家所見甚是，唯「都」不訓伯長，故疑「小」下略一「都」字。藝，舊訓道藝，俞氏正其謬，始讀爲暬。案：其說是也。小雅雨無正「曾我暬御」（據唐石經等本），毛傳：暬御，侍御也。表臣，東坡書傳（卷十六頁五）曰：「表，外也。有兩百司，此其外也。」雙劍誃尚書新證（卷四頁十六）始正其誤，曰：「表乃封之譌，散盤封作𡉚，阮元、吳式芬均釋爲表，可見表誤封古今人所同。……封臣即封人，左隱元年傳『爲潁谷封人』注：封人，典封疆者。荀子堯問『繒丠之封人』注：封人，掌疆界者。大都、小伯，藝人、封臣，均相對文。」王安石以「大都」而下至「庶常吉士」是都邑臣（尚書全解卷三五頁十五引），是。

五三　太史，史官之長。尹伯，尹氏也（參尚書覈詁卷四頁一〇三）。庶常吉士，眾掌常事之善士（傳疏）。〇此太史爲公卿采邑之史官之長，與篇末周公呼而告之太史之爲王朝史官之長不同。尹伯，僞孔傳謂長官大夫，宋林子和謂正官之長（尚書全解卷三五頁十六引），尚書正讀（卷六頁二五二）以與上文連讀，亦訓正長。皆非是。庶常，陳鵬飛曰：「庶常，凡有常事之人也。」以「吉士」之上省略「皆爲」一類語，而謂「庶常以上無非吉士也。」（尚書全解卷三五頁十六引）東萊書說（卷二九頁九）申其義，曰：「既條陳歷數文武之眾職而總結之曰庶常吉士。庶，眾也。常，久也。言在文武之廷無非吉士也。常，久也。言終文武之世無非吉士也。」案：「立政」以下諸官，皆以「立」字冒其上爲其動詞，吉士非省略動詞之述語。且庶常吉士之上諸官，有屬於公卿都邑者，固非盡在文武之廷；其下司徒至亞、旅，特諸侯國之官，而文武皆度其宜而立之。今若如陳、呂所釋，則司徒至亞、旅，非吉士歟！尚書正讀（卷六頁二五二）訓常爲祥，以常吉聯讀。（尚書大義說同）案：吉士，詩召南野有死麕「吉士誘之」、大雅卷阿「藹藹王多吉士」，蓋周人成語；吉士即士人，卷阿下章「藹藹王多吉人」，可證，曾氏說非也。

五四 此司徒、司馬、司空皆諸侯國之官。亞、旅二官名，蓋隸屬軍事部門。○「司徒」至「旅」五官，皆屬諸侯之國（王安石說），三「司」者，諸侯之三卿也（陳鵬飛說）：竝見尚書全解（卷三五頁十六引）。三「司」職位高上，果爲王朝或公卿采邑之官，不應列於百司、庶府及庶常吉士之後。酒誥天子戒妹邦之人臣，言圻父、農父、宏父（若此司馬、司徒、司空，說詳彼傳。），可見侯國置此三官。亞、旅爲二官，詩周頌載芟曰：「侯（維）亞侯旅。」金文有載以亞爲官名者，亞既爲一官名，旅當別爲一官。皆統軍將領，左成二年傳曰：「（魯）賜三師先路三命之服，司馬、司空、輿師、候正、亞、旅皆受一命之服。」正義曰：「司馬主甲兵，司空主營壘，輿師主兵車，候正主斥候，亞、旅……無專職掌，散共軍事，故後言之。」牧誓亞、旅與師氏、千夫長、百夫長（三者皆將兵之官）連稱而居首，可證其爲統兵將領。僞孔傳亞訓次，旅訓眾，以亞旅爲次師眾大夫，失之。

五五 「夷」至「尹」爲地名或國名，文武亦爲之立監，故此「夷」者，承上「立政」謂設立監夷國之官員也（下微、盧至尹倣此）。夷，國名；「夷伯」之稱，金文屢見。夷國非一，此蓋指西夷。（參陳槃庵先生春秋大事表列國爵姓及存滅表譔異頁一六七）。微，國名，字與郿通，即今陝西省郿縣（尚書覈詁卷三頁五一）。盧，國名，古盧國在今湖北省竹山縣與陝西省安康縣之間（參春秋大事表譔異）。烝，地名，殆即春秋楚邑烝野，約在今湖北省江陵縣附近。亳，國名，在今陝西省北部（參春秋大事表譔異頁五八五）。三亳，鄭玄曰：「湯舊都之民服文王者，分為三邑。」（書疏引）阪，地名。尹，地名，其地與阪皆有夷狄居之。○夷，舊以為蠻夷諸國之總稱，僞孔傳曰：「蠻夷微盧之衆師，」謂蠻夷盧國、蠻夷微國也。王夫之始斷為國名，書經稗疏（卷四頁四五—四六）曰：「夷、烝與微、盧同舉，必為國名可知。以夷為蠻夷之統名，烝為衆者失明矣。」尚書覈詁（卷四頁一〇三）亦疑夷是戎（國）名。曩卣有夷伯，是其證。此盧，似非春秋之盧戎（在今湖北省南漳縣東北，亦據春秋大事表譔異。），應與從武王伐紂之盧同為一國，屬西南夷，故牧誓與蜀羌竝舉之。烝，僞孔傳訓衆（已見上引）。尚書集注音疏（經解卷三九七頁四十）訓君，以為是蠻夷國微盧之君。竝非是。宋人始疑為國名，蔡傳曰：「烝，或以為衆，或以為夷名。」羣經平議（卷六頁七）從之。明王樵曰：「微、盧、烝，蓋夷國之內屬者。」（書經傳說彙纂卷十八頁九引）王夫之以為國名（已見上引）。案：宣公七年左傳云：「烝野將攻王，……師于漳澨。」杜注：烝野，楚邑。地在今湖北省江陵縣附近。（見春秋左氏傳地名圖考頁一七五）疑古烝地即後之烝野。阪，書疏訓險，以阪尹為險地之長。其實阪為地名，王夫之始言之（書經稗疏卷四頁四六），羣經平議（卷六頁七）竝尹亦證為地名，曰：「昭二十三年左傳：『單子從阪道，劉子從尹道。』乃地名也。……其地皆有蠻夷錯處。」春秋左氏傳地名圖考（頁二三八）謂在今洛陽、宜陽之間，恐非戎狄之居處。此七國，地蓋豐鎬之北、西或西南部，諒不出關河以東。周人皆設官監之。

五六 厥，語詞（經傳釋詞）。全句，謂文王能度量用人之道也。○各本均有克字，獨漢石經無。尚書正讀（卷六頁二五三）曰：「克厥宅心，依下文克立、克俊語例，當作克宅厥心。漢石經徑刪克字，非也。」案：曾氏謂厥宜在宅上，僞孔傳已依此次序釋經，曰：「文王惟其能居心……」，厥訓其。然而非也。本篇兩宅心，皆無文王度於己心之意。漢石經奪克字，如曾氏所指。上言文武立政，而此僅及文王者，父統子業，不必舉武王而義自見，尚書不乏此例。

五七 常事、司牧人，尚書故（卷三頁五七）曰：「常事，猶孟子所云常職也；司牧，猶左傳之言使司牧之也。常事、司牧人，謂常職主治人也。」○書纂言（卷四頁一一四）曰：「常事，謂立事之官，即任人也；司即準夫；牧即長伯也。」案：不如依尚書集注音疏（經解卷三九七頁四一）之說爲是：「常事、司牧人，撮括上文之官也。……承上諸官名之下而云立茲常事、司牧人，茲之言此，有所指實，是撮括上文諸官而言，謂總括任人以下至亞旅也。」若依吳澄之說，此句指文王所立唯三要職，則何必言「立茲……」而繫於眾官之下乎？尚書故之說，足以概括前述諸官職。

五八 以，猶「因而」。克俊有德，意謂能用才智而有德之士也。○僞孔傳以訓用，曰：「用能俊有德者。」案：能俊，殊不成詞。克，言克用。以，承上之詞。愚竊疑「有」或讀爲又，德即有德（上不必著有字，書多此例。），俊有德，謂才智又有美德之士也。

文王罔攸兼于庶言（註五九）；庶獄、庶慎（註六〇），惟有司之牧夫是訓用違（註六一）。庶獄庶慎，文王罔敢知于茲（註六二）。亦越武王，率惟敉功（註六三），不敢替厥義德（註六四）；率惟謀從容德（註六五），以竝受此丕丕基（註六六）。

釋文

五九　攸，語詞。兼，謂兼顧也。庶，眾也。言，教令也。庶言，有司所下教令也（東坡書傳卷十六頁六）。〇兼，書纂言（卷四頁十四）曰：「猶言參預也。」亦通。詩大雅抑：「慎爾出話」，箋「……言謂教令也。」國語周語上：「有不祀則修言。」注：言，號令也。僞孔傳謂言爲毀譽之言，尚書札記（經解卷一四一二頁二十）謂堯典龍作納言，即庶言之事。皆失之。尚書表注（卷下頁四一）以爲庶言、庶獄及庶慎，既謂之庶，固非其大者，惟有司與牧夫是從是否，文王不以身兼之，若大號令、大刑獄，非文王所敢諉也。案：金氏說甚是。尚書故（卷三頁五八）謂下庶獄、庶慎皆庶言之目。尚書釋義（頁一二四）云：言與訊通義，引周易師卦六五「利執言」，謂執言即詩之執訊，故庶言即眾訊獄之事，與下庶獄、庶慎爲一事。說與吳氏略同。案：文王罔攸兼于庶言，爲一句，敍一事而意義完足。下言庶獄、庶慎文王惟有司之牧夫從違，爲一句，另爲一事。句構甚明。後文屢戒成王勿干預庶獄、庶愼，而不及庶言者，蓋以獄訟切要，故一再申言，（本篇敍官甚多，而反覆戒王者，惟常伯、常任、準人三事，與此同理。）非庶獄、庶愼即庶言之目也。

六〇 庶獄，眾獄訟之事。愼，誠也（爾雅釋詁）；誠同成。詩桑柔箋：愼，成也。周禮小宰曰：「凡庶民之獄訟以邦成弊之。」注：鄭司農云：邦成謂今決事比也。庶愼即庶成，猶邦成，謂眾決獄之事。○愼訓成，引周禮證庶愼之義，始于尚書故（卷三頁五八），然其說稍嫌支離。雙劍誃尚書新證（卷四頁十七）讀愼爲訊，以訊通訓，訓通順，順通愼，證愼通訊，輾轉曲折，亦不可從。庶獄，猶今法曹之偵察起訴；庶愼，獄今之審訊判決。

六一 有司，職有專主也；猶今言「有關機關」。牧夫，謂官吏也。訓，順也。用，猶言是也。違，猶言非也。是訓用違，謂訟事之或是或非，文王唯有司之牧夫是從，而不下侵臣職也。○書疏分有司與牧夫爲二，曰在朝有司、在外牧野民之夫。後人信其分爲二臣，因訓「之」爲及，書纂言（卷四頁一一四）曰：「陳氏曰：之猶及也。澄案：有司之牧夫，其立文猶月令言『參保介之御』。兼文王不下侵臣職，……。」經傳釋詞、尚書正讀竝取其說，失之。尚書大義（卷二頁三七）謂牧夫爲法人，用逸周書周祝解注義，然與此經之旨不合。是訓用違，詞倒，用違是訓也。尚書表注（卷下頁四一）曰：「惟有司惟牧夫是從是否，文王不以身兼之。」尚書大義曰：「一委有司，惟所從違也。」大旨與經義不悖。尚書正讀（卷六頁二五三）曰：「其或用或違，惟有司與牧夫是順也。」尚書斠證曰：「用違猶言用與不用。此謂用與不用，惟有司與牧夫是順也。」或用或違（違言不用），以言立官則可，若言獄訟，終覺未安。尚書今古文集解（卷二四頁五）曰：「其言是則順之，其言非則違之。」

大悖經義。龍宇純先生疑「用」爲「毋」之誤字，毋違云未嘗違之也。案：毋違，似命令語式，殆非此經義。

六二　知，猶「知政」之知（書纂言卷四頁一一四），言辦理也。此句，重言以明上句之義也。◯重言庶獄、庶慎而不及庶言者，前者重而後者輕也。（參註五九）東萊書說（卷二九頁十一）曰：「不曰罔知于茲，而曰罔敢知于茲者，徒言罔知，則是老莊之無爲也；惟言罔敢知，然後見文王之敬忌，思不出位之意，毫釐之辨，學者宜精察之。」

六三　率，語詞（尚書今古文注疏卷二四頁十四）。敉，終竟也。惟敉功，言但祗終竟文王之事功而已。（參大誥註三三及洛誥註八九）。◯僞孔傳：率，循、敉，撫也。未安。

六四　替，廢也（僞孔傳）。義德，法教也。◯義德，尚書正讀（卷六頁二五四）曰：「德合於宜，如皐陶謨所言九德也。」求之過深，且與上下文不合，不如尚書故（卷三頁五九）之說：「鄭周禮（小宗伯）注古者書儀但爲義，（禮記）內則注德猶教也。義德，法教也。」案：儀，法也（國語周語下「度之於軌儀」注），義儀既通訓，亦當訓法。吳說是也。

六五　率，同註六三。謀，如前謀面之謀，勉也。（詳註一六）（尚書故卷三頁五九）從順也。容，讀爲睿，鄭玄五行傳注容當爲睿，是其證（見尚書故）。睿即睿。睿德，睿知之行爲也。◯謀從容德，僞孔傳謂武王謀從文王寬容之德。案：從文王德可矣，不須營謀；此經但美文王能委官任賢，是睿德，而絕不見寬容之義。傳說非也。尚書正讀（卷六頁二五四）謀讀爲敏，略同吳說。

六六　竝，普也；徧也（經義述聞，經解卷一一八三頁十七）。上丕字，大也。下丕字，語詞。

基，謂王天下之基業。（參大誥註六二）

嗚呼！孺子王矣（註六七）！繼自今（註六八），我其立政（註六九）。立事、準人、牧夫（註七〇），我其克灼知厥若（註七一），丕乃俾亂（註七二）；相我受民（註七三），和我庶獄、庶慎（註七四）。時則勿有間之（註七五），自一話一言（註七六）。我則末惟成德之彥（註七七），以乂我受民（註七八）。

釋文

六七 孺子王矣，謂成王已親政爲天下王矣。（參註二一）〇僞孔傳曰：「稚子今以爲王矣。」戴鈞衡則曰：「孺子王連讀，『矣』字助詞，不爲義。」（尚書故卷三頁六十引）案：此「矣」相當語體文「了」，句末因著此字，故其上「王」字當作動詞解，本篇「……王矣」四見、「……后矣」二見，例同。戴氏失之。

六八 繼自今，從今以往也（「繼自今文子文孫」僞孔傳）。

六九 我其立政，謂我國家應立官。（參註七〇）

七〇 立，設立，言任用也。事，即上文「宅乃事」之事，亦即上文「常任」及「任人」。（參註一四）牧夫即上文「常伯」，或省作「牧」。此「準人」、「牧夫」上承上省略「立」字。全句，謂任用「事」、任用「準人」、任用「牧夫」也。○僞孔傳謂立政爲立大臣，立事爲立小臣及準人、牧夫。殊謬。經義述聞（經解卷一一八二頁三五）曰：「立政，謂建立長官也；立事，謂建立群職也。準人、牧夫即所立之政與事也。」案：王氏知「宅乃事」之事即其上文任人，而此「立事」之事，說爲立群職，蓋不知此「立」爲動詞。準人、牧夫，朝廷之要職，王氏爲遷就其說，謂二者即所立之長官與所立之群職，其誤甚顯。張九成始從立政絕句，曰：「王自今立政，亦日立事、準人、牧夫。」（書蔡氏傳纂疏卷五頁四四引）董琮申之曰：「從張氏之說，則立政乃作書之本意，立政乃任人之官。」（書蔡傳輯錄纂註卷五頁四七引）書蔡傳纂疏（卷五頁四四—四五）亦申張氏說，云：「孔氏……以『事』字爲句，非也。惟張氏辨句讀甚合經旨，證以上下文，上提三政而下列三宅甚協。兼之『繼自今立政。立事、準人、牧夫』與『我周文王立政。立事、牧夫、準人』，『立政』下列三宅，則並有『立事』字，『國則罔有立政，用憸人』、『繼自今立政，其勿以憸人』，『立政』下不列三宅，則並無立事字，尤爲顯證。」案：經文「繼自今後王立政，其惟克用常人」，「立政」下無立事字，與陳氏所舉例合。又諸家謂「立政」乃作書之本意，一篇之宏綱，且以「事」與「準人」、「牧夫」爲三官，誠是。惟均不辨立字爲動詞。

七一 灼，明也（詳註四五）。厥，其也，指上三官。若，善也（尚書集注音疏，經解卷三九七頁四二）；猶言「長處」。○若訓善，本爾雅釋詁。僞孔傳若訓順，於經義未適。

七二 丕乃，猶「於是」，盤庚篇四見。俾，使也。亂，治也。俾乂，使之（指三官）治也。○俾亂即俾乂，堯典「有能俾乂」、下文「以乂我受民」皆可證。乂、亂皆訓治。丕乃與茲乃同，下文「茲乃俾乂（國）」，句義與此句同，可證。

七三 相，助也（書疏）。受民，受於天命之民。洛誥「受民」、「受命民」及下文「受民」義皆同。○相，僞孔傳訓治，正義破之，曰：相，助也。……案：上文「丕乃俾亂」，亂謂治民，故此句不當復言治民，尚書集注述疏（卷二四頁二一）云：「相，助也，臯陶謨所謂『左右有（于）民』也。」（尚書全解先有說）是經義。

七四 和，相譍（應）也（說文）；應，當也（說文）。和庶獄庶愼，言承當訟獄之事也。○和，僞孔訓和平，蔡傳訓和調均齊，於經義未適。尚書今註今譯（頁一六○）訓適當，用淮南俶眞訓注，似不如訓當（承辦），於下文「勿間之」云云亦能貫通。

七五 時，是也；如此也。間，尚書故（卷三頁六一）曰：「間，釋文：『間廁之間。』……即上文罔攸兼、罔敢知之義也。」○間，僞孔傳訓代，正義曰：「不可以餘人代之也。」尚書釋義（頁一二四）謂此戒王勿代治獄訟之事，亦通。東坡書傳（卷十六頁十七）云勿以流言讒間之。度經上下文，應無此義。（參註七六）

七六 自，於也（尚書故卷三頁六一）。一話一言，謂一語一字也。上及此句語倒，謂即於一語一字之微，亦不加干預，而一任有司也。○自一話一言，僞孔傳曰：「言政當用一善，善在一言而已。」尚書補疏（經解卷一一五○頁十二）據經籍證話言之善者，而此句下已有「言」字，故專取「善」義。案：以用釋自、善釋話，於古固有徵，然於上下文氣不貫，又與全經要旨不合。

七七　則末惟，乃終有也（尚書故卷三頁六一）。彥，美士也（尚書集注音疏，經解卷三九七頁四二）。成德之彥，言造就有德之賢才也。

七八　乂，治也。受民，見註七三。〇尚書全解（卷三五頁二三）曰：「相我受民」之相訓輔助，此乂訓治。既而又曰：「前日相我受民，此曰乂我受民，此則史家之駁文，不必辯也。」案：前云「相我」，承上「俾乂」，此云「乂我」，謂美士以治我民，或相或乂，各有攸當，史氏錯綜爲文，林氏視爲駁文非也。

嗚呼！予旦已受人之徽言咸告（註七九），孺子王矣！繼自今，文子文孫其勿誤于庶獄、庶慎（註八〇），惟正是乂之（註八一）。自古、商人亦越我周文王立政（註八二），立事、牧夫、準人，則克宅之，克由繹之（註八三），茲乃俾乂國（註八四）。則罔有立政（註八五），用憸人（註八六），不訓于德（註八七），是罔顯在厥世（註八八）。繼自今立政，其勿以憸人（註八九），其惟吉士（註九〇），用勱相我國家（註九一）。

釋文

七九　已，古同以。受，當作前，古字形近之誤。已受，漢石經正作以前。嶶，美也。咸，箴也。咸告，複詞。（詳註三）○受，敦煌伯二六三○本、唐石經本、內野本、足利本、書古文訓竝誤作。尚書故（卷三頁六一）曰：「舊傳云所受聖賢說禹湯之美言。似所據本（受人）亦作前人。故以聖賢禹湯釋之。今作受者，涉傳文受字而誤也。」案：僞孔傳已釋既，故以「受人」爲受聖賢說禹湯（之美言），而非受人本作前人。吳氏誤測傳意。尚書正讀（卷六頁二五五）謂受當作前，形近之誤，而未詳其說。尚書釋義（頁一二五）曰：「已、以古通。追毀『前』作歬（从止在舟上），毛公鼎受作𤔲（上下象手，中爲舟），二字形近，故易訛。」是也。徽，漢石經作徵（微），九經古義（經解卷三六二頁九）據漢書藝文志注釋爲精微要妙之言。案：揆諸經意，周公所告，皆平正大道，莫非美善之言，漢石經字誤，惠氏失考。

八○　文子文孫，尚書釋義（頁一二五）曰：「周人於已歿之祖與父，曰文祖文考。文子文孫，本文祖文考言；此謂成王也（意謂武王子文王孫）。」誤，謂顧慮、干預。尚書故（卷三頁六一）曰：「虞也。詩（魯頌閟宮）傳：虞，誤也。是誤、虞同義。范望大玄注：虞，憂也。」○文子文孫，尚書集注音疏（經解卷三九七頁四三）謂前王守文之子孫，且據史記外戚世家索隱，謂非受命創制之君。案：康誥之「文考」、洛誥之「文祖」，竝指文王，是則文王亦繼體守文而非創制之君，然詩、書多言文王受命作周。江氏殆誤。僞孔傳則曰：「文子文孫，文王之子孫。」案：周公呼孺子而告之，云：「王矣」！下續云：「繼自今，文子文孫」，則文子文孫指成王無疑。成王者，武王子、文王孫。蔡傳釋文子文孫曰：「成王，武王之文子，文王之文孫也。……守成尙文，故曰文。」未盡是。

八一　正，治獄之官。乂，治也。○尙書今古文注疏（卷二四頁十五）云：「正，治獄之官，周書嘗麥解云：『命大正，正刑書。』」以爲此正即彼大正。案：孫說雖未必盡是，然據上文惟正是乂之，義猶「惟有司之牧夫是訓用違」，則「正」猶「有司之牧夫」，當是治獄之官。僞孔傳謂「惟以正是之道治衆獄」，尙書集注音疏（經解卷三九七頁四三）謂惟以中正之人乂之：竝訓正爲正當，咸誤。蔡傳以「正」猶「宮正、酒正」之正，指當職者爲言。案：蔡氏以爲酒正爲主酒之官，宮正爲主宮事之官，則亦固以此正爲司法之官矣。

八二　古，謂夏。古、商人，夏、商二代之人也。全句，謂由夏人、商人以及我周文王之立官也。○上陳禹、湯克度事、牧、準而立之，此覆上文不言夏者，書疏曰：「言有詳略，無別義也。」斯說難愜人意。蔡傳謂：「自古及商人及我周文王。」以「古」爲商代以前之人。本篇不言夏以前之古人克度三事，蔡說無據。尙書今古文集解（卷二四頁六）曰：「自古，夏也。」清張裕釗云：「周人蓋以虞夏爲古，稱殷則曰『在昔』而已。上經『古之人迪惟有夏』，康誥『古先哲王』，鄭氏謂虞夏之王。召誥『相古先民有夏』與『殷先哲王』異文，皆其證。」（尙書故卷三頁六二引）案：康誥曰：「往敷求于殷先哲王」，續云：「別求聞由古先哲王」，續又云：「我時其惟殷先哲王德用康乂民。」明古先哲王與殷先哲王不同，康成謂古先哲王爲虞夏之王當是。召誥曰：「茲殷多先哲王在天」（茲猶今也），續云：「相古先民有夏」以古夏與今殷對舉。本篇於殷人曰：「在昔殷先哲王」，於夏人則曰：「古之人迪惟有夏。」經但稱古夏而決無古殷之稱，則此「古」非覆述上文夏（禹）而何？尚書故或謂夏借爲嘏或假，皆有壯大義；嘏、假、古聲同，且引方言爲證。失之。

八三 由，借爲紬。紬繹，猶審度考察也。〇克由繹之，王肅謂：「能用陳其才力。」傳疏略本之爲說。尚書集注音疏（經解卷三九七頁四三）謂：「能用陳其謀。」案：陳才、陳謀，皆當觀于任用之後，據下文「茲乃俾乂國」，彼時尚未俾以職位，則此句實任官前之事，意當與上句「克由宅之」同旨，而義加深。宋人已有見及此。雙劍誃尚書新證（卷四頁十八）謂繹乃擇之訛，謂擇之得其當。案：得當與否，亦俾乂以後之事，于說亦失之。

八四 俾乂，使（之）治也（參堯典「有能俾乂」註）。全句，謂（揣度審察其人之後，）始命之治國事也。

八五 則，若也。罔有立政，謂如不用吉士爲官也。

八六 憸，險頗也（參說文段注）。憸人與下吉士對舉，猶謂邪惡之人也。

八七 訓，順也（僞孔傳），訓于德，義同上文「順德」（詳註一六）。

八八 是，此也；謂如此則罔顯在厥世（天子不能光顯於其世代）也。〇尚書故（卷三頁六三）據爾雅是訓則。案：爾雅釋言郭注：「是事可法則。」邢疏：「言不非之事，乃可爲人法則。」據此，「則」乃法效義，非承上啓下之詞。吳說失之。

八九 以，用也。

九〇　吉士，善人也；與下「祥人」同義。

九一　勱，勉力也（說文）。相，助也。（參註七三）

今文子文孫，孺子王矣！其勿誤于庶獄，惟有司之牧夫（註九二）。其克詰爾戎兵（註九三），以陟禹之迹（註九四），方行天下（註九五）；至于海表（註九六），罔有不服。以覲文王之耿光（註九七），以揚武王之大烈（註九八）。

釋文

九二　○疑「其勿誤于庶獄，惟有司之牧夫」十二字，乃承上文而衍者。理由一、上文才言「其勿誤于庶獄」，此不應重複言之；理由二、上文四言「庶獄」，皆下連「庶愼」，此不應獨缺；宋蔡卞以爲：「以庶獄、庶愼對庶言，則獄、愼尤重，故不及庶言；以庶獄對庶愼，則庶獄尤重，故不及庶愼。」（書蔡氏傳輯錄纂註卷五頁四八引）東萊書說（卷二九頁十六）、蔡傳、尙書正讀（卷六頁二六五）竝申其說。皆曲解經義。理由三、上文「庶獄、庶愼，惟有司之牧夫是訓用違」、「和我庶獄、庶愼。時則勿有間之，自一話一言」、「其勿誤于庶獄、庶愼，惟正是乂之」，皆就天子不干預獄政，而意義完足。然此「其勿誤于庶獄，惟有司之牧夫」，文理不通；其「牧夫」之下應有「乂之」（或「是訓用違」）一類字，文義始通；理由四、此段周公戒王謹于兵事，首呼「今文子文孫，孺子王矣」，當與「其克詰爾戎兵」相接；相接則文氣通貫。（書纂言卷四頁一一六或疑「其克詰爾」之上有脫簡，以其文意不相接。）

九三 詰，治也（僞孔傳）。戎、兵，皆謂軍備也。○詰，尚書集注音疏（經解卷三九七頁四四）據周禮大司寇「詰四方」鄭注訓謹，亦通。雙劍誃尚書新證（卷四頁十八）據巴黎藏隸古定本詰作誥（案：藝文印書館影印唐寫今字尚書本作誥。），以爲詰是誥之譌字。案：內野本、九條本、足利本、上圖影天正本皆作誥，上圖八行本、唐石經本、書古文訓均作詰。作詰是。「誥爾戎兵」，殊不辭，作誥之本皆傳寫致誤，以其形近也。（呂刑「以詰四方」，明萬曆癸卯莆田吳獻台刊本困學紀聞誤作「誥」，亦因形似。）治戎兵，書纂言（卷四頁一一六）曰：「謂農隙講武事、田獵、選車徒之類。」蓋是。既戒成王謹於獄政，又勉之修武備者，東萊書說（卷二九頁十六）曰：「兵者，刑之大也，故既言庶獄而繼以治兵之戒焉。繼世之主，多湛於逸樂，不出戶庭，弛備忘戰，以墮祖宗之業，故戒其必能詰治戎兵。」尚書表注（卷下頁三四）曰：「（古人詰兵）蓋有國之常政。軍賦藏於井甸，陣法講于蒐狩……，但恐守文之主或自廢弛爾。況其時淮奄未盡平，故周公言及之。」所論甚當。

九四 陟，躐也，猶履蹈也（尚書古注便讀卷四下頁八）。禹迹，夏禹治水之舊迹；謂九州（天下）也。陟禹之迹，意謂領有天下。○履禹之迹不必皆升登，舊拘於故訓，釋陟爲升。書疏知其說難通，然尚從而爲之辭曰：「遠行必登山，故以陟言之。」案：下文「方行天下」，即「陟禹之迹」，陟當訓行（書纂言卷四頁一一六曰：陟，猶行也。是。）明甚。行謂履蹈之也。此天下爲九州之內（下海表爲四海之外），尚書表注（卷下頁三四）曰：「聖人疆理天下，華夷異，宜各有界限，故禹迹之舊，中國世守之。一有玷缺，則中國之禍，終有不可度者。」

九五 方，偏也（東萊書說卷二九頁十六）。○方，尚書集注音疏（經解卷三九七頁四四）謂當爲「旁」之壞字，舉說文等書引尚書別篇爲證。案：方、旁古音極近，皆訓溥（或普）或偏，今本尚書訓溥之「方」字，除洛誥「旁作穆穆」一例外，概不作旁。江氏失檢。傳疏以方爲四方，「四方而行，至于天下，……。」成何辭義？

九六 表，外也。至于海表，猶禹貢末簡「訖于四海」，謂聲教達於四海也。

九七 覲，見（現）也。耿，光也，明也（詳註二四）。全句，謂以昭顯文王之光輝。○九經古義（經解卷三六二頁九）曰：「以覲文王之耿光，杜林說：『耿，光也。从光，聖省聲。』說文曰：『凡字皆左形右聲，杜說非也。』棟案：蔡邕石經作『鮮光』，故許氏不從其說。外傳（謂國語晉語）曰：其光耿于民矣。杜伯山傳漆書古文，必得其實，作『鮮光』者非也。（惠氏自注曰：王逸楚辭章句云：耿，明也，光也。）」尚書大傳（輯校卷二頁二六）說洛誥篇曰：「以勤文王之鮮光。」勤、鮮爲覲、耿之訛字。

九八 揚，發揚也。烈，業也。

嗚呼！繼自今，後王立政，其惟克用常人（註九九）。」

釋文

九九 常，古音同祥；祥，善也。常人，善人也；即吉士。○常人，尚書全解（卷三五頁二六）曰：「此篇或曰俊德，或曰彥，或曰吉士，或曰常人，雖則不同，皆君子之美稱也。」舊訓常爲經常，林氏不從。書經注（卷十頁三六）謂常人、憸人，二者相反。是皆以常人爲善人矣。羣經平議（卷六頁七）常讀爲祥，曰：「儀禮士虞禮『薦此常事』鄭注曰：『古文常爲祥。』然則常、祥聲近義通。故上文言吉士，此言常人也。」尚書故（卷三頁六五）申其說，曰：「爾雅：祥，善也。常人，善人也。說文：吉，善也。吉士，善士也。常吉即祥吉，皆言善也。」

周公若曰：「太史、司寇蘇公（註一〇〇）！式敬爾由獄（註一〇一），以長我王國（註一〇二），茲式有慎（註一〇三），以列用中罰（註一〇四）。」

釋文

一〇〇　太史，王朝史官之長；此周公但呼其官職，未稱其名。司寇，王朝刑官之長。蘇公，蓋蘇忿生也，武王時爲周司寇，此時蓋猶存，且任舊職。蘇，國名（一稱溫國），姓己。居溫，據清一統志，溫故城在懷慶府溫縣西南三十里。（參春秋大事表譔異頁二九六）太史掌邦之六典，而刑典爲其一，故周公併司寇呼之，戒其謹獄政。〇左傳成公十一年：「劉子、單子曰：『昔周克商，使諸侯撫封，蘇忿生以溫爲司寇。』」杜注及書傳疏竝以爲左傳之蘇忿生即書立政之司寇蘇公。其國至遲滅於春秋初，隱十一年左傳曰：「（桓王）與鄭人蘇忿生之田——溫、原……。」時蘇蓋已亡國，故王得以其田賜鄭。古蘇國，己姓，滅于夏，國語鄭語：「己姓昆吾、蘇、顧、溫、董，……則夏滅之矣。」是蘇國己姓。傳、疏竝以爲周公呼太史告以蘇公所行中罰告之，以「司寇蘇公式」爲句。案：爾汝，面稱之詞，周公語太史及蘇公甚明。傳、疏誤。尙書集注音疏（經解卷三九七頁四六）亦主呼太史而稱蘇公之善法，非並呼太史及蘇公兩人，其理由：一、以周禮太史是下大夫，司寇是卿，不應先呼卑者而後尊者；二、司寇蘇公兼稱官與人，太史唯舉其官不偁其人，故知非並呼；三、「式敬爾由獄」之式之爲誼，有「用」與「法」兩訓，若連下讀則不詞。案：太史於天子爲近，故周公先呼，非關祿位尊卑。稱太史、官而不及姓名，周公偶爾省簡。式字語詞，連下讀正合經義。江說均不足據。陳大猷（書蔡傳輯錄纂註卷五頁四九引）曰：「周公舉太史所記蘇公之事以告王。」經文全非此義，陳氏臆度之言。尚書故（卷三頁六四）曰：「太史蓋司寇之兼官，魯語：『太史虔糾天刑。』是亦刑官也。」案：太史既爲刑官，司寇亦刑官，即無所謂兼矣。若謂蘇公司寇因兼太史署理法刑以外之事，故周公呼其兼職，然下文皆言獄事，不及其它，周公固不須著其兼官已足。且蘇忿生若有兼職，經籍不容不言。吳氏謬甚！尚書今註今譯（頁一六二）曰：「太史，掌記事之官。周公欲使記此事，故呼之。」尚書諸篇蓋皆史官所記，未見呼太史記之之例；其屬于周公誥語諸篇亦然。師說可疑。周禮春官：「太史掌建邦之六典，以逆邦國之治。」六典，周禮天官大宰：「一曰治典，……五曰刑典，以詰邦國；……。」此周禮所言疑與周初合。

一〇一　式，語詞。敬，謹也。爾，指太史及蘇忿生兩人。由，用也（僞孔傳）。由獄，猶言治獄也。〇敬，尚書故（卷三頁六五）讀爲矜。尚書正讀（卷六頁二五七）申之，曰：「呂刑『哀敬折獄』，尚書大傳作『哀矜折獄』。論語所謂『如得其情，則哀矜而勿喜』也。」案：下文「茲式有慎」，謂慎於用獄，義與此句極近。敬，慎也，謹也。訓矜失之。吳汝綸又謂由通訧、郵，訓罹。可備一說。

一〇二　長，久也。長我王國，書纂言（卷四頁一一七）謂延國祚也。

一〇三　茲，指刑獄言。式，語詞。有，語詞。

一〇四　列，布列也；猶言施也（尚書釋義頁一二六）中，適中也。中罰，不輕不重之刑罰（僞孔傳）。呂刑所謂刑之中也。

十二　顧命義證

題解

顧，說文：「還視也。」鄭玄曰：「迴首曰顧，顧是將去之意；此言臨終之命，曰顧命。言臨將死去，迴顧而爲語也。」（書疏引）其命篇也，尚書全解（卷三七頁二）曰：「書五十八篇命篇之名，皆撮取其篇中數字以爲簡編之別，惟顧命、費誓則又特命焉。此亦出於其當世史官一時之旨意而已。」康王之誥，史記周本紀作「康誥」，日人瀧川資言史記會注考證（卷四頁四二）曰：「古鈔本、南本『康』下有『王』字。愚案：疑脫『之王』二字。」案：其說是，但「之王」當乙轉作「王之」，百篇尚書無重複者，前有「康誥」（武王誥康叔之書），此不當疊出，史記應脫「王之」二字。

顧命與康王之誥，原來是否爲一篇，無由考知。確知書序已分作二篇。書序曰：「成王將崩，命召公、畢公率諸侯相康王，作顧命。」參以鄭說，是周成王臨終之命，命召、畢等相嗣君也。書序又曰：「康王既尸天子，遂誥諸侯，作康王之誥。」是康王正式即位後報誥諸臣之言也。司馬遷承序說，亦明以顧、康爲二篇，史記周本紀曰：「成王將崩，懼太子釗之不任，乃命召公、畢公率諸侯以相太子而立之。成王既崩，二公率諸侯以太子釗見於先王廟，申告以文王、武王之所以爲王業之不易，務在節儉，毋多欲，以篤信臨之，作『顧命』。太子釗遂立，是爲康王。康王即位，徧告諸侯，宣告以文、武之業以申之，作『康（王之）誥。』」此後，馬融、鄭玄、王肅本（見康王之誥序正義引），亦皆以顧、康爲二篇，而僞孔傳沿其說（惟經文起訖不盡同，說詳下。）。

伏生本尚書是否分顧、康爲二？說者不一。僞孔安國尚書（大）序曰：「伏生又以……康王之誥合於顧命。」康王之誥（小）序正義曰：「伏生以此篇合於顧命，共爲一篇，後人知其不可分而爲二。」王先謙尚書孔傳參正謂伏生二十九篇以顧命、康王之誥爲二，而不含太誓篇，曰：「史記周本紀：作顧命，作康（王之）誥：明爲二篇，則二十九已足，並無太誓在內。」考太誓蓋武帝末、宣帝初得，伏生本無之（陳夢家尚書通論），歐陽、二夏侯加入此篇，遂合顧命、康王之誥爲一篇，故經典釋文於康王之誥篇曰：「敍歐陽、大小夏侯同爲顧命。」歐陽、夏侯皆傳伏生之學，三家乃合伏生顧命、康王之誥爲一篇，故陸德明特著其事。王先謙謂僞孔氏誤以歐陽、夏侯本爲伏生本，是也。而皮錫瑞言之尤切，今文尚書攷證（卷二五頁一）曰：「史公云『作康（王之）誥』，與上文云『作顧命』，分別其辭，蓋以顧命、康（王之）誥各爲一篇，與馬、鄭書序同。未嘗以康王之誥合於顧命。史公本受伏生尚書，雖從安國問古文，而史記所載多今文說，其所載書序與馬、鄭書序不同者，乃今文家所傳之本，而此引書序以『作康（王之）誥』別爲一篇，則史公所受伏生尚書亦必不以康王之誥合於顧命矣。蓋伏生傳書二十九篇，有康王之誥而無太誓，史公云『伏生獨得二十九篇』，亦當不數太誓。其後歐陽、夏侯三家併入太誓，遂與二十九之數不符，乃以康王之誥合於顧命。僞孔序詞不別白，因以三家之本爲伏生之本耳。……蓋馬季長以太誓爲僞，故用伏生、史公舊說，不用歐陽、夏侯之本，仍以康王之誥別於顧命而不數太誓也。」案：伏生二十九篇，與馬、鄭注本二十九篇，皆以顧命、康王之誥分別爲二篇，徵諸經籍，灼然可信。

僞孔本自顧命篇首「惟四月」至「諸侯出廟門俟」爲顧命篇，而以「王出在應門之內」至「王釋冕，反喪服」爲康王之誥篇。馬（融）、鄭（玄）、王（肅）本則否，康王之誥序正義曰：「馬、鄭、王本此篇，自『高祖寡命』已上，內於顧命之篇，『王若曰』以下，始爲康王之誥（註一）。」經典釋文於「王若曰」至「甸男衛」下釋曰：「馬本從此已下爲康王之誥。」與正義所述馬本分篇情形同。復考史記周本紀以召公等告康王（案：即「敢敬告天子」至「無壞我高祖寡命」五十九字。），爲因前成王所告（案：即「皇后憑玉几」至「用答揚文武之光訓」三十三字。）而申告者，其文均屬顧命篇（周本紀檃栝經文「無壞我高祖寡命」以上大義，曰：「二公以文王、武王之所以爲王業之不易……告剑王。」）（註二），是史記亦以「無壞我高祖寡命」以上爲顧命——其文主要爲成王及二公告語；而下康王之誥篇，除末簡十六字，皆康王答辭。其分篇疑從伏生之舊編，且參書序意，亦當如是劃分，故馬、鄭、王本竝從之。諸家或以爲二篇文字相貫，敘一事之始終，不當強分。如不得不分，則吾從僞孔本。因康王已在廟受顧命正式即位。顧命篇應止於此——諸侯出廟門俟。下召、畢公等朝王于廷（路寢內之治朝），因獻言與新君（案：即「敢敬告天子」至「無壞高祖寡命」五十九字。），非所謂成王之「顧命」；而康王因二公之告報誥之（「王若曰」至「無遺鞠子羞」一段），宜聯爲一篇，總敍一節情事之始終。諸家厭惡僞古文書，竝其勝處亦不從，誠憾事也。

本篇爲成王傳王位予康王之事，由成王疾篤，至康王受位後釋冕反喪服，前後不過數日，史官詳其事之始末，作爲此篇，本無異辭，唯顧炎武（日知錄卷二）謂康王即位在次年正月上日，又疑顧命有脫簡。葢因蘇軾譏康王居喪冕服非禮，而曲爲經書迴護。雖信其說者有人，然皆失正。江聲、魏源等家皆已辨正其誤。

結論：本篇成王臨終時顧命，康王即位時誥命，篇中明言「太史秉書」，知爲太史氏併此傳位大典之始末錄之，以告天下。劉歆（三統歷，漢書律歷志引。）謂本篇之「惟四月」爲成王三十七年（通周公攝政七年併計之）之四月，鄭玄謂此成王三十五年之四月（亦通攝政之年計之，惟計算方式不同。），茲從劉氏，則此篇成王三十七年四月二、三日（哉生魄）頃事也。

註一　鄭玄駮五經異義（詩經鄘風干旄疏引）曰：「尚書顧命：『諸侯入應門，皆布乘黃朱。』」所引經文，僞孔傳在康王之誥中，足證其分篇不同于僞孔。

註二　今文尚書攷證（卷三十頁三三二）引或者言，謂史記以「節儉，毋多欲」解經「丕平富，不務咎」，以「篤信臨之」解經「厎至齊信」，則是以二公之告語釋康王之答辭，誤甚！

惟四月（註一），哉生魄（註二），王不懌（註三）。甲子（註四），王乃洮頮水（註五），相被冕服（註六），憑玉几（註七）。乃同召太保奭、芮伯、彤伯、畢公、衛侯、毛公（註八）、師氏、虎臣、百尹、御事（註九）。

釋文

一　四月，周成王誦崩年之四月也。◯劉歆曰：「周公七年（案：謂攝政七年。），復子明辟之歲。……成王元年（案：謂周公還政之次年，通攝政七年計之，則為成王即位之第八年。）正月己巳朔，此命伯禽俾侯于魯之歲也。後三十年四月庚戌朔，十五日甲子哉生霸（魄）。故顧命曰：『惟四月，哉生霸，王有疾，不豫，甲子王乃洮沬水，作顧命。翌日乙丑，成王崩。』」（漢書律歷志引）是劉氏以此四月為成王在位（通周公攝政七年計之）三十七年之四月也。僞竹書紀年本之（見王國維今本竹書紀年疏證卷下頁四－八）。鄭玄曰：「此成王二十八年（之四月也）。」（書疏引）鄭云成王二十八年崩（劉恕通鑑外記卷三引），又曰：「（成王親政）以居攝六年為年端，（至此積三十年也）。」（詩周頌烈文疏引，參尚書後案說。）案：鄭以周公居攝第六年數起（年端），居攝第六、第七兩年，加親政二十八年（參註三二）。至成王崩年計三十年。與歆說異。成王在位年數，史記無載，未詳孰是。

二　哉，始也。始生魄，月之初二、三日也。（詳康誥註一）◯僞孔傳以生魄為月之十六日，劉歆以爲十五日，皆誤。劉又以哉生魄即下甲子日（說均詳註一引），今文尚書攷證（卷二四頁一）曰：「『維四月，哉生霸，王有疾，不豫，甲子，王乃洮沬水』，則『甲子』與『哉生霸』之日，必非一日。若甲子即哉生霸之日，則於是日得疾，即於是日作顧命，無此急遽之事，若謂成王以暴疾猝崩，又何云『病日臻，既彌留』乎？」其摘劉氏之誤甚是。魄，漢書律歷志作霸，金文亦習作霸，惟師奎父鼎有「既生霸」，下從帛。古從帛與從白字同。霸、魄所以通假者以此（參雙劍誃尚書新證卷四頁二十）。

三　王，成王誦也。下續有三「王」，並指成王。懌，悅也（僞孔傳）。此不懌，謂疾甚也。◯懌，漢書律歷志作豫，「王」下「不」上且多「有疾」二字。案：金縢「王有疾，弗豫」，蓋其篇作者據本篇增「有疾」二字，律歷志反據以改本篇。懌、豫義同。不忍斥言其疾革，故但曰不懌。

四　甲子，成王崩年之四月某日也。◯劉歆謂上哉生魄日即此甲子日，誤（辨詳註二）。本篇先言四月初二、三日（哉生魄），依次敍事則曰甲子，曰越翼日乙丑，曰越七日癸酉；由甲至癸共十日。據尚書其它類例，同一月內諸日之記事，但於第一次稱舉之日上明著月別。本篇既於「生魄」上標明月份，下干支紀日之上，一概略去月別。故癸酉亦爲四月內某日，且至遲不得後于當月三十日（或二十九日），逆數十日，則甲子日決不晚於當月二十一（或二十）日也。餘類推。

五　洮，音義同淘；洮濯也（鄭玄讀此洮爲濯，見古文尚書撰異，經解卷五九三頁一。）。此洮，謂盥（洗）手也（漢書律歷志注）。頮，洗面也。洮頮水，謂以水洗手洗面也。◯洮，馬融曰：「洮，洮髮也。」（經典釋文引）洮髮，馬意洗髮也。然尙書故（卷三頁六六—六七）曰：「馬蓋讀洮爲縚也。鄭士昏禮（「母纚笄宵衣」）注：『纚，縚髮。』是縚髮古人常語，若洮髮，則無此稱也。……此經蓋縚爲一事，頮水爲一事也。」案：洮與頮下合綴一「水」字，明以水洮之，吳說失馬意。頮，說文作沬（云：洒面也。），古文作𩑋（從段注改，原作𩑋），汗簡卷中之二同，象人掬水洗面。僞孔傳曰：「王大發大命臨羣臣，必齋戒沐浴，今疾病，故但洮盥頮面。」

六 相，鄭玄曰：「正王服位之臣，謂太僕。」（書疏引）被，披也。被冕服，言以朝冠加王首、朝服披王身也。○相，鄭眾曰：「顧命曰：成王將崩，命太保、芮伯、畢公等被冕服，憑玉几。」康成注周禮司几筵引之而與己尙書注異。案：先鄭說非也。先由相爲王被冕服，憑玉几，下始云：「乃同召太保奭、芮伯、……」，是諸臣受召在已被冕服之後，經文次第甚明。鄭以冕爲玄冕，書疏曰：「知不然者，以顧命群臣，大發大命，以文武之業傳社稷之重，不應惟服玄冕而已。覲禮：王服袞冕而有玉几。此既憑玉几，明服袞冕也。」

七 憑，依倚也（經典釋文）。玉几，几之飾以玉者。

八 同，猶今語「一齊」。太保，官名。太保奭，即召公奭也。（詳君奭題解）芮，姬姓；伯，爵。芮國在今陝西省朝邑縣。彤，王肅曰：「姒姓之國。」（書疏引）伯，亦封爵。蓋畿內諸侯國。畢，姬姓，文王庶子；公，爵位。畢公名高。國在今陝西省咸陽縣北。衛侯，武王胞弟康叔也。侯，爵也。始封於康，後徙封衛。故衛國在今河南省淇縣東北（詳康誥題解）。時爲司寇（據定公四年左傳）。毛公，蓋即毛叔名鄭，文王庶子，封公爵。古毛國，當在今陝西省扶風縣。○羣臣同受顧命，太保獨著其名者，尚書集注音疏（經解卷三九八頁二）曰：「召公，周公之兄也，至是時，出入百餘歲矣，嫌太保別是一人，故特著名焉。」案：江氏「嫌太保別是一人，故特著名焉」之說近理，尚書集注述疏（卷二五頁四）曰：「不稱召公而稱奭者，特書名也（疑召公是周公之弟，細味君奭之文自見。）；所以著一人爲四世之舊臣也。如書曰『召公』，則將疑其非一人矣。」時召公治西方（詳下畢公部分）。芮本舊國，西伯之世，「虞、芮質成」（詩大雅緜）是也。後武王滅之而以封同姓，厲王時有芮良夫者，即其後，僖公二年爲秦所滅。（據春秋大事表譔異頁二〇〇—二〇四）芮於時爲畿內諸侯，王卿士也。（參詩大雅桑柔序鄭箋）。彤，史記夏本紀太史公曰：「禹爲姒姓，其後分封，用國爲姓，故有夏后氏、有扈氏、有男氏、斟尋氏、彤城氏、……。」此王肅之所本；以彤伯爲彤城氏之後。索隱曰：「周有彤伯，蓋彤城氏之後。」路史國名紀五曰：「彤，伯爵，成王子，唐韵作彤，云成王支庶。」清秦嘉謨輯世本（卷七頁一九二）曰：「彤氏，彤伯，周同姓爲氏，成王宗伯。」（案：云據姓纂及廣韵二冬，考廣韵曰：「彤，亦姓，彤伯爲成王宗枝。」）是說與王肅異。彤地不詳，尚書集注音疏以爲畿內諸侯，曰：召、芮、畢、毛既皆畿內諸侯，芮既與之同爲卿士，而畿外又不聞有彤國，則亦畿內諸侯可知。（經解卷三九八頁二）尚書地理今釋（經解卷二〇七頁三六）曰：「胡三省通鑑注：彤伯之國當在鄭縣界。鄭縣今陝西西安府華州，州西南有彤城。」未知是否。書經稗疏（卷四頁四七）曰：「彤地未詳，……（彤）或胙之誤，傳寫小失，蓋周公之子而封於衛輝之胙亭者也。」蓋臆度之言。畢，僖公二十四年左傳：「管、蔡、郕、霍、魯、衛、毛、聃、郜、雍、曹、滕、畢、原、酆、郇，文之昭也。」

姓纂八末云：「文王第十五子。」路史後紀（九下）注引姓書云：「文王少子。」案：左傳以畢與管、蔡並舉，似以畢、毛二公爲文王子，而與管、蔡同母。史記魏世家云：「魏之先，畢公高之後也。畢公高與周同姓。」不用左氏之說（史記管蔡世家舉武王及其同母兄弟共十人，最少爲冄季載，且無畢公高。），世本（尚書顧命疏引）曰：「文王庶子。」魏世家索隱引馬融說同，近是。畢萬即其後。春秋大事表譔異（頁三二八—三二九）考畢公爵稱公，亦稱伯，時與召奭中分天下而治，畢公治東方，故顧命曰「畢公率東方諸侯入應門右」；召奭治西方，顧命因著「太保率西方諸侯入應門左」之語。衛侯，書疏曰：「衛侯爲司寇，……。衛侯，康叔所封，武王母弟。」似以此衛侯即康叔，而非康叔之後裔。（參下引隱元年左傳孔疏）朱子曰：「衛侯是康叔，爲司寇，所以康誥中多說刑。」（書蔡傳輯錄纂註卷六頁十一引）時蓋替蘇忿生爲斯職。秦二世元年滅衛。今文尚書攷證（卷二四頁二）曰：「衛侯，今文尚書當作衛伯，史記衛康叔世家云：『康叔卒，子康伯立；康伯卒，子孝（一作考）伯立；孝伯卒，子嗣伯立；嗣伯卒，子庲伯立；庲伯卒，子靖伯立；靖伯卒，子貞伯立；貞伯卒，子頃侯立。頃侯厚賂周夷王，夷王命衛爲侯。』據此則頃侯以前衛皆稱伯，不當稱侯。……稱侯乃古文家說。」案：康叔初封侯爵，不惟書顧命可證，周易晉卦卦辭曰：「康侯用錫馬蕃庶，晝日三接。」近年出土康侯銅器甚多（詳康誥題解），尤衛國始封侯塙證。隱元年左傳曰：「衛侯來會葬。」正義曰：「（衛）桓公十三年，魯隱公之元年也。……尚書顧命稱康叔爲衛侯，則初封侯爵也。」果如史記說，衛自康伯至貞伯稱伯，則此衛侯既絕不得晚至夷王世之後，而當成王、康王之世，爲衛君而爵侯者，非康叔封而誰？皮氏肊改經字，非是。尚書全解（卷三七頁五）謂此衛侯爲康叔子康伯。案：本篇芮彤二伯、畢毛二公均呼爵，則果如林說當稱衛伯。毛公，左僖二十四年傳似以爲文王嫡子（詳上畢公下引述），書顧命疏謂毛公爲文王庶子（據世本），與畢公同。疑書疏是。史記周本紀曰：「毛叔鄭奉明水。」（逸周書克殷篇同）此毛公蓋即叔鄭。朱右曾注：毛叔名鄭，文王庶子。漢書古今人名表第三等有毛叔鄭，又有毛公。疑其重列。春秋大事表譔異（頁三二三）據出土彝器，謂西周之世，毛氏初封，蓋在扶風。書經稗疏（卷四頁四七）曰：「春秋猶有毛伯，而隨周東遷，非其舊地。安定有毛氏，則其國當在周京之西北也。」疑扶風近是。又僞孔傳以太保至毛公爲六卿，而太保、畢公、毛公又兼三公，其曰：「太保、畢、毛稱公，則三公矣。此先後六卿次第：冢宰第一，召公領之；司徒第二，芮伯爲之；宗伯第三，彤伯爲之；司馬第四，畢公領之；司寇第五，衛侯爲之；司空第六，毛公領之。召、芮、彤、畢、毛皆國名，入爲天子公卿。」案：傳敍六卿及所任官職蓋據周禮；周禮晚作之書，恐未必悉合西周之制。

九

師氏，將兵之官（尙書釋義頁五八牧誓註三）。虎臣，即虎賁氏（僞孔傳）。尹，正也（正，長也）；百尹，百官之長。御事，治事之臣；尙書習見。◯師氏，書疏據周禮地官，謂師氏，中大夫一人，掌以媺詔王。恐非書義。虎賁氏，下大夫二人，掌先後王而趨以卒伍（據周禮夏官）。下文云虎賁百人，立政兩言虎賁，其爲將兵者無疑。

王曰：「嗚呼！疾大漸（註一〇），惟幾（註一一）；病日臻（註一二），既彌留（註一三），恐不獲誓言嗣（註一四），茲予審訓命汝（註一五）。昔君文王、武王宣重光（註一六），奠麗陳教則肄（註一七）；肄不違（註一八），用克達殷集大命（註一九）。在後之侗（註二〇），敬迓天威，嗣守文武大訓，無敢昏逾（註二一）。今天降疾殆（註二二），弗興弗悟（註二三），爾尚明時朕言（註二四），敬保元子釗（註二五），弘濟于艱難（註二六）。柔遠能邇（註二七），安勸小大庶邦（註二八）。思夫人自亂于威儀（註二九），爾無以釗冒貢于非幾（註三〇）。」

釋文

一〇　漸，劇也（列子力命篇「季梁得疾，七日大漸」唐殷敬順注）。○漸，僞孔傳雖訓進（周易漸卦「鴻漸于干」象傳），然亦知未安，乃謂王疾大進篤，正義則曰「大進益重」。皆失之。

一一　幾，危也（爾雅釋詁）。

一二　臻，當讀爲蓁；盛也（尚書釋義頁一二七）。○臻，至也；此常訓。僞孔傳及疏竝用之，惟亦知此臻有「盛」意，故曰：「病日至，言困甚。」（傳）曰：「（病）日日益至。」皆泥于故訓之失。

一三　彌，終也（尚書集注音疏，經解卷三九八頁三）。既彌留，言已將終而暫留也（尚書孔傳參正卷二九頁四）。○東坡書傳（卷十七頁二）曰：「彌，甚也。」失之。又云：「（留），將去而少留也。」近是。僞孔傳以留爲久留，蔡傳云留連、江聲云淹留，皆沿其說而誤。

一四　誓，告勅也。嗣，疑爲衍文。全句，意謂恐一旦身死而不得以言戒之也。○僞孔傳嗣訓繼續，連下讀，云嗣續我志；而釋誓言則曰結信出言：迂曲難通。尚書集注音疏（經解卷三九八頁三）誓訓謹，俞樾訓陳，皆不如訓告勅（尚書諸誓篇之誓，莫不有戒敕之意），於義爲適。羣經平議（卷六頁七）曰：「嗣當作嗣，乃籀文辭字。」案：言、辭同義，疊出非必要，尚書凡九十六「言」字，下均不連「辭」作複語，且湯誓云：「爾不從誓言」，亦不作「誓言辭」，俞說失之。此嗣字蓋因「嗣守」之嗣誤衍。雙劍誃尚書新證（卷四頁二十）謂嗣金文作𤔲，與台、已聲同古通，此嗣當讀作已，語終詞也。案：誦尚書諸帶「誓」句，若增語終辭，反覺拖沓，且此段首已著「嗚呼」字，玩此數句文義，實不應再用語氣詞（洛誥成王曰：「公定，予往已」，句首不用「嗚呼」。），于氏動輒牽引金文淆亂經義，盡此類也。

一五　審，詳也（僞孔傳）。訓，教也。命，告也（爾雅釋詁）。訓命，告教也。○審，呂氏春秋察微篇：「公怒不審。」注：審，詳也。此審訓詳。詳訓審，說文曰：「詳，審議也。」雙劍誃尚書新證（卷四頁二十一—二二）謂審，說文作宷（案：審是宷之重文。），此應讀作「王播告之」之播。案：盤庚曰：「王播告之」，謂先王以政令布告於群臣；君奭「前人敷

（案：敷，布也。）乃心，乃悉命汝」，「悉」訓詳盡，謂武王以心意詳告召奭，而于氏「悉」亦訓播（謂本作采，後人加心。），是上言「敷布乃心」，下又云「播布命汝」，煩複一至於是邪？此「審訓命汝」下文（自「昔君文王」至「于非幾」），成王歷以文、武創業立命及輔保其子釗之命告群大臣，即此「審訓」之義。于說誤。

一六 宣，顯也（尚書今古文注疏卷二五頁十九）。重，累也。全句，文王、武王兩世，皆能昭著其明德顯業也。

一七 奠，定也。麗，法（網）也（尚書正讀卷六頁二六二）。（詳參君奭註一七）陳，布也。則，猶而也（古書虛字集釋）。肄，勞也（僞孔傳）。全句，謂二王定法度頒教令而勤勞也。○麗，僞孔傳訓施，「定施陳教」不詞。東坡書傳（卷十七頁二）訓土著（以麗爲附麗），云二王先定民居，宋儒多是其說，東萊書說（卷三一頁九）申之，最詳明，曰：「奠麗者，定民之所附麗，如居之麗於棟宇，食之麗於畎畝之類；蓋言養之也。」案：周自太王自豳遷岐，其後文王作豐，武王居鎬，民居有定所，耕有足土，數世以來已然，無庸於此顧命申之。蘇、呂失之。尚書今古文注疏（卷二五頁二十）謂奠麗，定律歷之數；陳教，列陣；教肄，教民習武伐商。案：下文云文武大訓，當指法教，而非戰陣。孫說謬甚！尚書故（卷三頁六八）奠麗訓定禮，又謂肄肄猶棣棣，富而閑習也，於經義皆未適，朱子似先訓麗爲刑法，答潘子善曰：「前篇有以麗訓刑者。」（朱子大全集卷六十頁三九）

一八 違，避也（莊四年左傳「違齊難也」注）。肄不違，謂勞而不逃避也。○肄不違，尚書全解（卷三七頁七）曰：「勞而不敢少有違焉。蓋兢兢業業未嘗暫息。」是。

一九　達，讀爲撻；擊也（尚書古注便讀卷四下頁十三、尚書正讀卷六頁二六二）。集，就也（漢石經作就）；集大命，成就國運也。○達，漢石經作通，僞孔傳訓適，諸家多訓往、到，不如訓擊義長。

二〇　侗，借爲僮，謂童稚之人；此成王謙自謂。○全句，僞孔傳曰：「在文武後之侗稚；成王自斥。」尚書全解（卷三七頁七）曰：「在後之侗，成王自謂也。楊子（法言學行篇）曰：『倥侗顓蒙。』注曰：『倥侗，無知。』蓋成王謙辭。」皆訓侗爲幼稚無知。焦循（尚書補疏，經解卷一一五〇頁十三）曰：「論語『侗而不愿』，孔曰：『未成器之人。』蓋爲僮字假借。」尚書古注便讀（卷四下頁十三）曰：「侗，僮也；猶言沖人孺子也。」尚書商誼（卷三頁一）曰：「法言學行篇『桐子之命也』，李軌注云：桐，洞也；洞然未有所知之時。侗與桐通。」說竝同。得經義。馬融本侗作詷，訓共（經典釋文引），說文引侗亦作詷；後作后，上有「夏」字，古文尚書撰異（經解卷五九三頁三）曰：「後作后者，古字通用。徐鼎臣、李仁甫本皆作『在夏后之詷』，誤衍夏字，不可通，徐楚金本無夏字。……黃公紹韵會引『在后之詷』用小徐本，無夏字。」焦循謂夏爲後之訛，后是羨文。諸家據說文誤本及馬融謬解，曲爲之辭，皆不足取。

二一　昏，讀爲泯，蔑也（參經義述聞，經解卷一一八二頁三二）。逾，變（更）也。○昏，僞孔傳訓亂，無當於經義；逾，訓越，可通。尚書故（卷三頁六九）曰：「逾渝同字，詩（鄭風羔裘）傳：『渝，變也。』言妄變也。」揆諸經義，比舊說爲長。雙劍誃尚書新證（卷四頁二一）從之，而論之較詳。

二二　殆，危也。◯疾與殆閒，尚書釋義（頁一二七）加「、」號。不加亦通；疾殆猶後世文章疾而殆也。經傳釋詞以「殆」屬上讀，曰：近也。失之。

二三　興，起也。弗起，謂形弱。弗悟，謂神智不清。（參傳疏）◯尚書故（卷三頁六九）曰：「悟、梧同字，後漢徐登傳『梧鼎而爨』，李賢注：『梧，支也。』弗悟，不支也。」吳氏釋弗悟亦爲形弱，與弗興疊義，亦通。

二四　尚，希冀之詞。明，勉也；此義前已屢見。時，是也。◯成王命諸臣，詞甚明，故「明是言」必不當如僞孔傳曰：「明是我言，勿忽畧」。莊氏尚書今古文攷證（卷五頁五）曰：「朕當作侯，訓也。」以侯、言爲複語。案：皐陶謨「朕言惠」、湯誓「悉聽朕言」、盤庚「明聽朕言」及呂刑「皆聽朕言」與「朕言多懼」，朕皆爲稱代詞領格，若皆易爲侯釋爲「訓」，則有所未通。莊輕改經字，其說謬甚！

二五　元子，太子也；召誥兩見。釗，成王之長子康王名。下三見，竝同。◯康王名釗，說文解字刀部釗字下、史記周本紀與三代世表、漢書古今人表、韓愈諱辨皆云然，而唐人丘光庭因康王之子謚昭，乃謂康王名釗，古文尚書撰異（經解卷五九三頁四）斥之曰：「（丘氏）肊爲異說，……冣爲野言。釗，ㄐ聲，一作釚，弩機也。廣韵、集韵皆於三蕭、四宵韵內『釗』字下注云：亦弩機。此正曹憲注廣雅所謂世人以釚、釗爲一字者。丘氏知其爲二，而欲以釗改康王名，豈馬、班、許、韓皆誤乎？攷小顏漢書注釗音之遙反，又工遼反；張守節史記正義釗音昭，又古堯反；玉篇云之堯切，又古堯切；廣韵、集韵皆四宵音昭、三蕭音梟，安知古堯一反非周時古音，而狃於今之人專讀如昭，遂取爲不諱嫌名之證乎？……方言郭注釗，居遼反；尚書釋文釗，姜遼反，又音招；徐之肴反，郭不言音昭，陸列昭音於次說。然則自唐以前皆讀如貂，可無嫌名之疑也。」敏案：檢文淵閣四庫全書本兼明書云：此釗字當作鈄，音梟。段氏謂丘書作鈄，不知所據何版本而云然。又曰：「白虎通引顧命『迎子劉』，劉字自是版本之誤，而元人乃不以爲誤，雖曰闕疑，抑無眞見矣。」

二六　弘，尚書釋義（頁一二七）曰：「弘惟爲習見之語詞；此弘字，蓋亦語詞也。」濟，渡過也。○弘、洪音近。大誥「洪惟我幼沖人」、「洪惟圖天之命」，洪惟皆合二字爲語詞，其中一字亦得爲語詞，尚書習見此例。如矧惟、亦惟、爽惟，各合二字爲語詞，而惟、亦、矧亦得獨爲語詞。僞孔傳訓大，濟渡之上不宜增益「大」義。

二七　柔，安也。能，而也。（見堯典「柔遠能邇」，能亦而義）

二八　安；語助詞。勸，勉也。○上句之遠邇，即此句之小大庶邦，而舊說安如字，與上「柔」義複重，非經義。尚書故（卷三頁六九）曰：「楊倞荀子注：安，語助，或作安，或作案。荀子多用此字，禮記三年問作焉。」既安撫之，然後勸勉之；安字冒句首，是助語，吳說得之。雙劍誃尚書新證（卷四頁二一—二二）謂安通宴，勸乃觀之訛，謂以宴飲觀示于小大衆邦，且舉詩小雅賓之初筵及大雅抑爲佐證，結云：「蓋盛世君臣，其上下相與之際，周旋動靜之節，……適可瞻興衰之所由。此篇言宴觀庶邦與自治威儀，相成爲文。」于氏野言，愈多而經義愈晦。

二九　思，語詞（雙劍誃尚書新證卷四頁二一）。夫人，凡人也；衆人也（經傳釋詞、尚書故卷三頁七十）。亂，治也。○思，諸家訓思慮，玩經句，從于氏斷爲語詞是；微子篇「人自獻于先王」，與此句型似，句上無思慮類字，可證。夫人，尚書全解（卷三七頁八）謂指康王，云：「欲群臣之所思者，惟欲康王自治于威儀。」蓋掩經卷而為瞽說。尚書今古文集解（卷二五頁三）謂夫人指群臣。案：下言「爾」直呼群臣；而「夫人」為泛指。尚書集注音疏（經解卷三九六頁六）：「夫人，泛言人也。」

三〇 以，使也（有「帶領」之義）。冒，觸也（尚書集注音疏卷三九八頁六）。貢，馬融、鄭玄、王肅本皆作贛（勑用反）（經典釋文引）。贛，馬融曰：陷也（蓋讀為坎，訓陷：段玉裁說。）。幾，善也。非幾，不善也。◯冒，馬融、鄭玄、王肅本皆作勗。勗訓勉，不可以施于此文。尚書補疏（經解卷一）五十頁十三）曰：冒貢，謂蒙昧而進也。案：如其說，則成王戒諸臣勿以釗蒙昧而進于非危，意眾皆蒙昧，是以蒙昧引蒙昧，王何至出斯言？（劉逢祿冒貢訓愚戇，其誤與焦氏同。）周易繫辭下傳曰：「幾者，動之微，吉之先見者也。」是幾訓吉，善也。尚書故（卷三頁七十）援小爾雅訓幾為法。案：揆諸經義，吳說較拘。尚書今古文注疏（卷二五頁二一）據史記二公申告康王務在節儉，毋多欲之文，謂此冒貢非幾為多欲之義。其說視吳氏尤拘。

茲既受命還（註三一）**，出綴衣于庭**（註三二）**。越翼日乙丑，王崩**（註三三）**。**

釋　文

三一 既受命還，謂上記太保至御事諸大臣已受成王之顧命，各退還於其治事之處也。◯諸大臣當係於王之路寢受命。（參註三二一）

三二 出，謂自內徹出也。綴衣，幄帳之屬。庭，路寢之庭（院）也。◯綴衣，見於立政者爲官名。此及下綴衣，書疏曰：「綴衣是施張於王坐之上，故以爲幄帳也。周禮幕人掌帷幕幄帟綬之事，鄭玄云：『在旁曰帷，在上曰幕；帷、幕皆以布爲之，四合象宮室。曰帷，王所居之帳也。帟，王在幕居（若）幄中坐上承塵也。幄、帟皆以布爲之。』四物者必須聯綴，鄭玄謂以綬聯繫，是也。（幕人疏引鄭注顧命曰：「（出綴衣于庭），連綴小斂大斂之衣於庭中。」以下文設綴衣度之，疑非是。）成王於路寢發顧命（蘇軾、林之奇等皆持此說），綴衣特爲此事而設，事畢徹出於路寢之庭，尙書集注音疏（經解卷三九八頁七）曰：「將發顧命，即王寢而張（綴衣）焉，事訖，徹去，出之于庭中也者，此時王病甚，必不能（出）路門，當即于臥疾之所而發命焉，所謂路寢也。平時或不常設帷握（幄），因王座而特張之；王退則徹去，出之于中庭中也。」

三三 天子死曰崩。成王享年不詳。◯王崩，或作成王崩，古文尙書撰異（卷五九三頁五）曰：「釋文曰：『王崩，馬本作成王崩，注云：安民立政曰成。』周禮司几筵鄭仲師注云：『書顧命曰：翌日乙丑，成王崩。』漢書律厤志云：『……作顧命，翌日乙丑，成王崩。』白虎通崩薨篇云：『書曰：成王崩。』……玉裁按：班所引今文尚書、鄭馬古文尚書同有成字，僞孔刪之非也。……周禮天府注引書無成字，或後人刪之。王鳳喈、孫詒穀皆云天府注有成字，或其所見者善本。」（今文尚書經說攷卷二七頁八亦有說）日本觀智院本作「成王崩」。案：無「成」字或是，諸書引經加成字。顧命爲當時檔案，史官所作，以頌天下，於時王固不必著其號而人莫不知者，故上文「王曰」與此「王崩」皆不著「成」字，而下文數及康王亦皆祇曰王，此書之常例。然尚書故（卷三頁七一）曰：「馬本是，金縢『武王既喪』，亦有武字。」案：金縢非武王當時文獻，乃後人述古之作，不可一概而論。吳氏失考。成王年壽：鄭玄謂武王崩時，成王年十歲。周公居攝之元年，成王年十五。居攝之七年，作洛浩，時成王年二十一。次年成王年二十一親政。親政二十八年而崩：通鑑外紀（卷三）引。則成王壽四十九（參詩豳風譜疏引、禮記明堂位疏引。）帝王世紀（頁四一）謂成王崩年十六，謬甚！

太保命仲桓、南宮毛俾爰齊侯呂伋以二千戈、虎賁百人逆子釗于南門之外（註三四），延入翼室（註三五），恤宅宗（註三六）。丁卯，命作冊度（註三七）。越七日癸酉（註三八），伯相命士須材（註三九）。

釋文

三四　仲桓、南宮毛，二人爲宿衛之臣。俾，從也。爰，於也（竝尚書故卷三頁七一）。齊，封國，太公望始受武王封於營丘（據史記）（今山東省臨淄縣）。侯，封爵。呂（姓）伋（名），太公呂尚之子丁公也，時以諸侯典宿衛（參東萊書說卷三一頁十一）。二干戈，二干二戈也；仲桓、南宮毛各執干一、戈一也。逆，迎也。子，時釗尚未即位，故稱「子」而不稱王。南門，路寢之南門也。全句，太保命仲桓、南宮毛各執干戈一副、率衛士百人隨從於呂伋之後往迎太子釗於路寢之南門之外也。○仲桓、南宮毛，蓋旅賁氏官，周禮夏官序官：「旅賁氏中士二人。」後又云：「旅賁氏掌戈、盾，夾王車而趨。」（參尚書今古文注疏卷二五頁二二）齊侯呂伋，史記齊太公世家曰：「太公之卒百有餘年，子丁公呂伋立。（案：百有餘年，蓋有誤。）」昭十二年左傳曰：「（楚王）曰：昔我先王熊繹，與呂級（經典釋文曰：「本亦作伋。」）……並事康王。」杜注：「齊太公之子丁公。」（伋姓呂氏，參金滕「二公」註）說文「玎」下曰：「齊太公伋謚曰玎公。」（仃，丁之異文。）是三家皆以呂伋爲太公子。尚書集注述疏（卷二五頁十四）曰：「稱齊侯呂伋者，明其爲王舅也。成王母邑姜，齊大公呂望之女。」（說本左昭十二年傳及注、昭元年左傳及注）伋蓋爲虎賁氏職，周禮夏官序官：「虎賁氏下大夫二人。」（參立政註三）尚書集注音疏（經解卷三九八頁七）俾爰訓使引，謂桓、毛官卑不可徑迎太子，故使引導齊侯往迎也。案：齊侯典宿衛，王之近臣，無煩桓、毛引導，不如從吳氏訓「從於」（羣經平議卷六頁七同），於句義爲適。宋范純夫曰：成王崩時，太子隨侍在內，其特出而迎之者，所以顯之於眾也（尚書全解卷三七頁十一引）。是江聲謂太子以王未疾時出使於外，比反，王既崩，憂危之際，故以兵迎之。其說悖理。逆太子以兵衛者，尚書全解（卷三七頁十一）曰：「其逆之以干戈百虎賁者，以衛太子也。國有大變，非常之事。不可以不前備也。左傳曰：『文公之入也無衛，故有呂郤之難。』則逆太子其可以無備哉！」此稱子者，王國維周書顧命考（觀堂集林卷一頁十七）曰：紀成王崩日事，繫於成王，故曰子。亦通。南門，僞孔傳謂路寢門。於路寢之南門外迎進太子，引之入居翼室（路寢左側室）爲喪主，尚合情理。尚書今古文注疏則曰：「南門者，廟門，史記所云二公率諸侯以太子釗見于先王廟是也。」（卷二五頁二二）案：「狄設黼扆」至「立于側階」記布几筵、陳宗器、設兵衛；「王麻冕黼裳」至「太保降，收」，專紀冊命事（參王氏顧命考），皆於廟內行之，故冊命禮畢，遂云：「諸侯出廟門俟」。史記謂二公率諸侯以太子釗見于先王廟，實通「狄設黼扆」至「無壞我高祖寡命」概略言之，與成王崩，兵衛迎子釗入居翼室無關。孫氏失考。尚書故謂時釗亦在路寢，自路寢迎之出就翼室。案：是不以范純夫之說爲然。固亦可通。

三五

延，引也（蔡傳）。翼室，旁室也；謂路寢之東旁室也。〇翼室，東坡書傳（卷十七頁四）曰：「路寢旁左右翼室也。成王喪在路寢，故子釗廬于翼室。」太子廬于路寢左旁室抑右旁室，蘇氏未說。尚書集注音疏（卷三九八頁八）曰：「翼室，路寢傍室。……翼猶鳥翅翼，是左右兩傍之名，故以爲傍室。……翼室有兩，此蓋東翼室也。知者，以既殯之後居倚廬，在中門外東方；此時未殯，暫居翼室，當亦在東，可知矣。」尚書後案（經解卷四二八頁十六）曰：「釋名卷五釋宮室篇云：『夾室在堂兩頭，故曰夾也。翼之爲義，正所謂在兩頭者，翼室即夾室也。』」東翼室即東夾室，即左路寢（參尚書今古文注疏卷二五頁二二）。僞孔傳翼室訓明室，疏謂室之大者，故曰明室。失之。

三六　恤，憂也。宅，居也。恤宅宗，當喪憂居爲天下宗主也。（立書疏說）

三七　命，亦由太保命。作冊，官名（詳洛誥註一三五）。度，謂審度故王喪儀及新王受冊禮儀也。○「命作冊度」上承上省畧「太保」二字，明仲桓、南宮毛及作冊某，太保皆命作事務也。尚書全解（卷三七頁十二）曰：「命者，亦太保之命也。」雙劍誃尚書新證（卷四頁二二一—二二三）曰：「王靜安訓度爲處理事務，非作冊之名（案：不知所據何文。）。並非。按：作冊，官名，金文習見。……尚書度多與宅通。……作冊宅，宅乃作冊之名。……意當時新王即位，百官仍舊，而作冊綜理文事，朝夕左右，必新有所加命也。如王氏之說，度爲處理事務，未免增字釋經。且上句爲丁卯，下句爲越七日癸酉，未有其他文意可相連屬，所度者何事，亦頗含渾。」案：作冊所度者即下文所記一切禮儀。丁卯先命作冊審度禮儀，後七日伯相命士據禮儀所需，備辦物事。且以此兩「命」總起下文，文意既屬，職事亦自分明，于氏輕出歧說，不容不辨。

三八　癸酉，鄭玄曰：「蓋大斂之明日也。」（書疏引）○書疏申鄭說，云：「鄭大夫已上殯斂皆以死之來日數，天子七日而殯，於死日爲八日，故以癸酉爲殯之明日。」尚書集注音疏（經解卷三九八頁九）據禮記王制、曲禮，謂康成以大斂與殯同日。稍異。

三九 伯相、士，尚書今古文集解（卷二五頁四）曰：「相即『相被冕服』之相；伯，長也。伯相即太僕射人師也。士其屬也。」須，待也（僞孔傳）；謂備具以俟用也。書經注（卷十一頁二一）曰：「材，物也。……如下文禮器几席車輅戈鉞之類是也。」○伯相，王肅曰：「召公爲二伯（周召二公始爲二伯，見公羊隱五年傳，周公既歿，畢公代之。），相王室，故曰伯相。」（書疏引）書疏申傳義曰：「上言太保命仲桓，此改言伯相者，於此所命士多，非是國相不得大命諸侯，故改言伯相，以見政皆在焉。」東坡嫌二伯之辭意兼指畢公，故伯訓西伯，曰：「自西伯入爲相，召公也。」東萊書說（卷三二頁十二）：「召公以西伯爲相，變文曰伯相者，見其總內外之任也。自成王既崩之後，訖康王受冊之前，命皆出於召公，……故始終以太保、伯相言之，所以一號令而無二門也。」四家莫不以伯相指召公。案：命桓、毛、呂伋及作冊，其事重大，發於冢宰召公。士（書經注又曰：「士者，凡幕人掌次司几筵朝士諸職，皆士也。」）承辦瑣細之事，故由伯相（即太僕類官）出令；冢宰固無暇兼之。太保、伯相分別司命，故經區別言之也。且顧命、康王之誥二篇，稱太保（或太保奭）者九次，此不應獨異。俞樾謂舊說不可通者三，其畧謂：經止云命士須材，非大命諸侯也。且事之大孰有大於迎太子者，經止稱太保，而此命士須材乃稱伯相，若以伯相爲尊稱，似失輕重之辨（曲園雜纂卷二頁十一）。所言甚是。惟又謂伯、相爲二官，共命士須材，於情理似不合。諸家多謂材爲材木，供製椁與明器，喪事之需，宋錢氏時（融堂書解卷十八頁九）則曰：「以愚觀之，此日奉顧命冊康王用吉禮，下面許多節奏無非理會此一事，如何且首命士爲喪用之須？揆之事情，大不相儷，恐『須材』亦只爲此日所用云云。」訓材爲冊命當日所用之物，與金氏同，而立說較早。

狄設黼扆、綴衣（註四〇），牖間南嚮（註四一），敷重篾席黼純（註四二）；華玉仍几（註四三）。西序東嚮（註四四），敷重厎席綴純（註四五）；文貝仍几（註四六）。東序西嚮（註四七），敷重豐席畫純（註四八）；雕玉仍几（註四九）。西夾南嚮（註五〇），敷重筍席玄紛純（註五一）；漆仍几（註五二）。

釋文

四〇　狄，官名，如周禮之「守祧」，掌守先王先公之廟、祧，其遺衣服藏焉。黼，白黑相間之[symbol]（兩己相背）形花紋（尚書今註今釋頁二七）。扆，形如後世之屛風。設於窗之東門之西。綴衣，已見註三二。〇由此下至「太保降，收」，皆記廟中行事（參孫星衍、吳汝綸、王國維、曾運乾說。）。此段記布几筵事，皆狄承伯相之命而爲者（參註三九）。狄，僞孔傳曰：「下士。」正義曰：「祭統云：『狄（案：祭統作翟。）者，樂吏之賤者也。』是賤官有名爲狄者，故以狄爲下士。喪大記復魄之禮云：『狄人設階。』是喪事使狄，與此同也。」（鄭注後狄人亦曰：「樂吏之賤者。」）諸家多據以說此狄，謂狄與翟通。惟書經稗疏（卷四頁四八）謂祭統翟乃籥師之別名，此狄當如周禮夏采之職。尚書正讀（卷六頁二六五）略異，曰：「狄，向來諸家皆據祭統言翟者樂吏之賤者以釋之。然喪大記『狄人設（原誤引作說）階、狄人出壺』及此文『設黼衣綴衣』，皆與樂事無涉。疑此所謂狄，即周官守祧之職。守祧注：『故書祧作濯。』翟與狄通，故夷狄亦作夷翟，翟服亦稱狄服，守祧亦作狄人矣。周禮守祧：掌守先王先公之廟祧，其遺衣服藏焉。此設黼扆，正在廟中。」案：曾說蓋是。周禮春官序官曰：「守祧，奄（閹）八人。」吏之賤者。黼，僞孔傳曰：「畫爲斧文。」周禮春官司几筵注：「斧謂之黼，其繡白黑。」考工記曰：「畫繢之事，……白與黑謂之黼。」是皆以黑白相間爲黼。屈師翼鵬考黼爲兩己相背形之花紋（詳書傭論學集頁三三三—三五一釋黹屯）。扆，書疏曰：「禮云：斧扆者，以其所在處名之。」扆之所在處，儀禮覲禮曰：「天子設斧依（=扆）於戶牖之間。」爾雅釋宮云在牖（窗）戶（門）之間，郭注：「窻東戶西也。」扆前設天子之座，座上設幄帳（綴衣）。扆制如屏風，尚書集注音疏（經解卷三九八頁十）曰：「屛風之名，起于漢世，蓋扆當天子所立處之後，若爲天子屛緊其風，因取名焉。」

四一 牖間，謂窗（牖）、門之間，即門之西窗之東也。南嚮，面向南也。〇知牖間是窗東門西者，周禮司几筵：「……王位設黼依，依前南鄉設莞筵。」筵（猶此席），既在扆前，是亦在門西窗東矣。（參註四〇、四二）

四二 敷，布置也。重，猶今言雙層。下三「重」字同。篾，鄭玄曰：「析竹之次青者。」（書疏引）純，邊緣也（爾雅釋器）。全句，謂（於窗東門西向南）布置邊緣有黑白相間之兩己相背花紋之雙層篾席也。○尚書今古文注疏（卷二五頁二四）曰：「竹之外皮爲青，……青之內爲竹膚，即次青也。」僞孔傳謂篾爲桃枝竹，爾雅釋草疏：「凡竹節間……相去四寸有節者名桃枝竹。」（書疏引）馬融謂篾爲纖蒻（纖細之蒲本），王肅說略同（亦見書疏）。疑鄭說近是。重（篾）席，書疏據周禮天子之席三重，並參同書司几筵謂此席三重：上篾席黼純，其下繅席畫純，更下爲莞筵紛純。案：下「玉五重」，皆兩件爲一重，以文例推此四「重席」，重皆謂雙層。書疏失之。書疏又據周禮鄭注以白黑之線縫刺爲黼，又以緣席。得之。

四三

華，彩色（僞孔傳）。華玉，五色玉也（書疏引鄭注）。仍，論語先進篇「仍舊貫」之仍，因也。下三「仍」，義竝同。仍几，謂因仍成王生時所用之几而不改作也（僞孔傳）。其几以五色玉爲飾，故云華玉仍几。○仍，爾雅釋詁：因也。書疏謂此段所記四座（即篾席、底席、豐席、筍席）各皆有左右几，云：「周禮：天子左右几，諸侯惟右几，此言仍几，則四座皆左右几也。鄭玄云：『左右有几，優至尊也。』」理或然也。僞孔傳及王肅（書疏引）謂此見群臣覲諸侯之席。又四席之設，東坡書傳（卷十七頁六）曰：「先王之顧命也，不知神之所在于此乎，于彼乎，故兼設平生之坐也。」尚書故（卷三頁七九）曰：「此時群祖一廟，故徧布几筵以群祖臨之也：牖間南嚮者，太祖也；東西序，則文武也。西夾則群祖也。」周書顧命後考曰：「牖間、東序、西序三席，蓋爲大王、王季、文王，而西夾南嚮之席則爲武王。然則何以不爲成王設也？曰：成王在殯，去升祔尚遠，未可以入廟，且太保方攝成王以命康王，更無緣設成王席也。」尚書正讀（卷六頁二六六）非之，曰：「本傳顧命，新陟王既無專席，武王又擠入西夾，均臆說，不可從。」而謂此四席依次爲新陟王、嗣王、太保及太史迓王策命之席。

四四 堂之西牆曰西序。○僞孔傳曰：「東西廂謂之序。」爾雅釋宮曰：「東西牆謂之序。」當以釋宮爲正，其注曰：「（序），所以序別內外。」書疏既引孫炎曰：「堂東西牆，所以別序內外也。」又於下「陳寶」疏曰：「序者，牆之別名。」是疏破注說。書經注（卷十一頁二二）言之甚詳，曰：「蓋古者宮室之內，以墉牆爲隔，猶今以壁隔也。東西牆，猶言東西壁；壁之外即夾室。……自堂言之，則東西壁爲序；自夾室言之，則牆乃夾室之牆也。」

四五 厎，鄭玄曰：「致也；篾纖致席也。」（書疏引）鄭君以厎席爲纖細竹篾編成緻密之席。綴，雜彩色（僞孔傳）。○厎，馬融（經典釋文引）、王肅（書疏引）皆以爲青蒲。案：另三席皆篾製，此不應例外。書經注釋（頁一〇〇二）謂厎本義爲磨石，累增爲砥字，義爲平滑。案：國家大典不應設粗糙席，則四席皆平滑，經何必止於此言之，必不然。高本漢綴純訓「縫綴的邊」，以黼純、畫純、玄紛純純上字皆言文彩例之，僞孔傳近是。

四六 文貝，有花紋之貝也。○鄭玄、王肅（竝書疏引）、僞孔傳皆謂此旦夕聽事之席，蘇、吳、王、曾四家不然（詳註四三）。

四七 東序，堂之東牆。（詳註四四）

四八 豐，刮涑竹也（書疏引鄭玄說，涑原訛作湅，從孫星衍說改）。刮，刷也；涑，洗也。畫緣，繪爲雲氣狀於席之邊緣（參書疏引鄭玄說）。○僞孔傳曰：「彩色爲畫。」正義曰：「蓋以五彩色畫帛以爲緣。」是與上文「綴」義難別。似鄭說近理，尚書後案（經解卷四二八頁二七）曰：「鄭注三禮凡言『畫』者輒以雲氣解之。……蓋古人之畫有所取象者，皆畫成物，若旌旗服章射侯等是，其欲用文采而無所取象者，則但畫雲氣而已。……傳云彩色爲畫，疏引考工記，不如鄭注明析也。」

四九　雕，刻玉也。（參爾雅釋器）◎僞孔傳及王肅（書疏引）謂此養國老饗群臣之席，蘇、吳、王、曾四氏不然（詳註四三）。

五〇　西夾，堂西之夾室也；東西二室中夾堂故云。（參註四四金氏說）

五一　筍，析竹青皮也（禮記禮器疏引鄭玄說）；謂剖劈竹榦外之青皮（以爲席）也。玄，黑色。紛，絲繩之細者。玄紛純，謂以黑色細絲繩飾席邊也。◎筍，馬融訓箬箬（經典釋文引）。箬，竹箬也；箬，楚謂竹皮曰箬（竝見說文）。是季長謂筍爲竹皮，略同鄭君。筍，一讀思允切，訓竹胎。竹胎不可爲席。紛，書疏曰：「紛則組之小別，鄭玄周禮（司几筵）注云：『紛如綬有文而狹者也。』紛、綬一物，小大異名。」案：組、綬皆以繫物，紛與之同物而尤細者。書纂言（卷四頁一二一）紛訓雜，云此席紛雜以玄黑色爲其緣。亦通。

五二　漆，木汁可以髹物者。◎僞孔傳及王肅（書疏引）謂此親屬私宴之坐，故席、几質飾。蘇、吳、王、曾四氏不然（詳註四三）。東夾無設席几，舊誤以即居喪之翼室，尚書故（卷三頁七九）曰：「通典引公羊說，主藏太廟室西壁中，必在西者，長老之處，地道尊右，鬼神幽陰也。此經但有西夾，與此正同。」或然。

越玉五重（註五三）：陳寶、赤刀，大訓、弘璧，琬、琰（註五四），在西序（註五五）；大玉、夷玉，天球、河圖（註五六），在東序（註五七）；胤之舞衣（註五八）、大貝、鼖鼓在西房（註五九）；兌之戈、和之弓、垂之竹矢在東房（註六〇）；大輅在賓階面（註六一），綴輅在阼階面（註六二），先輅在左塾之前（註六三），次輅在右塾之前（註六四）。

釋文

五三 越，通粵，語詞。重，兩種玉爲一副，即一重；十種玉——陳寶、赤刀、大訓、弘璧、琬、琰及大玉、夷玉、天球、河圖——共五副，即五重。〇越，尙書故（卷三頁八十）曰：「戴鈞衡云：越，惟也；發語詞。」作語詞是。僞孔傳訓於，不合經義。馬融（經典釋文引）云越玉爲越地所獻玉。尙書後案（經解卷四二八頁三十）據逸周書證百粵不產玉。且下陳諸玉，無從證明其爲越產。僞孔傳以一玉爲一重，在西序者二玉，弘璧、琬琰二重；在東序則大玉、夷玉、天球三玉，爲三重；而不以陳寶、赤刀、大訓、河圖爲玉（詳下）。然琬、琰爲二玉不應共爲一重，書疏曰：「琬、琰別玉而共爲重者，蓋以其玉形質同，故不別爲重也。」案：琬、琰形異（詳下），疏顯然曲護傳說。惟又云：「孔既不分（琬、琰爲）

二重，亦不知何所據也。」已疑傳說。尚書集注音疏（經解卷三九八頁十三）署用傳說，據考工記謂五玉者純玉五（不雜以石），且謂玉重石輕，故曰「玉五重（輕重之重）」。其說尤謬！宋陳大猷（書蔡傳輯錄纂註卷六頁十四引）曰：「玉一雙曰重。」不泥舊說，有啓發性。王國維陳寶說（觀堂集林卷一頁二五）出，其義始大白，曰：「以文義言，則西序、東序所陳，即五重之玉也。重者，非一玉之謂。蓋陳寶、赤刀爲一重，大訓、弘璧爲一重，琬、琰爲一重：在西序者三重；大玉、夷玉爲一重，天球、河圖爲一重：在東序者二重。合爲五重。」（參註五四）

五四 陳寶，玉名。赤刀，玉製刀。大訓，蓋先王重大法教刻於玉者。弘璧，大璧也（爾雅釋器：肉倍好謂之璧。）。琬，圭之無鋒芒者。琰，圭之有鋒芒者。（參註五三）◯僞孔傳謂陳先王所寶之器物（疏以河圖、大訓、貝、鼓、戈、弓實之）故曰「陳寶」，如其說則諸玉非寶。如承認諸玉是寶，且依其上解，則「陳寶」二字乃目下文，當在越玉五重之上，不當在其下。（陳寶說）（尚書正讀卷六頁二六六即據舊說，誤以「陳寶」語倒，當在「越玉」之前。）陳寶，王氏曰：「史記秦本紀：文公十九年獲陳寶，而封禪書言文公獲若石，云於陳倉北坂城祠之。……以一牢祠名曰陳寶，是秦所得陳寶，其質在玉石間。蓋漢益州金馬碧雞之比，秦人殆以爲周書顧命之陳寶，故以名之。是陳寶亦玉名也。」其說不可易。赤刀，王氏曰：「赤刀亦然，內府藏古玉赤刀，屢見於高宗純皇帝御製詩集，又浭陽端氏舊藏一玉刀，長三尺許，上塗以朱，赤色爛然。書之赤刀，殆亦此類。」舊以此刀爲金屬製成，失之。大訓，既亦爲玉石，又與諸玉共陳，體積不應甚大，其上所鐫刻當爲祖先相傳重大法教。王氏謂刻訓謨于上，稍疎濶。琬、琰，周禮春官典瑞：「琬圭以治德結好，琰圭以易行除害。」蓋琰頂若尖，琬頂近圓，故鄭眾以有無鋒芒釋之（注引）。

五五　在西序，謂「陳寶」至「琰」置於西序席（即重厎席）、几（文貝仍几）之北也（參偽孔傳）。下舞衣、大貝、鼖鼓與戈、弓、矢及大輅與綴輅及先輅、次輅皆分置東西，兩兩相對，疑此陳寶、赤刀、大訓爲一組，弘璧、琬、琰爲一組，分列東西序，與大玉、夷玉（爲一組）及天球、河圖（爲一組）亦兩兩相配。○偽孔傳謂諸玉（寶）分陳於東、西序之坐（座）之北，正義東西牆南北長，雖已布几席，猶有餘地，足以列玉（寶）。或謂玉器五重皆分置几上，几嫌小，恐不能容。

五六　大玉、夷玉爲一副，天球、河圖爲一副。（詳註五四）前三玉，鄭玄曰：「大玉，華山之球也；夷玉，東北（一作方）之珣玗琪也；天球，雍州所貢之玉、色如天者。」（書疏引）河圖，玉石上刻靈異動物之形象（詳戴師靜山河圖洛書的本質及其原來的功用，梅園論學集頁一—十八）。○鄭說夷玉據周禮職方氏及說文（書疏引王肅云：夷玉，東夷之美玉。說近鄭君。）、說天球略據禹貢，而謂大玉出華山，則不詳所本。王肅（書疏引）謂天球爲玉磬，恐不免泥皋陶謨「鳴球」之義。諸家謂龍馬出河，伏羲則以畫八卦，即此河圖，失之。詳清胡渭易圖明辨。

五七　在東序，謂「大玉」至「河圖」置於東序席（即重豐席）、几（雕玉仍几）之北也（詳註五五）。

五八　胤，及下兌、和、垂皆古人名，時在周成王之前。鄭玄書注（周禮春官天府疏引）曰：「胤也、（兌也）、和也、垂也，皆古人造此物（物詳下）者之名。」胤製舞者之衣，故曰胤之舞衣也。○胤，僞孔傳曰國名（其傳夏書胤征序謂胤爲國君），書疏云：「以夏有胤侯，知胤是國名也。」是皆以此胤即夏仲康之臣（詳史記夏本紀）。彼胤善爲舞衣，未聞。又胤、兌、和、垂皆巧工，其所造舞衣、戈、弓、竹矢，皆美善，故周家寶之以傳至成康之世。（詳註六〇）

五九　大貝，貝出於江淮，大如車輪者。鼖，鼓長八尺者（僞孔傳）。西房：堂在前，室在後，室兩旁之房間皆曰房，在室之右曰西房，室之左曰東房。房之於室，猶夾之於堂，亦在其兩旁，故大抵房在夾後。（參尚書後案，經解卷四二八頁三五）○大貝，尚書大傳（輯校卷一頁三十）曰：「散宜生遂之……江淮之浦，取大貝如車渠。」鄭玄大傳注曰：渠，車罔也。周禮考工記輪人注引鄭眾曰：「牙……謂輪輮也。世間或謂之罔，書或作輮。」罔同輞，孫詒讓周禮正義（卷七五頁一）曰：「輞，則輪外匡之總名。」是鄭君以貝大如輪也。經典釋文謂車渠爲車輞，尚書全解（卷三七）謂貝形曲如車罔，均失之。豐鼎：「王商作册豐貝，大子錫東大貝。」（雙劍誃尚書新證卷四頁二三引）鼖，周禮考工記韗人爲皐陶鼓，鼓長八尺。僞孔傳蓋據此。爾雅釋樂：大鼓謂之鼖。

六〇　兌、和、垂，古人名，造此戈、弓、竹矢。（詳註五八）東房，室左旁之房。（詳註五九）○垂，見於堯典，爲舜共工，僞孔傳謂即此人。和，書經注釋（頁一〇〇八）據禹貢「和夷」，以爲是地或國名。皆無他驗。古者，前代之物有創造精巧者，必寶而傳之，尚書全解（卷三七頁十八）舉要言之：「如魯有封父之繁弱，晉有密須之鼓、闕鞏之甲，陳有肅愼氏之棔矢石砮，皆以其創造精巧，故分賜諸侯以爲分器，故世世寶之也。」

六一 大輅，玉輅也；以玉爲飾之車（詳註六四）。賓階，客人升堂所由之階，西階也。（參註六八）面，前也（僞孔傳）。全句，謂玉輅置西階之前，轅向南。

六二 綴輅，金輅也；以金爲飾之車（詳註六四）。阼階，主人升堂所由之階，東階也。（參註六八）金輅亦南向。◯禮記曲禮上曰：「主人入門而右，客入門而左。主人就東階，客就西階。」

六三 先輅，象輅也；以象骨爲飾之車（詳註六四）。塾，爾雅釋宮曰：「門側之堂謂之塾。」左塾，謂畢門內西側之堂也。全句，謂象輅置畢門內左側之堂之前，轅向北，與玉輅相對也。（詳註六四）

六四 次輅，木輅也；木質無飾之車。右塾，畢門內東側之堂也。木輅置畢門內右側之堂之前，轅亦向北，與金輅轅相對也。◯大輅、綴輅、先輅、次輅——輅，亦作路，王者之車，亦車之通名。周禮春官巾車掌王之五路：玉路、金路、象路、革路、木路也。僞孔傳依次以大、綴、先、次四輅當玉、金、象、木四輅（革輅去不言，詳下。），且云：「金、玉、象皆以飾車。」是傳以爲木輅無飾也。正義申之曰：「此經所陳四輅，必是周禮五輅之四。大輅，輅之最大，故知大輅玉輅也。綴輅，繫綴於下，必是王輅之次，故爲金輅也。……先輅、次輅二者，各自以前後爲文。五（原誤作王）輅金即次象，故言先輅象；其木輅在象輅之下，故云次輅木也。」馬融、王肅（書疏引）皆謂不陳戎輅（戎輅即謂革輅，周禮巾車：「革路，……以即戎。」）者，兵事非常，不必陳之也。鄭玄（書疏引）謂綴、次是從後之言，綴輅是玉輅之貳，次輅是金輅之貳，而不陳象、革、木三輅者，主於朝祀而已。未詳孰是。左右塾及塾前先次二輅，尚書全解（卷三七頁十九）語最簡明：「賓階、阼階之『面』則南向，自內而向外；左塾、右塾之『前』則北向，既在門內，故自外而向內。蓋大輅在西階，先輅在西塾，是先輅與大輅相向；綴輅在東階，次輅在東塾，是次輅與綴輅相向也。」

二人雀弁執惠（註六五），立于畢門之內（註六六）。四人綦弁執戈、上刃（註六七），夾兩階阯（註六八）。一人冕執劉（註六九），立于東堂（註七〇）；一人冕執鉞（註七一），立于西堂（註七二）。一人冕執戣（註七三），立于東垂（註七四）；一人冕執瞿（註七五），立于西垂（註七六）。一人冕執銳（註七七），立于側階（註七八）。

釋文

六五　雀，赤黑色；言色如雀頭也。弁，如冕而無藻旒之冠。（竝參書疏引鄭玄說）雀弁，赤黑色之弁，士所戴。下著「綦弁」者亦士。惠，古文作𢡆（見說文），上象三鋒，僞孔傳謂

六八

「三隅矛」，近是。○鄭玄釋雀弁，又見士冠禮注，云：「爵（同雀）弁者，……其色赤而微黑，如雀頭然。」又曰：「爵弁者，制如冕，……但無繅（藻同，謂以絲繩爲旒。）耳。」據此，則冕而無藻，即與雀弁不異。然尚有小異，士冠禮賈疏曰：「冕者，俛也，低前一寸二分，故得冕稱。其雀弁則前後平，故不得冕名。」是雀弁與無旒之冕，但有低仰之分而已，固無害其爲同制（參江聲說）。士服冕，書疏曰：「禮：大夫服冕，士服弁也。」又曰：「士入廟助祭，乃服雀弁，於此服雀弁者士衛。」惠，鄭玄曰：「惠狀蓋斜刃，宜芟刈。」（書疏引）羣經平議（卷六頁八）申僞孔傳之說，疑[illegible]爲此惠之本字，上三[illegible]象三隅之形，惠其所從之聲。雙劍誃尚書新證（卷四頁二三）以藏器證俞說近是。曰：「金文惠作[illegible]，……余藏一侯戟，在『胡』之上面多出一鋒，加以『援』『胡』二鋒，則爲三鋒矣。疑即惠也。余又藏一[illegible]戟，援中有鉏，亦象三鋒，考其形制，當在西周。……然則惠或即雄戟歟？」案：清徐灝說文解字注箋（見說文解字詁林）已據彝器謂惠訓三隅矛，乃以字形名物。郭氏（金文釋餘之餘頁二三釋叀）叀（說文惠）乃畝之古字，此「執惠」即「執畝（中干）」。案：惠，古兵器，字初如器形，上有三鋒，如俞氏等三家所論。鄭、郭說蓋失之。畢門，清姚鼐（尚書故卷三頁八二引）曰：「廟之內門，穀梁傳（桓公三年）所謂『祭門』也。」二人執惠立於廟之內門之內兩旁，北嚮（據元黃鎮成尙書通考卷十頁三一顧命圖）。○諸家多謂畢門爲路門，吳汝綸則力申姚說，云：「古者廟不止一門，聘禮：每門每曲揖，乃入廟門。是其證。爾雅閍謂之門，楚茨所云『祝祭於祊』，廟之內門，即此經之畢門也。禮器所云『爲祊乎外廟之外門』，即下經之廟門也。說者合爲一門，故皆失之（詳註一一五）。……畢者所以助匕朼之用，廟中所有事也。……此經三門（畢、廟、應三門），舊皆以爲路寢門，既本一門，何爲屢易其名，使人疑爲數處邪，知不然矣。」

六七　綦，馬融本作騏，云：青黑色。（書疏引鄭玄說同）綦弁者四人亦士衛（詳註六五）。上刃，謂戈刃向上也。○綦，王肅云赤黑色（書疏引）。案：鄭本綦原亦作騏，注云：「青黑曰騏。」（詩曹風鳲鳩疏引）說文：「騏，馬青驪文如博棊也。」青驪即青黑色。王氏故與康成立異，說不可從。上刃，傳疏無解，蔡傳云戈刃外嚮。尚書集注述疏（卷二五頁三八）曰：「上刃者，執而樹其刃也。牧誓曰：『……稱爾戈，立爾矛。』皆上刃也。凡人眾之會，執戈者必上刃而可行，且無以刃嚮人之嫌。」雙劍誃尚書新證（卷四頁二四）曰：「戈之內納于木柄，……戈爲句兵，以之橫擊。蓋用時每橫其柄，則『援』與『胡』之刃在前；執時縱其柄，則『援』與『胡』之刃在上：故云『上刃』也。」茲從之。

六八　戺，階兩旁斜石，搶階齒而輔之，自堂至庭地。四人夾兩階之戺者，謂二人夾阼階之二戺（東戺在阼階之左；西戺在阼階之右，當阼、賓階之間。），二人夾賓階之二戺（西戺在賓階之右；東戺在賓階之左，當賓、阼階之間。），顧命圖謂四人皆南嚮立。○戺，僞孔傳曰堂廉。案：堂廉在堂上，經謂夾階可乎？且弁者賤，宜在堂下。正義曰：「廉者，稜也。所立在堂下，近於堂稜。」於夾戺之義仍未明。尚書集注音疏（經解卷三九八頁十八—十九）分階、戺而兩之，謂戺，堂廉直下厓也。夾階者二人：一在西階之西，一在阼階之東，當前廉厓下，相鄉而立；夾戺者二人：一立于東南堂隅之東，一立于西南堂隅之西，當前廉厓下，蓋皆南鄉也。清程瑤田作「夾兩階戺圖說」（經解卷五三五頁二一—二五釋宮小記，原圖影印於篇末）非之，云：「……侍臣執兵，防不虞也。故以經文次第觀之：自外而內，始畢門內，防之於入門時也；次夾兩階戺，防之於升堂時也；次東西堂，防之於受顧命時也；次東西垂，防其於兩旁上也；次側階，防其從北階而上也。今東西堂既有人，兩垂又有人，夾兩階又有人，乃復立二人於廉厓之兩端，將何所防乎？」江氏說背情理處，既經指出，程氏因謂：「戺謂階之兩旁自堂至庭地斜安一石揜階齒而輔之，如今樓梯必有兩髀以安步級，俗謂之樓梯腿也。以是經文言之，兩階四戺，故四人執戈夾之。蓋二人夾於東階之二戺，二人夾於西階之二戺，故謂之夾兩戺也。」其說明確，茲從之。羣經平議（卷六頁八）據儀禮聘禮「鼎九設于西階前，陪鼎當內廉」，證階亦有廉，云：「東階以西邊為內廉，西階以東邊為內廉，當內廉者，當西階東邊之廉也。」於程說增一有力佐證。

六九 冕，冠也；大夫以上所戴。此及下四「冕」皆大夫所服。劉，鑱（尖銳）斧（參書疏引鄭玄說）。〇冕，說文：大夫以上冠也。劉，偽孔傳謂鉞屬，以其皆斧類器者，正義曰：「以劉與鉞相對，故言『屬』以似之也。」與鄭說略同。尚書集注音疏（經解卷三九八）曰：「以東西堂各一人相對而立，所執兵器宜同類。今一人執劉，一人執戉，器雖異名，其形制當相似。戉既是大斧，故以劉為鑱斧。」

七〇 東堂，堂之東側也（尚書釋義頁一三〇）。立東西堂、垂者四大夫，蓋皆面向南。

七一 鉞，大斧也，字當作戉，書古文訓作戉。〇注疏本鉞作鉞，不成字，茲從唐石經改正。然鉞，說文金部曰：「車鑾聲也。」於此經義絕乖。戉，說文戈部曰：「斧也。」古文尚書撰異（經解卷五九三頁十二）云此經當作戉。戉卜辭作[illegible]，金文作[illegible]，皆象器形。是。經典釋文於牧誓「鉞」下云：音越，本又作戉。是戉訛作鉞，初唐已然，不待衛包始改矣。

七二　立于西堂，參註七〇。

七三　戣、瞿，皆戟屬（僞孔傳）。〇鄭玄（書疏引）謂皆三鋒矛。尚書後案（經解卷四二八頁四六—四七）據宋王俅嘯堂集古錄商瞿父鼎銘𥄎字，疑即瞿之古文，象兵器之形。雙劍誃尚書新證（卷四頁二四）據郾王詈戈及□侯脮殘戈「鍨」字，謂此戣即鍨。尚書集注述疏（卷二五頁三八—三九）謂戣篆從癸，象水四入形，蓋兵有四鋒象癸之形者；又謂瞿蓋兵器之有鋒旁出者。眾說紛紜，莫能確定。要之，戣與瞿爲同類型兵器，東西垂相對而立，猶劉與斧，無疑。

七四　垂，遠邊也（參書疏），通作陲。東垂，堂（內）東側較遠之處；意其更在執劉者之東也。（參註六七）〇爾雅釋詁曰：「疆界邊衛圉，垂也。」是垂有遠邊之義，故以釋邊、界。說文：「垂，遠邊也。」尚書後案（經解卷四二八頁四七）謂立東垂西嚮，西垂者東嚮，亦無實據。

七五　詳註七三。

七六　西垂，堂（內）西側較遠之處。意其更在執鉞者之西也。（詳註七四）

七七　銳，當作鈗（東坡書傳卷十七頁八）。兵器名，矛屬。〇自蘇氏謂此銳是鈗之訛，宋人多從之。清人信之者亦多（段注說文及作古文尚書撰異則謂字不誤，原即作銳。），成瓘篛園日札（卷二）論當作鈗，文甚詳。其器，鄭玄（書疏引）謂矛屬，尚書集注音疏（經解卷三九八頁二十）曰：「說文金部云：『鈗，侍臣所執兵也。……周書曰：「一人冕執銳。……」』未解銳爲何等兵器。……案：說文編字，以類相從。其金部鋋下鈗，鈗下鉈，鉈下鏦，鏦下錟。鋋小矛也，鉈短矛也，鏦矛也，錟長矛也。諸字皆矛別名，而鈗廁其間，是矛屬矣。」是許氏亦以鈗是矛屬。近人陸德懋書經顧命篇侍臣所執兵器，考據宋吳仁傑說，謂銳爲盾（即干），又用羅氏貞松堂集古遺文，錄影古盾形。（見燕京學報三十八期）

愚謹案：顧命侍臣所執惠、戈、劉、鉞、戣、瞿、銳七兵器，圖併影附在篇末，亦用陸文。

七八

側階，東房（即堂後之室左旁之房，詳註六〇。）後向北之階也。執銳者亦爲大夫，立階之最上處（非階級中或最下級至庭地處）。〇側階，鄭玄、王肅（皆書疏引）皆以爲東下階。不知其何所指。傳疏謂一人立北階上；北階即堂北一階。程氏夾兩階戺圖說、黃氏顧命圖並以爲東房向北之階。即讀書叢說（卷六頁三五）所謂：「側階則東房北、堂之上也。」近理，茲從之。

王麻冕黼裳（註七九），由賓階隮（註八〇）。卿士、邦君麻冕蟻裳（註八一），入即位（註八二）。太保、太史、太宗皆麻冕彤裳（註八三），太保承介圭（註八四），上宗奉同、瑁（註八五），由阼階隮（註八六）。太史秉書（註八七），由賓階隮（註八八），御王冊命（註八九）。

釋文

七九　王，康王釗也。下皆同。麻冕，績麻三十升（八十縷爲一升）布冠也；布之至細者也（參太平御覽卷六六八引鄭玄書注及論語子罕篇集解引孔安國注）。裳，下衣也。黼裳，繡有白黑相間[illegible]（兩己相背）形花紋（參註四〇）之下衣也。〇上言子釗（見註三四），此變言王者，白虎通爵篇云：「天子大斂之後稱王者，明士不可一日無君也。故曰尚書『王麻冕黼裳』，此大斂之後也。」尚書集注音疏（經解卷三九八頁二一）謂：冠衣之布，冠之升數輒倍于衣；朝服十五升，故冕三十升也。尚書古注便讀（卷四下頁十五）謂冕是十五升，未詳孰是。傳、疏謂此君臣所服皆吉服，據康王之誥篇「王釋冕反喪服」，則未反之前非喪服，殆吉服也。疏又謂：禮祭服皆玄衣纁裳，邦君卿士獨云玄裳者，示變於常也。東坡書傳（卷十七頁八、九）曰：「衮冕之裳四章，此獨用黼者，以釋喪服吉，示變也。」「彤，纁也。纁裳，亦變也。」「君臣皆吉服，然皆有變。」後人頗謂顧命君臣所服初非喪服，然亦非純吉服。疑得其實。

八〇　隮，升也（僞孔傳）。通作躋。〇自，如從僞孔傳訓用，經義反晦，東坡書傳（卷十七頁八）訓由，平易。傳、疏謂時康王未受顧命，不敢當主，故不由阼階升也。書疏曰：「凡諸行禮，皆賤者先置（當作至）。此必卿下（當刪）士邦君即位既定，然後王始升階，但以君臣之序，先言王服，因服之下即言升階，從省文。卿士邦君無所執事，故直言即位而已。太保、太史、太宗皆執事之人，故別言衣服、各自所職，不得即言升階，故別言所執，各從升階，爲文次也。」謂陪禮及執事諸臣皆先就位，王始升堂，今經以便於行文敍事，故首言王由賓階隮。其說可從。尚書正讀（卷六頁二六九）謂王由賓階隮者，蓋就西序東嚮之席。或是。

八一　卿士，謂公卿、大夫及士也。邦君，謂諸侯也：皆陪禮者。（參酌註八、九）蟻，色玄（如蟻）之下衣也。非純吉之服（詳註七九）。◯僞孔傳以爲卿士者，言公、卿、大夫，正義申之曰：「卿士，卿之有事者，公則卿兼之。此行大禮，大夫亦與焉。略舉卿士爲文，公與大夫必在。」疏士訓事，以支持傳陪禮無士之意。案：經首段言召諸臣，百尹、御事，蓋職之賤者，在大夫之下，或亦陪禮於中庭（詳註八二）。傳疏曲說，失之。東坡書傳（卷十七頁九）據禮記檀弓鄭注，疑蟻裳似蛇文之裳。案：上言黼裳，下言彤裳，黼、彤皆謂顏色，此不應獨異。

八二　入，入廟門也。即位，就位於中庭也。◯即位，書疏曰：「鄭玄云：卿西面，諸侯北面。鄭玄惟據經卿士、邦君言之。其公亦北面，孤東面也。」案：諸臣面向，經無明言，殊難定。經祇言入即位，不言升階。尚書今古文注疏（卷二五頁三一）謂皆陪位於中廷（庭）。尚書集注述疏（卷二五頁四二、四五）申之，曰：「中庭之左右謂之位，……釋宮文。位在中庭，豈升階乎？」其說有徵。

八三　太宗，大宗伯也。掌典禮事。（參註八五）彤裳，纁（淺絳）色之下衣也（參僞孔傳）。此亦非純吉服（詳註七九）。

八四 承，奉也（僞孔傳）。與下「奉」互文。介，大也。介圭，長尺二寸之圭（竝僞孔傳）。○太保奉介圭，上宗奉同瑁，乃下文但言王受同、瑁，而不言受介圭者，書疏曰：「以同、瑁并在手中，故不得執之。太保必奠於其（康王）位，但文不見耳。」

八五 上宗，即上文「太宗」。同，酒杯也。瑁，酒器也。○鄭玄曰：「上宗猶太宗，變其文者，宗伯之長：大宗伯一人與小宗伯二人，凡三人。使其上二人也：一人奉同，一人奉瑁。」（書疏引）周禮春官序官：「禮官之屬，大宗伯卿一人，小宗伯中大夫二人，……。」鄭君以爲此「上宗」應包括大宗伯（卿）一人及小宗伯二人中地位較高者一人，分承同、瑁。案：上、太義極近（上古猶太古），太宗即上宗，經文前云「太保、太史、太宗……」，後云「太保云云」，「上宗云云」，「太史云云」，雖覆述上三官次序因敍事行文之便而變動，然下上宗即上太宗，斷無可疑。升堂助禮之禮官，上宗之外，尚有「宗人」（即小宗伯，中大夫。），意其隨太宗同時升堂，以其瑣賤，經不記其事，致康成曲爲之說。然則非也。同、瑁，三國志吳書虞翻傳裴注引虞翻別傳翻奏鄭玄解尚書違失事，曰：「伏見故徵士北海鄭玄所注尚書，以顧命『康王執瑁』（敏案：指下文康王「乃受同、瑁」一句，非此「上宗奉同、瑁」。），古冃似同，從誤作同，既不覺定，復訓爲杯，謂之酒杯。」（引文詳註一○二解釋）是鄭以同爲酒杯，書疏曰：「下文祭、酢皆用同奉酒，知同是酒爵之名也。」尙書集注音疏（經解卷三九八頁二二）謂同即圭瓚，以挹鬯祼祭者，周禮謂之祼圭。馬融同訓大同，今文尙書則作銅，釋爲天子副璽（亦見虞翻奏言），竝失之。瑁，僞孔傳曰：「所以冒諸侯圭，以齊瑞信，方四寸，邪刻之。」正義申之曰：「玉人云：天子執冒四寸以朝諸侯。……禮：天子所以執瑁者，諸侯即位，天子賜之以命圭。圭頭邪銳，其瑁當下邪刻之；其刻闊狹長短如圭頭。諸侯來朝，執圭以授天子，天子以冒之，刻處冒彼圭頭，若大小相當，則是本所賜，其或不同，則圭是僞作。知諸侯信與不信，故天子執瑁，所以冒諸侯之圭，以齊瑞信，猶今之合符然。」傳、疏本尚書大傳（輯校卷一頁五及周禮玉人疏引），皆以瑁爲合符之玉器。案：瑁既非國寶，而冊命新王又非朝諸侯之典，無緣執冒。且同、瑁連言，似爲一類物事。尚書今古文攷證（卷五頁八）謂同瑁是古斝卣之譌，皆酒器。其說高本漢（書經注釋頁一〇一三—一〇一五）申其意，引左傳及古文字，謂同瑁是斝瓚之誤字，二者皆酒器。案：同、瑁是否爲誤字，尚難定；然據下文，二物皆用於祭與飲，的是酒器。尚書釋義（頁一三二）以爲酒杯蓋，未詳所本。尚書故（卷三頁八七）引姚鼐謂此瑁字是後人因虞翻語而妄增。案：古本原有瑁，故書疏引鄭注曰：「一人奉同，一人奉瑁。」姚說誤。王國維書顧命同瑁說（觀堂集林卷一頁二五—二六）謂同瑁一物即古圭瓚，皆以冒諸侯之圭。其說亦無確據。

八六

太保以冢宰代理成王冊命康王，而上宗爲之儐，故皆從阼階升也。◯尚書集注音疏（經解卷三九八頁二三）謂太保、太宗皆奉天子之重器，故皆升自阼階。案：同、瑁非重器。江氏說不如顧命考爲安，其言曰：「大保攝成王，爲冊命之主，大宗相之。……攝主故由主階。……成王未崩，則天下不得有二王；既崩，則不得親命，故大保攝王以命之。冊命之有攝主，猶祭之有尸矣。大宗從大保者，何也？曰：儐也。」尚書正讀（卷六頁二六九）謂太保、太宗升堂皆就東序西嚮之席，太宗立於太保之右。

八七　秉，持也（僞孔傳）。下「秉璋」之秉同。書，冊書也；古者命必有辭，書寫命辭於冊，謂之冊書（或簡稱書）。（參顧命考）

八八　太史持冊書，將命康王，故與王同階升（參僞孔傳）。○尚書正讀（卷六頁二六九）謂太史由賓階隮者，將就西夾南嚮之席，代神語以御命王。

八九　御，尚書後案（經解卷四二八頁五六）曰：「御即迓字，迓之言迎，迎則必向也。」冊命，以冊書致康王，命之嗣爲天子也。○鄭玄曰：「御猶嚮也。」（書疏引）尚書正讀（卷六頁二六九）曰：「淩廷堪禮經釋例云：授受之禮，同面者謂之竝授受，相嚮者謂之訝授受。」訝通迓，曾氏又云：「王此時立賓階上北面，太史氏立於西夾南嚮，故云『訝王』也。」其說近理。

曰（註九〇）：「皇后憑玉几（註九一），道揚末命（註九二）。命汝嗣訓（註九三），臨君周邦（註九四），率循大卞（註九五），燮和天下（註九六），用荅揚文武之光訓（註九七）。」王再拜，興（註九八）。答曰：「眇眇予末小子（註九九），其能而亂四方（註一〇〇），以敬忌天威（註一〇一）？」乃受同、瑁（註一〇二），王三宿、三祭、三咤（註一〇三）。上宗曰：「饗（註一〇四）！」太保受同，降（註一〇五）。盥（註一〇六）。以異同（註一〇七），秉璋以酢（註一〇八）。授宗人同（註一〇九）；拜，王荅拜（註一一〇）。太保受同（註一一一），祭，嚌，宅（註一一二）。授宗人同；拜，王荅拜。太保降（註一一三），收（註一一四）。諸侯出廟門俟（註一一五）。

釋文

九〇 曰，太史言也。「皇后」至「光訓」三十三字，乃太史進冊時所陳之言，非冊書之原辭也。〇「皇后」以下三十三字，僞孔傳以爲冊命之辭，而太史所讀。尚書全解（卷三七頁二六—二七）辨其非，曰：「皇后以下，則太史進冊而陳此言也。……史以成王之言著之於冊矣，此則將奉冊而進之之辭也。言此冊者乃成王當大漸之際，親憑玉几，道揚臨終之命，以命汝嗣其教訓。……」蔡傳曰：「成王顧命之言，書之冊矣，此太史口陳者也。」陳大猷（書蔡傳輯錄纂註卷六頁十五引）說略同。案：史官前記成王之言，王自稱曰「予」，曰「朕」，此果爲成王自言，不應自稱「皇后」。此實史官隱栝命辭大意，口陳於康王。三宋儒說得之。簡朝亮是之。

九一 皇，大；后，君。皇后，謂成王也。〇尚書今古文注疏（卷二五頁三二）曰：「皇者，釋詁云：君也。后者，說文云：繼體君也。謂康王也。……此太史傳述之命，命康王馮玉几，以聽道揚緒餘之命。」案：西周初年著成之文獻，皇無「君」之訓；且如孫說，須增「以聽」二字，而玩經文，實無此意。孫氏蓋拘泥舊說，以「皇后」以下爲成王命辭原文，不應自稱皇后，故曲爲之解。大害經義！（參註九〇）

九二　道揚，猶宣布也。末命，臨終之命令也（參僞孔傳）。

九三　嗣訓，義同上「嗣守（文武）大訓」也。

九四　臨君，居上臨下而君之也（尚書集注述疏卷二五頁四七）。〇臨君，文選曹植責躬詩李善注引作「君臨」，今文尚書攷證（卷二四頁十一）據周禮賈公彥序引鄭玄周禮序，謂鄭本亦作「君臨」，又據通典引晉何琦議，謂何據本亦「臨」在「君」下。案：左襄十三年傳：「赫赫楚國，而君臨之。」君臨似於義較順。茲竝記於此。

九五　率，循也（詩大雅假樂「率由舊章」箋）。率循爲複詞。卞，法也（書疏引王肅說）。〇率循，僞孔傳謂「率群臣循（大法）」，添文解經，仍未得其義。或率訓用，案：下「用循大卞」，於上句無承（率果訓用，宜冠「臨君」之上），且下文「用答揚」云云施「用」字，甚切經意，故此不當複出。卞，古文尚書撰異（經解卷五九三頁十七）謂弁之隸變。尚書後案（經解卷四二八頁五七）謂弁有法制，故訓法。別無它證，姑從其說。敦煌隸古定本卞作法。

九六　燮，和也（僞孔傳）。燮和爲複詞。

九七　答，借爲荅；荅，報也。揚，稱也。光，廣也；大也。訓，教也。光訓，義與上「大訓」同。〇荅揚，僞孔傳訓對揚。尚書釋義（頁一三一）曰：「荅揚，猶詩江漢及金文中習見之對揚；謂遵從之而又顯揚之也。」經義述聞（經解卷一一八六頁十四）謂詩大雅江漢之對揚、周頌清廟之對越與此荅揚同義，揚謂發揚。案：發揚先王之大訓，於義猶未甚切。尚書故（卷三頁八九）曰：「……答，報也。……揚高誘淮南注：揚猶稱也。稱說、宜稱古止一字；答揚者，報稱也。」報稱文武之大訓，猶言副（配）稱文武之大訓也。光訓，諸家釋明訓、顯訓，蓋望文生義。

九八 興，起也（爾雅釋言）。

九九 眇，微也（僞孔傳）。疊字增強其義，以修飾下「末」字。末亦訓微。

一〇〇 其，戴鈞衡曰：「讀曰豈。」（尚書故卷三頁八九引）而，疑爲衍文。亂，治也。○尚書周書各篇反詰之詞皆作其，（如大誥「厥考翼其肯曰予有後，弗棄基？」，酒誥、多士亦有之，詳該篇。）而二十九篇書，惟盤庚「予豈汝威」一見豈。其、豈古音近，戴讀是。而，尚書今古文攷證（卷五頁六）曰：「古能、而通，而字當衍。」莊說近理，雖無確證，然觀下句「以敬忌天威」，則此而如訓以（如經傳釋詞所說），文理難通，不如作衍文爲勝。

一〇一 忌，畏也（尚書故卷三頁八九據左昭元年傳注）。（參康誥註一一一）

一〇二 乃受同、瑁，謂太保以酒獻康王，由太宗奉酒同及瑁授王，王受之也。○上王答曰云云，此用乃（乃，承上之詞。）字緊承上文，省略一「王」字。接受、授與，古往往但作受；知此受爲接受者，下文「授宗人同」，授與字不作受，明此授、受義不同。周書顧命考曰：「此瑁字，疑涉上文而衍。受同者王，授之者大宗也。……授同者何？獻王也。大宗奉同，大保拜送，王拜受，不書者，亦畧也。何以知大保獻王也？曰：下云『大保受同，降。盥，以異同，秉璋以酢。』又云：『大保受同，祭、嚌、宅。』古禮有獻始有酢，不獻王則何酢之有矣？何以知大宗授同也？曰：周禮大宗伯職『大賓客則攝而載果』，鄭注：『載，爲也。果讀爲祼。代王祼賓客以鬯。君無酌臣之禮，言爲者，攝酌獻耳，拜送則王也。』時大保攝主以命康王，故知授同者大宗也。」案：虞翻奏鄭玄書注之失，鄭本似無瑁字（詳註八五），且下文數言授、受同，皆不及瑁，故王氏疑瑁是衍文。案：鄭注「乃受同瑁」，曰：「王既對神，一手受同，一手受瑁」，是鄭本有瑁。它本亦不言瑁是衍文。下不及瑁，疑皆從省。尚書故（卷三頁八九）亦謂瑁字衍。皆失檢。

一〇三

宿，鄭玄讀爲肅，曰：「徐行前曰肅。」（書疏引）書疏曰：爾雅釋詁云：肅，進也，宿即肅也。三宿，謂三進於神座之前也。三祭，謂三次以酒祭神也。咤（陟駕切），鄭玄曰：「却行曰咤。」（書疏引）三咤，謂三却而復本位也。〇書經稗疏（卷四頁四九）曰：「三宿者，自阼階肅進於几筵之前。」案：康王自賓階隮，時方受冊命，不應又自阼階進也。尚書集注音疏（經解卷三九八頁二五）曰：「宿……或作縮。……禮祭束茅加于祼圭而灌鬯酒，是爲莤（縮）。」是江氏謂三宿爲三灑酒。案：王既受同，三進於神前，遂即執同酒以祭，江說反迂曲。咤，說文宀部引作託，云：奠酒爵（原酒爵誤倒）也。經典釋文云咤亦作宅，馬融本作詫。古文尚書撰異（經解卷五九三頁十七）曰：「許（愼）所據，蓋壁中古文原本，馬本作詫者，字之誤也。（僞）孔本作咤者，又詫之誤也（敏案：古文偏傍言或從口，說文口部無咤字。此咤殆即詫字。）。其作宅者，別本也。既釋爲奠爵，則有居義，故其字無妨作宅（敏案：下宅字蓋即詫之借字），說書家有讀詫爲宅者。」王肅、僞孔傳、周書顧命考皆訓咤爲奠爵。諸說雖有據，然羣經平議（卷六頁八）曰：「鄭……別爲卻行之義者，正以下文有『宅。授宗人同』之文，若既奠矣，又何授焉。」案：俞說甚是。鄭玄謂「卻行曰咤。徐行前三祭，又三卻復本位也」者，或更以三進必有三卻，故咤訓卻，雖於經籍別無確證（參註一一二陳喬樅說），然衡度當日典禮，其行事必如是。（書疏引）東坡書傳（卷十七頁十）曰：「祭至齒而不飲曰咤、曰嚌。」蘇氏以爲至齒不飲與嚌同義。案：下文太保亦嚌亦宅，（咤爲詫之誤，宅借爲詫。），蘇說尤不可通。（參註一一二）。

一〇四 饗，飲、食也；此謂上宗勸王飲酒也。〇書疏申僞孔傳曰：「王奠爵訖，上宗以同酌酒進王，讚王曰饗福酒也。」周書顧命考曰：「饗者，上宗侑王之辭。既酌獻之，又從而侑之，所謂『攝而載果』也。」皆謂上宗酌酒獻王且勸之飲也。

一〇五 太保受同，謂太保接受康王用以饗之同也。降，謂太保自東階下堂返同於篚也。（竝參傳、疏說）〇正義以爲上宗讚王饗酒，「即云太保受同，明是受王所饗同也。祭祀飲酒之禮，爵未用皆實於篚，既飲皆反於篚，知此下堂反於篚也。」諸家無異辭，惟簡朝亮不然，曰：「大保受同者，受異同於宗人也。故曰授宗人同，繼又曰大保受同，終又曰授宗人同，明宗人以同授大保也。經言『異同』，貫乎上下文之間，明太保受同，皆異同也。」（尚書集注述疏卷二五頁五一）又曰：「傳以爲王以同授大保也，今攷其時，無王所饗同，若禮所謂實爵於篚者，今經無其文也。……同既王所咤矣，太保何繇而受王所咤

之同也。如受之，則經不言大保授王之同於何人，而遽言以異同乎？」（卷二五頁五二）

案：上宗既讚王曰饗，是王必執同，既饗乃以同授大保；大保降階蓋作兩事：一反王所用同於篚，故經不言大保授王之同於人；一盥手，將酢故爾。至大保何繇受王所咤之同，於禮失考。經言「異同」，明謂異乎所受於王之同，簡氏因一「異同」貫乎上下文之間，謂它同皆異同。

一〇六　盥，（太保）洗手也。（參註一〇七）

一〇七　以異同，用另杯酌酒也。（參註一〇五）〇盥，僞孔傳連以異同爲句，云：「太保以盥手先（洗之誤）異同。」似謂盥兼有洗手及洗杯之義。案：盥，說文曰：「澡手也。」金文、篆文均象人兩手就皿水以沃。傳稍失。太保不仍用王同者，書疏曰：「祭祀以變爲敬，不可即用王同。」案：疏承傳說，誤以「秉璋以酢」爲報祭，故其以變爲敬之說亦失之。尚書集注音疏（經解卷三九八頁二五—二六）曰：「臣不敢襲君器，故以異同也。……祭統曰：『君執圭瓚祼尸，太宗執璋瓚亞祼。』是臣不得襲用君器也。」其考近眞。

一〇八　璋，說文：「剡上爲圭，半圭爲璋。」此璋爲「同」（即上「異同」之同）之柄。此謂璋柄之同。秉璋，謂執璋柄之同以酌酒也。酢，周書顧命考曰：「古敵者之禮，皆主人獻賓，賓酢主人；惟獻尊者，乃酌以自酢。」太保（此時爲主人）既獻康王（此時爲賓）酒，不敢當王（尊者）之酢，故酌以自酢。（參尚書釋義頁一三二）〇璋與圭之別，尚書後案（經解卷四二八頁六十）曰：「圭首上銳，兩旁各剡寸半，其銳者正。璋首則惟剡一，偏其一；偏則衺銳上出，形如半圭然，故半圭曰璋也。」尚書集注音疏（卷三九八頁二六）以爲「此同以璋爲柄，所謂璋瓚矣」。璋是瓚之柄，璋瓚亦得單名璋，尚書今古文注疏（卷二五頁三四）曰：「郊特牲云：灌以圭璋。知灌地之璋瓚，得單名璋也。」下文言「太保降」，則知此時太保在堂上自酢。

一〇九　宗人，小宗伯也；位中大夫。（詳註八五）全句，謂太保飲畢以同付宗人也。書疏曰：「將欲拜，故先授宗人同。」◯僞孔傳謂宗人佐大宗者；太宗供王，宗人供太保。尚書集注音疏（經解卷三九八頁二三、二七）謂宗人與上宗同時由阼階升堂（參註八五、八六），且王三咤後，上宗曰「饗」，太保授宗人同，明是贊太保者小宗伯，贊王者太宗也。案：說與傳署同。宗人升堂，經文簡省不著。書經稗疏（卷四頁五十）謂經言上宗奉同由阼階升，未有小宗隨之，而始終與王成禮唯太保與宗人，則此宗人即太宗、上宗。案：蓋以經無省文。然味冊命一段，確有儀節省而未記者。王說殆不可從。

一一〇　拜，太保拜王也。王荅拜，康王答太保之拜也。◯書疏謂太保拜神不拜康王，但白神已傳顧命之事；王答拜者，亦告神使知。神謂成王之柩。蔡傳云太保拜尸，而王代尸拜。書蔡傳纂疏（卷六頁十六）曰：「王荅拜，……王氏則曰：因太保拜而對拜。……要之，王荅召公拜，何疑焉？」諸家蓋以君無荅臣拜之禮（如尚書全解卷三七頁二八曰：「君於臣無荅拜，此荅之者，以其傳先王之命也。」），故紛紛揣度。當以陳櫟說爲正，尚書集注音疏（卷三九八頁二七）證成之曰：「王荅拜者，雖君于臣禮無不荅。……禮記燕義云：『君舉旅於賓及君所賜爵，皆降再拜稽首，升成拜：明臣禮也。君荅拜之；禮無不荅，明君上之禮也。』」

一一一 受同，謂太保於宗人接受前所授之同也（書疏）。

一一二 嚌，嘗也。謂嘗酒至齒（不入口），示飲而實不飲也（書疏）。宅，蓋託之借字，却行也。（詳註一〇三）〇嚌，說文：「嘗也。」禮記雜記下曰：「小祥之祭，主人之酢也，嚌也；衆賓兄弟則皆啐之。」鄭注：「嚌、啐皆嘗也。嚌至齒，啐入口。」玉篇亦謂至齒爲嚌。疏申傳意，以宅連下讀訓居，云：「太保居其所，於受福酒之處，足不移。」尚書集注音疏（卷三九八頁二七）讀宅爲數度之度，謂嚌酒有節度。皆不從鄭注者，蓋既以上咤爲奠爵，此則下文明言授爵於宗人，故決不得亦釋奠爵，不得已更爲新說，而不顧其迂曲難通也。今文尚書經說攷（卷二七頁二四）曰：「釋文又云：『宅，如字；馬同，徐殆故反。』攷說文宅部云：『宅，所託也。』重文㡯云：『古文宅。』（重文）厇云：『亦古文宅。』㡯與託形近音同，古文作㡯，今文作託。㡯即宅字，故轉寫以託誤作詫也。徐音宅，殆故反；則讀宅同度。古者宅、度二字本相通用。……此宅字亦即上文三託之託，古文作㡯，今文作託。……宅字得訓爲卻行者，蓋與踱字義近。玉篇足部云：『跮踱，乍前乍卻也。』……類篇云：『踱或從厇作[illegible]。厇即古文宅字。古字多渻借。厇疑即[illegible]之省文。今文尚書作託，蓋以音同假借爲㡯字，亦即古文宅也。」其考宅有踱義，踱有卻退義，以申鄭說，得經義。

一一三 降，下堂也（僞孔傳）。周書顧命考曰：「大保攝主事已畢，當先自西階降，而王降自阼階也。」

一一四 收，取也（廣雅釋詁）；謂有司徹除前所布設几筵宗器也。〇收，僞孔傳訓徹。案：徹亦有取義，見孟子公孫丑上引詩豳風鴟鴞「徹彼桑土」注。徹、取皆有除去義。以釋收，與上布設（几筵等）義相反。尚書今古文攷證（卷五頁八）謂「收」爲「以」形近之訛，且斷「以諸侯」爲句。案：篆收作𢽤，而以作㠯，形不甚近。且下文太保、畢公分率西東方諸侯入應門，此不得謂太保以（莊蓋釋以爲率）諸侯。

一一五

諸侯，謂邦君卿士也（含太保及上述卿士邦君入即位者）。廟門，廟之外門也。俟，待後命也。○廟門，傳疏謂路寢之門，尚書故堅持其爲廟之外門，說已見註六六，既又云：「聘禮：……大夫止二門，賓門大夫，既入大門，亦每門每曲揖，乃及廟門。則所謂每門者，廟之外門及宮廟相通之門也。」（尚書故卷三頁九一）僞孔傳本顧命篇止此。出廟門俟，尚書全解（卷三七頁三二）曰：「但言其自廟門而出於外耳，非俟於廟門之外也。」其說甚當。

「顧命典禮簡圖」繫在篇末。

第一圖　惠

第二圖　戈

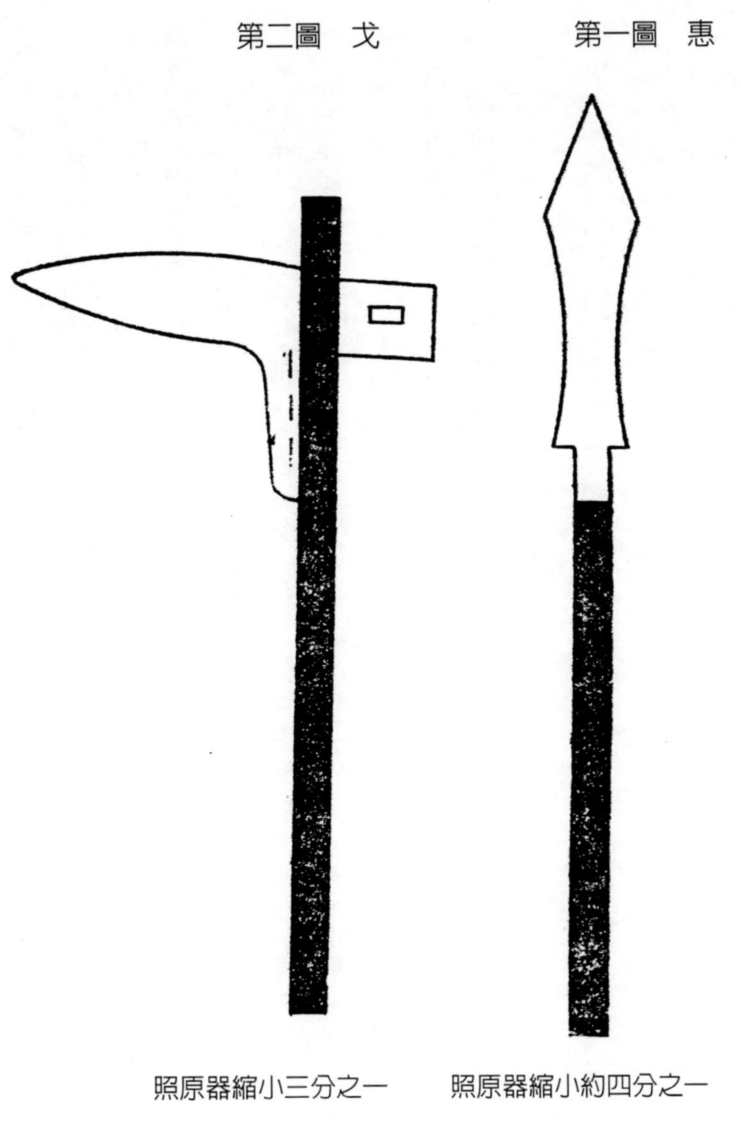

照原器縮小約四分之一

照原器縮小三分之一

第四圖　鉞

第三圖　劉

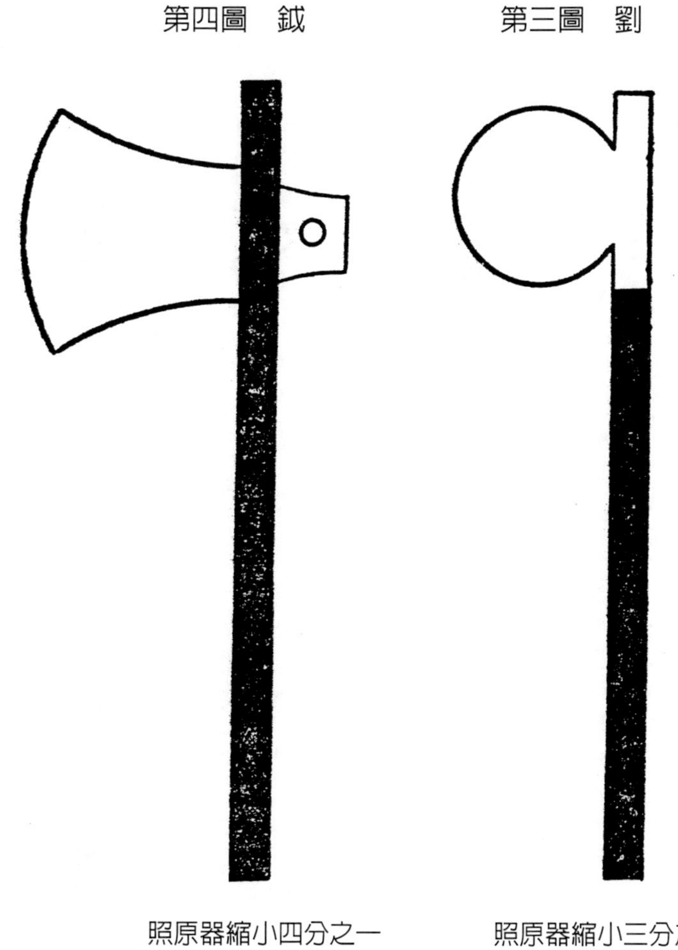

照原器縮小四分之一

照原器縮小三分之一

第五圖　戣

第六圖　戵

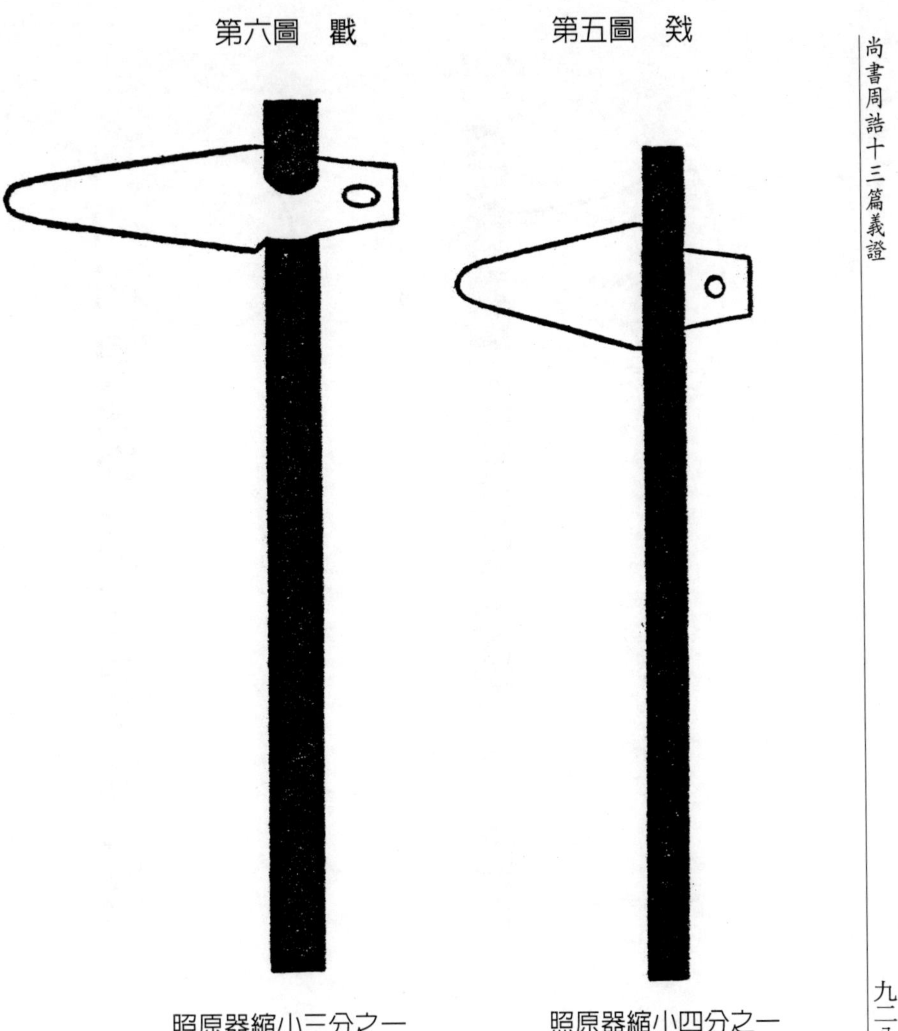

照原器縮小四分之一

照原器縮小三分之一

第七圖　銧

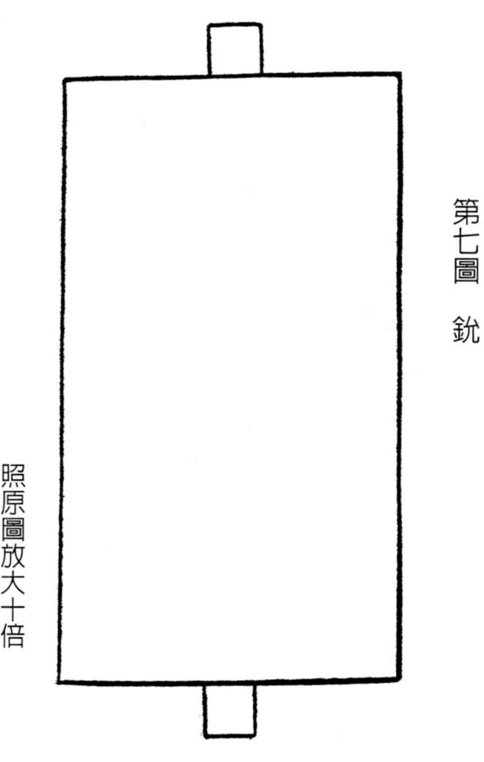

照原圖放大十倍

夾兩階戺圖說

一人冕執銳立于側階

一人冕執戣立于東垂

一人冕執劉立于東堂

一人冕執鉞立于西堂

一人冕執瞿立于西垂

四人綦弁執戈夾兩階戺

階戺

階戺

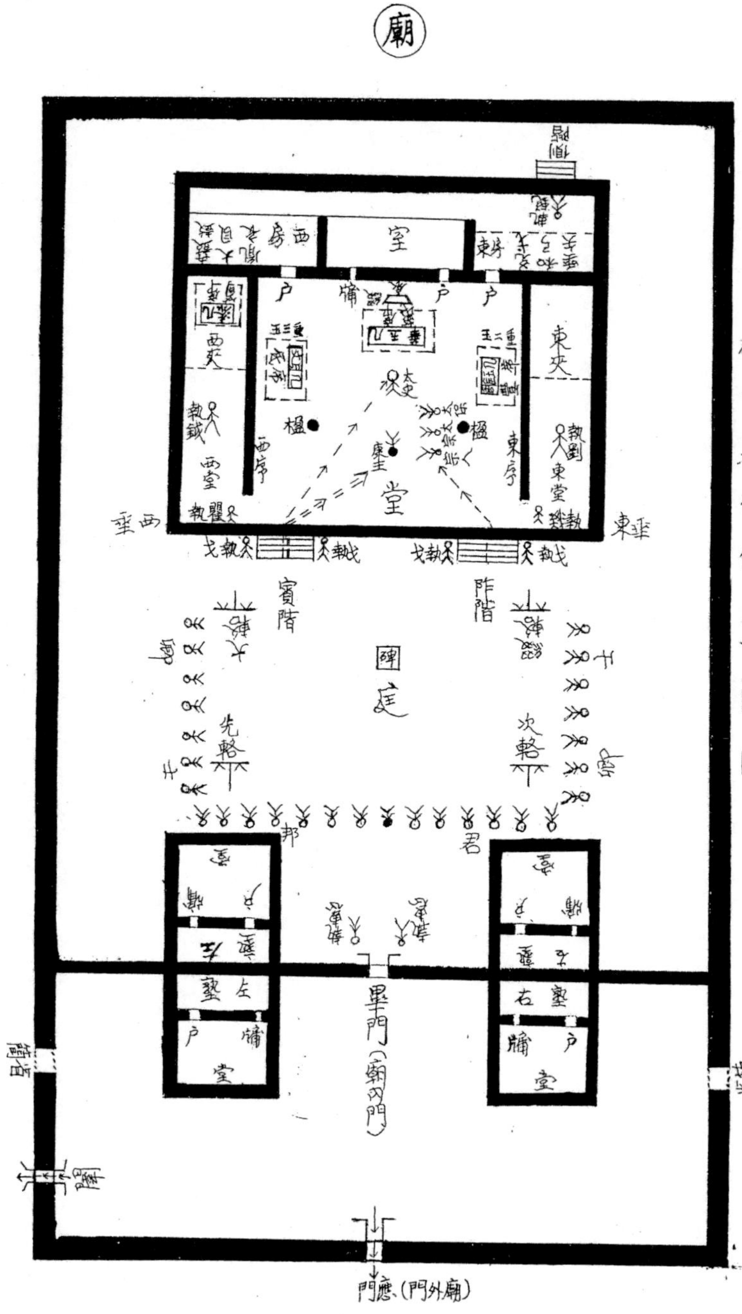

顧命典禮位置簡圖

廟

北

室　西房　東房　西夾　東夾　西序　東序　堂　楹　西堂　東堂　西垂　東垂　賓階　阼階　大輅　綴輅　先輅　次輅　中庭　畢門（廟內門）　應門（門外廟）　左塾　右塾　側階　闈

※原圖請參書後。

十三　康王之誥義證

題解

併見上顧命篇〔題解〕。

王出在應門之內（註一）。太保率西方諸侯入應門左（註二），畢公率東方諸侯入應門右（註三）；皆布乘黃朱（註四）。賓稱奉圭兼幣（註五），曰：「一二臣衛（註六），敢執壤奠（註七）。」皆再拜稽首。王義嗣，德荅拜（註八）。太保暨芮伯咸進（註九），相揖（註一〇），皆再拜稽首，曰（註一一）：「敢敬告天子，皇天改大邦殷之命（註一二）；惟周文、武，誕受羑若（註一三），克恤西土（註一四）。惟新陟王（註一五），畢協賞罰（註一六），戡定厥功（註一七），用敷遺後人休（註一八）。今王敬之哉！張皇六師（註一九），無壞我高祖寡命（註二〇）。」

釋文

一　出者，尚書故（卷三頁九二）曰：「出廟門也。」應門，朝門也；其門在路門之外。全句，謂王自廟內門（即路門）出，右折由闈至朝門內，而立於庭中面向南也。◯由此下至篇末，皆記朝（即路寢內之治朝）中行事。應門即朝門，在路門之外；路門與應用之間爲治朝。尚書後案（經解卷四二八頁六六一六七）言之甚辨：「應門者，釋宮云：正門謂之應門。郭注云：朝門。冬官匠人『應門二徹參个』，注云：正門謂之應門，謂朝也。是也。……天子、諸侯各有三朝：一外朝、二治朝、三燕朝。但天子五門，自外向內數之：一臯門、二庫門、三雉門、四應門、五路門。臯門內庫門外爲外朝，……；庫門內雉門外則右社稷左宗廟，不設朝，……；應門內路門外爲治朝，王日視朝于斯；路門內爲燕朝，即路寢，……王日聽政于斯。……今此經言王在應門之內者，正治朝也。……古者外朝、治朝有門無堂、階，平地爲廷（庭）。」讀書叢說（卷六頁三六）曰：「……四曰應門，其內治朝之所在（自注：亦曰內朝。），曰朝群臣之所；五曰畢門（自注：又曰虎門，又曰路門。），其內燕朝之所在。既曰朝群臣于治朝，而退適路寢聽政，即此地也。」僞孔傳謂王立於應門內之中庭南面，疏申之曰：「出在門內，不言王坐；諸侯既拜，王即答拜，復不言興，知立庭中南面也。」其說近理。劉敞、戴震、金鶚、孫詒讓等皆謂宗廟在應門之內路門之外，與正朝平（尚書正讀卷六頁二七二引），尚書故（卷三頁九二）說同：「諸侯出廟在應門外，王出廟在應門內。鄭注考工：廟寢同制。廟在寢東；廟內門與路門竝，廟外門與外門竝。廟之內外二門之間，必有寢、廟相通之門，所謂闈也。王由此以至治朝也。此上在廟，此下在朝。」

二 入應門左，自外入朝門而立於門內之左側（即西側）面向北也。（詳註三）

三 入應門右，亦自外入朝門而立於門內之右側（即東側）面亦向北也。○太保、畢公分率西、東方諸侯（入朝）者，公羊隱五年傳曰：「自陝而東者，周公主之；自陝而西者，召公主之。」（兩陝字經典釋文謂當作郟鄏之郟。）詩召南甘棠序疏引鄭志張逸問云：「詩傳及樂記，武王即位，乃封周公左召公右，爲二伯。」即所謂中分天下而治，周、召爲二伯，分職東、西。王肅謂此時畢公代周公爲東伯故率東方諸侯（書疏引），而召奭仍西伯舊職，云二公爲二伯各率其所掌諸侯，隨其方爲位皆北面也（僞孔傳）。面向北以東爲右、西爲左，故畢公入應門右而召公左，各隨其方爲位也。

四 布，陳列也。乘，馬四匹也。黃朱，謂黃馬紅鬣也（僞孔傳）。○乘黃朱，鄭玄先謂四黃馬朱鬣（詩鄘風干旄疏引駮五經異義）。古人於馬貴朱鬣，左定十年傳曰：「（宋）公子地有白馬四。公嬖向魋，魋欲之，公取而朱其尾、鬣以與之。」書經稗疏（卷四頁五十）謂黃朱者，黃間朱之色，所謂騂也，且難舊傳無據。其說不足信。書疏以爲於時諸侯皆獻四馬，若盡陳于王庭，則非王庭所容，此必稍陳之也。白虎通紼冕篇曰：「紼者，蔽也。行以蔽前者爾。……諸侯赤紼。……書曰：『黼黻衣黃朱紼。』亦謂諸侯也。」尚書今古文注疏（卷二五頁三五）謂「布」聲近「黼」，芾形近乘（高本漢以爲芾古作市，小篆巿，而乘篆作椉，形近。），斯今古文之異。疑白虎通所引書康王之誥原作「黼黻黃朱」，「衣」、「紼」皆班氏後加，用以明衣畫黼黻，紼色黃朱也。（吳汝綸謂白虎通所引是書傳之文）今古文本相較，疑古文本是。蓋諸侯出廟門俟，經不記其易服，矧朝覲者班爵不一，不應皆衣黼黻芾用黃朱，觀上卿士邦君麻冕蟻裳，太保等麻冕彤裳，知其未嘗無別也。（參註五）

五

賓，謂諸侯也（僞孔傳）。稱，舉；奉，持也。稱、奉複詞。兼，并也。幣，皮、帛等物也。稱奉圭兼幣，謂手同時持圭及幣以貢王也。○清武億羣經義證（卷一頁九）曰：「古文通作擯，是『奉圭兼幣』蓋擯者（案：儀禮士昏禮注：『擯者，有司佐禮者。』）之辭，故云『稱』。（僞孔傳已訓「稱」爲稱舉言辭）說文贊下注，臣鉉等曰：執贊而進，有司贊相之。即此義。」案：元以前人已有是說（見書纂言卷四頁一二七），然而非也。下文「一、二臣衛」云云，明諸侯自謙之辭；又若「稱」訓「辭說」，下文不應有「曰」（尚書正讀卷六頁二七三謂此句語倒，猶云「賓奉圭兼幣稱曰」云云，亂經惑世。）。書疏謂天子於諸侯有不純臣之義，故以爲賓。是也。周禮小行人曰：「合六幣：圭以馬，……璧以帛，……。」書疏引鄭玄顧命注曰：「此幣，圭以馬，蓋舉王者之後以言耳。諸侯當璧以帛。」如鄭言則此「圭兼幣」即小行人之「圭以馬」（以：合也，及也。），是此幣所指爲馬也。案：奉訓持，圭、帛等物便於奉持；馬則已布陳於庭，必不可又持以進王也。東坡書傳（卷十七頁十一）謂「馬所以先圭幣」，尚書全解（卷三七頁三四）證成之，曰：「言諸侯之來朝，各以其土地所有之物以爲幣而贄見於王；馬所以先圭幣也。左傳襄公十九年：『公賄荀偃，東錦加璧，乘馬先吳壽夢之鼎。』杜元凱曰：『古之獻物必有所先，今以璧、馬爲鼎之先。』」說文「玠」下引「周書曰：稱奉介圭。」尚書後案（經解卷四二八頁七十）謂書原有介，僞孔刪之。尚書故（卷三頁六三）曰：「稱、奉連文，脫介字則不辭。」案：介圭兼幣，則不辭，古文尚書撰異（經解卷五九三頁十九）謂叔重蓋引上文「大保承介圭」又誤涉此句而合之。是也。

六 曰，諸侯共使一人稍前陳辭於王也。（參書疏）。一二，示非一人也。臣衛，言爲王室藩衛之臣也。◯鄭玄亦謂釋詞者祇一人（書疏引），尚書集注音疏（經解卷三九八頁三十）曰：「經于『敢執壤奠』之下，言『皆再拜稽首』，拜言『皆』，則釋詞不『皆』可知。」是。

七 壤，土地也。奠，獻也（尚書今古文注疏卷二五頁三五）；獻，貢也（國語楚語下「公貨足以賓獻」注）。壤奠，謂臣各以其國土產品貢王也。◯奠，傳疏訓置，尚書集注音疏（經解卷三九八頁三十）訓亭（停），皆迂曲難通。尚書故（卷三頁六三）謂壤奠猶言土貢。是也。

八 康王爲成王嫡子，宜繼爲王，故曰王義嗣。德，升（位）也（詳立政註一九）。二句，謂王宜嗣爲王，故升就王位荅拜也。◯義嗣，諸說皆未得，疑羣經平議（卷六頁八）說近眞：「襄十四年左傳載吳季札之言曰：『君義嗣也，誰敢奸君？』杜注曰：『諸樊適子，謂之義嗣。』疑適子謂之義嗣，古有此稱。」

九 咸，皆也。咸進，皆走進王前也。◯僞孔傳謂太保爲冢宰，芮伯爲司徒（疏云司徒位次冢宰），二人共群臣諸侯並進。案：太保與芮伯位在諸侯群臣之上，故出班列進前爲言，經咸進、皆再拜稽首，均謂太保與芮伯。呂氏想像當日朝典頗近理，東萊書說（卷三二頁二）曰：「（二伯率）諸侯入應門列於左右，此朝會分班儀也。……太保曁芮伯咸進，相揖，皆再拜稽首者，此會朝合班儀也。始而分班，則諸侯兩列；西伯與東伯之位相對。今而合班，則六卿前列，冢宰與司徒之位相次。故太保與芮伯咸進，相揖，移位少前，與在位者皆再拜稽首而進戒也。」

一〇　相揖，太保與芮伯相向而揖也。○書纂言（卷四頁一二八）謂相爲擯相之人，太保司徒率群臣而相者舉手揖之使拜。案：味經上下文，吳氏說非當日實況。

一一　曰者，太保也（書纂言卷四頁一二八）。○尚書集注述疏（卷二五頁六十）亦謂曰者太保一人，奏群臣所告者。其說合理。

一二　改大邦殷之命，革大國殷之命；謂滅殷。○周初習以大邦或大國稱故殷國，如召誥「皇天上帝改厥元子茲大國殷之命」、「天既遐終大邦殷之命」；而自稱小邦，如大誥「興我小邦周」、多士「非我小國敢弋殷命」。

一三　誕，語詞。羑，厥之誤。若，善也（爾雅釋詁）。受羑若，猶言受天休命。○羑，馬融訓道（經典釋文引），王肅同（書疏引）。尚書表注（卷下頁三九）謂羑是𦍒之古文，說文即誘字。羑通牖（文王拘羑里，羑里一作牖里），牖通誘（詩大雅板「天之牖民」傳訓道，韓詩外傳作誘。）；若訓順，常義。據此，受羑若，受天誘導而順之也，此說未安。或以若爲語詞，則此句言受天誘導。案：上文皇天已改殷命，下當繼以周人繼受天命（此例習見，詳下。），蓋天命不可一日中絕，若此際天仍誘道周人，不免迂緩矣。蔡傳曰：「或曰：『羑若』即下文之『厥若』也。羑、厥或字有訛謬。」雙劍誃尚書新證（卷四頁二五）確認羑是厥誤字，云：「羑乃厥之譌。說文羑作𦍌，古文𠂤亦作欮，徐灝謂欮、厥醫家通用。蓋篆从屰隸變作羊故欮譌爲羑，然則羑若即厥若也。下文『用奉恤厥若』，……立政『我其克灼知厥若』，是『厥若』乃周人語例。」誕受厥若，即「誕受厥命」，康誥曰：「天乃大命文王，殪戎殷，誕受厥命。」彼三句與此「皇天改大邦殷之命，惟周文武，誕受羑若」意義幾全同。召誥曰：「（有殷）乃早墜厥命，今王嗣受厥命。」受厥命即受厥若。敏謹案：內野本句作「誕受𠦝羑若」，足利本、上圖本（影天正及八行本）均作「誕受厥羑若」（厥同𠦝），觀智院本作「誕受荖（羑）若」。羑爲厥誤又衍字，當正作「誕受厥若」爲句。若訓善，故天所命者，或稱天休（休，美也；或借爲庥，福也。）大誥曰：「天休于寧王，興我小邦周。……予曷敢不于前寧人攸受休畢？」召誥曰：「惟王受命，無疆惟休。」（君奭一條略同）君奭曰：「天休滋至。」東坡書傳（卷十七頁十二）謂：文王出羑里之囚，天命自是順，周公記之，謂之羑若。此召公以告康王，欲其知創業之艱難也。尚書札記（經解卷一四一二頁二三）非之，曰：「上言惟周文武，羑里與武王何涉？上言皇天改大邦殷之命，作羑里解，與上天意不協。此止取新說，而不顧義理之安也。」

一四　恤，憂也。西土，謂周國；周始建國於西方，故云。（參大誥註二一）

一五　陟，謂天子崩也。成王方崩，故云新陟王。○陟，升也；登也。禮記曲禮下天子崩告喪曰登假。竹書紀年記天子卒曰陟。東坡書傳（卷十七頁十二）曰：「陟，升遐也。成王未有謚，故稱新陟王。」尚書集注音疏（卷三九八頁三一）從而申之，曰：「上稱文武，下言今王，則此云新陟王，自是謂成王矣。」二家竝謂新陟爲成王（但成王非謚號），得之。尚書故（卷三頁六四）以新陟王爲新得王，謂文武能自西土新得王，云：「史記但言申告以文王武王之所以爲，不言成王事。蔡傳以新陟王爲成王者非是。武王不終于西土，成王之功又不大于武王，何獨以戡定歸之？」案：史記約述召公戒王之言，不足爲經不言成王事之據。武王克殷，天下未寧而崩，周公以成王命定天下，制禮樂，以戡定協賞罰之功歸之何礙？且此功亦未見大于武王。吳氏失之。

一六　畢，盡；協，和也（僞孔傳）。○說苑政理篇引此句恊作力。（參註一七）

一七　戡，克也；能也（參僞孔傳）。戡定厥功，若大誥「敉寧武圖功」也（尚書集注述疏卷二五頁六二說）。○尚書大傳（輯校卷二頁一）引書曰「勠力賞罰，以定厥功」，史記周本紀敍武王觀兵盟津告三公曰「畢立賞罰，以定其功」，白虎通諫諍篇引尚書「必力賞罰，以定厥功」，段玉裁、孫星衍皆以爲泰誓殘文，而非此「畢協賞罰，戡定厥功」之異文。茲從之。

一八　敷，施也（說文）。休，美也。

一九　張，謂不弛其武備也。皇，謂不輕其軍事也。（竝書經注卷十一頁三一說）六師，六軍也。張皇六師義猶立政「詰（爾）戎兵」。

二〇　高，遠也。高祖，遠祖也；此泛言祖先（包括文王武王）。寡，宣形近之誤。宣，顯也。宣命，顯命也。○書疏申傳意，言高祖爲高德之祖，謂文王也。尚書後案（經解卷四二八頁七二）謂文王於康王爲曾祖父，但亦得通稱高祖，引左昭十五、十七年傳爲旁證。尚書全解（卷三七頁三五）謂高祖爲文武。案：此語出太保，太保文王之庶子，不應反稱文武爲高祖。雙劍誃尚書新證（卷四頁二七—二八）因謂此高祖當指后稷或太王、王季言，引弓鎛爲證。案：涵泳經文，高祖殆泛指祖先。于說稍拘。寡，尚書今古文集解（卷二五頁十二）曰：「當爲宣，易巽『爲寡髮』，虞翻本作宣；列女傳以邶柏舟爲衛宣夫人作，御覽宣作寡：形近而誤也。」尚書故（卷三頁九五）謂寡讀爲宣（引易「爲寡髮」鄭本作宣爲證）。

又云宣，韓詩云顯也。諸家謂寡命爲少有之命，爲難得之命，爲大命，或不得其解而改經字（如北堂書鈔卷一一四引寡作之），皆失之。史記、馬融、鄭玄、王肅本顧命篇止此。

王若曰：「庶邦——侯、甸、男、衛（註二一），惟予一人釗報誥（註二二）：昔君文武，丕平富，不務咎（註二三），底至齊信（註二四），用昭明于天下。則亦有熊羆之士、不二心之臣（註二五），保乂王家，用端命于上帝（註二六）；皇天用訓厥道（註二七），付畀四方（註二八）。乃命建侯樹屏（註二九），在我後之人（註三〇）。今予一二伯父（註三一），尚胥暨顧（註三二），綏爾先公之臣服于先王（註三三）。雖爾身在外（註三四），乃心罔不在王室（註三五）；用奉恤厥若（註三六），無遺鞠子羞（註三七）。

釋文

二 全句，謂眾侯、甸、男、衛國之君長也（參康誥註四）。〇經言侯、甸、男、衛，而周禮大行人侯、甸、男、采、衞、要六服，孔疏云不言采、要者，略舉其事。案：周禮所記未必皆西周之制。尙書除禹貢言「五百里要服」，不見要服。禹貢約春秋中葉著成，言五服不盡爲古制。康誥言侯、甸、男邦、采、衞，而酒誥兩言侯、甸、男、衞，皆不及采者，與本篇祇舉其大略同，傳說近是。

二二 報，復也。○書疏曰：「禮（案：曲禮下、玉藻）天子自稱予一人不言名，此王自稱名者，新即王位，謙也。」案：文侯之命周平王命晉文侯，呼之爲「父」，至于再三，乃於己不言名（云：「予一人永綏在位。」），當謙而不謙，不知書疏作何解釋？書纂言（卷四頁一二九）曰：「……王在喪，故稱名。春秋嗣王未踰年，亦稱名也。」吳說蓋是。

二三 丕，語詞。平，尙書釋義（頁一三三）曰：「當讀爲伻，使也。」富，福惠也。咎，罪責也。書纂言（卷四頁一二九）曰：「不務咎，不以咎人之咎爲務；愼刑罰也。」二句，言文武使民享福而不務責咎之也。（詳註二四）

二四 底，致也。至，到達也。齊，同也。信，服也（與康誥「乃大明服」之服義同）。齊信，言民共同信服之也。○富，王肅釋富足（書疏引），東坡書傳（卷十七頁十二）據詩大雅文王「陳錫哉周」，謂此「平富」即陳錫布利。尙書全解（卷三七頁三六）遂謂平富爲均無貧。失之。咎，僞孔傳訓咎惡，蔡傳謂不務咎惡指輕省刑罰言。蔡傳近是。羣經平議（卷六頁八）曰：「禮記郊特牲篇：『富也者，福也。』……福與富古通用。」（經義述聞，經解卷一一八三頁二十先有此說。）案：富咎二句實就刑罰言，呂刑「典刑非訖于威，惟訖于富」可證。此富與咎相對，則咎指罪責，富指福惠，明甚。上文云「畢協賞罰」，美成王愼刑；

史記周本紀曰：「康王即位，徧告諸侯，宣告以文武之業以申之，……故成康之際，天下安寧，刑措四十餘年不用。」贊成康愼刑之效，而此則推本文武省刑福民之政言之。故民咸信服，而其德政昭顯于天下。馬融（經典釋文引）、王肅（書疏引）竝以「厎至齊」爲句，失之。諸家依王肅、僞孔氏齊訓中，竝誤。

一五 熊羆之士，勇士也（參牧誓）；謂武官，與下不二心之臣（謂文官）對擧，故知。

一六 端，始也。端命于上帝，言始爲上帝所命也。○端命，僞孔傳訓（受）端直之命，羣經平議（卷六頁八）曰：「經文本無受字，且上帝之命又何必言直端乎？傳義非也。端者，始也。說文耑部：『耑，物初生之題也。……』經典竝叚端爲之。家語禮運篇『五行之端』，王肅注曰：『端，始也。』孟子公孫丑篇『仁之端也』，趙岐注曰：『端，首也。』首即始也。」尚書言天命，「命」上不附修飾語爲常，大誥「無墜天之降寶命」、多方「天……乃大降顯休命」及逸太甲「顧諟天之明命」，各以「寶」、「顯休」、「明」爲「命」之修飾語，命不必有邪、直，端義不當如傳說也。雙劍誃尚書新證（卷四頁二八）申俞說曰：「古人『于』字在句中，往往爲被動之詞，鬲尊：『鬲錫貝于王』，言王錫鬲以貝也。」金縢：「乃元孫……乃命于帝庭」，謂武王爲上帝所命爲天子也。可證于說是。

一七 訓，告教也。訓厥道，謂天以其道告之也。

一八 畀，予也。付、畀複詞。

一九 建侯樹屛，封建諸侯樹立藩屛也。

三〇 在，言顧恤也。後之人，謂周家子孫也。○在，僞孔傳訓於在義，增「傳王業」以連屬上文，曰：「……傳王業在我後之人。」正義知其於經義未適，去添加字，曰：「令屏衛在我後之人。」文武命建侯樹屏，在藩衛王室，非獨在後人。王念孫曰：「在謂相顧在也，言先王建侯樹屏，以顧在後世子孫也。吳語曰：『昔吳伯父不失春秋，必率諸侯以顧在予一人。』即此『在』字之義。襄二十六年左傳：衛獻公使讓太叔文子曰：『吾子獨不在寡人。』義亦同也。下文曰：『今予一二伯父，尚胥暨顧。』亦謂相顧在也。」（經義述聞引，見經解卷一一八三頁十七）案：在，杜注：「存問之。」存問猶存恤。下文「心罔不在王室」，此在亦謂心在也。

三一　天子稱同姓國諸侯曰伯父（僞孔傳）。○禮記曲禮下曰：「五官之長曰伯，是職方，其擯於天子也，曰天子之吏。天子同姓，謂之伯父；異姓，謂之伯舅。」傳蓋據此爲言。書疏以爲「計此時諸侯多矣，獨云伯父，舉同姓大國言之也。」因別據儀禮覲禮爲證，覲禮曰：「同姓大國則曰伯父，其異姓則曰伯舅；同姓小邦，則曰叔父；其異姓小邦，則曰叔舅。」案：疑傳所據者是，國無分大小，凡同姓皆得稱伯父。召、畢皆同姓，進前爲辭，故王稱之一二伯父也。

三二　胥，相；暨，與也（僞孔傳）。（參註三三）

三三　綏，繼也。上及此句，謂期望爾繼承爾先祖臣服于我先王之遺範，相與顧念於我也。○綏，僞孔傳訓安，云「安汝先公之臣服於先王而法循之。」迂曲難通。經義述聞（經解卷一一八三頁十八）曰：「綏讀爲緌，緌，繼也。……緌與綏古通用，亦通作蕤（自注：周官夏采「以乘車建綏」，鄭注：綏當爲緌。……）。爾雅曰：緌，繼也。漢書律歷志曰：蕤，繼也。……說苑指武篇『損其有餘而繼其不足。』，淮南道應篇『繼作綏』，皆其證也。」

案：王說是。唯二句宜作倒語解。

三四 在外，在朝廷之外爲諸侯也。

三五 乃，猶而也（孫經世經傳釋詞補）。

三六 奉，行也。恤，愼也。厥若，其善也；謂天所降美德也。（參註一三、三七）○奉恤，僞孔傳曰：「奉憂其所行」；於厥若，則曰：「順道無自荒怠。」添許多字，皆非經義。尚書故（卷三頁九六）曰：「厥若者，先王之道也。奉恤厥若，承述其道也。」案：「若」言天命本然之善，以先王之道說之，非經義。

三七 鞠子，稚子；康王自謂也。上及此句，戒諸侯謹愼施行美德勿遺我以羞辱也。

羣公既皆聽命（註三八），相揖趨出。王釋冕（註三九），反喪服（註四○）。

釋文

三八 羣公，鄭玄曰（書疏引）：「主爲諸侯與王之三公，諸臣亦在焉。」

三九 釋，解去也。冕，言冠（㡯冕）及裳（黼裳）也。釋冕，解去吉（變吉）服也。（參註四○）

四〇　反，回復也。反喪服，回復喪服也。○白虎通爵篇曰：「尚書曰：『王釋冕，喪服。』……釋冕，藏銅，反喪服。」前「喪服」之上無「反」字，古文尚書撰異（經解五九四頁一）謂今文尚書無「反」字。尚書故（卷三頁九七）曰：「據漢志『（群臣百官罷入，）成喪服』之文，則無『反』字者是也。士禮：既殯而後成服。天子亦當然耳。前是固未喪服，非脫衰斬而易以冕服也。」今文尚書經說攷（卷二七頁二九）據下「喪服」之上有「反」字，謂白虎通傳寫脫佚，而今文尚書攷證（卷二五頁四）從之。案：疑陳、皮說是，今本白虎通有缺文。王受策命服變吉服，一時權宜，今反凶服，循茲常禮；反謂復歸于正。吳說拘泥難從。鄭玄又曰：「……朝臣諸侯亦釋冕反喪服。禮喪服篇：臣爲君、諸侯爲天子皆斬衰。」蓋是。東坡書傳（卷十七頁十四）謂君崩未葬，君臣皆冕服行禮，爲非禮。後世多論其是非，宜別爲文以說之。

「康王之誥典禮簡圖」繫在篇末。

康王之誥典禮簡圖

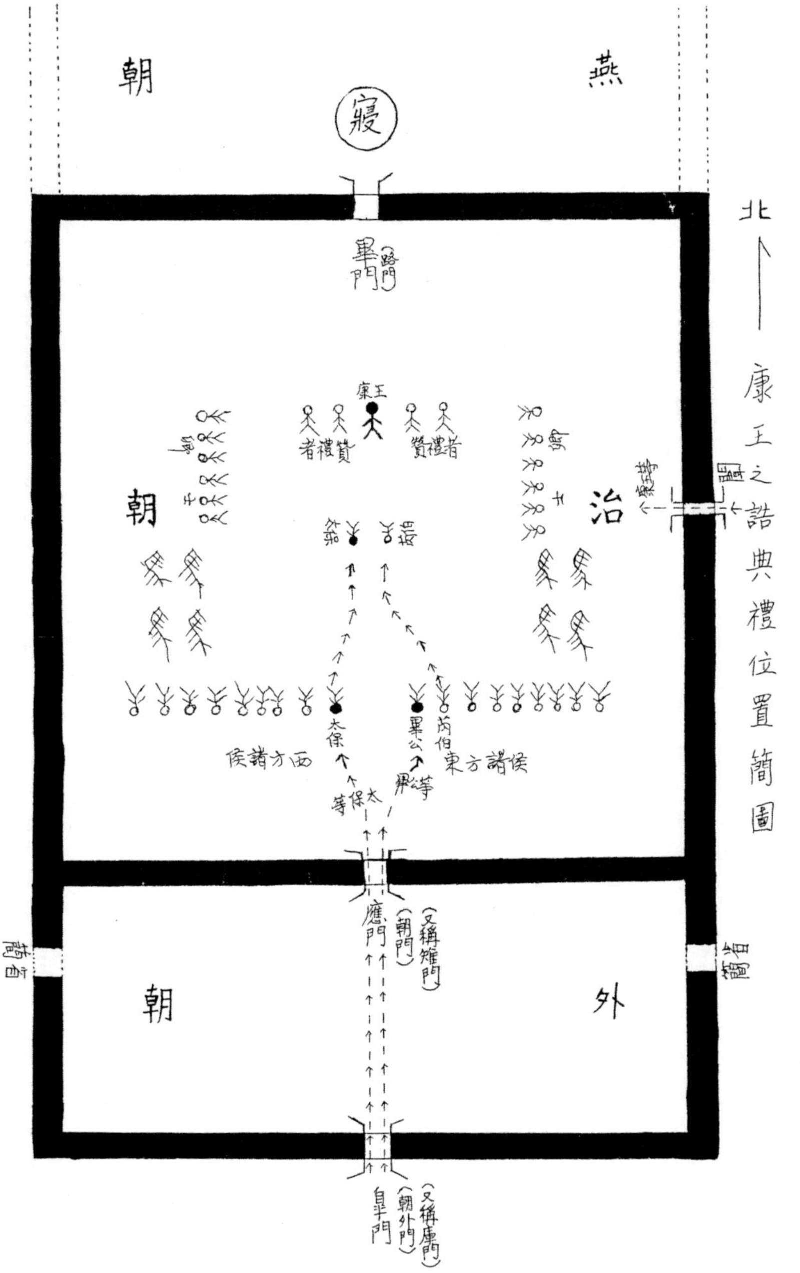

北

康王之誥典禮位置簡圖

燕　朝

寢

畢門（路門）

康王

賓禮者　賓禮者

治　朝

太保　畢公　芮伯

西方諸侯　東方諸侯

太保等　畢公等

應門（朝門）（又稱雉門）

外　朝

皋門（朝外門）（又稱庫門）

※原圖請參書後。

引用與參考書目舉要

書名	著者	板本
史記	漢司馬遷	臺北藝文印書館影印史記會注考證本
漢書	漢班固	藝文印書館影印王先謙集解本
經典釋文	唐陸德明	通志堂經解本
尚書注疏	僞孔安國傳　唐孔穎達疏	藝文印書館影印清嘉慶二十年江西南昌府學重刊宋本本
古寫隸古定尚書		東方學會影印本
唐寫本尚書		藝文印書館影印本
唐石經本尚書		臺北世界書局縮印本
內野本尚書		日本昭和十四年東方文化研究所影東京內野氏舊藏鈔本

書名	著者	板本
七經小傳	宋劉敞	四部叢刊本
東坡書傳	宋蘇軾	學津討原本
尚書全解	宋林之奇	通志堂經解本
書古文訓	宋薛季宣	通志堂經解本
東萊書說	宋呂祖謙等	通志堂經解本
朱子尚書解	宋朱熹	四部備要本（在朱子大全集卷六十五）
朱子語類	宋朱熹（後人編集）	臺北正中書局影印明刊本
尚書說	宋黃度	通志堂經解本
尚書精義	宋黃倫	經苑本
尚書詳解	宋夏僎	武英殿聚珍版叢書本
書經集傳	宋蔡沈	世界書局影印本
尚書詳解	宋陳經	武英殿聚珍版叢書本
融堂書解	宋錢時	武英殿聚珍版叢書本

書名	著者	板本
書疑	宋王柏	通志堂經解本
書集傳或問	宋陳大猷	通志堂經解本
尚書詳解	宋胡士行	通志堂經解本
困學紀聞	宋王應麟	臺北商務印書館國學基本叢書本
書經注	元金履祥	十萬卷樓叢書本
尚書表注	元金履祥	金仁山遺書本
書蔡傳纂疏	元陳櫟	通志堂經解本
書蔡傳輯錄纂註	元董鼎	通志堂經解本
書纂言	元吳澄	通志堂經解本
讀書叢說	元許謙	通志堂經解本
讀書管見	元王充耘	通志堂經解本
尚書句解	元朱祖義	通志堂經解本
尚書纂傳	元王天與	通志堂經解本

書名	著者	板本
尚書日記	明王樵	四庫珍本三集本
尚書辨解	明郝敬	湖北叢書本
書經稗疏	清王夫之	船山學會影印本
書經傳說彙纂	清王頊齡等	清同治七年馬新貽摹刊本
尚書今古文攷證	清莊述祖	珍藝宧遺書本
尚書古義（九經古義之一）	清惠棟	皇清經解本
尚書集注音疏	清江聲	皇清經解本
尚書後案	清王鳴盛	皇清經解本
古文尚書撰異	清段玉裁	皇清經解本
尚書今古文注疏	清孫星衍	臺北廣文書局影印本
經義述聞	清王引之	皇清經解本
尚書隸古定釋文	清李遇孫	清嘉慶九年刊本
經傳考證	清朱彬	皇清經解本

書名	著者	板本
尚書古注便讀	清朱駿聲	民國成都華西協合大學活字印本
尚書補疏	清焦循	皇清經解本
尚書今古文集解	清劉逢祿	皇清經解續編本
書序述聞	清劉逢祿	皇清經解續編本
尚書大傳輯校	清陳壽祺	皇清經解續編本
逸周書集訓校釋	清朱右曾	世界書局影印本
今文尚書經說攷	清陳喬樅	皇清經解續編本
書古微	清魏源	皇清經解續編本
尚書札記	清許鴻磐	皇清經解本
尚書駢枝	清孫詒讓	鉛印本
今文尚書攷證	清皮錫瑞	藝文印書館影印本
尚書孔傳參正	清王先謙	清光緒三十年刊本
羣經平議	清俞樾	世界書局影印春在堂全書本

書名	著者	板本
清儒書經彙解	清抉經心室主人	臺北鼎文書局影印本
尚書商誼	清王樹枏	陶廬叢刻本
尚書故	清吳汝綸	藝文印書館影印桐城吳先生全書本
尚書大義	民國吳闓生	民國刊本
古文尚書拾遺	民國章炳麟	章氏叢書本
觀堂集林	民國王國維	世界書局影印本
雙劍誃尚書新證	民國于省吾	藝文印書館影印本
尚書覈詁	民國楊筠如	北強學社鉛印本
尚書正讀	民國曾運乾	臺北宏業書局影印本
書經注釋	瑞典高本漢　陳舜政譯	中華叢書編審委員會鉛印本
尚書通論	民國陳夢家	鉛印本
尚書研究講義	民國顧頡剛	民國二十二年北京大學鉛及石印本

書名	著者	板本
春秋大事表列國爵姓及存滅表譔異	民國陳槃庵先生	中央研究院歷史語言研究所鉛印本
尚書釋義	屈先生翼鵬	民國四十九年中華文化出版事業委員會鉛印本
漢石經尚書殘字集證	屈先生翼鵬	民國五十二年七月中研院史語所影印本
尚書今註今譯	屈先生翼鵬	民國五十九年商務印書館鉛印本
尚書集釋	屈先生翼鵬	民國七十二年聯經出版公司排印本
甲骨文字集釋	李先生陸琦	民國五十九年中研院史語所影印本
尚書斠證	王先生叔岷	載中研院史語所集刊第三十六本
尚書假借字集證	民國周富美	載大陸雜誌三十六卷六、七期合刊

書名	著者	板本
先秦典籍引尚書考	民國許錟輝	打字油印本
尚書二十八篇集校	民國吳美乃	油印本
尚書周書考釋	民國黎建寰	影印本
尚書文字合編	顧頡剛、顧廷龍合編	上海古籍出版社　一九九六年一月影印本

（期刊論文未盡列入）

〔附〕程元敏著作目錄分年類編

一　期刊論文

1. 一九六六一二，魯齋王文憲公集板本考略，書目季刊，一卷二期，頁二五～三三。收入專書王柏之生平與學術。

2. 一九六七一〇，論王柏於閟宮章句之改移，國立中央圖書館館刊，新一卷二期，頁三九～四四。收入專書同上。

3. 一九六九一二，論「詩準」「詩翼」之眞本與僞本，大陸雜誌，三九卷十二期，頁二九～三一。同上。

4. 一九七一〇九，王魯齋甲午甲辰甲寅甲子稿輯佚，書目季刊，六卷一期，頁十七～二三。同上。

5. 一九七二〇三，考王伯詩文篇著成時代及輯佚，國立編譯館館刊，一卷二期，頁三六～七五。同上。

6. 一九七二〇四，王魯齋之洪範說，孔孟學報，二三期，頁三九～九八。同上。

7. 一九七二〇四，大學改本述評，孔孟學報，二三期，頁一三五～一六八。同上。

8. 一九七二〇六，書疑考，書目季刊，六卷三/四期，頁九三～一一四。同上。

9. 一九七二〇七，論王魯齋中庸改本，文史季刊，二卷三/四期，頁四一～六九。同上。

10. 一九七三一一，「王柏之生平與學術」提要，木鐸，二期，頁七五～七八。同上。

11. 一九七五〇八，王柏之生平與學術序，幼獅月刊，四二卷二期，頁六七～六八。同上。

12. 一九七七〇四，尚書新義夏書禹貢篇輯考彙評，孔孟學報，三五期，頁九一～一〇六。收入專書三經新輯考彙評（一）——尚書。

13. 一九七七〇九，尚書新義輯考彙評，孔孟學報，三六期，頁七九～九七；書目季刊，一二卷一／二期，頁六七～八一。同上。

14. 一九七七一二，尚書新義虞書五篇輯考彙評，國立編譯館館刊，六卷二期，頁二五～五二。同上。

15. 一九七八〇六，尚書新義商書十七篇輯考彙評，國立編譯館館刊，七卷一期，頁三三～四三。同上。

16. 一九七八〇六，尚書新義周書大誥等七篇輯考彙評，幼獅學誌，十五卷一期，頁六二～一〇〇。同上。

17. 一九七八〇九，三經新義與字說科場顯微錄，屈萬里先生七秩榮慶論文集，頁二四九～二八五。同上。

18. 一九七八一二，王安石雱父子享祀廟庭考，臺灣大學文史哲學報，二七期，頁一一五～一四四。同上。

19. 一九七九〇二二七，王安石尚書新義輯考彙評序，中央日報文史週刊，四三期。同上。
20. 一九七九〇四，三經新義修撰通考，孔孟學報，三七期，頁一三五～一四七。同上。
21. 一九八五一〇，尚書新義輯考彙評序，中華文化復興月刊，十八卷十期，頁七一。同上。
22. 一九七九〇四，詩經新義輯考彙評，中華文化復興月刊，十二卷四期，頁三十——三八。收入專書三經新輯考彙評（二）——詩經。
23. 一九七九〇六，詩經新義輯考彙評，國立編譯館館刊，八卷一期，頁一五九～一八四。同上。
24. 一九七九〇八，詩經新義輯考彙評，中華文化復興月刊，十二卷八期，頁二六～三四。同上。
25. 一九七九一二，詩經新義輯考彙評，幼獅學誌，十五卷四期，頁七二～一一二。同上。
26. 一九七九一二，詩經新義輯考彙評，國立編譯館館刊，八卷二期，頁一六三～一九三。同上。
27. 一九八〇〇一，詩經新義輯考彙評，東方襍誌，復刊十三卷七期，頁四九～五四。同上。
28. 一九八〇〇四，詩經新義輯考彙評，孔孟學報，三九期，頁二一～三六。同上。
29. 一九八一〇二，詩經新義輯考彙評：魯頌、商頌各篇，中華文化復興月刊，一四卷二期，頁五八～六一。同上。
30. 一九八一一一，三經新義修撰人考，臺靜農先生八十壽慶論文集，頁一五三～一九〇，臺北，聯經出版社。同上。
31. 一九八〇一二，三經新義評論輯類，國立編譯館館刊，九卷二期，頁八一～一〇三。收入專書三經新義輯考彙評（三）——周禮。

32. 一九八一一二，三經新義板本與流傳，臺灣大學文史哲學報，三十期，頁九～六十。同上。

33. 一九八五〇九，周禮新義輯考彙評序，中華文化復興月刊，十八卷九期，頁七一～七二。同上。

34. 一九八五一一，周禮新義板本與流傳，臺大中文學報，創刊號，頁二三三～二八三。同上。

35. 一九八七〇四，道教三張天師之儒學，毛子水先生九五壽慶論文集，頁一七五～一八六。收入專書三國蜀經學。

36. 一九八七〇四，諸葛亮之儒學，國立編譯館館刊，十六卷一期，頁一～九。同上。

37. 一九八七一一，蜀才及其易注，臺大中文學報，二期，頁一一三～一三四。同上。

38. 一九九六〇六，論書序之著成年歲，明代經學國際研討會論文集，頁二三一～五四。收入專書書序通考。

39. 二〇〇四〇九，毛詩序之衍成，孔孟學報，八二期，頁二九～五八。收入專書詩序新考。

40. 一九九一〇六，尚書輯逸徵獻——併論輯逸書非始於唐宋，國立中央圖書館館刊，新二四卷一期，頁六九～九一。收入專書尚書學史。

41. 一九九二一二，南北朝尚書學，國立編譯館館刊，二一卷二期，頁一八一～二一七。同上。

42. 二〇〇七〇六，伏生之三統陰陽五行災異暨讖緯學說，世新中文研究集刊，三期，頁二一～

四二。同上。

43. 一九七七〇五，尚書洪範皇極章義證，幼獅學誌，十四卷二期，頁四九～六五。收入專書尚書周書牧誓洪範金縢呂刑篇義證。

44. 一九八三一二，尚書呂刑篇之著成，清華學報，新十五卷一／二期，頁一～二五。同上。

45. 二〇一一〇六，尚書金縢篇之著成，書目季刊，四五卷一期，頁五七～六四。同上。

46. 二〇一二，清華楚簡本《尚書・金縢篇》評判，傳統中國研究集刊九、十合輯，頁三六，上海人民出版社。同上。

47. 二〇一一〇三，嬴秦與項楚焚禁經籍及秦始皇坑儒與秦二世誅儒新證，書目季刊，四五卷四期，頁三一～五九，收入專書先秦經學史。

48. 一九七四〇九，周公旦未曾稱王考（上），孔孟學報，二八期，頁一一三～一一八。收入專書尚書周誥十三篇義證。

49. 一九七四一〇，尚書多方篇著成於多士篇之前辨，臺灣大學文史哲學報，二三期，頁五九～九三。同上。

50. 一九七五〇三，尚書周誥梓材篇義證，書目季刊，八卷四期，頁四九～五八。同上。

51. 一九七五〇四，尚書召誥篇義證，孔孟學報，二九期，頁一一三～一三八。同上。

52. 一九七五〇四，周公旦未曾稱王考（下），孔孟學報，二九期，頁一五七～一八一。同上。

53. 一九七五〇六，尚書周誥（大誥、康誥、酒誥）義證，國立編譯館館刊，四卷一期，頁五三～一二八。同上。

54. 一九七五〇九，尚書無逸篇義證，孔孟學報，三十期，頁六三～八二。同上。

55. 一九七五一二，尚書周誥（洛誥、多士）義證，國立編譯館館刊，四卷二期，頁六五～一〇八。同上。

56. 一九七六〇六，尚書君奭篇義證，國立編譯館館刊，五卷一期，頁二一七～二三八。同上。

57. 一九八二一二，莽誥、大誥比辭證義，國立編譯館館刊，十一卷二期，頁四三～七八。同上。

58. 一九八九一二，尚書君奭篇「在昔上帝割申勸寧王之德其集大命于厥躬」新證，臺大中文學報，三期，頁一六三～二〇二。同上。

59. 一九九一〇三，尚書寧王寧武寧考前寧人寧人前文人解之衍成及其史的觀察（上）——併論周文武受命稱王，中央研究院中國文哲研究集刊，創刊號，頁二五五～三三一。同上。

60. 一九九二〇三，尚書寧王寧武寧考前寧人寧人前文人解之衍成及其史的觀察（下），中央研究院中國文哲研究集刊，二期，頁一九九～二五〇。同上。

61. 一九六六〇四，張栻「洙泗言仁」編的源委，孔孟學報，十一期，頁六一～六八。收入專書程氏經學論文集。

62. 一九六六一一，談四書原來的編次：大學論語孟子中庸，孔孟月刊，五卷三期，頁十一～十三。同上。

63. 一九六七〇四，研幾圖的著成、傳布和眞僞等問題的探討，孔孟學報，十三期，頁一八七～二一六。同上。

64. 一九六七一二，從四書集編談到一部理想的四書集註疏，孔孟月刊，六卷四期，頁十三～十四。（刪去，不錄）

65. 一九六八〇三，辨僞書重要著作提要，書目季刊，二卷三期，頁十九～三〇。同上。收入程氏經學論文集。

66. 一九六八〇七，宋元之際的學者——金履祥和他的遺著（上），書和人，八九期，頁一～八。同上。

67. 一九六八〇八，宋元之際的學者——金履祥和他的遺著（下），書和人，九十期，頁一～八。同上。

68. 一九六八一一，兩宋之反對詩序運動及其影響，中山學術文化集刊，二期，頁六一九～六三六。同上。

69. 一九六九一一，朱子易例及易傳比較研究，中山學術文化集刊，四期，頁一～三四。同上。

70. 一九七〇〇一，程敬叔的讀經法，孔孟月刊，八卷五期，頁十七～十八。同上。

71. 一九七〇一二，讀鄭端簡批本書纂言，書目季刊，五卷二期，頁三五～四二。同上。

72. 一九七二一一，跋孔子刪詩說折衷，大陸雜誌，四五卷五期，頁五十。同上。

73. 一九七二一二，洪範注譯（上），古今文選，新二八三期，頁一～八。同上。

74. 一九七二一二，洪範注譯（下），古今文選，新二八四期，頁一～八。同上。

75. 一九七三〇一，宋人在學術資料（書本資料）方面之貢獻，國立編譯館館刊，二卷三期，頁一三九～一七二。同上。

76. 一九七三〇三，論語「君子喻於義小人喻於利」註釋，古今文選，新二九一期，頁一～八。同上。

77. 一九七三〇九，朱子所定國風中言情諸詩研述，孔孟學報，二六期，頁一五三～一六四。同上。

78. 一九七四〇三，王守仁「稽山書院尊經閣記」註譯，古今文選，新三一七期，頁一～八。同上。

79. 一九七四〇八，左傳「晉趙盾弒其君夷皋」註譯，古今文選，新三二五期，頁一～八。同上。

80. 一九七四一一，淺說周易小象傳義理，孔孟月刊，十三卷三期，頁一～三。同上。

81. 一九七四一二，宋人在學術資料（器物資料）方面之貢獻，國立編譯館館刊，三卷二期，頁一三三～一四五。同上。

82. 一九七五〇七，國風私情詩宋人說討原，中外文學，四卷二期，頁七二～九六。同上。

83. 一九七五一二二六，讀梅園論學續集，中國時報航空版，第七版。同上。

84. 一九七七〇六，跋裴著「詩經研讀指導」，幼獅月刊，四五卷六期，頁六一～六二。同上。

85. 一九七八〇二，尚書通說，幼獅月刊，四七卷二期，頁五十～五四。同上。

86. 一九七八〇八，從發掘問題到解決問題——學術論文之撰作識小，幼獅月刊，四八卷二期，頁十三～十六。（刪去，不錄）

87. 一九八二〇九，莽誥註譯（上），國語日報古今文選，新五三四期，頁一～八。收入程氏經學論文集。

88. 一九八二〇九，莽誥註譯（下），國語日報古今文選，新五三五期，頁一～八。同上。

89. 一九八三一二，莽誥商價，書目季刊，十七卷三期，頁三四～四一。同上。

90. 一九八五〇三，重輯周禮考工記新義論錢儀吉本，書目季刊，十八卷四期，頁五一～六四。同上。

91. 一九八五〇六，薛綜藝文徵經，鄭因百先生八十壽慶論文集（上），頁三七～五六。同上。

92. 一九八五一二，重輯周禮天官地官春官新義論錢儀吉本，國立中央圖書館館刊，新十八卷二期，頁二一～四六。同上。

93. 一九八六〇六，重輯周禮夏官秋官新義論錢儀吉本，國立中央圖書館館刊，新十九卷一期，頁十九～四十。同上。

94. 一九八六〇六，季漢荊州經學（上），漢學研究，四卷一期，頁二一一～二六四。收入專書漢經學史。

95. 一九八七〇四，季漢荊州經學（下），漢學研究，五卷一期，頁二二九～二六四。同上。

96. 一九八七一二，評介邱著詩義鉤沉，漢學研究，五卷二期，頁六三五～六七六。收入專書程氏經學論文集。

97. 一九八九〇三，評介野間文史《儀禮索引》，漢學研究通訊，八卷一期，頁六三～六四。同上。

98. 一九八八一二，東漢蜀楊厚經讖學宗傳（上），國立編譯館館刊，十七卷一期，頁三一～四八。同上。

99. 一九八九〇六，東漢蜀楊厚經讖學宗傳（下），國立編譯館館刊，十七卷二期，頁二〇七～二三七。同上。

100. 一九九一〇三，尚書「三科之條五家之教」稽義，孔孟學報，六一期，頁六三～七八。同上。

101. 一九九二〇一，漢代第一位經學大師伏生，國文天地，七卷八期，頁三六～四五。同上。

102. 一九九三〇二，說僞古文尚書經傳之流傳，漢學研究，十一卷二期，頁一～二二、收古史考七卷，頁二六三～二八二，海南出版社，二〇〇三年十二月。同上。

103. 一九九三〇九，古文尚書之壁藏發現獻上及篇卷目次考，孔孟學報，六六期，頁七三～九八。同上。

104. 一九九四一二，歐陽容夏侯勝未曾身爲尙書博士考，國立編譯館館刊，二三卷二期，頁四三～七五。同上。

105. 一九九五〇四，朱熹蔡沈師弟子書序辨說板本徵孚，經學研究論叢，三期，頁三七～八十。同上。

106. 一九九八〇三，書序之價值，孔孟學報，七五期，頁一～二六。同上。

107. 一九九九〇一，禮記中庸、坊記、緇衣非出於子思子考，張以仁先生七秩壽慶論文集，頁一～四七。同上。收古史考七卷，頁三九一～四二一，海南出版社，二〇〇三年十二月、又收後古史辨時代之中國古典學中編，頁一四一～一八四，唐山出版社，二〇〇六年十一月。同上。

108. 一九九九〇九，書序通論，孔孟學報，七七期，頁三一～五四。同上。

109. 二〇〇〇〇三，蚕叢啓國誓蜀碑考釋，書目季刊，三三卷四期，頁六九～七九。同上。

110. 二〇〇〇一二，漢書藝文志儒林傳贊論經學博士討覈，國立編譯館館刊，二九卷二期，頁六五～九八。同上。

111. 二〇〇四〇七，天命禹平治水土，上博館藏戰國楚竹書研究續編，頁三一一～三二六。同上。

112. 二〇〇六一〇，六二七八號《漢熹平石經．尚書》殘石字甄僞，中央研究院中國文哲研究所，宋代經學國際研討會論文集，頁十七～六八。同上。

113. 二〇〇七〇九，兩漢洪範五行傳作者索隱，孔孟學報，八五期，頁一五九～一九一。同上。

114. 二〇〇九〇三，郭店上博楚簡緇衣引書考，先秦兩漢學術，十一期，頁一一九～一五二。同上。

115. 二〇一五，儒術獨尊後之兩漢經今古文學消長與說經玄理化，手寫本，未發表，收入專書漢經學史。

116. 二〇一五，秦季漢初經學史，手寫本，未發表，收入專書漢經學史。

二　專書

1. 一九六八，王柏之詩經學（碩士論文），臺北，嘉新水泥公司文化基金會。
2. 一九七五，王柏之生平與學術（博士論文），臺北，自印本，中山學術會補助出版。上海華東師範大學出版社。本書一九七五一二，獲中華文化復興運動推行委員會菲華特設中正文化獎第八屆優良著作獎。
3. 一九八六〇六，三經新義輯考彙評（一）——尚書，國立編譯館。上海華東師範大學出版社。
4. 一九八六〇九，三經新義輯考彙評（二）——詩經，國立編譯館。上海華東師範大學出版社。

5. 一九八七一二，三經新義輯考彙評（三）——周禮，國立編譯館。上海華東師範大學出版社。

6. 一九九一〇八，春秋左氏經傳集解序疏證，臺灣學生書局。

7. 一九九七〇八，三國蜀經學，臺灣學生書局。一九九七〇六，獲行政院新聞局八十六年度重要學術著作獎助出版。

8. 一九九九〇四，書序通考，臺灣學生書局。獲中華民國中山學術文化基金會八十八年度中山學術著作獎。

9. 二〇〇五〇一，詩序新考，五南圖書出版股份有限公司。

10. 二〇〇八〇五，尚書學史，五南圖書出版股份有限公司。上海華東師範大學出版社。

11. 二〇一二年初版，《尚書周書牧誓洪範金縢呂刑篇義證》（經學史研究叢刊十一），萬卷樓圖書股份有限公司。

12. 二〇一三年初版，《先秦經學史》，臺灣商務印書館股份有限公司。上海華東師範大學出版社（簡體字版）。

13. 一九七四——一九七六，宋人傳記資料索引（共五冊，與昌彼得等合編），鼎文書局。

14. 二〇一七〇五，尚書周誥十三篇義證，萬卷樓圖書股份有限公司。

15. 程氏經學論文集，洽版行中。

16. 漢經學史，臺灣商務印書館股份有限公司，正版行中。

經學研究叢書·經學史研究叢刊 0501022

尚書周誥十三篇義證

作　　者　程元敏
責任編輯　蔡雅如
特約校稿　林秋芬

發 行 人　陳滿銘
總 經 理　梁錦興
總 編 輯　陳滿銘
副總編輯　張晏瑞
編 輯 所　萬卷樓圖書股份有限公司
排　　版　游淑萍
印　　刷　維中科技有限公司
封面設計　百通科技股份有限公司

發　　行　萬卷樓圖書股份有限公司
　臺北市羅斯福路二段 41 號 6 樓之 3
　電話　(02)23216565
　傳真　(02)23218698
　電郵　SERVICE@WANJUAN.COM.TW
大陸經銷　廈門外圖臺灣書店有限公司
　電郵　JKB188@188.COM
香港經銷　香港聯合書刊物流有限公司
　電話　(852)21502100
　傳真　(852)23560735

ISBN 978-986-478-068-6
2017 年 5 月初版一刷
定價：新臺幣 1400 元

如何購買本書：

1. 劃撥購書，請透過以下郵政劃撥帳號：
   帳號：15624015
   戶名：萬卷樓圖書股份有限公司
2. 轉帳購書，請透過以下帳戶
   合作金庫銀行　古亭分行
   戶名：萬卷樓圖書股份有限公司
   帳號：0877717092596
3. 網路購書，請透過萬卷樓網站
   網址　WWW.WANJUAN.COM.TW

大量購書，請直接聯繫我們，將有專人為您服務。客服：(02)23216565　分機 10

國家圖書館出版品預行編目資料

尚書周誥十三篇義證 / 程元敏著. -- 初版. --
臺北市 : 萬卷樓, 2017.05
　面；　公分. -- (經學研究叢書. 經學史研究叢刊)
ISBN 978-986-478-068-6(平裝)

1.書經　2.研究考訂

621.117　　106003368